PATTLOCH✳

Karen Armstrong

Im Namen Gottes

Religion und Gewalt

Aus dem Englischen von
Ulrike Strerath-Bolz

Die englische Originalausgabe erschien 2014 unter dem Titel
»Fields of Blood« bei Bodley Head,
Random House, 20 Vauxhall Bridge Road,
London SW IV 2SA
www.rbooks.co.uk

Besuchen Sie uns im Internet:
www.pattloch.de

Umschlaggestaltung: ZERO Werbeagentur, München
Satz: Adobe InDesign im Verlag
Druck und Bindung: CPI books GmbH, Leck
ISBN 978-3-629-13039-6

2 4 5 3

Für Jane Garrett

Inhalt

Abel wurde ein Schäfer, Kain aber wurde ein Ackermann.

...

Da sprach Kain zu seinem Bruder Abel: Lass uns aufs Feld gehen! Und es begab sich, als sie auf dem Felde waren, erhob sich Kain wider seinen Bruder Abel und schlug ihn tot. Da sprach der Herr zu Kain: Wo ist dein Bruder Abel? Er sprach: Ich weiß nicht; soll ich meines Bruders Hüter sein? Er aber sprach: Was hast du getan? Die Stimme des Blutes deines Bruders schreit zu mir von der Erde.

Genesis 4,2.8–10

Einleitung

Im alten Israel brachte der Hohepriester jedes Jahr zum Versöhnungsfest Jom Kippur zwei Ziegen in den Jerusalemer Tempel. Eine opferte er, um die Sünden der Gemeinschaft zu sühnen; der zweiten legte er die Hände auf, übertrug sämtliche Missetaten des Volkes auf ihr Haupt und brachte das sündenbeladene Tier dann aus der Stadt. Die Schande wurde buchstäblich an einen anderen Ort gejagt. Auf diese Weise, so erklärte Mose, sorgte er dafür, »dass also der Bock alle ihre Missetat auf sich nehme und in die Wildnis trage« (Levitikus 16,22; ML 1984[1]). In einer klassischen Untersuchung zum Thema Religion und Gewalt vertritt René Girard die These, das Sündenbock-Ritual habe Rivalitäten innerhalb der Gemeinschaft aufgelöst.[2] Und ich füge hinzu, die moderne Gesellschaft hat in ähnlicher Weise den Glauben zum Sündenbock gemacht.

In der westlichen Kultur geht man heute selbstverständlich davon aus, dass Religion zwangsläufig mit Gewalt einhergeht. Der Befund scheint offensichtlich. Wo auch immer ich über Religion spreche, bekomme ich zu hören, wie grausam und aggressiv Religion sei. Und es ist geradezu unheimlich, dass immer wieder das Gleiche dazu gesagt wird: »Bei allen großen Kriegen der Menschheitsgeschichte war die Religion die Ursache.« Wie ein Mantra wird dieser Satz von amerikanischen Kommentatoren und Psychiatern, Londoner Taxifahrern und Oxford-Absolventen rezitiert. Dabei ist die Behauptung seltsam genug: Es liegt auf der Hand, dass die beiden Weltkriege keine religiösen Ursachen hatten. In allen Diskussionen über die Gründe für kriegerische Handlungen bestätigen Militärhistoriker, dass eine Vielzahl ineinander verschränkter gesellschaftlicher, materieller und ideologischer Faktoren Gewalt begründen; einer der wich-

11

tigsten ist der Kampf um knappe Ressourcen. Auch Experten für die Themen politische Gewalt und Terrorismus erklären, dass Greueltaten aus verschiedenen, sehr komplexen Gründen begangen werden.[3] Und doch ist das aggressive Image des religiösen Glaubens in unserem säkularen Bewusstsein so unauslöschlich verankert, dass wir die gewalttätigen Sünden des 20. Jahrhunderts routinemäßig auf den Schultern der »Religion« abladen und sie in die politische Wildnis hinausjagen.

Selbst diejenigen, die zugeben, dass Religion nicht für alle Gewalt und jeden Krieg der Menschheit verantwortlich ist, halten ihren grundlegend kriegerischen Charakter für eine Selbstverständlichkeit. Sie vertreten den Standpunkt, gerade der »Monotheismus« sei besonders intolerant, und jeglicher Kompromiss werde unmöglich, sobald Menschen glauben, dass »Gott« auf ihrer Seite stehe. Und dann führen sie die Kreuzzüge, die Inquisition und die Religionskriege des 16. und 17. Jahrhunderts an. Außerdem sprechen sie von der Flut des religiös begründeten Terrorismus, um nachzuweisen, dass der Islam besonders aggressiv sei. Wenn ich die Gewaltlosigkeit des Buddhismus anspreche, erwidern sie, der Buddhismus sei eine säkulare Philosophie und keine Religion. Und damit kommen wir zum Kern des Problems. Der Buddhismus ist sicher keine *Religion* in dem Sinne, wie der Begriff im Westen seit dem 17./18. Jahrhundert verstanden wird. Aber unsere moderne westliche Vorstellung von »Religion« ist auch eigenwillig und exzentrisch. Keine andere kulturelle Tradition kennt etwas Entsprechendes, und selbst europäische Christen hätten sie in der Zeit vor der Moderne als eng und fremd beschrieben. Tatsächlich verkompliziert diese Vorstellung jeden Versuch, die Neigung der Religion zur Gewalt zur Sprache zu bringen.

Und noch komplizierter werden die Dinge, wenn man bedenkt, dass eine Tatsache im wissenschaftlichen Bereich seit etwa fünfzig Jahren Gemeingut ist: nämlich die Erkenntnis, dass es keine allgemein gültige Definition von Religion gibt.[4] Im Westen verstehen wir »Religion« als zusammenhängendes System aus verpflichtenden Glaubenssätzen, Institutionen und Ritualen, das sich um einen übernatürlichen Gott dreht und dessen Praxis seinem Wesen nach in den privaten Bereich fällt und hermetisch von allen »säkularen« Aktivitäten abgegrenzt ist. Aber wenn wir in anderen Sprachen die Wörter betrachten, die wir als »Religion« übersetzen würden, dann beziehen sie sich fast alle auf etwas Größeres, Unbestimmteres und Umfassenderes. Das arabische *din* bezeichnet eine ganze Lebensweise. Das Sanskript-Wort *dharma* beschreibt ebenfalls »ein umfassendes, eigentlich nicht übersetzbares Konzept, das Recht, Gesetz, Moral und gesellschaftliches Leben umfasst«.[5] Das Oxford Classical Dictionary erklärt mit großer Klarheit: »Kein Wort im Griechischen oder Lateinischen entspricht ganz dem englischen Wort ›religion‹ oder ›religious‹.«[6] Die Vorstellung von Religion als einer privaten und zugleich auf einem festen System beruhenden Praxis war dem klassischen Griechenland, Japan, Ägypten, Mesopotamien, dem Iran, China oder Indien vollkommen fremd.[7] Und auch die hebräische Bibel kennt keine abstrakte Vorstellung von Religion. Die talmudischen Rabbis hätten unmöglich mit einem einzelnen Wort oder auch nur einer Formulierung ausdrücken können, was sie unter Glauben verstehen, denn der Talmud war ausdrücklich darauf angelegt, die Gesamtheit des menschlichen Lebens in den Bereich des Heiligen zu rücken.[8]

Die Ursprünge des lateinischen Wortes *religio* liegen im Dunkeln. Dahinter stand ursprünglich kein objektiver Sachverhalt, sondern eine eher unscharfe Konnotation im Sinne von »Verpflichtung« und »Tabu«: Wenn man sagte, die Einhaltung einer kultischen Regel, ein Familienbesitz oder ein Eid sei *religio* für einen bestimmten Menschen, dann stand dahinter ein »Obliegen«, eine Verpflichtung.[9] Bei den frühchristlichen Theologen nahm das Wort dann eine wichtige neue Bedeutung an: Es bezeichnete eine Haltung der Verehrung gegenüber Gott und der Ganzheit des Universums. Für den hl. Augustinus (um 354–430 u. Z.) war *religio* weder ein System von Ritualen und Doktrinen noch eine historisch institutionalisierte Tradition, sondern zum einen die persönliche Begegnung mit der Transzendenz, die wir Gott nennen, zum anderen eine Bindung zwischen uns und dem

Göttlichen und untereinander.[10] Im mittelalterlichen Europa bezog sich *religio* vor allem auf das monastische Leben und unterschied den Mönch vom »säkularen« Priester, der in der Welt *(saeculum)* lebte und arbeitete.[11]

Die einzige Glaubenstradition, die zur westlichen Vorstellung von Religion als etwas Festgeschriebenem und zugleich Privatem passt, ist die protestantische Ausprägung des Christentums, und sie ist, wie alle Religion in diesem Sinne, ein Ergebnis der frühen Neuzeit. Zu dieser Zeit hatten Europäer und Amerikaner begonnen, Religion und Politik voneinander zu trennen, weil sie – nicht unbedingt zutreffend – annahmen, der theologische Zank der Reformation trage die Alleinschuld am Dreißigjährigen Krieg. Die Überzeugung, Religion müsse rigoros aus dem politischen Leben herausgehalten werden, wurde zum Gründungsmythos des souveränen Nationalstaats.[12] Die Philosophen und Staatsmänner, die diesem Dogma den Weg bereiteten, glaubten, sie würden damit zu jenem besseren Zustand zurückkehren, der noch nicht davon geprägt war, dass ehrgeizige katholische Geistliche zwei ganz und gar getrennte Bereiche miteinander vermischten.

Tatsächlich war die säkulare Ideologie eine ebenso radikale Innovation wie die Marktwirtschaft, die der Westen zur gleichen Zeit entwickelte. Nicht-Westlern, die diesen Modernisierungsprozess nicht durchlaufen hatten, blieben beide Innovationen fremd und sogar unbegreiflich. Die Gewohnheit, Religion und Politik voneinander zu trennen, ist heute im Westen so fest verankert, dass es uns schwerfällt, wahrzunehmen, wie sehr die beiden Bereiche in der Vergangenheit eins waren. Es ging nie nur darum, dass der Staat die Religion »benutzte«: Die beiden Bereiche waren untrennbar ineinander verwoben. Eine Grenzziehung wäre ungefähr so schwierig gewesen wie der Versuch, den Gin aus einem Cocktail zu entfernen.

In der vormodernen Welt durchdrang die Religion alle Aspekte des Lebens. Ich werde in diesem Buch zeigen, dass eine ganze Reihe von Aktivitäten, die man heute für profan hält, als zutiefst heilig galten: Waldrodung, Jagd, Fußballspiele, Würfelspiele, Astronomie, Landwirtschaft, Staatsgründungen, Kriegszüge, Stadtplanung, Handel, das Trinken alkoholischer Getränke und vor allem der Krieg. Die frühen Völker hätten nicht sagen können, wo die »Religion« endet und die »Politik« beginnt. Und das nicht etwa, weil sie zu dumm gewesen wären, den Unterschied zwischen beiden zu erkennen, sondern weil sie all ihrem Tun einen letztgültigen Sinn geben wollten. Wir Menschen sind sinnsuchende Geschöpfe, und anders als Tiere verzweifeln wir schnell, wenn wir keinen Sinn in unserem Leben erkennen. Wir finden die Aussicht auf unser unvermeidliches Ende nur schwer erträglich. Wir reagieren verstört auf Naturkatastrophen und menschliche Grausamkeit und sind uns unserer körperlichen und seelischen Zerbrechlichkeit schmerzlich bewusst. Wir finden es erstaunlich, *dass* wir überhaupt hier sind, und möchten wissen, *warum* wir hier sind. Und wir haben die große Fähigkeit zu staunen. Die Philosophen der Antike waren wie verzaubert von der Ordnung des Kosmos, sie bewunderten die geheimnisvolle Kraft, die die Himmelskörper auf ihrer Bahn und die Meere auf der Erde hielt, jene Kraft, die auch dafür sorgte, dass die Natur nach der winterlichen Bedrängnis wieder zum Leben erwachte. Und sie wünschten sich, an dieser reicheren, dauerhafteren Existenz teilzuhaben.

Diese Sehnsucht drückten sie in dem aus, was wir heute als ewige Weisheitstradition bezeichnen, weil sie auf irgendeine Weise in den meisten vormodernen Kulturen vorhanden war.[13] Jeder Mensch, jedes Ding und jede Erfahrung wurde als Abbild, als Schattenbild einer Wirklichkeit angesehen, die stärker und dauerhafter war als jegliche Alltagserfahrung, den Menschen aber nur in visionären Augenblicken oder Träumen kurz zuteilwurde. Indem sie im Ritual die vermeintlichen Gesten und Handlungen ihrer himmlischen Gegenstücke – Götter, Ahnen oder Kulturheroen – nachahmten, fühlten sich die vormodernen Menschen als Teil einer größeren Dimension.

Wir Menschen neigen von Natur aus zu Archetypen und Mustern.[14] Ständig streben wir danach, die Natur zu verbessern und uns einem Ideal anzunähern, das das Alltägliche übersteigt.

Selbst unser heutiger Kult um »Prominente« kann als Ausdruck unserer Verehrung für »übermenschliche« Vorbilder und unserer Sehnsucht nach einer vergleichbaren Stellung verstanden werden. Indem wir uns mit einer außergewöhnlichen Wirklichkeit verbinden, befriedigen wir ein wesentliches Bedürfnis. Es berührt uns im Inneren und hebt uns für einen Augenblick über uns selbst hinaus, so dass wir unser Menschsein intensiver erfahren und das Empfinden haben, wir kämen in Kontakt mit den tieferen Strömen des Lebens. Wenn wir diese Erfahrung in einer Kirche oder einem Tempel nicht mehr finden, suchen wir sie in der Kunst, bei einem Konzert, in Sex und Drogen – oder im Krieg. Was diese letztgenannte Möglichkeit mit all den anderen zu tun hat, ist auf den ersten Blick vielleicht nicht klar, aber tatsächlich ist »Kampf« einer der ältesten Auslöser ekstatischer Erfahrungen. Um zu verstehen, warum das so ist, werfen wir einen kurzen Blick auf die Entwicklung unseres Gehirns.

Jeder von uns hat nicht nur ein Gehirn, sondern drei, und deren Zusammenwirken geschieht nicht immer reibungslos. In den tiefsten Tiefen unserer Gehirnmasse gibt es das »alte Gehirn«, das wir von den Reptilien geerbt haben, die sich vor etwa 500 Millionen Jahren aus dem Urschlamm herausgekämpft haben. Sie waren nur aufs Überleben aus, kannten überhaupt keine altruistischen Impulse und waren nur durch Mechanismen motiviert, die sie dazu brachten, zu fressen, zu fliehen (wenn nötig) und sich fortzupflanzen. Diejenigen, die am besten dafür ausgestattet waren, gnadenlos um Futter zu kämpfen, jede Bedrohung abzuwehren, ein Revier zu verteidigen und sich in Sicherheit zu bringen, gaben ihre Gene weiter, so dass diese egoistischen Impulse zwangsläufig stärker wurden.[15] Aber nachdem irgendwann die Säugetiere aufgetaucht waren, vor etwa 120 Millionen Jahren, entwickelten sie, was die Neurowissenschaft das »limbische System« nennt.[16] Es bildete sich rund um das »Reptiliengehirn« und sorgte für alle möglichen neuen Verhaltensweisen – darunter die Brutpflege und das Schließen von Bündnissen mit ihresgleichen –, die im Überlebenskampf von unschätzbarem Wert waren. Und so entstanden zum ersten Mal empfindsame

Wesen mit der Fähigkeit, zu lieben und sich um andere Geschöpfe zu kümmern.[17] Das limbisch bedingte Verhalten war zwar nie so stark wie die egoistischen Triebe, die immer noch aus unserem Reptilien-Kern aufstiegen, aber wir Menschen haben inzwischen doch eine stabile Neigung zur Empathie für andere Geschöpfe und eine besondere Bindung an unsere Mitmenschen entwickelt. Der chinesische Philosoph Mencius (371–288 v. u. Z.) war der Erste, der behauptete, kein Mensch sei ganz ohne solche Gefühle. Wenn ein Mann ein Kind sieht, das auf einem Brunnenrand balanciert und in Gefahr ist hineinzufallen, dann spürt er die Gefahr körperlich und wird aus einem Reflex heraus, ohne an sich selbst zu denken, einen Satz nach vorn machen und zupacken, um das Kind zu retten. Ein Mensch, der an einer solchen Szene ohne jegliches Gefühl von fürsorglicher Verantwortung vorübergeht – mit dem stimmt etwas nicht. Den meisten Menschen, so Mencius, sind diese Gefühle angeboren, jedoch bis zu einem gewissen Grad dem persönlichen Willen unterworfen. Man könne diese Keime des Wohlwollens ebenso zertrampeln, wie man sich verstümmeln oder körperlich deformieren könne. Andererseits erreichten sie eine ganz eigene Kraft und Dynamik, wenn man sie kultivierte.[18]

Wir können Mencius aber nicht richtig verstehen, ohne uns mit dem dritten Teil unseres Gehirns zu beschäftigen. Vor etwa zwanzigtausend Jahren, im Paläolithikum, entwickelten die Menschen ein »neues Gehirn«, den sogenannten Neocortex, in dem die Kräfte des Verstandes und der Selbstwahrnehmung angesiedelt sind, die uns in die Lage versetzen, uns den instinktiven, primitiven Leidenschaften zu entziehen. Durch diese Entwicklung wurden die Menschen im Prinzip zu dem, was sie heute sind, den widerstreitenden Impulsen ihrer drei verschiedenen Gehirnareale unterworfen. Die Männer der Altsteinzeit waren geübt im Töten. Vor der Erfindung der Landwirtschaft waren die Menschen abhängig davon, Tiere zu schlachten, und sie benutzten ihre großen Gehirne, um eine Technologie zu entwickeln, die es ihnen erlaubte, Geschöpfe zu töten, die viel größer und kräftiger waren als sie selbst. Durchaus denkbar ist jedoch, dass ihre Fähigkeit zum Mitgefühl ihnen das Töten nicht unbedingt einfach machte. Das könnten wir jedenfalls vermuten, wenn wir heutige Jägergesellschaften betrachten. Anthropologen beobachten, dass die Angehörigen dieser Völker nur mit großer Besorgnis Tiere töten, die sie eigentlich als Freunde und Beschützer ansehen, und dass sie versuchen, diese Besorgnis durch Reinigungsrituale abzumildern. In der Kalahari-Wüste, wo Holz sehr selten ist, haben die Buschmänner nur leichte Waffen, die gerade einmal die Haut des Tieres ritzen. Deshalb versehen sie ihre Pfeile mit einem Gift, das das Tier tötet – allerdings sehr langsam. In einer geradezu unbeschreiblichen Solidarität bleibt der Jäger bei seinem sterbenden Opfer, klagt mit ihm und nimmt symbolisch an seinem Todeskampf teil. Andere Völker kostümieren sich als Tiere oder streichen das Blut und die Exkremente des Opfers auf Höhlenwände, um das Tier an die Unterwelt zurückzugeben, aus der es gekommen ist.[19]

Die altsteinzeitlichen Jäger hatten möglicherweise ähnliche Vorstellungen.[20] Die Höhlenmalereien in Nordspanien und Südwestfrankreich gehören zu den frühesten erhaltenen Dokumenten unserer Spezies. Diese ausgemalten Höhlen hatten ziemlich sicher eine zeremonielle Funktion; Kunst und Ritual waren also von Anfang an nicht voneinander zu trennen. Unser Neocortex lässt uns die Tragik und Verwirrung unserer Existenz intensiv spüren, und sowohl in der Kunst als auch in einigen Erscheinungsformen der Religion finden wir Möglichkeiten, uns zu lockern und die weicheren, limbischen Emotionen zum Vorschein kommen zu lassen. Die Fresken und Ritzungen in der Höhle von Lascaux in der Dordogne, die ältesten 17 000 Jahre alt, rufen selbst heute noch Staunen hervor. In ihren numinosen Tierdarstellungen haben die Künstler den grundlegenden Zwiespalt der Jäger eingefangen. Sosehr ihnen auch daran gelegen war, für Nahrung zu sorgen: Ihre Wildheit wurde gemildert durch ein respektvolles Mitgefühl für die Tiere, die sie töten mussten und deren Blut und Fett sie mit ihren Farben vermischten. Rituale und Kunst halfen den Jägern, ihr Mitgefühl und ihre Verehrung *(religio)* für die Mitgeschöpfe zum Ausdruck zu bringen – so wie Mencius es später beschreiben sollte – und mit der Notwendigkeit des Tötens ins Reine zu kommen.

In Lascaux gibt es keine Darstellungen von Rentieren, obwohl diese Tiere in der Ernährung dieser Jäger eine große Rolle spielten.[21] Aber ganz in der Nähe, in Montastruc, fand man eine kleine Skulptur, die um 11 000 v. u. Z. aus dem Stoßzahn eines Mammuts geschnitzt worden war, also ungefähr zu der Zeit, als die Höhlenmalereien in Lascaux entstanden sind. Diese Skulptur wird heute im British Museum aufbewahrt, und sie zeigt zwei schwimmende Rentiere.[22] Der Künstler muss seine Beutetiere ganz genau beobachtet haben, wie sie auf dem Weg zu neuen Weiden Seen und Flüsse durchschwammen und sich damit besonders verletzlich machten. Er empfand durchaus Zärtlichkeit für seine Opfer, denn er gibt den Schmerz in ihren Gesichtern ohne jede Sentimentalität wieder. Neil MacGregor, der Direktor des British Museum, erklärt dazu, die anatomische Genauigkeit dieser Skulptur zeige,»dass sie sicher nicht nur mit dem Wissen eines Jägers, sondern auch mit der Einsicht eines Schlachters« angefertigt worden sei, also eines Menschen,»der seine Tiere nicht nur angeschaut, sondern auch aufgeschnitten hat«.[23] Rowan Williams, der frühere Erzbischof von Canterbury, spricht außerdem sehr einsichtsvoll von der»riesigen, phantasievollen Großzügigkeit« dieser Steinzeitkünstler:»In der Kunst dieser Epoche sehen wir Menschen, die den Versuch unternehmen, ganz und gar in den Strom des Lebens einzutauchen, so dass sie an allem Tierleben teilhaben, das sie umgibt ... und das ist tatsächlich ein sehr religiöser Impuls.«[24]

Von allem Anbeginn an bestand also eine der Hauptbeschäftigungen sowohl der Religion als auch der Kunst darin, einen Gemeinschaftssinn zu entwickeln: im Hinblick auf die Natur, die Tierwelt und die Mitmenschen.

Wir können unsere Vergangenheit als Jäger und Sammler, die längste Epoche der Menschheitsgeschichte, niemals leugnen. Alles, was wir als zutiefst menschlich ansehen – Gehirn, Körper, Gesicht, Sprache, Emotionen und Gedanken –, trägt den Stempel dieses Erbes.[25] Einige Rituale und Mythen, die unsere prähistorischen Vorfahren entwickelten, überlebten bis in die religiösen Systeme späterer Schriftkulturen hinein. So bewahrte das Tieropfer, wichtigster Ritus nahezu aller antiken Kulturen, die prähistorischen Jägerzeremonien und die Ehrerbietung für das Tier, das für die Gemeinschaft sein Leben gab.[26] Die frühesten Formen von Religion wurzelten in der Anerkennung der tragischen Tatsache, dass alles Leben von der Zerstörung anderer Geschöpfe abhängig ist. Und ihre Rituale wurden entwickelt, um den Menschen ihren Umgang mit diesem unauflöslichen Dilemma zu erleichtern. Trotz ihres ehrlichen Respekts, ihrer Ehrerbietung und sogar Zuneigung für ihre Opfer betrieben die frühen Jäger das Töten durchaus mit Leidenschaft. Jahrtausende des Kampfes gegen große, aggressive Tiere führten dazu, dass die Jägergruppen verschworene Einheiten bildeten, die Keimzelle unserer modernen Armeen. Sie waren bereit, alles für das Gemeinwohl zu riskieren und ihre Kameraden vor Gefahr zu bewahren.[27] Und es gab noch ein zusätzliches widerstreitendes Gefühl, das integriert werden musste: Vermutlich liebten sie die Aufregung und Intensität der Jagd.

Hier kommt das limbische System wieder ins Spiel. Die Aussicht aufs Töten erregt unser Mitgefühl, aber während wir dann tatsächlich jagen, verfolgen und kämpfen, werden diese Emotionen vom Serotonin weggespült, und dieser Neurotransmitter ist für das ekstatische Gefühl verantwortlich, das wir auch mit bestimmten Formen religiöser Erfahrungen in Verbindung bringen. So konnte es geschehen, dass diese Gewalthandlungen als natürliche religiöse Aktivitäten wahrgenommen wurden, so bizarr uns das mit unserem heutigen Verständnis von Religion auch vorkommen mag. Die Menschen, vor allem die Männer, empfanden eine starke Bindung an ihre Mitkrieger, ein berauschendes Gefühl des Altruismus und der Lebendigkeit, wenn sie ihr Leben für andere riskierten. Und diese Reaktion auf Gewalt ist immer noch Teil unserer menschlichen Natur. Chris Hedges, Kriegsberichterstatter der *New York Times,* hat den Krieg sehr zutreffend als »sinnstiftende Kraft« beschrieben:

*Krieg macht die Welt verständlich, er legt uns ein Schwarz-
Weiß-Bild vor: Sie und wir. Er setzt das Denken außer Kraft,
vor allem das selbstkritische Denken. Alles verneigt sich vor
der übergeordneten Anstrengung. Wir sind eins. Die meisten
von uns akzeptieren den Krieg bereitwillig, solange wir ihn in
ein Glaubenssystem integrieren können, das das zwangsläufi-
ge Leiden als notwendig im Interesse eines höheren Guts darstellt. Denn Menschen sind nicht nur auf der Suche nach
Glück, sondern nach Sinn. Und tragischerweise ist der Krieg
manchmal die mächtigste Form der Sinnstiftung in der
menschlichen Gesellschaft.*[28]

Es ist auch vorstellbar, dass Krieger sich im Einklang mit den
elementarsten, unerbittlichsten Kräften der Existenz fühlen –
Leben und Tod –, wenn sie den aggressiven Impulsen ihrer tiefs-
ten Gehirnschichten freien Lauf lassen. Oder anders gesagt:
Krieg ist eine Gelegenheit, sich der Rücksichtslosigkeit unseres
Reptiliengehirns zu ergeben, einem der stärksten menschlichen
Triebe, ohne von den selbstkritischen Bemerkungen des Neo-
cortex gestört zu werden.

Deshalb erlebt der Krieger im Kampf die ekstatische Selbstbestätigung, die andere Menschen im Ritual finden, manchmal mit
krankhaften Auswirkungen. Psychiater, die Kriegsveteranen mit
posttraumatischen Störungen behandeln, haben festgestellt, dass
manche Soldaten bei der Zerstörung anderer Menschen eine
Selbstbestätigung erleben, die fast schon erotische Ausmaße annimmt.[29] Danach jedoch, wenn sie darum kämpfen, ihre Gefühle
von Mitleid und Rücksichtslosigkeit wieder zu entwirren, stellen diese PTSD-Kranken fest, dass sie nicht mehr stimmig als
Menschen funktionieren können. Ein Vietnam-Veteran hat ein
Foto beschrieben, auf dem er zwei abgeschlagene Köpfe an den
Haaren hochhielt. Der Krieg, so sagte er, war die »Hölle«, ein
Ort, an dem »jede Verrücktheit normal« und »alles außer Kon-
trolle« war. Aber er schloss mit den Worten:

Das Schlimmste, was ich über mich selbst sagen kann, ist: So-
lange ich dabei war, habe ich mich sehr lebendig gefühlt. Ich
fand es wunderbar, so wie man einen Adrenalinstoß liebt, sei-
ne Freunde oder enge Kumpel. Es ist vollkommen irreal und
doch das Realste, was je passiert ist ... Und vielleicht ist das
Schlimmste für mich jetzt, dass ich im Frieden lebe, ohne jede
Möglichkeit, einen derartigen Rausch zu erleben. Ich hasse al-
les, was mit diesem Rausch zusammenhing, aber den Rausch
selbst, den habe ich geliebt.[30]

»Erst wenn wir uns mitten in einem Konflikt befinden, wird die
weitgehende Flachheit und Fadheit unseres Lebens deutlich«,
erklärt Chris Hedges. »Unsere Gespräche und das meiste, was
durch den Äther zu uns gelangt, werden von Nichtigkeiten beherrscht. Der Krieg dagegen ist ein verführerisches Elixier. Er
gibt uns Entschlossenheit, einen Grund für unser Tun. Er gestattet uns sogar, edel zu sein.«[31] Eines der vielen, ineinander ver-
schränkten Motive für Menschen, in den Krieg zu ziehen, ist seit
jeher die Langeweile und Sinnlosigkeit der normalen alltäg-
lichen Existenz. Derselbe Hunger nach intensivem Leben bringt
andere dazu, Mönche und Asketen zu werden.

Solange der Kampf andauert, fühlt sich der Krieger möglicherweise mit dem Kosmos verbunden, aber hinterher kann er
die inneren Widersprüche nicht mehr auflösen. Das Tabu gegen
das Töten innerhalb unserer eigenen Art ist einigermaßen unumstritten – ein Trick der Evolution, der das Überleben der Spezies gesichert hat.[32] Trotzdem kämpfen wir. Aber um uns selbst
dazu zu bringen, hüllen wir unser Tun in eine – oft genug religiöse – Mythologie, die uns von unserem Feind distanziert. Wir
übertreiben die Unterschiedlichkeit auf Gebieten wie ethnische
Abstammung, Religion und Ideologie. Wir entwickeln Narrative, um uns selbst davon zu überzeugen, dass der Kampf nicht
wirklich menschlich ist, sondern ein Monster, das Gegenteil von
Ordnung und Güte. Heute sagen wir uns vielleicht, dass wir für
Gott und Vaterland kämpfen oder dass ein bestimmter Krieg
»gerecht« oder »rechtmäßig« sei. Aber diese Ermutigung greift

nicht immer. Während des Zweiten Weltkriegs hat eine Gruppe von Historikern unter der Leitung von US-Brigadegeneral S. L. A. Marshall Tausende von Soldaten aus mehr als vierhundert Infanterie-Kompanien befragt, die die Kämpfe in Europa und im Pazifik aus eigener Anschauung erlebt hatten. Die Ergebnisse waren verblüffend: Nur 15 bis 20 Prozent der Infanteristen sahen sich in der Lage, direkt auf den Feind zu schießen, alle anderen versuchten es zu vermeiden oder entwickelten komplexe Methoden, danebenzuschießen oder ihre Waffen nachzuladen, um ihr Verhalten zu verbergen.[33] Es fällt uns schwer, unserer Natur zu entkommen. Um als Soldaten zu funktionieren, müssen Rekruten eine zermürbende Initiation durchlaufen, während der sie lernen, ihre Emotionen zu unterdrücken, nicht viel anders als Mönche oder Yogis im Übrigen. Die Kulturhistorikerin Joanna Bourke erklärt den Vorgang so:

Individuen mussten gebrochen werden, um anschließend zu effizienten Kämpfern aufgerichtet zu werden. Die grundlegenden Methoden umfassten Entpersonalisierung, Uniformen, Mangel an Privatsphäre, erzwungene Sozialkontakte, enge Zeitpläne, Schlafmangel, Desorientierung, gefolgt von Reorganisationsriten nach militärischen Kriterien, willkürliche Regeln und strenge Strafen. Die Methoden der Brutalisierung ähnelten denen totalitärer Regime, wenn Männern beigebracht wurde, Gefangene zu foltern.[34]

Wir könnten also sagen: Der Soldat muss genauso inhuman werden wie der »Feind«, den er in seinem Kopf erschaffen hat. Tatsächlich werden wir noch feststellen, dass in einigen Kulturen, selbst – oder gerade – in solchen, die den Krieg verherrlichen, das Bild des Kriegers ein Stück weit verdorben, schmutzig und angstbesetzt ist. Er ist gleichzeitig eine heroische Gestalt und ein notwendiges Übel, das gefürchtet und ausgesondert wird.

Unsere Beziehung zum Krieg ist also vielleicht deshalb so komplex, weil er eine relativ neue Entwicklung darstellt. Die

Jäger und Sammler konnten sich die organisierte Gewalt, die wir Krieg nennen, nicht leisten, weil dazu große Armeen, eine kontinuierliche Führung und ökonomische Ressourcen nötig sind, die ihnen bei weitem nicht zur Verfügung standen.[35] Archäologen haben Massengräber aus dieser Epoche gefunden, die zwar auf eine Art Massaker hindeuten,[36] aber es gibt wenig Hinweise darauf, dass die frühen Menschen regelmäßig gegeneinander kämpften.[37] Das menschliche Leben änderte sich allerdings von Grund auf um etwa 9000 v. u. Z., als die ersten Bauern im Vorderen Orient lernten, wie man wildes Getreide anbaut und lagert. Sie brachten Ernten ein, die wesentlich größere Bevölkerungsgruppen ernähren konnten, und bald produzierten sie sogar mehr Nahrungsmittel, als sie selbst brauchten.[38] In der Folge wuchs die Bevölkerung in einem solch hohen Maß, dass in einigen Regionen eine Rückkehr zum Leben als Jäger und Sammler unmöglich wurde. Zwischen etwa 8500 v. u. Z. und dem ersten Jahrhundert u. Z. – also in einer bemerkenswert kurzen Zeit, wenn man die vier Millionen Jahre der Menschheitsgeschichte zum Maßstab nimmt – vollzog der größte Teil der Menschheit überall auf der Erde und relativ unabhängig voneinander den Übergang zum Ackerbau. Mit dem Ackerbau kam die Zivilisation – und mit der Zivilisation der Krieg.

In unseren Industriegesellschaften blicken wir oft mit einer gewissen Nostalgie auf dieses Agrarzeitalter zurück und stellen uns vor, die Menschen hätten damals gesünder gelebt, erdverbundener und in Harmonie mit der Natur. Aber in der Anfangsphase war der Übergang zur Landwirtschaft eine traumatische Erfahrung. Die frühen Siedlungen waren starken Produktivitätsschwankungen ausgesetzt, die eine ganze Bevölkerung auslöschen konnten, und ihre Mythologie beschreibt den verzweifelten Kampf der ersten Bauern gegen Unfruchtbarkeit, Dürre und Hungersnot.[39] Zum ersten Mal im Leben der Menschheit war schwere körperliche Arbeit die Regel. Skelettfunde zeigen, dass die pflanzliche Ernährung Menschen hervorbrachte, die einen Kopf kleiner waren als die fleischessenden Jäger. Sie neigten zu Blutarmut, Infektionskrankheiten, fauligen Zähnen und

Knochenanomalien.[40] Die Erde wurde als Muttergottheit verehrt, ihre Fruchtbarkeit als Offenbarung erlebt. In Mesopotamien wurde sie Ishtar genannt, in Griechenland Demeter, in Ägypten trug sie den Namen Isis und in Syrien hieß sie Anat. Allerdings war sie kein tröstendes Wesen, sondern extrem gewalttätig. Mutter Erde verstümmelte regelmäßig und gleichermaßen Gefährten und Feinde – so wie das Getreide zu Mehl vermahlen und die Trauben zu einem einheitlichen Brei zerstoßen wurden. Landwirtschaftliche Gerätschaften wurden als Waffen dargestellt, die die Erde verwundeten, so dass die Felder zu Blutäckern wurden. Wenn Anat den Gott der Unfruchtbarkeit tötete, einen Gott mit Namen Mot, dann zerschnitt sie ihn mit einer rituellen Sichel in zwei Teile, strich ihn durch ein Sieb, zermahlte ihn in einer Mühle und verstreute sein zerstückeltes blutiges Fleisch auf den Feldern. Nachdem sie die Feinde Baals – des lebenspendenden Regengottes – niedergemetzelt hatte, schmückte sie sich mit roter Farbe und Henna, machte sich eine Kette aus den Händen und Köpfen ihrer Opfer und watete durch knietiefes Blut zum Siegesbankett.[41]

Diese gewalttätigen Mythen spiegeln die politischen Realitäten des Lebens in der Agrargesellschaft. Zu Beginn des 9. Jahrtausends v. u. Z. hatte die Siedlung in der Oase von Jericho im Jordantal dreitausend Einwohner – eine Zahl, die vor der Entwicklung der Landwirtschaft undenkbar gewesen wäre. Aber Jericho war eine Festung mit einer massiven Mauer, deren Bau Zehntausende von Arbeitsstunden erfordert haben muss.[42] In dieser trockenen Region müssen die reich gefüllten Vorratsspeicher der Stadt Jericho wie ein Magnet auf hungrige Nomaden gewirkt haben. So schuf die intensivierte Landwirtschaft Bedingungen, die alle Bewohner dieser wohlhabenden Kolonie in Gefahr bringen und ihr Nutzland in einen Blutacker verwandeln konnten. Jericho jedoch war etwas Besonderes: ein Wegweiser in die Zukunft. Die nächsten fünftausend Jahre wurde der Krieg noch nicht zum Problem, aber er war bereits eine Möglichkeit, und zu Beginn dieser Phase war organisierte Gewalt nicht mit Religion verknüpft, sondern mit organisiertem Diebstahl.[43]

Aber die Landwirtschaft brachte noch eine andere Art von Aggression hervor: eine institutionelle oder strukturelle Gewalt, die Menschen innerhalb der Gesellschaft in ein derartiges Elend und solche Unterdrückung zwingt, dass sie nicht mehr in der Lage sind, ihr Los zu verbessern. Diese systemische Unterdrückung ist als vielleicht »subtilste Form der Gewalt«[44] beschrieben worden. Nach Aussage des Weltrats der Kirchen ist sie dort vorherrschend, wo

Ressourcen und Macht ungleich verteilt und in den Händen einiger weniger konzentriert sind, die sie nicht dazu nutzen, die mögliche Selbstverwirklichung aller Mitglieder einer Gesellschaft zu erreichen, sondern Teile davon zur Befriedigung ihrer eigenen Bedürfnisse heranziehen oder dazu, andere Gesellschaften oder die unterprivilegierten Mitglieder der eigenen Gesellschaft zu beherrschen, zu unterdrücken und zu kontrollieren.[45]

Die Entwicklung einer agrarischen Zivilisation ließ diese systemische Gewalt zum ersten Mal in der Menschheitsgeschichte entstehen.

Die altsteinzeitlichen Gemeinschaften waren vermutlich egalitär, weil die Jäger und Sammler es sich gar nicht leisten konnten, eine privilegierte Klasse zu unterstützen, die an den Härten und Gefahren der Jagd nicht teilhatte.[46] Weil diese kleinen Gemeinschaften nahe am Subsistenzniveau lebten und keinen wirtschaftlichen Überfluss produzierten, war eine ungleiche Verteilung des Wohlstands unmöglich. Der Stamm konnte nur überleben, wenn alle Nahrungsmittel geteilt wurden. Herrschaft durch Zwang war kaum praktikabel, weil alle körperlich fähigen Männer über genau dieselben Waffen und Kampfmöglichkeiten verfügten. Anthropologen haben festgestellt, dass moderne Jäger-und-Sammler-Gesellschaften klassenlos sind und dass ihre Wirtschaft durch »eine Art Kommunismus«[47] charakterisiert ist. Sie schätzen Fertigkeiten und Eigenschaften wie Großzügigkeit, Freundlichkeit und Ausgeglichenheit, die der gesamten Gemeinschaft nützen.[48] Aber in Gesellschaften, die mehr produzieren, als sie brauchen, kann eine kleine Gruppe genau diesen Überschuss nutzen, um sich selbst zu bereichern, ein Gewaltmonopol zu errichten und den Rest der Bevölkerung zu beherrschen.

Wie wir im ersten Teil dieses Buches sehen werden, war diese systembedingte Gewalt ein Merkmal sämtlicher Agrargesellschaften. In den großen Reichen des Nahen Ostens, Chinas, Indiens und Europas, die von der Landwirtschaft abhängig waren, beraubte eine kleine Elite – nicht mehr als zwei Prozent der Bevölkerung – mit Hilfe weniger Steigbügelhalter die Bevölkerung systematisch ihrer Ernten, um die eigene aristokratische Lebensweise abzusichern. Historiker argumentieren allerdings, dass die Menschen ohne diese Ungerechtigkeit vielleicht nie über das Subsistenzniveau hinausgekommen wären, weil nur so eine privilegierte Klasse entstehen konnte, die die Zeit und die Mittel hatte, um jene Künste und Wissenschaften zu entwickeln, die ihrerseits Fortschritt möglich machten.[49] Alle vormodernen Zivilisationen übernahmen dieses Unterdrückungssystem, als gäbe es keine Alternative. Das hatte unvermeidliche Auswirkungen auf die Religion, die alles menschliche Tun durchdrang, selbst den Aufbau und die Verwaltung von Staaten. Wir werden in der Tat noch sehen, dass die Politik der vormodernen Zeit von der Religion gar nicht zu trennen war. Und wenn eine herrschende Elite eine ethische Tradition übernahm – Buddhismus, Christentum oder Islam –, dann übernahm in der Regel auch der Klerus die jeweilige Ideologie und unterstützte damit die strukturelle staatliche Gewalt.[50]

In Teil eins und zwei werden wir dieses Dilemma untersuchen. Krieg war eine notwendige Voraussetzung des Agrarstaats, er wurde durch Zwang ins Leben gerufen und durch militärische Aggression am Leben erhalten. Wenn das Land und die Bauern, die es bewirtschafteten, die Hauptquelle allen Wohlstands waren, dann konnte ein agrarisches Königreich seine Einnahmen nur durch Gebietseroberungen steigern. Das Mittel des Krieges war deshalb unverzichtbar für jede Agrargesellschaft.

Die herrschende Klasse musste ihre Kontrolle über die Bauerndörfer erhalten, das nutzbare Land gegen Angreifer verteidigen, noch mehr Land erobern und jedes Anzeichen von Ungehorsam rücksichtslos unterdrücken. Eine Schlüsselfigur in unserer Betrachtung dieser Geschichte ist der indische Kaiser Ashoka (268–223 v. u. Z.). Entsetzt über das Leid, das seine Armee über eine aufständische Stadt gebracht hatte, forderte er unermüdlich eine Ethik des Mitgefühls und der Toleranz, konnte aber seine Armee am Ende doch nicht auflösen. Kein Staat kann ohne seine Soldaten überleben. Und sobald die Staaten wuchsen und die Erfahrung von Krieg zu einem Menschenleben fest dazugehörte, schien eine noch größere Streitmacht, die militärische Macht eines Reiches, oft die einzige Möglichkeit zu sein, den Frieden zu bewahren.

Militärische Macht ist für den Aufstieg von Staaten und letztlich großen Reichen so wichtig, dass die Historiker den Militarismus für eine wichtige Phase der Zivilisation halten. Ohne disziplinierte, gehorsame und gesetzestreue Armeen, so sagen sie, wäre die menschliche Gesellschaft vermutlich auf einem primitiven Niveau mit sich endlos bekriegenden Horden verblieben.[51] Aber wie unser innerer Konflikt zwischen gewalttätigen und mitfühlenden Impulsen, so blieb auch der Widerspruch zwischen friedlichen Zielen und gewalttätigen Mitteln aufs Ganze gesehen ungelöst. Ashokas Dilemma ist das Dilemma der gesamten Zivilisation. Und auch die Religion geriet in dieses Tauziehen hinein. Da alle Staatsideologie der vormodernen Staaten religiös durchtränkt war, nahm der Krieg unvermeidlich sakrale Züge an. Tatsächlich hat jede größere Glaubenstradition die politische Gemeinschaft geprägt, in der sie entstanden ist. Keine Glaubenstradition ist zur »Weltreligion« geworden ohne die Förderung durch ein militärisch mächtiges Reich, und jede von ihnen hat eine imperiale Ideologie entwickelt.[52] Aber bis zu welchem Grad hat die Religion zur staatlichen Gewalt beigetragen, mit der sie so untrennbar verbunden war? Wie groß ist der Anteil an der Geschichte der menschlichen Gewalt, den wir der Religion selbst zuschreiben können? Die Antwort ist nicht so einfach, wie ein Großteil unseres öffentlichen Diskurses vermuten lässt.

Unsere heutige Welt ist in einem gefährlichen Maße polarisiert, und dies zu einer Zeit, da die Menschheit politisch, wirtschaftlich und elektronisch stärker vernetzt ist als je zuvor. Wenn wir die Herausforderung unserer Zeit bestehen und eine globale Gesellschaft errichten wollen, in der alle Völker in Frieden und gegenseitigem Respekt leben können, dann kommen wir nicht umhin, die Dinge sorgfältig zu betrachten. Vereinfachte Annahmen über den Charakter der Religion oder ihre Rolle in der Welt können wir uns nicht leisten. Was der amerikanische Wissenschaftler William T. Cavanaugh als »Mythos von der religiösen Gewalt«[53] bezeichnet, hat den Menschen im Westen in der frühen Phase der Modernisierung gute Dienste geleistet, aber in unserem globalen Dorf brauchen wir nuanciertere Sichtweisen, um unsere missliche Lage besser zu verstehen.

Dieses Buch konzentriert sich weitgehend auf die abrahamitischen Traditionen des Judentums, des Christentums und des Islam, weil sie im Moment im Rampenlicht stehen. Aber nachdem es eine sehr weit verbreitete Überzeugung gibt, dass der Monotheismus, also der Glaube an einen einzigen Gott, besonders stark zu Gewalt und Intoleranz neige, werde ich im ersten Teil meiner Ausführungen Vergleiche heranziehen. Am Beispiel der Traditionen, die den abrahamitischen Glaubensrichtungen vorangingen, werden wir nicht nur sehen, wie unabdingbar militärische Gewalt und Religion für den vormodernen Staat waren, sondern auch, dass es immer Menschen gab, die unter dem Dilemma der notwendigen Gewalt litten und »religiöse« Mittel gegen aggressive Impulse und mitfühlendere Zielsetzungen gefordert haben.

Es würde mehr als ein Leben brauchen, um alle Fälle religiös formulierter Gewalt zu analysieren, aber wir werden einige der wichtigsten in der langen Geschichte der abrahamitischen Religionen erforschen, darunter den heiligen Krieg Josuas, den Ruf zum Dschihad, die Kreuzzüge, die Inquisition und die europäischen Religionskriege. Es wird sich zeigen, dass die Menschen der Vormoderne in religiösen Begriffen dachten, wenn sie sich politisch betätigten, und dass ihr Glaube die Suche nach Sinn in dieser Welt in einer Weise prägte, die uns heute fremd geworden ist. Aber damit ist die Geschichte noch nicht zu Ende. Ein Werbeslogan der Post in Großbritannien lautet: »The weather does a lot of different things and so does the Post Office.« So ist es auch mit der Religion. In der Geschichte der Religionen war der Kampf um Frieden genauso wichtig wie der heilige Krieg. Religiöse Menschen haben alle möglichen genialen Methoden entwickelt, um mit dem aggressiven Machismo des Reptiliengehirns zurechtzukommen, um Gewalt zu umgehen und respektvolle, lebensfördernde Gemeinschaften aufzubauen. Aber ähnlich wie Ashoka, der sich gegen den systemischen Militarismus des Staates stellte, konnten sie die Gesellschaften, in denen sie lebten, nicht von Grund auf verändern. Im besten Fall gelang es ihnen, einen Weg aufzuzeigen, um freundlichere, mitfühlendere Formen des Zusammenlebens für die Menschen zu entwickeln.

Wenn wir uns im dritten Teil des Buchs der Moderne widmen, werden wir natürlich die Welle der Gewalt während der achtziger Jahre untersuchen, die religiös begründet war und später in der Schreckenstat des 11. September 2001 ihren Höhepunkt fand. Wir werden aber auch den Siegeszug des Säkularismus betrachten, der trotz all seiner vielfältigen Vorteile nicht immer eine friedliche Alternative zur religiösen Staatsideologie angeboten hat. Denn die Philosophien der frühen Neuzeit, die den Versuch unternahmen, Europa nach dem Dreißigjährigen Krieg zu befrieden, offenbaren ihrerseits ausgesprochen rücksichtslose Züge, vor allem wenn sie sich mit den dunklen Seiten der säkularen Moderne beschäftigten, einer Epoche, die sie als eher befremdend denn als stärkend und befreiend erlebten. Der Grund dafür liegt in der Tatsache, dass der Säkularismus die Religion nicht abschaffte, sondern Ersatzreligionen schuf. Unser Verlangen nach einem letzten Sinn ist so tief in uns angelegt, dass unsere säkularen Institutionen, vor allem der Nationalstaat, fast zwangsläufig eine »religiöse« Aura annehmen – auch wenn es ihnen weniger als den Religionen der Antike gelingt, Menschen bei der Auseinandersetzung mit den grausamsten Realitäten der menschlichen Existenz, auf die es keine einfachen Antworten gibt, behilflich zu sein.

Doch der Säkularismus ist bei weitem nicht das Ende der Geschichte. In einigen Gesellschaften, die versucht haben, einen Weg in die Moderne zu finden, hat er lediglich die Religion beschädigt und die Seelen von Menschen verletzt, die nicht darauf vorbereitet waren, aus Lebens- und Denkweisen herausgerissen zu werden, die ihnen immer eine Stütze gewesen waren.

So leckt der Sündenbock in der Wüste seine Wunden und kehrt mit all seinem schwelenden Groll zurück in die Stadt, aus der er vertrieben wurde.

Teil 1
Anfänge

1

Bauern und Hirten

Gilgamesch, der legendäre fünfte König von Uruk, galt als der »stärkste der Männer, riesig, schön, strahlend, vollkommen«[1]. Es heißt, er habe alles gesehen, sei bis zu den Enden der Erde gereist, habe die Unterwelt besucht und große Weisheit erlangt. Im frühen dritten Jahrtausend v. u. Z. war Uruk, das im heutigen Südirak lag, der größte Stadtstaat im Staatenbund von Sumer, der ersten Zivilisation der Welt. Der Dichter Sin-leqi, der seine Version von Gilgameschs bemerkenswertem Leben um 1200 v. u. Z. aufschrieb, platzte noch vor Stolz über die Tempel, Paläste, Gärten und Läden der Stadt. Aber er beginnt und beendet sein Epos mit einer überschwenglichen Beschreibung der großartigen, sechs Meilen langen Stadtmauer, die Gilgamesch für sein Volk wiedererrichtet hatte. »Geht auf der Mauer von Uruk!«, drängt Sin-leqi seine Leser voller Begeisterung. »Folgt ihrem Weg rund um die Stadt, betrachtet ihre mächtigen Fundamente, untersucht die Ziegel und wie meisterhaft sie gebaut ist.«[2] Diese phantastische Stadtbefestigung zeigte, dass der Krieg im Leben der Menschen schon gegenwärtig geworden war – allerdings nicht als Ergebnis einer zwangsläufigen Entwicklung. Hunderte von Jahren hatte Sumer keinerlei Notwendigkeit gesehen, seine Städte vor Angriffen von außen zu schützen. Gilgamesch jedoch, der vermutlich um 2750 v. u. Z. regierte, war eine neue Art sumerischer König: »Ein wilder Stier von einem Mann, ein unbesiegter Führer, Held der vordersten Schlachtreihe, geliebt von seinen Soldaten. *Festung* nannten sie ihn, *Beschützer des Volkes, rasende Flut, die alle Verteidigungslinien zerstört.*«[3] Trotz seiner Leidenschaft für Uruk musste Sin-leqi zugeben, dass die Zivilisation auch unschöne Seiten hatte. Die Dichter hatten schon kurz nach Gilgameschs Tod damit begonnen, seine

Geschichte zu erzählen, weil es eine archetypische Geschichte ist, eine der ersten schriftlichen Aufzeichnungen vom »Weg des Helden«.[4] Aber diese Geschichte ringt auch mit der unausweichlichen strukturellen Gewalt des zivilisierten Lebens. Denn das Volk von Uruk – unterdrückt, verarmt und elend – bat die Götter, es vor Gilgameschs Tyrannei zu retten:

Die Stadt ist sein Besitz, er stolziert
hindurch, voll Arroganz, den Kopf erhoben,
trampelt ihre Bürger nieder wie ein wilder Stier.
Er ist der König, er tut, was ihm gefällt.
Verfolgt die jungen Männer von Uruk ohne Urteil.
Gilgamesch lässt keinen Sohn frei zu seinem Vater gehen.[5]

Diese jungen Männer wurden wohl für die Arbeitstrupps zwangsverpflichtet, die die Stadtmauer errichteten.[6] Das Leben in der Stadt wäre nicht möglich gewesen ohne die skrupellose Ausbeutung der großen Bevölkerungsmehrheit. Gilgamesch und der sumerische Adel lebten in bis dahin unbekanntem Prunk, aber für die bäuerlichen Massen brachte ihre Herrschaft nichts als Elend und Unterdrückung.

Die Sumerer waren wohl das erste Volk, das die Ernteüberschüsse der Gemeinschaft privatisierte und eine privilegierte herrschende Klasse hervorbrachte. Das war nur mit Gewalt möglich. Um 5000 v. u. Z. waren die ersten wagemutigen Siedler in die fruchtbare Ebene zwischen den Flüssen Tigris und Euphrat gezogen.[7] Der Boden dort war jedoch zu trocken für den Ackerbau, so dass sie ein Bewässerungssystem entwickelten, um das Schmelzwasser von den Bergen, das die Ebene jedes Jahr überflutete, zu kontrollieren und zu verteilen. Das war eine außerordentliche Leistung. In einer gemeinsamen Anstrengung mussten Kanäle und Deiche geplant, entworfen und erhalten werden, und das Wasser musste gerecht zwischen den wetteifernden Gemeinschaften aufgeteilt werden. Das neue System fing vermutlich klein an, führte aber bald zu einem dramatischen Anstieg der landwirtschaftlichen Produktion und damit zu seiner Bevölkerungsexplosion.[8] Um 3500 zählte das Volk der Sumerer eine halbe Million Seelen – eine bis dahin undenkbare Zahl. Nun wurde eine starke Führung unabdingbar, aber bis heute ist nicht klar, was diese einfachen Bauern zu Stadtbewohnern machte. Vermutlich war es eine ganze Reihe von miteinander verbundenen, sich gegenseitig verstärkenden Faktoren: das Bevölkerungswachstum, eine bisher ungekannte Fruchtbarkeit der Landwirtschaft und die intensive Arbeit an der Bewässerung – ganz zu schweigen von schlichtem menschlichem Ehrgeiz – trugen zur Herausbildung einer neuen Gesellschaftsform bei.[9]

Was wir sicher wissen, ist nur dies: Um 3000 v. u. Z. gab es zwölf Städte in der Ebene von Mesopotamien, die alle von den Ernten der Bauern in dieser Region lebten. Diese Bauern betrieben Subsistenzwirtschaft. Jedes Dorf musste seine gesamte Ernte in der Stadt abliefern, der es diente; Beamte sorgten dafür, dass die Bauern einen Teil davon zum Leben bekamen, der Rest wurde in den Tempeln der Stadt für den Adel gelagert. Auf diese Weise sicherten sich einige wenige große Familien mit Hilfe ihrer Gefolgsleute – Bürokraten, Soldaten, Kaufleute und Hausdiener – die Hälfte bis zwei Drittel des Ertrags.[10] Diesen Überschuss nutzten sie, um ein ganz anderes Leben zu führen, frei für vielfältige Beschäftigungen, die Muße und Wohlstand voraussetzten. Im Gegenzug sorgten sie für das Bewässerungssystem und ein gewisses Maß an Recht und Ordnung. Alle vormodernen Staaten fürchteten die Anarchie: Eine einzige Missernte durch Dürre oder soziale Unruhen konnte Tausende von Menschen das Leben kosten, und so war für die Elite klar, dass das System der gesamten Bevölkerung nützte.

Die Bauern freilich, die man um die Früchte ihrer Arbeit brachte, waren kaum mehr als Sklaven: Sie pflügten, ernteten, gruben Bewässerungskanäle, wurden unterdrückt und lebten im Elend. Die harte Arbeit auf den Feldern saugte ihnen das Mark aus den Knochen. Wenn ihre Aufseher nicht zufrieden waren, schossen sie den Bauern die Zugtiere lahm oder fällten ihre Olivenbäume.[11] Hier und da sind bruchstückhafte Aufzeichnungen über die Not der Bauern erhalten:»Der Arme ist tot besser dran als lebendig«, klagt einer von ihnen.[12]»Ich bin ein Vollbluthengst«, beschwert sich ein anderer,»aber man hat mich zum Maultier gemacht, und ich muss den Karren ziehen, mit Kraut und Stoppeln beladen.«[13]

Sumer hatte ein System struktureller Gewalt entwickelt, wie es in jedem Agrarstaat bis in die Moderne hinein vorherrschen sollte, also bis zu dem Zeitpunkt, da die Landwirtschaft als wirtschaftliche Grundlage der Zivilisation an Bedeutung verlor.[14] Symbol der rigiden sumerischen Hierarchie waren die Zikkurats: riesige stufenförmige Tempeltürme, die zum Markenzeichen der Zivilisation in Mesopotamien wurden. Auch die sumerische Gesellschaft bestand aus nach oben zunehmend kleiner werdenden sozialen Schichten, die in eine adelige Spitze mündeten und jedem Individuum seinen unverrückbaren Platz zuwiesen.[15] Historiker argumentieren freilich, ohne diese grausame Ordnung, die der großen Mehrheit der Bevölkerung Gewalt antat, hätten die Menschen niemals die Künste und Wissenschaften entwickelt, die Fortschritt erst möglich machen. Die Zivilisation selbst brauchte eine freigestellte Schicht von Menschen, die sie kultivierte, und so bauten die besten Errungenschaften der Menschheit jahrtausendelang auf dem Rücken ausgebeuteter Bauern auf. Es ist kein Zufall, dass die Sumerer die Schrift erfanden, um sie als Mittel der sozialen Kontrolle einzusetzen.

Welche Rolle spielte aber die Religion in dieser schändlichen Unterdrückung? Alle politischen Gemeinschaften entwickeln Ideologien, die ihre Institutionen mit der natürlichen Ordnung begründen, wie sie sie wahrnehmen.[16] Die Sumerer wussten, wie empfindlich ihr bahnbrechendes städtisches Experiment war. Ihre Gebäude aus Lehmziegeln brauchten ständige Pflege; Euphrat und Tigris traten oft über die Ufer und vernichteten die Ernten; Wolkenbrüche verwandelten den Boden in Schlamm, und schreckliche Stürme zerstörten Besitz und töteten das Vieh. Aber die Angehörigen des Adels hatten begonnen, die Gestirne zu beobachten, und dabei wiederkehrende Muster in den Bewegungen der Himmelskörper entdeckt. Sie staunten darüber, wie die verschiedenen Elemente der natürlichen Welt zusammenwirkten, um ein stabiles Universum zu erhalten, und sie vermuteten, der Kosmos selbst müsse eine Art Staat sein, in dem jedes Ding seine feste Aufgabe hatte. Wenn sie nun ihre Städte nach dieser himmlischen Ordnung einrichteten, so dachten sie, dann stünde ihr Gesellschaftsexperiment in Einklang mit der Welt und würde deshalb gedeihen und die Zeit überdauern.[17]

Der kosmische Staat, so glaubten sie, wurde von Göttern regiert, die untrennbar mit den Naturkräften verbunden waren, sich ihrem Charakter nach also vollkommen von dem Gott unterschieden, den Juden, Christen und Muslime heute verehren. Diese Gottheiten konnten keine Ereignisse beeinflussen, sondern waren an dieselben Gesetze gebunden wie die Menschen, Tiere und Pflanzen. Es gab auch keinen großen existenziellen Abstand zwischen Mensch und Gott – Gilgamesch war beispielsweise zu einem Drittel menschlich und zu zwei Dritteln göttlich.[18] Die Anunnaki, die höheren Götter, entsprachen in ihrem vollkommenen und wirkungsvollsten Selbst den Adeligen – von den Menschen unterschieden sie sich lediglich durch ihre Unsterblichkeit. Die Sumerer stellten sich vor, dass diese Götter mit Stadtplanung, Bewässerung und Regierung ebenso beschäftigt waren wie sie selbst. Anu, der Himmelsgott, regierte diesen archetypischen Staat von seinem himmlischen Palast aus, aber seine Gegenwart machte sich auch in jeder irdischen Autorität bemerkbar. Enlil, der Herr des Sturms, offenbarte sich nicht nur in den verheerenden Gewittern Mesopotamiens, sondern auch in jeder Art menschlicher Macht und Gewalt. Er war Anus oberster Ratgeber im Rat der Götter (dessen Abbild die sumerische Ratsversammlung war) – Enki, der den Menschen die Kunst der Zivilisation gebracht hatte, war eine Art Landwirtschaftsminister.

Jeder Staat – selbst unsere heutigen säkularen Nationalstaaten – beruht auf einem Mythos, der den besonderen Charakter und die Aufgabe des Staates bestimmt. Das Wort »Mythos« hat in der Moderne jedoch an Kraft verloren und wird heute so verstanden, als bezeichnete es etwas Unwahres, nie Geschehenes.

In der vormodernen Welt jedoch war die Mythologie Ausdruck einer zeitlosen, nicht so sehr einer historischen Wirklichkeit und stellte die Blaupause für das Handeln in der Gegenwart zur Verfügung.[19] In Bezug auf diese frühe geschichtliche Phase, aus der uns nur spärliche archäologische und historische Aufzeichnungen überliefert sind, ist die schriftlich bewahrte Mythologie unser einziger Zugang zum Denken der Sumerer. Für diese Pioniere der Zivilisation war der Mythos eines kosmischen Staates eine Übung in politischer Wissenschaft. Die Sumerer wussten, dass ihre gegliederte Gesellschaft in erschreckender Weise von der egalitären Norm abwich, die seit unvordenklichen Zeiten galt, aber sie waren auch überzeugt davon, dass sie in irgendeiner Weise in der Natur der Dinge aufgehoben war und dass selbst die Götter an sie gebunden waren. Lange bevor Menschen überhaupt existiert hatten, so sagten sie, hatten Götter in den Städten Mesopotamiens gelebt, die Felder bewirtschaftet und das Bewässerungssystem betrieben.[20] Nach der großen Flut hatten sie sich von der Erde in den Himmel zurückgezogen und die sumerische Aristokratie dazu bestimmt, an ihrer Stelle die Städte zu regieren. Diese herrschende Schicht war ihren göttlichen Herren rechenschaftspflichtig, und sie hatte keine andere Wahl, als zu gehorchen.

Die politischen Einrichtungen der Sumerer folgten der ewigen Philosophie und ahmten die Einrichtungen ihrer Götter nach. Auf diese Weise, so glaubten sie, versetzten sie ihre fragilen Städte in die Lage, an der Kraft des Göttlichen teilzuhaben. Jede Stadt besaß ihre eigene Schutzgottheit und war im persönlichen Besitz des jeweiligen Gottes.[21] Der herrschende Gott lebte, repräsentiert durch eine lebensgroße Statue, im Haupttempel, umgeben von seiner Familie und einem ganzen Hofstaat mit göttlichen Bediensteten und Sklaven, die ebenfalls durch Standbilder dargestellt wurden und in einer Reihe von Räumen im Tempel lebten. Mit ausgefeilten Ritualen wurden die Götter ernährt, gekleidet und unterhalten, und jeder Tempel unterhielt riesige Flächen Ackerland und große Viehherden in ihrem Namen. Jeder Mensch in dem Stadtstaat, so untergeordnet seine

Tätigkeit auch sein mochte, stand im Dienst der Götter. Die Menschen waren mit dem Tempelritus beschäftigt, arbeiteten in ihren Brauereien, Manufakturen und Werkstätten, fegten ihre Schreine, hüteten und schlachteten ihre Tiere, buken ihr Brot und kleideten ihre Statuen. Im mesopotamischen Staat war nichts Säkulares, und an dessen Religion war nichts Persönliches. Es war eine Theokratie, in der jeder – vom höchsten Aristokraten bis zum niedrigsten Handwerker – eine heilige Handlung vollführte.

Die mesopotamische Religion war ihrem Wesen nach gemeinschaftlich ausgerichtet. Männer und Frauen suchten die Begegnung mit dem Heiligen nicht nur in der Stille ihres Herzens, sondern in erster Linie in einer heiligen Gemeinschaft. Die vormoderne Religion existierte nicht als abgegrenzte Institution; sie war eingebettet in die politischen, sozialen und häuslichen Einrichtungen einer Gesellschaft, die sie mit einem alles überwölbenden Sinn versorgte. Ihre Ziele, Sprache und Rituale wurden von diesen weltlichen Überlegungen bestimmt. Indem sie das Muster für die Gesellschaft bereitstellte, war die religiöse Praxis Mesopotamiens wohl das genaue Gegenteil unserer modernen Vorstellung von »Religion« als privatem spirituellem Erlebnis: Sie war ihrem Wesen nach eine politische Beschäftigung, und es gibt auch keine Überlieferungen irgendeiner persönlichen Frömmigkeitspraxis.[22] Die Tempel der Götter waren nicht nur Orte der Verehrung, sondern von größter Bedeutung für die Wirtschaft, weil dort alle Überschüsse aus der Landwirtschaft gelagert wurden. Die Sumerer hatten kein Wort für »Priester«: die Aristokraten, die auch die Verwaltungsbeamten, Dichter und Astronomen der Stadt stellten, dienten dem Kult. Das entsprach ihrem Selbstverständnis, denn für sie war jegliches Tun – auch und gerade politisches Tun – heilig.

Dieses ausgefeilte System war nicht nur einfach eine heuchlerische Rechtfertigung für die strukturelle staatliche Gewalt, sondern in erster Linie ein Versuch, diesem kühnen, höchst problematischen menschlichen Experiment einen Sinn zu geben. Die Stadt war das größte Artefakt der Menschheit: künstlich, verletzlich und abhängig von institutionalisierter gemeinsamer Anstrengung. Zivilisation fordert Opfer, und die Sumerer mussten sich selbst davon überzeugen, dass der Preis, den sie von den Bauern verlangten, notwendig und letztlich die Sache wert war. Indem sie für sich in Anspruch nahmen, dass ihr System der Ungleichheit mit den grundlegenden Gesetzen des Kosmos im Einklang stand, fanden die Sumerer den mythischen Ausdruck für eine unwiderrufliche politische Realität. Und dahinter schien ein eisernes Gesetz zu stehen, für das es keine Alternative gab. Bis zum Ende des 15. Jahrhunderts u. Z. etablierten sich im Nahen Osten, in Süd- und Ostasien, Nordafrika und Europa Agrargesellschaften, und in jeder einzelnen – sei es in Indien, Russland, der Türkei, der Mongolei, dem Vorderen Orient, in China, Griechenland oder Skandinavien – beutete die Aristokratie die Bauern aus, genauso wie es die Sumerer getan hatten. Ohne diese aristokratische Gewalt hätte man die Bauern niemals dazu zwingen können, einen Überschuss zu erwirtschaften, weil das Bevölkerungswachstum immer mit dem Zuwachs an Produktivität Schritt gehalten hätte. So schrecklich es klingen mag: Indem die Massen dazu gezwungen wurden, auf Subsistenzebene zu leben, hielt die Aristokratie das Bevölkerungswachstum in Schach und machte den Fortschritt der Menschheit erst möglich. Hätte man den Bauern ihre Überschüsse nicht genommen, dann hätte es keine wirtschaftlichen Ressourcen gegeben, um die Techniker, Wissenschaftler, Erfinder, Künstler und Philosophen zu unterstützen, die unsere moderne Zivilisation irgendwann ins Leben riefen.[23] Bereits der amerikanische Trappistenmönch Thomas Merton sagte: Wir alle haben von der strukturellen Gewalt profitiert, die vor mehr als fünftausend Jahren großes Leid über die Mehrheit der Menschen brachte.[24] Und der Philosoph Walter Benjamin stellte fest: »Es ist niemals ein Dokument der Kultur, ohne zugleich ein solches der Barbarei zu sein.«[25]

Die Herrscher der Agrargesellschaft betrachteten den Staat als ihr Privateigentum und fühlten sich berechtigt, ihn zu ihrer persönlichen Bereicherung auszubeuten. Es gibt keinerlei historische Aufzeichnungen, die darauf hindeuten, dass diese Herrscher irgendeine Verantwortung für ihre Bauern empfanden.[26] Oder wie die Menschen im Gilgamesch-Epos klagten: »Die Stadt ist in seinem Besitz ... Er ist der König, er tut, was er will.« Allerdings unterstützte die sumerische Religion diese Ungleichheit nicht ohne Einschränkung. Als die Götter die Klagen hörten, riefen sie Anu zu: »Gilgamesch, so edel und großartig er ist, hat alle Grenzen überschritten. Die Menschen leiden unter seiner Tyrannei ... Willst du, dass dein König so regiert? Soll der Hirte seine eigene Herde zerfleischen?«[27] Anu schüttelte den Kopf, konnte das System aber nicht ändern.

Das Erzählgedicht *Atrahasis* (um 1700 v. u. Z.) ist in der mythischen Periode angesiedelt, in der die Götter noch in Mesopotamien lebten und »an Stelle der Menschen die Arbeit taten«, auf der die Zivilisation beruhte.[28] Der Dichter erklärt, dass die Anunnaki, die Angehörigen der göttlichen Aristokratie, die Igigi, also die niedrigeren Götter, dazu zwangen, eine viel zu große Last zu tragen: Dreitausend Jahre lang pflügten und bebauten sie die Felder und gruben Bewässerungskanäle – sie mussten sogar die Flussbetten von Euphrat und Tigris ausheben. »Tag und Nacht stöhnten sie und beschuldigten sich gegenseitig«, aber die Anunnaki kümmerten sich nicht darum.[29] Schließlich versammelte sich eine zornige Menge vor Enlils Palast: »Jeder Einzelne von uns Göttern hat euch den Krieg erklärt. Wir graben nicht mehr!«, riefen sie. »Die Last ist zu groß, sie bringt uns um!«[30] Enki, der »Landwirtschaftsminister«, stimmte ihnen zu. Das System war grausam und unerträglich, und die Anunnaki hatten kein Recht, die Plage der Igigi zu missachten. »Ihre Arbeit war zu schwer, ihre Mühe zu groß! Jeden Tag hallte die Erde davon wider. Die Warnsignale waren laut genug!«[31] Aber wenn niemand mehr produktiv arbeitete, würde die Zivilisation zusammenbrechen, also befahl Enki der Muttergöttin, Menschen zu erschaffen, die den Platz der Igigi einnehmen sollten.[32] Auch für die Mühen ihrer menschlichen Arbeiter empfanden die Götter keine Verantwortung. Die schuftenden Massen durften ihre privilegierte Existenz nicht stören, und als die Menschen so zahlreich wurden, dass ihr Lärm die göttlichen Herren nicht schlafen ließ, beschlossen die Götter ganz einfach, die Bevölkerung durch eine Seuche zu dezimieren. Drastisch beschreibt der Dichter ihr Leiden:

Ihre Gesichter mit Geschwüren bedeckt, wie Malz,
bleich sahen sie aus,
gingen gebeugt umher,
ihre breiten Schultern zusammengefallen,
ihre aufrechte Haltung zerbrochen.[33]

Aber auch diesmal entging die Grausamkeit der Aristokratie nicht der Kritik: Enki, den der Dichter als »weitsichtig« bezeichnet, setzte seinen Göttergefährten tapferen Widerstand entgegen und erinnerte sie daran, dass ihr Leben von den menschlichen Sklaven abhing.[34] Widerwillig erklärten sich die Anunnaki bereit, sie zu schonen, und zogen sich in die friedliche Stille des Himmels zurück. Dies war der mythische Ausdruck für eine harte soziale Realität: Die Kluft zwischen Adel und Bauern war so groß geworden, dass sie wirklich in unterschiedlichen Welten lebten.

Das *Atrahasis* war wohl für den öffentlichen Vortrag gedacht, und die Geschichte scheint auch mündlich überliefert worden zu sein.[35] Bruchstücke des Textes aus tausend Jahren sind gefunden worden, die Erzählung scheint also auch weit verbreitet gewesen zu sein.[36] Die Schrift, ursprünglich erfunden, um der strukturellen Gewalt der Sumerer zu dienen, hatte angefangen, auch die Unruhe der nachdenklicheren Mitglieder der herrschenden Klasse aufzuzeichnen. Die konnten zwar auch keine Lösung für das Dilemma der Zivilisation finden, versuchten aber wenigstens, das Problem direkt zu betrachten. Wir werden noch sehen, dass auch andere – Propheten, Weise und Mystiker – ihre Stimme zum Protest erhoben und versuchten, eine gerechtere Form des menschlichen Zusammenlebens zu finden.

* * *

Das Gilgamesch-Epos spielt in der Mitte des 3. Jahrtausends, als Sumer militarisiert worden war, und deshalb begreift es kriegerische Gewalt als Zeichen der Zivilisation.[37] Als die Menschen die Götter um Hilfe anflehten, versuchte Anu, ihr Leiden zu lindern, indem er Gilgamesch einen ebenbürtigen Gegner zuführte, mit dem er kämpfen sollte, um so einen Teil seiner überschüssigen Aggressivität abzubauen. Die Muttergöttin erschuf Enkidu, den Urmenschen. Er war riesengroß, behaart und sehr stark, aber er war auch eine sanfte, freundliche Seele, die glücklich mit den pflanzenfressenden Tieren umherwanderte und sie vor Raubtieren schützte. Um jedoch Anus Plan zu erfüllen, musste sich Enkidu vom friedlichen Barbaren in einen aggressiven Zivilisationsmenschen verwandeln. Die Priesterin Shamhat übernahm die Aufgabe, ihn zu unterrichten, und unter ihrer Obhut lernte Enkidu zu denken, Sprache zu verstehen und menschliche Nahrung zu sich zu nehmen. Seine Haare wurden geschnitten, er wurde mit süßem Öl eingerieben, und schließlich »verwandelte er sich in einen Menschen. Er zog Kleidung an und wurde wie ein Krieger.«[38] Der zivilisierte Mann war seinem Wesen nach ein Mann des Krieges, randvoll mit Testosteron. Als Shamhat Gilgameschs militärisches Können erwähnte, wurde Enkidu bleich vor Zorn. »Bringt mich zu Gilgamesch!«, rief er und schlug sich an die Brust. »Ich will es ihm ins Gesicht schreien: Ich bin der Mächtigste! Ich bringe die Welt zum Zittern! Ich bin der Höchste!«[39] Und sobald diese beiden Alpha-Männchen sich zu Gesicht bekamen, begannen sie einen Ringkampf, taumelten durch die Straßen von Uruk, die wirbelnden Gliedmaßen in einer fast erotischen Umarmung verschlungen, bis sie schließlich genug davon hatten, »sich küssten und Freunde wurden«.[40]

Inzwischen hatte die mesopotamische Aristokratie begonnen, ihr Einkommen durch Kriege aufzubessern, und so kündigt Gilgamesch dann auch schon im nächsten Kapitel an, er werde eine Gruppe von fünfzig Männern in den Zedernwald begleiten, den der grausige Drache Humbaba bewacht, um sein kostbares Holz nach Sumer zu bringen. Vermutlich kamen die mesopotamischen Städte durch solche räuberischen Kriegszüge zur Herrschaft über das nördliche Hochland, das reich an Luxusgütern war, wie sie die Adligen liebten.[41] Schon seit längerer Zeit waren ihre Kaufleute nach Afghanistan, ins Industal und in die heutige Türkei ausgezogen, um Holz, seltene und wichtige Metalle sowie Edelsteine und Halbedelsteine mitzubringen.[42] Für einen Aristokraten wie Gilgamesch jedoch war die einzig edle Art, an diese seltenen Rohstoffe heranzukommen, der gewaltsame Raub. In sämtlichen späteren Agrarstaaten unterschied sich die Aristokratie vom Rest der Bevölkerung dadurch, dass sie überleben konnte, ohne zu arbeiten.[43] Der Kulturhistoriker Thorstein Veblen hat erklärt, dass in solchen Gesellschaften »Arbeit ... mit Schwäche und Unterwerfung gleichgesetzt wurde«. Arbeit, selbst der Handel, war nicht nur »anrüchig ... sondern *moralisch* unmöglich für einen edlen, freigeborenen Mann«.[44] Und weil der Aristokrat seine Privilegien der gewaltsamen Ausbeutung des landwirtschaftlichen Überschusses verdankte, »wurde das Aneignen von Gütern, sofern es nicht durch Raub erfolgte, als unehrenhaft betrachtet.«[45]

So war für Gilgamesch der organisierte Diebstahl im Zuge eines Krieges nicht nur edel, sondern moralisch. Er unternahm seine Kriegszüge nicht nur um seiner persönlichen Bereicherung willen, sondern im Interesse der Menschheit. »Wir müssen jetzt in den Zedernwald ziehen, wo das wilde Ungeheuer Humbaba lebt«, verkündete er wichtigtuerisch. »Wir müssen ihn töten und das Böse aus der Welt vertreiben.«[46] Für den Krieger ist der Gegner immer ein Ungeheuer, eine Antithese zu allem Guten. Aber wir sehen deutlich, dass der Dichter diesem Kriegszug jede religiöse oder ethische Rechtfertigung versagt. Die Götter waren dagegen. Enlil hatte Humbaba ausdrücklich dazu bestimmt, den Wald gegen derartige Raubzüge zu verteidigen. Gilgameschs Mutter, die Göttin Ninsun, war entsetzt über den Plan und machte zuerst Shamash, dem Sonnengott und Gilgameschs Herrn, Vorwürfe, weil er ihrem Sohn diese widerwärtige Idee in den Kopf gesetzt hatte. Als er jedoch befragt wurde, schien Shamash nichts davon zu wissen.

Selbst Enkidu war zunächst gegen diesen Krieg. Humbaba, so argumentierte er, war nicht böse, er hatte eine ökologisch wichtige Aufgabe für Enlil übernommen, und dass er Eindringlingen Angst einjagte, war Teil seines Jobs. Aber Gilgamesch ließ sich durch den aristokratischen Ehrenkodex blenden.[47] »Warum sprichst du wie ein Feigling, lieber Freund?«, reizte er Enkidu. »Wenn ich bei diesem großen Abenteuer im Wald mein Leben lasse, wirst du dich dann nicht schämen, wenn die Leute sagen: ›Gilgamesch hat den Heldentod erlitten, als er das Ungeheuer Humbaba bekämpfte. Und wo war Enkidu? Er saß zu Hause.‹«[48] Gilgamesch wurde also nicht von den Göttern oder schlichter Gier zum Kampf getrieben, sondern durch seinen Stolz. Er war besessen von dem Gedanken kriegerischer Ehre und von der Sehnsucht, wegen seines Muts und seiner Tapferkeit über den Tod hinaus berühmt zu sein. »Wir sind Sterbliche«, erinnerte er Enkidu:

Nur die Götter leben ewig. Unsere Tage
sind gezählt, und was wir erreichen,
ist nur ein Windhauch. Warum sollen wir uns also fürchten,
wenn der Tod doch früher oder später kommen muss? …
Aber ob du mitkommst oder nicht,
ich werde den Baum fällen, ich werde Humbaba töten,
ich werde mir einen Namen machen,
ich werde meinen Ruhm für immer ins Gedächtnis
der Menschheit eingraben.[49]

Gilgameschs Mutter machte sein »rastloses Herz« für das idiotische Projekt verantwortlich.[50]

Eine Klasse, die nicht arbeiten muss, hat viel Zeit zur Verfügung; Pacht eintreiben und das Bewässerungssystem überwachen war eine zahme Arbeit für einen Typus Mensch, der als unerschrockener Jäger geboren worden war. Das Gedicht weist darauf hin, dass die jungen Männer schon gegen die Trivialität des zivilen Lebens rebellierten und dass deshalb, wie Chris Hedges erklärt, so viele ihren Lebenssinn auf dem Schlachtfeld suchten.

Mit einem tragischen Ergebnis. In jedem Krieg kommt der Augenblick, in dem die schreckliche Wahrheit den Glamour überstrahlt.[51] Humbaba erwies sich als ein sehr vernünftiges Ungeheuer: Er bat um sein Leben und bot Gilgamesch und Enkidu so viel Wald an, wie sie haben wollten. Trotzdem schlugen sie ihn brutal in Stücke. Danach fiel ein sanfter Regen, als betrauerte die Natur diesen sinnlosen Tod.[52] Die Götter zeigten ihr Missfallen, indem sie Enkidu mit einer tödlichen Krankheit schlugen, und Gilgamesch wurde gezwungen, sich mit seiner eigenen Sterblichkeit auseinanderzusetzen. Unfähig, sich den Folgen des Krieges zu stellen, wandte er sich von der Zivilisation ab, zog unrasiert durch die Wildnis und stieg sogar in die Unterwelt hinab, um ein Mittel gegen den Tod zu finden. Am Ende war er müde und resigniert gezwungen, die Grenzen des menschlichen Daseins zu akzeptieren und nach Uruk zurückzukehren. Als er den Stadtrand erreichte, machte er seine Gefährten auf die große Mauer aufmerksam, die die Stadt umgab: »Schaut euch das Land an, das sie umgibt, die Palmen, Gärten, Obstgärten, die großartigen Paläste und Tempel, die Läden und Märkte, die Häuser und Plätze.«[53] Er selbst würde sterben, aber er würde eine Art Unsterblichkeit erlangen, weil er das zivilisierte Leben und die Freuden kultiviert hatte, die die Menschen in die Lage versetzten, sich neue Dimensionen ihrer Existenz zu erschließen. Inzwischen war Gilgameschs Mauer allerdings überlebensnotwendig für Uruk geworden, weil die sumerischen Stadtstaaten nach Jahrhunderten friedlicher Zusammenarbeit angefangen hatten, einander zu bekämpfen. Wie war es zu dieser tragischen Entwicklung gekommen?

❧ ❧ ❧

Nicht alle Bewohner des Nahen Ostens strebten nach Zivilisation: Die nomadischen Hirtenvölker zogen es vor, mit ihren Herden frei durch das Bergland zu ziehen. Sie waren früher Teil der Agrargesellschaft gewesen und hatten am Rand des Ackerlandes gelebt, so dass ihre Schafe und Rinder das Getreide nicht in Mitleidenschaft ziehen konnten. Allmählich waren sie aber immer weiter weggezogen, bis sie schließlich die Orte des sesshaften Lebens hinter sich ließen.[54] Die Hirten des Nahen Ostens waren vermutlich schon um 6000 v. u. Z. zu einer ganz eigenen Gesellschaft geworden, obwohl sie Häute und Milchprodukte immer noch in die Städte brachten, um Getreide dafür einzutauschen.[55] Bald stellten sie fest, dass die einfachste Methode, um verlorene Tiere zu ersetzen, darin bestand, das Vieh aus nahen Dörfern oder von rivalisierenden Stämmen zu stehlen. So wurde der Kampf zu einem wichtigen Element ihrer wirtschaftlichen Ordnung. Seit sie Pferde hielten und Fahrzeuge mit Rädern besaßen, verbreiteten sie sich auf der gesamten innerasiatischen Hochebene, und im 3. Jahrtausend erreichten einige von ihnen China.[56] Inzwischen waren sie großartige Krieger, ausgerüstet mit Bronzewaffen, Kriegswagen und dem tödlichen Kompositbogen, mit dem man auf große Entfernungen mit zerstörerischer Präzision schießen konnte.[57]

Die Hirtenvölker, die um 4500 v. u. Z. in den kaukasischen Steppen des südlichen Russland siedelten, besaßen eine gemeinsame Kultur. Sie nannten sich »Arya«, die Edlen; wir kennen sie als Arier oder Indoeuropäer, weil ihre Sprache die Grundlage für verschiedene asiatische und europäische Sprachen bildete.[58] Um 2500 v. u. Z. verließen einige Arier die Steppen und eroberten große Gebiete in Asien und Europa. Sie waren die Vorfahren der Hethiter, Kelten, Griechen, Römer, Germanen, Skandinavier und Angelsachsen. Die Stämme, die im Kaukasus geblieben waren, trennten sich. Sie lebten – nicht immer freundschaftlich – nebeneinander und sprachen verschiedene Dialekte der protoindoeuropäischen Sprache, bis auch sie um 1500 v. u. Z. die Steppen verließen. Die Avesta-Sprechenden siedelten im heutigen Iran, die Sanskrit-Sprechenden kolonisierten den indischen Subkontinent.

Für die Arier war das Leben als Krieger dem mühsamen, stetigen Fleiß einer bäuerlichen Existenz bei weitem vorzuziehen. Der römische Historiker Tacitus (um 55–120) bemerkte später, dass die germanischen Stämme, die er kennenlernte, es vorzogen, »den Feind herauszufordern und ehrenvolle Wunden davonzutragen«, statt mühsam das Land zu pflügen und darauf zu warten, dass das Getreide wuchs. »Nein, sie halten es tatsächlich für zahm und dumm, im Schweiße ihres Angesichts zu erlangen, was sie auch mit ihrem Blut gewinnen können.«[59] Wie die städtischen Aristokraten verachteten sie die Arbeit, betrachteten sie als Zeichen der Unterlegenheit und als unvereinbar mit einem »edlen« Leben.[60] Mehr noch: Sie wussten, dass die kosmische Ordnung *(rita)* nur möglich war, weil die großen Götter (im Sanskrit *devas,* im Avesta *daevas* genannt) das Chaos unter Kontrolle hielten: Mithra, Varuna und Mazda. Sie sorgten für den Lauf der Jahreszeiten, hielten die Himmelskörper an ihrem Platz und machten die Erde bewohnbar. Die Menschen konnten nur dann ein geordnetes, produktives Leben führen, wenn sie gezwungen wurden, ihre eigenen Interessen denen der Gruppe unterzuordnen.

Deshalb war Gewalt ein Herzstück der gesellschaftlichen Existenz, und in den meisten alten Kulturen fand dies seinen Ausdruck im ritualisierten Blutvergießen der Tieropfer. Wie die prähistorischen Jäger begriffen die Arier die tragische Tatsache, dass das Leben auf der Zerstörung anderer Lebewesen beruht. Diese Überzeugung drückten sie durch die mythische Geschichte von einem König aus, der sich edelmütig von seinem Bruder, einem Priester, hatte töten lassen und damit die geordnete Welt erst erschaffen hatte.[61] Ein Mythos war nie nur eine Geschichte über ein historisches Ereignis, er drückte vielmehr eine zeitlose Wahrheit aus, die der täglichen Existenz des Volkes zugrunde lag. Im Mythos geht es immer um das Jetzt. Die Arier riefen sich die Geschichte vom geopferten König jeden Tag wieder ins Gedächtnis, indem sie ein Tier rituell schlachteten, um sich daran zu erinnern, welches Opfer von jedem einzelnen Krieger erwartet wurde, der sein Leben täglich für sein Volk aufs Spiel setzte.

Man hat behauptet, die Gesellschaft der Arier sei ursprünglich friedliebend gewesen und habe sich erst am Ende des 2. Jahrtausends gewaltsamen Raubzügen zugewandt.[62] Andere Forscher haben jedoch festgestellt, dass Waffen und Krieger schon in den frühesten Texten eine Rolle spielen.[63] Die mythischen Geschichten über die Kriegsgötter der Arier – Indra in Indien, Verethragna in Persien, Herkules in Griechenland und Thor in Skandinavien – folgen einem ähnlichen Muster; das kriegerische Ideal muss sich also noch in der Steppe entwickelt haben, bevor die Stämme sich trennten. Es gründete sich auf den Helden Trito, der den allerersten Vieh-Raubzug gegen die dreiköpfige Schlange geführt hatte, einen der Ureinwohner eines Landes, das gerade von den Ariern erobert worden war. Die Schlange hatte es gewagt, den Ariern ihr Vieh zu stehlen. Trito tötete sie nicht nur und holte das Vieh zurück; sein Zug wurde zu einer kosmischen Schlacht, die die himmlische Ordnung wiederherstellte, ähnlich wie der Tod des geopferten Königs.[64]

Die Religion der Arier versah die organisierte Gewalt und den Diebstahl also mit einer höheren Erlaubnis. Jedes Mal, wenn man zu einem Raubzug aufbrach, tranken die Krieger einen rituellen Trank aus dem berauschenden Soma, dem Saft einer heiligen Pflanze, der sie mit wütender Kampflust erfüllte. Genauso hatte es Trito gemacht, bevor er die Schlange verfolgte. Die Krieger fühlten sich also eins mit ihrem Helden. Der Trito-Mythos besagte, dass alles Vieh, also das Maß allen Wohlstands bei den Hirtenvölkern, den Ariern gehörte und dass andere Völker kein Recht darauf hatten. Die Trito-Geschichte gilt als »der imperialistische Mythos par excellence«, weil er die indoeuropäischen Kriegszüge in Europa und Asien mit einer religiösen Rechtfertigung versah.[65] Durch das Bild der Schlange wurden die eingeborenen Völker, die es wagten, dem Angriff der Arier zu widerstehen, als unmenschliche, missgestaltete Ungeheuer dargestellt. Vieh und Wohlstand waren aber nicht der einzige Preis, um den es sich zu kämpfen lohnte: Wie Gilgamesch suchten auch die Arier auf dem Schlachtfeld nach Ehre, Ruhm und Ansehen.[66]

Aber Menschen ziehen selten nur aus einem einzigen Grund in den Krieg. Sie werden vielmehr von einer Reihe untereinander verbundener Motive angetrieben: materielle, soziale und religiöse. In Homers *Ilias* drängt der trojanische Krieger Sarpedon seinen Freund Glaukos zu einem höchst gefährlichen Angriff auf das griechische Feldlager. Bei dieser Gelegenheit zählt er, ohne es zu merken, alle materiellen Vorteile des Heldenruhms auf: einen guten Platz, das beste Stück Fleisch, Beute und ein großes Stück Land. All dies sind Bestandteile der Kriegerehre.[67] Es fällt auf, dass die englischen Wörter »value« und »valour« – Wert und Tapferkeit – eine gemeinsame indoeuropäische Wurzel besitzen, ebenso wie »virtue« und »virility« – Tugend und Männlichkeit.

Aber die Religion der Arier glorifizierte den Krieg nicht nur, sie anerkannte auch, dass diese Form der Gewalt problematisch war. Jeder Kriegszug führt zu Handlungen, die im Zivilleben als scheußlich und unethisch betrachtet würden.[68] In der Mythologie der Arier wurde der Kriegsgott deshalb oft als Sünder bezeichnet, weil die Soldaten gezwungen waren, in einer Weise zu agieren, die ihre Integrität in Frage stellte. Der Krieger trug immer einen Makel.[69] Selbst Achilles, einer der größten Krieger der Arier, konnte dem nicht entkommen. Hier folgt Homers Beschreibung der »aristeia«, des triumphalen Angriffs, in dem Achilles einen trojanischen Soldaten nach dem anderen wild abschlachtete:

Wie ein entsetzlicher Brand die gewundenen Tale durchwütet,
Hoch im dürren Gebirg':
    es entbrennt unermesslich die Waldung,
Und rings wehet der Wind mit sausenden Flammenwirbeln:
So rings flog mit der Lanze der Wütende,
    stark wie ein Dämon,
Folgend zu Mord und Gewürg';
    und Blut umströmte die Erde.[70]

Achilles war zu einer unmenschlichen Macht mit ausschließlich zerstörerischer Kraft geworden. Homer vergleicht ihn mit einem Dreschflegel, der die Gerste auf der Tenne drischt, aber statt Nahrung hervorzubringen, tritt er »auf tote Männer und Schilde«, als wären sie in seinen »unbesiegbaren Händen … besudelt mit blutigem Schmutz« nicht mehr zu unterscheiden.[71] Die Krieger konnten in den indoeuropäischen Gesellschaften nie eine herausgehobene Stellung erlangen.[72] Sie mussten immer darum kämpfen, die Besten oder Ersten (griechisch: aristos) zu sein, und trotzdem standen sie unter den Priestern. Die Hirtenvölker konnten ohne Kriegszüge nicht überleben, die Gewalt war ein lebenswichtiger Teil ihres Wirtschaftslebens, aber die Aggression des Helden stieß oft genug die Menschen ab, die ihn gleichzeitig verehrten.[73]

Die *Ilias* ist sicher kein Antikriegsgedicht, aber im gleichen Moment, in dem sie ihre Helden feiert, erinnert sie uns auch an die Tragödie des Krieges. Wie im Gilgamesch-Epos durchbricht der Kummer über die eigene Sterblichkeit manchmal alle Begeisterung und allen Idealismus. Der dritte Mensch, der in der *Ilias* getötet wird, ist der Trojaner Simoeisios, ein schöner junger Mann, der, so sagt Homer, die Freuden des Familienlebens hätte kennenlernen sollen, aber von dem griechischen Krieger Ajax erschlagen wird:

Flog das Geschoss in die Scham,
　da zurück den Toten er schleifte:
Auf ihn taumelt' er hin, und der Leichnam
　sank aus der Hand ihm.
Um den erschlagenen Freund entbrannt im Herzen Odysseus,
Ging durchs Vordergefecht mit strahlendem Erze gerüstet,
stand dann jenem genäht, und schoss den blinkenden
　Wurfspieß,
Rings umschauend zuvor, und zurück ihm stoben die Troer.[74]

In der Odyssee ging Homer noch weiter und untergrub das gesamte aristokratische Ideal. Als Odysseus die Unterwelt besucht, ist er entsetzt über die Schwärme von lallenden Toten, deren Menschlichkeit auf so obszöne Weise verkommen ist. Als er den betrübten Schatten des Achilles trifft, versucht er ihn zu trösten: Wurde er denn nicht verehrt wie ein Gott, bevor er starb, und herrscht er denn nicht jetzt über die Toten? Aber

Achilles will davon nichts hören. »Tröste mich nicht, Odysseus, strahlender, über den Tod hinweg«, sagt er. »Lieber wollt ich als Tagelöhner den Acker bestellen bei einem armen Mann, der nicht viel hat an Besitztum, als über alle die Toten, die hingeschwundenen, herrschen.«[75]

* * *

Es gibt keine klaren Beweise dafür, aber vermutlich brachten die Hirtenvölker, die in den Bergregionen rund um den fruchtbaren Halbmond lebten, den Krieg nach Sumer.[76] In ihren Augen war der Wohlstand der Städte unwiderstehlich, und sie hatten die Technik des Überraschungsangriffs perfektioniert. Mit ihrer Schnelligkeit und Beweglichkeit erschreckten sie die Stadtbewohner, die die Reitkunst noch nicht beherrschten. Nach einigen solchen Blitzangriffen sorgten die Sumerer dafür, dass ihre Menschen und Vorratshäuser besser geschützt wurden. Aber vermutlich kamen sie dadurch auch auf die Idee, ähnliche Techniken anzuwenden, um Beute zu machen und den Nachbarstädten Ackerland abzunehmen.[77] Mitte des 3. Jahrtausends v. u. Z. vollzog sich eine regelrechte Mobilmachung auf der sumerischen Hochebene: Archäologen haben eine deutliche Erhöhung der Stadtbefestigungen entdeckt, und in der entsprechenden Ausgrabungsschicht finden sich Bronzewaffen. Diese Entwicklung wäre durchaus vermeidbar gewesen; eine ähnliche Eskalation bewaffneter Konflikte fand in Ägypten nicht statt – auch dort hatte sich eine ausgefeilte Zivilisation entwickelt, aber dieser Agrarstaat war wesentlich friedlicher.[78] Der Nil überflutete die Felder mit fast unfehlbarer Regelmäßigkeit, und Ägypten war weder dem unsteten Klima Mesopotamiens ausgesetzt, noch war es von Bergen voller räuberischer Nomaden umgeben.[79] Die ägyptischen Königreiche besaßen wohl Milizen, um gelegentliche Nomadenangriffe aus der Wüste abzuwehren, aber die Waffen, die bei archäologischen Ausgrabungen gefunden wurden, sind grob und gering an Zahl. Ein Großteil der altägyptischen Kunst feiert die Freuden und die Eleganz des zivilen Lebens, und auch in der frühen ägyptischen Literatur findet sich nur selten eine Glorifizierung des Krieges.[80]

Wir können das Fortschreiten der Militarisierung in Sumer nur aus den Bruchstücken archäologischer Erkenntnisse zusammenstellen. Zwischen 2340 und 2284 v. u. Z. verzeichnen die sumerischen Königslisten vierunddreißig Kriege zwischen den Städten.[81] Die ersten Könige von Sumer waren priesterliche Spezialisten für Astronomie und Rituale gewesen, jetzt waren sie immer häufiger Krieger wie Gilgamesch. Sie entdeckten, dass der Krieg eine unschätzbare Einkommensquelle war, dass er ihnen Beute und Gefangene brachte, die zur Arbeit auf den Feldern eingesetzt werden konnten. Statt auf den nächsten Durchbruch an Produktivität zu warten, sorgte der Krieg für schnelleren, reicheren Gewinn. Die Stele der Geier (um 2500 v. u. Z.), die heute im Louvre steht, zeigt Eanatum, den König von Lagash, der eine eng verbundene, schwer bewaffnete Phalanx von Truppen in die Schlacht gegen die Stadt Umma führt. Diese Gesellschaft war ganz klar für den Krieg ausgerüstet und ausgebildet. Die Stele zeigt, dass an diesem Tag dreitausend Soldaten aus Umma getötet wurden, obwohl sie um Gnade flehten.[82] Nachdem die Hochebene militarisiert worden war, musste jeder König verteidigungsbereit sein und wenn möglich sein Territorium, die Quelle seines Wohlstandes, vergrößern. Die meisten dieser sumerischen Konflikte waren wechselseitige Kriegszüge, in denen es um Beute und Land ging. Keiner scheint zu irgendeiner Entscheidung geführt zu haben, und vieles deutet darauf hin, dass die Menschen das Ganze für sinnlos hielten: »Ihr geht und nehmt dem Feind sein Land«, ist auf einer Inschrift zu lesen. »Der Feind kommt und nimmt euch euer Land.«[83] Und doch wurden Streitigkeiten jetzt häufiger mit Gewalt ausgetragen als mit Diplomatie, und kein Staat konnte es sich mehr leisten, militärisch unvorbereitet zu sein. »Ein schwach bewaffneter Staat«, heißt es in einer anderen Inschrift, »kann den Feind nicht von seinen Toren vertreiben.«[84]

In diesen endlosen Kriegen wurden sumerische Aristokraten und Untertanen verletzt, getötet und versklavt, aber die Bauern litten ungleich mehr. Da sie die Grundlage für den Wohlstand aller Aristokraten bildeten, wurden sie und ihr Vieh immer wieder von den angreifenden Armeen abgeschlachtet, ihre Scheunen und Häuser zerstört und ihre Felder in Blut getränkt. Das Land und die Bauerndörfer lagen öde, und die Zerstörung der Ernten, Herden und landwirtschaftlichen Ausrüstung hatte oft schwere Hungersnöte zur Folge.[85] Da niemand diese Kriege gewinnen konnte, litten alle, und niemand hatte dauerhaft einen Vorteil davon, denn der Sieger von heute war vermutlich der Verlierer von morgen.

Daraus entwickelte sich ein grundlegendes Problem der Zivilisation, denn gleichwertige Aristokratien standen immer im aggressiven Wettstreit um spärliche Rohstoffe, und damit zerstörten sie die Produktivität, auf der ihre gesamte Herrschaft beruhte. Paradoxerweise sorgte also der Krieg, der doch eigentlich die Aristokratie bereichern sollte, für einen Niedergang der Produktivität. Schon zu dieser frühen Zeit wurde die Notwendigkeit offensichtlich, die widerstreitenden Aristokratien unter Kontrolle zu halten, um das sinnlose und selbstzerstörerische Leiden zu beenden. Eine höhere Autorität musste die militärische Kraft erlangen, um den Frieden zu erzwingen.

Im Jahr 2330 v. u. Z. entwickelte sich in Mesopotamien ein neuer Herrschertyp, als Sargon, ein einfacher Soldat semitischer Abstammung, in der Stadt Kisch putschte, nach Uruk marschierte und seinen König absetzte. Diesen Vorgang wiederholte er in einer Stadt nach der anderen, bis Sumer zum ersten Mal überhaupt von einem einzigen Monarchen beherrscht wurde. Sargon hatte das erste agrarische Reich der Welt erschaffen.[86] Es heißt, er habe mit seinem massiven stehenden Heer mit einer Stärke von 5400 Mann Gebietseroberungen im heutigen Iran, Syrien und Libanon gemacht. Er baute Akkad, eine ganz neue Hauptstadt, vermutlich in der Nähe des heutigen Bagdad. In seinen Inschriften behauptet Sargon – der Name bedeutet »wahrer, gerechter König« –, er habe »alles Land unter dem Himmel« regiert, und spätere Generationen verehrten ihn als idealtypischen Helden, ähnlich wie es später mit Karl dem Großen und

König Artus geschah. Jahrtausendelang bezeichneten sich mesopotamische Herrscher nach seinem Vorbild als »Herr von Akkad«. Aber wir wissen nur sehr wenig über diesen Mann und sein Reich. Akkad ist in der Erinnerung eine exotische, kosmopolitische Stadt und ein wichtiges Handelszentrum, aber ihre exakte geographische Lage ist bis heute nicht bekannt. Das Reich hat nur wenige archäologische Spuren hinterlassen, und Sargons Lebensgeschichte ist weitgehend Legende. Trotzdem markiert sein Reich eine zivilisatorische Grenze. Als weltweit erstes supraregionales Gemeinwesen wurde es zum Modell für jeglichen künftigen Agrar-Imperialismus, nicht nur wegen Sargons Ruhm, sondern auch, weil es keine brauchbare Alternative gab. Kriegführung und Steuern würden die tragenden Säulen jedes künftigen agrarisch strukturierten Reiches sein. Ein Reich wurde durch die Eroberung fremden Territoriums errichtet, unterworfene Völker wurden zu Vasallen, und Könige und Stammesherrscher wurden zu regionalen Statthaltern, die die Aufgabe hatten, ihren Völkern Steuern abzupressen und nach Akkad zu schicken: Silber, Getreide, Weihrauch, Metalle, Bauholz und Tiere. Sargons Inschriften sprechen von vierunddreißig Kriegen, die er in seiner außerordentlich langen, sechsundfünfzigjährigen Regierungszeit geführt habe. In allen späteren agrarischen Reichen wurde der Krieg zum Normalfall, er war nicht nur ein »Sport der Könige«, sondern eine wirtschaftliche und soziale Notwendigkeit.[87] Neben der Aneignung von fremden Gütern durch Plünderung war das Hauptziel jedes imperialen Waffengangs die Eroberung und Besteuerung weiterer Bauern. Wie der britische Historiker Perry Anderson erklärt, war »Krieg vermutlich die *rationalste* und *schnellste* Methode zur wirtschaftlichen Expansion, zur Erwirtschaftung von Überschüssen, die einer herrschenden Klasse zur Verfügung stand«[88]. Kampf und das Erwirtschaften von Wohlstand waren untrennbar miteinander verbunden: Befreit vom Zwang zur produktiven Arbeit, hatte der Adel die Muße, seine kriegerischen Fähigkeiten zu kultivieren.[89] Natürlich kämpften diese Männer um Ehre und Ruhm und aus reiner Freude am Kampf, aber der

Krieg war »vielleicht in erster Linie eine Einkommensquelle: Er war der Hauptberuf des Adligen«[90]. Er bedurfte keiner Rechtfertigung, weil seine Notwendigkeit offensichtlich war.

Wir wissen so wenig über Sargon, dass wir die Rolle der Religion in seinen imperialen Kriegen kaum bestimmen können. In einer seiner Inschriften behauptet er, nach dem Sieg über die Städte Ur, Lagasch und Umma habe ihm »der Gott Enlil keinen Rivalen mehr geschickt, ihm das obere und untere Meer gegeben und die Bewohner von Akkad als Regierung eingesetzt«[91]. Religion war immer ein integraler Bestandteil mesopotamischer Politik gewesen. Die Stadt war erfolgreich, weil sie ihre Götter ernährte und ihnen diente. Zweifellos unterstützten die Orakel dieser Götter Sargons Kriegszüge. Sein Sohn und Nachfolger Naram-Sin, der von 2260 bis 2223 regierte und das akkadische Reich weiter ausdehnte, trug sogar den Beinamen »Gott von Akkad«. Da Akkad eine neue Stadt war, konnte sie nicht für sich in Anspruch nehmen, von einem der Annunaki gegründet worden zu sein; also erklärte Naram-Sin, er sei ein Vermittler zwischen der göttlichen Aristokratie und seinen Untertanen. Wir werden noch sehen, dass agrarische Herrscher oft in dieser Weise vergöttlicht wurden, die ihnen auch ein nützliches Propagandamittel in die Hand gab, um größere administrative und wirtschaftliche Reformen zu begründen.[92] Wie seit jeher griffen Religion und Politik ineinander, und die Götter dienten nicht nur als *alter ego* des Monarchen, sondern auch zur Rechtfertigung der strukturellen Gewalt, die unabdingbar war für das Überleben der Zivilisation.

Das agrarische Reich repräsentierte nicht etwa das Volk oder vertrat seine Interessen. Die herrschende Klasse betrachtete die bäuerliche Bevölkerung im Grunde genommen als eine andere Gattung, nicht als Menschen. Der Herrscher sah das Reich als persönlichen Besitz und die Armee als Privatmiliz. Solange die Untertanen einen Überschuss erwirtschafteten und ablieferten, ließ die Aristokratie sie in Ruhe, und die Bauern verwalteten ihre Gemeinschaften selbst. Die Kommunikationsmöglichkeiten der Vormoderne ließen es nicht zu, dass die Herrschenden

den unterworfenen Völkern ihre Religion oder Kultur aufzwangen. Es hieß, ein starkes Reich könne die zerstörerischen Kleinkriege verhindern, die Sumer geplagt hatten, aber auch Sargon starb, als er einen Aufstand unterdrückte, und außerdem war er ständig damit beschäftigt, Möchtegern-Usurpatoren zu bekämpfen. Und sein Sohn Naram-Sin musste die Grenzen des Reiches gegen Hirtenvölker verteidigen, die in Anatolien, Syrien und Palästina eigene Staaten gegründet hatten.

Nach dem Niedergang des akkadischen Reiches folgten weitere Versuche von Reichsgründungen in Mesopotamien. Von 2113 bis 2029 beherrschte Ur ganz Sumer und Akkad vom Persischen Golf bis zum südlichen Jezirah (das heutige al-Dschazira) sowie große Teile des westlichen Iran. Im 19. Jahrhundert v. u. Z. gründete dann Sumu-abum, ein semitisch-amoritischer Stammesfürst, eine Dynastie in der kleinen Stadt Babylon. König Hammurabi (ca. 1792–1750 v. u. Z.), der sechste Herrscher aus dieser Dynastie, erlangte die Kontrolle über das südliche Mesopotamien und die westlichen Gebiete des mittleren Euphrattals. Eine berühmte Stele zeigt ihn, wie er vor dem Sonnengott Marduk steht und die Gesetze seines Königreichs in Empfang nimmt. In seinem Gesetzeskodex verkündete Hammurabi, er sei von den Göttern ausgewählt, um »Gerechtigkeit über das Land zu bringen, die Bösen zu zerstören und dafür zu sorgen, dass die Starken die Schwachen nicht unterdrückten.«[93] Trotz aller strukturellen Gewalt nahmen die Herrscher des Nahen Ostens dies regelmäßig für sich in Anspruch. Die Verkündung dieser Gesetze war nicht viel mehr als eine politische Pflichtübung, bei der der König erklärte, dass er mächtig genug war, den niederen Adel zu umgehen und zur höchsten Instanz für die unterdrückten Massen zu werden.[94] Seine wohlwollenden Gesetze, so heißt es am Ende des Kodex, waren »Gesetze der Gerechtigkeit, die Hammurabi, der starke König« erlassen hatte.[95] Und bezeichnenderweise veröffentlichte er den Kodex am Ende seiner Regierungszeit, nachdem er ganze Völker erfolgreich unterdrückt und ein Steuersystem in seinem Reich eingeführt hatte, das seine Hauptstadt Babylon bereicherte.

Aber keine agrarische Zivilisation konnte über eine bestimmte Grenze hinaus wachsen. Ein expandierendes Reich musste irgendwann seine Ressourcen überstrapazieren, wenn seine Bedürfnisse die Produktionsmöglichkeiten überschritten, die von der Natur, den Bauern und deren Vieh bestimmt wurden. Und trotz all des hochfahrenden Geredes von Gerechtigkeit für die Armen blieb jeglicher Wohlstand auf eine Elite beschränkt. Anders als in der Moderne mit ihrem institutionalisierten Wandel waren radikale Neuerungen eine Seltenheit: Die Zivilisation war so zerbrechlich, dass es wichtiger erschien, das Erreichte zu erhalten, statt etwas ganz Neues zu wagen. So wurde auch Originalität nicht gefördert, weil jede neue Idee, die größere wirtschaftliche Investitionen nötig machte, soziale Unruhe wecken konnte. Neuheiten waren also grundsätzlich verdächtig, nicht aus Furchtsamkeit, sondern weil sie wirtschaftlich und politisch riskant waren. Die Vergangenheit blieb die oberste Autorität.[96]

Kontinuität war von grundlegender politischer Bedeutung. So wurde das Akitu-Fest, das die Sumerer Mitte des 3. Jahrtausends v. u. Z. eingeführt hatten, zweitausend Jahre lang von jedem mesopotamischen Herrscher gefeiert, Jahr für Jahr. Ursprünglich fand es in Ur zu Ehren Enlils statt, nachdem Sumer militarisiert worden war; in Babylon drehten sich die Rituale um Marduk, den Schutzherrn der Stadt.[97] Wie immer in Mesopotamien besaß die Verehrung des Gottes eine wichtige politische Funktion und begründete die Legitimität der Herrscher. Im vierten Kapitel dieses Buches werden wir sehen, dass ein König abgesetzt werden konnte, wenn er die Zeremonie nicht durchführte, die den Beginn des neuen Jahres markierte: das alte Jahr starb, und damit schwand auch die Macht des Königs dahin.[98] Indem die Aristokratie den kosmischen Krieg wiederholte, der zu Beginn aller Zeit das Universum geordnet hatte, hoffte sie, aus dieser machtvollen Quelle die Kraft für weitere zwölf Monate ihrer Herrschaft zu ziehen.

Am fünften Tag des Festes demütigte der vorsitzende Priester den König in Marduks Schrein und rief das Schreckbild der sozialen Anarchie ins Bewusstsein, indem er die königlichen Herrschaftszeichen konfiszierte, den König auf die Wange schlug und ihn grob zu Boden stieß.[99] Der verletzte, erniedrigte König erklärte Marduk daraufhin, er habe sich nicht als schlechter Herrscher erwiesen:

Ich habe Babylon nicht zerstört; ich habe seinen Untergang nicht befohlen; ich habe den Tempel nicht zerstört … Esagil. Ich habe seine Rituale nicht vergessen; ich habe die schutzbefohlenen Bewohner der Stadt nicht geschlagen; ich habe sie nicht gedemütigt. Ich habe Babylon bewacht. Ich habe seine Mauern nicht niedergerissen.[100]

Dann schlug der Priester den König noch einmal, so heftig, dass ihm die Tränen kamen: ein Zeichen der Reue, das Marduk zufriedenstellte. Solchermaßen wieder ins Amt gehoben, umklammerte der König die Hände des Marduk-Standbildes, er bekam seine Insignien zurück, und seine Herrschaft war für ein weiteres Jahr gesichert. Als Zeichen kultischer und politischer Loyalität mussten die Statuen aller Schutzgötter und -göttinnen sämtlicher Städte in Mesopotamien anlässlich des Festes nach Babylon gebracht werden. Wenn sie nicht alle anwesend waren, konnte das Akitu-Fest nicht gefeiert werden, und das Reich war in Gefahr. Die Liturgie war also ebenso wichtig für die Sicherheit der Stadt wie ihre Befestigungen, und am Tag zuvor hatte sie das Volk denn auch an die Zerbrechlichkeit der Stadt erinnert.

Am vierten Tag des Festes zogen die Priester und Chorsänger nämlich in den Marduk-Schrein ein und sangen das *Enuma Elish*, eine Hymne, die von Marduks Sieg über das kosmische und politische Chaos erzählte. Die ersten Götter, die aus der schleimigen Urmaterie (ähnlich wie der Schwemmboden Mesopotamiens) erschienen, waren »ohne Namen, ohne Natur und ohne Zukunft«.[101] Wie die frühen bäuerlichen Gesellschaften waren sie praktisch untrennbar von der Natur abhängig und deshalb entschiedene Feinde jeden Fortschritts. Aber die nächsten Götter, die aus dem Urschlamm erschienen, nahmen immer

61

klarere Gestalt an, bis ihre Entwicklung in Marduk ihren Höhepunkt fand, dem größten der Anunnaki.

In gleicher Weise hatte sich die mesopotamische Kultur aus bäuerlichen Gemeinschaften entwickelt, die ganz in den natürlichen Rhythmen des Landes lebten und inzwischen als rückständig, statisch und träge angesehen wurden. Aber die alten Zeiten konnten jederzeit zurückkehren: Dieser Hymnus erzählte von der Angst der Zivilisation vor dem Rückfall in den Abgrund des Nichts. Die gefährlichste unter den primitiven Göttinnen und Göttern war Tiamat, deren Name »Leere« bedeutet: das salzige Meer, das im Nahen Osten nicht nur das Urchaos symbolisierte, sondern auch die gesellschaftliche Anarchie, die Hunger, Krankheit und Tod über das gesamte Volk bringen konnte. Sie war die immer gegenwärtige Bedrohung, der jede Zivilisation, so mächtig sie auch sein mochte, gegenübertreten musste.

Der Hymnus gab auch der strukturellen Gewalt in der babylonischen Gesellschaft ihre heilige Begründung. Denn Tiamat hatte eine Horde von Ungeheuern erschaffen, die die Anunnaki bekämpften, eine »grollende, brüllende Rotte, bereit zur Schlacht« – ein Bild der Gefahr, die die unteren Schichten für den Staat darstellten. Die Gestalt der Ungeheuer repräsentierte die perverse Verachtung normaler Kategorien und die Verwirrung von Identitäten, die mit dem sozialen und kosmischen Chaos einhergingen. Anführer der Horde war Tiamats Ehemann Kingu, ein »grober Arbeiter« aus dem Göttervolk der Igigi (was »harte Arbeit« bedeutet).[102] Die Erzählung des Hymnus wurde immer wieder durch den folgenden stampfenden Refrain unterbrochen:

Sie hat die Schlange, den Drachen, das weibliche Ungeheuer, den großen Löwen, den wilden Hund, den wilden Skorpion und den heulenden Sturm gemacht, den Fischmann und den Zentaur.[103]

Aber Marduk besiegte sie alle, warf sie in ein Verlies und schuf ein geordnetes Universum, indem er Tiamats Leichnam in zwei

Teile zerschlug und Himmel und Erde trennte. Dann befahl er den Göttern, die Stadt *bab-ilani*, das »Tor der Götter«, als ihr irdisches Zuhause zu bauen, und erschuf den ersten Mann, indem er Kingus Blut mit einer Hand voll Staub vermischte. Dieser Mann sollte die Arbeit tun, von der die Zivilisation abhängig war. Die »Söhne der harten Arbeit«, die Massen, waren zu einem Leben als Sklaven verurteilt und in Abhängigkeit gehalten. Von der Arbeit befreit, sangen die Götter ein Dankes- und Loblied.

Der Mythos und die damit verbundenen Rituale erinnerten die sumerische Aristokratie an die Wirklichkeit, auf der ihre Zivilisation und ihre Privilegien beruhten; sie mussten ständig zum Krieg bereit sein, um rebellische Bauern, ehrgeizige Adelige und fremde Feinde niederzuhalten, die die zivilisierte Ordnung bedrohten. Die Religion der Sumerer war insofern zutiefst verbunden mit imperialer Gewalt und nicht zu trennen von den wirtschaftlichen und politischen Realitäten, die jeden Agrarstaat am Leben erhielten.

* * *

Die Zerbrechlichkeit der Zivilisation wurde im 17. Jahrhundert v. u. Z. besonders deutlich, als die indoeuropäischen Horden immer wieder die mesopotamischen Städte angriffen. Selbst Ägypten wurde militarisiert, nachdem es den Beduinenstämmen, die die Ägypter »Hyksos« nannten (»Häuptlinge aus fremden Ländern«), gelungen war, im Bereich des Nildeltas während des 16. Jahrhunderts eine eigene Dynastie zu errichten.[104] Die Ägypter vertrieben die Hyksos im Jahr 1567 v. u. Z., aber seitdem wurde der herrschende Pharao als Krieger an der Spitze einer mächtigen Armee dargestellt. Und nachdem Reichsgründungen die beste Verteidigung zu sein schienen, sicherte Ägypten seine Grenzen durch die Unterwerfung der Nubier im Süden und des Küstenstreifens Palästina im Norden. Mitte des 2. Jahrtausends jedoch wurde der alte Nahe Osten von fremden Eroberern beherrscht: Kassitische Stämme aus dem Kaukasus übernahmen das babylonische Reich (um 1600–1155 v. u. Z.), eine indoeuropäische

Adelsschicht erschuf das Reich der Hethiter in Anatolien (1420 – 1200), und die Mitanni, ein weiterer arischer Stamm, kontrollierten Groß-Mesopotamien von etwa 1500 bis zur Eroberung durch die Hethiter Mitte des 14. Jahrhunderts. Ashur-uballik I., Herrscher der Stadt Ashur in östlichen Tigris-Gebiet, profitierte von den Turbulenzen nach dem Zusammenbruch der Mitanni und machte Assur zu einer neuen Macht im Nahen Osten.

Assur war kein traditioneller Agrarstaat.[105] Nachdem Assur in einer Region lag, die landwirtschaftlich kaum nutzbar war, war die Stadt mehr als andere Städte vom Handel abhängig, gründete Handelskolonien in Kappadozien und Niederlassungen in verschiedenen babylonischen Städten. Etwa hundert Jahre lang war sie ein echtes Handelszentrum, importierte Zinn (das für die Herstellung von Bronze benötigt wurde) aus Afghanistan und exportierte es neben Textilien aus Mesopotamien nach Anatolien und ins Schwarzmeergebiet. Die historischen Aufzeichnungen darüber sind aber so spärlich, dass wir nicht wissen, inwieweit die Bauern Assurs davon betroffen waren oder ob der Handel die strukturelle staatliche Gewalt abmilderte. Auch über die religiöse Praxis Assurs wissen wir nur wenig. Seine Könige bauten eindrucksvolle Tempel für ihre Götter, aber wir wissen nichts über die Persönlichkeit und die Taten des Schutzgottes Assur – seine Mythologie ist nicht überliefert.

Die Assyrer begannen die Region zu dominieren, als ihr König Adad-nirari I. (1307 – 1275 v. u. Z.) die alten Mitanni-Gebiete und einiges Land im südlichen Babylon eroberte. Ihre Kriege waren immer ökonomisch motiviert. Die Inschriften von Schalmaneser I. (1274 – 1245 v. u. Z.) betonen seine kriegerischen Fähigkeiten: Er war ein »tapferer Held, fähig im Kampf mit seinen Feinden, dessen Angriffslust wie eine Flamme leuchtet und dessen Waffen wie eine gnadenlose Todesfalle angreifen.«[106] Er begründete die assyrische Praxis, Völker gewaltsam innerhalb seines Reiches umzusiedeln, und zwar nicht nur, wie man früher annahm, um die eroberten Völker zu demoralisieren, sondern hauptsächlich, um die Landwirtschaft zu fördern, indem unterbevölkerte Regionen stärker besiedelt wurden.[107]

Die Regentschaft seines Sohnes Tukulti-Ninurta I. (1244–1208 v. u. Z.), der Assyrien zur stärksten militärischen und wirtschaftlichen Macht seiner Zeit entwickelte, ist besser dokumentiert. Er machte Assur zur rituellen Hauptstadt seines Reiches und ließ dort das Akitu-Fest feiern, bei dem jetzt der Gott Assur die Hauptrolle spielte. Offenbar führten die Assyrer einen nachgestellten Kampf ein, bei dem Assurs Krieg gegen Tiamat nachgespielt wurde. In seinen Inschriften achtete Tukulti-Ninurta sehr darauf, seine Siege den Göttern zuzuschreiben: »Im Vertrauen auf Assur und die großen Götter, meine Herren, schlug ich zu und besiegte sie.« Aber er macht auch deutlich, dass Krieg nie nur eine Sache der Frömmigkeit war:

Ich ließ sie schwören bei den großen Göttern des Himmels und der Unterwelt. Ich zwang ihnen das Joch meiner Herrschaft auf und ließ sie dann frei, damit sie in ihr Land zurückkehrten. ... Befestigte Städte unterwarf ich meinen Füßen und zwang sie zum Frondienst. Jedes Jahr empfange ich in einer Zeremonie ihre wertvollen Tributzahlungen in meiner Stadt Assur.[108]

Auch die assyrischen Könige litten unter innerer Zerstrittenheit, Intrigen und Aufständen, aber Tiglat-Pileser I. (um 1115–1093 v. u. Z.) dehnte das Reich weiter aus und festigte seine Herrschaft über die Region durch ständige Kriegszüge und Deportationen im großen Stil; im Grunde genommen war seine Regierungszeit ein durchgehender Krieg.[109] Pedantisch, wie er war in seiner Verehrung der Götter, und als tatkräftiger Bauherr von Tempeln wurde seine Strategie doch immer von wirtschaftlichen Erwägungen bestimmt. Sein Hauptmotiv für die Nord-Expansion in den Iran war beispielsweise die Aneignung von Metallen und Tieren, die er nach Hause schickte, um in einer Zeit chronischer Missernten die Produktivität in Syrien zu fördern.[110]

Inzwischen war der Krieg gegenwärtig geworden, von zentraler Bedeutung für die politische, soziale und wirtschaftliche Dynamik der agrarischen Reiche, und er hatte wie jegliches menschliche Tun immer eine religiöse Dimension. Diese Staaten hätten ohne ständige militärische Anstrengungen nicht überlebt, und die Götter, die *alter egos* der herrschenden Klasse, standen für die Sehnsucht nach einer Stärke, die menschliche Instabilität überwinden half. Gleichzeitig waren die Mesopotamier keine Glaubensfanatiker. Religiöse Mythologien stützten ihre strukturelle und kriegerische Gewalt, stellten sie aber gleichzeitig immer wieder in Frage. In der mesopotamischen Literatur gab es eine starke skeptische Strömung. Ein Adliger klagt, er sei immer rechtschaffen und voller Freude den Prozessionen der Götter gefolgt, habe all die Menschen auf seinem Land angehalten, die Muttergöttin zu verehren, und seinen Soldaten befohlen, den König als Stellvertreter der Götter zu verehren. Und doch sei er von Krankheit, Schlaflosigkeit und Schrecken geplagt, und»kein Gott kam mir zu Hilfe oder reichte mir die Hand«.[111] Auch Gilgamesch bekam keine Hilfe von den Göttern, als er darum kämpfte, Enkidus Tod zu akzeptieren. Als er die Muttergöttin Ishtar traf, machte er ihr heftige Vorwürfe, weil sie nicht in der Lage gewesen war, die Menschen vor den bösen Tatsachen des Lebens zu schützen: Sie sei wie ein Wasserbehälter, der den Träger durchnässt, wie ein drückender Schuh, wie eine Tür, die den Wind hereinlässt. Am Ende, so haben wir gesehen, fand sich Gilgamesch damit ab, aber das Epos in seiner Gesamtheit besagt, dass die Sterblichen keine andere Wahl haben, als sich auf sich selbst zu verlassen statt auf die Götter. Das städtische Leben begann die Denkweise der Menschen in Bezug auf das Göttliche zu verändern, aber eine der wichtigsten damaligen religiösen Entwicklungen trat ungefähr zur selben Zeit auf, als Sin-leqi seine Version von Gilgameschs Leben niederschrieb. Und sie trat nicht in einer hochentwickelten Stadt auf, sondern war eine Reaktion auf die Eskalation der Gewalt in einem arischen Hirtenvolk.

✵ ✵ ✵

Eines Morgens ungefähr im Jahr 1200 v.u.Z. ging ein Avesta sprechender Priester in der kaukasischen Steppe zum Fluss, um Wasser für das Morgenopfer zu holen. Dort hat er eine Vision von Ahura Mazda, dem »Herrn der Weisheit«, einem der größten Götter im arischen Pantheon. Zoroaster – so der Name des Priesters – war entsetzt über die Grausamkeit der Sanskrit sprechenden Viehdiebe, die eine avestanische Gemeinde nach der anderen überfallen hatten. Und während er über diese Krise meditierte, führte ihn die Logik der ewigen Philosophie zu dem Schluss, dass diese irdischen Kämpfe ein himmlisches Gegenstück haben mussten. Die wichtigsten Daevas – Varuna, Mithra und Mazda, die Götter mit dem Ehrentitel Ahura, »Herr« – waren Hüter der kosmischen Ordnung und standen für Wahrheit, Gerechtigkeit und Respekt vor Leben und Besitz. Der größte Held der Viehdiebe hingegen war der Kriegsgott Indra, ein Daeva zweiten Ranges. Vielleicht, so überlegte Zoroaster, waren die friedliebenden Ahuras in der himmlischen Welt von bösartigen Daevas angegriffen worden. In seiner Vision teilte ihm Ahura Mazda mit, dass er recht hatte und dass er sein Volk zu einem heiligen Krieg gegen den Terror aufrufen musste. Gute Männer und Frauen sollten von nun an nicht mehr Indra und den niedrigen Daevas opfern, sondern den Herrn der Weisheit und seine Mit-Ahuras verehren. Die Daevas und die Viehdiebe, ihre irdischen Handlanger, sollten vernichtet werden.[112]

Immer wieder werden wir sehen, dass die Erfahrung ungewöhnlich heftiger Gewalt bei ihren Opfern eine dualistische Vision hervorrief, die die Welt in zwei unversöhnliche Lager spaltete. Zoroaster schloss, dass es einen bösartigen Gott geben musste, Angra Mainyu, den »feindlichen Geist«, der dem Herrn der Weisheit an Macht gleichgestellt, aber sein unversöhnlicher Gegner war. Jeder Mann, jede Frau und jedes Kind müsse sich daher zwischen dem absoluten Guten und dem absoluten Bösen entscheiden.[113] Die Anhänger des Herrn der Weisheit sollten ein geduldiges, diszipliniertes Leben führen und alle guten Geschöpfe tapfer gegen die Angriffe von Übeltätern verteidigen. Sie sollten für die Armen und Schwachen sorgen und sanft mit ihrem Vieh umgehen, statt es von den Weiden wegzutreiben wie die grausamen Diebe. Fünfmal am Tag sollten sie beten und über die Bedrohung durch das Böse meditieren, um seine Kraft zu schwächen.[114] Die Gesellschaft sollte nicht mehr von Kämpfern *(nar-)* beherrscht werden, sondern von Männern *(viras)*, die freundlich und der höchsten Tugend, der Wahrheit, verpflichtet waren.[115] Aber Zoroaster war so traumatisiert durch die Wildheit der Angriffe, dass selbst diese sanfte, ethische Vision von Gewalt durchdrungen war. Er war überzeugt, die ganze Welt eile auf eine letzte Katastrophe zu, bei der der Herr der Weisheit die bösartigen Daevas vernichten und den »feindlichen Geist« in einem feurigen Fluss verbrennen würde. Es würde einen großen Gerichtstag geben, bei dem die irdischen Anhänger der Daevas ausgelöscht würden. Dann würde die Erde in ihre ursprüngliche Vollkommenheit zurückversetzt. Es würde keinen Tod und keine Krankheiten mehr geben, und Berge und Täler würden eingeebnet, um eine große Ebene zu bilden, auf der Götter und Menschen in Frieden zusammenleben könnten.[116]

Zoroasters apokalyptisches Denken war einzigartig und hatte keine Vorgänger. Wie wir schon gesehen haben, anerkannte die traditionelle arische Ideologie seit langem die verstörende Zweideutigkeit der Gewalt im Herzen der menschlichen Gesellschaft. Indra war ein »Sünder«, aber sein Kampf gegen die Kräfte des Chaos – so verdorben er auch sein mochte durch die Lügen und betrügerischen Praktiken, auf die er dabei zurückgreifen musste – hatte ebenso viel zur kosmischen Ordnung beigetragen wie die Taten der großen Ahuras. Indem er jedoch alle Gewalt seiner Zeit auf Indra projizierte, dämonisierte Zoroaster die Gewalt und machte Indra zu einer Gestalt des absoluten Bösen.[117] Allerdings bekehrte er zu Lebzeiten auch nur wenige. In den Steppen konnte keine Gemeinschaft ohne die Kämpfer überleben, die er ablehnte. Die Frühgeschichte des Zoroastrianismus liegt im Dunkeln; immerhin wissen wir, dass die avestanischen Arier ihren Glauben mitnahmen, als sie in den Iran weiterzogen. Entsprechend an die Bedürfnisse des Adels angepasst, wurde der Zoroastrianismus zur Ideologie der persischen Herrschaftsschicht, und seine Ideale sickerten in die Religionen der Juden und Christen ein, die unter persischer Herrschaft lebten. Aber bis dahin sollte noch viel Zeit vergehen. Inzwischen begannen die Sanskrit sprechenden Arier damit, den Indra-Kult auf dem indischen Subkontinent zu etablieren.

2

Indien: Der edle Pfad

Für die Arier, die auf dem indischen Subkontinent einwanderten, war der Frühling die Zeit des Yoga. Nach einem Winter, den man in »sesshaftem Frieden« *(ksema)* in einem gemeinsamen Lager verbrachte, riefen sie jetzt Indra an, damit er sie auf den Kriegspfad und in den Kampf führte, und ihre Priester vollführten eine Zeremonie, die die wundersame Geburt der Götter nachvollzog.[118] Sie sangen auch einen Hymnus, der seinen kosmischen Sieg über den Chaos-Drachen Vritra feierte, welcher das lebenspendende Wasser im Ur-Berg eingesperrt hatte, so dass die Welt nicht mehr bewohnbar war. Bei diesem heroischen Kampf war Indra von Hymnen unterstützt worden, die die Maruts sangen, die Sturmgötter.[119] Jetzt sangen die Priester eben diese Hymnen, um die arischen Krieger zu stärken, die ebenso wie Indra vor seinen Kämpfen einen Schluck Soma tranken. Vereint mit Indra, angeregt durch den berauschenden Trank, schirrten sie ihre Pferde in einem genau vorgeschriebenen *Yug*-Ritual vor die Kriegswagen und machten sich auf den Weg, um die Dörfer ihrer Nachbarn zu überfallen – in dem festen Glauben, dass sie damit auch die Welt in Ordnung brachten. Die Arier betrachteten sich selbst als »edel«, und das Yoga-Ritual markierte den Beginn der Saison für ihre Überfälle, die Zeit, in der sie ihrem Namen wirklich Ehre machten.

Wie für die Hirtenvölker des Nahen Ostens, so verherrlichten auch die indisch-arischen Rituale und Mythologien den organisierten Raub und die Gewalt. Auch für die Arier bedurfte der Viehdiebstahl keiner Rechtfertigung; wie alle Adeligen hielten sie den gewaltsamen Raub für die einzig edle Weise, Güter zu erlangen – ihre Raubzüge waren also per se ein heiliges Tun. In ihren Kämpfen erlebten sie eine Ekstase, die ihrem Leben Sinn und Intensität gab, und damit hatten diese Kämpfe sowohl eine »religiöse« als auch eine ökonomische und politische Funktion. Aber das Wort »Yoga«, das für uns heute eine vollkommen andere Bedeutung hat, macht uns auf eine interessante Dynamik aufmerksam: In Indien benutzten die arischen Priester, Weisen und Mystiker oft die Mythologie und Rhetorik der Kriegsführung, um das Krieger-Ethos zu untergraben. Kein Mythos hatte nur eine einzige, definitive Bedeutung, vielmehr wurde er ständig neu gefasst und veränderte sich. Dieselben Geschichten, Rituale und Symbolsysteme, die genutzt werden konnten, um eine Ethik des Krieges zu fördern, konnten auch eine Ethik des Friedens fördern. Während sie über die gewalttätigen Mythologien und Rituale meditierten, die ihre Weltsicht ausmachten, arbeiteten die Inder ebenso tatkräftig an einem edlen Weg der Gewaltlosigkeit *(ahimsa)*, wie ihre Vorfahren den heiligen Krieg vorantrieben.

Aber diese dramatische Umkehr begann erst fast ein Jahrtausend nachdem die ersten arischen Siedler im 19. Jahrhundert v. u. Z. im Punjab angekommen waren. Es gab keine dramatische Invasion, sie kamen in kleinen Gruppen und sickerten über einen sehr langen Zeitraum hinweg in die Region ein.[120] Auf ihrem Weg müssen sie die Ruinen einer großen Zivilisation im Industal gesehen haben, die auf dem Höhepunkt ihrer Macht (um 2300–2000 v. u. Z.) größer gewesen war als Ägypten oder Sumer. Aber sie unternahmen keinen Versuch, diese Städte wiederaufzubauen, weil sie wie alle Hirtenvölker die Sicherheiten des sesshaften Lebens verachteten. Die Arier waren ein rauhes, trinkfestes Volk und lebten davon, rivalisierenden arischen Stämmen die Viehherden zu rauben und die Urbevölkerung, die sogenannten Dasas (»Barbaren«) zu bekämpfen.[121] Weil ihre landwirtschaftlichen Fähigkeiten schwach ausgeprägt waren, lebten sie ausschließlich vom Viehdiebstahl und von Plünderungen. Sie besaßen kein Land, sondern ließen ihre Tiere auf dem Land anderer Leute weiden. Unablässig auf dem Weg nach Osten auf der Suche nach neuen Weidegründen, blieben sie bis ins 6. Jahrhundert v. u. Z. bei diesem nomadischen Leben. Da sie ständig auf Wanderschaft waren und nur in vorübergehenden Lagern lebten, hinterließen sie auch keine archäologischen Spuren. Was diese frühe Zeit angeht, sind wir deshalb ganz und gar auf rituelle Texte angewiesen, die mündlich weitergegeben wurden und in verschleierter, rätselhafter Form auf die Mythologie anspielen, die die Arier benutzten, um ihrem Leben Form und Bedeutung zu geben.

Um 1200 v. u. Z. fing eine Gruppe gelehrter arischer Familien damit an, sich der ungeheuren Aufgabe zu unterziehen, die Hymnen zu sammeln, die den großen Sehern *(rishis)* aus alter Zeit offenbart worden waren. Und sie fügten neue, eigene Texte hinzu. Diese Anthologie von mehr als tausend Gedichten, aufgeteilt auf zehn Bücher, war die *Rigveda,* der heiligste der vier Sanskrit-Texte, die zusammen als *Veda* oder *Veden* (»Wissen«) bezeichnet werden. Einige dieser Hymnen wurden bei den arischen Opferritualen gesungen und von traditioneller Mimik und Gestik begleitet. Klang hatte in Indien seit jeher eine heilige Bedeutung, und wenn sich die Gesänge und die rätselhaften Worte in ihren Geist schlichen, fühlten die Arier sich in Kontakt mit der geheimnisvollen Macht, die die disparaten Teile des Universums in einem kosmischen Zusammenhang hielt. Die Rigveda war *rita,* göttliche Ordnung, die in menschliche Sprache übersetzt war.[122] Auf einen modernen Leser machen diese Texte allerdings überhaupt keinen »religiösen« Eindruck. Statt persönlicher Frömmigkeit feiern sie den Ruhm des Kampfes, die Freude am Töten, das Hochgefühl berauschender Getränke und das edle Tun bei einem Viehdiebstahl.

Für alle alten Wirtschaftssysteme waren Opfer von grundlegender Bedeutung. Der Wohlstand einer Gesellschaft war abhängig von Geschenken der Götter, die sie beschützten. Und die Menschen antworteten auf die Großzügigkeit der Götter, indem sie ihnen dankten, so die Ehre der Götter verstärkten und sich künftige Wohltaten sicherten. Das vedische Ritual begründete sich also aus dem Prinzip gegenseitigen Austauschs: »Do ut des – ich gebe, damit du mir gibst.« Die Priester brachten den Göttern die besten Teile des Opfertiers dar, die dann durch

Agni, das heilige Feuer, in die himmlische Welt überführt wurden. Das restliche Fleisch war ein Geschenk der Götter an die Gemeinschaft. Nach einem erfolgreichen Raubzug verteilten die Krieger ihre Beute bei einem Vidatha-Ritual, das dem Potlatch-Fest der amerikanischen Ureinwohner im Nordwesten der USA ähnelte.[123] Auch dieses Ritual würden wir heute nicht mehr als spirituelle Angelegenheit betrachten. Der Anführer *(raja)* leitete das Opfer und präsentierte voller Stolz das erbeutete Vieh, Pferde, Soma und Feldfrüchte den Ältesten seines Clans und den anderen Rajas. Teile der Beute wurden den Göttern geopfert, andere Teile den Gästen angeboten, und der Rest wurde bei einem zügellosen Gelage verzehrt. Die Teilnehmer waren betrunken oder doch angeheitert, es gab zwanglosen Sex mit Sklavinnen und aggressive Wettfahrten mit Kriegswagen, Schießwettbewerbe und Tauziehen; es wurde um hohe Einsätze gewürfelt, und es gab Scheinkämpfe. Und doch war das alles nicht nur eine riesige Party, sondern ein wichtiger Faktor der arischen Ökonomie: eine ritualisierte Art, neu erworbene Reichtümer einigermaßen gleichmäßig zu verteilen und die anderen Clans zur Gegenleistung zu verpflichten. Außerdem trainierten die heiligen Wettbewerbe junge Männer in militärischen Fähigkeiten und halfen den Rajas, talentierte Krieger ausfindig zu machen, so dass eine aristokratische Schicht der besten Krieger entstand.

Es war nicht einfach, einen Krieger für das tägliche Wagnis zu trainieren. Das Ritual gab einem absolut grausamen und gefährlichen Kampf seinen Sinn. Das Soma betäubte die Hemmungen, und die Hymnen erinnerten die Krieger daran, dass sie beim Kampf gegen die Urbevölkerung Indras große Schlachten im Dienst der kosmischen Ordnung weiterführten. Es hieß, Vritra sei der schlimmste aller Vratras gewesen, jener einheimischen Kriegerstämme, die drohend an den Rändern der vedischen Gesellschaft lauerten.[124] Die indischen Arier teilten die Überzeugung Zoroasters, dass im Himmel ein schrecklicher Kampf zwischen den kriegerischen *Devas* und den friedliebenden *Asuras* tobte. Aber im Gegensatz zu Zoroaster verachteten sie die sesshaften Asuras und standen fest an der Seite der edlen Daevas,

»die in ihren Wagen fuhren, während die Asuras zu Hause in ihren Hallen blieben«.[125] Tatsächlich hassten sie die Langeweile und Trivialität des sesshaften Lebens so sehr, dass sie sich nur auf einem Raubzug ganz und gar lebendig fühlten. Sie waren sozusagen spirituell programmiert: Die ständig wiederholten rituellen Gesten prägten ihnen in Körper und Geist ein instinktives Wissen ein, wie sich ein Alpha-Mann verhalten sollte. Und die gefühlsgeladenen Hymnen pflanzten ihnen ein tief verwurzeltes Gefühl der Rechtfertigung ein: den tief verankerten Glauben, dass die Arier geboren waren, um zu herrschen.[126] All das gab ihnen den Mut, die Ausdauer und Energie, die sie brauchten, um die riesigen Entfernungen des nordwestlichen Indien zu überwinden und jedes Hindernis aus dem Weg zu räumen.[127]

Wir wissen praktisch nichts über das Leben der Arier zu dieser Zeit, aber da es in der Mythologie nicht nur um den Himmel geht, sondern immer auch um das Hier und Jetzt, werfen die vedischen Texte auch ein Schlaglicht auf eine Gemeinschaft, die ums Überleben kämpft. Die mythischen Schlachten – zwischen Daevas und Asuras, zwischen Indra und den kosmischen Drachen – spiegeln die Kriege zwischen Ariern und Dasas.[128] Die Arier erlebten den Punjab als Gefängnis und die Dasas als perverse Gegner, die sie daran hinderten, den Wohlstand zu erlangen und die Lebensräume zu besiedeln, die ihnen zustanden.[129] Dieses Gefühl durchzieht viele ihrer Geschichten. Sie stellten sich Vritra als riesige Schlange vor, die sich um den kosmischen Berg schlingt und ihn so fest drückt, dass das Wasser nicht entkommen kann.[130]

Eine andere Geschichte erzählte von dem Dämon Vala, der die Sonne zusammen mit einer Herde Kühe in einer Höhle eingesperrt hatte, so dass die Welt ohne Licht, Wärme und Nahrung zugrunde gehen musste. Aber nachdem er beim heiligen Feuer einen Hymnus gesungen hatte, schlug Indra in den Berg, befreite die Kühe und setzte die Sonne hoch an den Himmel.[131] Die Namen Vritra und Vala stammten beide von der indoeuropäischen Wurzel *vr mit der Bedeutung »blockieren, einschließen, behindern«, und einer von Indras Beinamen lautete Vrtrahan (»der den Widerstand besiegt«).[132] Für die Arier ging es darum, sich einen Weg durch die sie umgebenden Feinde zu bahnen, wie es Indra getan hatte. Befreiung *(moksha)* war ein ähnliches Symbol, das spätere Generationen neu interpretieren würden; das Gegenteil war *amhas* (»Gefangenschaft«), ein Wort, das mit dem englischen »anxiety« und den deutschen Begriffen »Angst« und »Enge« verwandt ist und eine klaustrophobische Bedrängnis bezeichnet.[133] Spätere Weise würden zu dem Schluss kommen, der Weg zur Moksha läge in der Erkenntnis, dass weniger mehr ist.

Im 10. Jahrhundert hatten die Arier den Doab erreicht, die Region zwischen den Flüssen Yamuna und Ganges. Dort gründeten sie zwei kleine Königreiche, eines durch den Zusammenschluss der Clans der Kuru und Panchala, das andere durch die Yadava. Aber jedes Jahr, wenn es kühler wurde, sandten die Kuru-Panchala Krieger aus, um einen neuen arischen Außenposten ein Stück weiter im Osten zu errichten, von wo aus sie die lokale Bevölkerung unterwarfen, Dörfer überfielen und Vieh raubten.[134] Bevor sie sich in dieser Region ansiedeln konnten, mussten sie den dichten tropischen Urwald durch Feuer roden, und so wurde das heilige Feuer Agni zum göttlichen *alter ego* der Siedler in ihrem beständigen Zug nach Osten und zur Inspiration für das Agnicayana, die ritualisierte Schlacht, die die neue Kolonie einweihte. Dabei zogen die Krieger in voller Bewaffnung ans Ufer des Flusses, um Lehm zu sammeln, mit dem sie einen Feueraltar aus Ziegeln bauten, eine provokative Erklärung ihres Rechts auf dieses Gebiet und auf die Bekämpfung aller Bewohner, die ihnen im Wege standen. Die Kolonie wurde nur dann zur Realität, wenn das Agni auf den neuen Altar übersprang.[135] Die flammenden Altäre unterschieden die Lager der Arier von der Dunkelheit in den Dörfern der Barbaren. Die Siedler nutzten das Agni auch, um das Vieh ihrer Nachbarn wegzulocken, das dem Lichtschein folgte. »Er sollte hell brennendes Feuer zur Siedlung seiner Feinde mitnehmen«, heißt es in einem späteren Text. »Auf diese Weise nimmt er ihnen ihren Wohlstand und Besitz.«[136] Das Agni symbolisierte den Mut und die Dominanz des Kriegers, sein grundlegendes, göttliches Selbst *(atman)*.[137] Aber wie Indra, sein anderes *alter ego*, war auch der Krieger beschmutzt. Es hieß, Indra habe drei Sünden begangen, die ihn tödlich geschwächt hätten: Er hatte einen Brahmanenpriester getötet, den Freundschaftspakt mit Vritra gebrochen und die Frau eines anderen Mannes verführt, indem er sich als ihr Ehemann verkleidete. So hatte er zunehmend seine spirituelle Herrlichkeit *(tejas)*, seine körperliche Stärke *(bala)* und seine Schönheit verspielt.[138] Diesem mythischen Verfall entsprach eine grundlegende Veränderung der arischen Gesellschaft, die dazu führte, dass Indra und Agni für einige Rishis kein angemessener Ausdruck der Göttlichkeit mehr waren. Dies war der erste Schritt in einem langen Prozess, der die Abhängigkeit der Arier von der Gewalt untergraben sollte.

✳ ✳ ✳

Wir wissen nicht genau, wie die Arier ihre beiden Königreiche im Doab, dem »Land der Arier« errichteten, aber es kann nur mit Hilfe von Gewalt passiert sein. Die Ereignisse können sich durchaus nach dem Muster abgespielt haben, das Sozialhistoriker im Zusammenhang mit Staatsgründungen als »Eroberungstheorie« bezeichnen.[139] Bauern haben im Kriegsfall viel zu verlieren, weil ihre Ernten zerstört und ihre Tiere getötet werden. So ist es durchaus denkbar, dass die pragmatischeren unter ihnen beim Angriff der ärmeren, aber militärisch überlegenen Arier beschlossen, sich zu unterwerfen und ihnen einen Teil ihrer Erträge zu überlassen – und dass die Angreifer lernten, das Huhn, das goldene Eier legt, nicht zu schlachten. Sie konnten ein stetiges Einkommen erlangen, wenn sie in das Dorf zurückkehrten und weitere Abgaben verlangten, so dass mit der Zeit aus Raubüberfällen regelmäßige Tributzahlungen wurden. Sobald die Yadava und Kuru-Panchala im Doab genug Dörfer auf diese Weise unterworfen hatten, wurden sie faktisch zu aristokratischen Herrschern über agrarische Königreiche, auch wenn sie weiterhin jedes Jahr Raubzüge Richtung Osten unternahmen.

Dieser Übergang zum Leben in einer Agrargesellschaft brachte große soziale Veränderungen. Wir können darüber natürlich nur spekulieren, aber bis zu diesem Punkt kannte die arische Gesellschaft noch keine strengen Hierarchien: Die niedriger gestellten Clanmitglieder kämpften Seite an Seite mit ihren Anführern, und die Priester nahmen oft an den Raubzügen teil.[140] Aber mit der Landwirtschaft kam auch die Spezialisierung. Die Arier stellten fest, dass sie die Dasas, die bäuerlichen Ureinwohner mit dem landwirtschaftlichen Know-how, in ihre Gemeinschaft integrieren mussten. Damit waren die Vritra-Mythen, in denen die Dasas dämonisiert wurden, obsolet geworden, denn ohne die Arbeitskraft und das Wissen dieser Menschen war die Agrarwirtschaft zum Scheitern verurteilt. Die Anforderungen der Produktion führten auch dazu, dass die Arier selbst auf den Feldern arbeiten mussten; andere wurden Zimmerleute, Schmiede, Töpfer, Färber oder Weber. Sie blieben von nun an zu Hause, während die besten Krieger ausgesandt wurden, um im Osten zu kämpfen. Vermutlich gab es Machtkämpfe zwischen den Rajas, die die Herrschaft ausübten, und den Priestern, die sie legitimierten. Und alle diese Neuerungen mussten in die vedischen Mythen übernommen werden, was einen Bruch mit jahrhundertealten Traditionen bedeutete.

Der neue Wohlstand und die Muße schenkten den Priestern mehr Zeit zur Kontemplation, und sie begannen ihre Vorstellungen von Göttlichkeit zu verfeinern. Seit jeher hatten sie angenommen, dass die Götter Anteil an einer höheren, weiteren Wirklichkeit hatten, dem Sein an sich, das sie seit dem 10. Jahrhundert v. u. Z. als *Brahman* (»Das All«) bezeichneten.[141] Brahman war die Kraft, die den Kosmos zusammenhielt und in die Lage versetzte, zu wachsen und sich zu entwickeln. Es war namenlos, undefinierbar und absolut transzendent. Die Devas waren nur unterschiedliche Manifestationen des Brahman: »Sie nennen ihn Indra, Mitra, Naruna, Agni, und er ist der himmlische, edel geflügelte Garatman. Die Weisen geben dem Einen viele Namen.«[142] Mit forensischer Entschlossenheit versuchten die neuen Rishis dieses geheimnisvolle einigende Prinzip zu enthüllen, und die allzu menschlichen Devas waren dabei nicht nur eine Ablenkung, sondern wurden regelrecht peinlich: Sie verschleierten das Brahman eher, als dass sie es offenbarten. Niemand, so behauptete ein Rishi, nicht einmal die höchsten Götter, wusste, wie unsere Welt entstanden war.[143] Die alten Geschichten, nach denen Indra ein Ungeheuer getötet hatte, um den Kosmos zu ordnen, schienen jetzt geradezu infantil.[144] Und so schrumpften die Persönlichkeiten der Götter allmählich.[145]

Eine der späteren Hymnen verschaffte der Hierarchisierung der arischen Gesellschaft ihre Rechtfertigung.[146] Der Rishi meditierte über den alten Mythos von dem König, dessen Opfertod den Kosmos hervorgebracht hatte und den der Rishi »Purusha« nannte, die ursprüngliche »Person«. Er beschrieb, wie dieser König im frisch gemähten Gras der Arena lag, in der das Ritual stattfand, und den Göttern gestattete, ihn zu töten. Sein Leichnam wurde dann zerstückelt und in die Bestandteile des Universums verwandelt: Vögel, Tiere, Pferde, Vieh, Himmel und Erde, Sonne und Mond, selbst die großen Devas Agni und Indra, alles war aus den verschiedenen Körperteilen entstanden. Doch nur ein Viertel von Purushas Sein verwandelte sich in die endliche Welt, die anderen drei Viertel blieben unbeeinflusst von Zeit und Sterblichkeit, sie waren transzendent und unbegrenzt. Mit Purushas Selbstopfer wurden die alten kosmischen Kriege und die agonistischen heiligen Wettbewerbe durch einen Mythos ersetzt, in dem es keinen Kampf gab: Der König gab sich ohne Gegenwehr hin.

Auch die neuen Gesellschaftsschichten des arischen Königreichs sprossen aus Purushas Körper:

Als sie Purusha teilten, wie viele Teile machten sie?
Wie nannten sie seinen Mund, seine Arme?
Wie nennen sie seine Schenkel und Füße?
Der Priester (Brahmin) war sein Mund; aus seinen beiden Armen wurde der Krieger (rajanya) gemacht.

Seine Schenkel wurden zum gemeinen Mann (vaishya), seine Füße zum Diener (shudra).[147]

Auf diese Weise stellte die neuerdings hierarchische Gesellschaft keinen gefährlichen Bruch mit der egalitären Vergangenheit dar, sondern sie war so alt wie das Universum selbst. Die arische Gesellschaft war jetzt in vier Klassen aufgeteilt, und damit war der Same zu dem ausgefeilten Kastensystem gelegt, das sich später entwickeln würde. Jede Klasse *(varna)* hatte ihre eigene heilige »Pflicht« *(dharma)*. Niemand konnte die Aufgabe erfüllen, die einer anderen Klasse zugeteilt war, ebenso wenig wie ein Stern seine Bahn verlassen und auf die Umlaufbahn eines Planeten übergehen konnte.

All dem lag nach wie vor ein Opfergedanke zugrunde: Die Mitglieder jedes Varnas mussten im Interesse des Ganzen eigene Vorlieben aufgeben. Das Dharma der Brahmins, die aus Purushas Mund entstanden waren, bestand darin, die Rituale der Gesellschaft zu leiten.[148] Zum ersten Mal in der Geschichte der Arier bildeten die Krieger jetzt eine eigene Klasse mit dem Namen *rajanya,* einem neuen Begriff in der Rigveda. Später würden sie als *Kshatriya* (»die Mächtigen«) bezeichnet werden. Sie waren aus Purushas Armen, seinem Brustkorb und seinem Herzen entstanden, dem Sitz der Stärke, des Muts und der Energie, und ihr Dharma bestand darin, ihr Leben täglich aufs Spiel zu setzen. Bisher waren alle körperlich dazu befähigten Männer auch Kämpfer gewesen, und Aggression bildete die Daseinsberechtigung des gesamten Stammes. Die Hymne stellte fest, dass die Rajanya unersetzlich waren, weil das Königreich ohne Kraft und Zwang nicht überleben konnte. Aber von jetzt an durften nur noch die Rajanya Waffen tragen. Mitglieder der anderen drei Klassen – Brahmin, Vaishya und Shudra – mussten der Gewalt abschwören und durften auch an Raub- oder Kriegszügen ihres Königreichs nicht mehr teilnehmen.

In den beiden niedrigeren Klassen sehen wir die systemische Gewalt der neuen Gesellschaft. Sie waren aus Purushas Beinen und Füßen entstanden, dem untersten und größten Teil des Körpers; ihr Dharma bestand darin, zu dienen, dem Adel zur Hand zu gehen und die Last des gesamten gesellschaftlichen Rahmens zu tragen. Sie leisteten die produktive Arbeit, von der das agrarische Königreich abhängig war.[149] Das Dharma der Vaishya, der gemeinen Clanmitglieder, die jetzt nicht mehr kämpfen durften, bestand in der Produktion von Nahrungsmitteln; die Kshatriya-Aristokratie nahm ihnen die Überschüsse ab. Die Vaishya wurden also mit Fruchtbarkeit und Produktivität in Verbindung gebracht, aber auch – nachdem sie aus einem Körperteil stammten, der Purushas Genitalien besonders nahe war – mit der Fleischeslust, was sie nach Ansicht der beiden oberen Klassen unzuverlässig machte. Aber die wichtigste Entwicklung war die Einführung der Shudra-Schicht: Der Dasa am Boden der Gesellschaft wurde jetzt als »Sklave« definiert, als derjenige, der für die anderen arbeitet, die niedrigsten Aufgaben übernimmt und deshalb als unrein stigmatisiert wird. Im vedischen Recht war der Vaishya unterdrückt, aber ein Shudra konnte willkürlich verschleppt und getötet werden.[150]

Der Purusha-Hymnus anerkannte also die strukturelle Gewalt als Herzstück der neuen arischen Zivilisation. Das neue System beschränkte zwar Kampf und Raub auf eine der beiden privilegierten Klassen, erklärte die gewaltsame Unterdrückung von Vaishya und Shudra aber auch zu einem Teil der heiligen Ordnung des Universums. Für die Brahmin und Kshatriya, die neue arische Aristokratie, war produktive Arbeit nicht Teil ihres Dharmas, und deshalb besaßen sie die Muße, Kunst und Wissenschaft zu erforschen. Jeder musste Opfer bringen, aber das größte Opfer wurde doch den unteren Klassen abverlangt, die zu einem dienenden Leben verurteilt waren und als unterlegen, niedrig und unrein stigmatisiert wurden.[151]

* * *

Der Übergang der Arier zur Landwirtschaft setzte sich fort. Um 900 v. u. Z. gab es im Ansatz mehrere Königreiche in ihrem Land. Der Wechsel vom Weizenanbau zum Anbau von Reis auf gewässerten Feldern führte zu einem größeren Überschuss. Unser Wissen über das Leben in diesen neuen Staaten ist begrenzt, aber auch hier können Mythologie und Ritual ein gewisses Licht auf die sich entwickelnde politische Organisation werfen. In diesen jungen Königreichen wurde der Raja zwar immer noch von den anderen Kshatriya gewählt wie ein Stammesführer, aber er war auf dem Weg, ein mächtiger Herrscher in einer Agrargesellschaft zu werden, und wurde bei seiner Einsetzung für ein Jahr, der *Rajasuya,* mit göttlichen Attributen ausgestattet. Bei dieser Zeremonie forderte ein anderer Kshatriya den neuen König heraus, und dieser musste sein Reich in einem ritualisierten Würfelspiel zurückgewinnen. Wenn er verlor, war er zum Exil verurteilt, kehrte aber mit einer Armee zurück, um seinen Rivalen abzusetzen. Wenn er gewann, trank er einen Schluck Soma und führte dann einen Raubzug in die Nachbargebiete an, und wenn er mit Beute beladen zurückkehrte, anerkannten die Brahmin seine Königswürde: »Du, o König, bist Brahman.« Der Raja war damit also »das All«, der Dreh- und Angelpunkt seines Königreichs, der es zusammenhielt und dafür sorgte, dass es blühte und sich ausdehnte.

Die Hauptaufgabe eines Königs bestand darin, neues, landwirtschaftlich nutzbares Land zu erobern. Diese Pflicht wurde durch ein Pferdeopfer *(Ashvameda)* geheiligt, bei dem ein weißer Hengst gesegnet und freigelassen wurde, woraufhin er ein Jahr unbehelligt umherstreifen durfte, begleitet von der Armee des Königs, die ihn beschützen sollte. Ein Pferd, das im Stall gehalten wird, strebt allerdings immer wieder nach Hause; die Armee trieb dieses Pferd also tatsächlich in Gebiete, die der König erobern wollte.[152] Und so wurde in Indien wie in jeder anderen bäuerlichen Zivilisation die Gewalt zu einem Teil des aristokratischen Lebens.[153] Nichts war edler als der Tod in der Schlacht. Ein gemeiner Mann hatte aber kein Recht zu kämpfen, wenn er also auf dem Schlachtfeld starb, galt sein Tod als ungeheure Abweichung von der Norm – oder als grotesker Scherz.[154] Andererseits beging ein Kshatriya, der im Bett starb, eine Sünde gegen sein Dharma, und wenn er spürte, dass seine Kräfte nachließen, erwartete man von ihm, dass er den Tod auf dem Schlachtfeld suchte.[155]

Im 9. Jahrhundert v. u. Z. jedoch begannen einige Brahmin im Kuru-Königreich eine weitere Umdeutung der alten arischen Tradition und setzten eine Reform in Gang, die alle Gewalt systematisch aus den religiösen Ritualen eliminierte und sogar die Kshatriya zu einer Veränderung ihrer Lebensweise bewegte. Ihre Ideen wurden in den Schriften niedergelegt, die wir als Brahmanas kennen und die in der Zeit vom 9. bis zum 7. Jahrhundert v. u. Z. entstanden. Von jetzt an gab es keine wilden Gelage und keine gewalttätigen, betrunkenen Wettbewerbe mehr. In dem vollkommen neuen Ritual war der Herr, der für das Opfer bezahlte, der einzige anwesende Nicht-Priester, und er wurde von vier Priestern durch die ausgefeilte Zeremonie geleitet. Ritualisierte Raubzüge und Scheinkämpfe wurden durch beruhigende Gesänge und symbolische Gesten ersetzt, obwohl es durchaus noch Spuren der alten Gewalt gab: Ein sanfter Hymnus trug den unpassenden Titel »Der Wagen der Daevas«, und ein prächtiger Gesang wurde mit Indras tödlicher Keule verglichen, die die Sänger »mit lauten Stimmen« vor und zurück schleuderten.[156] Am Ende nahm der Herr in dem reformierten Agnicayana-Ritual, statt um neues Land zu kämpfen, einfach den Feuertopf auf, ging drei Schritte nach Osten und stellte ihn wieder ab.[157]

Wir wissen sehr wenig über die Motive hinter dieser Reformbewegung. Einem Experten zufolge entstand es aus dem unauflöslichen Rätsel, dass das Opferritual, das doch Leben spenden sollte, tatsächlich Tod und Zerstörung beinhaltete. Die Rishis konnten die militärische Gewalt nicht aus ihrer Gesellschaft eliminieren, aber sie konnten ihr die religiöse Legitimation nehmen.[158] Außerdem gab es eine neue Besorgnis in Bezug auf Gewalt gegen Tiere. In einem der späteren Rigveda-Gedichte beruhigt der Rishi mit zärtlichen Worten das Pferd, das im Ashvameda-Ritual geschlachtet werden soll:

Lass deine liebe Seele dich nicht verbrennen, wenn du kommst,
lass das Beil nicht in deinem Leib verharren.
Lass keinen gierigen, ungeschickten Opferschlächter, der die
Gelenke verfehlt, deine Glieder unnötig zerschlagen.
Nein, du wirst hier nicht sterben, wirst nicht verletzt: Auf
sanftem Weg wirst du zu den Göttern gehen.[159]

Die Brahmanas bezeichneten Tieropfer als grausam und forder
ten, das Tier zu verschonen und einem der leitenden Priester
zum Geschenk zu machen.[160] Wenn es getötet werden musste,
sollte dies so schmerzlos wie möglich geschehen. In alter Zeit
war die Enthauptung des Opfertieres der dramatische Höhepunkt des Rituals gewesen; jetzt wurde das Tier in einem Stall in
einiger Entfernung von der Opferstätte erstickt.[161] Einige Forscher glauben allerdings, dass die Reform nicht durch eine
grundsätzliche Ablehnung von Gewalt motiviert war; Gewalt
wurde jetzt vielmehr als schmutzig empfunden, und da sich die
Priester nicht besudeln wollten, zogen sie es vor, die Aufgabe an
Helfer zu delegieren, die das Tier außerhalb des heiligen Be-
reichs töteten.[162] Wie auch immer die Motivation aussah: Die
Reformer sorgten dafür, dass man Gewalt jetzt allgemein mit
einem skeptischen Blick betrachtete.

Außerdem richteten sie die Aufmerksamkeit des Herrn auf
sein Innenleben. Statt dem unglücklichen Tier den Tod zu bringen, sollte er den Tod verinnerlichen, ihn durch ein symbolisches Ritual in sich selbst erleben.[163] Während der Zeremonie
wurde sein Tod rituell aufgeführt, und er betrat für kurze Zeit
die Welt der unsterblichen Götter. Es kam also zu einer Verin-
nerlichung der Spiritualität, einer stärkeren Annäherung an das,
was wir heute als »Religion« bezeichnen würden, und sie hatte
ihre Wurzeln in dem Verlangen, Gewalt zu vermeiden. Statt ge-
dankenlos ein äußerliches Ritual zu vollführen, verlangte man
nun von den Teilnehmern, dass sie sich die verborgene Bedeutung der Riten bewusst machten, die Verbindungen, die, in der
Logik der ewigen Philosophie, jedes einzelne Tun, jedes liturgi-
sche Gerät und jedes Mantra mit einer göttlichen Realität ver-

knüpften. Die Götter wurden eins mit den Menschen, die Menschen wurden eins mit Tieren und Pflanzen, das Transzendente verband sich mit dem Immanenten und das Sichtbare mit dem Unsichtbaren.[164] Dahinter stand nicht bequemes Wunschdenken, sondern es war Teil des endlosen menschlichen Strebens, die kleinsten Einzelheiten des Lebens mit Sinn aufzuladen. Das Ritual, so heißt es, erschafft eine kontrollierte Umgebung, in der wir für eine Weile die unausweichlichen Mängel unserer irdischen Existenz ablegen können. Indem wir das aber tun, werden wir uns dieser Mängel auf paradoxe Weise schmerzlich bewusst. Nach der Zeremonie, wenn wir in unseren Alltag zurückkehren, erinnern wir uns an die Erfahrung, wie es sein sollte. Das Ritual ist also die Schöpfung fehlbarer Menschen, die ihre Ideale nie ganz erreichen können.[165] Und während die alltägliche Welt der Arier von Haus aus gewalttätig, grausam und ungerecht war, bekamen die Teilnehmer der neuen Riten die Chance, wenigstens für eine Weile in einer Welt zu leben, aus der jede Aggression strikt ausgeschlossen war. Sie konnten die Gewalt ihres Dharmas nicht aufgeben, weil ihre Gesellschaft von dieser Gewalt abhängig war. Aber wie wir noch sehen werden, wurden sich einige Kshatriya des Makels bewusst, den der Krieger in der arischen Gesellschaft trug, seit Indra als »Sünder« bezeichnet worden war. Und einige entwickelten aus der Erfahrung der neuen Rituale eine alternative Spiritualität, die das aggressive kriegerische Ethos untergrub.

Aber in der neuen Gesellschaft nahmen nur noch sehr wenige Leute an den vedischen Riten teil, weil sie zu einem Privileg der Aristokratie geworden waren. Die meisten Arier aus den niedrigen Schichten opferten einfach zu Hause ihren Lieblingsdevas und verehrten eine Vielfalt von Göttern – von denen sie einige von der Urbevölkerung übernommen hatten –, und daraus ergab sich das facettenreiche Hindu-Pantheon, das schließlich in der Epoche der Gupta-Dynastie (320–540 u. Z.) entstand. Aber die spektakulärsten Rituale wie z.B. die Königseinsetzung beeindruckten das Volk, und es blieb noch lange in Erinnerung.

Diese Rituale stützten auch das Klassensystem. Der Priester, der die Riten vollzog, war dem Raja oder dem Kshatriya-Herrn überlegen und behielt seinen Platz an der Spitze der politischen Hierarchie bei. Im Gegenzug konnte der Raja, der für das Opfer bezahlte, göttliche Autorität beanspruchen, um mehr von den Erträgen der Vaishya zu bekommen.

Wenn diese jungen Königreiche zu echten Staaten heranreifen sollten, durfte sich die Autorität des Königs nicht mehr aus einem Opfersystem begründen, das auf gegenseitigem Austausch beruhte. Im Punjab war alle Beute und alles geraubte Vieh rituell verteilt und verzehrt worden, der Raja war also nicht in der Lage gewesen, unabhängig Reichtum anzusammeln. Ein stärker entwickelter Staat jedoch brauchte eigene Mittel, um Verwaltung und Institutionen zu bezahlen. Jetzt wurden die Rajas reich, auch durch das massive Wachstum der landwirtschaftlichen Produktivität im Doab. Sie kontrollierten die Überschüsse und waren nicht mehr von Beute abhängig, die bei einem Raubzug erlangt und rituell innerhalb der Gemeinschaft verteilt wurde. Damit waren sie sowohl ökonomisch als auch politisch unabhängig von den Brahmin, die früher die Verteilung der Mittel geleitet und geregelt hatten.

* * *

Im 6. Jahrhundert v. u. Z. hatten die Arier das östliche Gangesbecken erreicht, eine Region mit höheren Niederschlägen und noch größerem landwirtschaftlichem Ertrag. Jetzt konnten sie Reis, Früchte, Getreide, Sesam, Hirse, Weizen, Gerste und Roggen anbauen, und mit Hilfe dieser größeren Überschüsse konnten sie auch ausgefeiltere Staatswesen unterhalten.[166] Während mächtige Rajas die kleineren Fürstentümer eroberten, entstanden sechzehn große Königreiche, einschließlich Magadha im Nordosten der Gangesebene und Koshala im Südwesten, die alle um spärliche Ressourcen konkurrierten. Die Priester erklärten nach wie vor, ihre Rituale und Opfer hielten die kosmische und soziale Ordnung aufrecht,[167] aber die religiösen Texte anerkannten auch, dass das politische System in Wirklichkeit auf Zwang beruhte:

Die ganze Welt wird durch Strafe in Ordnung gehalten ...
Wenn der König nicht unermüdlich Strafen gegen diejenigen
erlassen würde, die Strafe verdienen, dann würden die Star-
ken die Schwächeren braten wie Fische am Spieß. Die Massen
würden das Opferbrot essen und die Hunde würden das Op-
ferblut auflecken. Niemand würde sein Eigentum behalten,
und die Niedrigen würden den Platz der Hohen beanspru-
chen ... Nur die Strafe regiert alle Geschöpfe, sie allein be-
schützt sie, bewacht ihren Schlaf ... Strafe ist ... der König.[168]

Wir haben keine archäologischen Nachweise über die Organisation dieser Königreiche, sondern müssen uns auch hier auf religiöse Texte verlassen, vor allem auf die buddhistischen Schriften, die mündlich tradiert und bewahrt wurden und nicht vor dem 1. Jahrhundert u. Z. schriftlich niedergelegt wurden.

Am Fuße des Himalaya und am Rande der Gangesebene war jedoch eine ganz andere politische Form entstanden: die *gana-sanghas* oder »Stammesrepubliken«, die die Monarchie ablehnten und von Versammlungen der Clan-Anführer regiert wurden. Möglicherweise wurden sie von unabhängig denkenden Aristokraten gegründet, sie mit der Autokratie in den Königreichen unzufrieden waren und in egalitäreren Gemeinschaften leben wollten. Die Stammesrepubliken lehnten auch die vedische Orthodoxie ab und hatten kein Interesse an teuren Opfern. Stattdessen investierten sie in Handel, Landwirtschaft und Militär, und die Macht wurde nicht von einem König ausgeübt, sondern von einer kleinen herrschenden Klasse.[169] Weil sie keine Priesterkaste besaßen, gab es überhaupt nur zwei Klassen: die Kshatriya-Aristokratie und die *dasa-karmakaru,* »Sklaven und Arbeiter«, die keine Rechte und keinen Zugang zu Ressourcen hatten, obwohl unternehmungslustige Kaufleute und Handwerker durchaus Aufstiegschancen besaßen. Mit ihren großen stehenden Heeren bildeten die Stammesrepubliken eine bedeutende

Herausforderung für die arischen Königreiche und erwiesen sich als durchaus widerstandsfähig, so dass sie bis in die Mitte des ersten Jahrtausends u. Z. überlebten.[170] Ihre Unabhängigkeit und ihr zumindest nomineller Egalitarismus sprach wohl etwas Grundlegendes in der indischen Psyche an.

Die Königreiche und Sanghas waren immer noch von der Landwirtschaft abhängig, aber die Ganges-Region erlebte auch eine Revolution des Handels, so dass eine Kaufmannsschicht entstand und die Geldwirtschaft Einzug hielt. Städte, die durch neue Straßen und Kanäle verbunden waren – Savatthi, Saketa, Kosambi, Varanasi, Rajagaha und Changa –, wurden zu Wirtschaftszentren. Sie waren auch eine Herausforderung für die strukturelle Gewalt des Klassensystems, weil die meisten der neureichen Kaufleute und Banker Vaishya waren, einige sogar Shudra.[171] Eine neue Klasse von »Unberührbaren« *(chandala)*, die durch die einwandernden Arier von ihrem Land vertrieben worden waren, nahm jetzt den Platz der aufstrebenden Arbeiter am unteren Ende der sozialen Hierarchie ein.[172] Das Stadtleben war aufregend. Die Straßen waren voll mit bunt bemalten Wagen und riesigen Elefanten, die Waren aus fernen Ländern transportierten. Menschen aller Klassen und Herkunftsländer trafen sich auf dem Markt, und neue Ideen stellten das traditionelle vedische System in Frage. Die Brahmin, deren Wurzeln auf dem Land lagen, verloren an Bedeutung.[173]

Wie so oft in Zeiten des Übergangs, entstand auch eine neue Spiritualität, und sie beruhte auf drei untereinander verbundenen Themen: *dukkha, moksha* und *karma*. Überraschenderweise herrschte nämlich trotz allen Wohlstands und Fortschritts ein tiefer, weit verbreiteter Pessimismus. Die Menschen empfanden ihr Leben als *dukkha*: unbefriedigend, brüchig und schief. Vom Traum der Geburt bis zum Schrecken des Todes schien die menschliche Existenz belastet mit Leiden, und selbst der Tod brachte keine Erleichterung, weil alles und jeder in einem unentrinnbaren Kreislauf *(samsara)* der Wiedergeburt gefangen war, so dass das ganze leidvolle Szenario immer wieder durchlebt werden musste. Die große Wanderung der Arier nach Osten war durch die Erfahrung der klaustrophobischen Enge im Punjab motiviert gewesen; jetzt fühlten sie sich in ihren übervölkerten Städten genauso eingesperrt. Und es war nicht nur ein Gefühl: Schnelle Urbanisation führt in der Regel zu Krankheiten, vor allem wenn die Bevölkerung auf über 300 000 ansteigt, eine Art Wendepunkt in Bezug auf die Ansteckungsgefahr.[174] Kein Wunder, dass die Arier geradezu besessen von Themen wie Krankheit, Leid und Tod waren und sich nach einem Weg sehnten, um all diesen Dingen zu entkommen.

Die schnelle Veränderung der Verhältnisse machte den Menschen auch den Zusammenhang von Ursache und Wirkung bewusster. Jetzt konnten sie sehen, wie das Handeln einer Generation die nächste beeinflusste, und sie fingen an zu glauben, dass ihre Taten *(karma)* auch ihr nächstes Leben bestimmten: Wenn sie in diesem Leben schuldig wurden und schlechtes *karma* ansammelten, würden sie als Sklaven oder Tiere wiedergeboren, aber mit einem guten *karma* könnten sie beim nächsten Mal Könige oder gar Götter werden. Verdienste konnte man sich erwerben, ansammeln und schließlich auf die gleiche Weise »realisieren« wie wirtschaftlichen Wohlstand.[175] Aber selbst wenn man als Gott wiedergeboren wurde: Es gab kein dauerhaftes Entrinnen aus dem *dukkha* des Lebens, weil selbst die Götter sterben mussten und in einer niedrigeren Existenz wiedergeboren werden konnten. Vielleicht war es ein Versuch, das neue, empfindliche Klassensystem zu schützen, als die Brahmin die Vorstellungen von *karma* und *samsara* neu formulierten: Man konnte eine gute Wiedergeburt nur ertragen, wenn man dem Dharma der neuen Klasse gehorchte.[176]

Andere würden mit Hilfe dieser neuen Ideen jedoch das Gesellschaftssystem in Frage stellen. Im Punjab hatten die Arier versucht, sich ihren Weg zur Befreiung *(moksha)* zu erkämpfen; jetzt suchten einige auf der Grundlage der innerlichen Spiritualität der Brahmanas nach einer eher geistigen Freiheit und erforschten ihre innere Welt mit dem gleichen Eifer, mit dem die arischen Krieger einst den wilden Urwald erforscht hatten. Der neue Reichtum verschaffte dem Adel die Zeit und Muße, die für eine solche introspektive Kontemplation notwendig waren. Genau deshalb war die neue Spiritualität auch ausschließlich eine Sache der Aristokratie; sie war eine der zivilisierten Künste, die auf der strukturellen Gewalt des Staates beruhten. Kein Shudra oder Chandala hätte je die Erlaubnis erhalten, stundenlang in jenen Meditationen und metaphysischen Diskussionen zu verharren, die im 6. und 7. Jahrhundert v. u. Z. jene Texte hervorbrachten, die als Upanishaden bekannt wurden.

Die neue Lehre wurde wohl ursprünglich von Brahmanen formuliert, die in den Städten lebten und die Probleme verstanden, die sich aus dem städtischen Leben ergaben.[177] Aber auffällig viele neue Praktiken wurden Kshatriya-Kriegern zugeschrieben, und die Diskussionen, von denen in den Upanishaden die Rede ist, fanden oft am Hof des Rajas statt. Sie bezogen sich auf die verinnerlichte Spiritualität der Brahmins und führten sie einen Schritt weiter. Die Brihadaranyaka Upanishad, einer der frühesten aus der Reihe dieser Texte, wurde fast sicher im Königreich Videha verfasst, einem Grenzstaat am östlichsten Punkt der arischen Expansion.[178] Videha wurde von den konservativen Brahmins im Doab verachtet, aber in diesen östlichen Gebieten lebte ein buntes Völkergemisch, einschließlich indoarischer Siedler aus früheren Einwanderungswellen und Stämmen aus dem Iran, dazu Gruppen der indischen Urbevölkerung. Einige der Fremden passten sich den Varna-Klassen an, brachten aber ihre eigenen Traditionen mit, darunter wohl auch eine gewisse Skepsis gegenüber der vedischen Orthodoxie. Diese neuen Begegnungen waren intellektuell anregend, und die frühen Upanishaden spiegeln diese Anregung.

Die soziale und politische Entwicklung in den neuen Staaten inspirierte einige Vertreter der Kriegerschicht dazu, sich eine neue Welt vorzustellen, frei von den Nachkommen der Priester. Entsprechend leugneten die Upanishaden die Notwendigkeit vedischer Opfer und machten den Abstieg der Devas vollkommen, indem sie sie in die Psyche des kontemplativen Menschen übernahmen: »›Opfert diesem Gott, opfert jenem Gott.‹ Menschen sagen das so, aber in Wirklichkeit sind all diese Götter eigene Schöpfungen, denn der Mensch selbst ist all diese Götter.«[179] Der Beter wandte sich nach innen, die Upanishaden konzentrierten sich auf den Atman, das »Selbst«, das wie die Devas eine Manifestation des Brahman war. Wenn der Weise den inneren Kern seines Seins entdecken konnte, drang er automatisch in die letzte Wirklichkeit ein. Nur durch das ekstatische Wissen um das Selbst, das ihn oder sie von dem Verlangen nach irdischen Nebensächlichkeiten befreite, konnte sich ein Mann oder eine Frau aus dem endlosen Kreislauf von Wiedergeburt und neuem Sterben befreien. Diese Entdeckung war von ungeheurer Bedeutung. Die Vorstellung, dass die letzte Wirklichkeit – alles, was ist – eine immanente Gegenwart in jedem einzelnen Menschen sei, wurde zu einer zentralen Erkenntnis in jeder größeren religiösen Tradition. Deshalb war es nicht nötig, die ausgefeilten Rituale zu vollführen, die die strukturelle Gewalt des Varna-Systems stützten, wenn die Menschen die Wahrheit in sich selbst entdeckten: Sie waren eins mit allem. »Wenn ein Mann auf diese Weise erkennt, dass er Brahman ist, dann wird er zu seiner ganzen Welt. Nicht einmal die Götter können das verhindern, denn er wird auch zu ihrem Selbst *(atman)*.«[180] Dies war eine trotzige Unabhängigkeitserklärung, eine politische wie auch spirituelle Revolution. Der Kshatriya konnte damit die Abhängigkeit vom Priester ablegen, der das Ritual bisher dominiert hatte. Während die Vaishya und Shudra auf der sozialen Leiter aufstiegen, beanspruchte die Kriegeraristokratie den ersten Platz in der Gesellschaft.

Aber die Upanishaden stellten auch das kriegerische Ethos der Kshatriya in Frage. Ursprünglich war der Atman gleichbedeutend mit dem Agni gewesen, mit dem tiefsten, göttlichen »Selbst« des Kriegers, das er durch Kampf und Raub erlangte. Der heroische Drang der Arier nach Osten war durch ihr Verlangen nach irdischen Gütern motiviert gewesen: Kühe, Beute, Land, Ehre und Ruhm. Jetzt drängten die Weisen der Upanishaden ihre Schüler dazu, diesem Verlangen abzuschwören. Wer sich weiterhin an irdischem Reichtum festhielt, konnte sich niemals aus dem Kreislauf von Leid und Wiedergeburt befreien, aber »ein Mann, der nichts ersehnt, der ohne Verlangen ist, der sich vom Verlangen befreit, dessen einziges Verlangen sein Selbst *(atman)* ist, wird sein Leben nicht verlieren. Er ist Brahman, und er geht zu Brahman ein.«[181] Neue meditative Techniken führten zu einem Bewusstseinszustand, der »ruhig, gelassen, kühl, geduldig und gesammelt« war, also kurz gesagt, das genaue Gegenteil zur erregten alten arischen Mentalität.[182] Eine der Upanishaden beschrieb sogar keinen Geringeren als den Kriegsgott Indra, wie er friedlich als bescheidener Schüler bei seinem Lehrer im Wald lebt und der Gewalt abschwört, um vollkommene Gelassenheit zu finden.[183]

Die Arier hatten sich immer von Geburt an überlegen gefühlt; ihre Rituale hatten in ihnen ein tief verwurzeltes Gefühl von Berechtigung entstehen lassen, aus dem sich ihre Raubzüge und Eroberungen ergaben. Die Upanishaden jedoch lehrten, dass alle Lebewesen denselben heiligen Kern besaßen, weil der Atman, die Essenz jedes Geschöpfs, mit dem Brahman identisch war. Der Brahman war der subtile Kern des Banyansamens, aus dem ein großer Baum emporwächst.[184] Er war der Trieb, der jedem Teil des Baums Leben schenkte, und er war auch die ganz und gar fundamentale Wirklichkeit jedes einzelnen Menschen.[185] Brahman war wie ein Brocken Salz, den man über Nacht in ein Becken mit Wasser legt, damit er sich auflöst. Selbst wenn er am nächsten Morgen nicht mehr zu sehen war, blieb er doch in jedem Schluck gegenwärtig.[186] Statt diese grundlegende Verwandtschaft mit allen Lebewesen zu verleugnen, wie es der Krieger tat, wenn er seinen Feind dämonisierte, kultivierten die Weisen ein ausdrückliches Bewusstsein für diese Verwandtschaft. Jeder Mensch stellte sich gern vor, dass er einzigartig sei, aber in Wirklichkeit waren seine individuellen Züge nicht dauerhafter als Flüsse, die alle ins selbe Meer flossen. Sobald sie ihr Flussbett verließen, waren sie nur noch »der Ozean« und konnten ihre Individualität nicht mehr verkünden, indem sie riefen: »Ich bin dieser Fluss«, oder: »Ich bin jener Fluss.« Eine solche Selbstbehauptung des Egos war eine Täuschung, die zu Schmerz und Verwirrung führen musste. Befreiung *(moksha)* von solchem

Leid fand sich nur in der Erkenntnis, dass im Grunde seines Seins jeder Brahman war und deshalb mit absoluter Verehrung behandelt werden sollte. Die Upanishaden überlieferten dem indischen Subkontinent einen Sinn für die grundlegende Einheit allen Seins, so dass der sogenannte »Feind« nicht mehr grundsätzlich abscheulich war, sondern untrennbar von uns selbst.[187]

* * *

Die indische Religion hat die strukturelle und kriegerische Gewalt der Gesellschaft immer bestätigt. Aber schon im 8. Jahrhundert v. u. Z. begründeten die »sich Abwendenden« *(samnyasin)* eine disziplinierte, vernichtende Kritik dieser innewohnenden Aggression und zogen sich aus der sesshaften Gesellschaft zurück, um eine unabhängige Lebensweise zu pflegen. Diese Verweigerung war aber nicht nur Negation, wie im Westen oft vermutet wird. In der gesamten indischen Geschichte hatte der Asketizismus fast immer eine politische Dimension und inspirierte oft eine radikale Neubewertung der Gesellschaft. So war es auf jeden Fall in der Gangesebene.[188] Die Arier hatten immer das »ruhelose Herz« besessen, das Gilgamesch des sesshaften Lebens hatte überdrüssig werden lassen, aber statt ihr Zuhause zu verlassen, um zu kämpfen und zu stehlen, verweigerten sich die »sich Abkehrenden« der Aggression, hatten keinen Besitz und bettelten um Nahrung.[189] Um 500 v. u. Z. waren sie zu den wichtigsten Handlungsträgern des spirituellen Wandels geworden und forderten die Wertvorstellungen der agrarischen Königreiche direkt heraus.[190] Diese Bewegung war teilweise ein Seitentrieb des brahmacharya, des »heiligen Lebens«, wie es die Brahmin-Schüler führten, die Jahre mit einem Guru verbrachten, die Veden studierten, demütig um ihr Brot bettelten und eine gewisse Zeit allein im Urwald lebten. Auch in anderen Teilen der Welt verbrachten arische Jugendliche einen Teil ihrer militärischen Ausbildung in der Wildnis, lebten von der Jagd und erlernten die Kunst der Selbstgenügsamkeit und des Überlebens. Aber nachdem das Dharma der Brahmin keine Gewaltausübung zuließ, war es dem *brahmacharin* verboten, zu jagen, Tiere zu verletzen oder in einem Kriegswagen zu fahren.[191]

Außerdem waren die meisten der »Aussteiger« erwachsene Brahmin, wenn sie ihre einsame Existenz begannen, und ihre Lehrzeit war lange vorbei.[192] Sie trafen eine bewusste Entscheidung, kehrten den rituellen Opfern, die die arische politische Gemeinschaft symbolisierten, den Rücken und lehnten das Leben in einem Familienverband ab, die institutionalisierte Stütze des sesshaften Lebens. Tatsächlich verließ der Aussteiger die systemische Gewalt des Varna-Systems und zog sich aus den wirtschaftlichen Verbindungen der Gesellschaft zurück, um zum Bettler *(bhiksu)* zu werden.[193] Einige Aussteiger kehrten nach Hause zurück und wurden zu sozialen und religiösen »Störern« innerhalb der Gemeinschaft, während andere in den Wäldern blieben und die Kultur von außen herausforderten. Sie verurteilten die Beschäftigung des Adels mit Status, Ehre und Ruhm, sehnten sich nach Beleidigungen, »als wären sie Nektar«,[194] und zogen absichtlich Verachtung auf sich, indem sie sich wie Verrückte oder Tiere benahmen.[195] Wie so viele indische Reformer, bezogen sich auch die Aussteiger auf die alte Mythologie des Krieges, um eine andere Art von Adel vorzuleben. Sie erinnerten an die heroischen Tage im Punjab, als Männer ihren Mut und ihre Männlichkeit bewiesen, indem sie sich in den wilden Wald wagten. Viele sahen die Bhiksu als eine neue Form von Pionieren.[196] Wenn ein berühmter Aussteiger in die Stadt kam, scharten sich Menschen aus allen Klassen um ihn und hörten ihm zu.

Das wichtigste kriegerische Ritual, das die Aussteiger umdeuteten, war wohl der Yoga. Er wurde zum Markenzeichen ihrer Spiritualität. Ursprünglich hatte sich der Begriff auf das Anschirren der Zugtiere für die Kriegswagen bezogen, bevor man zu den Raubzügen aufbrach. Jetzt wurde daraus eine kontemplative Übung, die die geistigen Kräfte des Yogi »ins Joch spannte« und ihn zum Angriff auf die unbewussten Impulse *(vrittis)* von Leidenschaft, Egoismus, Hass und Gier führte, die das Kriegerethos nährten und so tief in der Psyche verankert waren, dass sie nur durch reine Geisteskraft ausgelöscht werden konnten. Der Yoga war wohl in den Traditionen der indischen Ureinwohner verankert, aber im 6. Jahrhundert v. u. Z. war er zu einem zentralen Bestandteil der spirituellen arischen Landkarte geworden. Als systematischer Angriff auf das Ego verdrängte er das »Ich« aus dem Geist des Yogis und setzte die stolze Selbstbehauptung des Kriegers – »Ich bin der Mächtigste, ich bin der Höchste!« – außer Kraft. Die alten Krieger des Punjab waren wie die Devas gewesen, ständig unterwegs und immer in kriegerische Aktivitäten involviert. Der neue Mann des Yoga saß stundenlang an einem Platz und hielt sich so unnatürlich still, dass er eher einer Statue oder Pflanze glich als einem Menschen. Wenn er durchhielt, erlebte ein ausgebildeter Yogi eine endgültige Befreiung *(moksha)* von den Beschränkungen des Egoismus, die mit normalen Erfahrungen keine Ähnlichkeit mehr hatte.

Aber bevor er überhaupt in der Stellung eines Yogi sitzen durfte, musste der Bewerber ein mühsames ethisches Programm absolvieren und fünf »Gebote« *(yamas)* beachten.[197] Das erste war die Ahimsa, die Gewaltlosigkeit. Einem Yogi-Schüler war es nicht nur verboten, ein anderes Lebewesen zu töten oder zu verletzen, er konnte nicht einmal unfreundlich sprechen oder eine gereizte Geste machen. Zum Zweiten war es ihm verboten, zu stehlen. Statt sich das Eigentum anderer Menschen anzueignen, wie es die Räuber getan hatten, musste er seine Indifferenz gegenüber materiellem Besitz kultivieren. Auch Lügen war verboten: Es war immer ein zentrales Gebot des arischen Kriegerethos gewesen, die Wahrheit zu sagen, aber die Erfordernisse des Krieges hatten selbst Indra gelegentlich zum Betrug gezwungen. Der Yogi-Schüler jedoch durfte nicht mit der Wahrheit geizen, nicht einmal, wenn es um sein eigenes Leben ging. Er enthielt sich auch berauschender Substanzen und sexueller Praktiken, da sie die mentalen und physischen Energien schwächen konnten, die er auf seinem spirituellen Weg brauchte. Und schließlich musste er die Lehre *(dharma)* seines Gurus studieren und seine Heiterkeit kultivieren. Er musste ausnahmslos zu jedem Menschen freundlich und höflich sein. Es handelte sich um eine Initiation in eine neue menschliche Lebensweise, eine Lebensweise, die der Gier, Selbstbezogenheit und Aggression des Kriegers aus dem Weg ging. Durch regelmäßige Praxis, so erklärten die Texte, würden diese ethischen Übungen dem Yogi zur zweiten Natur, und wenn das geschah, dann würde er »unbeschreibliche Freude« erleben.[198]

* * *

Einige Aussteiger brachen noch mehr mit dem vedischen System und wurden von den Brahmin als Ketzer verurteilt. Zwei von ihnen hatten bleibenden Einfluss, und bezeichnenderweise stammten sie beide aus den Stammesrepubliken. Vardhamana Jnatraputra (um 599–527) war der Sohn eines Kshatriya-Anführers aus dem Jnatra-Clan in Kundagrama im Norden des heutigen Patna. Eigentlich war er für eine militärische Karriere vorgesehen, aber im Alter von dreißig Jahren schlug er einen anderen Weg ein und wurde zum Aussteiger. Nach einer langen, schwierigen Lehrzeit erreichte er die Erleuchtung und wurde ein *Jina* (»Eroberer«). Seine Nachfolger wurden als Jains bekannt. Obwohl er in seiner Ablehnung von Gewalt weiter ging als irgend jemand sonst, war es für ihn, den früheren Krieger, ganz natürlich, seine Erkenntnisse in militärischen Bildern auszudrücken. Seine Nachfolger nannten ihn Mahavira (»Großer Held«) nach einem unerschrockenen Krieger der Rigveda. Aber seine Herrschaft basierte vollständig auf Gewaltlosigkeit, die so weit ging, dass er jeden Impuls ablegte, anderen Menschen zu schaden. Für Mahavira war der einzig mögliche Weg zur Befreiung die Kultivierung einer freundlichen Haltung jedem und allem gegenüber.[199] Hier wie in den Upanishaden begegnen wir einer Forderung, die in vielen großen Traditionen weltweit zu finden ist, nämlich dass es nicht ausreicht, unser Wohlwollen auf unsere eigenen Leute oder diejenigen zu beschränken, die uns angenehm sind, sondern dass wir diese Haltung durch eine auch praktisch angewandte Empathie für jeden Menschen ersetzen müssen, und zwar ausnahmslos: Wenn dies konsequent praktiziert wird, ist Gewalt in welcher Form auch immer – verbal, militärisch oder systemisch – unmöglich.

Mahavira lehrte seine männlichen und weiblichen Schüler die Entwicklung einer Sympathie ohne Grenzen und die Erkenntnis einer grundlegenden Verwandtschaft mit allen Lebewesen. Jedes einzelne Geschöpf – selbst Pflanzen, Wasser, Feuer, Luft oder Felsen – besaß eine *Jiva,* eine lebendige »Seele«, und musste mit dem Respekt behandelt werden, den wir uns auch für uns selbst wünschen.[200] Die meisten seiner Gefolgsleute waren Kshatriyas, die nach einer Alternative zum Krieg und zur strukturellen Segmentierung der Gesellschaft suchten. Als Krieger hätten sie sich routinemäßig von ihren Feinden abgegrenzt und ihre angeborene Hemmung gegenüber dem Töten eines Mitmenschen erstickt. Jains wie die Upanishaden-Weisen lehrten ihre Schüler, ihre Gemeinschaft mit allen und allem zu erkennen und das Denken in Kategorien wie »wir« und »sie« aufzugeben. Auf diese Weise wurden Kampf und strukturelle Unterdrückung unmöglich, denn ein wahrer »Eroberer« fügte einem anderen Geschöpf keinen Schaden zu.

Später entwickelten die Jains eine komplexe Mythologie und Kosmologie, aber in der Frühzeit war die Gewaltlosigkeit ihr einziges Prinzip:

Kein atmendes, existierendes, lebendes, fühlendes Geschöpf darf getötet oder gewalttätig behandelt werden, weder misshandelt noch gequält, noch vertrieben. Dies ist das reine, unveränderliche Gesetz, das die Erleuchteten, die Wissenden verkündet haben.[201]

Anders als Krieger, die sich darin übten, für den Schrecken, den sie verbreiteten, unempfindlich zu werden, stellten sich die Jains absichtlich auf den Schmerz der Welt ein. Sie lernten, sich mit höchster Vorsicht zu bewegen, damit sie kein Insekt zerquetschten oder auf einen Grashalm traten; sie pflückten keine Früchte vom Baum, sondern warteten, bis sie von selbst abfielen. Wie alle Aussteiger mussten sie essen, was man ihnen gab, auch

Fleisch, aber sie durften nicht verlangen, dass ein Lebewesen ih-retwegen getötet wurde.[202] Die Meditation der Jains bestand ganz einfach in einer rigorosen Unterdrückung aller antagonis-tischen Gedanken und in einer bewussten Anstrengung, den Geist mit Zuneigung für alle Lebewesen zu erfüllen. Zweimal am Tag standen die Jains vor ihrem Guru und bereuten alles Lei-den, das sie – auch unabsichtlich – verursacht haben könnten. »Ich bitte alle Lebewesen um Verzeihung. Mögen alle Lebewe-sen mir vergeben. Möge ich Freundschaft für alle Lebewesen und Feindschaft gegen niemanden empfinden.«[203]

* * *

Gegen Ende des 5. Jahrhunderts rasierte sich ein Kshatriya aus der Stammesrepublik Sakka am Fuße des Himalaya den Kopf und zog das gelbe Gewand der Aussteiger an.[204] Nach einer be-schwerlichen spirituellen Reise, auf der er viele der führenden Gurus seiner Zeit studierte, erlangte Siddhartha Gautama, später als der Buddha (»der Erwachte«) bekannt, die Erleuchtung durch eine Form des Yoga, die auf der Unterdrückung antagonistischer Gefühle und der sorgfältigen Kultivierung freundlicher, positiver Emotionen beruhte.[205] Wie sein Fast-Zeitgenosse Mahavira grün-dete der Buddha seine Lehre auf Gewaltlosigkeit. Er erlangte einen Zustand, den er *nibbana* nannte, weil die Gier und Aggres-sion, die seine Menschlichkeit beschränkt hatten, wie eine Flam-me ausgelöscht worden war.[206] Später entwickelte der Buddha eine Form der Meditation, die seine Mönche lehrte, Gefühle der Freundschaft und Zuneigung bis an die Enden der Erde zu len-ken, indem sie sich wünschten, alle Geschöpfe sollten frei von Schmerz sein, und sich am Ende von jeder persönlichen Anhaf-tung und jeder Vorliebe befreiten, indem sie alle fühlenden Lebe-wesen mit dem »Gleichmut« der Upeksha liebten. Kein einziges Lebewesen sollte aus ihrer Sorge ausgeschlossen sein.[207]
All dies wurde in einen frühen Gebet zusammengefasst, das dem Buddha zugeschrieben wurde und von seinen Mönchen und Laienschülern täglich rezitiert wurde:

Mögen alle Lebewesen glücklich sein! Schwach oder stark, von hohem, mittleren oder niedrigem Rang, klein oder groß, sichtbar oder unsichtbar, nah oder fern, lebendig oder noch nicht geboren – mögen sie alle vollkommen glücklich sein!
Möge niemand einen anderen belügen oder ein anderes Wesen verachten, an keinem Ort.
Möge niemand einem einzigen Geschöpf aus Zorn oder Hass Schlechtes wünschen!
Mögen wir alle Geschöpfe lieben, wie eine Mutter ihr einziges Kind liebt!
Mögen unsere liebenden Gedanken die ganze Welt erfüllen, über uns, unter uns, neben uns – ohne Grenze.
Ein endloses Wohlwollen für die ganze Welt, unbeschränkt, frei von Hass und Feindschaft![208]

Die Erleuchtung des Buddha hatte sich auf das Prinzip gegründet, dass ein moralisches Leben immer ein Leben für andere war. Anders als die anderen Aussteiger, die sich aus der menschlichen Gesellschaft zurückzogen, sollten buddhistische Mönche in die Welt zurückkehren, um anderen bei der Befreiung vom Schmerz zu helfen. »Geht jetzt«, sagte der Buddha seinen ersten Schülern. »Und reist im Dienste des Wohls und des Glücks der Menschen, aus Mitgefühl für die Welt, im Dienste des Nutzens, des Wohls und des Glücks für Götter und Menschen.«[209] Statt die Gewalt einfach auszuschließen, forderte der Buddhismus ein positives Handeln, um das Leiden zu lindern und das Glück »der ganzen Welt« zu vergrößern.

Der Buddha fasste seine Lehre in vier »Edlen Wahrheiten« zusammen: Alles Sein ist Dukkha; die Ursache für unser Leiden liegt in Egoismus und Gier; das *nibbana* erlöst uns von diesem Leiden; und der Weg dorthin besteht in dem Programm aus Meditation, moralischem Leben und Entschlossenheit, den er als »Edlen Pfad« bezeichnete, mit dem Ziel, eine alternative Aristokratie zu schaffen. Der Buddha war ein Realist und stellte sich nicht vor, er könnte mit einem Federstrich die Unterdrückung abschaffen, die dem Varna-System innewohnte, aber er bestand darauf, dass auch ein Vaishya oder ein Shudra geadelt werden konnte, wenn er sich selbstlos und mitfühlend verhielt und »davon abließ, andere Lebewesen zu töten«.[210] Im Umkehrschluss konnte jeder Mann und jede Frau absteigen und zum *pathujjana* werden, wenn er oder sie sich grausam, gierig oder gewalttätig verhielt.[211] Sein Sangha, die Gemeinschaft von Mönchen und Nonnen, wurde zum Modell einer anderen Gesellschaft, einer Alternative zur Aggression des Königshofes. Wie in den Stammesrepubliken gab es keine autokratische Herrschaft; Entscheidungen wurden gemeinsam getroffen. König Pasenedi von Koshala war sehr beeindruckt vom »lächelnden und höflichen« Verhalten der Mönche, die er als »wachsam, ruhig und unbeirrt« erlebte. »Sie leben von Almosen, und ihr Geist bleibt so sanft wie der eines Rehs.« An seinem Hof, so sagte er ironisch, gab es nur einen allgemeinen Wettstreit um Wohlstand und Status, während er im Sangha Mönche gesehen hatte, »die so friedlich miteinander lebten wie Milch und Wasser und sich mit freundlichen Augen ansahen.«[212] Der Sangha war nicht vollkommen – er konnte die Klassenunterschiede niemals ganz aufheben –, aber er erlangte in Indien großen Einfluss. Statt sich in die Wälder zurückzuziehen wie andere Aussteiger, blieben die Buddhisten ausgesprochen sichtbar. Der Buddha pflegte in Begleitung Hunderter Mönche zu reisen, die mit ihren gelben Gewändern und rasierten Köpfen ihren Dissens mit der vorherrschenden Meinung demonstrierten, wenn sie auf den Handelswegen neben den Kaufleuten hergingen. Und hinter ihnen, in Wagen und Karren mit Vorräten, fuhren ihre Laien-Unterstützer, viele von ihnen Kshatriyas.

Die Buddhisten und Jains hatten Einfluss auf die vorherrschende Gesellschaft, weil sie sensibel waren für die Schwierigkeiten des sozialen Wandels in der neuerdings städtischen Gesellschaft Nordindiens. Sie versetzen Individuen in die Lage, ihre Unabhängigkeit von den großen agrarischen Königreichen zu erklären, wie es auch die Stammesrepubliken getan hatten. Wie die ehrgeizigen Vaishya und Shudra handelten auch Buddhisten und Jains selbständig und erfanden sich auf einer grundlegenden psychologischen Ebene neu, um auf diese Weise zum Muster einer empathischeren Menschheit zu werden. Außerdem befanden sie sich im Einklang mit dem neuen wirtschaftlichen Ethos. Wegen ihrer vollkommenen Ablehnung von Gewalt konnten Jains keine Landwirtschaft betreiben, die das Töten von Lebewesen erforderte. Also wandten sie sich dem Handel zu und wurden in den neuen Kaufmannsgemeinschaften sehr beliebt. Der Buddhismus verlangte keine komplexe Metaphysik und keine ausgefeilten, rätselhaften Rituale, sondern basierte auf Prinzipien von Vernunft, Logik und empirischer Erfahrung, die der Kaufmannsschicht sympathisch waren. Außerdem waren Buddhisten und Jains Pragmatiker und Realisten. Sie erwarteten nicht, dass jedermann Mönch wurde, sondern ermutigten Laienschüler, ihren Lehren so weit wie möglich zu folgen. So konnten diese spirituellen Neuentwicklungen nicht nur in den Mainstream der Gesellschaft eindringen, sondern beeinflussten auch die Herrschaftsschicht.

* * *

Schon zu Lebzeiten des Buddha gab es Anzeichen von Reichsgründungen in der Gangesebene. Im Jahr 493 v. u. Z. wurde Ajatashatru König von Magadha. Es hieß, er habe aus Ungeduld, auf den Thron zu kommen, seinen Vater ermordet: König Bimbisara, einen Freund des Buddha. Ajatashatru führte die militärische Eroberungspolitik seines Vaters fort und baute eine kleine Festung am Ganges, die der Buddha kurz vor seinem Tod besuchte. Später wurde daraus die berühmte Metropole Pataliputra. Ajatashatru annektierte auch Koshala und Kashi und besiegte ein Bündnis aus Stammesrepubliken, so dass bei seinem Tod im Jahr 461 das Königreich Magadha die Gangesebene dominierte. Seine Nachfolger waren fünf wenig befriedigende Könige, alle Vatermörder, bis der Usurpator Mahapadma Nanda, ein Shudra, die erste Nicht-Kshatriya-Dynastie begründete und die Grenzen des Königreichs weiter ausdehnte. Der Reichtum der Nanda, der auf einem hocheffizienten Steuersystem beruhte, wurde geradezu sprichwörtlich, und die Idee einer Reichsgründung schlug bald Wurzeln. Als der junge Abenteurer Chandragupta Maurya, auch er ein Shudra, den Nanda-Thron im Jahr 321 v. u. Z. eroberte, wurde aus dem Königreich Magadha das Maurya-Reich.

In vormoderner Zeit konnte kein Reich eine einheitliche Kultur erschaffen. Die Reiche existierten nur, um Ressourcen von unterworfenen Völkern abzuschöpfen, die sich aber unweigerlich immer wieder in Aufständen dagegen erhoben. So befanden sich die Herrscher in der Regel fast ständig im Krieg mit aufständischen Untertanen oder Aristokraten, die es auf ihren Thron abgesehen hatten. Chandragupta und seine Nachfolger regierten von Pataliputra aus und eroberten mit Waffengewalt solche Nachbarregionen, die strategische und wirtschaftliche Bedeutung hatten. Diese Gebiete wurden in den Maurya-Staat integriert und von Statthaltern verwaltet, die dem Kaiser verantwortlich waren. An den Außengrenzen des Reiches dienten Randgebiete mit reichen Vorräten an Holz, Elefanten und Halbedelsteinen als Pufferzonen; das Reich versuchte diese Gebiete nicht selbst zu regieren, sondern bediente sich lokaler Agenten, um ihre Ressourcen anzuzapfen. Die »Waldvölker« leisteten der Maurya-Dominanz regelmäßig Widerstand. Hauptaufgabe der Reichsverwaltung war das Eintreiben von Steuern. In Indien variierte die Höhe der Steuern je nach Region, von einem Sechstel bis zu einem Viertel des landwirtschaftlichen Ertrags. Viehzüchter wurden nach der Größe und Produktivität ihrer Herden besteuert, der Handel war Steuern, Zöllen und Abgaben unterworfen. Die Krone beanspruchte alles unbebaute Land als Eigenbesitz, und sobald ein Gebiet gerodet war, wurden Shudra aus überbevölkerten Regionen des Reiches mit Gewalt dorthin umgesiedelt.[213]

Das Reich war also vollständig von Zwang und Gewalt abhängig. Kriegszüge vergrößerten nicht nur den Reichtum des Staates, indem mit ihrer Hilfe mehr landwirtschaftlich nutzbare Gebiete erobert wurden, sondern die Plünderungen waren auch ein wichtiges Zusatzeinkommen, und Kriegsgefangene brachten wertvolle Arbeitskraft ins Land. Insofern mutet es seltsam an, dass die ersten drei Maurya-Kaiser aus gewaltlosen Sekten stammten. Chandragupta dankte 297 ab, um ein asketischer Jain zu werden. Sein Sohn Bindusara war ein Anhänger der streng asketischen Ajivaka-Schule. Und Ashoka, der den Thron im Jahr 268 v. u. Z. bestieg, nachdem er zwei seiner Brüder ermordet hatte, war Buddhist. Da sie Shudra waren, hatten sie nie an den vedischen Ritualen teilnehmen dürfen und betrachteten sie vermutlich als fremd und unterdrückerisch. Der unabhängige, egalitäre Geist unorthodoxer Sekten war ihnen wesentlich sympathischer. Aber Chandragupta begriff, dass der Jainismus mit der Königsherrschaft unvereinbar war, und Ashoka wurde erst am Ende seiner Regierungszeit ein Laien-Buddhist. Trotzdem wurde er, gemeinsam mit Mahavira und dem Buddha, zu einer der wichtigsten politischen und kulturellen Gestalten des alten Indien.[214]

Bei seiner Thronbesteigung nahm der den Beinamen Devanampiya,»Geliebter der Götter« an und führte die Expansion des Reiches fort, das sich inzwischen von Bengalen bis Afghanistan erstreckte. In seinen frühen Regierungsjahren hatte Ashoka ziemlich zügellos gelebt und galt als grausam. Aber das änderte sich um 260 v. u. Z., als er die Armee anführte, um einen Aufstand in Kalinga (dem heutigen Odisha) niederzuschlagen, und ein außergewöhnliches Bekehrungserlebnis hatte. Während dieses Kriegszugs fielen 100 000 Soldaten von Kalinga, und noch wesentlich mehr starben an den Folgen von Verwundungen und Krankheiten. 150 000 wurden in die Randgebiete des Reiches deportiert. Ashoka war zutiefst schockiert von dem Leiden, das er sah. Er hatte eine Art »Gilgamesch-Erkenntnis«, als die sinnlich wahrnehmbare Wirklichkeit des Krieges den Panzer seiner erlernten Herzlosigkeit durchbrach, die die Kriegsführung erst möglich macht. In einem Edikt, das auf einer großen Felsplatte niedergeschrieben wurde, gab er Zeugnis von seiner Reue. Statt voller Jubel die Zahl der gefallenen Feinde aufzulisten, wie es die meisten Könige taten, bekannte Ashoka, dass »das Gemetzel, Tod und Deportation tiefe Trauer in Devanampiya hervorruft und ihm schwer auf der Seele liegt«.[215] Er warnte andere Könige, dass militärische Eroberungen, der Ruhm des Sieges und die Verlockungen der Königswürde flüchtig seien. Wenn sie eine Armee in den Kampf schickten, sollten sie so human wie möglich kämpfen und ihren Sieg »mit Geduld und milden Strafen« sichern.[216] Die einzig wahre Eroberung sei die persönliche Unterwerfung unter das, was Ashoka Dhamma nannte: ein Moralkodex, beruhend auf Mitgefühl, Barmherzigkeit, Ehrlichkeit und Sorge für alle lebenden Wesen.

Ashoka ließ auf Felsen und riesigen Säulen überall in seinem Reich weitere Edikte aufzeichnen, in denen er seine neue Politik der militärischen Zurückhaltung und moralischen Neuordnung erklärte.[217] Diese Edikte waren sehr persönliche Botschaften, könnten aber auch als Versuch gedient haben, dem riesigen Reich eine ideologische Einheit zu geben. Durchaus denkbar, dass sie an staatlichen Feiertagen der Bevölkerung laut vorgelesen wurden. Ashoka drängte seine Untertanen, von Gier und Anspruchsdenken abzulassen. Er versprach ihnen, er werde so weit wie möglich militärische Gewalt vermeiden, predigte Freundlichkeit den Tieren gegenüber und schwor, er werde den gewalttätigen Jagdsport, den traditionellen Zeitvertreib der Könige, durch königliche Pilgerfahrten zu buddhistischen Schreinen ersetzen. Außerdem verkündete er, dass er Brunnen gebohrt, Krankenhäuser und Rasthäuser gegründet und Banyanbäume gepflanzt habe, »die Tieren und Menschen Schatten spenden«.[218] Er bestand auf Respekt gegenüber Lehrern, Gehorsam gegenüber Eltern, Sorge für Sklaven und Diener und Ehrerbietung für alle Sekten: für die orthodoxen Brahmins ebenso wie für Buddhisten, Jains und andere »ketzerische« Schulen: »Eintracht ist geboten«, so erklärte er, »damit die Menschen den Prinzipien der anderen Aufmerksamkeit schenken.«[219]

Ashokas Dhamma wird kaum buddhistisch gewesen sein. Es handelte sich um eine breiter angelegte Ethik, einen Versuch, ein wohlwollendes Herrschaftsmodell zu entwerfen, das auf der Anerkennung menschlicher Würde basierte, einem Gefühl, das von vielen indischen Schulen dieser Zeit geteilt wurde. In Ashokas Inschriften hören wir die ewige Stimme derjenigen, die sich durch alle Geschichte hindurch vom Töten und von der Grausamkeit abgestoßen fühlen und dem Ruf nach Gewalt widerstehen wollen. Aber obwohl er predigte, man solle »sich des Tötens von Lebewesen enthalten«,[220] musste er stillschweigend akzeptieren, dass er als Kaiser und im Interesse der Stabilität in der Region Zwang nicht gänzlich abschaffen konnte. Er konnte in diesen Zeiten auch nicht die Todesstrafe abschaffen oder Gesetze gegen das Töten und Essen von Tieren erlassen (obwohl er Arten auflistete, die geschützt werden sollten). Und sosehr er mit den Kalinganern litt, die nach der Schlacht deportiert worden waren: Es kam nicht in Frage, sie zurück in ihre Heimat zu schicken, denn sie waren von höchster Wichtigkeit für die Wirtschaft seines Reiches. Als Staatsoberhaupt konnte er auf keinen Fall dem Krieg abschwören oder seine Armee demobilisieren. Selbst wenn er abdankte und buddhistischer Mönch wurde, so begriff er, würden die Kämpfe um seine Nachfolge großen Schaden anrichten. Und wie immer würden die Bauern und die Armen am meisten darunter leiden.

Ashokas Dilemma ist das Dilemma der Zivilisation an sich. Je weiter sich die Gesellschaft entwickelte, je tödlicher die Waffen wurden, desto effektiver wurde das Reich, das durch Gewalt begründet und erhalten wurde, als Mittel zur Sicherung des Friedens. Trotz aller Gewalt und Ausbeutung wünschten sich die Menschen eine absolute Monarchie ebenso dringend, wie wir heute nach Anzeichen von Demokratie suchen.

* * *

Ashokas Dilemma bildet wohl auch den Hintergrund für die Erzählung der *Mahabharata*, des großen indischen Epos. Dieses riesige Werk, achtmal so lang wie Homers Ilias und Odyssee zusammen, ist eine Anthologie vieler Traditionsstränge, die mündlich seit etwa 300 v. u. Z. tradiert, aber erst kurz nach der Zeitenwende niedergeschrieben wurden. Doch die *Mahabharata* ist mehr als ein erzählendes Gedicht. Sie ist und bleibt die National-Saga Indiens und der beliebteste aller heiligen Texte in

Indien. Man kennt sie in jeder Familie. Darin enthalten ist die *Bhagavad Gita*, die man auch Indiens »nationales Evangelium« genannt hat.[221] Im 20. Jahrhundert, während der Entwicklung hin zur Unabhängigkeit, spielte die Gita eine zentrale Rolle in den Diskussionen um die Legitimität eines Unabhängigkeitskrieges gegen die Briten, wie wir noch sehen werden.[222] Ihr Einfluss auf die Haltung der Gewaltlosigkeit und ihr Verhältnis zur Religion steht in Indien deshalb konkurrenzlos da. Zu einem Zeitpunkt, da Ashoka längst vergessen war, nahm sie Menschen aller Schichten in die Pflicht, sich mit Ashokas Dilemma auseinanderzusetzen, das genau aus diesem Grund zentrale Bedeutung für das kollektive Gedächtnis Indiens erlangte.

Obwohl der Text seine Endredaktion durch die Brahmins erhielt, beschreibt das Epos im Kern das Leiden des Kshatriya, der keine Erleuchtung erlangen konnte, weil er durch das Dharma seiner Klasse dazu verpflichtet war, ein Krieger zu sein. Die Geschichte spielt in Kuru-Panchala vor dem Aufstieg der großen Königreiche des 6. Jahrhunderts. Yudishthira, ältester Sohn des Königs Pandu, hat sein Königreich an seine Vettern, die Kauravas, verloren, die das rituelle Würfelspiel anlässlich seiner Krönung manipuliert hatten. Daraufhin musste er mit seinen vier Brüdern und seiner Frau ins Exil gehen. Zwölf Jahre später erobern die Pandavas den Thron in einem katastrophalen Krieg zurück, bei dem fast alle Teilnehmenden auf beiden Seiten getötet werden. Die letzte Schlacht beendet das Heldenzeitalter und begründet, was im Text Kali Yuga genannt wird: unser eigenes, zutiefst mit Makeln behaftetes Zeitalter. Eigentlich hätte es ein einfacher Krieg der Guten gegen die Bösen sein sollen. Die Pandava-Brüder stammen von den Göttern ab: Yudishthira von Dharma, dem Hüter der kosmischen Ordnung; Bhīma von Vayu, dem Gott der physischen Stärke; Arjuna von Indra und die Zwillinge Nakula und Sahadeva von den Ashvins, den Hütern der Fruchtbarkeit und Produktivität. Die Kauravas dagegen sind Inkarnationen der Asuras, so dass dieser Krieg auf Erden den Kampf zwischen Devas und Asuras im Himmel spiegelt. Aber obwohl die Pandavas mit Hilfe ihres Vetters Krishna, dem

Anführer des Yadava-Clans, die Kauravas am Ende besiegen, müssen sie auf dubiose Taktiken zurückgreifen, und als sie am Ende des Krieges die zerstörte Welt betrachten, erscheint ihnen ihr Sieg schmutzig. Die Kauravas verhalten sich dagegen oft musterhaft, obwohl sie eigentlich auf der falschen Seite stehen. Als ihr Anführer Duryodhana getötet wird, singen die Devas sein Lob und bedecken seinen Körper mit Blütenblättern.

Die *Mahabharata* ist kein Antikriegsepos: Unzählige Passagen verherrlichen den Krieg und beschreiben die Schlachten begeistert und in allen grausigen Details. Sie erzählt zwar eine Geschichte aus früherer Zeit, spiegelt aber wohl die Periode nach Ashokas Tod 223 v. u. Z., als das Maurya-Reich seinen Niedergang erlebte und Indien in ein düsteres Zeitalter politischer Instabilität geriet, das bis zum Aufstieg der Gupta-Dynastie im Jahr 320 u. Z. dauerte.[223] Daher die implizite Annahme, ein Reich – oder in den Worten des Gedichts »eine Weltherrschaft« – sei unabdingbar für die Sicherung des Friedens. Und obwohl das Gedicht die Grausamkeit des Reiches durchaus nicht leugnet, erkennt es voller Scharfsinn, dass Gewaltlosigkeit in einer gewalttätigen Welt nicht nur unmöglich ist, sondern tatsächlich *himsa* (»Schaden«) anrichten kann. Das Brahmin-Gesetz bestand darauf, dass die Hauptaufgabe des Königs darin lag, das fürchterliche Chaos zu verhindern, das entstehen musste, wenn die Autorität der Monarchie scheiterte und deshalb militärischer Zwang *(danda)* unabdingbar war.[224] Doch obwohl Yudishthira von den Göttern dazu bestimmt war, König zu sein, hasste er den Krieg. Er erklärte Krishna, er wisse zwar, dass es seine Pflicht sei, den Thron zurückzuerobern, aber der Krieg bringe nur Elend. Natürlich hatten die Kauravas sein Königreich gestohlen, aber seine Vettern und Freunde umzubringen – darunter viele gute und edle Männer –, wäre »sehr böse«.[225] Er wusste, dass jede vedische Klasse ihre eigenen Pflichten hatte: »Der Shudra gehorcht, der Vaishya lebt vom Handel ... der Brahmin zieht die Bettlerschüssel vor.« Aber die Kshatriya lebten vom Töten, und »jede andere Lebensweise ist verboten«. Deshalb war der Kshatriya zum Elend verurteilt. Wenn er besiegt wurde, war er der Verachtung preisgegeben, aber wenn er durch Rücksichtslosigkeit den Sieg erlangte, traf ihn der Makel des Kriegers, »seine Ehre ist dahin und er lebt in ewiger Schande. Denn das Heldentum ist eine mächtige Krankheit, die das Herz auffrisst, und Frieden findet nur, wer es aufgibt oder die Heiterkeit des Geistes findet«, erklärte Yudishthira Krishna. »Wenn jedoch diese letzte Gelassenheit durch die vollkommene Auslöschung des Feindes erlangt würde, wäre das noch grausamer.«[226]

Um den Krieg zu gewinnen, mussten die Pandavas vier Kaurava-Anführer töten, die ihrer Armee schwere Verluste zugefügt hatten. Einer dieser Anführer war der General Drona, den die Pandavas sehr liebten, weil er ihr Lehrer gewesen war und sie in die Kunst der Kriegführung eingewiesen hatte. In einem Kriegsrat argumentierte Krishna, wenn die Pandavas die Welt durch die Wiedererrichtung ihrer Herrschaft vor vollkommener Zerstörung bewahren wollten, dann müssten sie die Tugend beiseitelegen. Ein Krieger war der absoluten Wahrheit verpflichtet und musste sein Wort halten, aber Krishna erklärte Yudishthira, er könne Drona nur töten, wenn er ihn belog. Mitten in der Schlacht müsse er ihm sagen, sein Sohn Ashwatthaman sei tot, so dass Drona, von Trauer übermannt, die Waffen niederlegen würde.[227] Sehr zögernd stimmte Yudishthira zu, und als er Drona die schreckliche Nachricht überbrachte, konnte sich Drona nicht vorstellen, dass Yudishthira, der Sohn des Dharma, lügen würde. So beendete er den Kampf und setzte sich in Yogastellung in seinen Wagen, fiel in Trance und stieg friedvoll zum Himmel auf. In einem furchtbaren Kontrapunkt stürzte der Wagen Yudishthiras, der die ganze Zeit ein paar Zentimeter über dem Boden geschwebt hatte, mit einem Krachen zu Boden.

Krishna war aber kein Satan, der die Pandavas zur Sünde verführte. Das Heldenzeitalter ging zu Ende, und seine finsteren Ränke waren wichtig, weil, wie er den verzweifelten Pandavas erklärte, die Kauravas »in einem fairen Kampf nicht besiegt werden konnten«. Hatte nicht auch Indra gelogen und seinen Eid gegenüber Vritra gebrochen, um die kosmische Ordnung zu retten? »Nicht einmal die Götter, die die Welt beherrschen, hätten diese vier edlen Krieger mit fairen Mitteln besiegen können«, erklärte Krishna. »Wenn die Feinde zu zahlreich und zu mächtig werden, müssen sie durch Betrug und Ränke getötet werden. So haben es die Devas getan, als sie die Asura töteten, und ein Weg, den die Tugendhaften beschreiten, darf auch von allen anderen betreten werden.«[228] Die Pandavas fühlten sich ermutigt und anerkannten, dass ihr Sieg der Welt immerhin den Frieden zurückgebracht hatte. Aber schlechtes Karma konnte nur ein schlechtes Ergebnis hervorbringen, und Krishnas Plan hatte böse Folgen, die bis heute in uns widerhallen.

Außer sich vor Kummer schwor Dronas Sohn Ashwatthaman, seinen Vater zu rächen, und bot sich Shiva, dem alten Gott der indischen Ureinwohner, als Selbstopfer an. Er drang bei Nacht in das Lager der Pandavas ein, metzelte die schlafenden Frauen, Kinder und Krieger nieder, die »erschöpft und ohne Waffen« waren, und erschlug Pferde und Elefanten. In seinem heiligen Zorn »schwamm er mit allen Gliedern im Blut, er war wie der Tod selbst, vom Schicksal losgelassen ... unmenschlich und entsetzlich.«[229] Die Pandavas selbst entkamen, weil ihnen Krishna geraten hatte, außerhalb des Lagers zu schlafen, aber der Großteil ihrer Familie kam ums Leben. Als sie Ashwatthaman endlich fanden, saß er in heiterer Gelassenheit mit einer Gruppe von Aussteigern am Ufer des Ganges. Er feuerte eine magische Massenvernichtungswaffe ab, und Arjuna antwortete mit einer entsprechenden Waffe. Hätten nicht zwei der Aussteiger, die »das Wohl aller Wesen ersehnten«, sich zwischen die Waffen gestellt, wäre die Welt zerstört worden. Aber Ashwatthamans Waffe wurde in die Leiber der Pandava-Frauen abgelenkt, die danach keine Kinder mehr bekommen konnten.[230] Yudishthira hatte am Ende recht behalten: Ein destruktiver Kreislauf von Gewalt, Verrat und Lügen war zu den Verursachern zurückgekehrt und hatte auf beiden Seiten Zerstörung gebracht.

Yudishthira regierte fünfzehn Jahre lang, aber er trug das Stigma der Krieger. Sein Leben hatte sich verdunkelt, und nach Ende des Krieges wäre er wohl ein Aussteiger geworden, wenn seine Brüder und Krishna nicht so sehr dagegengesprochen hätten.

Die zwingende Geißel des Königs war eine Voraussetzung für das Wohlergehen der Welt, argumentierte Arjuna. Kein König hatte jemals Ruhm erlangt, ohne seine Feinde zu töten. Tatsächlich war es unmöglich, zu existieren, ohne anderen Lebewesen zu schaden. »Ich sehe niemanden auf dieser Welt, der gewaltlos lebt. Selbst die Asketen können nicht überleben, ohne zu töten.«[231] Wie Ashoka, der die Gewalt des imperialen Krieges auch nicht hatte ausrotten können, konzentrierte sich Yudishthira auf die freundliche Haltung den Tieren gegenüber, die einzige Form von Ahimsa, die er realistischerweise praktizieren konnte. Am Ende seines Lebens weigerte er sich, den Himmel ohne seinen treuen Hund zu betreten, und wurde für sein Mitgefühl von seinem Vater Dharma gelobt.[232] Seit Jahrhunderten ergreift das indische Nationalepos seine Hörer und lässt sie die moralische Doppeldeutigkeit und Tragik des Krieges erkennen. Was auch immer der Heldenkodex des Kriegers forderte, es war nie ein ganz und gar ruhmreiches Tun. Und doch war es notwendig, nicht nur für das Überleben des Staates, sondern auch für die Zivilisation und den Fortschritt. Und als solches war es ein unvermeidlicher Begleiter des menschlichen Lebens.

Selbst Arjuna, der oft gereizt auf die Sehnsucht seines Bruders nach Gewaltlosigkeit reagierte, hatte ein »Ashoka-Erlebnis«. In der *Bhagavad Gita* diskutieren er und Krishna diese Probleme vor der Entscheidungsschlacht gegen die Kauravas. Als er in seinem Kriegswagen neben Krishna in vorderster Front steht, ist Arjuna plötzlich entsetzt, seine Vettern und geliebten Freunde und Lehrer in den Reihen der Feinde zu sehen. »Was soll gut daran sein, meine Verwandten zu töten«, sagt er zu Krishna. »Ich will sie nicht töten, selbst wenn es mich das Leben kostet.«[233] Krishna versucht ihn zu ermutigen, indem er alle traditionellen Argumente nennt, aber Arjuna lässt sich nicht beeindrucken. »Ich werde nicht kämpfen!«, ruft er.[234] Also entwickelt Krishna eine ganz neue Idee: Ein Krieger muss sich einfach von den Folgen seines Tuns abgrenzen und seine Pflicht tun, ohne eigene Interessen zu beachten. Wie ein Yogi muss er das »Ich« aus seinem Tun heraushalten und unpersönlich handeln – als würde er gar nicht handeln.[235] Stattdesen muss er, wie ein Weiser, selbst in der Raserei der Schlacht furchtlos und ohne Verlangen bleiben.

Wir wissen nicht, ob Arjuna sich davon hätte überzeugen lassen, weil er plötzlich von einer schrecklichen Offenbarung weggefegt wird. Krishna erklärt ihm, er sei in Wirklichkeit eine Inkarnation des Gottes Vishnu, der zur Erde hinabsteige, wenn die kosmische Ordnung in Gefahr sei. Als Herr der Welt war Vishnu selbst in die Gewalt als unausweichlicher Teil des menschlichen Lebens involviert, aber er trug keinen Schaden davon, »weil ich in all meinem Tun indifferent bleibe, Arjuna, als würde ich neben mir stehen«.[236] Als Arjuna Krishna anstarrt, sieht er, dass alles – Götter, Menschen und die natürliche Ordnung – in Krishnas Leib gegenwärtig ist, und obwohl die Schlacht noch gar nicht begonnen hat, sieht er auch, dass die Krieger der Pandavas und Kauravas in den klaffenden Mund des Gottes stürzen. Krishna/Vishnu hat bereits jetzt beide Armeen vernichtet; es ist vollkommen unerheblich, ob Arjuna kämpft oder nicht. »Auch ohne dich«, erklärt ihm Krishna, »werden alle diese Krieger … aufhören zu existieren.«[237] Viele Politiker und Generäle haben ähnlich argumentiert, sie seien nur Werkzeuge des Schicksals, wenn sie Kriegsgreuel begingen. Allerdings haben sich nur wenige von ihnen von allem Egoismus befreit und sind »frei von Anhaftungen, ohne Feindschaft allen Wesen gegenüber« geworden.[238]

Die *Bhagavad Gita* ist vermutlich das einflussreichste aller indischen Werke. Aber sowohl die *Gita* als auch die *Mahabharata* erinnern uns daran, dass es keine einfachen Antworten auf die Probleme von Krieg und Frieden gibt. Tatsächlich hat die indische Mythologie oft genug Gier und Krieg verherrlicht, aber sie hat den Menschen auch geholfen, sich mit der Tragik des Krieges auseinanderzusetzen, und sogar Möglichkeiten entwickelt, die Aggression aus der Seele zu verbannen, und Wege für die Menschen gefunden, ohne jegliche Gewalt miteinander zu leben. Wir sind fehlerhafte Geschöpfe mit gewalttätigen Herzen, die sich nach Frieden sehnen. Zur selben Zeit, als die *Gita* entstand, kamen die Menschen in China zu ganz ähnlichen Schlüssen.

3

China: Krieger und Edelleute

Die Chinesen glaubten, am Anfang aller Zeiten seien die Menschen von den Tieren nicht unterscheidbar gewesen. Geschöpfe, die irgendwann zu Menschen werden würden, hätten »Schlangenleiber mit menschlichen Gesichtern oder Ochsenköpfe mit Tigernasen«[239] gehabt, während künftige Tiere sprechen konnten und menschliche Fähigkeiten besaßen. Diese Wesen lebten zusammen in Höhlen, nackt oder in Felle gehüllt, und ernährten sich von rohem Fleisch und wilden Pflanzen. Die Menschen hätten sich nicht aufgrund ihrer biologischen Voraussetzungen anders entwickelt, sondern weil sie von fünf großen Königen beherrscht wurden, die die Ordnung des Universums begriffen und Männern und Frauen erklärten, wie man in Harmonie mit dieser Ordnung lebte. Diese weisen Könige vertrieben die Tiere und zwangen die Menschen, getrennt von ihnen zu leben. Sie entwickelten die Werkzeuge und Technologien, die nötig waren, um die Gesellschaft zu organisieren, und lehrten die Menschen einen Wertekodex, der sie in Einklang mit den Kräften des Kosmos brachte. Für die Chinesen war die Menschheit also weder selbstverständlich, noch hatte sie sich natürlich entwickelt: Sie war von den Herrschern der Staaten geformt und aufgebaut worden. Wer also nicht innerhalb der zivilisierten chinesischen Gesellschaft lebte, war auch nicht wirklich menschlich, und wenn die Chinesen in soziale Unordnung fielen, dann konnten sie auch wieder zu bestialischer Wildheit zurückkehren.[240]

Etwa zweitausend Jahre nach dem Beginn ihrer Zivilisation kämpften die Chinesen jedoch mit einigen grundlegenden sozialen und politischen Problemen. Auf der Suche nach Rat wandten sie sich ihrer Geschichte zu – oder dem, was sie dafür hielten, da sie noch nicht über die naturwissenschaftlichen oder linguistischen Mittel verfügten, die wir heute haben. Die Mythen um die weisen Könige bildeten sich in der turbulenten Bürgerkriegszeit (um 485–221 v. u. Z.), als die Chinesen einen traumatischen Übergang von einem Gesellschaftssystem mit vielen Staaten zu einem geeinten Reich erlebten. Ursprünglich stammten sie jedoch wohl aus der Mythologie der Schamanen und damit aus der Zeit der Sammler und Jäger. Diese Geschichten spiegelten aber auch die Sicht der Chinesen auf sich selbst in den Jahrtausenden, die inzwischen vergangen waren. Diese Mythologie machte deutlich, dass die Zivilisation nicht ohne Gewalt überleben konnte. Der erste weise König, Shen Nung, der »göttliche Bauer«, war der Erfinder der Landwirtschaft, auf der Fortschritt und Kultur beruhten. Er konnte Regen herbeirufen und Getreide vom Himmel holen, er erfand den Pflug, lehrte sein Volk, wie man pflanzte und den Boden vorbereitete, und befreite die Menschen von der Notwendigkeit, zu jagen und Mitgeschöpfe zu töten. Als ein Mann des Friedens weigerte er sich, Ungehorsam zu bestrafen, und verbannte die Gewalt aus seinem Königreich. Statt eine herrschende Klasse zu erschaffen, ordnete er an, dass jedermann seine eigene Nahrung anbauen sollte. Und so wurde Shen Nung zum Helden derjenigen, die die ausbeuterischen Methoden des Agrarstaates ablehnten. Aber kein Staat konnte der Gewalt abschwören. Ohne militärische Ausbildung waren die Nachfolger des göttlichen Bauern nicht in der Lage, angemessen mit der natürlichen Aggressivität ihrer Untertanen umzugehen, die ohne Kontrolle so monströse Ausmaße annahm, dass die Menschen wieder zu Tieren zu werden drohten.[241] Zum Glück erschien jedoch der zweite weise König, Huang Di, der »gelbe Kaiser« genannt, weil er die Möglichkeiten von Chinas ockerfarbenem Boden erkannt hatte.

Um erfolgreich Landwirtschaft zu betreiben, sollten die Menschen ihr Leben um die Jahreszeiten herum organisieren. Sie sind abhängig von Sonne, Wind und Stürmen, die im transzendent verstandenen Himmel *(Tian)** angesiedelt sind. Der gelbe Kaiser begründete die menschliche Gesellschaft also auf einem »Weg« *(Tao)* des Himmels, indem er jedes Jahr um die Welt zog und alle vier Kompassrichtungen nacheinander besuchte – ein Ritual, das den Lauf der Jahreszeiten aufnahm und von allen künftigen chinesischen Kaisern beibehalten werden sollte.[242] Der gelbe Kaiser, den man mit Sturm und Regen in Verbindung brachte, war wie alle Sturmgötter ein großer Krieger. Als er an die Macht kam, lag das Land verwüstet da, Rebellen bekämpften sich gegenseitig, es herrschten Dürre und Hungersnot. Er hatte auch zwei äußere Feinde: den Tierkrieger Chi You, der seine Untertanen plagte, und den feurigen Kaiser, der das bebaute Land versengte. Deshalb griff der gelbe Kaiser auf seine große spirituelle Kraft *(de)* zurück und bildete eine Armee von Tieren aus – Bären, Wölfe und Tiger –, denen es gelang, den feurigen Kaiser zu besiegen, die jedoch gegen die Brutalität von Chi You und seinen achtzig Brüdern nichts ausrichten konnten:

Sie hatten Tierleiber, Menschensprache, Köpfe aus Bronze und Bogen aus Eisen. Sie aßen Sand und Steine und erschufen Waffen wie Stäbe, Messer, Lanzen und Bogen. Sie terrorisierten alles, was unter dem Himmel war, und schlachteten barbarisch. Sie liebten nichts und nährten nichts.[243]

Der gelbe Kaiser versuchte seinem leidenden Volk zu helfen, aber da er »Liebe und tugendhafte Kraft *(de)* praktizierte«, konnte er Chi You nicht mit Gewalt überwältigen.[244] Also richtete er seinen Blick in stillem Flehen zum Himmel, und eine himmlische Frau stieg herab und brachte ihm einen heiligen Text, der ihm die geheime Kunst der Kriegführung offenbarte. Nun konnte der gelbe Kaiser seine Tiersoldaten im richtigen Gebrauch von Waffen und in militärischem Verhalten unterweisen, und in der Folge besiegten sie Chi You und eroberten die ganze Welt. Während Chi Yous wilde Gewalttätigkeit Menschen zu Tieren gemacht hatte, verwandelte der gelbe Kaiser seine Armee aus Bären, Wölfen und Tigern in Menschen, indem er sie lehrte, im Einklang mit dem Rhythmus des Himmels zu kämpfen.[245] So konnte eine Zivilisation entstehen, die auf zwei Säulen ruhte: der Landwirtschaft und der organisierten Gewalt des Krieges.

Im 23. Jahrhundert v. u. Z. hatten zwei weitere weise Könige, Yao und Shun, ein goldenes Zeitalter in der Ebene des Gelben Flusses errichtet, das für alle Zeit als »Großer Friede« in Erinnerung bleiben sollte. Aber während Shuns Regierungszeit wurde das Land von Überschwemmungen verwüstet, so dass der König seinen Verantwortlichen für öffentliche Arbeiten, Yu, dazu heranzog, Kanäle zu bauen, das Marschland zu entwässern und die Flüsse zu regulieren, damit sie sicher ins Meer strömten. Yus heldenhafte Arbeit führte dazu, dass die Menschen Reis und Hirse anbauen konnten. Shun war so dankbar, dass er Yu zu seinem Nachfolger ernannte; Yu wurde der Begründer der Xia-Dynastie.[246] Die chinesische Geschichtsschreibung spricht von drei aufeinander folgenden Dynastien vor der Reichsgründung im Jahr 221 v. u. Z.: Xia, Shang und Zhou. Es scheint jedoch, dass die drei Dynastien während der gesamten Frühzeit nebeneinander existierten und sich in der Dominanz über das Gesamt-Königreich abwechselten, während die anderen in ihrem eigenen Bereich herrschten.[247] Wir haben keine schriftlichen oder archäologischen Zeugnisse aus der Xia-Zeit (um 2200–1600 v. u. Z.), aber es ist wahrscheinlich, dass es am Ende des 3. Jahrtausends v. u. Z. in der großen Ebene ein agrarisches Königreich gab.[248]

Die Shang, ein nomadisches Jägervolk aus dem nördlichen Iran, rissen die Herrschaft über die große Ebene vom Huai-Tal bis zum heutigen Shantung um 1600 v. u. Z. an sich.[249] Die erste Stadt der Shang wurde wohl von den Meistern der Gilden gegründet, die erste Bronzewaffen, Kriegswagen und die großartigen Gefäße herstellten, die die Shang für ihre Opfer verwendeten. Die Shang waren Krieger. Sie entwickelten ein typisches Agrarsystem, aber ihre Wirtschaft wurde noch stark durch Jagd und Plünderungen gestützt, und sie begründeten keinen Zentralstaat. Ihr Königreich bestand aus einer Reihe kleiner Städte, die jeweils von einem Vertreter der königlichen Familie regiert und durch große Befestigungen aus gestampfter Erde gegen Überschwemmungen und Angriffe geschützt wurden. Jede Stadt galt als eine Replik des Kosmos, und ihre vier Mauern verliefen gemäß den vier Himmelsrichtungen. Der örtliche Herrscher und seine Krieger-Aristokratie lebten im Königspalast, wo sie von Untertanen versorgt wurden – Handwerkern, Wagenbauern, Bogenbauern, Pfeilmachern, Schmieden, Metallarbeitern, Töpfern und Schreibern –, die im Südteil der Stadt lebten. Diese Gesellschaft war streng gegliedert. Der König stand an der Spitze der Pyramide, danach folgten die Fürsten, die die Städte regierten, und die Barone, die von den Einnahmen der ländlichen Gebiete lebten. Die *shi*, die normalen Krieger, waren die untersten Mitglieder des Adels.

Die Religion durchdrang das politische Leben der Shang und stützte ihr System der Unterdrückung. Da sie nicht Teil ihrer Kultur waren, betrachteten die Adeligen ihre Bauern als untergeordnete Spezies, kaum als Menschen. Die weisen Könige hatten die Zivilisation erschaffen, indem sie die Tiere aus den menschlichen Behausungen vertrieben; die Bauern durften deshalb nie einen Fuß in eine Shang-Stadt setzen und lebten getrennt vom Adel in unterirdischen Wohnhöhlen auf dem Land. Nicht viel mehr geschätzt als Chi Yous Horden zur Zeit des gelben Kaisers, vegetierten sie in brutalem Elend dahin. Im Frühjahr zogen die Männer aus den Dörfern aus und wohnten in Hütten auf den Feldern. Während der Arbeitssaison hatten sie keinerlei Kontakt mit ihren Frauen und Töchtern, außer wenn die Frauen ihnen etwas zu essen aufs Feld brachten. Nach der Ernte zogen die Männer wieder nach Hause, verschlossen ihre Behausungen und verbrachten den ganzen Winter darin. Für sie begann jetzt die Ruhezeit; für die Frauen war es eine arbeitsreiche Phase mit Weben, Spinnen und der Herstellung von Wein. Die Bauern hatten ihre eigenen religiösen Riten und Feste, von denen sich noch einige Reste in dem konfuzianischen Klassiker *Buch der Lieder* erhalten haben.[250] Sie konnten zu Kriegszügen des Adels eingezogen werden, und es heißt, sie hätten so laut geklagt, wenn man sie von ihren Feldern wegzerrte, dass man sie während des Marsches knebelte. An den eigentlichen Kämpfen nahmen sie nicht teil – das war ein Privileg der Aristokratie –, sondern fungierten als Ordonnanzen, Diener und Träger und sorgten für die Pferde. Auch hier wurden sie streng vom Adel getrennt; sie marschierten und lagerten für sich.[251]

Die Shang-Aristokratie beanspruchte den Überschuss der landwirtschaftlichen Produktion für sich, hatte sonst aber nur ein zeremonielles Interesse an der Landwirtschaft. Man brachte der Erde und den Geistern von Bergen, Flüssen und Wind Opfer, um eine gute Ernte zu sichern, und eine Aufgabe des Königs bestand in Ritualen, die den Kreislauf der Landwirtschaft aufrechterhielten, von dem die gesamte Wirtschaft abhängig war.[252] Abgesehen von diesen liturgischen Riten, überließ der Adel die Landwirtschaft ganz und gar den *min*, den »gemeinen Leuten«. Zu dieser Zeit wurde freilich nur ein kleiner Teil des Gebiets landwirtschaftlich genutzt. Der größte Teil des Flusstales war noch von dichten Wäldern und Marschland bedeckt. Elefanten, Nashörner, Büffel, Panther und Leoparden streiften durch die Wälder, dazu Rotwild, Tiger, wilde Ochsen, Bären, Affen und andere Wildtiere. Der Shang-Staat war abhängig von der Produktion der Bauern, aber wie alle agrarischen Adelsgesellschaften betrachtete der Adel produktive Arbeit als Zeichen von Unterlegenheit.

Nur der Shang-König durfte sich Di Shang Di nähern, dem Himmelsgott, der so entrückt war, dass er mit anderen Menschen keinen Kontakt hatte. Damit nahm der König eine Position ähnlich der des Gottes ein, eine Ausnahmestellung, die dem Rest des Adels eine untergeordnete Stellung zuwies.[253] Sie stattete einen Einzelnen mit so absoluten Privilegien aus, dass er keine Rivalen kannte und sich nicht mit anderen messen musste. In seiner Gegenwart war ein Adeliger genauso verwundbar wie ein Bauer; der König stand über allen Gruppierungen oder Interessenkonflikten und war deshalb frei, die Sorgen der gesamten Gesellschaft in den Blick zu nehmen.[254] Er allein konnte Frieden schaffen, indem er dem Gott Di Opfer darbrachte; er konnte ihn um Rat wegen eines Kriegszuges oder der Gründung einer neuen Siedlung bitten. Der Adel unterstützte ihn, indem man sich drei heiligen Handlungen widmete, die alle mit dem Töten einhergingen: dem Opfern, dem Krieg und der Jagd.[255] Die Min nahmen an alldem nicht teil; Gewalt war die Daseinsberechtigung und das Unterscheidungsmerkmal des Adels.

Die drei Pflichten waren in einer Weise eng miteinander verbunden, die zeigt, wie unmöglich es war, in einer Agrargesellschaft Religion und andere Bereiche voneinander zu trennen. Das Opfer für die Ahnen galt als unabdingbar für das Königreich, weil das Schicksal der Dynastie auf dem guten Willen verstorbener Könige beruhte, die bei Di Fürsprache einlegen konnten. So veranstalteten die Shang üppige Gastmähler *(bin)*, bei denen von riesigen Menschen zahme und wilde Tiere getötet wurden – manchmal bis zu hundert Tiere in einem einzigen Ritual – und die Götter, Ahnen und Menschen gemeinsam feierten.[256] Der Verzehr von Fleisch war ebenfalls ein Privileg, das streng auf den Adel beschränkt war. Das Opferfleisch wurde in großartigen Bronzegefäßen gekocht, die, wie die Bronzewaffen, die die Min unterdrückten, nur vom Adel benutzt werden durften und seine herausgehobene Position symbolisierten.[257] Das Fleisch für die Bin-Zeremonie wurde durch Jagdexpeditionen besorgt, die sich von Kriegszügen kaum unterschieden.[258] Wilde Tiere konnten die Ernten gefährden, und die Shang töteten sie rücksichtslos. Die Jagd war nicht nur ein Sport, sondern ein Ritual, das die weisen Könige in Erinnerung rief, die durch das Vertreiben der Tiere die erste Zivilisation begründet hatten.

Ein bedeutender Teil des Jahres wurde dem Krieg gewidmet. Die Shang hatten keine großen Ambitionen auf neue Gebiete, sondern führten Krieg in erster Linie, um ihre Autorität zu stärken: um Tribute von den Bauern einzutreiben, Eindringlinge aus den Bergen zu bekämpfen und aufständische Städte zu bestrafen, indem man ihnen Ernten, Vieh, Sklaven und Handwerker raubte. Manchmal kämpfte man auch gegen die »Barbaren«, also jene Völker, die die Shang-Siedlungen umgaben und sich der chinesischen Zivilisation noch nicht angepasst hatten.[259] Die

Kriegszüge rund um das Königreich waren eine ritualisierte Imitation der jährlichen Prozessionen, die die weisen Könige durchgeführt hatten, um die kosmische und politische Ordnung aufrechtzuerhalten. Die Shang schrieben ihre Siege dem Kriegsgott Di zu. Aber offenbar herrschte einige Besorgnis, denn man konnte sich unmöglich auf ihn verlassen.[260] Wie wir aus den überlieferten Orakelknochen und Schildkrötenpanzern sehen können, auf die die königlichen Wahrsager Fragen für Di schrieben, schickte er oft Dürre, Überschwemmungen und Naturkatastrophen und war ein wenig verlässlicher militärischer Verbündeter. Tatsächlich konnte er seine Hilfe ebenso gut den Shang zugutekommen lassen wie ihren Feinden. »Die Shang greifen uns an und schaden uns«, klagt ein Orakel. »Und Di befiehlt ihnen, uns Verhängnis zu schicken.«[261] Die verstreuten Hinweise zeugen von einem Regime, das ständig auf Angriffe gefasst sein musste und nur durch unablässige kriegerische Wachsamkeit überlebte. Es gibt auch Hinweise auf Menschenopfer: Kriegsgefangene und Aufständische wurden in der Regel hingerichtet und dann, obwohl man hier nicht sicher sein kann, wohl den Göttern geopfert.[262] Spätere Generationen stellten einen klaren Zusammenhang zwischen den Shang und den rituellen Morden her. Der Philosoph Mozi (um 480–390 v. u. Z.) äußert sich abgestoßen über die ausgefeilten Begräbnisfeiern für die Shang-Adeligen: »Was die Männer angeht, die geopfert werden, um ihm zu folgen, so zählen sie Hunderte oder doch Zehner, wenn er ein König ist. Bei hohen Offizieren sind es zehn oder weniger.«[263] Shang-Rituale waren gewalttätig, weil dieser Staat ganz und gar von militärischer Aggression abhängig war. Und sosehr die Könige Di auch um Hilfe bei ihren Kriegen anflehten: Tatsächlich verdankten sie ihren Erfolg ihren militärischen Fähigkeiten und Bronzewaffen.

* * *

Im Jahr 1045 v.u.Z. wurden die Shang von den Zhou besiegt, einem weniger kultivierten Clan aus dem Wei-Tal im Westen der großen Ebene. Die Zhou etablierten ein Feudalsystem: Der König regierte von seiner im Westen gelegenen Hauptstadt aus, unterhielt aber auch eine Präsenz in der neuen Königsstadt im Osten. Die anderen Städte verteilte er an Zhou-Fürsten und Verbündete, die sie als seine Vasallen regierten und diese Pfründen an ihre Nachkommen weitergaben; die Shang behielten ihre Herrschaft im Song-Gebiet.

Für die vormoderne Zivilisation war Kontinuität immer wichtig, und so achteten auch die Zhou darauf, den Ahnenkult der Shang beizubehalten, um ihr Regime zu stützen. Aber wie konnten sie das plausibel begründen, wenn sie doch den letzten Shang-König hingerichtet hatten? Der Fürst von Zhou, Regent seines Neffen, des jungen Königs Cheng, fand eine Lösung, die er bei der Einweihung der neuen östlichen Hauptstadt verkündete. Di, den die Zhou »Himmel« *(Tian)* nannten, hatte die Zhou zu seinem Werkzeug gemacht, um die Shang zu bestrafen, deren letzter König grausam und korrupt gewesen war. Voller Mitleid mit den leidenden Menschen, hatte der Himmelsgott seinen Regierungsauftrag an die Shang zurückgezogen und die Zhou zu ihren Nachfolgern ernannt. König Cheng war demnach der neue Sohn des Himmels. Aber darin lag auch eine Warnung für Cheng, der lernen musste, den »kleinen Leuten« mit »ehrerbietiger Vorsicht« zu begegnen. Der Himmelsgott würde jedem Herrscher das Mandat entziehen, der seine Untertanen bedrückte. Er hatte die Zhou wegen ihrer tiefen Verpflichtung zur Gerechtigkeit ausgewählt; König Cheng durfte also keine harten Strafen gegen die Min verhängen.[264] Obwohl das in der Praxis wenig dazu beitrug, die systemische Gewalt des chinesischen Staates zu verringern, war der himmlische Auftrag eine wichtige religiöse und politische Entwicklung, weil er, wenn auch nur in der Theorie, den Herrscher seinem Volk gegenüber moralisch verpflichtete und ihn zur Verantwortung anleitete. Dies würde in China ein wichtiges Ideal bleiben.

Der Himmelsgott war offensichtlich ein ganz anderer Gott als der Di der Shang, der sich für das Verhalten der Menschen nicht interessiert hatte. Er gab allerdings auch keine Befehle oder griff direkt in die Angelegenheiten der Menschen ein, denn er war kein übernatürliches Wesen, sondern untrennbar mit den Kräften der Natur verbunden und auch in der Macht der Könige und Fürsten aktiv, die als Söhne des Himmels regierten. Er war auch nicht allmächtig, denn er konnte ohne die Erde, seinen göttlichen Gegenpol, nicht existieren. Anders als die Shang beuteten die Zhou das landwirtschaftliche Potenzial der Ebene im großen Stil aus, und nachdem der Einfluss des Himmelsgottes auf der Erde nur durch die Arbeit der Menschen wirksam werden konnte, wurden Ackerbau, Waldrodungen und Straßenbau zu heiligen Tätigkeiten, die die Schöpfung weiterführten, mit der der Himmelsgott begonnen hatte. Die Chinesen waren eindeutig eher an einer Heiligung der Welt interessiert, in der sie lebten, als an der Entdeckung einer transzendenten Heiligkeit.

Der Zhou-König wurde von einer vierstufigen Adelsschicht von »Herren« *(junzi)* gestützt. Westliche Forscher haben ihre Titel den europäischen Adelstiteln entsprechend übersetzt. Die *shi,* Kinder von jüngeren Söhnen und Ehefrauen zweiter Klasse, dienten als Krieger, aber auch als Schreiber und Experten für die Rituale und bildeten einen frühen »zivilen« Zweig der Regierung. Der Zhou-Staatenbund aus mehr als hundert kleinen Fürstentümern existierte bis 771 v. u. Z., als die westliche Hauptstadt von den Barbaren der Qong Rang überrannt wurde. Die Zhou flohen Richtung Osten, erholten sich aber nie mehr ganz von diesem Schlag. Die Folgezeit brachte aber nicht nur einen Niedergang der Dynastie, sondern auch den Verfall des Feudalsystems. Die Könige herrschten formal weiter, wurden aber immer stärker von den aggressiveren »Herren« in den Fürstentümern herausgefordert, die sich von der Fügsamkeit befreiten, auf der der Feudalismus beruhte.[265] Und auch die Grenzen des chinesischen Staates verschoben sich. Inzwischen hatten die Chinesen mehrere »Barbarenvölker« absorbiert, alle mit ganz anderen kulturellen Traditionen, die das alte Zhou-Ethos in Frage stellten. Städte weit weg von den traditionellen Zentren der chinesischen Zivilisation erlangten regionale Bedeutung, und am Ende des 8. Jahrhunderts, zu dem Zeitpunkt, ab dem die chinesische Geschichte aus dem Dunst der Legenden aufsteigt, waren sie zu Hauptstädten von Königreichen geworden: Jin im Norden, Qi im Nordwesten, Qin im Westen und Chu im Süden. Diese Staaten umfassten Tausende von barbarischen Untertanen, deren Verständnis für chinesische Sitten und Gebräuche bestenfalls oberflächlich war. Die kleinen Fürstentümer in der Mitte der großen Ebene waren extrem verletzlich geworden, seitdem die Randstaaten sich so entschlossen ausdehnten. Während des 7. Jahrhunderts brachen sie mit der Tradition und begannen, Bauern als kämpfende Fußsoldaten zu rekrutieren. Jin und Chu nahmen sogar Barbaren in ihre Armeen auf und boten ihnen Landbesitz als Lohn für den Militärdienst.

Zusätzlich zu dieser Bedrohung durch die aggressiven neuen Königreiche waren einige der traditionellen Fürstentümer auch durch innere Konflikte zerrissen. Der Niedergang der Zhou hatte einen Verfall der öffentlichen Ordnung mit sich gebracht, und zunehmend wurde brutale Gewalt zur Norm. Es war keine Ausnahme, dass Fürsten ihre Minister töteten, wenn diese ihre Politik in Frage stellten; Botschafter konnten ermordet werden und Herrscher beim Besuch eines anderen Fürstentums einem Anschlag zum Opfer fallen. Die Spannung stieg noch, weil es auch eine Umweltkrise gab.[266] Jahrhunderte mit aggressiver Jagd und Rodungen, die den Lebensraum von Tieren zerstörten, führten dazu, dass die Jäger immer öfter mit leeren Händen zurückkehrten und dass es viel weniger Fleisch für die Bin-Feste gab, so dass die alte, sorglose Prasserei nicht mehr möglich war. In diesem Klima der Unsicherheit wünschten die Menschen sich klare Anweisungen, und so re-kodifizierten die Ritual-Experten der Shi aus dem Fürstentum Lu das traditionelle chinesische Gewohnheitsrecht, um Richtlinien zu geben.[267]

Die Chinesen besaßen einen aristokratischen Kodex namens *li* (»Rituale«), der das Verhalten von Individuen und Staat bestimmte und ähnlich funktionierte wie unser heutiges internationales Recht. Die *ru* (»Ritual-Experten«) begründeten ihre Reformen dieses Kodex nach dem Verhalten der weisen Könige Yao und Shun, die sie als Muster an Zurückhaltung, Altruismus, Geduld und Freundlichkeit beschrieben.[268] Diese neue Ideologie enthielt offensichtlich eine Kritik an Regimen, die von einer gewalttätigen, arroganten oder egoistischen Politik bestimmt waren. Yao, so hieß es, war so »ehrerbietig, intelligent, klug, sicher und milde« gewesen, dass die Kraft dieser Eigenschaften von ihm auf alle chinesischen Familien ausgestrahlt war und den Großen Frieden erst möglich gemacht hatte.[269] In einem außerordentlichen Akt der Selbstverleugnung hatte Yao das Reich an den niedrig geborenen Shun weitergegeben und seinen eigenen Sohn übergangen, weil dieser betrügerisch und streitsüchtig war. Shun verhielt sich selbst seinem Vater gegenüber höflich und respektvoll, obwohl dieser versucht hatte, ihn zu ermorden. Die reformierten Li sollten den Herren helfen, entsprechende Eigenschaften in sich zu kultivieren. Das Benehmen eines Junzi sollte »freundlich und ruhig« sein.[270] Statt sich aggressiv zu behaupten, sollte er anderen den Weg freimachen *(rang);* dies würde ihn nicht etwa behindern, sondern seine Menschlichkeit *(ren)* erst vollkommen machen. Die reformierten Li waren also ausdrücklich dazu gedacht, Streitlust und Chauvinismus zu verhindern.[271] Stattdessen sollte das politische Leben von Zurückhaltung und Nachgiebigkeit beherrscht sein.[272] »Die Li lehren uns, dass es barbarisch ist, den eigenen Gefühlen freien Lauf zu lassen und sie sich selbst zu überlassen«, erklärten die Ritual-Experten. »Das Zeremoniell legt Maße und Grenzen fest.«[273] In der Familie sollte der älteste Sohn seinem Vater in allem zu Diensten sein, ihn mit leiser, demütiger Stimme ansprechen und niemals Zorn oder Tadel laut werden lassen. Im Gegenzug musste der Vater alle seine Kinder gerecht, freundlich und höflich behandeln. Das System war so ausgelegt, dass jedes Familienmitglied ein gewisses Maß an Ehrerbietung empfing.[274] Wir wissen nicht genau, wie das in der Praxis funktionierte; sicher strebten viele Chinesen auch weiterhin aggressiv nach Macht, aber es scheint, dass gegen Ende des 7. Jahrhunderts eine bedeutende Anzahl derjenigen, die in den traditionellen Fürstentümern lebten, Mäßigung und Selbstkontrolle zu schätzen wussten und dass selbst in den Randstaaten Qi, Jin, Chu und Qin diese ritualisierten Forderungen akzeptiert wurden.[275] Die Li versuchten, die kriegerische Gewalt zu kontrollieren, indem sie ein höfisches Spiel daraus machten.[276] Das Töten einer großen Zahl von Feinden galt als vulgär, als barbarisch. Als ein Offizier damit prahlte, dass er sechs Feinde abgeschlachtet hatte, erwiderte sein Fürst mit großem Ernst: »Du wirst große Schande über unser Land bringen.«[277] Es war nicht erlaubt, mehr als drei Flüchtige nach einer Schlacht zu töten, und ein wahrer Junzi schoss mit geschlossenen Augen, um seinen Feind zu verfehlen. Wenn der besiegte Fahrer eines Kriegswagens während der Schlacht ein Lösegeld bezahlte, ließen ihn seine Gegner immer frei. Unziemlicher Triumph war nicht gern gesehen. Ein siegreicher Fürst weigerte sich einmal, ein Denkmal zur Erinnerung zu errichten: »Dieser Sieg war der Grund, warum zwei Länder die Knochen ihrer Krieger in der Sonne bleichen lassen! Welch eine Grausamkeit!«, rief er. »Hier sind keine Schuldigen, nur Vasallen, die treu geblieben sind bis zum Ende.«[278] Ein Kommandeur durfte auch niemals unfairen Vorteil aus der Schwäche des Feindes ziehen. Im Jahr 638 erwartete der Fürst von Song voller Sorge eine Armee aus dem Fürstentum Chu, die wesentlich größer war als seine eigene. Als sie hörten, dass die Truppen der Chu einen nahen Fluss überquerten, drängte ihn sein Kommandeur, sofort anzugreifen: »Sie sind viele, und wir sind wenige. Lass uns angreifen, bevor sie über den Fluss kommen!« Entsetzt weigerte sich der Fürst, diesem Rat zu folgen. Als die Chu den Fluss überquert, sich aber noch nicht in Schlachtformation aufgestellt hatten, riet der Kommandeur wieder zum Angriff. Aber der Fürst zögerte immer noch. Und obwohl die Song in der folgenden Schlacht gründlich geschlagen wurden, bereute er nichts: »Ein Junzi, der diesen Namen zu Recht trägt, versucht den Feind nicht zu überwinden, wenn er im Nachteil ist. Er schlägt seine Trommel nicht, bevor die Reihen aufgestellt sind.«[279] Krieg war nur dann legitim, wenn er die himmlische Ordnung wiederherstellte, indem er eine Invasion der Barbaren zurückdrängte oder einen Aufstand zurückschlug. Diese Art des strafenden Krieges war eine Maßnahme zur Korrektur des Verhaltens. Ein militärischer Schlag gegen eine aufständische chinesische Stadt war deshalb eine höchst ritualisierte Angelegenheit, die mit Opfern auf dem Altar der Erdgöttin begann und endete. Wenn die Schlacht begann, drangsalierten beide Seiten den Gegner mit geradezu empörender Freundlichkeit, um den eigenen überlegenen Edelmut zu beweisen. Während sie laut mit ihrem Heldenmut prahlten, warfen die Krieger Weinfässer über die Mauer des Feindes. Als ein Bogenschütze der Chu seinen letzten Pfeil verschoss, um einen Hirsch zu töten, der seinem Wagen im Weg stand, bot er das Tier sofort den Feinden an, die ihm folgten. Und sie erklärten sich sofort als besiegt und riefen: »Was für ein würdiger Bogenschütze und gewandter Krieger! Was für Herren!«[280] Bei Kriegszügen gegen die Barbaren gab es solche Beschränkungen allerdings nicht – sie konnten verfolgt und getötet werden wie wilde Tiere.[281] Als der Fürst von Jin mit seiner Armee zufällig auf den Stamm der Rong traf, der friedlich seinen Geschäften nachging, befahl er seinen Truppen, den gesamten Stamm zu massakrieren.[282] In einem Krieg zwischen dem zivilisierten »wir« und dem bestialischen »sie« war jede Form von Verrat und Betrug erlaubt.[283]

✳ ✳ ✳

Allen Anstrengungen der Ritualisten zum Trotz eskalierte gegen Ende des 7. Jahrhunderts v. u. Z. die Gewalt in der chinesischen Ebene. Die Barbarenstämme griffen von Norden her an, und der südliche Staat der Chu ignorierte zunehmend die Regeln höfischer Kriegsführung und wurde zu einer echten Bedrohung für die Fürstentümer. Die Zhou-Könige waren zu schwach, um wirksame Führung auszuüben, und so bildete Fürst Huan aus Qi, dem inzwischen mächtigsten chinesischen Staat, ein Bündnis, das sich durch Eid zu einem Nichtangriffspakt verpflichtete. Dieser Versuch schlug allerdings fehl, weil der Adel, der immer noch an persönlichem Prestige hing, die eigene Unabhängigkeit bewahren wollte. Nachdem Chu das Bündnis 597 v. u. Z. zerschlagen hatte, versank die Region in einer ganz neuen Art von Kriegführung. Andere große Randstaaten ließen die traditionellen Beschränkungen ebenfalls fahren und waren zur Expansion und zum Territorialgewinn entschlossen, auch wenn das die Vernichtung des Feindes zur Folge hatte. Im Jahr 593 v. u. Z. wurden die Bewohner von Song so lange belagert, bis sie anfingen, ihre eigenen Kinder zu essen. Kleine Fürstentümer wurden gegen ihren Willen in den Konflikt hineingezogen, wenn ihre Territorien zu Schlachtfeldern rivalisierender Armeen wurden. Qi beispielsweise drang so oft in das winzige Fürstentum Lu ein, dass man sich dort gezwungen sah, Chu zu Hilfe zu rufen. Aber gegen Ende des 6. Jahrhunderts v. u. Z. war Chu besiegt und Qi so dominant, dass der Fürst von Lu seine Unabhängigkeit nur noch mit Hilfe des westlichen Staates Qin bewahren konnte. Außerdem gab es Bürgerkriege: Qin, Jin und Chu waren durch chronische innere Unruhen geschwächt, und in Lu errichteten drei kleinere Adelsfamilien eigene Staaten und reduzierten die Rolle des legitimen Fürsten auf den Status einer Marionette.

Archäologen haben eine wachsende Verachtung für die Rituale zu dieser Zeit festgestellt: Die Menschen stellten profane Gegenstände in die Gräber ihrer Verwandten statt der vorgeschriebenen Gefäße. Auch der Geist der Mäßigung schwand dahin. Viele Chinesen hatten Geschmack am Luxus gefunden, so dass ein unerträglicher wirtschaftlicher Druck entstand, weil die Nachfrage die Ressourcen überstieg, und einige Angehörige des niederen Adels versuchten den Lebensstil der großen Familien nachzuahmen. In der Folge verarmten viele Shi aus der untersten Adelsschicht und waren gezwungen, die Städte zu verlassen und ihren Lebensunterhalt als Lehrer unter den Min zu verdienen.

* * *

Ein Shi, der im Fürstentum Lu einen untergeordneten Verwaltungsposten innehatte, war entsetzt über die Gier, den Stolz und die Prahlerei der Usurpatorenfamilien. Kon Qiu (um 551–479 v. u. Z.) war überzeugt, dass nur die Li diese destruktive Gewalt verhindern konnten. Seine Schüler nannten ihn später Kongfuzi (»unser Meister Kong«) – im Westen wurde er als Konfuzius bekannt. Er erreichte nie die politische Karriere, auf die er gehofft hatte, und starb in dem Glauben, er sei ein Versager, aber in Wirklichkeit definierte er die Kultur Chinas bis zur Revolution von 1911. Mit seiner kleinen Schar von Gefolgsleuten, die meisten aus dem Kriegeradel, reiste Konfuzius von einem Fürstentum zum anderen in der Hoffnung, einen Regenten zu finden, der seine Ideen in die Tat umsetzen würde. Im Westen gilt er oft eher als säkularer denn als religiöser Philosoph, aber er selbst hätte die Unterscheidung gar nicht verstanden: Im alten China war das Säkulare heilig, so erinnert uns der Philosoph Herbert Fingarette.[284]

Die Lehren des Konfuzius wurden erst lange nach seinem Tod aufgeschrieben, aber Forscher halten die *Analekten,* eine Sammlung kurzer, unverbundener Lehrgespräche, für eine einigermaßen verlässliche Quelle.[285] Seine Ideologie, die versuchte, die Tugenden von Yao und Shun wiederzubeleben, war zutiefst traditionell, aber sein Gleichheitsideal auf der Grundlage einer kultivierten Vorstellung gemeinsamer Menschlichkeit war eine radikale Herausforderung für die systemische Gewalt des chinesischen Agrarstaates. Wie der Buddha definierte auch Konfuzius das Konzept von Adel neu.[286] Der Held der Analekten ist der Junzi, der kein Krieger mehr ist, sondern ein zutiefst humaner Gelehrter ohne militärische Ausbildung. Für Konfuzius war die wichtigste Eigenschaft eines Junzi-Anführers das *Ren,* ein Wort, das zu definieren er sich weigerte, weil dessen Bedeutung die Vorstellungen seiner Zeit überschritt. Spätere Konfuzianer definierten es als »Wohlwollen« oder »Güte«.[287] Der Junzi musste alle anderen zu jeder Zeit mit Ehrerbietung und Mitgefühl behandeln, ein Programm, das Konfuzius in der sogenannten Goldenen Regel zusammenfasste: »Was du nicht willst, das man dir tu, das füg auch keinem andern zu.«²⁸⁸ Dies war, so Konfuzius, der rote Faden, der seine gesamte Lehre durchzog und »den ganzen Tag und jeden Tag« praktiziert werden sollte.²⁸⁹ Ein wahrer Junzi musste auf sein Herz hören, herausfinden, was ihm Schmerz bereitete und sich dann unter allen Umständen weigern, diesen Schmerz irgendeinem anderen Menschen zuzufügen.

Und es handelte sich dabei nicht etwa nur um eine persönliche Ethik, sondern um ein politisches Ideal. Wenn die Herrschenden Ren praktizierten, konnten sie nicht ins Territorium eines anderen Fürsten einmarschieren, weil sie sich nicht gewünscht hätten, dass ihnen etwas Ähnliches passierte. Sie würden nicht gern ausgebeutet, beschimpft und zur Armut gezwungen, also durften sie auch andere nicht bedrücken. »Was würdest du von einem Mann halten, der seine Güte auf die einfachen Leute ausdehnte und den Massen Hilfe leistete?«, fragte Konfuzius' Schüler Zigong.²⁹⁰ »Ein solcher Mann wäre ein Weiser!«, rief sein Meister aus:

Yao und Shun hätten dies als kühne Aufgabe empfunden! Du wünschst dir selbst Rang und Stellung, also verhilf anderen zu Rang und Stellung. Du willst Anerkennung für deine Verdienste, also verhilf anderen zur Anerkennung. Tatsächlich geht es um die Fähigkeit, den eigenen Gefühlen zu folgen – das ist der Sinn des Ren.²⁹¹

Wenn ein Fürst nur durch Macht regierte, konnte er vielleicht das äußerliche Verhalten seiner Untertanen kontrollieren, nicht aber ihre innere Haltung.²⁹² Keine Regierung, so Konfuzius, konnte wirklich Erfolg haben, wenn sie nicht auf einer angemessenen Vorstellung davon aufbaute, was ein vollständiger Mensch ist. Der Konfuzianismus war nie eine Privatsache des Individuums, sondern er hatte immer eine politische Orientierung und strebte nicht weniger an als eine Reform des öffentlichen Lebens. Sein Ziel bestand ganz einfach darin, eine friedliche Welt zu erschaffen.²⁹³

Allzu oft waren die Li dazu benutzt worden, das Prestige eines Adeligen zu erhöhen, wie es auch der Sinn der aggressiven Höflichkeit im ritualisierten Krieg war. Aber wenn man sie richtig verstand, so glaubte Konfuzius, lehrten die Li die Menschen, sich »den ganzen Tag und jeden Tag« in den anderen hineinzuversetzen und die Situation aus einem anderen Blickwinkel anzuschauen. Wenn eine derartige Haltung zur Gewohnheit wurde, konnte der Junzi die Egozentrik, Gier und Eigensucht überwinden, die China zerrissen. »Aber wie kann ich Ren erlangen?«, fragte Yan Hui. Ganz einfach, erwiderte Konfuzius: »Meide dein Ego und gib dich den Li hin.«[294] Ein Junzi musste jeden einzelnen Teil seines Lebens den Ritualen von Rücksicht und Respekt für andere widmen. »Wenn es dir einen Tag lang gelingen würde, dich zurückzuhalten und zu den Riten zurückzukehren«, fuhr Konfuzius fort, »dann könntest du die gesamte Welt zu den Li zurückführen.«[295] Aber um dies zu erreichen, musste der Junzi an seiner Menschlichkeit arbeiten, wie ein Bildhauer einen groben Stein bearbeitete, um ein rituelles Gefäß daraus zu machen, ein Behältnis für Heiligkeit.[296] So konnte er die herrschende Gier, Gewalt und Profanität überwinden und Würde und Anmut in die Begegnung der Menschen zurückholen. Und so konnte er ganz China verwandeln.[297] Die Praxis des Ren war schwierig, weil sie von dem Junzi verlangte, dass er sich selbst vom Thron und vom Mittelpunkt seiner eigenen Welt holte.[298] Aber das Ideal des Ren war zutiefst in unserer Menschlichkeit verankert.[299]

Konfuzius betonte die Bedeutung der Nachgiebigkeit. Statt sich streitlustig zu behaupten und um Macht zu kämpfen, sollten Söhne ihren Vätern nachgeben, Krieger ihren Feinden, Adelige ihrem Herrscher und Herrscher ihren Untertanen. Im Gegensatz zu den Aussteigern in Indien sah Konfuzius die Familie nicht als Hindernis für die Erleuchtung, sondern als Schule der Spiritualität, weil sie jedes Familienmitglied lehrte, für die anderen zu leben.[300] Spätere Philosophen haben Konfuzius kritisiert, weil er sich zu sehr auf die Familie gestützt habe, aber er sah jeden Menschen als Mittelpunkt einer ständig wachsenden Reihe von konzentrischen Kreisen, zu denen er oder sie in Beziehung treten musste, wenn er ein Mitgefühl entwickelte, das die Forderungen von Familie, Klasse, Staat oder Rasse überschritt.[301] Jeder von uns beginnt sein Leben in einer Familie, also beginnt unsere Erziehung in Selbstüberschreitung mit den Li in der Familie, aber sie endet nicht dort. Der Horizont eines Junzi erweiterte sich allmählich. Was er gelernt hatte, indem er für seine Eltern, seine Ehefrau und Verwandten sorgte, befähigte ihn zum Mitgefühl für immer mehr Menschen: zunächst mit seiner unmittelbaren Gemeinschaft, dann mit dem Staat, in dem er lebte und schließlich mit der ganzen Welt.

Konfuzius war Realist genug, um sich vorzustellen, dass die Menschen niemals vom Krieg ablassen würden. Er beklagte die damit verbundene Verschwendung von Leben und Mitteln,[302] verstand jedoch, dass kein Staat ohne seine Armeen überleben konnte.[303] Als man ihn aufforderte, die Prioritäten der Regierungsarbeit zu nennen, erwiderte er:»Sorgt einfach dafür, dass es genug zu essen und genug Waffen gibt«, fügte allerdings hinzu, dass die Waffen noch eher entbehrlich waren.[304] In der Vergangenheit hatte nur der Zhou-König einen Krieg erklären können; jetzt hatten seine Vasallen dieses königliche Privileg an sich gerissen und bekämpften sich gegenseitig. Wenn das so weiterging, fürchtete Konfuzius, würde die Gewalt die gesamte Gesellschaft durchdringen.[305] »Strafexpeditionen« gegen Barbaren, Invasoren und Aufständische waren wichtig, weil die Hauptaufgabe der Regierung darin lag, die soziale Ordnung zu sichern.[306] Aus diesem Grund, so glaubte er, war die strukturelle Gewalt in der Gesellschaft notwendig. Konfuzius sprach immer mit echter Sorge über die Min und forderte die Herrschenden auf, an ihren Sinn für Selbstachtung zu appellieren, statt sie durch Zwang und Furcht zu kontrollieren, aber er wusste auch, dass die Zivilisation zusammenbrechen würde, wenn eventuelle Übertretungen nicht bestraft wurden.[307]

Mencius, der konfuzianische Philosoph aus dem 4. Jahrhundert, konnte die Min auch nur als geborene Objekte der Herrschaft sehen:»Es gibt Menschen, die mit ihrem Geist, und solche, die mit ihren Muskeln arbeiten. Die einen herrschen, die anderen werden beherrscht. Die Herrschenden werden von den Beherrschten versorgt.«[308] Die Min konnten nie Teil der herrschenden Klasse werden, weil sie keine »Bildung« *(jaio)* besaßen, was in China immer mit einem gewissen Zwang einherging: Das Bildzeichen Jaio zeigte eine Hand, die eine Rute schwang, um ein Kind zu disziplinieren.[309] Krieg war eine Erziehungsmethode, von größter Wichtigkeit für die Zivilisation: »Ein strafender Krieg«, schrieb Mencius, »dient der Erziehung.«[310] Tatsächlich war er sogar sicher, dass die Massen sich eine solche Erziehung wünschten und dass die Barbaren geradezu darum wetteiferten, von den Chinesen erobert zu werden.[311] Aber ein Kampf zwischen Gleichgestellten war niemals erlaubt: »Eine Strafexpedition wird nur von einem Herrschenden gegen seine Untertanen geführt. Gleichgestellte dürfen einander nicht durch Krieg bestrafen.«[312]

Die vorherrschenden Kriege zwischen Staaten und Herrschern mit gleichem Status waren also pervers, illegal und eine Form der Tyrannei. China sehnte sich nach weisen Herrschern wie Yao und Shun, deren moralisches Charisma den Großen Frieden wiederherstellen konnte. »Das Erscheinen eines wahren Königs war nie überfälliger als heute«, schrieb Mencius. »Und die Menschen haben nie mehr unter der Tyrannei gelitten als heute.« Wenn ein militärisch mächtiger Staat mit Güte regiert würde, »dann würden die Menschen jubeln, als hätte man sie davon befreit, an den Füßen aufgehängt zu werden.«[313]

Trotz ihrer Vorstellungen von Gleichheit waren die Konfuzianer Aristokraten, die die Haltungen der herrschenden Klasse nicht ablegen konnten. In den Schriften von Mozi (um 480–390 v.u.Z.) jedoch hören wir die Stimme des gemeinen Mannes. Mozi war der Anführer einer Bruderschaft von hundertachtzig Männern, die sich wie Bauern und Handwerker kleideten und von einem Staat zum anderen zogen, um die Herrscher in einer neuen militärischen Technologie zur Verteidigung einer Stadt zu unterweisen, die vom Feind belagert wurde.[314] Mozi war höchstwahrscheinlich ein Handwerker, der die ausgefeilten Rituale des

Adels als Zeit- und Geldverschwendung betrachtete. Aber er war auch überzeugt, dass Ren für China die einzige Hoffnung bedeutete, und er betonte noch stärker als Konfuzius die Gefahr, die darin lag, politische Sympathie nur innerhalb der eigenen Grenzen zu praktizieren.»Andere müssen betrachtet werden wie wir selbst«, sagte er. Diese Sorge *(ai)* musste allumfassend sein und durfte niemanden ausschließen.[315] Die einzige Möglichkeit, die Chinesen vor der Selbstzerstörung zu bewahren, lag darin, sie zum *jian ai* (»Sorge für jeden«) zu bringen. Statt sich nur um ihr eigenes Königreich zu kümmern, drängte er die Fürsten,»die Staaten der anderen zu betrachten, als wären sie eure«. Wenn die Fürsten nämlich solche Sorge umeinander trügen, dann würden sie keinen Krieg führen. Tatsächlich, so Mozi, lag die Wurzel»aller Bedrängnisse in der Welt, aller Not, aller Abneigung und und allen Hasses in einem Mangel an *jian ai*«.[316]

Anders als die Konfuzianer, ließ Mozi kein gutes Haar am Krieg. Aus der Perspektive eines Armen war der Krieg absolut sinnlos. Er zerstörte die Ernten, tötete viele Zivilisten und verschwendete Waffen und Pferde. Die Herrschenden behaupteten, die Eroberung weiterer Gebiete würde den Staat reicher und sicherer machen, aber tatsächlich profitierte nur ein winziger Teil der Bevölkerung davon, und die Eroberung einer kleinen Stadt konnte so große Opfer kosten, dass niemand mehr übrig blieb, um das Land zu bebauen.[317] Mozi glaubte, eine Politik könne nur dann als tugendhaft gelten, wenn sie die Armen reicher machte, sinnlosen Tod verhinderte und die öffentliche Ordnung sicherte. Aber die Menschen waren Egoisten, und sie würden nur dann Jian Ai praktizieren, wenn sie durch unwiderlegbare Argumente davon überzeugt würden, dass ihr eigenes Wohlergehen vom Wohlergehen der gesamten Menschheit abhinge und dass Jian Ai unbedingt notwendig sei für ihren *eigenen* Wohlstand, ihren Frieden und ihre Sicherheit.[318] Mozis Buch enthielt deshalb die ersten chinesischen Übungen in Logik, alle dazu gedacht, zu beweisen, dass Krieg nicht im Interesse eines Herrschers liegen konnte. Mit Worten, die heute noch gültig sind, bestand Mozi darauf, es gebe für die Herrschenden nur einen einzigen Ausweg aus dem zerstörerischen Kreislauf des Krieges: »nicht nur an sich selbst zu denken«[319].

* * *

Im alten China wurde Mozi mehr verehrt als Konfuzius, weil er die Probleme seiner gewalttätigen Zeit so direkt ansprach. Im 5. Jahrhundert waren die kleinen Fürstentümer von sieben großen, kriegführenden Staaten umzingelt: Jin, das sich in die drei Königreiche Han, Wei und Zhao aufgespalten hatte; Qi, Qin und dem Nachbarstaat Shu im Westen; Chu im Süden. Ihre riesigen Armeen, eisernen Waffen und tödlichen Armbrüste waren so gewaltig, dass jeder Staat, der ihnen nicht gleichkam, zum Untergang verurteilt war.[320] Ihre Ingenieure bauten Verteidigungswälle und Festungen an den Grenzen, die mit professionellen Wächtern bemannt waren. Gestützt von einer starken Wirtschaft, kämpften diese Armeen mit tödlicher Effizienz, basierend auf einem einheitlichen Kommando, fähigen Strategen und gut ausgebildeten Truppen. Sie waren brutal pragmatisch und hatten keine Zeit für Ren oder Rituale, und im Kampf schonten sie niemanden: »Wer Kraft hat, ist unser Feind, wie alt er auch sein mag«, erklärte einer ihrer Kommandeure.[321] Aus rein pragmatischen Gründen rieten ihre neuen Militärexperten allerdings von allzu viel Plünderungen und Gewalt ab,[322] und bei ihren Kriegszügen achteten sie darauf, die landwirtschaftliche Produktion nicht zu gefährden, die ja die einzige Ressource ihres Staates war.[323] Der Krieg war kein höfisches Spiel mehr, das durch Li geregelt wurde, um Aggressivität zu umgehen, sondern eine Wissenschaft, regiert von Logik, Verstand und kalter Berechnung.[324]

Für Mozi und seine Zeitgenossen schien es, als stünden die Chinesen kurz davor, sich selbst zu zerstören, aber im Rückblick können wir sehen, dass sie in Wirklichkeit auf einem schmerzhaften Weg auf ein zentralisiertes Reich zugingen, das ein gewisses Maß an Frieden bringen würde. Der Dauerkrieg zwischen den Staaten offenbarte eines der allgegenwärtigen Dilemmata des Agrarstaates: Wenn man sie nicht unter Kontrolle hielt, würden die Adeligen, die zum Kämpfen erzogen waren und ein empfindliches Ehrgefühl entwickelt hatten, immer aggressiv um Land, Reichtum, Besitz, Prestige und Macht kämpfen. Im 5. Jahrhundert begannen die kriegführenden Staaten die traditionellen Fürstentümer zu vernichten und wie unter Zwang gegeneinander zu kämpfen, bis im Jahr 221 v. u. Z. nur noch einer von ihnen übrig war. Sein siegreicher Herrscher wurde der erste Kaiser von China.

In dieser Periode der chinesischen Geschichte finden wir ein faszinierendes Muster vor, das uns zeigt, wie falsch die Vorstellung ist, ein gegebenes System von »religiösen« Glaubenssätzen und Praktiken würde unweigerlich zur Ausübung von Gewalt führen. Stattdessen finden wir Menschen, die auf den gleichen Schatz von Mythologie, kontemplativer Übung und sozialen Vorstellungen zurückgreifen, aber zu vollkommen anderen Handlungsweisen kommen. Sosehr die kriegführenden Staaten sich auch einem Ethos näherten, das dem modernen Säkularismus ähnelte, so sehr betrachteten sich ihre eisenharten Strategen als Weise und sahen ihre Kriegführung als Ausdruck von Religion. Ihr Held war der Gelbe Kaiser, und die Kommandeure waren überzeugt, dass ihre eigenen Abhandlungen ebenso wie sein Buch über Militärstrategie göttliche Offenbarungen waren.

Die weisen Könige hatten eine Ordnung im Kosmos entdeckt, die ihnen zeigte, wie man die Gesellschaft organisieren musste; der militärische Befehlshaber konnte ein Muster im Chaos auf dem Schlachtfeld erkennen, das ihn in die Lage versetzte, den effizientesten Weg zum Sieg zu finden. »Derjenige mit vielen strategischen Faktoren zu seinen Gunsten gewinnt, derjenige mit wenigen strategischen Faktoren zu seinen Gunsten verliert«, erklärte Sunzi oder Sun-Tsu, ein Zeitgenosse von Mencius. »Wenn ich die Dinge so betrachte, kann ich erkennen, wer siegen und wer verlieren wird.«[325] Ein guter Befehlshaber konnte den Feind sogar besiegen, ohne überhaupt zu kämpfen. Wenn die Verhältnisse gegen ihn sprachen, bestand die beste Politik darin, zu warten, bis der Feind in dem Glauben an die Schwäche des Gegners übermütig wurde und einen fatalen Fehler beging. Der Kommandeur sollte seine Truppen als reine Verlängerung seines eigenen Arms betrachten und sie kontrollieren, wie der Geist den Körper kontrolliert. Selbst wenn er von edler Geburt war, musste ein fähiger Kommandeur unter seinen Bauernsoldaten leben, die Härte ihres Lebens teilen und zum Muster für ihr Verhalten werden. Er würde schreckliche Strafen gegen seine Leute verhängen, damit sie ihn mehr fürchteten als den Tod auf dem Schlachtfeld; ja, ein guter Stratege brachte seine Truppen in derartige Gefahr, dass sie keine andere Chance hatten als sich herauszukämpfen.[326] Ein Soldat durfte keine eigenen Gedanken haben, sondern musste so gehorsam und passiv seinem Befehlshaber gegenüber sein wie eine Frau. Damit »feminisierte« sich der Krieg. Tatsächlich konnte weibliche Schwäche effektiver sein als männliche Streitlust: Die besten Armeen mochten so schwach wie Wasser erscheinen – aber Wasser konnte eine enorme Zerstörungskraft entfalten.[327]

»Militärisches Handeln ist ein Weg *(Tao)* der Täuschung«, sagte Sunzi. Das Spiel bestand darin, den Feind zu täuschen:

Wenn du also fähig bist, täusche Unfähigkeit vor.
Wenn du aktiv bist, täusche Inaktivität vor.
Wenn du nah bist, täusche Ferne vor, wenn du fern bist, Nähe.
Wenn er seinen Vorteil sucht, locke ihn.
Wenn er verwirrt ist, greif ihn an.
Wenn er in der Überzahl ist, bereite dich vor.
Wenn er stark ist, meide ihn.
Greif ihn an, wenn er unvorbereitet ist.
Tauche auf, wenn er es nicht erwartet.[328]

Sunzi wusste, dass Zivilisten seine kriegerische Ethik abwertend ansehen würden, aber ihr Staat konnte ohne die Armee nicht überleben.[329] Deshalb sollte die Armee von der restlichen Gesellschaft getrennt bleiben und ihre eigenen Gesetze haben, denn ihr *modus operandi* war das »Außergewöhnliche« *(qi)*, das gegen die Intuition Gerichtete, das, was gerade *nicht* natürlich

erschien. In allen anderen Staatsangelegenheiten hätte das katastrophale Folgen,[330] aber wenn ein Befehlshaber lernte, das Qi
auszunutzen, konnte er zu einem weisen Einklang mit dem Willen des Himmels kommen:

Wer also darin geübt ist, das Außergewöhnliche zu nutzen, ist
so grenzenlos wie Himmel und Erde und so unerschöpflich wie
der Gelbe Fluss und der Ozean.
Er endet und beginnt von neuem, wie Sonne und Mond. Er
stirbt und wird wiedergeboren wie die vier Jahreszeiten.[331]

Das Dilemma selbst des gutartigsten Staates bestand darin, dass
er verpflichtet war, in seinem Herzen eine Institution aufrechtzuerhalten, die sich auf Verrat und Gewalt gründete.

Der Kult des »Außergewöhnlichen« war nicht neu, sondern
in der Bevölkerung weit verbreitet, vor allem in den unteren
Schichten, und stammte möglicherweise noch aus der Jungstein-
zeit. Er stand in enger Verbindung mit der mystischen Schule,
die wir im Westen als Taoismus bezeichnen und die unter den
Massen viel beliebter war als in der Elite.[332] Taoisten lehnten jede
Regierungsform ab und waren überzeugt, dass die Herrscher
unweigerlich alles nur noch schlimmer machten, wenn sie in das
Leben ihrer Untertanen eingriffen – eine Haltung, die der Vorliebe der Strategen für das »Nichtstun« und die Zurückhaltung
vor dem raschen Handeln entsprach. Wenn man Menschen dazu
zwang, von Menschen gemachten Gesetzen zu gehorchen und
unnatürliche Rituale zu vollführen, war das einfach pervers, argumentierte der überschwengliche Einsiedler Zhuangzi (um
369–286 v. u. Z.). Es war besser, nichts zu tun und »Handeln
durch Nicht-Handeln *(wu wei)*« zu praktizieren. Es war tief im
Menschen verwurzelt, tief unter den Kräften der Vernunft, dass
man auf diese Weise die wahre Natur *(Tao)* der Dinge erkennen
würde.[333]

Im Westen neigen wir dazu, das Tao-Te-King, jene Abhandlung aus der Mitte des 3. Jahrhunderts v. u. Z., als frommes Dokument einer persönlichen Spiritualität zu lesen, aber tatsächlich

handelt es sich um ein Handbuch der Staatskunst, geschrieben für den Fürsten eines der verletzlichen Fürstentümer.[334] Sein anonymer Autor schrieb unter dem Pseudonym Lao-Tse – »Alter Meister«. Die Herrschenden sollten den Himmel nachahmen, lehrte er, der sich nicht in das Tun der Menschen einmischte. Wenn sie also ihre Einmischungspolitik aufgaben, würde die politische Potenz *(de)* ganz von selbst erscheinen. »Wenn ich aufhöre, etwas zu ersehnen, und still bleibe, wird das Reich von allein in Frieden sein.«[335] Der taoistische König sollte meditative Techniken praktizieren, die seinen Geist von eifrigem Theoretisieren reinigten, so dass er »leer« und »still« wurde. Dann konnte das Tao des Himmels durch ihn wirksam werden und »bis ans Ende seiner Tage wird er keiner Gefahr mehr begegnen.«[336] Lao-Tse bot den bedrängten Fürstentümern ein Überlegens-Strategem an. Normalerweise zogen Staatsmänner hektische Aktivität und Zurschaustellung von Stärke vor, aber sie sollten genau das Gegenteil tun. Statt sich aggressiv aufzustellen, sollten sie sich als schwach und klein präsentieren. Wie die Militärstrategen benutzte Lao-Tse das Bild des Wasser, das »unterwürfig und schwach« erschien, aber viel mächtiger sein konnte als alles, »was hart und stark ist«.[337] Der taoistische Herrscher sollte alle männliche Selbstbehauptung aufgeben und die Weichheit der »rätselhaften Weiblichkeit« annehmen.[338] Was aufsteigt, muss auch wieder fallen, wenn man also den Feind stärkte, indem man sich ihm scheinbar unterwarf, beschleunigte man in Wirklichkeit seinen Niedergang. Lao-Tse stimmte mit den Militärstrategen überein, dass militärisches Tun immer die letzte Möglichkeit sei: Waffen waren Werkzeuge »mit schlechtem Omen«, argumentierte er. Ein weiser König würde sie nur benutzen, wenn er gar nicht mehr anders konnte.[339]

Der gute Anführer ist nicht kriegerisch.
Der gute Kämpfer ist nicht ungestüm.
Der beste Sieger über den Feind ist derjenige,
der nie angreift.[340]

Der weise Anführer sollte auch nicht auf Greueltaten zurückgreifen, weil diese lediglich einen Gegenangriff provozierten.
Indem er vielmehr Wu Wei praktizierte, erlangte er die Potenz
des Himmels. »Weil er keinen Wettstreit anzettelt, kann niemand auf der Welt mit ihm in Wettstreit treten.«[341]
Doch leider erwies sich diese Annahme als falsch. Sieger im
langen Kampf der kriegführenden Staaten war kein taoistischer
weiser König, sondern der Herrscher von Qin, der einfach deshalb Erfolg hatte, weil er das größte Territorium, die größte Armee und die meisten Ressourcen besaß. Statt sich auf Rituale zu
stützen, wie es frühere chinesische Staaten getan hatten, hatte
Qin eine materialistische Ideologie entwickelt, die ausschließlich auf den ökonomischen Realitäten von Krieg und Landwirtschaft beruhte und von einer neuen Philosophie genährt wurde,
die man als *Fajia* (»Schule des Rechts«) oder Legalismus bezeichnete.[342] *Fa* bedeutete nicht »Gesetz« im modernen Sinne, es
ging vielmehr um einen Standard wie den Winkel des Zimmer-
manns, der dafür sorgte, dass das Rohmaterial einem festgeleg-
ten Muster folgte.[343] Die legalistischen Reformen von Shang (um
390–338 v. u. Z.) brachten Qin in Vorteil gegenüber seinem Rivalen.[344] Shang glaubte, dass die Menschen mit strengen Strafen
dazu gezwungen werden müssten, sich mit ihrer untergeordneten Rolle in einem Staat abzufinden, der ausschließlich dazu
diente, die Macht des Herrschers zu vergrößern.[345] Er schaffte
den Adel ab und ersetzte ihn durch eine handverlesene Verwaltung, die vollständig vom König abhängig war. Das Land wurde
in einunddreißig Bezirke eingeteilt, die von einem Magistrat regiert wurden, der seinerseits direkt an die Hauptstadt berichtete
und Soldaten für die Armee rekrutierte. Um die Produktivität
und das freie Unternehmertum zu fördern, wurden die Bauern
ermuntert, ihr Land zu kaufen. Der Junzi-Adel hatte keine Bedeutung mehr: Ehre wurde nur noch durch hervorragende Leistungen auf dem Schlachtfeld erlangt. Wer eine siegreiche Einheit
kommandierte, erhielt Land, Häuser und Sklaven.
 Qin hatte wohl tatsächlich die erste säkulare Staatsideologie
entwickelt, aber Shang trennte Religion und Politik nicht wegen

der darin angelegten Gewalt, sondern weil Religion auf eine unpraktikable Weise human war. Religiöse Gefühle machten den Herrscher zu gütig, was den Interessen des Staates zuwiderlief. »Ein Staat, der gute Menschen dazu einsetzt, die bösen zu regieren, wird von Unordnung heimgesucht und zerstört«, sagte Shang. »Ein Staat, der die Bösen dazu einsetzt, die Guten zu regieren, wird immer Frieden haben und Stärke erlangen.«[346] Statt die Goldene Regel zu praktizieren, sollte ein militärischer Befehlshaber dem Feind genau das zufügen, was er seinen eigenen Truppen *nicht* wünschte.[347] Es kann daher kaum überraschen, dass Qins Erfolg die Konfuzianer zutiefst verstörte. Xunzi (um 310–219 v. u. Z.) glaubte beispielsweise, ein Herrscher, der vom Ren geleitet war, würde zu einer unwiderstehlichen Kraft des Guten, und sein Mitgefühl würde die Welt verwandeln. Er würde nur zu den Waffen greifen, »um der Gewalt ein Ende zu bereiten und Schaden abzuwenden, nicht im Wettstreit mit anderen um Beute. Wenn die Soldaten des guten Mannes also ihr Lager aufschlagen, treffen sie auf göttergleichen Respekt, und wo sie vorüberziehen, verwandeln sie die Menschen.«[348]

Aber sein Schüler Li Si lachte über ihn: Qin war der mächtigste Staat in China, weil es die stärkste Armee und Wirtschaft besaß, er schuldete seinen Erfolg nicht dem Ren, sondern reinen Nützlichkeitserwägungen.[349] Bei Xunzis Besuch in Qin erklärte ihm König Zhao rundheraus: »Die Konfuzianer *(ru)* taugen nicht für die Regierung eines Staates.«[350] Kurz darauf eroberte Qin Xunzis Geburtsstaat Zhao, und obwohl der König von Zhao kapitulierte, begruben die Truppen von Qin vierhunderttausend seiner Soldaten bei lebendigem Leibe. Wie konnte ein Junzi auf ein solches Regime noch einen mäßigenden Einfluss ausüben? Xunzis Schüler Li Si emigrierte nach Qin, wurde dort Kabinettschef und plante den Blitzkrieg, der zu Qins endgültigem Sieg und zur Errichtung des chinesischen Kaiserreiches im Jahr 221 v. u. Z. führte.

Paradoxerweise bezogen sich die Legalisten auf dieselben Vorstellungen und sprachen dieselbe Sprache wie die Taoisten.

Auch sie glaubten, der König sollte »nichts tun« *(wu wei)*, was dem Tao des Gesetzes zuwiderlief, das wie eine gut geölte Maschine lief. Die Menschen würden leiden, wenn die Gesetze sich ständig veränderten, behauptete der Legalist Han Feizi (280–233), ein wahrhaft erleuchteter Herrscher »wartet also in Stille und Leere«, bis sich »die Aufgaben von selbst erledigen.«[351] Er brauchte keine Moral und kein Wissen, sondern er war einfach der Große Beweger, der selbst unbeweglich blieb, aber seine Minister und Untertanen in Bewegung setzte:

> *Er besitzt Mut, aber er nutzt ihn nicht zum Rasen.*
> *Er nutzt die kriegerische Haltung seiner Minister.*
> *So besitzt er Klarsicht, indem er ohne Wissen handelt.*
> *Indem er ohne Würdigkeit handelt, erhält er Ergebnisse.*
> *Indem er ohne Mut handelt, erlangt er Stärke.*[352]

Aber natürlich lagen Welten zwischen diesen beiden Denkrichtungen: Die Taoisten beklagten Herrscher, die ihre Untertanen zur Anpassung an ein unnatürliches *Fa* zwangen. Ihre weisen Könige meditierten, um Selbstlosigkeit zu erlangen, nicht um »Ergebnisse« zu bekommen.[353] Aber dieselben Ideen und Bilder beeinflussten das Denken der politischen Wissenschaftler, Militärstrategen und Mystiker. Menschen konnten dasselbe glauben, aber sehr unterschiedliches Handeln daraus ableiten. Die Militärstrategen glaubten, dass ihre brutal-pragmatischen Schriften durch göttliche Offenbarung zu ihnen kamen, und die Kontemplativen erteilten ihren Königen strategische Ratschläge. Selbst die Konfuzianer beriefen sich jetzt darauf: Xunzi glaubte, das Tao könne nur von einem Geist verstanden werden, der »leer, eins und still« sei.[354]

* * *

Viele Menschen müssen erleichtert gewesen sein, als Qins Sieg den endlosen Kämpfen ein Ende setzte, und hofften, das Reich würde Frieden halten. Aber die Einführung der Kaiserherrschaft versetzte ihnen einen Schock. Auf den Rat seines obersten Ministers Li Si hin, wurde der erste Kaiser zu einem absolutistischen Herrscher. Die Zhou-Aristokratie – 120 000 Familien – wurde mit Gewalt in die Hauptstadt gebracht, wo ihre Waffen konfisziert wurden. Der Kaiser teilte sein riesiges Reich in sechsunddreißig Bezirke ein, die jeweils von einem Zivilverwalter, einem militärischen Befehlshaber und einem Aufseher regiert wurden. Jeder Bezirk wurde seinerseits in Kreise aufgeteilt, die von Magistraten regiert wurden, und alle Beamten berichteten direkt an die Zentralregierung.[355] Die alten Rituale, die den Zhou-König als Kopf einer Familie von Feudalherren dargestellt hatten, wurden durch einen Ritus ersetzt, der sich nur auf den Kaiser bezog.[356] Als der Geschichtsschreiber am Hofe diese Neuerung kritisierte, erklärte Li Si dem Kaiser, er dürfe solche spalterischen Ideologien nicht länger dulden: Jede Denkschule, die dem legalistischen Programm zuwiderlief, müsse abgeschafft und ihre Schriften öffentlich verbrannt werden.[357] So gab es eine riesige Bücherverbrennung, und vierhundertsechzig Lehrer wurden hingerichtet. Eine der ersten Inquisitionen in der Geschichte war also das Werk eines protosäkularen Staates.

Xunzi war überzeugt gewesen, Qin würde China niemals beherrschen, weil seine drakonischen Methoden die Menschen abstießen. Er sollte recht behalten, denn nach dem Tod des ersten Kaisers im Jahr 210 v. u. Z. kam es zu einem Aufstand. Nach drei Jahren der Anarchie gründete Liu Bang, einer der lokalen Magistrate, die Han-Dynastie. Sein führender Militärstratege, Zhang Liang, der in seiner Jugend das konfuzianische Ritual studiert hatte, verkörperte die Ideale der Han. Es hieß, ihm sei ein militärischer Text offenbart worden, nachdem er sich mit musterhaftem Respekt einem alten Mann gegenüber verhalten habe, und obwohl er keinerlei militärische Erfahrung hatte, führte er Bang zum Sieg. Zhang war kein streitlustiger Mann. Er war ein taoistischer Krieger: »nicht kriegerisch«, schwach wie Wasser, oft krank und kaum in der Lage, im Feld den Befehl zu übernehmen. Er behandelte andere Menschen voller Demut, praktizierte die taoistische Meditation und Atemkontrolle, aß kein Getreide und erwog bei einer Gelegenheit ernsthaft, sich aus der Politik zurückzuziehen, um ein kontemplatives Leben zu führen.[358]

Die Han hatten aus den Fehlern Qins gelernt. Aber Bang wollte den zentralisierten Staat beibehalten und wusste, dass seine Regierung den legalistischen Pragmatismus brauchte, weil kein Staat ohne Zwang und die Androhung von Gewalt existieren konnte. »Waffen sind das Mittel, mit dem die Weisen die Mächtigen und Wilden gehorsam machen und das Stabilität in Zeiten des Chaos bringt«, schrieb der Han-Geschichtsschreiber Sima Qian:

Unterricht und körperliche Strafen können in einem Haushalt nicht abgeschafft werden, verstümmelnde Strafen können unter dem Himmel nicht aufhören. Es ist nur so, dass einige in ihrer Anwendung geschickt sind und andere ungeschickt. Einige handeln dabei im Einklang mit dem Himmel, andere gegen ihn.[359]

Aber Bang wusste auch, dass der Staat eine inspirierendere Ideologie brauchte. Seine Lösung bestand in einer Synthese von Legalismus und Taoismus.[360] Die Menschen, die sich von der Qin-Inquisition noch nicht erholt hatten, sehnten sich nach einer »leeren«, offenen Regierungsform. Han-Kaiser behielten die absolute Kontrolle über die Bezirke, mischten sich aber nicht in jede Kleinigkeit ein; es gab ein strenges Strafrecht, aber keine drakonischen Strafen.

Der Stammvater des neuen Regimes war der Gelbe Kaiser. Alle Reiche brauchen Theater und Prunk, und die Han-Rituale gaben dem alten Shang-Komplex aus Opfer, Jagd und Kriegführung eine neue Wendung.[361] Im Herbst, wenn die Zeit der Kriegszüge kam, veranstaltete der Kaiser eine zeremonielle Jagd in den kaiserlichen Parkanlagen, die von allen Arten von Tieren nur so wimmelten, um Fleisch für das Tempelopfer herbeizuschaffen. Wenige Wochen später gab es militärische Paraden in der Hauptstadt, um die Fähigkeiten der Elitetruppen zu zeigen und die kriegerische Kompetenz der Min zu erhalten, die die kaiserlichen Armeen bestückten. Am Ende des Winters gab es Jagdwettbewerbe in den Parks. Diese Rituale, die auch dazu dienten, fremde Würdenträger zu beeindrucken, erinnerten an den Gelben Kaiser und seine tierischen Truppen. Männer und Tiere kämpften auf Augenhöhe, wie sie es zu Anbeginn der Zeit getan hatten, als die weisen Könige sie getrennt hatten. Es gab Fußballspiele, bei denen die Spieler den Ball von einer Seite des Feldes zur anderen schossen, um den Wechsel von Yin und Yang im Ablauf der Jahreszeiten zu symbolisieren.»Im Fußball geht es um die Macht der Umstände im Krieg. Er ist ein Mittel, um Krieger auszubilden und festzustellen, wer Talent hat«, erklärte der Historiker Liu Xiang (77–6 v. u. Z.).»Es heißt, der Gelbe Kaiser habe ihn erfunden.«[362] Wie der Gelbe Kaiser, nutzten auch die Han-Herrscher religiöse Rituale, um dem Krieg die bestialische Wildheit zu nehmen und ihn damit menschlicher zu machen.

Zu Beginn seiner Regierung hatte Liu Bang die konfuzianischen Ritual-Spezialisten *(ru)* damit beauftragt, ein Hofzeremoniell zu entwickeln, und als es zum ersten Mal aufgeführt wurde, rief er:»Jetzt erkenne ich, wie edel es ist, ein Sohn des Himmels zu sein!«[363] Allmählich gewannen die Ru am Hof an Einfluss, und je mehr die Erinnerung an das Qin-Trauma verblasste, desto größer wurde der Wunsch nach einer solideren moralischen Führung.[364] Im Jahr 136 v. u. Z. erklärte der Hofgelehrte Dong Zhongshu (179–104 v. u. Z.) seinem Kaiser Wu (reg. 140–87 v. u. Z.), es gäbe zu viele konkurrierende Denkschulen, und er empfahl, die sechs klassischen konfuzianischen Texte zur offiziellen Staatslehre zu erklären. Der Kaiser stimmte zu: Der Konfuzianismus stützte die Familie; seine Betonung der Kulturgeschichte begründete eine nationale Identität; die staatliche Erziehung würde eine Elite hervorbringen, die dem andauernden Druck des alten Adels etwas entgegensetzen konnte. Aber Wu beging nicht den Fehler des ersten Kaisers. Im chinesischen Reich gab es keine sektiererische Intoleranz mehr, die Chinesen würden weiterhin die Verdienste aller Denkschulen akzeptieren, die sich gegenseitig ergänzen konnten. So diametral entgegengesetzt die beiden Schulen auch waren: Es gab eine legalistisch-konfuzianische Koalition. Der Staat brauchte den Pragmatismus der Legalisten, aber die Ru würden den legalistischen Despotismus dämpfen.

Im Jahr 124 v. u. Z. gründete Wu die kaiserliche Akademie, und die nächsten zweitausend Jahre lang würden alle chinesischen Staatsbeamten in einer hauptsächlich konfuzianischen Ideologie ausgebildet werden, die den Herrscher als Sohn des Himmels ansah, der aufgrund eines moralischen Charismas regierte. Das gab dem Regime eine spirituelle Legitimierung und wurde zum Ethos der zivilen Administration. Aber wie alle agrarischen Herrscher, kontrollierten die Han ihr Reich durch systemische und militärische Gewalt, beuteten die Bauern aus, töteten Aufständische und eroberten neue Territorien. Die Kaiser waren von der Armee *(wu)* abhängig, und in den neu eroberten Gebieten enteigneten die Magistrate das gesamte Land, setzten die bisherige Herrschaftsschicht ab und beanspruchten zwischen fünfzig und hundert Prozent des landwirtschaftlichen Überschusses. Wie jeder vormoderne Herrscher musste der Kaiser sich als Ausnahmegestalt präsentieren, als »der eine«, für den die normalen Regeln nicht galten. Aus dem Augenblick heraus konnte er also eine Hinrichtung anordnen, ohne dass jemand wagte, ihm zu widersprechen. Solche irrationalen und spontanen Gewaltakte waren ein essenzieller Teil des Mysteriums, das seine Untertanen in Bann schlug.[365]

Während also Herrscher und Militär vom »Außerordentlichen« lebten, förderten die Konfuzianer die vorhersehbare, routinierte Orthodoxie des Wen, der zivilen Ordnung, die auf Güte (Ren), Kultur und rationaler Überzeugung beruhte. Sie übernahmen die unschätzbare Aufgabe, die Öffentlichkeit davon zu überzeugen, dass der Kaiser wirklich in ihrem Interesse handelte. Sie waren nicht nur Lakaien – viele Ru wurden hingerichtet, weil sie den Kaiser allzu direkt an seine moralische Pflicht erinnerten –, aber ihre Macht war begrenzt. Als Dong Zhongshu den Einwand erhob, die kaiserliche Enteignung von Land verursache großes Elend, stimmte Kaiser Wu scheinbar zu, aber am Ende musste Dong Kompromisse eingehen und sich auf eine gemäßigte Beschränkung des Landbesitzes einlassen.[366] Tatsächlich bevorzugten die Verwalter und Bürokraten den Konfuzianismus, während die Herrscher selbst den Legalisten den Vorzug gaben, die die Konfuzianer als unpraktische Idealisten verachteten. In ihren Augen hatte König Zhao von Qin alles Nötige gesagt: »Die Ru taugen nichts für die Regierung eines Staates.« Im Jahr 81 v. u. Z., während einer Reihe von Debatten über das Monopol auf Salz und Eisen, argumentierten die Legalisten, das unkontrollierte, private »freie Unternehmertum« der Ru sei ganz und gar unpraktikabel.[367] Die Konfuzianer seien nicht mehr als eine Horde verarmter Versager:

Schaut sie euch an, wie sie uns nichts anbieten und das für Substanz halten, wie sie uns »Leere« anbieten und sie für Fülle halten! In ihren groben Gewändern und billigen Sandalen gehen sie todernst daher, versunken in Meditation, als hätten sie etwas verloren. Diese Männer können keine großen Taten vollbringen oder Ruhm gewinnen. Sie erheben sich nicht einmal über die vulgäre Masse.[368]

Die Ru konnten also nur Zeugen einer alternativen Gesellschaft sein. Das Wort *Ru* ist etymologisch mit *ruo* (»mild«) verwandt, einige moderne Forscher sagen aber, es hätte »Schwächling« bedeutet und sei erst im 6. Jahrhundert eingeführt worden, um den verarmten Shi zu bezeichnen, der seinen mageren Lebensunterhalt als Lehrer verdiente.[369] Im chinesischen Kaiserreich waren die Konfuzianer die politischen »Softies«, die wirtschaftlich und institutionell Schwachen.[370] Sie konnten die gütige konfuzianische Alternative am Leben erhalten und im Herzen der Regierung präsent bleiben, aber sie würden immer den nötigen »Biss« vermissen lassen, um ihre Politik durchzusetzen.

Das war das konfuzianische Dilemma, ähnlich der Sackgasse, in die Ashoka auf dem indischen Subkontinent geraten war. Das Reich brauchte Zwang und Einschüchterung, weil die Aristokraten und die Massen unter Kontrolle gehalten werden mussten. Selbst wenn er gewollt hätte, konnte Kaiser Wu es sich nicht leisten, seine Regierung ausschließlich auf Ren zu stützen. Das chinesische Reich war durch Krieg, Gemetzel und die Vernichtung ganzer Staaten entstanden; es erhielt seine Macht durch militärische Expansion und innere Unterdrückung und entwickelte religiöse Mythologien und Rituale, um diesen Zustand zu heiligen. Gab es eine realistische Alternative dazu? Die Zeit der kriegführenden Staaten hatte gezeigt, was passierte, wenn ehrgeizige Herrscher mit neuen Waffen und großen Armeen gnadenlos um die Herrschaft konkurrierten, das Land verwüsteten und die Menschen terrorisierten. Im Nachdenken über diesen chronischen Krieg hatte Mencius nach einem König verlangt, der »alles unter dem Himmel« regierte und der großen chinesischen Ebene Frieden brachte. Der Herrscher, der mächtig genug war, um dies zu erreichen, war der erste Kaiser.

4

Das hebräische Dilemma

Als Adam und Eva aus dem Garten Eden vertrieben wurden, fielen sie vermutlich nicht in den Zustand der Erbsünde, wie der hl. Augustinus vermutete, sondern in eine agrarische Wirtschaftsordnung.[371] Der Mensch *(adam)* war aus dem Erdboden *(adamah)* erschaffen, der im Garten Eden von einer einfachen Quelle bewässert wurde. Adam und seine Frau waren freie Wesen, führten ein Leben in idyllischer Freiheit, bebauten den Garten in Muße und genossen die Gemeinschaft mit ihrem Gott Jahwe. Aber aufgrund eines einzigen Aktes des Ungehorsams verurteilte Jahwe sie beide zu einer lebenslangen Strafe harter landwirtschaftlicher Arbeit:

> *Deshalb soll der Ackerboden verflucht sein! Dein ganzes Leben lang wirst du dich abmühen, um dich von seinem Ertrag zu ernähren. Du bist auf ihn angewiesen, um etwas zu essen zu haben, aber er wird immer wieder mit Dornen und Disteln übersät sein. Du wirst dir dein Brot mit Schweiß verdienen müssen, bis du stirbst. Dann wirst du zum Erdboden zurückkehren, von dem ich dich genommen habe. Denn du bist Staub von der Erde, und zu Staub musst du wieder werden!*[372]

Statt den Erdboden friedlich und als sein Herr zu pflegen, war Adam zu seinem Sklaven geworden. Von Anfang an schlägt die hebräische Bibel einen anderen Ton an als die meisten Texte, die wir bisher betrachtet haben. Ihre Helden waren keine Mitglieder einer aristokratischen Elite – Adam und Eva waren zu bloßen Landarbeitern degradiert worden, die aus dem verdorbenen Boden ein elendes Überleben herauskratzten.

Adam hatte zwei Söhne: Kain, den Ackerbauern, und Abel,

den Hirten – den traditionellen Feind des Agrarstaates. Beide brachten pflichtgemäß ihre Opfer für Jahwe dar, der, einigermaßen pervers, Kains Opfer zurückwies, das von Abel jedoch annahm. Verwirrt und wütend lockte Kain seinen Bruder auf das Land der Familie und tötete ihn, so dass sein Boden zu einem blutigen Feld wurde, das zu Jahwe um Rache schrie. »Das vergossene Blut deines Bruders schreit von der Erde zu mir! Darum bist du von nun an verflucht«, rief Jahwe.[373] Von da an durchstreifte Kain das Land Nod als Geächteter und Flüchtling. Von Anfang an verurteilt also die hebräische Bibel die Gewalt, die das Herzstück des Agrarstaates bildet. Kain, der erste Mörder, baute die erste Stadt der Welt, und einer seiner Nachkommen war Tubal der Schmied (Kayin), »von dem sind hergekommen alle Erz- und Eisenschmiede«, die ihre Waffen herstellten.[374] Unmittelbar nach dem Mord, als Jahwe Kain fragte: »Wo ist dein Bruder Abel?«, hatte Kain erwidert: »Soll ich meines Bruders Hüter sein?«[375] Die städtische Zivilisation verleugnete jene Beziehung zwischen allen Menschen und die gegenseitige Verantwortung füreinander, die Teil der menschlichen Natur ist.

Der Pentateuch, die ersten fünf Bücher der Bibel, fand seine endgültige Form erst im 4. Jahrhundert v. u. Z. Für die Historiker, Dichter, Propheten, Priester und Rechtsgelehrten Israels wurden diese Bücher zur organisierenden Erzählung, um die sie ihre Weltsicht konstruierten. Jahrhundertelang veränderten sie diese Geschichte und schmückten sie aus, fügten Ereignisse hinzu oder interpretierten sie neu, um die speziellen Anforderungen ihrer eigenen Zeit zu erfüllen. Es begann um 1750 v. u. Z., als Jahwe Abraham, dem Ahnherrn Israels, befahl, der Agrargesellschaft und der Kultur Mesopotamiens den Rücken zu kehren und sich in Kanaan anzusiedeln, wo sein Sohn Isaak und sein Enkel Jakob als einfache Hirten leben würden. Jahwe versprach, dass ihre Nachkommen eines Tages dieses Land besitzen und ein Volk bilden würden, so zahlreich wie der Sand am Meer.[376] Aber Jakob und seine zwölf Söhne (die Begründer der zwölf Stämme Israels) wurden durch eine Hungersnot gezwungen, Kanaan zu verlassen und nach Ägypten zu ziehen. Zu Anfang ging es ihnen dort gut, aber irgendwann machten die Ägypter sie zu Sklaven, und sie schmachteten bis etwa 1250 v. u. Z. in der Sklaverei, bis zu jener Zeit, als Jahwe sie unter der Führung des Mose aus Ägypten wegführte. Vierzig Jahre lang wanderten die Israeliten durch die Wildnis auf der Halbinsel Sinai, bevor sie die Grenze zu Kanaan erreichten, wo Mose starb. Sein Feldherr Josua führte die Israeliten zum Sieg in das Gelobte Land, wo alle kanaanitischen Städte zerstört und ihre Einwohner getötet wurden. Die archäologischen Funde können diese Geschichte allerdings nicht bestätigen. Es gibt keinen Beweis für die Massenvernichtung, die im Buch Josua beschrieben wird, und keinen Hinweis auf eine starke fremde Invasion.[377] Aber die Geschichte wurde ja auch nicht aufgeschrieben, um einen modernen Historiker zufriedenzustellen, es handelt sich um ein Nationalepos, das Israel half, eine kulturelle Identität herauszubilden, die sich von der der Nachbarvölker unterschied. Dort, wo wir außerhalb der Bibel das erste Mal von Israel hören, war die Küstenregion Kanaan noch eine Provinz des ägyptischen Reiches. Eine Stele von etwa 1201 v. u. Z. erwähnt »Israel« als eines der aufständischen Völker, die im kanaanitischen Hochland durch die Armee des Pharao Merneptah besiegt wurden, dort, wo sich ein Netz von einfachen Dörfern erstreckte, vom unteren Galiläa im Norden bis nach Beersheba im Süden. Viele Forscher glauben, die Bewohner dieser Dörfer seien die ersten Israeliten gewesen.[378]

Im 12. Jahrhundert hatte eine seit langer Zeit schwelende Krise im Mittelmeerraum sich verstärkt, möglicherweise beschleunigt durch eine plötzliche Klimaveränderung. Wir haben keine Aufzeichnungen darüber, was dazu führte, dass die regionalen Reiche und lokalen Wirtschaftssysteme ausgelöscht wurden. Jedenfalls war 1130 v. u. Z. alles vorbei: Die hethitische Hauptstadt Mitanni war eine Ruine, die kanaanitischen Häfen Ugarit, Megiddo und Hazor waren zerstört, und verzweifelte, entwurzelte Völker durchstreiften die Region. Nach mehr als hundert Jahren hatte Ägypten seine ausländischen Provinzen losgelassen. Die Tatsache, dass selbst der Pharao Merneptah gezwungen gewesen war, um die Jahrhundertwende einen Kriegszug ins Hochland zu führen, legt den Schluss nahe, dass die ägyptischen Statthalter die ländlichen Gebiete schon bald nicht mehr kontrollieren konnten und Verstärkung aus dem Mutterland brauchten. Während dieser langwierigen, turbulenten Ereignisse brach ein Stadtstaat nach dem anderen zusammen.[379] Die archäologischen Hinweise deuten nicht darauf hin, dass diese Städte von einem einzigen Eroberer zerstört wurden. Nach dem Weggang der Ägypter hat es sicher Konflikte zwischen den städtischen Eliten und den Dörfern oder Rivalitäten innerhalb der städtischen Adelsschicht gegeben. Aber irgendwann in dieser langen Phase des Niedergangs entstanden Siedlungen im Hochland, angeführt vielleicht von Flüchtlingen aus dem Chaos der in Auflösung begriffenen Städte. Bauern hatten nur wenige Möglichkeiten, ihr Los zu bessern, wenn die Umstände unerträglich wurden. Eine davon war, ihr Land zu verlassen und sich als Wirtschaftsflüchtlinge an einem anderen Ort wieder anzusiedeln.[380] In einer Zeit so chaotischer politischer Zustände hatten die israelitischen Bauern eine seltene Gelegenheit, die verfallenden Städte zu verlassen und eine unabhängige Gesellschaft zu gründen, ohne Vergeltungsmaßnahmen des Adels befürchten zu müssen. Technologische Fortschritte hatten es erst vor kurzem überhaupt möglich gemacht, in diesem schwierigen Gebiet zu siedeln, aber im frühen 12. Jahrhundert lebten in den Dörfern des Hochlands offenbar schon um die 80 000 Menschen.

Wenn diese Siedler tatsächlich die ersten Israeliten waren, dann müssen einige von ihnen zu den Ureinwohnern Kanaans gehört haben, auch wenn Migranten aus dem Süden dazukamen, die Jahwe mitbrachten, einen Gott aus dem Gebiet des Sinai. Andere – vor allem der Stamm des Josef – kamen wohl sogar aus Ägypten. Aber die Kanaaniter, die in dem Küstenstaat Palästina unter ägyptischer Herrschaft gelebt hatten, fühlten sich wohl auch so, als hätten sie einen »Auszug aus Ägypten« hinter sich. Die Bibel gesteht zu, dass Israel aus verschiedenen Völkern entstand, die durch den Bundesschluss zueinanderfanden,[381] und das Nationalepos deutet darauf hin, dass sie eine gemeinsame Grundsatzentscheidung getroffen hatten, dem agrarischen Unterdrückungsstaat den Rücken zuzuwenden. Ihre Häuser in den Dörfern des Hochlands waren bescheiden und einheitlich; es gab weder Paläste noch öffentliche Gebäude. Hier haben wir es mit einer egalitären Gesellschaft zu tun, die zur Stammesorganisation zurückgekehrt war, um eine gesellschaftliche Alternative zum üblichen Klassenstaat zu erschaffen.[382]

* * *

Die Endfassung des Pentateuchs entstand, nachdem die Israeliten die Zerstörung ihres eigenen Staates durch Nebukadnezar im Jahr 587 v. u. Z. erlebt hatten und nach Babylon verschleppt worden waren. Die biblische Erzählung ist nicht einfach nur ein religiöses Dokument, sondern auch ein Essay über politische Philosophie: Wie konnte eine kleine Nation in einer Welt, die von rücksichtslosen imperialen Mächten beherrscht war, ihre Freiheit und Integrität bewahren?[383] Als die Israeliten aus den kanaanitischen Stadtstaaten entkommen waren, hatten sie eine Ideologie entwickelt, die sich der systemischen Gewalt des Agrarstaates frontal entgegenstellte. Israel sollte nicht sein »wie die anderen Völker«. Die Feindschaft gegenüber den »Kanaanitern« war also ebenso politisch wie religiös motiviert.[384] Die Siedler haben offenbar Gesetze entwickelt, um dafür zu sorgen, dass das Land, statt von einer Adelsschicht annektiert zu werden, im Besitz der weiteren Familie blieb, dass zinslose Darlehen für Bedürftige obligatorisch wurden, dass die Löhne sofort bezahlt wurden, dass Vertragssklaverei beschränkt wurde und dass es spezielle Vorkehrungen für die sozial Benachteiligten gab: für Waisen, Witwen und Fremde.[385]

Später machten Juden, Christen und Muslime den biblischen Gott zum Symbol absoluter Transzendenz, vergleichbar mit Brahman und dem Nirwana.[386] Im Pentateuch jedoch ist Jahwe ein Kriegsgott, vergleichbar mit Indra oder Marduk, wenn auch mit einem wichtigen Unterschied. Wie Indra, so hatte Jahwe einst die Chaosdrachen bekämpft, um das Universum zu ordnen, vor allem ein Seeungeheuer namens Leviathan.[387] Im Pentateuch jedoch bekämpft er irdische Reiche, um ein Volk zu errichten und nicht den Kosmos. Außerdem ist Jahwe ein unversöhnlicher Feind der agrarischen Zivilisation. Die Geschichte vom Turmbau zu Babel ist eine nur wenig verhüllte Kritik an Babylon.[388] Berauscht von Welteroberungsphantasien, waren die babylonischen Herrscher entschlossen, die ganze Menschheit in einem einzigen Staat mit einer gemeinsamen Sprache zu zentralisieren. Sie glaubten, ihre Zikkurat könne bis zum Himmel reichen. Erbost über diese imperiale Hybris, stürzte Jahwe das ganze politische Gebäude in »Verwirrung« *(babel)*.[389] Unmittelbar nach diesem Ereignis befahl er Abraham, Ur zu verlassen, zu dieser Zeit einer der wichtigsten mesopotamischen Stadtstaaten.[390] Jahwe bestand darauf, dass die drei Patriarchen – Abraham, Isaak und Jakob – die Klassentyrannei des städtischen Lebens gegen die Freiheit und Gleichheit des Hirtenlebens tauschten. Aber der Plan hatte seine Mängel: Nie reichte das Land, das Jahwe für die Patriarchen ausgesucht hatte, um sie am Leben zu erhalten.[391]

Dies war das hebräische Dilemma. Jahwe bestand darauf, dass sein Volk dem Agrarstaat abschwor, aber es musste immer wieder feststellen, dass es ohne diesen Staat nicht leben konnte.[392] Um dem Hungertod zu entgehen, musste Abraham zeitweise nach Ägypten fliehen.[393] Sein Sohn Isaak musste während einer Hungersnot das Hirtenleben aufgeben und auf den Ackerbau zurückgreifen, war aber so erfolgreich damit, dass er von räuberischen Nachbarkönigen angegriffen wurde.[394] Als die Hungersnot schließlich »überall auf der Welt« grassierte, sah sich Jakob gezwungen, zehn seiner Söhne nach Ägypten zu schicken, um Getreide zu kaufen. Zu ihrem Erstaunen fanden sie dort am Hof des Pharao ihren seit langer Zeit verloren geglaubten Bruder Josef wieder.[395]

Als Junge hatte Josef – Jakobs Lieblingssohn – von agrarischer Tyrannei geträumt und davon dummerweise seinen Brüdern erzählt: »Wir waren auf dem Feld und banden das Getreide in Garben zusammen. Da richtete meine sich auf und blieb aufrecht stehen. Eure dagegen bildeten einen Kreis darum und verbeugten sich tief vor meiner Garbe.«[396] Die Brüder waren so empört, dass sie wütend drauflosstotterten:»Was, du willst also König werden und dich als Herrscher über uns aufspielen?«[397] Solche Phantasien von Monarchie verletzten alles, wofür die Familie stand, und Jakob nahm den Jungen ins Gebet:»Bildest du dir etwa ein, dass wir alle – dein Vater, deine Mutter und deine Brüder – uns dir unterwerfen?«[398] Aber er ließ Josef weiterhin gewähren, bis die Brüder, die sein Verhalten einfach nicht mehr ertrugen, ihn nach Ägypten in die Sklaverei verkauften und dem Vater erzählten, ein wildes Tier habe ihn zerrissen. Aber nach einem traumatischen Anfang ließ Josef, der geborene Ackerbauer, das Hirtenethos freudig fahren und passte sich mit spektakulärem Erfolg dem aristokratischen Leben an. Er bekam eine Stelle am Hof des Pharao, heiratete eine Ägypterin und nannte seinen Erstgeborenen sogar Manasse:»der vergessen lässt«, womit gemeint war: Gott hat mich mein Elternhaus und meine Sorgen vergessen lassen![399] Als Wesir von Ägypten rettete Josef das Land vor dem Verhungern: Gewarnt durch einen Traum, der eine bevorstehende landwirtschaftliche Not vorhersagte, stellte er die Ernten für sieben Jahre unter staatliche Bewirtschaftung, schickte den Städten feste Rationen und ließ den Überschuss lagern, so dass er genug Vorräte an Getreide hatte, als die Hungersnot Ägypten schlug.[400] Aber Josef verwandelte Ägypten auch in ein Sklavenhaus, denn alle bedürftigen Ägypter, die gezwungen worden waren, ihr Land an den Pharao zu verkaufen, um Getreide zu bekommen, wurden jetzt zu Sklaven.[401] Josef rettete seiner Familie das Leben, als der Hunger sie zwang, in Ägypten Zuflucht zu suchen, aber auch sie verloren ihre Freiheit, denn der Pharao verbot ihnen, das Land wieder zu verlassen.[402]

Leser des Pentateuchs fühlen sich oft verwirrt von der Ethik der Patriarchen. Keiner von ihnen war ein besonders bewundernswerter Charakter: Abraham verkaufte seine Frau an den Pharao, um seine Haus zu retten; Josef war arrogant und egozentrisch, und Jakob ging erschreckend gleichgültig mit der Vergewaltigung seiner Tochter Dinah um. Aber dies sind keine Moralgeschichten. Wenn wir sie als Dokumente politischer Philosophie lesen, werden die Dinge klarer. Verdammt zu einer Randexistenz, war Israel immer der Willkür mächtigerer Staaten ausgesetzt. Nachdem ihnen befohlen worden war, die Zivilisation zu verlassen, sie aber nicht in der Lage waren, ohne sie zu überleben, befanden sich die Patriarchen in einer unmöglichen Lage. Doch trotz all seiner Fehler kommt Abraham noch gut weg im Vergleich zu den Herrschern in dieser Geschichte, die sich einfach die Frauen ihrer Untertanen nehmen, ihre Quellen enteignen und ihre Töchter vergewaltigen, ohne dafür belangt zu werden.[403] Während die Könige routinemäßig den Besitz anderer Leute konfiszierten, ging Abraham immer peinlich genau mit Besitzrechten um. Er behielt nicht einmal die Beute, die er bei einem Kriegszug erlangt hatte, in dem es nur darum gegangen war, seinen Neffen Lot zu retten, der von vier marodierenden Königen entführt worden war.[404] Seine Freundlichkeit und Gastfreundschaft drei durchreisenden Fremden gegenüber steht in krassem Gegensatz zu der Gewalt, die sie im zivilisierten Sodom erlebten.[405] Als Jahwe Abraham mitteilte, er beabsichtige, Sodom zu zerstören, flehte ihn Abraham an, die Stadt zu verschonen, weil es ihn im Gegensatz zu den Herrschern, denen ein Menschenleben fast nichts galt, davor graute, unschuldiges Blut zu vergießen.[406]

Wenn die Autoren der Bibel uns erzählen, wie Jakob auf dem Sterbebett seine zwölf Söhne segnete und ihnen ihre Zukunft vorhersagte, dann fragen sie danach, was für ein Herrscher gebraucht wird, um eine funktionierende egalitäre Gesellschaft in einer so rücksichtslosen Welt zu erschaffen. Jakob lehnte Simeon und Levi ab, deren rücksichtslose Gewalt dazu führte, dass sie niemals Land, Menschen und Armeen kontrollieren durften.[407] Er sagte voraus, dass Juda, der seine Fehler zugeben und korrigieren konnte, einen idealen Herrscher abgeben würde.[408] Aber kein Staat konnte ohne Josefs politische Gerissenheit existieren, und so nahmen die Israeliten bei ihrer Flucht aus Ägypten Josefs Gebeine mit ins Gelobte Land. Außerdem gab es Gelegenheiten, bei denen eine Nation Levis Radikalität brauchen würde, denn ohne die aggressive Entschlossenheit des Leviten Mose hätten die Israeliten niemals Ägypten verlassen.

Das Buch Exodus beschreibt den ägyptischen Imperialismus als ein extremes Beispiel systematischer Unterdrückung. Die Pharaonen machten den Israeliten das Leben »unerträglich« und zwangen sie dazu, mit Lehm und Ziegeln zu arbeiten, Feldarbeiten zu verrichten und überhaupt jede Art schwerer Arbeit.[409] Um ihre steigende Geburtenrate einzudämmen, befahl der Pharao den Hebammen sogar, alle männlichen Säuglinge der Israeliten zu töten, aber der kleine Mose wurde von der Tochter des Pharao gerettet und als ägyptischer Aristokrat erzogen. Doch eines Tages tötete Mose, ein wahrer Sohn Levis, in instinktivem Abscheu vor aller staatlichen Tyrannei einen Ägypter, der einen hebräischen Sklaven schlug.[410] Danach musste er aus dem Land fliehen, und Jahwe, der sich dem ägyptischen Aristokraten Mose noch nicht offenbart hatte, sprach erst zu ihm, als er als Hirte in Midian lebte.[411] Während des Exodus konnte Jahwe Israel nur retten, indem er dieselben brutalen Taktiken anwandte wie jede andere imperiale Macht: indem er die Menschen terrorisierte, Kinder tötete und die gesamte ägyptische Armee ertränkte. Friedliche Taktiken waren sinnlos gegen die militärische Macht eines Staates. Jahwe teilte das Schilfmeer, so dass die Israeliten trockenen Fußes und so mühelos hinübergehen konnten, wie Marduk den Ur-Ozean Tiamat geteilte hatte, um Himmel und Erde zu erschaffen. Aber statt eines geordneten Universums rief er damit eine neue Nation ins Leben, die eine Alternative zur Aggressivität imperialer Herrschaft darstellen sollte.

Auf dem Berg Sinai besiegelte Jahwe seinen Bund mit Israel. Die frühesten Quellen, die aus dem 8. Jahrhundert v. u. Z. datieren, erwähnen nichts davon, dass Mose bei dieser Gelegenheit die Zehn Gebote überreicht worden wären. Stattdessen erzählen sie, dass Mose und die Ältesten Israels eine göttliche Erscheinung auf dem Gipfel des Sinai erlebten, bei der sie »Gott ansahen« und ein heiliges Mahl miteinander teilten.[412] Die Steintafeln, die Mose erhielt und auf die mit dem Finger Gottes geschrieben war,[413] enthielten möglicherweise Jahwes Anweisungen für den Bau und die Ausstattung des Zelt-Schreins, in dem er wohnen würde, solange er mit Israel durch die Wildnis zog.[414] Die Zehn Gebote wurden später, von den Reformern des 7. Jahrhunderts v. u. Z., in die Geschichte eingefügt, die, wie wir noch sehen werden, auch für einige der gewalttätigsten Passagen in der hebräischen Bibel verantwortlich waren.

* * *

Nach Moses Tod fiel Josua die Aufgabe zu, das Gelobte Land zu erobern. Das biblische Buch Josua enthält einiges altes Material, wurde aber von denselben Reformern radikal revidiert, die es im Licht ihrer besonders fremdenfeindlichen Theologie interpretierten. Sie vermitteln den Eindruck, als hätte Josua auf Jahwes Befehl hin die gesamte Bevölkerung von Kanaan massakriert und ihre Städte zerstört. Aber für diese massive Zerstörung gibt es nicht nur keine archäologischen Beweise, sondern auch der Bibeltext selbst gibt zu, dass die Israeliten jahrhundertelang mit den Kanaanitern zusammenlebten, dass sie untereinander heirateten und das Land weithin in den Händen der Kanaaniter blieb.[415] Aufgrund der Arbeit der Reformer wird oft behauptet, der Monotheismus, also der Glaube an einen einzigen Gott, habe Israel besonders anfällig für Gewalt gemacht. Man nimmt an, die Ablehnung anderer Götter sei ein Zeugnis einer starken Intoleranz, die im großzügigen Pluralismus der Heiden nicht zu finden war.[416] Aber zu diesem Zeitpunkt waren die Israeliten noch gar keine Monotheisten; dazu entwickelten sie sich erst im 6. Jahrhundert v. u. Z. Tatsächlich legen sowohl das biblische als auch das archäologische Zeugnis nahe, dass Glaube und Praxis der meisten frühen Israeliten sich von denen ihrer kanaanitischen Nachbarn kaum unterschieden.[417] Tatsächlich gibt es nur wenige eindeutig monotheistische Statements in der hebräischen Bibel.[418] Selbst das erste der Zehn Gebote, wie sie die Reformer einfügten, geht von der Existenz rivalisierender Gottheiten aus und verbietet Israel lediglich, sie zu verehren: »Du sollst keine anderen Götter neben mir haben.«[419]

In den frühesten Erzählsträngen der Eroberungsgeschichte werden Josuas Gewalttaten mit einem alten kanaanitischen Brauch namens »Bann« *(herem)* in Verbindung gebracht.[420] Vor einer Schlacht schloss ein militärischer Anführer einen Handel mit seinem Gott ab: Wenn dieser Gott sich bereit erklärte, ihm die Stadt zu übergeben, versprach der Befehlshaber, alle wertvolle Beute dem Tempel zu weihen *(HRM)* und ihm das besiegte Volk als Menschenopfer darzubringen.[421] Josua hatte einen solchen Pakt mit Jahwe geschlossen, bevor er Jericho angriff, und Jahwe hatte die Stadt daraufhin mit Hilfe eines spektakulären Wunders an Israel übergeben, indem er dafür sorgte, dass die Mauern zusammenbrachen, als die Priester in ihre Widderhörner bliesen.

Bevor er seinen Truppen die Erlaubnis erteilte, die Stadt zu stürmen, erklärte Josua die Bedingungen des Banns und befahl, dass niemand in der Stadt verschont bleiben solle, weil alle Menschen und alles, was in der Stadt war, Jahwe zugesprochen war. Entsprechend vollstreckten die Israeliten den Bann an allem, was in der Stadt war, Männern und Frauen, Jung und Alt, selbst an Ochsen, Schafen und Eseln, und töteten sie alle.[422] Aber der Bann wurde gebrochen, weil einer der Soldaten Beute für sich behielt, und so gelang es den Israeliten am nächsten Tag nicht, die Stadt Ai einzunehmen. Nachdem man den Schuldigen gefunden und hingerichtet hatte, griffen die Israeliten Ai wieder an, diesmal mit Erfolg, und legten Feuer an die Stadt, so dass sie zu einem Brandopfer wurde, und töteten alle, die zu fliehen versuchten: »Insgesamt starben an jenem Tag etwa zwölftausend Männer und Frauen.«[423] Schließlich hängte Josua den König der Stadt an einem Baum auf, schichtete einen riesigen Grabhügel über seinem Leichnam auf und machte die Stadt zu einer Ruine, »so dass nur noch ein Trümmerhaufen von ihr übrig blieb. Bis heute ist sie nicht wieder aufgebaut worden.«[424]

Inschriften aus dem 9. Jahrhundert, die man in Jordanien und Südarabien gefunden hat, beschreiben Eroberungen, die diesem Muster bis aufs Haar gleichen. Sie erzählen von der Verbrennung der Stadt, vom Massaker an ihren Bewohnern, dem Hängen des Herrschers und der Errichtung eines kultischen Mahnmals, und sie behaupten, der Feind sei vernichtet und die Stadt nie wieder aufgebaut worden.[425] Der Bann war also keine Erfindung der »monotheistischen« Israeliten, sondern eine regionale heidnische Praxis. Eine dieser Inschriften erklärt, dass König Mesha von Moab von seinem Gott Kemosh aufgefordert wurde, dem israelitischen König Omri (reg. 885–874 v. u. Z.) die Stadt Nebo zu entreißen. »Ich eroberte sie und tötete alle Einwohner ...«, verkündet Mesha. »Siebentausend ausländische Männer, einheimische Frauen, fremde Frauen und Konkubinen – denn ich hatte die Stadt Ashtur Kemosh geweiht *(HRM)*.«[426] Israel sei »für immer ganz und gar verschwunden«.[427] Dabei handelte es sich allerdings um Wunschdenken, denn das Königreich Israel sollte noch weitere hundertfünfzig Jahre existieren. Nach demselben Muster berichten die biblischen Autoren, Jericho sei auf Jahwes Befehl hin für immer zerstört worden, obwohl es zu einer blühenden israelitischen Stadt wurde. Neue Nationen im Nahen Osten haben offensichtlich die Fiktion einer Eroberung kultiviert, die das Land für sie zur Tabula rasa machte.[428] Die Erzählung vom »Bann« war also ein literarischer Topos, der nicht wörtlich verstanden werden durfte. Sowohl säkulare als auch religiöse Eroberer entwickelten später ähnliche Fiktionen, die behaupteten, das eroberte Gebiet sei »ungenutzt« und »leer« gewesen, bis sie es in Besitz nahmen.

* * *

Entsprechend ihrem Auftrag, eine alternative Gesellschaft zu erschaffen, zögerten die Israeliten zunächst damit, einen normalen Staat »wie die anderen Völker« zu errichten, und lebten offenbar in unabhängigen Fürstentümern ohne zentrale Regierung. Wenn sie von ihren Nachbarn angegriffen wurden, kam es zum Aufstieg eines Anführers oder »Richters«, der die gesamte Bevölkerung gegen den Angriff mobilisierte. Dieses Muster finden wir im biblischen Buch der Richter, das ebenfalls von den Reformern des 7. Jahrhunderts stark überarbeitet wurde. Aber mit der Zeit gerieten die Israeliten ohne starke Regierung in moralischen

Verfall. Ein Satz taucht immer wieder in dem Buch auf: »In jener Zeit gab es keinen König in Israel, und jeder tat, was er für richtig hielt.«[429] Wir lesen von einem Richter, der seine eigene Tochter zum Menschenopfer darbrachte,[430] von einem Stamm, der ein unschuldiges Volk tötete statt des Feindes, den Jahwe ihm gezeigt hatte,[431] einer Gruppe von Israeliten, die eine Frau durch eine Massenvergewaltigung umbrachten,[432] und von einem Bürgerkrieg, bei dem der Stamm Benjamin nahezu ausgerottet wurde.[433] Diese Geschichten werden nicht zu unserer Erbauung erzählt, sondern beschreiben vielmehr ein politisches und religiöses Dilemma. Kann unsere natürliche Neigung zur Gewalt in einer Gemeinschaft ohne ein gewisses Maß an Zwang kontrolliert werden? Es scheint, als hätten die Israeliten die Freiheit gewonnen, aber ihre Seele verloren, und die Monarchie schien die einzige Möglichkeit, um die Ordnung wiederherzustellen. Außerdem waren die Philister, die an der Südküste Kanaans ein Königreich errichtet hatten, zu einer schweren militärischen Bedrohung der Stämme geworden. Irgendwann traten die Ältesten Israels mit einer schockierenden Forderung an ihren Richter Samuel heran: »Gib uns einen König, wie ihn die anderen Völker haben.«[434]

Samuel antwortete darauf mit einer bemerkenswerten Kritik der agrarstaatlichen Unterdrückung, indem er die vorherrschende Ausbeutung in jeder vormodernen Zivilisation anprangerte:

Ihr müsst bedenken, welche Rechte dieser König haben wird: Er wird eure Söhne in seinen Dienst nehmen, damit sie sich um seine Wagen kümmern, seine Pferde pflegen und als Leibwächter vor dem königlichen Wagen herlaufen. Einige von euch wird er als Hauptleute oder Truppenführer einsetzen. Andere müssen seine Felder bearbeiten und für ihn die Ernte einbringen. Handwerker werden für ihn Waffen und Wagen anfertigen. Eure Töchter holt er zu sich an den Königshof. Sie werden für ihn Salben mischen, für ihn kochen und backen. Eure besten Felder, Weinberge und Olivengärten wird er für sich beanspruchen und von seinen Knechten bearbeiten lassen.

Vom Ertrag eurer Äcker und Weinberge zieht er ein Zehntel als Steuern ein, um damit seine Hofleute und Beamten zu bezahlen. Eure Knechte und Mägde wird er übernehmen, die kräftigsten und besten jungen Männer müssen ihm dienen. Auch eure Lasttiere wird er benutzen. Er verlangt von euch ein Zehntel eurer Schafe und Ziegen, und ihr selbst seid alle seine Untertanen. Dann werdet ihr bereuen, dass ihr euch je einen König gewünscht habt. Doch wenn ihr dann zum Herrn um Hilfe schreit, wird er euch keine Antwort geben.[435]

Im Unterschied zu den meisten religiösen Traditionen, die dieses System, wenn auch zögernd, stützten, hatte Israel seine strukturelle Gewalt vollkommen abgelehnt, aber es war ihm nicht gelungen, eine funktionierende Alternative zu schaffen. Trotz all ihrer Träume von Freiheit und Gleichheit hatten die Israeliten immer wieder feststellen müssen, dass sie ohne einen starken Staat nicht überleben konnten.

Saul, Israels erster König, regierte noch als Richter und Anführer. Aber David, der ihn ablöste, würde als Israels idealer König in die Erinnerung eingehen, obwohl er wahrlich kein Musterknabe war. Die biblischen Autoren drückten sich nicht so plump aus wie der chinesische Legalist Herr Shang, aber sie hatten wohl ebenso wie er verstanden, dass Heilige nicht unbedingt gute Herrscher abgeben. David dehnte das Territorium Israels auf das Ostufer des Jordan aus, vereinigte die getrennten Gebiete – Israel im Norden und Juda im Süden – und eroberte den hethitisch-jebusitischen Stadtstaat Jerusalem, wo er die Hauptstadt seines geeinten Königreichs errichtete. Es kam für ihn jedoch nicht in Frage, die Jebusiter »unter den Bann« zu stellen. Vielmehr übernahm David die jebusitische Verwaltung, beschäftigte Jebusiter in seiner Bürokratie und übernahm auch das stehende Heer – ein Pragmatismus, der typischer für Israel gewesen sein mag als Josuas angeblicher Fanatismus. Vermutlich führte David aber kein reguläres Tributsystem ein, sondern besteuerte lediglich die eroberten Völker und ergänzte sein Einkommen mit Beute.[436]

In diesem jungen, hoffnungsvollen Königreich finden wir ein heroisches Ethos vor, das nichts »Religiöses« an sich hat.[437] Wir sehen es in dem berühmten Bericht vom Duell des jungen David mit dem Philister-Riesen Goliath. Der Kampf Mann gegen Mann war eines der Kennzeichen des ritterlichen Krieges.[438] Er verschaffte dem Krieger eine Gelegenheit, seine militärischen Fähigkeiten zu zeigen, und beide Armeen liebten es, dem Duell der Champions zuzusehen. Außerdem bildeten nach Israels ritterlichem Ethos die Krieger eine Kaste von Helden, die für ihren Mut und ihr Können respektiert wurden, selbst wenn sie auf Seiten des Feindes kämpften.[439] Jeden Morgen erschien Goliath vor den Reihen der Israeliten, forderte einen von ihnen zum Kampf heraus, und wenn niemand vortrat, beschimpfte er sie als Feiglinge. Eines Tages nahm der Hirtenjunge David, nur mit einer Steinschleuder bewaffnet, Goliaths Herausforderung an, brachte ihn mit einem Stein zu Fall und enthauptete ihn. Aber der heldenhafte Champion konnte in der Schlacht auch äußerste Rücksichtslosigkeit an den Tag legen. Als Davids Armee vor den Mauern von Jerusalem aufzog, reizten ihn die Jebusiter: »In unsere Stadt wirst du nie hereinkommen! Selbst unsere Lahmen und Blinden könnten dich in die Flucht schlagen.«[440] Also befahl David seinen Männern vor ihren Ohren, nur die Blinden und Lahmen zu töten: eine Rücksichtslosigkeit, die dazu dienen sollte, den Feind in Angst und Schrecken zu versetzen. Der Bibeltext ist hier allerdings fragmentarisch und rätselhaft und wurde vielleicht von einem Redakteur bearbeitet, dem die Geschichte unheimlich war. Eine spätere Überlieferung behauptet sogar, Jahwe habe David den Bau eines Tempels in Jerusalem verboten: »Du hast große Kriege geführt und viele Menschen getötet. Weil du so viel Blut vergossen hast, sollst du mir keinen Tempel bauen.« Diese Ehre blieb Davids Sohn und Nachfolger Salomon vorbehalten, dessen Name angeblich von dem hebräischen Wort »Shalom« für »Frieden« abstammt.[441] Doch Salomons Mutter Batseba war eine Jebusiterin, und der Name kann auch eine Ableitung von Shalem sein, der alten Gottheit von Jerusalem.[442] Salomons Tempel wurde nach dem Muster anderer Tempel in dieser Region gebaut, und seine Einrichtung zeigte, wie durchgreifend der Jahwe-Kult sich an die heidnische Landschaft des Nahen Ostens angepasst hatte. Religiöse Intoleranz gab es im israelitischen Jerusalem ganz offensichtlich nicht. Am Eingang des Tempels standen zwei steinerne kanaanitische Statuen *(Matzevoth)* und ein massives Bronzebecken mit einer Darstellung von Yam, dem Seeungeheuer, das von Baal besiegt worden war, gestützt von zwölf Ochsen aus Messing, allgemeinen Symbolen der Göttlichkeit und Fruchtbarkeit.[443] Die Tempelrituale scheinen ebenfalls durch den Baalskult der benachbarten Ugariter beeinflusst gewesen zu sein.[444] Der Tempel sollte Jahwes Unterstützung für Salomons Herrschaft symbolisieren.[445] In anderen Quellen gibt es keine Hinweise auf sein kurzlebiges Reich, aber die biblischen Autoren berichten uns, es habe sich vom Euphrat bis ans Mittelmeer erstreckt und sei durch militärische Gewalt errungen und erhalten worden. Salomon hatte Davids Infanterie durch eine Armee mit Kriegswagen ersetzt, er ging lukrative Waffengeschäfte mit den Nachbarkönigen ein und errichtete die alten Festungen Hazor, Megiddo und Arad.[446] In rein materieller Hinsicht stand alles zum Besten: »Von Dan im Norden bis Beerscheba im Süden lebte das Volk in Frieden. Jeder konnte ungestört in seinem Weinberg arbeiten und unter seinem Feigenbaum.«[447] Aber diese Staatsform, aufrechterhalten durch Krieg und Steuern, hatte Jahwe doch immer verabscheut! Anders als David verlangte Salomon sogar von seinen israelitischen Untertanen Steuern, und seine Bauvorhaben verlangten ein hohes Maß an Zwangsarbeit.[448] Die Bauern mussten also nicht nur auf ihrem eigenen Land arbeiten, um den Überschuss zu produzieren, der den Staat stützte – sie mussten außerdem auch in der Armee dienen oder einen von drei Monaten Fronarbeit leisten.[449]

Einige Bibelredakteure versuchten zu argumentieren, Salomons Reich sei deshalb gescheitert, weil er für seine ausländischen Ehefrauen heidnische Schreine bauen ließ.[450] Aber das wahre Problem bestand in der strukturellen Gewalt, die tief verwurzelten israelitischen Prinzipien widersprach. Nach Salomons Tod bat eine Delegation seinen Sohn Rehobeam, die »harte

Tyrannei« seines Vaters nicht fortzusetzen.[451] Als Rehobeam dies voller Verachtung ablehnte, griff eine aufgebrachte Menge den Aufseher der Fronarbeit an, und zehn der zwölf Stämme trennten sich vom Reich, um das unabhängige Königreich Israel zu gründen.[452]

* * *

Von da an gingen die beiden Königreiche getrennte Wege. Durch seine Lage an den wichtigen Handelsstraßen blühte das Nordreich Israel, mit königlichen Schreinen in Bethel und Dan und der eleganten Hauptstadt Samaria. Wir wissen nur wenig über die Ideologie dieses Königreichs, weil die Herausgeber der Bibel das kleinere, isoliertere Königreich von Jerusalem bevorzugten. Aber vermutlich passten sich beide Reiche an die lokalen Traditionen an. Wie die meisten Könige des Nahen Ostens, erlangte auch der König von Juda einen gottgleichen Ausnahmestatus durch ein Krönungsritual, bei dem er Jahwes Adoptivsohn und ein Mitglied der Götterversammlung wurde.[453] Ebenso wie Baal wurde Jahwe als Kriegergott verehrt, der sein Volk gegen die Feinde verteidigte:»Am Tag des Gerichts zerschmettert er Könige. Wenn er über die Völker sein Urteil spricht, wird das Schlachtfeld mit Leichen bedeckt sein.«[454] Die Hauptverantwortung des Königs bestand darin, sein Territorium, also die Einkommensquelle seines Reiches, zu sichern und auszudehnen. So stand er ständig in Konflikt mit den Nachbarmonarchien, die genau dieselben Ziele verfolgten. Und so wurden Israel und Juda unweigerlich in das lokale Netz von Handel, Diplomatie und Kriegführung hineingezogen.

Die beiden Königreiche waren zu einer Zeit entstanden, als die imperialen Mächte der Region fast nicht mehr existierten, aber im frühen 8. Jahrhundert erholte sich Assur wieder und zwang mit seiner militärischen Macht schwächere Könige in einen Vasallenstatus. Einige der eroberten Königreiche gediehen dabei jedoch. König Jerobeam (786–746 v. u. Z.) wurde ein treuer assyrischer Vasall, und das Königreich Israel erlebte einen wirtschaftlichen Aufschwung. Aber weil die Reichen immer reicher wurden und die Armen immer mehr verarmten, wurde der König von dem Propheten Amos gegeißelt.[455] Die Propheten Israels hielten die alten egalitären Ideale Israels am Leben. Amos kritisierte die Herrschenden, weil sie den einfachen Leuten die Köpfe zertraten, die Armen aus dem Weg schoben[456] und ihre Paläste mit den Früchten der Ausbeutung vollstopften.[457] Jahwe, so warnte er sie, stand nicht mehr bedingungslos auf der Seite Israels, sondern würde Assur als Werkzeug seiner Strafe einsetzen.[458] Die Assyrer würden das Königreich überfallen und seine Paläste und Tempel ausplündern.[459] Amos stellte sich vor, wie Jahwe vor Zorn aus seinem Heiligtum brüllte, wenn er die Kriegsverbrechen sah, die von den lokalen Königreichen verübt wurden, Israel eingeschlossen.[460] In Juda war es der Prophet Jesaja, der gegen die Ausbeutung der Armen und die Enteignung von Bauernland Einspruch erhob: »Wascht euch, reinigt euch von aller Bosheit! Lasst eure Greueltaten, hört auf mit dem Unrecht! Lernt wieder, Gutes zu tun! Sorgt für Recht und Gerechtigkeit, tretet den Gewalttätern entgegen, und schafft den Waisen und Witwen Recht!«[461] Das Dilemma bestand allerdings darin, dass diese Rücksichtslosigkeit für die Wirtschaft des Agrarstaates unabdingbar war. Hätten die Könige von Israel und Juda eine solche Politik des Mitgefühls eingeführt, dann wären sie für Assur eine leichte Beute gewesen.[462]

Im Jahr 745 v. u. Z. schaffte der König Tiglat-Pileser III. das Vasallensystem ab und verleibte alle eroberten Völker unmittelbar dem assyrischen Staat ein. Beim geringsten Anzeichen von Unstimmigkeiten wurde die gesamte Herrschaftsschicht deportiert und durch Leute aus anderen Teilen des Reiches ersetzt. Die Armee hinterließ eine Spur der Verwüstung, und das Land verödete, weil die Bauern Zuflucht in den Städten suchten. Als der König Hosea im Jahr 722 die Tributzahlungen verweigerte, ließ Schalmaneser III. das Königreich Israel schlicht und einfach von der Landkarte verschwinden und die Aristokratie des Landes verschleppen. Wegen seiner isolierten Lage überlebte Juda noch bis zum Ende des Jahrhunderts, als Sennacheribs Armee

Jerusalem belagerte. Die assyrische Armee musste sich schließlich zurückziehen, teils aufgrund von Seuchen, aber Judas zweitgrößte Stadt Lachish wurde dem Erdboden gleichgemacht, und die ländlichen Gebiete wurden verwüstet.[463] König Manasse (687–642 v. u. Z.) war entschlossen, sich mit den Assyrern gut zu stellen, und so erlebte Juda während seiner langen Regierungszeit eine Phase des Friedens und Wohlstands.[464] Manasse baute die ländlichen Baal-Schreine wieder auf und ließ in Jahwes Tempel ein Standbild der kanaanitischen Muttergottheit Aschera aufstellen. Er stellte auch Statuen der göttlichen Sonnenpferde im Tempel auf, möglicherweise Abbilder von Assur.[465] Nur wenige seiner Untertanen erhoben Einspruch dagegen; viele von ihnen hatten, wie Archäologen festgestellt haben, ähnliche Statuen in ihren Häusern.[466]

* * *

Während der Regierungszeit von Manasses Enkel Josiah (640–609 v. u. Z.) jedoch versuchte eine Gruppe von Propheten, Priestern und Schriftgelehrten eine weitreichende Reform. Inzwischen war Assur wieder auf dem absteigenden Ast: Der Pharao Psammetichus hatte die assyrische Armee zum Rückzug aus der Levante gezwungen, und Josiah wurde praktisch zu seinem Vasallen. Aber Ägypten war anderweitig beschäftigt, so dass Juda eine Phase der faktischen Unabhängigkeit erlebte. Im Jahr 622 unternahm Josiah ausgiebige Reparaturarbeiten an Salomons Tempel, dem Sinnbild des judäischen Goldenen Zeitalters, vielleicht auch, um dem Nationalstolz wieder aufzuhelfen. Aber die Judäer konnten das Schicksal des Königreichs Israel nicht vergessen. Umzingelt von riesigen, gierigen Reichen, während Babylon zur dominierenden Macht in Mesopotamien wurde – wie konnte Juda auf ein Überleben hoffen? Die Angst vor der Vernichtung und die Erfahrung staatlicher Gewalt sind oft in der Lage, religiöse Traditionen zu radikalisieren. Zoroaster war ein Opfer exzessiver Gewalt geworden, und damit fand eine apokalyptische Gewalt Eingang in seine ursprünglich friedliche

Alternative zu dem kriegerischen Indra-Kult. Jetzt, im Königreich Juda des 7. Jahrhunderts, entwickelten die Reformer mit ihrem Traum von der Unabhängigkeit und ihrer gleichzeitigen Angst vor der Aggressivität der Großmächte eine ganz neue Kompromisslosigkeit in Bezug auf den Jahwe-Kult.[467]

Während der Bauarbeiten am Tempel machte der Hohepriester, einer der führenden Reformer, eine folgenschwere Entdeckung: »Dieses Gesetzbuch habe ich im Tempel des Herrn gefunden«, verkündete er.[468] Bis zu diesem Punkt hatte es keine Tradition eines geschriebenen Textes vom Sinai gegeben; tatsächlich hatten bis zum 8. Jahrhundert Lesen und Schreiben kaum einen Platz im religiösen Leben Israels gehabt, und in der frühen biblischen Überlieferung waren Jahwes Lehren von Mose mündlich weitergegeben worden.[469] Nun behaupteten die Reformer jedoch, die von ihnen entdeckte Schriftrolle sei Mose von Jahwe persönlich diktiert worden.[470] Tragischerweise sei dieses kostbare Dokument verlorengegangen, aber jetzt hätten sie dieses »zweite Gesetz« (griechisch »Deuteronomium«) wiedergefunden, das Jahwes Unterweisung auf dem Berg Sinai ergänzte, und damit könne das Volk von Juda einen Neuanfang wagen und die Nation vielleicht vor der totalen Zerstörung bewahren. Die Vergangenheit besaß in einem Agrarstaat eine so große Autorität, dass es ganz üblich war, eine innovative Idee einer wichtigen historischen Gestalt zuzuschreiben. Die Reformer glaubten, in dieser Zeit großer Gefahr würden sie für Mose sprechen, und verpackten ihre eigene Lehre in einer Rede, die sie Mose im Buch Deuteronomium zuschrieben, kurz vor seinem Tod.

Zum allerersten Mal bestanden diese Reformer darauf, dass Jahwe in seiner Verehrung Ausschließlichkeit verlangte. »Hört, ihr Israeliten«, sagt Mose zu seinem Volk. »Der Herr ist unser Gott, der Herr allein.«[471] Er hatte den Israeliten nicht nur nachdrücklich verboten, irgendeinen anderen Gott zu verehren, sondern ihnen auch befohlen, die Urbevölkerung des Gelobten Landes auszurotten:

Der Herr, euer Gott, wird sie euch ausliefern. Ihr sollt sein Urteil an ihnen vollstrecken und sie töten. Verbündet euch nicht mit ihnen, und schont sie nicht! Geht keine Ehen mit ihnen ein! Verheiratet eure Töchter nicht mit ihren Söhnen, und nehmt ihre Töchter nicht als Frauen für eure Söhne. Sonst werden sie eure Kinder dazu verführen, dem Herrn den Rücken zu kehren und anderen Göttern zu dienen. Darüber würde der Herr in Zorn geraten und euch bald vernichten. Darum reißt ihre Altäre nieder, zerschmettert ihre heiligen Steinsäulen, haut die Statuen der Göttin Aschera um und verbrennt alle anderen Götzenfiguren.[472]

Da sie dieses »zweite Gesetz«, das von Mose aufgezeichnet worden war, verloren hatten, war den Israeliten dieser Befehl unbekannt gewesen. Sie hatten den Kult anderer Götter geduldet, hatten Kanaaniter geheiratet und Verträge mit ihnen geschlossen. Kein Wunder, dass Jahwes Zorn gegen das Nordreich Israel aufgeblitzt war. Mose, so erklärten die Reformer, hatte die Israeliten vor den Folgen gewarnt: »Er wird euch fortjagen zu fremden Völkern, bis in die fernsten Länder der Erde ... Tag und Nacht habt ihr Todesangst. Morgens sagt ihr: ›Ach, wäre es doch schon Abend!‹ Und abends sagt ihr: ›Ach, wäre es doch schon Morgen!‹ So sehr graut es euch vor allem, was ihr erleben müsst.«[473] Als die Schriftrolle Josiah laut vorgelesen wurde, waren ihre Lehren so erschreckend, dass der König in Tränen ausbrach und rief: »Der Herr muss deswegen sehr zornig auf uns sein.«[474]

Es ist für uns heute schwer zu erkennen, wie fremd das Bestehen auf kultischer Ausschließlichkeit den Menschen im 7. Jahrhundert v. u. Z. vorgekommen sein muss. Unsere Lesart der hebräischen Bibel ist durch zweieinhalb Jahrtausende monotheistischer Lehre beeinflusst. Aber Josiah hatte natürlich noch nie das Erste Gebot gehört – Du sollst keine anderen Götter neben mir haben –, das die Reformer dem Dekalog voranstellten. Es verurteilte ganz direkt Manasses Errichtung »fremder« Götterstatuen im Tempel, wo Jahwes Gegenwart *(Schechina)* im Allerheiligsten thronte. Aber heidnische Götterbilder waren dort seit Salomons Zeit vollkommen akzeptiert gewesen. Trotz aller Kampagnen von Propheten wie Elia, der das Volk dazu gedrängt hatte, nur noch Jahwe zu verehren, hatte die Bevölkerung der beiden Königreiche nie an der Wirksamkeit von Göttern wie Baal, Anat oder Aschera gezweifelt. Die Weissagungen des Propheten Hosea zeigten, wie beliebt der Baalskult während des 8. Jahrhunderts im Nordreich gewesen war, und auch die Reformer wussten, dass die Israeliten »nicht nur dem Gott Baal dienten, sondern auch der Sonne, dem Mond, den Sternen und Tierkreiszeichen.«[475] Aber es gab heftigen Widerstand gegen den Monotheismus. Dreißig Jahre nach Josiahs Tod verehrten die Israeliten immer noch die mesopotamische Göttin Ishtar, und Jahwes Tempel war schon wieder voll mit den »Götterbildern aus dem Hause Israel«.[476] Vielen Menschen kam es unnatürlich und abartig vor, solche göttlichen Ressourcen zu missachten. Die Reformer wussten, dass sie von den Judäern die Aufgabe geliebter und vertrauter Heiligtümer und die schmerzhafte Trennung vom mythischen und kulturellen Bewusstsein des übrigen Nahen Ostens verlangten.

Josiah war vollkommen überzeugt von der Sefer Torah und begann sofort eine Gewaltorgie der Zerstörung, bei der Manasses Kultbilder ausradiert wurden, die Götterbilder von Baal und Aschera verbrannt, die ländlichen Schreine verboten und die Häuser der heiligen männlichen Prostituierten abgerissen wurden. Auch die assyrischen Pferde wurden zerstört. Auf dem angestammten Gebiet des alten Königreichs Israel war er sogar noch rücksichtsloser: Hier wurden nicht nur die alten Jahwe-Tempel in Bethel und Samaria zerstört, sondern auch die Priester der ländlichen Schreine getötet und ihre Altäre entweiht.[477] Diese fanatische Aggression war eine neue, tragische Entwicklung, die heilige Symbole zerstörte, die sowohl für den Tempelkult als auch für die Frömmigkeit der einzelnen Israeliten von zentraler Bedeutung gewesen waren.[478] Religiöse Traditionen entwickeln in einer symbiotischen Verbindung mit exzessiver staatlicher Macht oft einen gewalttätigen Zug. Die Reformer betrachteten die kanaanitischen Kulte, an denen die Israeliten lange Zeit gern teilgenommen hatten, jetzt als »verächtlich« und »schändlich«, und sie bestanden darauf, jeder Israelit, der sich daran beteiligte, müsse gnadenlos verfolgt werden.[479] »Hör nicht auf ihn, und geh nicht darauf ein«, hatte Mose befohlen. »Du darfst den Vorfall nicht vertuschen und deinen Freund oder Verwandten nicht schonen. Hab kein Erbarmen mit ihm! Wirf selbst den ersten Stein, um ihn zu töten … Ganz Israel soll davon erfahren, damit alle gewarnt sind und so etwas Abscheuliches nicht wieder vorkommt.«[480] Eine israelitische Stadt, die sich des Götzendienstes schuldig machte, sollte unter den Bann fallen, sie sollte bis auf die Grundmauern verbrannt und ihre Einwohner sollten getötet werden.[481]

Aber all das war so neu, dass die Reformer zur Rechtfertigung ihrer Neuerungen buchstäblich die Geschichte umschreiben mussten. Sie begannen die massive Revision der Texte in den königlichen Archiven, aus denen eines Tages die hebräische Bibel entstehen würde, veränderten die Wortwahl und die Aufnahme früherer Gesetzesbücher und führten eine neue Gesetzgebung ein, die ihre Vorschläge stützte. Sie entwarfen die Geschichte Israels neu, ergänzten die älteren Erzählungen mit neuem Material und schrieben Mose eine prominente Stellung zu, die er in den früheren Traditionen vielleicht gar nicht besessen hatte. Höhepunkt der Exodus-Geschichte war nicht länger die Erscheinung Gottes, sondern die Übergabe der Zehn Gebote und der Sefer Torah. Unter Einbeziehung früherer Erzählungen, die uns nicht mehr vorliegen, stellten die Reformer eine Geschichte der beiden Königreiche Israel und Juda zusammen, die wir als die Bücher Josua, Richter, Samuel und Könige kennen. Darin führten sie den Nachweis, dass die Unruhe der Götzenverehrung im Nordreich die Ursache der Zerstörung gewesen sei. Bei der Beschreibung von Josuas Eroberungen stellten sie ihn als Schlächter der Urbevölkerung des Gelobten Landes und als Zerstörer ihrer Städte nach dem Muster eines assyrischen Generals dar. Sie verwandelten den alten Mythos des Bannes so, dass er zum Ausdruck göttlicher Gerechtigkeit und zu einer faktischen, nicht mehr fiktionalen Geschichte eines versuchten Völkermordes wurde. Ihre Geschichte gipfelte in der Herrschaft Josiahs, des neuen Mose, der Israel wieder vom Pharao befreien würde und David als König noch übertrumpfte.[482] Diese lautstarke Theologie hinterließ unauslöschliche Spuren in der hebräischen Bibel. Viele der Texte, die so oft zitiert werden, um die unverbesserliche Aggressivität und Intoleranz des »Monotheismus« zu beweisen, wurden von diesen Reformern entworfen oder umgebaut. Aber die deuteronomische Reform wurde nie umgesetzt. Josiahs Kampf um Unabhängigkeit endete im Jahr 609, als er in einem Scharmützel mit dem Pharao Neco ums Leben kam. Das neue babylonische Reich ersetzte Assur und wetteiferte mit Ägypten um die Vorherrschaft im Nahen Osten. Ein paar Jahre lang lavierte Juda zwischen diesen Großmächten hin und her, aber nach einem Aufstand im Jahr 597 v. u. Z. deportierte der babylonische König Nebukadnezar achttausend Mitglieder der judäischen Oberschicht sowie Soldaten und qualifizierte Handwerker.[483] Zehn Jahre später zerstörte er den Tempel, machte Jerusalem dem Erdboden gleich und verschleppte fünftausend weitere Judäer, so dass nur noch die Unterschicht in dem zerstörten Land verblieb. In Babylon wurden die jüdischen Exilanten indes anständig behandelt. Einige lebten in der Hauptstadt, andere wurden in unterbevölkerten Gebieten in der Nähe der neuen Kanäle angesiedelt und konnten sich in gewissem Umfang selbst verwalten.[484] Aber das Exil ist sowohl eine spirituelle als auch eine physische Entwurzelung. In Juda hatten die Exilanten zur Elite gehört, jetzt besaßen sie keine politischen Rechte mehr, und einige mussten sogar Frondienste leisten.[485] Aber dann sah es so aus, als würde Jahwe sein Volk ein weiteres Mal befreien. Und diesmal würde der Exodus nicht von einem Propheten angeführt, sondern von einer neuen imperialen Macht in Gang gesetzt werden.

* * *

Im Jahr 559 v. u. Z. wurde Kyros, ein untergeordnetes Mitglied der persischen Achaemeniden-Familie, König von Anshan im heutigen südlichen Iran.[486] Zwanzig Jahre später, nach einer Reihe spektakulärer Siege in Medien, Anatolien und Kleinasien, marschierte er in das babylonische Reich ein und wurde erstaunlicherweise ohne eine einzige Schlacht von der Bevölkerung als Befreier begrüßt. Kyros wurde damit zum Herrn des größten Reiches, das die Welt je gesehen hatte. Zur Zeit seiner größten Ausdehnung kontrollierte dieses Reich den gesamten östlichen Mittelmeerraum vom heutigen Libyen und der Türkei im Westen bis nach Afghanistan im Osten. Jahrhundertelang würde jeder Regent, der nach der Weltherrschaft strebte, versuchen, Kyros' Erfolg zu kopieren.[487] Aber er war nicht nur eine zentrale Gestalt in der Politik der Region, er legte auch den Grundstein für eine sanftere Form des Imperiums.

Nach der Siegesproklamation von Kyros bei seiner Ankunft in Babylon »verneigten sich alle Menschen in … Sumer und Akkad, Edle und Statthalter, vor ihm und küssten ihm die Füße; mit strahlenden Gesichtern jubelten sie über seine Herrschaft«[488]. Woher kam diese Begeisterung für einen fremden Eroberer? Zehn Jahre zuvor, kurz nach der Eroberung Mediens, hatte der Verfasser des Gedichts »Der Traum des Nabonidus« Kyros eine göttliche Rolle zugeschrieben.[489] Medien hatte eine Bedrohung für Babylon dargestellt, und der Sonnengott Marduk, so erklärte der Dichter, war dem letzten babylonischen König Nabonidus (reg. 556–539 v. u. Z.) im Traum erschienen und hatte ihm versichert, er, Marduk, sei immer noch der Herrscher der Welt und habe Kyros ausgewählt, um das Medien-Problem zu lösen. Aber zehn Jahre später war Babylon im Niedergang begriffen. Nabonidus, der im Ausland mit Eroberungszügen beschäftigt war, hatte sich einige Jahre lang nicht mehr in Babylon sehen lassen und damit den Zorn der Priesterschaft erregt, weil er das Akitu-Ritual vernachlässigte. Während dieser Zeremonie mussten alle babylonischen Könige schwören, »den geschützten Bürgern nicht auf die Wange zu schlagen«, aber Nabonidus hatte den Freien in seinem Reich Zwangsarbeit befohlen. Die zornigen

Priester verkündeten daraufhin, die Götter hätten ihn abgesetzt und die Stadt verlassen. Als Kyros auf Babylon zumarschierte, halfen ihm genau diese Priester mit ziemlicher Sicherheit, seine Siegesrede zu schreiben, in der er erklärte, das Volk von Babylon habe in seiner Angst Marduk angerufen, und dieser habe Kyros als ihren neuen Helden erwählt:

> *Er nahm die Hand des Kyros, des Königs von Anshan, rief ihn bei seinem Namen und erklärte ihn laut zum König über alles ... Er befahl ihm, nach Babylon zu ziehen. Er brachte ihn auf den Weg nach Babylon und ging wie ein Freund und Gefährte an seiner Seite. ... Er ließ ihn ohne Kampf und Schlacht bis nach Shuanna ziehen; er rettete seine Stadt Babylon vor dem Verderben. Und er übergab ihm Nabonidus, den König, der ihn nicht fürchtete.*[490]

So wichtig Ritual und Mythologie für die Königsherrschaft auch waren, sie stützten staatliche Tyrannei nicht in allen Fällen. Nabonidus wurde tatsächlich wegen seiner exzessiven Gewalt und Unterdrückung von den etablierten Priestern gestürzt.

Kyros' riesiges, vielsprachiges und multikulturelles Reich brauchte eine andere Form der Regierung, die die traditionellen Rechte der eroberten Völker und ihre religiösen und kulturellen Traditionen respektierte. Statt seine neuen Untertanen zu demütigen und zu deportieren, ihre Tempel niederzureißen und ihre Götterbilder zu entweihen, wie es die Assyrer und Babylonier getan hatten, verkündete Kyros eine ganz andere Politik, wie sie auf dem Kyros-Zylinder überliefert ist, der heute im British Museum aufbewahrt wird. Kyros, so erklärte dieser Zylinder, war in Babylon als Friedensbringer aufgetreten und nicht als Kriegsherr. Er hatte den Frondienst abgeschafft, alle von Nebukadnezar deportierten Völker in ihre Heimatländer zurückgeschickt und ihnen versprochen, ihre nationalen Tempel wiederaufzubauen. Ein anonymer judäischer Exilant in Babylon bejubelte Kyros deshalb als den Messias, den Gesalbten Jahwes, der Israels Exil beenden würde.[491] Aber dieser Prophet war natürlich davon überzeugt, dass Jahwe und nicht Marduk Kyros an der Hand genommen und die bronzenen Tore von Babylon zerschlagen hatte:»Warum berufe ich dich und verleihe dir einen Ehrentitel, obwohl du mich gar nicht kennst? Ich tue es für Israel, mein Volk, das ich erwählt habe, damit es mir dient«, hatte Jahwe Kyros erklärt.[492] Ein neues Zeitalter würde anbrechen, in dem die Erde zu ihrer ursprünglichen Vollkommenheit zurückkehren würde:»Alles Unebene soll eben werden und alles Hügelige flach«, rief der Prophet im Namen Gottes, deutlich beeinflusst von der zoroastrischen Tradition seines persischen Messias.»Jedes Tal soll aufgefüllt, jeder Berg und Hügel abgetragen werden.«[493]

Die meisten judäischen Exilanten entschieden sich, in Babylon zu bleiben, und viele integrierten sich sehr erfolgreich.[494] Nach Auskunft der Bibel kehrten vierzigtausend nach Judäa zurück und nahmen die liturgischen Geräte mit, die Nebukadnezar konfisziert hatte. Sie waren entschlossen, Jahwes Tempel in der zerstörten Stadt Jerusalem wiederaufzubauen. Die Entscheidung der Perser, den Deportierten die Rückkehr zu erlauben und ihre Tempel wiederaufzubauen, war aufgeklärt und vernünftig: Sie glaubten, diese Maßnahme würde ihr Reich stärken – weil Götter in ihren eigenen Ländern verehrt werden mussten – und ihnen die Dankbarkeit der unterworfenen Völker einbringen. In der Folge dieser milden Politik erlebte der Nahe Osten eine Phase der relativen Stabilität, die etwa zweihundert Jahre andauerte.

Aber der persische Friede war nach wie vor von militärischer Macht und von Steuern abhängig, die den unterworfenen Völkern abgepresst wurden. Kyros legte Wert auf die unvergleichliche Kraft seiner Armee. Beim Marsch auf Babylon im Gefolge Marduks waren »seine riesigen Truppen, deren Menge so unzählbar war wie das Wasser in einem Fluss, in voller Rüstung an seiner Seite marschiert«.[495] Seine Siegeserklärung sprach auch von dem Tributsystem, das er ins Leben gerufen hatte: Auf Marduks »ausdrücklichen Befehl brachten alle Könige, die auf Thronen sitzen, aus allen Himmelsrichtungen, vom oberen bis zum unteren Meer, aus entlegenen Gebieten und aus dem Land Amurru, wo man in Zelten lebt – sie alle brachten ihre gewichtigen Tribute nach Shuanna und küssten mir die Füße«.[496] Selbst das friedliebendste Reich brauchte ständige militärische Aggression und eine massive Ausbeutung der Ressourcen von den eroberten Völkern. Wenn Beamte oder Soldaten irgendwelche moralischen Bedenken dagegen hegten, würde die Energie des Reiches darunter leiden; aber wenn sie davon überzeugt werden konnten, dass diese Politik allen Beteiligten nützte, dann würden sie mehr Geschmack daran finden.[497]

In den Inschriften von Darius I., der nach dem Tod von Kyros' Sohn Kambyses im Jahr 522 v. u. Z. den Thron bestieg, finden wir eine Kombination von drei Themen, die in der Ideologie aller erfolgreichen Reiche auftauchen würden: ein dualistisches Weltbild, das die Guten des Reiches gegen die Übeltäter stellt, die ihm Widerstand leisten; eine Erwähltheitsdoktrin, die den Herrscher als göttliches Werkzeug sieht; und einen Auftrag zur Rettung der Welt.[498]

Darius' politische Philosophie war stark vom Zoroastrianismus beeinflusst, den er geschickt übernommen hatte, um seinem imperialen Projekt einen Anstrich von Heiligkeit zu geben.[499] Viele königliche Inschriften, die im persischen Kernland überlebt haben, beziehen sich auf den zoroastrischen Schöpfungsmythos.[500] Sie erzählen von Ahura Mazda, dem Weisen Herrn, der Zoroaster erschien und den Kosmos in vier Stufen einteilte, indem er nacheinander den Himmel, die Erde, die Menschheit und schließlich das »Glück« (shiyati) erschuf, das sich aus Frieden, Sicherheit, Wahrheit und reichlich Nahrung zusammensetzte.[501] Zuerst hatte es nur einen Herrscher, ein Volk und eine Sprache gegeben.[502] Aber nach dem Angriff des Feindlichen Geistes (»der Lüge«) spaltete sich die Menschheit in wetteifernde Gruppen auf, regiert von Leuten, die sich Könige nannten. Jahrhundertelang gab es Krieg, Blutvergießen und Unordnung. Dann, am 29. September 522, bestieg Darius den Thron, und der Weise Herr setzte die fünfte und letzte Stufe der Schöpfung in Kraft: Darius würde die Welt vereinigen und das ursprüngliche

Glück der Menschheit wiederherstellen, indem er ein weltumspannendes Reich gründete.[503]

Hier sehen wir die Schwierigkeiten, die entstehen, wenn eine vorwiegend friedliche Tradition den Realitäten imperialer Herrschaft angepasst werden soll. Darius teilte Zoroasters Abneigung gegen gesetzlose Gewalt. Nach Kambyses' Tod musste er Aufstände überall im Reich unterdrücken. Wie jeder Herrscher, musste er ehrgeizige Aristokraten niederhalten, die es darauf anlegten, ihn zu stürzen. In seinen Inschriften brachte Darius diese Rebellen mit den unrechtmäßigen Königen in Verbindung, die nach dem Anschlag der Lüge Krieg und Leid in die Welt gebracht hatten. Aber um Frieden und Glück wieder in Kraft zu setzen, waren die »kämpfenden Männer«, die Zoroaster aus der Gesellschaft hatte ausschließen wollen, unentbehrlich. Die apokalyptische Wiederherstellung der Welt, die Zoroaster für das Ende der Welt vorhergesagt hatte, wurde in die Gegenwart verlegt, und der zoroastrische Dualismus wurde genutzt, um die politische Welt in kämpfende Lager aufzuteilen. Die strukturelle und militärische Gewalt des Reiches war zum letzten, absoluten Guten geworden, während alles jenseits seiner Grenzen barbarisch, chaotisch und unmoralisch war.[504] Darius' Mission bestand darin, den Rest der Welt zu unterwerfen und ihre Ressourcen zu übernehmen, um auch die anderen Völker »gut« zu machen. Sobald alle Länder unterworfen waren, würde es zu einem universellen Frieden und einem Zeitalter der Wunder *(frasha)* kommen.[505]

Darius' Inschriften erinnern uns daran, das eine religiöse Tradition nie eine vereinzelte, unveränderbare Essenz darstellt, die Menschen dazu treibt, einheitlich zu handeln. Sie ist eine Vorlage, die radikal modifiziert und verändert werden kann, um den verschiedensten Zwecken zu dienen. Für Darius bedeutete *frasha* nicht mehr spirituelle Harmonie, sondern materieller Wohlstand; er beschrieb seinen Palast in Susa als *frasha*, als Vorgeschmack auf die erlöste, wiedervereinigte Welt.[506] Die Inschriften listeten die Mengen an Gold, Silber, kostbaren Hölzern, Elfenbein und Marmor auf, die als Tributzahlungen aus allen

Gebieten des Reiches gebracht wurden, und erklärten, nach dem Anschlag der Lüge seien diese Reichtümer über die ganze Welt verstreut worden und müssten nun wieder an einem Ort gesammelt werden, wie es der Weise Herr ursprünglich vorgesehen hatte. Das großartige Apadama-Relief in Persepolis zeigt eine Prozession von Abgesandten der unterworfenen Völker aus fernen Ländern, die pflichtschuldig ihre Tributzahlungen nach Susa bringen. Die ethische Vision des Zoroaster, der in den kaukasischen Steppen Gewalt und Raub erlitten hatte, war von der schockierenden Aggressivität der Sanskrit-Räuber inspiriert gewesen. Jetzt wurde diese Vision benutzt, um organisierte kriegerische Gewalt und imperiale Ausbeutung zu heiligen.

* * *

Die Judäer, die im Jahr 539 v. u. Z. aus Babylon zurückkehrten, fanden ihre Heimat zerstört vor und mussten sich mit der Feindseligkeit der Fremden auseinandersetzen, die von den Babyloniern dorthin geschickt worden waren. Außerdem bekamen sie es mit der Ablehnung durch jene Judäer zu tun, die nicht deportiert worden waren. Sie waren wie Fremde für die Rückkehrer, die in eine ganz andere Kultur hineingeboren worden waren. Als sie endlich ihren Tempel wiederaufbauten, wurde das persische Judäa zu einem Tempelstaat, regiert von einer jüdischen Priester-Aristokratie im Auftrag der Perser. Die Schriften dieses Priesteradels sind in Teilen des Pentateuchs und den beiden Chronik-Büchern der Bibel bewahrt. Dort wird die allzu laute Geschichtsschreibung der Deuteronomisten umgeschrieben und der Versuch unternommen, alte israelitische Traditionen den neuen Umständen anzupassen.[507] Diese Schriften spiegeln die Sorge der Exilanten, alles am richtigen Ort zu bewahren. In Babylon hatten die Judäer ihre nationale Identität bewahrt, indem sie sich von den Einheimischen abgegrenzt hatten; jetzt bestanden die Priester darauf, man müsse »abgetrennt, anders« sein, um »heilig« (*qaddosh*) zu sein.

Aber im Gegensatz zu den deuteronomischen Schriften, die

den Fremden dämonisierten und zu vernichten suchten, entwickelten diese priesterlichen Texte, auf der Grundlage genau derselben Geschichten und Legenden, eine bemerkenswert inklusive Vision. Erneut sehen wir, dass man religiöse Traditionen unmöglich als vereinzelte, unveränderliche Essenz beschreiben kann, die auf jeden Fall Gewalt hervorruft. Die Priester bestanden darauf, dass die »Andersartigkeit« jedes einzelnen Geschöpfs heilig sei und respektiert und geehrt werden müsse. Deshalb konnte nach dem priesterlichen Gesetz der Freiheit nichts versklavt oder in Besitz genommen werden, nicht einmal das Land.[508] Statt den *ger*, den »im Land wohnenden Fremden«, zu vernichten, wie es die Deuteronomisten verlangt hatten, musste der wahre Israelit lernen, ihn zu lieben: »Unterdrückt die Fremden nicht, die bei euch leben, sondern behandelt sie wie euresgleichen. Liebt sie wie euch selbst, denn auch ihr seid Fremde in Ägypten gewesen.«[509] Diese Priester waren wieder bei der Goldenen Regel angekommen: Die Erfahrung als Minderheit in Ägypten und Babylon sollte die Israeliten lehren, den Schmerz nachzuempfinden, den die entwurzelten Fremden in Juda spürten. Bei der »Aufforderung zur Liebe« ging es nicht um Gefühle: *hesed* bedeutete »Loyalität« und wurde in Verträgen des Nahen Ostens benutzt, wenn frühere Feinde sich darauf einigten, sich hilfreich und vertrauenswürdig zu verhalten und einander praktische Unterstützung zu geben.[510] Hier ging es nicht um ein unrealistisches Ideal, sondern um eine für jedermann praktizierbare Ethik.

Um die harsche Ablehnung der Deuteronomisten abzumildern, fügten die priesterlichen Geschichtsschreiber rührende Versöhnungsgeschichten in ihre Erzählung ein. Die entfremdeten Brüder Jakob und Esau sehen endlich das »Antlitz Gottes« im Gesicht des anderen.[511] Die Autoren der Chronik zeigen Mose, der keine Vergeltung plant, als der König von Edom während der Wanderung ins Gelobte Land den Israeliten den sicheren Durchzug durch sein Gebiet verweigert.[512] Und die berühmteste dieser priesterlichen Schriften ist die Schöpfungsgeschichte, mit der die hebräische Bibel beginnt. Die Redakteure stellten die priesterliche Schöpfungsgeschichte vor die Erzählung aus dem 8. Jahrhundert, in der Jahwe einen Garten für Adam und Eva erschafft und die beiden den Sündenfall begehen. Diese priesterliche Version entfernte alle Gewalt aus der traditionellen Kosmogonie des Nahen Ostens. Statt während eines Kampfes ein Ungeheuer zu erschlagen, spricht der Gott Israels seine Befehle lediglich aus, während er den Kosmos ordnet. Am letzten Schöpfungstag sieht er alles an, »was er geschaffen hatte, und es war sehr gut!«[513]. Dieser Gott hatte keine Feinde. Er segnete jedes seiner Geschöpfe, selbst seinen alten Feind, den Leviathan.

Dieses prinzipielle Wohlwollen ist umso bemerkenswerter, wenn wir bedenken, dass die Gemeinschaft der Exilanten in Judäa fast ununterbrochen von feindlichen Gruppen angegriffen wurde. Als Nehemia, den man vom persischen Hof damit beauftragt hatte, den Wiederaufbau Jerusalems zu überwachen, die Wiederherstellung der Stadtmauer beaufsichtigte, waren die Arbeiter bewaffnet: »Die Lastträger trugen mit der einen Hand das Baumaterial, in der anderen hielten sie eine Waffe. Alle Arbeiter hatten ihr Schwert umgeschnallt.«[514] Die priesterlichen Geschichtsschreiber konnten sich eine Antikriegshaltung nicht leisten, aber die militärische Gewalt beunruhigte sie doch. Sie entfernten einige der kriegerischsten Episoden aus der deuteronomischen Erzählung und überarbeiteten auch die Berichte von Josuas Eroberungen. Sie erzählten von Davids ritterlicher Kriegsführung, ließen aber seinen grausamen Befehl aus, die Blinden und Lahmen in Jerusalem zu töten, und sie waren es auch, die erklärten, David habe den Tempel nicht bauen dürfen, weil er zu viel Blut vergossen habe. Außerdem nahmen sie den Bericht über einen Kriegszug gegen die Midianiter auf, die die Israeliten zum Götzendienst verführt hatten.[515] Zweifellos war dies ein gerechter Krieg, und die Armeen der Israeliten verhielten sich absolut konform mit dem deuteronomischen Gesetz: Die Priester führten die Truppen in die Schlacht, die Soldaten töteten die Könige von Midian, setzten ihre Stadt in Brand und verurteilten sowohl die Ehefrauen zum Tode, die die Israeliten verführt hatten, als auch die Jungen, die zu Kriegern heranwachsen würden. Aber obwohl sie Israel »gereinigt« hatten, waren sie von diesem gerechtfertigten Blutvergießen beschmutzt. »Jeder von euch, der einen Menschen getötet oder eine Leiche berührt hat, muss sieben Tage lang draußen vor dem Lager bleiben«, erklärte Mose den Kriegern bei ihrer Rückkehr. »Er soll sich am dritten und siebten Tag mit geweihtem Wasser von seiner Sünde reinigen. Das gilt sowohl für euch als auch für die Gefangenen.«[516]

In einer bemerkenswerten Geschichte verurteilt der Autor der Chronik die Grausamkeit des Königreichs Israel im Krieg gegen einen götzenverehrenden judäischen König, obwohl Jahwe selbst den Kriegszug genehmigt hat. Israelitische Truppen hatten 120 000 judäische Soldaten getötet und 200 000 Kriegsgefangene im Triumphzug nach Samaria geführt. Der Prophet Oded jedoch begrüßte die siegreichen Helden mit einer heftigen Kritik:

Ihr aber habt ein Blutbad angerichtet, das zum Himmel schreit! Doch damit nicht genug: Nun wollt ihr die Überlebenden aus Juda und Jerusalem zu euren Sklaven machen. Meint ihr etwa, dass ihr besser seid als sie? Habt ihr nicht auch gegen den Herrn, euren Gott, gesündigt? So hört nun auf meinen Rat und schickt die Gefangenen wieder zurück, die ihr aus Juda verschleppt habt. Sonst wird der Zorn des Herrn euch treffen.[517]

Sofort ließen die Truppen die Gefangenen frei, gaben ihre gesamte Beute auf und ernannten Beamte, »sich um die Gefangenen zu kümmern. Sie suchten aus der Beute Kleider aus für diejenigen, die kaum noch etwas auf dem Leibe trugen. Danach versorgten sie alle Gefangenen mit Kleidern und Schuhen, gaben ihnen zu essen und zu trinken und verbanden ihre Wunden. Alle, die vor Erschöpfung nicht mehr laufen konnten, setzten sie auf Esel und brachten sie in die Palmenstadt Jericho. Von dort hatten die Judäer es nicht mehr weit nach Hause.«[518]

Diese Priester waren vermutlich Monotheisten; in Babylon

hatte das Heidentum für die Exilanten seine Attraktivität verloren. Der Prophet, der Kyros als Messias begrüßt hatte, äußerte auch das erste eindeutig monotheistische Statement in der Bibel: »Ich bin der einzige und wahre Gott«, lässt er den Gott Israels sagen. »Keiner dieser Götter ist mir gleich.«[519] Aber der Monotheismus dieser Priester hatte sie nicht intolerant, blutrünstig oder grausam gemacht, eher im Gegenteil.

Andere nachexilische Propheten waren aggressiver. Inspiriert durch Darius' Ideologie warteten sie auf den »Tag des Wunders«, an dem Jahwe die ganze Welt regieren würde und es keine Gnade mehr für die Völker geben würde, die ihm Widerstand leisteten: »Aber die Völker, die gegen Jerusalem in den Kampf gezogen sind, wird der Herr mit einer furchtbaren Krankheit schlagen: Bei lebendigem Leibe wird das Fleisch an ihrem Körper verfaulen; ihre Augen und Zungen werden verwesen.«[520] Sie stellten sich vor, wie Israels frühere Feinde jedes Jahr demütig nach Jerusalem, dem neuen Susa, zogen und reiche Geschenke und Tribute mitbrachten.[521] Andere hatten Phantasien, wie die Israeliten, die nach Assur verschleppt worden waren, zärtlich heimgebracht wurden,[522] während ihre früheren Unterdrücker sich vor ihnen niederwarfen und ihnen die Füße küssten.[523] Ein Prophet sah Jahwes Herrlichkeit über Jerusalem aufgehen, der Mittelpunkt der erlösten Welt und ein Schutzhafen des Friedens – eines Friedens freilich, der nur durch rücksichtslose Unterdrückung erreicht worden war.

Diese Propheten waren von dem neuen »Monotheismus« inspiriert. Es scheint, dass eine starke Monarchie oft den Kult einer obersten Gottheit hervorbringt, die man zum Schöpfer der politischen und natürlichen Ordnung macht. Ein Jahrhundert oder mehr der Erfahrung mit der starken Herrschaft solcher Monarchen wie Nebukadnezar oder Darius mag zu der Sehnsucht geführt haben, Jahwe so mächtig zu machen, wie sie es waren. Dies ist ein gutes Beispiel für ein Verknüpfung von Religion und Politik, die in beide Richtungen funktioniert: Die Religion beeinflusst nicht nur die Politik, sondern die Politik kann die Theologie formen. Aber diese Propheten waren sicher auch von dem allzu menschlichen Verlangen motiviert, ihre Feinde leiden zu sehen, wie sie selbst gelitten hatten – ein Impuls, den die Goldene Regel eigentlich verhindern sollte. Sie würden nicht die Letzten sein, die die aggressive Ideologie der herrschenden Macht auf ihre eigenen Traditionen anwendeten und sie auf diese Weise verzerrten. In diesem Fall war Jahwe, ursprünglich ein klarer Gegner der Gewalt und Grausamkeit der Imperien, in einen Erz-Imperialisten verwandelt worden.

Teil 2

Den Frieden erhalten

5

Jesus – nicht von dieser Welt?

Jesus von Nazareth wurde während der Regierungszeit des römischen Kaisers Caesar Augustus (reg. 30 v.u.Z.–14 u.Z.) geboren, in einer Zeit, die aus heutiger Sicht als Epoche des Friedens gilt.[1] Unter römischer Herrschaft konnte eine große Gruppe von Völkern, darunter einige frühere Imperien, für lange Zeit koexistieren, ohne miteinander um Ressourcen und Territorien zu kämpfen – eine bemerkenswerte Leistung.[2] Die Römer stellten drei Prämissen auf, die jede erfolgreiche imperiale Ideologie kennzeichnen: Sie waren von den Göttern in besonderer Weise gesegnet; nach ihrem dualistischen Weltbild waren alle anderen Völker »Barbaren«, die man auf keinen Fall gleichberechtigt behandeln konnte; und ihre Mission würde dem Rest der Welt die Segnungen der Zivilisation und den Frieden bringen. Aber der römische Friede, die Pax Romana, wurde gnadenlos durchgesetzt.[3] Roms Berufsarmee wurde zur wirkungsvollsten Tötungsmaschine, die die Welt je gesehen hatte.[4] Jeder Widerstand rechtfertigte ein Massaker.[5] Wenn die Römer eine Stadt eroberten, so der griechische Historiker Polybius, töteten sie alle Menschen und verschonten niemanden, nicht einmal die Tiere.[6] Nach der römischen Eroberung Britanniens berichtete der schottische Anführer Calagalus, die Insel sei zu einer Einöde geworden: »Die äußersten Teile Britanniens liegen wüst da, es gibt keine anderen Stämme mehr, nur noch Meer und Felsen und tödliche Römer ... Plünderung, Schlachten und Verwüstung – das nennen sie fälschlicherweise Imperium.«[7]

Polybius hatte begriffen, dass der Zweck dieser Brutalität darin bestand, unter den unterworfenen Völkern Angst und Schrecken zu verbreiten.[8] Normalerweise funktionierte das auch, aber es kostete die Römer fast zweihundert Jahre, die Juden in Palästina zu bändigen, die schon einmal eine imperiale Macht vertrieben hatten und glaubten, sie könnten es wieder tun. Nachdem Alexander der Große das persische Reich im Jahr 333 v. u. Z. besiegt hatte, war Judäa in den ptolemäischen und seleukidischen Reichen seiner »Nachfolger« (diadochoi) aufgegangen. Die meisten dieser Herrscher hatten sich in das Leben ihrer Untertanen nicht eingemischt. Aber im Jahr 175 v. u. Z. hatte der Seleukidenkaiser Antiochus IV. versucht, den Tempelkult drastisch zu reformieren, und die jüdischen Speisegesetze, die Beschneidung und die Sabbatruhe abgeschafft. Die Priesterfamilie der Hasmonäer unter der Führung von Judas Makkabäus hatte daraufhin einen Aufstand angezettelt, und es war den Aufständischen gelungen, den Seleukiden nicht nur Judäa und Jerusalem zu entreißen, sondern sogar ein kleines Reich zu gründen, indem sie Idumäa, Samaria und Galiläa eroberten.[9]

Diese Ereignisse inspirierten eine neue apokalyptische Spiritualität, ohne die man die frühe christliche Bewegung nicht verstehen kann. Diese Denkschule ging von der ewigen Philosophie aus: Die Ereignisse auf Erden waren eine apokalupsis, eine Offenbarung, die enthüllte, was gleichzeitig in der himmlischen Welt vor sich ging. In ihrem Bemühen, die Ereignisse der Gegenwart zu verstehen, glaubten die Autoren dieser neuen Schriften, während des Kampfes der Makkabäer gegen die Seleukiden habe es einen Kampf des Erzengels Michael und seiner Engel gegen die dämonischen Mächte gegeben, die Antiochus unterstützten.[10] Das Buch Daniel, ein historischer Roman, der während der Makkabäerkriege entstand, spielte in Babylon während des jüdischen Exils. Im Mittelpunkt stand eine Vision des judäischen Propheten Daniel: vier schreckliche Tiere, die die Reiche von Assur, Babylon, Persien und schließlich Antiochus' Seleukidenreich symbolisierten, das zerstörerischste von allen. Aber dann kam, so Daniel, »mit den Wolken am Himmel … einer, der aussah wie ein Mensch«. Er symbolisierte die Makkabäer. Anders als die vier bestialischen Reiche würde ihre Herrschaft gerecht und human sein, und Gott würde ihnen ein ewiges Reich geben, das niemals zerstört würde.[11]

Aber sobald sie die Herrschaft erlangt hatten, konnte die Frömmigkeit der Hasmonäer/Makkabäer der rauhen Wirklichkeit politischer Dominanz nicht standhalten, und sie wurden genauso grausam und tyrannisch wie die Seleukiden. Am Ende des 2. Jahrhunderts v. u. Z. suchte eine Reihe neuer Sekten nach einer authentischen jüdischen Alternative. Das Christentum würde später einen Teil ihrer Begeisterung in sich aufnehmen.

Zur Initiation ihrer Schüler führten alle diese Sekten jene Unterrichtssysteme ein, die fast die Form eines allgemeinen Schulsystems in der jüdischen Gesellschaft annahmen. Sowohl die Sekte von Qumran als auch die Essener – zwei unterschiedliche Gruppen, die oft fälschlich zusammengeworfen werden – fühlten sich von einem ethischen Gemeinschaftsleben angezogen: Sie nahmen die Mahlzeiten zusammen ein, betonten die rituelle Reinheit und die allgemeine Reinlichkeit und pflegten Gütergemeinschaft. Beide Gruppen standen dem Jerusalemer Tempelkult kritisch gegenüber, von dem sie glaubten, die Hasmonäer hätten ihn verdorben. Tatsächlich betrachtete sich die Qumran-Kommune am Toten Meer als alternativer Tempel: Auf der kosmischen Ebene würden die Kinder des Lichts die Söhne der Finsternis bald besiegen, und Gott würde einen neuen Tempel erbauen und eine neue Weltordnung errichten. Die Pharisäer, eine weitere oppositionelle religiöse Gruppierung, waren ebenfalls auf einen genauen, buchstabengetreuen Gehorsam gegenüber dem biblischen Gesetz verpflichtet. Wir wissen aus dieser Zeit nur sehr wenig über sie, obwohl sie unter den neuen Gruppen den stärksten Einfluss erlangen würden. Einige Pharisäer führten bewaffnete Aufstände gegen die Hasmonäer an, beschlossen aber irgendwann, das Volk würde es unter einer Fremdherrschaft besser haben. Im Jahr 64 v. u. Z. waren die Exzesse der Hasmonäer unerträglich geworden, und man schickte eine Abordnung nach Rom mit der Bitte, das Reich möge ihre Herrschaft beenden.

Im folgenden Jahr marschierte der römische General Pompejus in Jerusalem ein, tötete zwölftausend Juden und versklavte viele weitere Tausende. Es kann daher nicht überraschen, dass die meisten Juden die römische Herrschaft hassten, aber kein Reich kann überleben, wenn es nicht zumindest mit einem Teil der lokalen Bevölkerung zusammenarbeitet. Die Römer regierten Palästina durch den Jerusalemer Priesteradel, setzten aber auch einen Marionettenkönig ein: Herodes, Fürst von Idumäa und vor kurzem zum Judentum konvertiert. Herodes baute überall im Land großartige Festungen, Paläste und Theater im hellenistischen Stil und errichtete an der Küste zu Ehren des Kaisers Augustus Caesarea, eine völlig neue Stadt. Sein Meisterstück jedoch war der phantastische neue Jahwe-Tempel in Jerusalem, deutlich flankiert von der Antoniafestung, die mit römischen Truppen bemannt war. Herodes war ein grausamer Herrscher mit eigener Armee und Geheimpolizei, und er war extrem unbeliebt. Die Juden in Palästina wurden also von zwei Adelsgruppen regiert: den Herodianern und den Sadduzäern, dem jüdischen Priesteradel. Beide verlangten Steuern, die Juden waren also von einer doppelten Besteuerung belastet.[12]

Wie alle agrarischen Herrschaftsschichten, so führten beide Aristokratien ein System von Abhängigen ein, die den Einfluss ihrer Herren in der Bevölkerung stärkten und dafür einen höheren sozialen Status und Anteil an den Überschüssen genossen.[13] Darunter waren auch die Zöllner oder Steuereinnehmer, die im Römischen Reich verpflichtet waren, eine feste Summe an die Kolonialregierung abzuführen, die Differenz zwischen dieser Summe und dem, was sie den Bauern abpressten, jedoch behalten durften. In der Folge erlangten sie eine gewisse Unabhängigkeit, wurden aber, wie aus den Evangelien hervorgeht, von den Menschen gehasst.[14] Die »Schriftgelehrten und Pharisäer« der Evangelien bildeten eine weitere Gruppe von Abhängigen, die die Tora, das jüdische Gewohnheitsrecht, in einer Weise auslegten, die das Regime stützte.[15] Nicht alle Pharisäer ließen sich jedoch auf diese Rolle ein. Die meisten konzentrierten sich auf die strikte Einhaltung der Tora und die Entwicklung dessen, was später zur rabbinischen Exegese werden sollte. Sie verbündeten sich nicht allzu eng mit dem Adel. Hätten sie das getan, dann hätten sie ihre Beliebtheit im Volk nicht aufrechterhalten können. Tatsächlich wurden sie so hoch geschätzt, dass jeder Jude, der auf eine politische Karriere hoffte, zunächst einmal bei den Pharisäern die Gesetze studieren musste. Wie Josephus, der jüdische Historiker aus dem 1. Jahrhundert u. Z. Er war vermutlich ein Pharisäerschüler und erlangte dort die juristische Ausbildung, die ihn für ein öffentliches Amt befähigte. Ein volles Mitglied der Sekte war er aber wohl nie.[16]

Nach einer Eroberung und Kolonisierung ist ein Volk oft ganz und gar von der religiösen Praxis abhängig, über die es noch einige Kontrolle hat und die an eine Zeit erinnert, als man die Würde der Freiheit noch besaß. Im Fall der Juden jedoch wurde die Feindschaft gegenüber den fremden Herrschern durch die wichtigen Tempelfeste zu immer neuen Höhen getrieben, weil sie der politischen Unterjochung der Juden so diametral entgegenstanden: Das Pessachfest erinnerte an die Befreiung Israels von der ägyptischen Herrschaft; an Schawuot, aus dem das christliche Pfingstfest hervorgegangen ist, feierte man die Offenbarung der Tora, des göttlichen Rechts, das alle imperialen Gesetze übertraf; und das Wochenfest, das Erntedankfest, erinnerte daran, dass das Land und sein Ertrag Jahwe gehörten, nicht den Römern. Die schwelende Unzufriedenheit kam im Jahr 4 v. u. Z. zum Ausbruch, als Herodes im Sterben lag. Er hatte auf dem Tempel kürzlich einen goldenen Adler anbringen lassen, das Symbol des Römischen Reiches, und Judas und Matthias, zwei der angesehensten Tora-Lehrer, kritisierten dies als offene Herausforderung der göttlichen Herrschaft.[17] In einer gut geplanten Protestaktion stiegen vierzig ihrer Schüler auf das Dach des Tempels, zerschlugen den Adler und »warteten mutig auf den Angriff« von Herodes' Soldaten.[18] Schäumend vor Zorn stand Herodes vom Sterbebett auf und verurteilte die Schüler mitsamt ihren Lehrern zum Tode; zwei Tage später starb er selbst in großen Qualen.[19]

Es ist wichtig festzustellen, dass die meisten Proteste gegen die imperiale Herrschaft im römischen Palästina gewaltlos waren. Weit davon entfernt, sich durch ihren Glauben zu fanatischen Selbstmordkommandos treiben zu lassen, wie es Josephus später behauptete, griffen die Juden zum Mittel prinzipientreuer Demonstrationen und nur unter extremem Druck zu Waffengewalt. Als die zornige Menge gegen den grausamen Tod ihrer geliebten Lehrer protestierte, fragte Archelaus, Herodes' ältester Sohn, was er für sie tun könne. Die Antwort zeigt, dass die Feindseligkeit gegenüber Rom nicht nur religiös motiviert war: »Einige verlangten eine Senkung der direkten Steuern, einige die Abschaffung der Konsumsteuer und wieder andere die Freilassung von Gefangenen.«[20] Obwohl Jerusalem immer noch von ihren Klagen widerhallte, gab es aber keine Gewalt gegen die Autoritäten, bis Archelaus in Panik geriet und Truppen in den Tempel schickte. Und selbst da bewarfen die Menschen die Soldaten lediglich mit Steinen und kehrten dann zu ihren Gebeten zurück. Die Situation wäre damit bereinigt gewesen, hätte Archelaus nicht die Armee geschickt, die dreitausend Betende tötete.[21] Daraufhin breiteten sich die Proteste aufs Land aus, wo einige populäre Anführer, die man zu »Königen« ausrief, einen Guerillakrieg gegen die römischen und herodianischen Truppen begannen. Wieder ging es mehr um die Steuern als um Religion. Große Gruppen griffen die Adelssitze an und überfielen lokale Festungen, Lagerhäuser und römische Versorgungszüge, um »die Güter zurückzuholen, die dem Volk geraubt worden waren«.[22] P. Quintilius Varus, Statthalter im benachbarten Syrien, brauchte drei Jahre, um die Pax Romana wiederherzustellen; in dieser Zeit brannte er die galiläische Stadt Sepphoris nieder, plünderte die umliegenden Dörfer und ließ zweitausend Aufständische vor den Toren Jerusalems kreuzigen.[23]

Inzwischen hatte Rom entschieden, das Herrschaftsgebiet des Herodes unter seinen drei Söhnen aufzuteilen: Archelaus bekam Idumäa, Judäa und Samaria; Antipas bekam Galiläa und Peraea, und Philippus bekam Transjordanien. Aber die Herrschaft des Archelaus war so grausam, dass die Römer ihn bald absetzten und Palästina zum ersten Mal unter die Verwaltung eines römischen Präfekten stellten, der durch den jüdischen Priesteradel unterstützt wurde und in Caesarea residierte. Als der erste Statthalter Coponius eine Volkszählung vorbereitete, um eine Steuerschätzung durchführen zu können, drängte ein Galiläer namens Judas die Menschen zum Widerstand. Seine religiöse Hingabe und sein politischer Protest waren untrennbar miteinander verbunden:[24] Wer Steuern an die Römer zahlte, so Judas, begab sich schlicht und einfach in die Sklaverei, denn Gott sei der einzige Herr und Meister des jüdischen Volkes. Wenn sie in ihrer Opposition standfest blieben und vor dem Morden nicht zurückwichen, das ihnen möglicherweise bevorstand, dann würde Gott in ihrem Interesse eingreifen und handeln.[25]

Normalerweise griffen die Bauern nicht leicht zur Gewalt. Ihre wichtigste Waffe war die Verweigerung der Kooperation: Sie arbeiteten langsam oder überhaupt nicht und punkteten durchaus umsichtig auf wirtschaftlichem Gebiet. Die meisten römischen Statthalter vermieden es sorgfältig, jüdische Empfindlichkeiten zu stören, aber im Jahr 26 u. Z. befahl Pontius Pilatus den Truppen in der Antoniafestung, Standarten mit einem Porträt des Kaisers gleich neben dem Tempel aufzustellen. Sofort marschierte eine Schar von Bauern und Stadtbewohnern nach Caesarea, und als sich Pilatus weigerte, die Standarten zu entfernen, belagerten sie ganz einfach durch regungsloses Daliegen fünf Tage lang seine Residenz. Als Pilatus sie ins Stadion befahl und sie dort feststellen mussten, dass sie von Soldaten mit gezogenem Schwert umzingelt waren, ließen sie sich wieder zu Boden fallen und riefen, sie würden lieber sterben als die Gesetze missachten. Möglicherweise verließen sie sich dabei auf göttliches Eingreifen, aber sie wussten auch, dass Pilatus massive Vergeltungsaktionen zu befürchten hatte, wenn er sie alle abschlachten ließ. Und sie behielten recht: Der römische Statthalter räumte seine Niederlage ein und ließ die Standarten entfernen.[26] Die Chancen für einen solchen unblutigen Ausgang waren wesentlich geringer, als fünfundzwanzig Jahre später Kaiser Gaius Caligula befahl, seine Statue im Jerusalemer Tempel aufzustellen. Auch bei dieser Gelegenheit machten sich die Bauern auf den Weg und verließen »wie auf Kommando … ihre Häuser und Dörfer«.[27] Als der Legat Petronius mit der kränkenden Statue im Hafen von Ptolemais ankam, hatten sich »Zehntausende Juden« mit Frauen und Kindern auf der Ebene vor der Stadt versammelt. Auch dies war kein gewaltsamer Protest. »Wir werden auf keinen Fall kämpfen«, erklärten sie Petronius, aber sie seien bereit, in Ptolemais zu bleiben, bis die Pflanzsaison vorüber sei.[28] Das war ein politisch sehr gerissener Bauernstreich: Petronius würde dem Kaiser erklären müssen, dass es keine Ernte geben würde, weil die Saat nicht ausgebracht worden sei, und dass es deshalb auch keine Tributzahlungen geben würde.[29] Caligula jedoch ließ sich von rationalen Überlegungen nur selten bewegen, und die Episode hätte tragisch ausgehen können, wäre er nicht im folgenden Jahr ermordet worden.

Diese Bauerngemeinschaften machten ihren Widerstand gegen die römische Herrschaft im Einklang mit ihren egalitären jüdischen Traditionen deutlich, ließen sich aber nie zum Zorn hinreißen oder griffen zu womöglich selbstmörderischer Gewalt. Spätere Volksbewegungen scheiterten, weil ihre Anführer weniger schlau waren. In den fünfziger Jahren u. Z. führte ein Prophet namens Theudas vierhundert Menschen in einem neuen Exodus in die judäische Wüste; er war überzeugt, wenn die Menschen die Initiative ergriffen, würde Gott ihnen Rettung schicken.[30] Ein anderer Rebellenführer marschierte mit einer Schar von 30 000 Menschen durch die Wüste zum Ölberg und bereitete sich darauf vor, »gewaltsam in Jerusalem einzudringen, die römische Garnison zu überwältigen und die Macht an sich zu reißen«.[31] Diese Bewegungen hatten keinerlei politische Druckmittel und wurden rücksichtslos niedergeschlagen. Beide Protestaktionen waren inspiriert von der apokalyptischen und ewigen Vorstellung, ein Handeln auf Erden könne die Ereignisse auf der kosmischen Ebene beeinflussen. In diesem politischen Kontext vollzog sich auch das Wirken Jesu in den Dörfern Galiläas.

* * *

Jesus wurde in eine Gesellschaft hineingeboren, die von Gewalt traumatisiert war. Sein Leben war von Aufständen eingerahmt – die Erhebungen nach dem Tod des Herodes fanden im Jahr nach seiner Geburt statt, und er wuchs in dem Weiler Nazareth auf, nur ein paar Meilen von Sepphoris entfernt, das Varus dem Erdboden gleich gemacht hatte; der Bauernstreik gegen Caligula fand nur zehn Jahre nach seinem Tod statt. Zu seinen Lebzeiten wurde Galiläa von Herodes Antipas regiert, der ein teures Bauprogramm finanzierte, indem er seine galiläischen Untertanen schwer besteuerte. Wer nicht zahlte, wurde mit Zwangsvollstreckung und dem Entzug seines Landes bestraft; so vergrößerten die Einnahmen die riesigen Güter der herodianischen Aristokratie.[32] Durch den Verlust des Landes wurden manche Bauern gezwungenermaßen zu Straßenräubern, während andere – vielleicht auch der Zimmermann Josef, Jesu Vater – in untergeordneten Bereichen arbeiten mussten: Handwerker waren oft gescheiterte Bauern.[33] Die vielen Menschen, die sich in Galiläa um Jesus scharten, waren hungrig, verstört und krank. In seinen Gleichnissen begegnet uns eine Gesellschaft, die sich in sehr Reiche und sehr Arme spaltete: Menschen, die dringend ein Darlehen brauchten, schwer verschuldete Bauern und die Enteigneten, die sich als Tagelöhner verdingen mussten.[34]

Obwohl die Evangelien in einem städtischen Umfeld Jahrzehnte nach den darin berichteten Ereignissen verfasst wurden, spiegeln sie doch die politische Aggressivität und Grausamkeit des römischen Palästina. Nach der Geburt Jesu ließ König Herodes in Galiläa sämtliche Jungen im Säuglingsalter abschlachten und erinnerte so an den Pharao, den Archetyp eines bösartigen Imperialisten.[35] Johannes der Täufer, ein Cousin Jesu, wurde von Herodes Antipas hingerichtet.[36] Jesus prophezeite, seine Jünger würden von den jüdischen Autoritäten verfolgt, ausgepeitscht und getötet werden,[37] und er selbst wurde von den Hohepriestern verhaftet und gefoltert und durch Pontius Pilatus gekreuzigt. Von Anfang an stellen die Evangelien Jesus als Alternative zu der strukturellen Gewalt imperialer Herrschaft dar. Römische Münzen, Inschriften und Tempel bezeichneten Augustus, der der Welt nach einem Jahrhundert brutaler Kriege eine lange Friedenszeit gebracht hatte, durchgehend als »Sohn Gottes«, »Herrn« und »Retter« und verkündeten die »gute Nachricht« *(evangelia)* seiner Geburt. Als nun also der Engel den Hirten die Geburt Jesu verkündete, erklärte er: »Hört, ich bringe euch gute Nachricht voll großer Freude! Heute ist euch der Retter geboren!« Doch dieser »Sohn Gottes« war schon bei seiner Geburt heimatlos und würde bald ein Flüchtling sein.[38]

Ein Zeichen für die Verstörung der Bevölkerung war die große Anzahl von Menschen mit neurologischen und psychologischen Krankheitssymptomen, die man auf das Wirken von Dämonen zurückführte und mit denen sie zu Jesus kamen, damit er sie heilte. Er und seine Jünger hatten offenbar die Fähigkeit, solche Störungen zu »exorzieren«.[39] Wenn sie Dämonen austrieben, so Jesus, wiederholten sie damit Gottes Sieg über den Satan im kosmischen Bereich: »Ich sah Satan vom Himmel stürzen wie einen Blitz«, berichtete er seinen Jüngern, als sie von einer erfolgreichen Heilungsreise zurückkehrten.[40] Sogenannte Besessenheit durch böse Geister ist oft mit wirtschaftlicher, sexueller oder kolonialer Unterdrückung verbunden, bei der die Menschen das Gefühl haben, von einer fremden Macht »übernommen« worden zu sein, die sie nicht kontrollieren können.[41] In einer bezeichnenden Erzählung, als Jesus eine ganze Schar von Dämonen aus einem Besessenen vertreibt, erklären ihm diese teuflischen Mächte, ihr Name sei »Legion«. Sie identifizieren sich also mit den römischen Truppen, dem offensichtlichsten Symbol der Besatzung. Und Jesus tat, was viele Völker unter kolonialer Herrschaft gern tun würden: Er schickte die »Legion« in eine Herde von Schweinen, den schmutzigsten aller Tiere, die mit ihnen geradewegs ins Meer rannten.[42] Die Herrschenden scheinen die Exorzismen durch Jesus als politische Provokation verstanden zu haben: Sie waren der Grund, warum Antipas sich zum Eingreifen gegen Jesus entschied.[43]

Im Wirken Jesu waren Politik und Religion also untrennbar miteinander verbunden. Das Ereignis, das wohl zu seinem Tod führte, war sein provokativer Einzug in Jerusalem anlässlich des

Pessachfestes, bei dem er von den Massen als »Sohn Davids« und »König von Israel« bejubelt wurde.[44] Dann inszenierte er eine Demonstration im Tempel, wo er die Tische der Geldwechsler umstürzte und erklärte, das Haus Gottes sei zu einer »Räuberhöhle« verkommen.[45] Dahinter stand nicht, wie gelegentlich angenommen wird, ein Plädoyer für eine spirituellere Form des Gottesdienstes. Judäa war seit persischer Zeit ein Tempelstaat, der Tempel war also seit langer Zeit ein Werkzeug imperialer Herrschaft, und dort wurden die Tributzahlungen aufbewahrt – obwohl die Kollaboration der Hohepriester mit den Römern die Institution in letzter Zeit dermaßen in Verruf gebracht hatte, dass die Bauern die Zahlung der Tempelsteuer verweigerten.[46] Aber Jesu Beschäftigung mit den schlechten Herrschaftsformen des Reiches bedeutete auch nicht, dass er Religion und Politik »verwechselte«. Als er die Tische umwarf, zitierte er die Propheten, die diejenigen heftig kritisiert hatten, die die Bedrängnis der Armen ignorierten, aber alle religiösen Gesetze bis ins Kleinste befolgten. Die Vorstellung, dass der Glaube sich nicht in die Politik einmischen sollte, war Jesus genauso fremd wie Konfuzius.

Jesu Einstellung zur Gewalt ist schwer einzuschätzen, aber es gibt keinen Hinweis darauf, dass er einen militärischen Aufstand geplant hätte. Er verbot seinen Jüngern, andere zu verletzen und gewaltsam Vergeltung zu üben.[47] Er leistete keinen Widerstand gegen seine Verhaftung und tadelte den Jünger, der dem Knecht des Hohepriesters ein Ohr abschnitt.[48] Aber verbal konnte er durchaus beleidigend sein: Er schäumte vor Zorn gegen die Reichen,[49] griff die »Schriftgelehrten und Pharisäer« heftig an, die sich in den Dienst der Römer stellten,[50] und rief Gottes Vergeltung auf die Dörfer herab, die seine Jünger ablehnten.[51] Wie wir schon gesehen haben, gab es unter den jüdischen Bauern in Palästina eine Tradition des gewaltlosen Widerstands gegen die imperiale Herrschaft, und Jesus wusste, dass jede Konfrontation mit den jüdischen oder römischen Herrschenden – da machte er keinen großen Unterschied – gefährlich sein würde. Jeder Jünger, so warnte er seine Leute, musste bereit sein, »sein Kreuz auf sich zu nehmen«.[52] Es scheint, als hätte sich Jesus ebenso wie Judas von Galiläa auf ein göttliches Eingreifen verlassen. Als sie mit ihm schwanger war, hatte seine Mutter prophezeit, dass Gott bereits mit der Errichtung einer gerechteren Weltordnung begonnen habe:

Er streckt seinen starken Arm aus
und fegt die Hochmütigen mit ihren stolzen Plänen hinweg.
Er stürzt Herrscher von ihrem Thron,
und Unterdrückte richtet er auf.
Die Hungrigen beschenkt er mit Gütern, und die Reichen schickt er mit leeren Händen weg.
Seine Barmherzigkeit hat er uns, seinen Dienern zugesagt,
ja, er wird seinem Volk Israel helfen.[53]

Wie Judas der Galiläer hat Jesus wohl geglaubt, wenn seine Jünger vor dem Morden nicht zurückschreckten, das ihnen bevorstand, und den ersten Schritt unternahmen, dann würde Gott die Reichen und Mächtigen stürzen.

Eines Tages stellten die Pharisäer und Herodianer Jesus eine Fangfrage:»Ist es erlaubt, dem Kaiser Steuern zu zahlen, oder nicht? Sollen wir zahlen, ja oder nein?« Steuern waren im römischen Palästina immer ein heikles Thema; wenn Jesus nein sagte, riskierte er seine Verhaftung. Indem er auf Caesars Namen und Bild auf der Denar-Münze deutete, erwiderte Jesus:»Gebt dem Kaiser zurück *(apodote)*, was dem Kaiser gehört, und Gott, was Gott gehört.«[54] In einem rein imperialen Kontext war der Anspruch des Kaisers legitim; das griechische Wort wurde als Übersetzung benutzt, wenn man eine berechtigte Forderung anerkannte.[55] Aber da alle Juden wussten, dass Gott ihr König war und dass ihm alles gehörte, blieb dem Kaiser de facto nicht viel. Im Markusevangelium fügte Jesus diesem Wortwechsel eine Warnung an diejenigen hinzu, die bei der Durchsetzung der römischen Herrschaft halfen und die Armen und Verletzlichen unterdrückten:

Hütet euch vor den Schriftgelehrten! Sie laufen gern in langen Gewändern herum und genießen es, wenn die Leute sie auf der Straße ehrfurchtsvoll grüßen. In der Synagoge sitzen sie stets in der ersten Reihe, und es gefällt ihnen, wenn sie bei euren Festen die Ehrenplätze bekommen. Gierig reißen sie den Besitz der Witwen an sich; dabei tarnen sie ihre bösen Absichten mit langen Gebeten.[56]

Wenn Gott sein Reich aufrichten würde, würden sie eine harte Strafe erhalten.

Dieses Reich Gottes war das Kernstück der Lehre Jesu.[57] Die Errichtung einer Alternative zu Gewalt und Unterdrückung durch die imperiale Herrschaft konnte den Augenblick näher heranrücken, in dem Gottes Macht die Lebensbedingungen der Menschen endgültig verwandeln würde. Seine Gefolgsleute mussten sich also so verhalten, *als wäre* das Reich Gottes schon da.[58] Jesus konnte die Römer nicht aus dem Land vertreiben, aber das »Reich«, das er verkündete, gründete sich auf Gerechtigkeit und Gleichheit und stand allen Menschen offen – besonders denjenigen, denen das derzeitige Regime unrecht getan hatte. Man sollte nicht nur die eigenen Freunde und reiche Nachbarn zu einem Fest einladen, sagte er einem seiner Gastgeber, nein, er sollte die Armen, die Krüppel, die Lahmen und die Blinden dazubitten. Die Einladungen sollten in den Straßen und Gassen der Stadt verteilt werden, auf den Landstraßen und an den Zäunen.[59] »Glücklich seid ihr ganz und gar Verarmten *(ptochos)*, denn euch gehört die neue Welt Gottes«,[60] rief Jesus aus. Die Armen waren die Einzigen, die als »selig« bezeichnet werden konnten, denn jeder, der in irgendeiner Weise von der systemischen Gewalt imperialer Herrschaft profitierte, trug eine Mitschuld an ihrem Leid.[61] »Doch wehe euch, ihr Satten!«, fuhr Jesus denn auch fort. »Ihr werdet Hunger leiden.«[62] Im Reich Gottes würden die Ersten die Letzten sein und die Letzten die Ersten.[63] Das Vaterunser war ein Gebet für Menschen, die große Angst vor Schulden hatten und gerade so auf ein Überleben hoffen konnten, von einem Tag zum anderen: »Unser tägliches Brot gib uns heute. Und vergib uns unsere Schuld, wie auch wir vergeben unseren Schuldigern. Und führe uns nicht in Versuchung, sondern erlöse uns von dem Bösen!«[64]

Jesus und seine engsten Gefährten verbündeten sich mit den ärmsten Bauern, sie führten ein rauhes Wanderleben, hatten keinen Ort, an dem sie sich schlafen legen konnten, und waren abhängig von der Unterstützung der wohlhabenderen Jünger, beispielsweise des Lazarus und seiner Schwestern Martha und Maria.[65] Aber das Reich Gottes war keine Utopie, die irgendwann in ferner Zukunft errichtet werden würde. Ganz zu Anfang seines Wirkens hatte Jesus angekündigt: »Jetzt ist die Zeit gekommen, in der Gottes neue Welt beginnt.«[66]

Die aktive Gegenwart Gottes wurde in den Heilungswundern Jesu offensichtlich. Wohin er auch blickte, sah er Menschen, die an ihre Grenzen gestoßen waren: missbraucht, zerschmettert und verzweifelt. »Als er die vielen Menschen sah, hatte er großes Mitleid mit ihnen. Sie waren hilflos *(eskulmenoi)* und verängstigt *(errimmenoi)* wie eine Schafherde ohne Hirten.«[67] Die griechischen Wörter haben alle eine politische Konnotation, sie erzählen davon, dass Menschen von der räuberischen Gewalt der Herrschenden niedergeschlagen werden.[68] Diese Menschen litten unter harter Arbeit, schlechten sanitären Bedingungen, Überbevölkerung, Schulden und Sorgen, wie sie die Massen in der Agrargesellschaft überall erdulden mussten.[69] Das Reich, von dem Jesus sprach, forderte die Grausamkeit des römischen Judäa und des herodianischen Galiläa heraus, indem es sich dem Willen Gottes näherte – »wie im Himmel, so auf Erden«.[70] Diejenigen, die Verschuldung fürchteten, mussten anderen ihre Schulden erlassen; sie mussten selbst ihre Feinde »lieben«, ihnen praktische und moralische Unterstützung gewähren. Statt gewaltsam Vergeltung zu üben, wie es die Römer taten, würden die Menschen im Reich Gottes nah der Goldenen Regel leben.

Wenn jemand dir eine Ohrfeige gibt, dann halte die andere Wange auch noch hin. Wenn dir einer den Mantel wegnimmt, dann weigere dich nicht, ihm auch noch das Hemd zu geben.

Gib jedem, der dich um etwas bittet, und fordere nicht zurück, was man dir genommen hat. So wie ihr von anderen behandelt werden möchtet, so behandelt sie auch.[71]

Wer Jesus nachfolgte, musste so mitfühlend leben wie Gott selbst, allen großzügig geben und sich vor Urteil und Verurteilung hüten.[72]

* * *

Nach der Kreuzigung Jesu hatten seine Jünger Erscheinungen, die sie davon überzeugten, dass er zur Rechten Gottes erhöht worden war und bald zurückkommen würde, um das Reich Gottes endgültig in Kraft zu setzen.[73] Jesus hatte im ländlichen Teil des römischen Palästina gewirkt und die Städte weitgehend gemieden.[74] Aber Paulus, ein Diaspora-Jude aus Tarsus in Kilikien, der Jesus nicht persönlich kennengelernt hatte, glaubte, er sei von Gott beauftragt, die »Gute Nachricht« des Evangeliums in die heidnische Welt zu bringen. Und so predigte er in den griechisch-römischen Städten entlang der großen Handelsstraßen in Kleinasien, Griechenland und Makedonien. Ein schwieriges Umfeld: Die Menschen, die Paulus bekehrte, konnten nicht als Bettler leben, sondern mussten ihren Lebensunterhalt ebenso verdienen wie er, und eine bedeutende Zahl der Bekehrten waren wohlhabende Männer und Frauen. Paulus, der in den fünfziger Jahren u. Z. schrieb, ist der früheste erhaltene christliche Autor, und seine Lehre beeinflusste die Berichte vom Leben Jesu in den Evangelien von Markus, Matthäus und Lukas (die man heute die synoptischen Evangelien nennt), die in den siebziger und achtziger Jahren des ersten Jahrhunderts u. Z. aufgeschrieben wurden. Und die Synoptiker griffen zwar auf die frühesten Überlieferungen der Geschichte Jesu zurück, die es in Palästina gab, aber sie schrieben für eine städtische Umgebung, die von der griechisch-römischen Religion durchdrungen war.

Weder die Griechen noch die Römer hatten jemals Religion und säkulares Leben voneinander getrennt. Sie hätten unsere moderne Vorstellung von »Religion« gar nicht verstanden. Sie besaßen keine Schriften mit Autorität, keine zwingenden Glaubenssätze, keinen Klerus und keine obligatorischen ethischen Regelwerke. Es gab keine ontologische Kluft zwischen Göttern und Menschen; jeder Mensch hatte ein *numen* oder einen *genius,* der göttlich war, und die Götter nahmen immer wieder menschliche Gestalt an.[75] Götter waren Teil der Bürgerschaft, und die griechisch-römische Stadt war im Wesentlichen eine religiöse Gemeinschaft. Jede Stadt hatte ihren eigenen göttlichen Schutzherrn, und Bürgerstolz, finanzielle Interessen und Frömmigkeit waren in einer Weise verbunden, die uns in unserer säkularisierten Welt fremd vorkommen würde. Die Teilnahme an den religiösen Festen zu Ehren der Stadtgötter war ein integraler Bestandteil des städtischen Lebens: Es gab keine öffentlichen Feiertage oder Wochenenden, und so waren die Lupercalia in Rom oder die Panathenaea in Athen seltene Gelegenheiten, um sich zu entspannen und zu feiern. Diese Rituale bestimmten, was es hieß, ein Römer oder Athener zu sein, stellten die Stadt öffentlich dar, verliehen dem bürgerlichen Leben eine transzendente Bedeutung, präsentierten die Gemeinschaft in Bestform und gaben den Bürgern das Gefühl, zu einer Familie zu gehören. Die Teilnahme an diesen Ritualen war genauso wichtig wie die persönliche Frömmigkeit. Wer zu einer Stadt gehörte, der musste ihre Götter verehren – so akzeptabel es auch war, außerdem noch andere Götter zu verehren.[76]

Für die Juden und Heiden, die Paulus in Antiochia, Korinth, Philippi und Ephesus zum Christentum bekehrt hatte und die als Monotheisten die römische Religion für Götzendienst hielten, brachte das Probleme. Das Judentum wurde als uralte Tradition durchaus respektiert, und die Abwesenheit der Juden beim öffentlichen Kult wurde im Römischen Reich akzeptiert. Zu dieser Zeit wurden Judentum und Christentum noch nicht getrennt betrachtet.[77] Die Heiden, die Paulus bekehrt hatte, sahen sich als Teil eines neuen Israel.[78] Aber in den überfüllten griechisch-römischen Städten gerieten die Christen oft in Konflikt mit der örtlichen Synagogengemeinde, und wenn sie stolz verkündeten, sie gehörten zu einem »neuen Israel«, dann sah es so aus, als wären sie dem Glauben der Väter untreu – eine Haltung, die die Römer zutiefst missbilligten.[79] Paulus' Briefe zeigen, wie viel Sorge es ihm bereitete, wenn seine Konvertiten sich in einer Gesellschaft verdächtig machten, in der Andersartigkeit und Neuheit gefährlich werden konnten. Er riet ihnen, die üblichen Kleidervorschriften einzuhalten,[80] sich mit der Schicklichkeit und Selbstkontrolle zu benehmen, die von römischen Bürgern erwartet wurde, und übermäßig ekstatische Frömmigkeitsbezeugungen zu unterlassen.[81] Statt die römischen Behörden herauszufordern, sollten sie Gehorsam und Respekt zeigen: »Jeder soll sich den bestehenden staatlichen Gewalten unterordnen. Denn es gibt keine staatliche Macht, die nicht von Gott kommt; jede ist von Gott eingesetzt. Wer sich also den Regierenden widersetzt, handelt gegen die von Gott eingesetzte Ordnung.«[82] Rom war kein Reich des Bösen, sondern der Garant von Ordnung und Stabilität, also mussten die Christen ihre Steuern bezahlen, »weil die Vertreter des Staates ihren Dienst im Auftrag Gottes ausüben«.[83] Paulus wusste aber auch, dass dies nur ein vorübergehender Zustand war, weil das Reich Gottes, wie Jesus es verkündigt hatte, noch zu seinen Lebzeiten auf Erden errichtet werden würde: »Die Welt, wie wir sie kennen, vergeht.«[84]

Während sie auf die triumphale Rückkehr Jesu warteten, sollten die Mitglieder seiner Gemeinschaft *(ekklesia)* so leben, wie Jesus es gelehrt hatte: freundlich, hilfsbereit und großzügig. Sie sollten eine Alternative zur strukturellen Gewalt der imperialen Herrschaft und zur Selbstbedienungspolitik des Adels schaffen. Wenn sie das Mahl des Herrn feierten, das gemeinsame Essen in Erinnerung an Jesus, dann sollten Arme und Reiche an einem Tisch sitzen und das Gleiche zu essen bekommen. Das frühe Christentum war keine Privatangelegenheit zwischen dem Individuum und Gott: Die Menschen bezogen ihren Glauben an Jesus aus der Erfahrung des gemeinsamen Lebens in einer eng verbundenen Minderheitengemeinde, die die ungleiche Verteilung von Wohlstand und Macht in der hierarchischen römischen Gesellschaft in Frage stellte. Zweifellos zeichnet der Autor der Apostelgeschichte ein idealisiertes Bild der frühen Ekklesia in Jerusalem, aber es spiegelt doch ein christliches Ideal:

Alle in der Gemeinde waren ein Herz und eine Seele. Niemand betrachtete sein Eigentum als privaten Besitz, sondern alles gehörte ihnen gemeinsam. ... Keinem in der Gemeinde fehlte etwas; denn wer Häuser oder Äcker besaß, verkaufte seinen Besitz und übergab das Geld den Aposteln. Die verteilten es an die Bedürftigen.[85]

Diese Lebensform ließ die Christen neue Möglichkeiten der Menschheit erahnen, wie sie in Jesus selbst aufgeleuchtet waren, dem Mann, dessen Selbstverleugnung ihn zur Rechten Gottes erhöht hatte. Alle früheren gesellschaftlichen Trennungen, so erklärte Paulus, waren irrelevant geworden:»In dem einen Geist sind wir alle getauft, Juden wie Griechen, Sklaven wie freie Bürger.« Diese heilige Gemeinschaft von Menschen, die bisher keinerlei Gemeinsamkeiten gehabt hatten, wurde zum neuen Leib des auferstandenen Christus.[86] In einer erinnerungswürdigen Geschichte zeigte der Evangelist Lukas, der Paulus am nächsten stand, dass die Christen den Auferstandenen nicht durch eine einsame mystische Erfahrung kennenlernen würden, sondern dadurch, dass sie ihre Herzen für den Fremden öffneten, gemeinsam die Heilige Schrift lasen und am selben Tisch aßen.[87]

Aber allen Anstrengungen des Paulus zum Trotz passten sich die frühen Christen nie so ganz leicht der griechisch-römischen Gesellschaft an. Sie hielten sich von den öffentlichen Feierlichkeiten und Opferfesten fern, die die Stadt vereinten, und verehrten einen Mann, der von einem römischen Statthalter hingerichtet worden war. Sie nannten Jesus den »Herrn« *(kyrios),* hatten aber nichts gemeinsam mit der konventionellen Aristokratie, die sich an ihren Status klammerte und die Armen mit Verachtung strafte.[88] In seinem Brief an die Gemeinde in Philippi zitiert Paulus einen frühchristlichen Hymnus, um sie daran zu erinnern, dass Gott den Titel »Kyrios« auf Jesus übertragen hatte, weil dieser »sich entäußert hatte«. Er hatte sich auf den Status eines Sklaven reduzieren lassen und war »gehorsam bis zum Tod, ja, bis zum schändlichen Tod am Kreuz«.[89] Das Ideal der *kenosis*, der Entäußerung, würde in der christlichen Spiritualität eine große Bedeutung annehmen. »Seid gesinnt wie Christus Jesus«, ermahnte Paulus die Gemeindemitglieder in Philippi:

Weder Eigennutz noch Streben nach Ehre sollen euer Handeln bestimmen. Im Gegenteil, seid bescheiden, und achtet den anderen mehr als euch selbst. Denkt nicht an euren eigenen Vorteil, sondern habt das Wohl der anderen im Auge.[90]

Wie die Gefolgsleute von Konfuzius und Buddha, kultivierten die Christen die Ideale von Ehrerbietung und Selbstlosigkeit als Gegenpole zu der aggressiven Selbstbehauptung der Krieger-Aristokratie.

Aber eine eng untereinander verbundene, nach außen hin isolierte Gemeinschaft kann auch eine Exklusivität entwickeln, die andere ausschließt. In Kleinasien hatte eine Reihe jüdisch-christlicher Gemeinden, die ihre Ursprünge auf das Wirken des Apostels Johannes zurückführten, andere Vorstellungen von Jesus entwickelt. Paulus und die Synoptiker hatten Jesus nie als Gott betrachtet; schon die Idee hätte Paulus erschreckt, der vor seiner Bekehrung ein außerordentlich gesetzestreuer Pharisäer gewesen war. Sie alle verwendeten den Begriff »Sohn Gottes« im üblichen jüdischen Sinne: Jesus war ein normaler Mensch gewesen, den Gott mit einer speziellen Aufgabe betraut hatte. Bei aller Begeisterung gab es für Paulus doch stets eine klare Trennung zwischen Jesus *kyrios Christos* und Gott, seinem Vater. Der Verfasser des vierten Evangeliums stellte Jesus aber als kosmisches Wesen dar, als Gottes ewiges »Wort« *(logos),* das mit Gott schon vor Anbeginn aller Zeiten existiert hatte.[91] Diese hohe Christologie scheint die Gruppe von den anderen jüdisch-christlichen Gemeinden getrennt zu haben. Ihre Schriften waren für einen inneren Zirkel mit einem privaten Symbolismus verfasst, den Außenstehende nicht verstanden. Im vierten Evangelium verblüfft Jesus seine Zuhörer oft mit rätselhaften Bemerkungen. Für die sogenannten Johanneschristen war die korrekte Betrachtung Jesu wichtiger als die Arbeit für das Kommen des Gottesreiches. Auch sie besaßen eine Ethik der Liebe, aber sie galt nur den treuen Mitgliedern der Gruppe. Der »Welt« kehrten sie den Rücken,[92] und sie verdammten Abweichler als »Antichristen« und »Kinder des Teufels«.[93] Abgelehnt und missverstanden, wie sie waren, hatten sie eine dualistische Weltsicht entwickelt, die zwischen Licht und Finsternis, Gut und Böse, Leben und Tod unterschied. Ihre extremste Schrift war das Buch der Offenbarung, das vermutlich aufgeschrieben wurde, während die Juden in Palästina einen verzweifelten Krieg gegen das Römische Reich führten.[94] Der Autor, Johannes von Patmos, war überzeugt, die Tage des Tieres, des Reiches des Bösen, seien gezählt. Jesus würde bald wiederkehren, in die Schlacht ziehen, das Tier töten und in einen See aus Feuer werfen, und dann würde er sein tausendjähriges Reich begründen. Johannes hatte die von ihm Bekehrten gelehrt, dass Jesus, Opfer imperialer Gewalt, einen spirituellen und kosmischen Sieg über Sünde und Tod errungen hatte. Johannes jedoch zeichnete Jesus, der seinen Gefolgsleuten jede gewaltsame Vergeltung verboten hatte, als rücksichtslosen Krieger, der Rom mit einem riesigen Gemetzel und Blutvergießen besiegen würde. Die Offenbarung wurde nur mit größten Bedenken in den christlichen Kanon aufgenommen, später aber immer dann besonders eifrig gelesen, wenn die Menschen sich in Zeiten sozialer Unruhen nach einer gerechteren, ehrlicheren Welt sehnten.

✳ ✳ ✳

Der jüdische Aufstand war im Jahr 66 u. Z. in Jerusalem ausgebrochen, nachdem der römische Statthalter Geld aus dem Tempelschatz abgezweigt hatte. Nicht alle unterstützten die Revolte. Vor allem die Pharisäer fürchteten, sie würde den Juden in der Diaspora Schwierigkeiten bereiten, aber die neue Partei der Zeloten (kanaim) glaubte an eine gute Erfolgschance, weil das Römische Reich von inneren Streitigkeiten zerrissen war. Es gelang ihnen, die römische Garnison zu vertreiben und eine provisorische Regierung einzusetzen, aber Kaiser Nero reagierte mit der Entsendung einer großen Armee nach Judäa, unter der Führung seines begabtesten Generals, Vespasian. Während der Unruhen nach Neros Tod im Jahr 68 gab es eine Unterbrechung der Feindseligkeiten, aber nachdem Vespasian Kaiser geworden war, übernahm sein Sohn Titus die Belagerung Jerusalems, zwang die Zeloten zur Kapitulation und brannte am 28. August 70 die Stadt und den Tempel bis auf die Grundmauern nieder.

Im Nahen Osten besaß ein Tempel so viel symbolisches Gewicht, dass eine ethnische Tradition seinen Verlust kaum verschmerzen konnte.[95] Das Judentum verdankte sein Überleben einer Gruppe von Gelehrten, die von Jochanan ben Zakkai geleitet wurde, einem Anführer der Pharisäer, und den Glauben, der auf dem Tempelkult beruhte, in eine Buchreligion verwandelte.[96] In der Küstenstadt Jawne machten sie sich daran, drei neue heilige Schriften zusammenzustellen: die Mischna, die um das Jahr 200 fertiggestellt wurde, und den Jerusalemer und Babylonischen Talmud, zwei Schriften, die ihre endgültige Form im 5. und 6. Jahrhundert erhielten. Zunächst nahmen die meisten Rabbiner wohl an, der Tempel würde wiederaufgebaut werden, aber diese Hoffnungen wurden zunichtegemacht, als Kaiser Hadrian Judäa im Jahr 130 besuchte und verkündete, er werde auf den Ruinen Jerusalems eine neue Stadt mit Namen Aelia Capitolina bauen. Im nächsten Jahr verbot er im Rahmen seiner Politik zur kulturellen Einigung des Reiches die Beschneidung, die Ordination von Rabbinern, den Tora-Unterricht und alle öffentlichen jüdischen Versammlungen. Unvermeidlich folgte darauf ein neuer Aufstand, und der zähe jüdische Soldat Schim' on bar Kosiba plante seinen Guerilla-Feldzug so geschickt, dass er Rom drei Jahre lang in Atem hielt. Rabbi Akiba, ein führender Gelehrter aus Jawne, begrüßte ihn als den Messias und nannte ihn Bar Kochba – Sohn des Sterns.[97] Aber schließlich erlangten die Römer doch wieder die Kontrolle über das Land und zerstörten systematisch fast tausend jüdische Dörfer, töteten

580 000 jüdische Rebellen, und zahllose Zivilisten wurden entweder bei lebendigem Leibe verbrannt oder starben an Hunger und Krankheiten.[98] Nach diesem Krieg wurden die Juden aus Judäa vertrieben und konnten während der nächsten fünfhundert Jahre nicht zurückkehren.

Die Gewalt dieses imperialen Angriffs traf das rabbinische Judentum hart. Statt dass daraufhin die aggressiveren Traditionen der Juden in den Vordergrund getreten wären, sorgte man dafür, sie freiwillig zu unterdrücken und an den Rand zu drängen; man war entschlossen, weitere katastrophale militärische Abenteuer zu verhindern.[99] In ihren neuen Akademien in Babylon und Galiläa entwickelten die Rabbiner dazu eine Methode der Bibelauslegung, die jede Förderung von Chauvinismus oder Streitlust ausschloss. Sie waren nicht unbedingt friedliebende Männer – ihre gelehrten Debatten führten sie mit großer Heftigkeit –, aber sie waren Pragmatiker.[100] Sie hatten gelernt, dass die jüdische Tradition nur überleben würde, wenn sich die Juden eher auf ihre spirituelle als auf ihre körperliche Stärke besannen.[101] Noch mehr heldenhafte Messiasse konnten sie sich nicht leisten.[102] Und so erinnerten sie sich an Rabbi Jochanans Rat: »Wenn du einen Setzling in der Hand hältst und hörst, dass der Messias gekommen ist, pflanz erst deinen Setzling und mach dich dann auf den Weg, um ihn zu begrüßen.«[103] Andere Rabbiner gingen noch weiter: »Lass ihn kommen, aber ich will ihn nicht sehen!«[104] Rom war allgegenwärtig, und die Juden mussten damit zurechtkommen.[105] Die Rabbiner durchsuchten ihre biblischen und mündlichen Traditionen nach Beweisen dafür, dass Gott die imperiale Macht Roms befohlen hatte.[106] Sie lobten die römische Technologie und lehrten die Juden, einen Segen auszusprechen, wenn sie einen heidnischen König sahen.[107] Sie entwickelten neue Gesetze, die es den Juden verboten, am Sabbat Waffen zu tragen oder Waffen ins Lehrhaus mitzubringen, weil Gewalt mit Tora-Gelehrsamkeit unvereinbar sei.

Die Rabbiner erklärten, statt die Menschen zu entflammen, könne religiöses Tun auch genutzt werden, um Gewalt einzudämmen. Entweder ignorierten sie die kriegerischen Passagen der hebräischen Bibel, oder sie sorgten für eine radikal neue Interpretation. Ihre Methode der Auslegung nannten sie Midrasch, abgeleitet von dem Wort *darash*, was so viel heißt wie »erforschen, nach etwas suchen«. Die Bedeutung der Heiligen Schrift war also nicht offensichtlich, sie musste durch gründliche Studien herausgefunden werden, und da sie Gottes Wort war, war sie unendlich und konnte nicht auf eine einzelne Interpretation festgelegt werden. Tatsächlich sollte der heilige Text bei jeder Annäherung eine andere Bedeutung bekommen.[108] Die Rabbiner nahmen sich die Freiheit, mit Gott zu streiten, ihm zu widersprechen und die Worte der Heiligen Schrift sogar zu verändern, um eine mitfühlendere Lesart möglich zu machen.[109] Ja, Gott wurde in der Bibel oft als göttlicher Krieger beschrieben, aber die Juden durften nur den mitfühlenden Teil seines Verhaltens nachahmen.[110] Der wahre Held war kein Krieger mehr, sondern ein Mann des Friedens: »Wer ist der Held aller Helden?«, fragten sie. »Der einen Feind in einen Freund verwandelt.«[111] Ein »mächtiger« Mann bewies seinen Mut nicht auf dem Schlachtfeld, sondern unterdrückte seine Leidenschaften.[112] Wo der Prophet Jesaja scheinbar einen Soldaten lobte, der einen Angreifer bis zum Tor zurückschlägt, sprach er in Wirklichkeit von denjenigen, die im Gespräch über die Tora gut pariert hatten.[113] Josua und David wurden als fromme Tora-Gelehrte beschrieben, und es hieß sogar, David hätte überhaupt kein Interesse am Krieg gehabt.[114] Als die ägyptische Armee im Schilfmeer ertrunken sei, hätten die Engel Jahwes Lob singen wollen, aber er habe sie getadelt: »Meine Kinder liegen dort ertrunken im Meer, und ihr wollt singen?«[115]

Die Rabbiner anerkannten, dass es in ihren Schriften gottbefohlene Kriege gab. Sie schlossen daraus, die Kriegszüge gegen die Kanaaniter seien »verpflichtende« Kriege gewesen, aber die babylonischen Rabbiner erklärten, nachdem diese Völker nicht mehr existierten, könne Krieg keine Pflicht mehr sein.[116] Die Rabbiner in Palästina jedoch, deren Situation unter römischer Besatzung heikler war, argumentierten, auch heute seien Juden noch manchmal verpflichtet zu kämpfen – aber nur zur Selbstverteidigung.[117] Davids Territorialkriege seien seinem Ermessen anheimgestellt gewesen, aber es wurde darauf hingewiesen, dass selbst Könige die Erlaubnis des Sanhedrin, des obersten jüdischen Rates, einholen müssten, bevor sie ins Feld zogen. Nachdem allerdings weder die Monarchie noch der Sanhedrin zu jener Zeit existierten, waren Ermessenskriege nicht mehr zulässig.

Auch ein Vers im Hohelied wurde so interpretiert, dass es vor Massenerhebungen warne, die Vergeltungsmaßnahmen der Heiden provozieren könnten:»Ihr Mädchen von Jerusalem, ich beschwöre euch: Lasst uns jetzt allein! Wir sind wie scheue Rehe und Gazellen, schreckt uns nicht auf, wir lieben uns.«[118] Die Israeliten sollten nicht provozieren, es durfte keine Masseneinwanderung nach Israel und keine Aufstände gegen die heidnische Herrschaft geben, bis Gott selbst dazu aufrief. Wenn sie sich ruhig verhielten, würde Gott nicht zulassen, dass sie verfolgt würden, aber wenn sie ungehorsam waren, dann würden sie»wie scheue Rehe« leichte Beute für die heidnische Gewalt sein.[119] Mit Hilfe dieser abstrusen Auslegung gelang es tatsächlich, mehr als tausend Jahre lang das politische Handeln der Juden zum Stillstand zu bringen.[120]

✳ ✳ ✳

Mitte des 3. Jahrhunderts u. Z. geriet das Römische Reich in eine Krise. Das neue persische Sassanidenreich hatte römische Gebiete in Kilikien, Syrien und Kappadozien erobert, die Gotenstämme im Donaubecken griffen ständig seine Grenzen an, und germanische Kriegerscharen verwüsteten römische Garnisonen im Rheintal. In einer kurzen Zeitspanne von sechzehn Jahren (268–284) wurden acht Kaiser von ihren eigenen Truppen ermordet. Die Wirtschaft lag darnieder, und die lokale Aristokratie kämpfte um die Macht in den Städten.[121] Schließlich wurde Rom durch einen Militärputsch von Berufssoldaten aus der Grenzregion gerettet, die die römische Armee reformierten.[122] Die Spitzenpositionen wurden nicht mehr von Adligen eingenommen, die Armee verdoppelte ihre Größe, und die Legionen wurden in kleinere, flexiblere Einheiten gegliedert. Eine mobile Kavallerie, *comitatus* genannt, unterstützte die Garnisonen an den Grenzen, und zum ersten Mal mussten römische Bürger Steuern zahlen, um die Armee zu finanzieren. Am Ende des 3. Jahrhunderts waren die »Barbaren« auf dem Balkan und in Norditalien zurückgeschlagen, der persische Vormarsch war aufgehalten, und Rom hatte seine verlorenen Gebiete zurückerobert. Die neuen römischen Kaiser waren nun auch nicht mehr von adliger Geburt: Diokletian (reg. 284–305) war der Sohn eines Freigelassenen aus Dalmatien, Galerius (reg. 305–311) ein ehemaliger Viehzüchter aus den Karpaten, und Constantius Chlorus (reg. 305–306) ein unauffälliger Landbesitzer aus Niš. Sie zentralisierten das Reich, übernahmen die Kontrolle über die Steuereinkünfte, statt sie dem lokalen Adel zu überlassen, und vor allem teilte sich Diokletian die Macht mit drei Mitkaisern, indem er die Tetrarchie (»Herrschaft der vier«) einführte: Maximian und Constantius Chlorus regierten die westlichen Provinzen, Diokletian und Galerius den Osten des Reiches.[123]

Die Krise des 3. Jahrhunderts machte die Autoritäten des Reiches auf die Christen aufmerksam. Die Christen waren nie besonders beliebt gewesen; sie machten sich verdächtig, indem sie sich weigerten, am öffentlichen Kult teilzunehmen, und in Zeiten sozialer Spannungen wurden sie leicht zu Sündenböcken. Folgt man Tacitus, dann lastete Nero den Christen das große Feuer in Rom an und ließ viele von ihnen töten – möglicherweise sind sie die Märtyrer, von denen im Buch der Offenbarung gesagt wird, sie säßen in der Nähe von Gottes Thron.[124] Der nordafrikanische Theologe Tertullian (um 160–220) klagte: »Wenn der Tiber das Land überflutet, wenn der Nil nicht ansteigt und das Land überflutet, wenn der Himmel es nicht regnen lässt, wenn es Erdbeben, Hungersnöte oder Seuchen gibt, ertönt sofort der Schrei: Die Christen zu den Löwen!«[125] Aber in einer agrarischen Herrschaftsschicht war es nicht üblich, sich ins religiöse Leben der Untertanen einzumischen, und das Reich reagierte nicht in jedem Fall mit Verfolgung. Im Jahr 112, als Plinius, der Statthalter von Bithynien, bei Kaiser Trajan anfragte, wie er die Christen behandeln sollte, die ihm vorgeführt wurden, erwiderte Trajan, es gäbe keine offiziellen Regeln. Man solle sie nicht aktiv verfolgen, riet er, aber wenn sie aus irgendeinem Grund vor Gericht gestellt würden und sich weigerten, den römischen Göttern zu opfern, dann sollten sie wegen Widerstands gegen die Regierung des Reiches hingerichtet werden. Christen, die auf diese Weise ums Leben kamen, wurden in ihren Gemeinden verehrt, und die Märtyrerlisten, die die Geschichten von ihrem Tod in allen gruseligen Einzelheiten erzählten, wurden in den rituellen Zusammenkünften laut vorgelesen. Aber gegen alle Wahrscheinlichkeiten war das Christentum bis zum 3. Jahrhundert auch zu einer Kraft geworden, mit der man rechnen musste. Wir wissen bis heute nicht wirklich, wie das zustande kam.[126] Man hat vermutet, dass der Aufstieg anderer neuer religiöser Bewegungen im Reich das Christentum nicht mehr so bizarr erscheinen ließ. Die Menschen suchten das Göttliche jetzt in einem Menschen, der ein »Freund Gottes« war, nicht mehr an heiligen Orten, und Geheimgesellschaften, die der Kirche durchaus ähnlich waren, schossen im gesamten Reich wie Pilze aus dem Boden. Wie das Christentum hatten viele dieser neuen Bewegungen ihren Ursprung im Osten des Reiches, und auch sie verlangten eine spezielle Initiation, boten neue Offenbarungen und verlangten eine Veränderung des Lebenswandels.[127] Das Christentum wurde allmählich attraktiver für Kaufleute und Handwerker wie Paulus, die ihre Heimatstädte verlassen hatten und von der Pax Romana profitierten, indem sie reisen und sich an anderen Orten niederlassen konnten. Viele von ihnen waren entwurzelt und offen für neue Ideen. Die egalitäre Ethik des Christentums sprach die niederen Schichten und die Sklaven an. Auch Frauen fanden die Kirche attraktiv, weil die christlichen Schriften den Ehemännern eine fürsorgliche, rücksichtsvolle Behandlung ihrer Frauen nahelegten. Wie Stoizismus und Epikureismus versprach das Christentum inneren Frieden, aber seine Lebensweise konnte von Armen und Analphabeten genauso befolgt werden wir von Mitgliedern des Adels. Außerdem hatte die Kirche inzwischen einige hochintelligente Männer angezogen, beispielsweise den Platonisten Origenes in Alexandria (185–254), der den Glauben auf eine Weise interpretierte, die auch Gebildete interessierte. In der Folge war die Kirche zu einer wichtigen Organisation geworden. Sie gehörte nicht zu den anerkannten Traditionen des Reiches, war keine *religio licita*, und konnte deshalb auch keinen eigenen Besitz erwerben, aber sie hatte sich von einigem Wildwuchs getrennt und nahm für sich, wie das Reich selbst, eine einzige Glaubensregel in Anspruch. Sie war multiethnisch, international und wurde von effizienten Amtsträgern verwaltet.[128]

Einer der stichhaltigsten Gründe für den Erfolg der Kirche war ihre karitative Arbeit, die sie in den Städten zu einem wichtigen Faktor machte. Im Jahr 250 versorgte die Kirche in Rom jeden Tag eintausendfünfhundert Arme und Witwen mit Nahrung, und wenn es Seuchen oder Unruhen gab, waren die Kleriker oft die Einzigen, die noch eine Versorgung und eine Bestattung der Toten organisieren konnten. Zu einer Zeit, da die Kaiser so beschäftigt mit der Verteidigung der Außengrenzen waren, dass sie die Städte anscheinend vergaßen, hatte sich die Kirche gerade dort, in den Städten, fest etabliert.[129] Aber in dieser Zeit sozialer Spannungen konnte ihre wichtige Stellung auch eine Bedrohung der Autoritäten bedeuten, die nun tatsächlich mit einer systematischen Verfolgung der Christen begannen.

Es ist wichtig, das Ideal des Märtyrertodes zu betrachten, das in unserer eigenen Gegenwart so große Bedeutung erlangt hat und mit Gewalt und Extremismus in Verbindung gebracht wird. Christliche Märtyrer waren jedoch Opfer imperialer Verfolgung und keine Täter. Die Erinnerung an die Verfolgung nahm im Bewusstsein der frühen Kirche großen Raum ein und formte das christliche Weltbild. Bis zur Krise des 3. Jahrhunderts hatte es jedoch keine offizielle, reichsweite Verfolgung gegeben, sondern lediglich sporadische lokale Ausbrüche von Feindseligkeiten, und selbst im 3. Jahrhundert waren es nur etwa zehn Jahre, in denen die Christenverfolgung der römischen Autoritäten eine höhere Intensität erreichte.[130] In einem agrarisch strukturierten Reich rechnete die herrschende Aristokratie damit, dass sich ihre eigene Religion von der ihrer Untertanen unterschied, aber seit Augustus war die Verehrung der römischen Götter zu einer unabdingbaren Voraussetzung für das Überleben des Reiches geworden. Man ging davon aus, dass die Pax Romana auf der Pax Deorum beruhte, dem Frieden der Götter, die als Antwort auf regelmäßige Opfer die Sicherheit und den Wohlstand des Reiches garantierten.

Als nun die Nordgrenze Roms im Jahr 250 von den Barbarenstämmen bedroht wurde, befahl Kaiser Decius all seinen Untertanen unter Androhung der Todesstrafe, seinem Genius zu opfern, um die Hilfe der Götter herbeizurufen. Dieses Dekret richtete sich nicht ausdrücklich gegen die Christen, es war schwierig umzusetzen, und die Behörden haben sicher nicht jeden verfolgt, der sich bei der offiziellen Opferhandlung nicht blicken ließ.[131] Als Decius im nächsten Jahr fiel, wurde es denn auch widerrufen. Im Jahr 258 jedoch griff Kaiser Valerian als Erster tatsächlich die Kirche an und befahl, ihr Klerus solle hingerichtet und der Besitz hochrangiger Christen konfisziert werden. Aber auch in diesem Fall kamen wohl nur wenige Menschen zu Tode, und zwei Jahre später wurde Valerian von den Persern gefangen genommen und starb in der Gefangenschaft. Sein Nachfolger Galienus nahm das Gesetz zurück, und die Christen genossen vierzig friedliche Jahre.

Valerian war von der organisatorischen Stärke der Kirche offenbar stärker beunruhigt als von ihren Glaubenssätzen und Ritualen. Die Kirche war ein neues Phänomen. Die Christen hatten die verbesserten Kommunikationswege des Reiches genutzt, um eine Institution mit einheitlicher Struktur ins Leben zu rufen – keine der bisher beschriebenen Traditionen hatte einen derartigen Versuch unternommen. Jede Ortsgemeinde hatte einen Bischof an der Spitze, den Obersten, der seine Autorität angeblich direkt von den Aposteln Jesu bezog, und wurde von Ältesten und Diakonen unterstützt. Das Netzwerk dieser nahezu identischen Gemeinden war so etwas wie ein Staat im Staate geworden. Irenaeus, der Bischof von Lyon (um 130–200) war so sehr darum besorgt, eine Orthodoxie zu schaffen, die aggressive

Sektierer ausschloss, dass er behauptete, die Große Kirche habe eine gemeinsame, verbindliche Glaubensregel, weil die Bischöfe ihre Lehre direkt von den Aposteln bezogen. Dies war nicht nur eine neue Vorstellung, sondern auch vollkommene Phantasie. Die Briefe des Paulus zeigen, dass es zwischen ihm, Paulus, und den Jüngern Jesu erhebliche Spannungen gegeben hatte, und seine Lehren hatten mit denen Jesu wenig gemein. Jeder der synoptischen Evangelisten hatte seinen ganz eigenen Zugang zu Jesus gehabt, und die Anhänger des Johannes dachten wieder anders; außerdem waren zu dieser Zeit noch jede Menge weiterer Evangelien im Umlauf. Als die Christen schließlich einen Kanon von Schriften aufstellten – zwischen dem 4. und 6. Jahrhundert –, wurden diese unterschiedlichen Sichtweisen nebeneinandergestellt.

Unglücklicherweise entwickelte das Christentum aber eine besondere Neigung zur intellektuellen Konformität, die es nicht nur von anderen Glaubenstraditionen abgrenzte, sondern auch kaum durchführbar war. Die Rabbiner hätten niemals eine einzelne zentrale Autorität geschaffen; nicht einmal Gott konnte einem Juden vorschreiben, was er denken sollte, viel weniger also ein Rabbi.[132] Der Buddha hatte die Vorstellung einer religiösen Autorität unerbittlich zurückgewiesen. Den vielfältigen indischen Traditionen war die Vorstellung einer einheitlichen, verbindlichen Glaubensregel und einer strukturierten Hierarchie vollkommen fremd, und die Chinesen wurden ermuntert, die Verdienste aller großen Lehrer zu sehen, unabhängig von eventuellen Meinungsverschiedenheiten.

Während der vierzig friedlichen Jahre nach Valerians Tod sorgten die christlichen Anführer dafür, dass die Kirche den römischen Behörden noch bedrohlicher erschien. Als der frisch gewählte Kaiser Diokletian im Jahr 287 in seinen Palast in Nicomedia einzog, konnte man von dort aus auf dem gegenüberliegenden Hügel deutlich eine christliche Kirche sehen, die den Kaiserpalast auf Augenhöhe herausforderte. Sechzehn Jahre lang unternahm Diokletian nichts gegen die Kirche, aber weil er zu einer Zeit, da das Schicksal des Reiches am seidenen Faden hing, fest an die Pax Deorum glaubte, empfand er die hartnäckige Weigerung der Christen, die Götter zu ehren, als zunehmend unerträglich.[133] Am 23. Februar 303 befahl er die Zerstörung der anmaßenden Basilika, am nächsten Tag verbot er christliche Versammlungen und befahl die Zerstörung weiterer Kirchen und die Beschlagnahme christlicher Schriften. Alle Männer, Frauen und Kinder wurden unter Androhung der Todesstrafe angewiesen, sich auf den öffentlichen Plätzen des Reiches zu versammeln und den römischen Göttern zu opfern. Das Gesetz wurde allerdings nur in einigen wenigen Regionen durchgesetzt und fand im Westen des Reiches, wo es nur wenige christliche Gemeinden gab, kaum Anwendung. Es ist schwierig, abzuschätzen, wie viele Menschen in der Folge starben. Christen wurden kaum verfolgt, wenn sie sich bei den Opferhandlungen nicht blicken ließen, viele fielen vom Glauben ab, andere fanden Schlupflöcher.[134] Die meisten, die tatsächlich umgebracht wurden, hatten sich den Autoritäten trotzig als freiwillige Märtyrer präsentiert – eine Praxis, die die Bischöfe verurteilten.[135] Als Diokletian im Jahr 305 abdankte, liefen seine Edikte aus, obwohl sie von Kaiser Maximinus Daia noch einmal für eine Periode von zwei Jahren (311–313) verlängert wurden.

Der Kult um die Märtyrer wurde allerdings zum Kernstück christlicher Frömmigkeit, weil sie bewiesen, dass Jesus nicht allein gewesen war: Die Kirche besaß »Gottesfreunde« mit göttlichen Kräften in ihrer Mitte. Die Märtyrer waren Nachfolger Christi, und ihre Imitation bis in den Tod hinein vergegenwärtigte seine Kreuzigung.[136] Die Märtyrerlisten behaupteten, diese heldenhaften Tode seien Wunder, die Gottes Anwesenheit manifestierten, weil die Märtyrer dem Schmerz gegenüber gleichgültig waren. »Kein Tag soll vergehen, an dem wir nicht bei diesen Geschichten verharren«, drängte Victricius, im 5. Jahrhundert Bischof von Rouen, seine Gemeinde. »Dieser Märtyrer schreckte nicht vor den Folterknechten zurück; jener Märtyrer beschleunigte noch die langsame Arbeit des Scharfrichters; dieser nahm die Flammen eifrig auf, und jener wurde verstümmelt, hielt aber stand.«[137]

»Sie erlitten mehr, als ein Mensch ertragen kann, und ertrugen es nicht durch eigene Kraft, sondern durch die Gnade Gottes«, erklärte Papst Gelasius (reg. 492–496).[138] Als die christliche Sklavin Blandina im Jahr 177 in Lyon hingerichtet wurde, schauten ihre Gefährten »mit ihren Augen durch ihre Schwester hindurch auf den Einen, der für sie gekreuzigt wurde.«[139]

Als die junge Ehefrau und Mutter Vibia Perpetua im Jahr 203 in Karthago im Gefängnis saß, hatte sie eine Reihe bemerkenswerter Träume, die selbst ihren Verfolgern bewiesen, dass sie in einer besonders engen Verbindung mit dem Göttlichen stand. Selbst der Gefängnisverwalter begriff, »dass in uns eine besondere Kraft war«, erinnert sich ihr Biograph.[140] Durch diese »Gottesfreunde« konnten die Christen Respekt und sogar Überlegenheit gegenüber heidnischen Gemeinschaften für sich in Anspruch nehmen. Und doch war immer eine gewisse Aggressivität im »Zeugnis« der Märtyrer für Christus. In der Nacht vor ihrer Hinrichtung träumte Perpetua, sie sei in einen Mann verwandelt worden und habe im Stadion mit einem Ägypter gerungen, einem riesigen, hässlichen Mann, aber mit Hilfe der Gotteskraft sei es ihr gelungen, ihn zu Boden zu werfen. Als sie erwachte, wusste sie, dass sie an diesem Tag nicht mit wilden Tieren kämpfen würde, sondern mit dem »Feind« selbst – und dass sie den Sieg davontragen würde.[141]

Der Märtyrertod war immer der Protest einer Minderheit, aber er wurde auch zur drastischen Demonstration der strukturellen Gewalt und der Grausamkeit des Staates. Märtyrertum war immer eine ebenso politische wie religiöse Entscheidung. Als Feinde des Reiches angegriffen und in einer sehr ungünstigen Position gegenüber den Autoritäten des Staates, starben diese Christen mit der trotzigen Behauptung einer anderen Loyalität. Sie hatten schon eine Bedeutung erlangt, die im Inneren der des Römischen Reiches überlegen war, und indem sie ihren Unterdrückern ihren Tod vor die Tür legten, dämonisierten sie sie auf wirksame Weise. Sie entwickelten aber auch eine Geschichte des Kummers, die ihrem Glauben einen neuen, aggressiven Anstrich gab. Sie waren überzeugt, dass sie, wie Jesus im Buch der

Offenbarung, teilhatten an einem ständigen Endkampf: Wenn sie wie die Gladiatoren im Stadion mit wilden Tieren kämpften, dann war das ein Kampf gegen dämonische Mächte (in Gestalt der staatlichen Autoritäten), der die triumphale Wiederkehr Jesu beschleunigte.[142] Wer sich der Obrigkeit freiwillig stellte, beging, was man später »revolutionären Selbstmord« nannte. Indem diese Leute die Obrigkeit zwangen, sie zu töten, machten sie die innewohnende Gewalt der sogenannten Pax Romana offen, und ihr Leiden würde, so glaubten sie fest, das Ende des Systems beschleunigen.

Andere Christen betrachteten das Reich jedoch nicht als satanisch, sondern wandten sich Rom in bemerkenswerter Weise zu.[143] Auch hier sehen wir, dass es unmöglich ist, eine generelle Linie des Christentums zu erkennen, die identisches Handeln ermöglichte. Origenes beispielsweise glaubte, das Christentum sei der Höhepunkt der klassischen antiken Kultur; wie die hebräischen Schriften sei auch die griechische Philosophie Ausdruck des Logos, des Wortes Gottes, gewesen. Die Pax Romana sei ein Werk der göttlichen Vorsehung: »Wenn es mehrere Königreiche gegeben hätte, dann hätte das die Lehre Jesu an ihrer weltweiten Ausbreitung gehindert«, erklärte er.[144] Die staatsmännische Haltung und kluge Entscheidungsfindung der Bischöfe in den Städten rund ums Mittelmeer habe ihnen den Ruf eingetragen, »Gottesfreunde« zu sein.[145] Cyprianus, Bischof von Karthago (200–258), behauptete, er sei der Vorsitzende einer privilegierten Gesellschaft, die mit ebenso viel Hoheit ausgestattet war wie das mächtige Rom.[146]

Im Jahr 306 wurde Valerius Aurelius Constantius, der sich unter Diokletian als Soldat bewährt hatte, Nachfolger seines Vaters Constantius Chlorus als einer von zwei Herrschern über die westlichen Provinzen des Römischen Reiches. Entschlossen, die Herrschaft für sich allein zu beanspruchen, führte er Krieg gegen seinen Mit-Kaiser Maxentius. In der Nacht vor der Entscheidungsschlacht an der Milvischen Brücke nicht weit von Rom, im Jahr 312, hatte Konstantin die Vision eines flammenden Kreuzes am Himmel, geschmückt mit dem Motto: »Unter diesem Zeichen wirst du siegen!« Träumer und Visionär, der er war, betrachtete sich auch Konstantin als »Gottesfreund« und würde seinen nachfolgenden Sieg immer auf dieses wundersame Vorzeichen zurückführen. Noch im selben Jahr erklärte er das Christentum zur *religio licita*.

Konstantin beschäftigte den Philosophen Lucius Caelius Lactantius (um 260–325) als Lehrer seines Sohnes Crispus. Lactantius war durch den Mut der Märtyrer zum Christentum bekehrt worden, die unter Maximinus Daia gelitten hatten. Der Staat war, so glaubte er, seinem Wesen nach aggressiv und räuberisch. Die Römer konnten, so viel sie wollten, über Tugend und Respekt für die Menschheit daherreden, aber sie praktizierten nicht, was sie predigten. Die Ziele jeder politischen Macht, Rom eingeschlossen, bestanden immer darin, die Grenzen auszuweiten, andere zu berauben, die staatliche Macht zu vergrößern und die »Einkünfte« des Staates zu steigern, und all dies konnte nur durch Latrocinium, Gewalt und Raub, erreicht werden.[147] Es gab keinen »gerechten« Krieg, weil es nie erlaubt sein konnte, Menschenleben zu opfern.[148] Wenn die Römer wirklich tugendhaft sein wollten, schloss Lactantius, dann mussten sie den geraubten Besitz zurückgeben und ihren Wohlstand und ihre Macht aufgeben.[149] Das hätte Jesus möglicherweise getan, aber im christlichen Rom war die Wahrscheinlichkeit sehr gering.

6

Byzanz:
Die Tragödie des Reiches

Im Jahr 323 besiegte Konstantin Licinius, den Kaiser der östlichen Provinzen, und wurde Alleinherrscher des Römischen Reiches. Sein eigentlicher Ehrgeiz richtete sich jedoch darauf, die gesamte zivilisierte Welt von den Küsten des Mittelmeeres bis hin zum iranischen Hochland zu beherrschen, wie es Cyrus getan hatte.[150] In einem ersten Schritt verlegte er seine Hauptstadt von Rom nach Byzanz an den Bosporus, die Verbindung zwischen Europa und Asien, und benannte die Stadt um in Konstantinopel. Dort wurde er von Eusebius begrüßt (um 264–340), dem Bischof von Caesarea:

Möge der Freund des allgewaltigen Gottes als unser einziger Herrscher ausgerufen sein ... der sich nach der Urform des höchsten Herrschers gebildet hat, dessen Gedanken die tugendhaften Strahlen spiegeln, die ihn weise, gut, gerecht, fromm, mutig und gottesfürchtig machen.[151]

Das war weit entfernt von der Kritik Jesu an jeder weltlichen Autorität, aber in der Antike war die Rhetorik des Königtums schon immer praktisch austauschbar mit der Sprache der Religion gewesen.[152] Eusebius betrachtete die Monarchie, die Herrschaft eines Einzelnen *(monos)*, als natürliche Folge des Monotheismus.[153] Es gab nur noch einen Gott, ein Reich und einen Kaiser.[154] Durch seine militärischen Siege hatte Konstantin endlich das Königreich Jesu errichtet, das sich bald über die ganze Welt ausbreiten würde. Eusebius verstand Konstantins Ambitionen im Iran vollkommen und argumentierte, der Kaiser sei nicht nur der Herrscher aller Christen in Rom, sondern auch der rechtmäßige Herrscher aller Christen in Persien.[155] Indem er eine imperiale Christenheit erkannte und formulierte und die römische Taktik von Raub und Gewalt »taufte«, hatte Eusebius die ursprüngliche Botschaft Jesu vollkommen auf den Kopf gestellt.

Konstantins Bekehrung war ganz eindeutig ein Staatsstreich gewesen. Das Christentum war noch keine offizielle Religion des Römischen Reiches, wurde aber von nun an im römischen Gesetz anerkannt. Die Kirche konnte nun Besitz erwerben, Basiliken und Kirchen bauen und entschieden zum öffentlichen Leben beitragen. Aber diejenigen Christen, die die Schutzherrschaft des Reiches so freudig begrüßten, übersahen einige deutliche Unstimmigkeiten. Jesus hatte seinen Gefolgsleuten befohlen, ihren gesamten Besitz den Armen zu geben, aber der christliche Kaiser besaß große Reichtümer. Im Reich Gottes sollten Reich und Arm an einem Tisch sitzen, aber Konstantin genoss eine überhöhte Ausnahmestellung, und das Christentum würde unweigerlich durch seine Verbindung mit dem unterdrückerischen Agrarstaat beschmutzt werden. Eusebius glaubte, Konstantins Eroberungen bildeten den Höhepunkt der Heilsgeschichte.[156] Jesus hatte seinen Jüngern alle Macht im Himmel und auf Erden übergeben, und der christliche Kaiser machte daraus politische Realität.[157] Eusebius ignorierte bewusst, dass er dies mit Hilfe der römischen Legionen erreicht hatte, die Jesus als dämonisch verurteilt hatte. Die enge Verbindung von Kirche und Reich, die 312 ihren Anfang genommen hatte, verlieh dem Krieg unweigerlich einen heiligen Charakter – obwohl die Byzantiner immer zögerten, von einem »heiligen Krieg« zu sprechen.[158] Weder Jesus noch die ersten Christen hätten sich ein größeres Paradoxon vorstellen können als einen christlichen Kaiser.

Wieder sehen wir, wie eine Tradition, die staatliche Aggressivität einmal in Frage gestellt hatte, unfähig war, diesen ethischen Standpunkt aufrechtzuerhalten, sobald sie mit aristokratischer Herrschaft zusammenfiel. Das christliche Reich würde unweigerlich das Stigma von »Raub und Gewalt« tragen, das, wie Lactantius glaubte, jeden Imperialismus charakterisierte. Wie im imperialen Zoroastrianismus des Darius, wurde die eschatologische Vollkommenheit auf ein notwendigerweise unvollkommenes politisches System projiziert. Eusebius behauptete, Konstantin habe jenes Königreich erschaffen, das Christus bei seiner Wiederkehr errichten sollte. Er lehrte die Christen von Byzanz, der rücksichtslose Militarismus und die systembedingte Ungerechtigkeit des Römischen Reiches würden vom christlichen Ideal verwandelt werden. Aber Konstantin war ein Soldat mit sehr wenig Kenntnis von seinem neuen Glauben. So war es viel wahrscheinlicher, dass das Christentum zur imperialen Gewalt bekehrt würde.

Konstantin hat die Widersprüchlichkeit seiner Lage möglicherweise gespürt, denn er verschob seine Taufe, bis er auf dem Sterbebett lag.[159] In seinem allerletzten Lebensjahr plante er noch einen Feldzug gegen Persien, aber als er krank wurde, so berichtet Eusebius, »sah er, dass es Zeit war, sich von den Übertretungen zu reinigen, die er zu jeder Zeit begangen hatte, weil er glaubte, so viele Sünden er als sterblicher Mensch auch hatte begehen müssen, er könne sie alle von seiner Seele abwaschen«.[160] Den Bischöfen sagte er: »Ich werde meinem Leben jetzt Regeln geben, die Gott wohlgefällig sind«, und gab damit stillschweigend zu, dass er die letzten fünfundzwanzig Jahre dazu nicht in der Lage gewesen war.[161]

Der Kaiser hatte diese Widersprüche schon erlebt, bevor er in den Osten gekommen war, nämlich als er mit einem Fall christlicher Häresie in Nordafrika zu tun bekam.[162] Konstantin fühlte sich durchaus berechtigt, in solche Dinge einzugreifen, denn wie er bekanntlich sagte: »Ich bin von Gott als Aufseher über die äußeren Angelegenheiten der Kirche eingesetzt.«[163] Häresie (airesis) war nicht einfach eine Sache der Dogmatik, sondern auch der Politik. Das Wort bedeutet »einen anderen Weg wählen«. Weil Religion und Politik in Rom nicht voneinander zu trennen waren, bedrohte jeder Mangel an Konsens in der Kirche die Pax Romana. Und in staatlichen Angelegenheiten konnte kein römischer Kaiser seinen Untertanen eigene Wege gestatten. Sobald er zum Alleinherrscher über die westlichen Provinzen geworden war, wurde Konstantin mit Anträgen der Donatisten bombardiert und machte sich Sorgen, dass »solche Dispute und Streitigkeiten ... die höchste Gottheit womöglich nicht nur gegen die Menschheit, sondern auch gegen mich selbst aufbringen, dem er die Regelung aller irdischen Dinge anvertraut hat.«[164] Eine bedeutende Anzahl nordafrikanischer Christen hatte sich geweigert, die Weihe von Caecilian, dem neuen Bischof von Karthago, anzuerkennen, und ihre eigene Kirche gegründet, mit Donatus als Bischof.[165] Da Caecilians Anordnungen aber von allen anderen afrikanischen Kirchen anerkannt wurden, zerstörten die Donatisten die Einheit der Kirche, und Konstantin beschloss zu handeln.

Wie bei jedem anderen römischen Kaiser riet ihm sein erster Instinkt, die Streitigkeiten militärisch auszuräumen, aber stattdessen gab er sich mit der Beschlagnahme des Besitzes der Donatisten zufrieden.[166] Tragischerweise leistete die unbewaffnete Gemeinde aber Widerstand, als die kaiserlichen Truppen in eine Basilika der Donatisten einmarschierten, um das Edikt auszuführen, und was folgte, war ein Massaker. Sofort klagten die Donatisten laut, der christliche Kaiser würde seine Mitchristen verfolgen und es habe sich trotz Konstantins Bekehrung seit den Tagen Diokletians nichts geändert.[167] Konstantin sah sich gezwungen, das Edikt zurückzunehmen, ließ die Donatisten in Frieden und riet den orthodoxen Bischöfen, ihnen die andere Wange hinzuhalten.[168] Vermutlich war ihm nicht wohl dabei, die Donatisten einfach gewähren zu lassen. Von jetzt an würden er und seine Nachfolger wachsam jeden theologischen oder ekklesiastischen Diskurs beobachten, der die Pax Christiana bedrohte, auf der die Sicherheit des Reiches nun beruhte, wie sie glaubten.[169]

Konstantin zögerte, das Christentum im bisher kaum christianisierten Westen zu fördern, aber seine Ankunft im Osten markierte seine politische Konversion.[170] Bisher konnte keine Rede davon sein, dass das Christentum zur offiziellen Religion des Reiches gemacht würde, und nach wie vor hatten Heiden öffentliche Ämter inne, aber Konstantin schloss einige heidnische Tempel und sprach missbilligend von öffentlichen Opferhandlungen.[171] Die universellen Ansprüche des Christentums passten ideal zu seinem Ehrgeiz, die Welt zu beherrschen, und er glaubte, sein Ethos von Frieden und Versöhnung würde perfekt mit der Pax Romana im Einklang stehen. Aber zu Konstantins Schrecken waren die östlichen Kirchen weit davon entfernt, in brüderlicher Liebe miteinander zu leben, sondern lebten in bitterer Teilung durch einen verdeckten und für Konstantin vollkommen unverständlichen theologischen Streit.

Im Jahr 318 hatte Arius, Gemeindeältester in Alexandria, die Idee entwickelt, Jesus, das Wort Gottes, sei seinem Wesen nach nicht göttlich gewesen. Er zitierte eine beeindruckende Reihe von Bibeltexten und schloss daraus, Gott habe dem Menschen Jesus Göttlichkeit verliehen, weil er so gehorsam und demütig gewesen sei. Zu dieser Zeit gab es noch keine einheitliche Haltung zum Wesen Christi, und viele Bischöfe waren mit Arius' Theologie ganz einverstanden. Wie ihre heidnischen Nachbarn erlebten sie das Göttliche nicht als unendlich weit entfernt. In der griechisch-römischen Welt hielt man es für selbstverständlich, dass aus Männern und Frauen Götter wurden.[172] Eusebius, der führende christliche Intellektuelle seiner Zeit, lehrte seine Gemeinden, dass Gott sich schon früher in menschlicher Form offenbart habe: zuerst vor Abraham, der die drei Fremden in Mamre bewirtete und dann feststellte, dass Jahwe an der Unterhaltung teilnahm; Mose und Josua hatten später ähnliche Erscheinungen erlebt.[173] Für Eusebius war das Wort Gottes oder der Logos – das göttliche Element in einem Menschen[174] – einfach noch einmal in die Welt gekommen, diesmal in der Person des Jesus von Nazareth.[175]

Aber Arius traf auf erbitterten Widerstand von Athanasius, dem jungen, streitbaren Assistenten seines Bischofs, der argumentierte, Gottes Niederkommen auf die Erde sei keine Wiederholung früherer Erscheinungen, sondern ein einzigartiger, niemals zuvor und niemals danach vollzogener Akt der Liebe. Diese Haltung fand Anklang in einigen Gruppen, in denen es eine größere Veränderung der Gottesvorstellung gegeben hatte. Viele Christen glaubten nicht mehr, dass sie durch eigene Anstrengung zu Gott gelangen könnten, wie Jesus es nach Ansicht von Arius getan hatte. Es gab eine unüberwindliche Kluft zwischen dem Gott, der das Leben selbst war, und der materiellen Welt, die ihnen als dauerhaft zerbrechlich und todgeweiht erschien. Die Menschen, die bei jedem Atemzug von Gott abhängig waren, waren absolut nicht in der Lage, sich selbst zu retten. Aber paradoxerweise glaubten die Christen immer noch, in dem Mann Jesus sei ein neues göttliches Potenzial in der Menschheit erschienen, das sie dazu brachte, sich selbst und ihren Nächsten anders anzusehen. Es gab also eine neue Wertschätzung für den Körper des Menschen. Die christliche Spiritualität war stark vom Platonismus beeinflusst gewesen, der danach strebte, die Seele vom Körper zu befreien, aber in manchen Kreisen des 4. Jahrhunderts entstand die Hoffnung, der bisher so verachtete Körper könne Männer und Frauen zum Göttlichen erheben – oder das Göttliche sei zumindest keine vom Körper getrennte Realität, wie die Platoniker glaubten.[176]

Die Inkarnationslehre des Athanasius sprach diese veränderte Stimmung direkt an. In der Person Jesu, so erklärte er, hatte Gott sich über die Kluft gebeugt und in einem erstaunlichen Akt von Selbstentäußerung (kenosis) fleischliche Gestalt angenommen, hatte unsere Schwäche geteilt und die zerbrechliche, vergängliche Natur des Menschen vollkommen verwandelt. »Der Logos wurde menschlich, damit wir göttlich werden möchten«, behauptete Athanasius. »Er offenbarte sich durch einen Körper, damit wir eine Vorstellung vom unsichtbaren Vater bekommen könnten.«[177] Die gute Nachricht des Evangeliums sei die Ankunft des neuen Lebens, das menschlich war, gerade weil es göttlich war.[178] Niemand war verpflichtet, diese Lehre zu »glauben«, die Menschen nahmen sie an, weil sie ihre persönliche Erfahrung spiegelte. Athanasius' Lehre von der Vergöttlichung (theosis) des Menschen erschien gerade jenen Christen vollkommen sinnvoll, die überzeugt waren, dass sie auf eine wundersame Weise bereits verwandelt worden waren und dass ihre

Menschlichkeit eine neue göttliche Dimension erhalten hatte. Wer etwas Derartiges noch nicht erlebt hatte, dem kam die Theosis freilich vollkommen unsinnig vor.

So waren als Reaktion auf eine Veränderung des geistigen Umfelds zwei neue Arten von Christentum entstanden, die sich beide auf die alten Schriften und Gelehrten beziehen konnten. Mit ruhigem, geduldigem Nachdenken hätte der Disput sicher friedlich gelöst werden können. Stattdessen kam es zu einer Verstrickung in die Politik des Reiches. Konstantin verstand natürlich nichts von den theologischen Problemen, war aber trotzdem entschlossen, den Bruch der kirchlichen Einheit zu heilen. Im Mai 325 berief er ein Konzil der Bischöfe in Nizäa ein, um die Sache ein für alle Mal zu klären. Hier gelang es Athanasius, das Ohr des Kaisers zu erreichen und seine Position durchzusetzen. Die meisten Bischöfe, ängstlich darauf bedacht, nicht Konstantins Missfallen zu erregen, unterschrieben das Glaubensbekenntnis des Athanasius, predigten aber weiter wie bisher. Nizäa konnte überhaupt nichts klären, und der Streit um die arianische Lehre zog sich weitere sechzig Jahre hin. Konstantin, der theologisch überfordert war, neigte bald wieder zur anderen Seite und übernahm die arianische Position, die von den kultivierteren, aristokratischen Bischöfen bevorzugt wurde.[179] Athanasius, der selbst nicht zum Adel gehörte, wurde von seinen Feinden als Emporkömmling »aus den untersten Schichten der Gesellschaft« verhöhnt, der nicht mehr war als ein »einfacher Handwerker«. Doch bei all seiner Betonung der Selbstentäußerung büßte Athanasius nie seine spitzen Ellbogen oder seine theologische Selbstsicherheit ein, die in nicht geringem Maß von einer neuen monastischen Bewegung inspiriert war, die sich in den Wüstengebieten rund um Alexandria entwickelte.

* * *

Im Jahr 270, dem Geburtsjahr Konstantins, war ein junger ägyptischer Bauer ganz in Gedanken versunken zur Kirche gegangen. Antonius hatte gerade ein ordentliches Stück Land von seinen Eltern geerbt, empfand sein Glück aber als unerträgliche Last. Er war erst achtzehn Jahre alt, und jetzt musste er für seine Schwester sorgen, heiraten, Kinder zeugen und den Rest seines Lebens auf dem Hof schuften, um sie alle zu ernähren. In Ägypten, wo immer dann, wenn das Nilhochwasser ausblieb, eine Hungersnot drohte, war das buchstäbliche Verhungern eine echte Bedrohung, und die meisten Menschen akzeptierten diesen endlosen Kampf als unvermeidlich.[180] Aber Jesus hatte gesagt: »Macht euch keine Sorgen um euren Lebensunterhalt, um Essen, Trinken und Kleidung.«[181] Antonius erinnerte sich auch, dass die ersten Christen all ihren Besitz verkauft und den Armen gegeben hatten.[182] Während er noch über die entsprechenden Bibeltexte nachdachte, betrat er die Kirche und hörte dort, wie der Priester Jesu Worte zu dem reichen Jüngling vorlas: »Wenn du vollkommen sein willst, dann verkauf, was du hast, und gib das Geld den Armen. Damit wirst du im Himmel einen Reichtum gewinnen, der niemals verloren geht.«[183] Sofort verkaufte Antonius seinen Besitz und machte sich auf eine Reise hin zu Freiheit und Heiligkeit, die sich zu einer Gegenkultur, einer Herausforderung sowohl für den christianisierten römischen Staat als auch für das neue weltliche, imperiale Christentum entwickeln würde. Wie die anderen monastischen Bewegungen, die wir schon betrachtet haben, versuchten Antonius' Gefolgsleute, eine egalitäre und mitfühlende Art des Zusammenlebens zu entwickeln.

Die ersten fünfzehn Jahre lebte Antonius, wie andere »Aussteiger« *(apotaktikoi)* am Rand seines Dorfes. Dann zog er um zu den Gräbern am Rand der Wüste und wagte sich schließlich weiter in die Wildnis hinein als jeder andere Mönch. Jahrelang lebte er in einer verlassenen Festung am Roten Meer, bis er im Jahr 301 die ersten Schüler anzog.[184] In der Weite der Wüste entdeckte Antonius eine Ruhe *(hesychia),* die die weltlichen Sorgen ins angemessene Licht rückte.[185] Paulus hatte darauf bestanden, dass die Christen sich selbst versorgen müssten,[186] und deshalb arbeiteten die ägyptischen Mönche entweder als Tagelöhner oder verkauften ihre Produkte auf dem Markt. Antonius baute Gemüse an, so dass er vorbeiziehenden Reisenden Gastfreundschaft gewähren konnte. Es gehörte zu seinem monastischen Programm, mit anderen Menschen in Freundschaft zusammenzuleben und zu teilen, was man hatte.[187]

Ägyptische Bauern engagierten sich schon eine ganz Weile in dieser Lebensweise *(anachoresis)*, um wirtschaftlichen oder sozialen Spannungen zu entgehen. Während des 3. Jahrhunderts hatte es eine Krise der gesellschaftlichen Beziehungen in den Dörfern gegeben. Die Bauern waren wohlhabend, aber verbittert und zu Raufereien aufgelegt, aber die Steuerlasten der Dörfer und die Notwendigkeit der Zusammenarbeit, um die Nilflut zu kontrollieren, verpflichtete sie zu einer wenig willkommenen Nähe auch mit wenig sympathischen Nachbarn.[188] Erfolg wurde oft mit Neid betrachtet: »Obwohl ich einiges Land besitze und mit seiner Bebauung beschäftigt bin«, erklärte ein Bauer, »kümmere ich mich um keinen anderen im Dorf, sondern bleibe für mich.«[189] Wenn die Nachbarschaftsverhältnisse unerträglich wurden, zogen sich die Leute deshalb manchmal an den Rand der Siedlung zurück.[190] Aber als Ende des 3. Jahrhunderts das Christentum auch die ländlichen Regionen Ägyptens erreichte, war die Anachoresis kein mürrischer Rückzug mehr, sondern eine positive Möglichkeit, dem Evangelium gemäß zu leben, und bot eine willkommene, herausfordernde Alternative zur Bitterkeit und Langeweile des sesshaften Lebens. Der Mönch *(monachos)* lebte allein *(monos)* und suchte jene Sorglosigkeit *(amerimnia)*, von der Jesus gesprochen hatte.[191]

Wie die Aussteiger früherer Zeiten errichteten die Mönche eine Gegenkultur, legten ihre funktionale Rolle innerhalb der Agrargesellschaft ab und lehnten die ihr innewohnende Gewalt ab. Aber der Kampf des Mönchs begann, sobald er sein Dorf verließ.[192] Zunächst, so erklärte einer der größten Anachoreten, plagten ihn schreckliche Gedanken »an ein langwieriges Alter, an Unfähigkeit zur körperlichen Arbeit, Angst vor dem daraus folgenden Hunger, der Krankheit, die aus der Unterernährung folgt, und der tiefen Schande, in den Notwendigkeiten des Lebens von anderen abhängig zu sein«.[193] Ihre größte Aufgabe jedoch bestand darin, die gewalttätigen Impulse zu unterdrücken, die in den Tiefen der menschlichen Seele lauerten. Oft beschrieben die Mönche ihre Kämpfe als Schlachten mit Dämonen, die wir heute als sexuelle Versuchungen interpretieren. Aber sie waren viel weniger mit dem Thema Sex beschäftigt als wir: Ägyptische Mönche mieden Frauen in der Regel, weil sie genau jene wirtschaftliche Last symbolisierten, der sie zu entfliehen suchten.[194] Weit bedrohlicher als die Sexualität war für diese scharfzüngigen ägyptischen Bauern der »Dämon« des Zorns.[195] So provozierend die Umstände auch sein mochten, die Mönche durften auf keinen Angriff aggressiv reagieren. Ein Abt bestimmte, es gäbe keine Entschuldigung für gewalttätige Sprache, selbst wenn der Bruder »dir das rechte Auge ausreißt und dir die rechte Hand abhackt«.[196] Ein Mönch dürfe nicht einmal grimmig schauen oder eine ungeduldige Geste machen.[197] Diese Mönche meditierten ständig über das Gebot Jesu, seine Feinde zu lieben, weil die meisten von ihnen innerhalb der Gemeinschaft tatsächlich Feinde *hatten*.[198] Evagrius Ponticus (+ 399), einer der einflussreichsten monastischen Lehrer, bezog sich auf Paulus' Lehre von der Selbstentäußerung und unterwies die Mönche darin, ihren Geist von Zorn, Habgier, Stolz und Eitelkeit zu entleeren, die die Seele zerrissen und dafür sorgten, dass sie ihr Herz vor den anderen verschlossen. Indem sie seinen Regeln folgten, lernten einige, ihre angeborene Streitlust zu überwinden, und erlangten einen inneren Frieden, den sie als Rückkehr in den Garten Eden empfangen, in dem die Menschen in Harmonie mit anderen und mit Gott gelebt hatten.

Die monastische Bewegung verbreitete sich immer schneller und verwies damit auf den weit verbreiteten Hunger nach einer Alternative zu einem Christentum, das zunehmend durch imperiale Verflechtungen beschmutzt war. Ende des 5. Jahrhunderts lebten Zehntausende von Mönchen am Nil und in den Wüstengebieten von Syrien, Ägypten, Mesopotamien und Armenien.[199] Sie hatten, so Athanasius, eine spirituelle Stadt in der Wildnis gegründet, die zur Antithese der weltlichen Stadt geworden war, jener Stadt, die durch Steuern, Unterdrückung und militärische Aggression erhalten wurde.[200] Statt eine Aristokratie zu bilden, die von der Arbeit anderer Menschen lebte, waren die Mönche Selbstversorger, lebten am Rande des Existenzminimums und gaben jeglichen Überschuss an die Armen weiter. An Stelle der Pax Romana, die durch kriegerische Gewalt durchgesetzt wurde, kultivierten sie die Hesychia und reinigten ihren Geist systematisch von Zorn, Gewalt und Hass. Wie Konstantin wurde auch Antonius von vielen als *epigeios theos,* als »Gott auf Erden« verehrt, aber er regierte eher mit Freundlichkeit als mit Zwang.[201] Die Mönche waren die neuen »Gottesfreunde«, deren Macht durch einen Lebensstil der Selbstverleugnung erreicht wurde und ohne irdischen Gewinn auskam.[202]

✳ ✳ ✳

Nach dem Konzil von Nizäa verloren einige Christen die Liebe zu ihren Kaisern. Sie hatten erwartet, das christliche Rom würde ein Utopia, das auf irgendeine Weise die Grausamkeit und Gewalttätigkeit des imperialen Staates eliminierte, mussten aber stattdessen feststellen, dass die römische Streitlust die Kirche infiltrierte. Konstantin, sein Sohn Konstantin II. (reg. 337–361) und ihre Nachfolger kämpften um einen Konsens, notfalls mit Gewalt, und ihre Opfer fühlten sich von ihnen verfolgt. Zuerst litten die »Nizäner« des Athanasius darunter; nach dem Konzil von Konstantinopel, bei dem Athanasius' Glaubensbekenntnis zur offiziellen Glaubenslehre des Imperiums gemacht worden war, kamen die Arianer an die Reihe. Es gab keine formellen Hinrichtungen, aber Menschen kamen zu Tode, wenn Soldaten Kirchen besetzten, um häretische Versammlungen aufzulösen, und immer häufiger klagten beide Seiten viel mehr über die Gewalt der Gegner als über deren Theologie. In den ersten Jahren, als Athanasius noch Konstantins Gunst besaß, klagten die Arianer über seine »Gier, Aggression und grenzenlosen Ehrgeiz«.[203] Sie klagten ihn der Gewalt, des Mordes und des Tötens von Bischöfen an.[204] Die Nizäner ihrerseits beschrieben mit lebhaften Worten die rasselnden Waffen und flammenden Schwerter der kaiserlichen Truppen, die ihre Diakone erschlugen und Gläubige niedertrampelten.[205] Beide Seiten beschäftigten sich wie besessen mit der grausamen Behandlung der heiligen Jungfrauen durch ihre Feinde,[206] und beide verehrten ihre Toten als Märtyrer. Die Christen entwickelten eine Trauergeschichte, die sich während der kurzen, aber dramatischen Regierungszeit des Kaisers Julian (361–363), genannt »der Apostat«, noch intensivierte. Trotz seiner christlichen Erziehung verabscheute Julian den neuen Glauben und war überzeugt, er würde das Reich zerstören. Viele seiner Untertanen empfanden ebenso. Diejenigen, die die alten Riten noch liebten, fürchteten, die Verletzung der Pax Deorum würde in einer politischen Katastrophe enden. In allen Niederlassungen des Reiches ernannte Julian heidnische Priester, die dem einen Gott opferten, der unter so vielen Namen verehrt wurde: Zeus, Jupiter, Helios oder, in der hebräischen Bibel, »dem Höchsten«.[207] Er entfernte Christen aus öffentlichen Ämtern, verlieh besondere Privilegien an Städte, die das Christentum nie angenommen hatten, und verkündete, er würde den jüdischen Tempel in Jerusalem wiederaufbauen. Julian vermied sorgfältig jede öffentliche Verfolgung, förderte aber die heidnischen Opfer, richtete heidnische Schreine wieder ein und ermutigte heimlich zu antichristlichen Gewalttaten.[208] Über die Jahre hinweg hatte sich eine Menge Groll gegen die Kirche angesammelt, und als Julians Edikte veröffentlicht wurden, gab es in einigen Städten Ausschreitungen gegen die Christen, die jetzt feststellen mussten, wie verletzlich sie wirklich waren.

Noch einmal reagierten die Christen auf den Staat, der sich so plötzlich gegen sie gewendet hatte, mit der trotzigen Geste des Märtyrertums. Die meisten Märtyrer, die während dieser zwei Jahre starben, wurden entweder vom heidnischen Mob getötet oder von lokalen Behörden umgebracht, weil sie provokative Angriffe auf die heidnische Religion unternommen hatten.[209] Während die Juden an ihrem neuen Tempel arbeiteten und die Heiden freudig ihre Schreine wiedererrichteten, drehte sich der Konflikt um symbolträchtige Gebäude im gesamten Reich. Seit Konstantin hatten sich die Christen daran gewöhnt, den Niedergang des Judentums als unabdingbare Begleiterscheinung für den Triumph der Kirche zu sehen. Als sie nun das strebsame Handeln der jüdischen Arbeiter auf der Tempelbaustelle in Jerusalem beobachteten, hatten sie das Gefühl, das Gewebe ihres eigenen Glaubens würde zerreißen. Im phrygischen Merum vollzog sich eine noch verhängnisvollere Entwicklung. Während der dortige heidnische Tempel wiedererrichtet und die Götterstatuen frisch poliert wurden, gingen drei Christen, »die die Schmach ihrer eigenen Religion nicht mehr ertragen konnten und von einem brennenden Tugend-Ehrgeiz getrieben wurden, bei Nacht in den Tempel und zerbrachen die Götterbilder«. Daraus entwickelte sich ein Selbstmordattentat auf ein Gebäude, das in ihren Augen ihre erneute Demütigung verkörperte. Als der Statthalter sie drängte, zu bereuen, weigerten sie sich und »erklärten ihre Bereitschaft, alles zu erleiden, um sich selbst nicht durch heidnische Opfer zu beschmutzen«. Und so wurden sie gefoltert und auf einem Rost verbrannt.[210] Eine neue Welle von Märtyrergeschichten kam auf, eher noch sensationeller als die ursprünglichen.

Mit dieser aggressiven Form des Todes waren die Märtyrer keine unschuldigen Opfer imperialer Gewalt mehr. Ihre Kämpfe wurden zu symbolischen Anschlägen auf die Feinde des Glaubens. Ähnlich wie einige moderne religiöse Extremisten hatten die Christen das Gefühl, sie hätten einen plötzlichen Verlust von Macht und Prestige erlitten – in ihrem Fall umso schmerzlicher, als die Erinnerung an die Zeit als verachtete Minderheit noch so frisch war.[211] Sie forderten den Tod heraus, indem sie heidnische Götterbilder zerschlugen, Rituale störten und die Tempel schändeten, die ihre Demütigung symbolisierten, und laut diejenigen priesen, die Julians »Tyrannei« getrotzt hatten. Als Julian bei einem Feldzug gegen die Perser getötet und Jovian, ein Christ, zu seinem Nachfolger ausgerufen wurde, erschien das wie eine göttliche Offenbarung. Aber Julians Regierung, die die neue Sicherheit und die Ansprüche der Christen so grob erschüttert und (zumal in den unteren Schichten) ein Klima der religiösen Polarisierung geschaffen hatte, förderte die Feindschaft zwischen Christen und Heiden. »Nie wieder!«, lautete das Motto der Christen, die in den kommenden Jahren immer neue Angriffe auf das heidnische Establishment planten.[212] Staatliche Unterdrückung hinterlässt eine Spur der Verletzung, die eine religiöse Tradition nur zu oft radikalisiert und selbst eine friedliebende Vision in einen Feldzug verwandeln kann.

* * *

Christliche und heidnische Aristokraten jedoch teilten immer noch eine gemeinsame Kultur, die zumindest innerhalb der Oberschicht die Aggression milderte. Im gesamten Reich durchliefen junge Adlige und talentierte Einzelpersonen von niedriger Geburt eine Ausbildung *(paideia)*, die eine lange Tradition besaß.[213] Bei aller intellektuellen Strenge bestand sie nicht nur aus einem rein akademischen Programm, sondern war vor allem eine Initiation, die das Verhalten der Herrschenden formte und ihre Haltungen zutiefst beeinflusste. In der Folge stellten diese Männer, wo auch immer sie sich im Reich aufhielten, fest, dass sie Gleichgesinnte fanden. Die Paideia war ein wichtiges Gegenmittel gegen die Gewalt in der spätrömischen Gesellschaft, in der Sklaven regelmäßig totgeschlagen wurden, in der das Auspeitschen sozial Niedrigergestellter vollkommen akzeptabel war und in der Ratsmitglieder wegen Steuerhinterziehung öffentlich verprügelt wurden. Ein wirklich kultivierter Römer war höflich und kontrolliert in seinem Verhalten, denn Zorn, beleidigende Worte oder aggressive Gesten passten nicht zu einem Herrn, der anderen großzügig den Platz überließ und sich stets zurückhaltend, ruhig und ernst benahm.

Durch die Paideia blieb die alte Religion als integraler Bestandteil der spätrömischen Kultur erhalten, und ihr Ethos wurde in das kirchliche Leben übernommen, wo die jungen Männer die entsprechenden Haltungen schon mit ans Taufbecken brachten. Einige sahen die Paideia sogar als unabdingbare Vorbereitung auf ein christliches Leben.[214] »Mit gemessenen Worten lerne ich, den Zorn zu mäßigen«, erklärte der kappadozische Bischof Gregor von Nazianz (329–390) seiner Gemeinde.[215] Seine Freunde Basilius, Bischof von Caesarea (um 330–379), und dessen jüngerer Bruder Gregor, der Bischof von Nyssa (331–395), wurden erst getauft, nachdem sie diese traditionelle Ausbildung hinter sich gebracht hatten.[216] Die Zurückhaltung der Paideia wirkte sich auch auf die Lehre von der Dreifaltigkeit aus, die diese drei Männer, oft als die kappadozischen Kirchenväter bezeichnet, am Ende der arianischen Krise entwickelten. Sie hatten den auf beiden Seiten so lautstark und mit verhärteten Fronten geführten Disput mit Unbehagen betrachtet. Die Kappadozier praktizierten das stille Gebet, wie es Evagrius Ponticus entwickelt hatte, nicht zuletzt, um den Geist von allem zornigen Dogmatismus zu befreien. Sie wussten, dass es unmöglich war, über Gott zu sprechen wie über alltägliche Dinge. Die Dreifaltigkeit sollte den Christen die Erkenntnis ermöglichen, dass das, was wir Gott nennen, jenseits aller Worte und Vorstellungen liegt. Aber die Meditation der Dreifaltigkeit sollte den Christen eine eher zurückhaltende Einstellung im eigenen Leben schenken, die aggressive Intoleranz unmöglich machte.

Doch das Glaubensbekenntnis von Nizäa hatte viele Menschen verwirrt. Wenn es nur einen Gott gab, wie konnte Jesus dann göttlich sein? Hieß das, es gab zwei Götter? Und gab es auch noch einen dritten? Wer war jener »Heilige Geist«, mit dem im Glaubensbekenntnis des Athanasius so oberflächlich umgegangen worden war? Im Neuen Testament hatte sich dieser jüdische Begriff auf die menschliche Erfahrung der göttlichen Macht und Gegenwart bezogen, die niemals mit der göttlichen Realität selbst Schritt halten konnte. Die Dreifaltigkeit war der Versuch, diese jüdische Einsicht auf einen hellenistischen Nenner zu bringen. Gott, so erklärten die Kappadozier, hatte eine einzige göttliche, unerreichbare Essenz *(ousia),* die dem menschlichen Geist vollkommen verschlossen blieb, den Menschen aber durch drei Manifestationen *(hypostases)* offenbart worden war: Dies waren der Vater (Quelle allen Seins), der Logos (im Menschen Jesus) und der Geist, den wir in uns selbst erleben. Jede »Person« (abgeleitet von dem lateinischen Wort *persona,* das »Maske« bedeutet) der Dreifaltigkeit gewährte nur einen partiellen Blick auf die göttliche Ousia, die die Menschen nie verstehen konnten. Die Kappadozier führten Neubekehrte mit einer Meditation in die Dreifaltigkeit ein, bei der sie daran erinnert wurden, dass das Göttliche nie in einer dogmatischen Formel eingesperrt werden konnte. Diese Meditation, die ständig wiederholt wurde, lehrte die Christen, dass im Kern der Dreifaltigkeit eine Kenosis ruht, weil der Vater sich rückhaltlos selbst entäußert und alles an den Logos übergeben hatte. Nachdem das Wort gesprochen war, besaß der Vater kein Ich mehr, sondern verblieb auf ewig in Schweigen und Unerklärlichkeit. Auch der Logos besaß kein eigenes Selbst, sondern war lediglich das Du des Vaters, der Geist jedoch war das Wir von Vater und Sohn.[217] Die Dreifaltigkeit repräsentierte die Paideia-Werte von Zurückhaltung, Rücksicht und Selbstverleugnung, die diese drei aristokratischen Bischöfe der neuen christlichen Großsprecherei entgegensetzten. Andere Bischöfe jedoch waren leider nur zu bereit, sich diese Großsprecherei zu eigen zu machen.

✳ ✳ ✳

Konstantin hatte den Bischöfen eine neue Autorität verliehen, kaiserliche Macht auszuüben, und einige, vor allem solche von niedriger Geburt, strebten genauso aggressiv nach dem Bischofsamt, wie Politiker heute um Sitze im Parlament streiten.[218] Einige versuchten sogar zu putschen, übernahmen des Nachts eine Kirche und verbarrikadierten während ihrer illegalen Weihe die Türen.[219] »Zur Zeit haben wir Männer, die das Bischofamt beanspruchen – eine niedere Rasse, die sich dazu herablässt, Geld zusammenzuraffen und Kriegszüge durchzuführen, weil sie ehrenhafte Posten anstrebt«, klagte der Historiker Palladius.[220] Sie bekamen den Beinamen »Tyrannenbischöfe«. Im alten Griechenland war ein »Tyrannos« ein Machthaber gewesen, der durch ungesetzliche Gewalt an die Macht gekommen war. Im späteren Römischen Reich hatte das Wort den Geschmack von schlechter Regierung, Grausamkeit und unverhältnismäßigem Zorn angenommen.[221] Als Athanasius Bischof geworden war, bezeichneten ihn seine Gegner stets als Tyrannen, weil er, wie sie behaupteten, nicht von dem Verlangen getrieben war, den Glauben zu verteidigen, sondern von persönlichem Ehrgeiz. Es hieß, er »wüte wie ein Tyrann«, als er die Arianer zu Gefängnis, Auspeitschung und Folter verurteilte, und in seiner Begleitung wurden »Militärs und Beamte der kaiserlichen Regierung« beobachtet.[222] Ganz offensichtlich war es einfacher, den Glauben zu imperialisieren, als das Imperium zu christianisieren.

Im späten 4. Jahrhundert waren Aufstände im städtischen Leben eher die Regel als die Ausnahme. Barbarenstämme griffen ununterbrochen die Grenzen an, auf dem Land grassierte der Straßenraub, und Flüchtlinge strömten in die Städte.[223] Übervölkerung, Krankheiten, Arbeitslosigkeit und immer höhere Steuern schufen eine Spannung, die oft gewaltsam zum Ausbruch kam; aber da die Armee gebraucht wurde, um die Außengrenzen zu sichern, besaßen die Statthalter keine militärische Macht, um Aufstände niederzuschlagen, und übergaben die Verantwortung für die Kontrolle der Bevölkerung an die Bischöfe.[224] »Pflicht eines Bischofs ist es, alle unkontrollierten Bewegungen der Menge zu beschneiden und zu beschränken«, schrieb der Patriarch von Antiochia an einen Kollegen.[225] Die Bischöfe von Syrien verließen sich auf die Mönche vor Ort ohnehin schon, um ihre Suppenküchen zu erhalten und als Leichenträger, Krankenpfleger und Bestatter zu dienen. Vom Volk wurden sie sehr geliebt, vor allem von den städtischen Armen, die ihre aggressiven Tiraden gegen die Reichen genossen. Jetzt begannen sie, die Aufstände zu beaufsichtigen, und erlangten mit der Zeit einige kriegerische Fähigkeiten.

Im Gegensatz zu den ägyptischen Mönchen unter Antonius, hatten die syrischen Mönche keinerlei Interesse daran, den Dämon des Zorns zu bekämpfen. Sie wurden als *boskoi*, »Weidetiere« bezeichnet und hatten keine feste Wohnstätte, sondern zogen nach Belieben durch die Berge und ernährten sich von wilden Pflanzen.[226] Einer der berühmtesten Boskoi war Alexander der Schlaflose, der eine normale Mönchsgemeinschaft verlassen hatte, weil er ihren Besitz ablehnte. Er war dem postjulianischen Ethos des »Nie wieder« ganz und gar erlegen, und nachdem er sieben einsame Jahre in der Wüste verbracht hatte, brannte er als Erstes den größten Tempel eines heidnischen Dorfes nieder. In seinen Augen konnte es keine Toleranz gegenüber den Symbolen der alten Religion geben, die die Sicherheit der Kirche ständig bedrohte. Alexander gelang es aber nicht, die Ehre des Märtyrertodes zu erlangen, weil er der Menge, die ihn töten wollte, eine so beredte Predigt hielt, dass alle auf der Stelle zum Christentum bekehrt wurden. Er gründete eine Ordensgemeinschaft, die sich der »Freiheit von aller Sorge« verschrieb. Statt für ihren Lebensunterhalt zu arbeiten wie die Mönche unter Antonius, lebten seine Leute von Almosen und verweigerten sich jeder produktiven Tätigkeit. Und statt den Versuch zu unternehmen, ihren Zorn zu kontrollieren, ließen sie ihm die Zügel schießen.[227] In den 380er Jahren bildeten vierhundert von ihnen eine riesige Gebets-Vereinigung, die zwanzig Jahre lang an der persischen Grenze entlangzog und in Schichten rund um die Uhr sang, entsprechend der Aufforderung des Paulus, ohne Unterlass zu beten.[228] Die unglücklichen Bewohner der Dörfer auf beiden Seiten der Grenze wurden von den Mönchen durch die blutrünstigen Drohungen des Psalmdichters gegen den Götzendienst terrorisiert. Die aggressive Bettlerei machte die Mönche zu einer unerträglichen Last für diese ländlichen Gemeinden, die selbst kaum genug zum Leben hatten. Wenn sie in einer Stadt auftauchten, setzten sie sich in der Stadtmitte auf einen öffentlichen Platz und zogen Scharen von städtischen Armen an, die zu ihnen strömten, um ihre feurigen Schmähungen der Reichen zu hören.

Diejenigen, die sich von ihnen nicht belästigt fühlten, respektierten die Mönche, weil sie die christlichen Werte so absolut vertraten. Für sie zeigte Alexanders heftige Intoleranz gegen das Heidentum, dass er wirklich auf das Christentum als dem einzig möglichen Glauben vertraute. Seit Julian verstanden sich die Christen zunehmend als belagerte Gemeinschaft. Sie versammelten sich um die Gräber lokaler Märtyrer, lauschten eifrig den Leidensgeschichten und hielten die Erinnerung an die Verfolgung und ihr Gefühl der Trauer wach. Viele hatten einfach keine Zeit für die höfliche Toleranz der aristokratischen Bischöfe.[229] Die heidnischen Tempel, die die kurze heidnische Wiederbelebung symbolisiert hatten, wurden zu einer ständigen, unerträglichen Bedrohung. Um noch Öl in die Flammen zu gießen, nutzten die Kaiser die Popularität der Mönche und ließen den Eiferern freie Hand gegen die heidnische Welt. Sie förderten die Pax Christiana genauso aggressiv, wie sie früher die Pax Romana erzwungen hatten.

Theodosius I. (reg. 346–395) war ein Neubekehrter und ein Mann von einfacher spanischer Herkunft. Als hervorragender Soldat hatte er die Donauregion befriedet und war im Jahr 380 in Konstantinopel angekommen, um seine aggressive Form des Christentums im Osten einzuführen. Er berief das Konzil von Konstantinopel ein, mit dem im Jahr 381 die nizänische Orthodoxie zur offiziellen Religion des Reiches gemacht wurde. Er förderte die römische Aristokratie, wenn es ihm passte, aber in Wirklichkeit galten seine Sympathien dem Mann auf der Straße, und er entschloss sich, seine Machtbasis auf die verarmten Stadtbewohner zu stützen – und zwar mit Hilfe ihrer geliebten Mönche. Ihm erschien es ganz sinnvoll, die heidnischen Tempel zu zerstören; seine Kaiserin Aelia Flacilla hatte sich bereits in Rom ausgezeichnet, indem sie eine Schar adliger Frauen angeführt hatte, die heidnische Schreine angriff. Im Jahr 388 gab Theodosius den Mönchen freie Hand, und sie fielen wie eine Heuschreckenplage über die dörflichen Schreine in Syrien her. Unterstützt durch den Ortsbischof, zerstörten sie auch eine Synagoge in Callinicum am Euphrat. Der heidnische Redner Libanius drängte den Kaiser, den »schwarzgekleideten Stamm« zu verfolgen, der sich der räuberischen Gewalttaten schuldig gemacht hatte, und beschrieb die äußerste Verzweiflung, die dem bösartigen Angriff auf die Tempel gefolgt war, »mit Stöcken und Steinen und Eisenstangen und in manchen Fällen, wo dies alles fehlte, auch mit Händen und Füßen«. Den heidnischen Priestern war nichts anderes übriggeblieben, als sich ruhig zu verhalten oder zu sterben.[230] Die Mönche wurden zur symbolischen Vorhut der gewalttätigen Christianisierung. Der bloße Klang ihrer Gesänge bewirkte, dass der Statthalter von Antiochia seinen Hof verließ und aus der Stadt flüchtete. Und obwohl es auf Menorca gar keine Mönche gab, träumte der Anführer der dortigen jüdischen Gemeinde im Jahr 418, seine Synagoge sei zerstört und der Platz, an dem sie gestanden hatte, von psalmodierenden Mönchen besetzt. Einige Wochen später wurde die Synagoge tatsächlich zerstört – allerdings nicht von Mönchen, sondern von fanatischen Christen aus dem Ort.[231]

Einige Bischöfe setzten dem Vandalismus Widerstand entgegen, aber nicht in konsequenter Weise. Da das römische Gesetz jüdisches Eigentum schützte, befahl Theodosius dem Bischof, der die Zerstörung der Synagoge von Callinicum geduldet hatte, ihren Wiederaufbau zu bezahlen. Aber Ambrosius (339–397), Bischof von Mailand, zwang ihn, das Dekret zurückzunehmen, denn der Wiederaufbau der Synagoge wäre eine ebenso große Demütigung für den wahren Glauben wie die Versuche Julians, den Tempel in Jerusalem wiederaufzubauen.[232] Die Christianisierung des Reiches wurde immer mehr mit der Zerstörung symbolträchtiger Gebäude gleichgesetzt. Im Jahr 391, nachdem Theodosius dem Bischof von Alexandria, Theophilus, gestattet hatte, den Dionysius-Tempel zu besetzen, plünderte dieser alle Tempel der Stadt und veranstaltete mit dem erbeuteten Schatz eine beleidigende Zurschaustellung in Form einer Parade.[233] Als Reaktion darauf verbarrikadierten sich die Heiden von Alexandria mit einigen christlichen Geiseln in dem großartigen Serapis-Tempel und zwangen diese, das Trauma der diokletianischen Verfolgung nachzuempfinden:

Sie wurden gezwungen, auf den Altären zu opfern, auf denen Feuer brannten. Wer sich weigerte, wurde mit neuen, raffinierten Foltermethoden getötet. Einige wurden gehängt, anderen wurden die Beine gebrochen, und sie wurden in die Höhlungen gesperrt, die in einer schrecklichen Zeit erbaut worden waren, um das Opferblut und die anderen Unreinheiten des Tempels aufzunehmen.[234]

Als der Anführer der Heiden die Mönche in einem entfernten Teil des Schreins singen hörte, wusste er, dass er verloren war. Tatsächlich wurde das Serapeum von kaiserlichen Soldaten zerstört, die auf Befehl des Bischofs handelten, aber die Mönche, die danach mit Reliquien von Johannes dem Täufer erschienen und die Ruinen besetzten, wurden zu Symbolgestalten dieses christlichen Triumphs.[235] Es wurde berichtet, viele Heiden seien von diesen Ereignissen so schockiert gewesen, dass sie sich auf der Stelle bekehrten.

Der Erfolg dieser Angriffe überzeugte Theodosius, dass die beste Art zur Erlangung eines Konsenses innerhalb des Reiches darin bestand, die Opferrituale zu verbieten und alle alten Schreine und Tempel zu schließen. Sein Sohn und Nachfolger Arcadius (reg. 395–408) brachte diese Politik deutlich zum Ausdruck:»Wenn [die Tempel] verwüstet und aufgegeben werden, ist jede materielle Grundlage des Aberglaubens erledigt.«[236] Er drängte den lokalen Adel im gesamten Reich, ihre Eiferer auf die Tempel loszulassen, um zu beweisen, dass die heidnischen Götter nicht einmal ihre eigenen Häuser verteidigen konnten. Ein moderner Historiker bemerkt dazu:»Ersticken, Verbrennen und Zerstörung waren samt und sonders Formen der theologischen Unterweisung; und als die Lektion vorüber war, hatten Mönche und Bischöfe, Generäle und Kaiser den Feind vertrieben.«[237]

Aurelius Augustinus, Bischof von Hippo in Nordafrika, gab dieser christlich-staatlichen Gewalt den stärksten Segen. Durch eigene Erfahrung hatte er festgestellt, dass Militanz viele Menschen bekehrte.[238] Fünfundzwanzig Jahre nachdem die Agenten des westlichen Kaisers Honorius die Tempel und Götzenschreine von Karthago im Jahr 399 niedergerissen hatten, fragte er:»Wer erkennt nicht, wie sehr die Verehrung des Namens Christi danach gewachsen ist!«[239] Als donatistische Mönche in den 390er Jahren die ländlichen Gebiete Afrikas verwüstet hatten, Tempel zerstörten und Adelssitze angriffen, hatte Augustinus zunächst jegliche Gewalt gegen sie verboten, dann aber bald erkannt, dass die strengen kaiserlichen Edikte die Donatisten erschreckten und in die Kirche zurücktrieben. Es ist daher kein Zufall, dass gerade Augustinus die Theorie des »gerechten Krieges« entwickelte, die künftige Grundlage des christlichen Denkens über dieses Thema.[240] Als Jesus seinen Jüngern befohlen hatte, die andere Wange hinzuhalten, wenn sie angegriffen wurden, so argumentierte Augustinus, da hatte er von ihnen nicht verlangt, jede Übeltat passiv hinzunehmen.[241] Gewalt wurde nicht durch den Akt des Tötens böse, sondern durch die Leidenschaften der Gier, des Hasses und des Ehrgeizes, die ihn motivierten.[242] Gewalt war sehr wohl legitim, wenn sie von Nächstenliebe inspiriert war – von ernsthafter Sorge um das Wohlergehen des Feindes –, und sollte auf dieselbe Weise ausgeübt werden, wie wenn ein Lehrer seine Schüler in ihrem eigenen Interesse schlug.[243] Zwang musste allerdings immer von einer rechtmäßigen Autorität ausgeübt werden.[244] Ein Einzelner, selbst wenn er in Notwehr handelte, musste unweigerlich ein falsches Verlangen *(libido)* empfinden, seinem Angreifer Schmerz zuzufügen, während ein professioneller Soldat, der nur Befehle befolgte, leidenschaftslos handeln konnte. Indem er dem Einzelnen die Möglichkeit zur Gewaltanwendung nahm, gab Augustinus dem Staat eine fast unbeschränkte Macht.

Als Augustinus im Jahr 430 starb, belagerten die Vandalen seine Stadt Hippo. In seinen letzten Lebensjahren war eine westliche Provinz nach der anderen an die Barbarenstämme gefallen, die in Germanien und Gallien eigene Königreiche errichtet hatten; im Jahr 410 hatten Alarich und seine gotischen Reiter sogar Rom überfallen. Als Reaktion darauf baute Theodosius II. (reg. 401–450) eine massive Befestigungsmauer um die Stadt Konstantinopel, aber die Byzantiner orientierten sich schon lange nach Osten und träumten immer noch davon, das Reich des Cyrus wiederzuerrichten. Sie konnten den Verlust der alten Stadt Rom ohne allzu großes Bedauern verschmerzen.[245] Ohne kaiserliche Aufsicht wurde Westeuropa zum primitiven Hinterland, seine Zivilisation ging verloren, und eine Zeitlang sah es so aus, als würde selbst das Christentum dort verschwinden. Aber die westlichen Bischöfe traten in die Fußstapfen der abziehenden römischen Beamten und erhielten den Anschein von Ordnung in einigen Regionen aufrecht. Und der Papst, Bischof von Rom, trat das Erbe der imperialen Herrscher an. Die Päpste schickten Missionare in die neuen barbarischen Königreiche, die die Angelsachsen in Britannien und die Franken in der alten Provinz Gallien bekehrten. In den kommenden Jahrhunderten schauten die Byzantiner mit wachsender Verachtung auf diese »barbarischen« Christen. Sie würden nie den Anspruch des Papstes auf die Nachfolge des heiligen Petrus anerkennen. Sie selbst waren die wahren Anführer der christlichen Welt.

* * *

In Byzanz wurden die Debatten über die Natur Christi nun eher noch aggressiver geführt als zuvor. Es scheint, als sei dieser Konflikt, der immer gewaltsamen Ausdruck gefunden hatte, ganz und gar vom religiösen Eifer um die rechte Lehre motiviert gewesen. Die Bischöfe suchten nach wie vor eine Möglichkeit, ihre Vision der Menschheit, so verletzlich und todgeweiht sie auch sein mochte, als heilig und göttlich darzustellen. Aber die Diskussionen wurden ebenso sehr durch die Innenpolitik des Reiches motiviert. Die führenden Protagonisten waren »Tyrannenbischöfe«, Männer mit weltlichem Ehrgeiz und riesigem Ego, und die Kaiser sorgten dafür, dass das Wasser noch trüber wurde. Theodosius II. förderte die gesetzlosen Mönche eher noch eifriger als sein Großvater.

Einer seiner Schützlinge war Nestorius, der Patriarch von Konstantinopel, der die Meinung vertrat, Christus habe zwei Naturen besessen, eine menschliche und eine göttliche.[246] Während das nizänische Glaubensbekenntnis Menschlichkeit und Göttlichkeit jedoch als vollkommen vereinbar betrachtet hatte, bestand Nestorius darauf, sie könnten nicht nebeneinander bestehen. Seine Lehre war durchdacht und nuanciert, und hätte man friedlich und offen darüber diskutiert, dann hätte man die Probleme auch lösen können. Aber Kyrill, der Patriarch von Alexandria, dem sehr daran gelegen war, dem aufsteigenden

Stern Nestorius zu schaden, klagte ihn vehement der Häresie an und argumentierte, als Gott sich herabgebeugt hätte, um uns zu retten, habe er keine halben Sachen gemacht, wie Nestorius anscheinend suggerierte, sondern unsere Menschlichkeit in all ihrer Körperlichkeit und Sterblichkeit angenommen. Auf dem Konzil von Ephesus im Jahr 431, das zusammenkam, um in dieser Angelegenheit eine Entscheidung zu treffen, klagten sich beide Seiten der »Tyrannei« an. Nestorius behauptete, Kyrill hätte eine Horde »fanatischer Mönche« auf ihn gehetzt und er habe sein Haus mit einer bewaffneten Garde verteidigen müssen.[247] Die zeitgenössischen Historiker hatten keinen Respekt für eine der beiden Seiten; sie taten Nestorius als »Brandschatzer« und Kyrill als »machthungrig« ab.[248] Es gab gar keinen ernsthaften Konflikt in der Lehre, argumentierte Palladius. Diese Männer, die »die Kirche entzweirissen«, wollten lediglich »ihr Verlangen nach dem Bischofsamt oder gar nach dem obersten Episkopat befriedigen«.[249]

Im Jahr 449 behauptete Eutyches, ein hoch geachteter Klostervorsteher in Konstantinopel, Jesus habe nur eine Natur *(mono physis)* besessen. Seine Menschlichkeit sei so durch und durch vergöttlicht gewesen, dass sie der unseren nicht mehr glich. Er klagte seine Gegner – fälschlicherweise – des »Nestorianismus« an. Sein Bischof Flavianus versuchte die Angelegenheit in aller Stille aus der Welt zu schaffen, aber Eutyches war ein Günstling des Kaisers und bestand darauf, vor Gericht zu ziehen.[250] Die Folge war ein regelrechter Bürgerkrieg über die richtige Lehre, in der Kaiser und Mönche eine unheilige Allianz gegen die gemäßigten Bischöfe bildeten. Ein zweites Konzil trat 449 in Ephesus zusammen, um das Problem der »Monophysiten« zu lösen, angeführt von dem »Tyrannenbischof« Dioskoros, dem Patriarch von Alexandria, der entschlossen war, die Versammlung zu nutzen, um sich selbst als Primas der Ostkirche zu etablieren. Um alles noch schlimmer zu machen, brachte Theodosius den Mönch Barsauma und seine Leute mit nach Ephesus, die dort »alle Mönche und Frommen der östlichen Kirche« vertreten sollten, tatsächlich aber Theodosius als Sturmtruppen dienten.[251] Zwanzig Jahre zuvor hatten Barsauma und seine Schurkenmönche rituell Josuas Feldzug in Palästina und Transjordanien wiederbelebt; sie hatten systematisch Synagogen und Tempel an allen heiligen Stätten auf ihrem Weg zerstört, und im Jahr 438 hatten sie am Tempelberg in Jerusalem jüdische Pilger getötet. »Er hat Tausende von Mönchen gegen uns eingesetzt«, klagten seine Opfer später. »Er hat ganz Syrien verwüstet, er ist ein Mörder und hat Bischöfe umgebracht.«[252] Als die Delegierten in Ephesus ankamen, wurden sie von Horden von Mönchen begrüßt, die Knüppel schwangen und die Gegner des Eutyches angriffen:

Sie verschleppten Männer, einige direkt von den Schiffen und andere aus den Straßen, wieder andere aus den Häusern und aus den Kirchen, wo sie beteten. Und sie verfolgten diejenigen, die flüchteten. Mit großem Eifer jagten sie selbst diejenigen, die sich in Höhlen und Erdlöchern versteckten, und gruben sie aus.[253]

Hilarius von Poitiers, der Abgesandte des Papstes, kam nur mit viel Glück lebend davon, und Bischof Flavianus wurde so übel verprügelt, dass er kurz darauf starb. Dioskoros weigerte sich, auch nur eine abweichende Meinung anzuhören, begrenzte die Redezeit und rief die kaiserlichen Truppen, als es zur Abstimmung kam.

Im folgenden Jahr starb Theodosius jedoch, und die Mönche verloren die kaiserliche Unterstützung. Ein neues Konzil trat im Jahr 451 in Chalcedon zusammen, um das zweite Konzil von Ephesus zu revidieren und einen neutralen theologischen Mittelweg zu beschreiten.[254]

Der »Tomus« von Papst Leo, der diplomatisch erklärte, Jesus sei ganz Gott und ganz Mensch, wurde von nun an zur Messlatte der Orthodoxie.[255] Dioskoros war erledigt, die wandernden Syrer gebändigt. Von jetzt an wurden alle Mönche dazu verpflichtet, in ihren Klöstern zu leben und zu bleiben; sie durften weder an weltlichen noch an kirchlichen Angelegenheiten teilnehmen und standen in finanzieller Abhängigkeit und unter der Kontrolle des Ortsbischofs.

Aber Chalcedon, das als Triumph von Gesetz und Ordnung gefeiert wurde, war in Wirklichkeit ein kaiserlicher Putsch. Zu Beginn des 4. Jahrhunderts hatten die Christen die Anwesenheit kaiserlicher Truppen in ihren Kirchen als Sakrileg beschimpft, aber nach den Schrecken des zweiten Konzils von Ephesus baten die moderaten Bischöfe den Kaiser darum, die Kontrolle zu übernehmen. Entsprechend führte ein Komitee aus neunzehn der höchsten militärischen und zivilen Beamten des Reiches den Vorsitz über das Konzil, legte die Tagesordnung fest, brachte abweichende Stimmen zum Schweigen und erzwang den korrekten Ablauf der Versammlung. Von da an wurde die chalcedonische Kirche in der Syrisch sprechenden Welt als »Kirche der Melkiten« bezeichnet: die »Kirche des Kaisers«. In jedem vorhergehenden Reich hatte sich die Religion der Herrschenden vom Glauben der unterdrückten Massen unterschieden; der Versuch der christlichen Kaiser, ihren Untertanen ihre Theologie aufzuzwingen, stellte also einen schockierenden Bruch mit der Vergangenheit dar und wurde als empörend empfunden. Die Gegner des imperialisierten Christentums schlossen sich aus Protest dem »Monophysitismus« des Eutyches an. Tatsächlich waren die theologischen Unterschiede zwischen »Monophysiten« und »Nizänern« minimal, aber die Monophysiten konnten sich auf andere christliche Traditionen berufen, nicht zuletzt auf die antirömische Haltung Jesu, und behaupten, die Melkiten ließen sich auf eine unheilige Allianz mit den weltlichen Mächten ein.

Die Diskussionen über die Natur Christi waren ein Versuch gewesen, eine ganzheitliche Sicht auf die Realität zu wagen, eine Sicht ohne Trennung zwischen den physischen und spirituellen Bereichen des Göttlichen und des Menschlichen. Auch in der menschlichen Gesellschaft, so glaubte Kaiser Justinian (reg. 527–565), sollte es eine *Symphonia* von Kirche und Staat geben, Harmonie und Einklang auf der Grundlage der Inkarnation des Logos im Menschen Jesus.[256] So wie sich die beiden Naturen, das

Menschliche und das Göttliche, in einem einzigen Menschen fanden, so konnte es keine Trennung zwischen Kirche und Reich geben; zusammen bildeten sie das Reich Gottes, das sich bald über die ganze Erde verbreiten würde. Aber es gab natürlich große Unterschiede zwischen dem Königreich Jesu und dem byzantinischen Staat.

Während die Barbaren den Stadtmauern Konstantinopels immer näher kamen, bemühte sich Justinian noch eifriger darum, die göttliche Einheit wiederherzustellen, indem er die Vorherrschaft der »kaiserlichen Kirche« energisch vorantrieb. Seine Versuche, die Monophysiten zu unterdrücken, brachten aber auf Dauer die Völker Palästinas, Syriens und Ägyptens gegen ihn auf. Er erklärte, das Judentum sei nicht länger eine *Religio licita:* Juden konnten keine zivilen oder militärischen Ämter mehr bekleiden, und der Gebrauch der hebräischen Sprache in der Synagoge wurde verboten. Im Jahr 528 setzte Justinian allen Heiden eine dreimonatige Frist, um sich taufen zu lassen, und im folgenden Jahr schloss er die einst von Platon gegründete Akademie von Athen. In allen Provinzen, von Marokko bis zum Euphrat, gab er Kirchenbauten im byzantinischen Stil in Auftrag, um die Einheit des Reiches zu symbolisieren. Statt einer herausfordernden Alternative zur kaiserlichen Gewalt wurde die Tradition, die einmal als Protest gegen die systematische Unterdrückung im Römischen Reich begonnen hatte, zu einem Werkzeug des aggressiven römischen Zwangssystems.

* * *

Im Jahr 540 begann Chosrau I. von Persien damit, sein kränkelndes Königreich in eine regionale Wirtschaftsmacht zu verwandeln, und zwar mit Hilfe einer Reform, die auf einer klassischen Definition des Agrarstaates beruhte:[257]

Die Monarchie ist abhängig von der Armee, die Armee jedoch vom Geld. Das Geld stammt aus der Besteuerung des Bodens, und diese Steuer ist ein Ergebnis der Landwirtschaft. Die

Landwirtschaft ist von Gerechtigkeit abhängig, die Gerechtigkeit jedoch von der Integrität der Beamten. Und Integrität und Verlässlichkeit sind abhängig von der ständigen Wachsamkeit des Königs.[258]

Chosrau entwickelte eine effiziente Methode der Steuererhebung und investierte viel Geld in die Bewässerung Mesopotamiens, die frühere persische Könige vernachlässigt hatten. Mit den Einnahmen war er in der Lage, eine professionelle Armee aufzustellen und die traditionelle Wehrpflicht des Adels zu ersetzen. Damit wurde ein Krieg gegen das christliche Rom unvermeidlich, denn beide Mächte strebten nach der Vorherrschaft in der Region. Chosrau stellte arabische Stämme an, um seine Südgrenze zu bewachen, und die Byzantiner konterten, indem sie die Banu Ghassan anheuerten (obwohl diese zum monophysitischen Christentum konvertiert waren), die von ihrem Winterlager in Damaskus aus an der Grenze patrouillierten.

In Chosraus Persien gab es keinerlei Toleranz gegenüber Aufständischen, aber auch keine religiöse Diskriminierung. Am Vorabend einer Revolte erklärte der König, er werde »jeden Mann töten, der mir weiterhin ungehorsam ist, sei er ein guter Zoroastrier, Jude oder Christ«.[259] Wie die meisten agrarischen Herrscher hatten auch die persischen Könige kein Interesse daran, ihren Untertanen den eigenen Glauben aufzuzwingen; selbst die imperiale Version des Zoroastrismus, wie sie Darius vertreten hatte, war streng auf den Adel beschränkt geblieben. Ihre Untertanen verehrten, wen sie wollten, lebten in christlichen, jüdischen oder heidnischen Gemeinden, geleitet von ihren eigenen Gesetzen und Bräuchen und geführt von religiösen Würdenträgern, die gleichzeitig staatliche Beamte waren – ein Arrangement, das die gesellschaftliche Organisation des Nahen Ostens für mehr als tausend Jahre bestimmte. Nach Chosraus Tod kam es in Persien zu einem Bürgerkrieg, und der byzantinische Kaiser Mauritius griff ein, um den jungen Chosrau II. (591–628) auf den Thron zu bringen. Vom persischen Adel abgelehnt, umgab sich Chosrau II. mit Christen, aber der Prunk an seinem Hof bestimmte für die nächsten Jahrhunderte den Grundton aller Monarchien im Nahen Osten. Er setzte die Reformen seines Vaters fort und entwickelte Mesopotamien zu einer lebendigen, reichen und kreativen Region. Die jüdische Gemeinde in Ktesiphon (nahe dem heutigen Bagdad) wurde zur intellektuellen und spirituellen Hauptstadt des weltweiten Judentums, und Nisibis, wo man sich dem Studium der christlichen Schriften widmete, entwickelte sich zu einem weiteren großen intellektuellen Zentrum.[260] Während der byzantinische Horizont sich immer mehr verengte, erweiterten die Perser ihren Blick.

Als sein Verbündeter Mauritius bei einem Putsch im Jahr 610 einem Attentat zum Opfer fiel, ergriff Chosrau die Gelegenheit, nach Byzanz einzufallen und riesige Mengen von Sklaven und materiellen Gütern zu erobern. Und als Heraclius, der römische Statthalter in Nordafrika, den Kaiserthron durch einen weiteren Putsch eroberte, wagte Chosrau eine Großoffensive, eroberte Antiochia (613), große Teile Syriens und Palästinas (614) und Ägypten (619). Im Jahr 626 belagerte seine Armee sogar Konstantinopel. In einem außerordentlichen Gegenschlag besiegte Heraclius mit seiner kleinen, disziplinierten Armee jedoch die persischen Truppen in Kleinasien und marschierte auf der iranischen Hochebene ein, griff die ungeschützten Residenzen des zoroastrischen Adels an und zerstörte ihre Schreine, bevor er zum Rückzug gezwungen wurde. Vollkommen diskreditiert, wurde Chosrau im Jahr 628 von seinen Ministern ermordet.

Heraclius' Feldzug war stärker religiös motiviert gewesen als jeder bisherige Krieg des christlichen Rom. Tatsächlich waren Kirche und Reich inzwischen so eng verbunden, dass die Belagerung Konstantinopels eine Bedrohung des Christentums an sich darstellte. Als die Stadt gerettet war, schrieb man den Sieg der Gottesmutter Maria zu, deren Ikone über die Stadtmauern getragen worden war, um den Feind abzuschrecken.

Während der persischen Kriege brachte ein Mönch den christologischen Disput zu einem Ende. Maximus (580–662) bestand darauf, die Fragen könnten nicht einfach durch theologische

Formulierungen beantwortet werden: »Vergöttlichung« wurzelte in der Erfahrung der Eucharistie, in der Kontemplation und der praktizierten Nächstenliebe. Diese gemeinsame Praxis lehrte die Christen zu sehen, dass es unmöglich war, »Gott« zu denken, ohne den Menschen mitzudenken. Wenn Menschen ihren Geist von Eifersucht und Feindseligkeit reinigten, die ihre Beziehungen zueinander vergifteten, dann konnten sie selbst in diesem Leben schon göttlich sein. »Der ganze Mensch konnte Gott werden, vergöttlicht durch die Gnade des menschgewordenen Gottes, ein ganzer Mensch mit Seele und Leib konnte durch die Gnade ganz und gar göttlich werden.«[261] Jeder einzelne Mensch hatte also einen heiligen Wert. Die Liebe zu Gott war untrennbar mit der Liebe zu den anderen Menschen verbunden.[262] Jesus hatte ja gelehrt, dass die Nagelprobe unserer Gottesliebe in unserer Feindesliebe bestand:

Warum hat er das befohlen? Um euch von Hass, Zorn und Groll zu befreien und euch des höchsten Geschenks, der vollkommenen Liebe würdig zu machen. Und ihr könnt eine solche Liebe nicht erlangen, wenn ihr nicht Gott nacheifert und alle Menschen gleichermaßen liebt. Denn Gott liebt alle Menschen gleichermaßen und wünscht sich, dass sie gerettet werden und die Wahrheit erkennen.[263]

Im Gegensatz zu den »Tyrannenbischöfen«, die um die Unterstützung des Kaisers wetteiferten, wurde Maximus zum Opfer und nicht zum Diener kaiserlicher Gewalt. Nachdem er während der persischen Kriege nach Nordafrika geflohen war, wurde er 661 zwangsweise nach Konstantinopel zurückgebracht, dort eingekerkert, als Ketzer verurteilt und verstümmelt. Wenig später starb er im Exil. Aber das dritte Konzil von Konstantinopel im Jahr 680 rehabilitierte ihn, und er ging als Vater der byzantinischen Theologie in die Geschichte ein.

Die Lehre von der Vergöttlichung feiert die Verwandlung des gesamten Menschen im Hier und Jetzt, nicht erst in einem zukünftigen Zustand, und genau diese Verwandlung haben einzelne

Christen auch immer wieder erlebt. Aber der spirituelle Triumph hat wenig mit der »realisierten Eschatologie« zu tun, die von Kaisern und »Tyrannenbischöfen« unterstützt wurde. Nach der Bekehrung Konstantins waren sie zu der Ansicht gelangt, ihr Reich und das Reich Gottes seien ein und dieselbe Sache, eine zweite Manifestation Christi. Nicht einmal die Katastrophe des zweiten Konzils von Ephesus oder die militärische Verwundbarkeit ihres Reiches konnte ihren Glauben erschüttern, Rom sei der Inbegriff des Christlichen und könne die Welt für Christus gewinnen. In anderen Traditionen hatten die Menschen versucht, eine herausfordernde Alternative zur systembedingten staatlichen Gewalt zu schaffen, aber die Byzantiner glaubten bis zum Fall von Konstantinopel unter dem türkischen Angriff von 1453, die Pax Romana und die Pax Christiana seien miteinander vereinbar. Die Begeisterung, mit der sie den Schutz des Kaisers begrüßten, wurde nie von einer substanziellen Kritik an der Rolle oder dem Charakter des Staates begleitet, geschweige denn an seiner unausweichlichen Gewalt und Unterdrückung.[264]

Im 7. Jahrhundert hatten sich sowohl Persien als auch Byzanz durch ihren kriegerischen Wettstreit um die Vorherrschaft in der Region ruiniert. Syrien, das bereits durch eine verheerende Seuche geschwächt war, verarmte vollkommen, und Persien verfiel in Anarchie. Seine Grenze war tödlich bedroht. Aber während sich die Perser und Byzantiner nervös beäugten, drohte echte Gefahr aus einer ganz anderen Richtung. Beide Reiche hatten ihre arabischen Nachbarn vergessen und bemerkten nicht, dass sich auf der arabischen Halbinsel eine Revolution des Handels vollzog. Die Araber hatten die Kriege zwischen den beiden Großmächten ganz genau beobachtet und wussten, dass beide Reiche tödlich geschwächt waren. Jetzt erlebten sie ein erstaunliches spirituelles und politisches Erwachen.

Das muslimische Dilemma

Im Jahr 610, bei Ausbruch des persisch-byzantinischen Krieges, erlebte ein Kaufmann aus Mekka im arabischen Hejaz während des heiligen Monats Ramadan eine dramatische Offenbarung. Seit einigen Jahren zog sich Muhammad (oder Mohammed) ibn Abdullah in dieser Zeit immer auf den Berg Hira vor der Stadt zurück.[265] Dort fastete er, gab sich geistlichen Übungen hin und verteilte Almosen an die Armen, während er intensiv über die Probleme seines Volkes meditierte, den Stamm der Quraisch. Noch vor wenigen Generationen hatten ihre Vorfahren ein elendes Dasein in den unzugänglichen Wüstengebieten Nordarabiens gefristet. Jetzt waren sie reicher, als sie es sich je hätten träumen lassen, und da Ackerbau in dieser trockenen Gegend nicht in Frage kam, beruhte ihr Wohlstand ausschließlich auf dem Handel. Jahrhundertelang hatten die Nomaden dieser Gegend (die *Badawin*) ihren kümmerlichen Lebensunterhalt aus der Schaf-, Pferde- und Kamelzucht zusammengekratzt, aber im 6. Jahrhundert hatten sie einen Sattel erfunden, mit dessen Hilfe ihre Kamele schwerere Lasten tragen konnten als bisher. In der Folge verlegten Kaufleute aus Indien, Ostafrika, dem Jemen und Bahrain ihre Karawanenwege durch die arabische Steppe, um Byzanz und Syrien zu erreichen, und ließen sich von den Beduinen von einem Wasserloch zum anderen führen. Mekka war eine Station für diese Karawanen, und die Quraisch schickten eigene Händler nach Syrien und in den Jemen, während die Beduinen ihre Güter in einem jährlichen Kreislauf auf den Suqs (Märkten) Arabiens austauschten.[266]

Mekkas Wohlstand beruhte auch auf seinem Status als Pilgerzentrum. Am Ende der Handelssaison kamen Araber aus allen Richtungen während des Monats des Haddsch nach Mekka, um rund um die Kaaba, den uralten würfelförmigen Schrein im Herzen der Stadt, ihre alten Rituale auszuführen. Kult und Kommerz waren untrennbar miteinander verbunden, und der Höhepunkt der Pilgerfahrt war der *Tawaf*, die siebenfache Umrundung der Kaaba, die den Kreislauf der Märkte symbolisierte und den kaufmännischen Aktivitäten der Araber eine spirituelle Dimension verlieh. Aber trotz seines außerordentlichen Erfolgs erlebte Mekka eine soziale und moralische Krise. Der alte Stammesgeist war dem Ethos einer frühen Form der Marktwirtschaft gewichen, und die Familien wetteiferten jetzt um Wohlstand und Prestige. Statt ihren Besitz zu teilen, wie es für das Überleben des Stammes in der Wüste unerlässlich gewesen war, sammelten sie Privatvermögen an, und der aufstrebende Kaufmannsadel ignorierte das Elend der ärmeren Quraisch und raubte Witwen und Waisen ihr Erbe. Die Reichen genossen ihre neue Sicherheit, aber wer dabei nicht mithalten konnte, war verloren und verwirrt.

Dichter besangen das Leben der Beduinen, das in Wirklichkeit ein grausamer, erbarmungsloser Kampf war, in dem zu viele Menschen um zu wenige Ressourcen stritten. Ständig am Rande des Hungertodes, führten die Stämme endlose Kämpfe um Weideland, Wasser und Futter. Die *Ghazu* genannten Raubzüge waren unerlässlich für die Wirtschaft der Beduinen. In Notzeiten drangen die Stammesleute ins Gebiet ihrer Nachbarn ein und raubten Kamele, Rinder, Lebensmittel oder Sklaven, wobei sie peinlich genau darauf achteten, niemanden zu töten, weil das zur Blutrache führen konnte. Wie die meisten Hirtenvölker konnten sie in diesen Raubzügen nichts Verwerfliches erkennen. Der Ghazu war eine Art Nationalsport, der mit Geschick und Schneid nach klar definierten Regeln ausgeübt und durchaus genossen wurde. Es handelte sich um eine brutale, aber einfache Art der Umverteilung von Wohlstand in einer Region, in der es einfach nicht genug für alle gab.

Die Stammesleute hatten wenig Interesse am Übernatürlichen,

verliehen ihrem Leben aber einen Sinn, indem sie einen Tugend- und Ehrenkodex formulierten. Sie nannten ihn *Muruwah*, was schwer zu übersetzen ist: Der Begriff umfasst Mut, Geduld und Durchhaltevermögen. Der Muruwah hatte einen gewalttätigen Kern. Die Stammesleute mussten jedes Unrecht rächen, das ihrer Gruppe angetan wurde, die schwachen Mitglieder schützen und ihren Feinden trotzen. Jedes Mitglied hatte die Pflicht, den Verwandten bereitwillig zu Hilfe zu eilen, wenn die Stammesehre verletzt wurde. Aber vor allem teilten sie ihren Besitz. Das Stammesleben in der Steppe wäre unmöglich gewesen, wenn Einzelne ihren Wohlstand gehortet hätten, während andere hungerten; niemand hätte jemandem in mageren Zeiten geholfen, der in guten Zeiten geizig gewesen wäre.

Aber im 6. Jahrhundert wurden die Grenzen des Muruwah in tragischer Weise offensichtlich, als die Beduinen sich in einem eskalierenden Kreislauf von Kriegszügen zwischen den Stämmen verfingen. Sie begannen, Menschen außerhalb der eigenen Familie als wertlos und entbehrlich zu betrachten, und empfanden keinerlei moralische Bedenken mehr, wenn sie töteten, um ihren Stamm zu verteidigen, berechtigter- oder unberechtigterweise.[267] Selbst ihr Ideal des Mutes wurde zutiefst kriegerisch, denn es ging jetzt nicht mehr um Selbstverteidigung, sondern um den vorbeugenden Erstschlag.[268] Die vorislamische Zeit wird von den Muslimen traditionell als *Dschahilija* bezeichnet, die »Zeit der Unwissenheit«. Aber die ursprüngliche Bedeutung der Wurzel JHL bedeutet »Reizbarkeit« – eine schmerzliche Empfindlichkeit in Bezug auf Ehre und Prestige, ein Übermaß an Arroganz und vor allem eine chronische Neigung zu Gewalt und Vergeltung.[269]

Mohammed war sich der Unterdrückung und der Ungerechtigkeit in Mekka wie auch der großen Gefahr der Dschahilija sehr bewusst. Mekka sollte ein Ort sein, an dem sich Kaufleute jeglicher Herkunft frei versammeln konnten, um ohne Angst vor einem Angriff ihren Geschäften nachgehen zu können. Deshalb hatten die Quraisch aus wirtschaftlichen Interessen dem Krieg abgeschworen und eine Haltung hochmütiger Neutralität eingenommen. Mit großem Geschick und Diplomatie hatten sie eine heilige *(haram)* Zwanzig-Meilen-Zone um die Kaaba gezogen, in der jegliche Gewalt verboten war.[270] Aber um den *dschahili*-Geist zu unterdrücken, brauchte es mehr. Die Herren von Mekka waren immer noch chauvinistisch und empfindlich, und sie neigten zu Ausbrüchen unbeherrschter Wut. Als der fromme Kaufmann Mohammed im Jahr 612 anfing, vor den Mitbewohnern der Stadt zu predigen, war ihm die heikle Lage in dieser wankelmütigen Stadt durchaus bewusst. Er hatte eine kleine Gemeinschaft um sich gesammelt, viele von ihnen aus den schwächeren, benachteiligten Clans, und seine Botschaft beruhte auf dem *Quran* (auch Koran, »Lesung, Rezitation, Vortrag«), einer neuen Offenbarung für die arabischen Völker. Die Ideen der zivilisierten Antike waren auf den Handelsrouten weit gereist und unter den Arabern lebhaft diskutiert worden. Ihre lokalen Legenden behaupteten, sie seien Nachkommen von Abrahams ältestem Sohn Ismael,[271] und viele glaubten, ihr höchster Gott Allah, dessen Name einfach »Gott« bedeutete, sei identisch mit dem Gott der Juden und Christen. Aber die Araber hatten keine Vorstellung von einer exklusiven Offenbarung oder einer speziellen Erwählung. Der Koran war für sie einfach die letzte Stufe in der sich entfaltenden Offenbarung Allahs vor den Nachkommen Abrahams, eine »Erinnerung« an das, was schon allgemein bekannt war.[272] Tatsächlich sagt Allah an einer bemerkenswerten Stelle im später aufgeschriebenen Koran, dass es keinen Unterschied zwischen den Offenbarungen der verschiedenen Propheten gebe.[273]

Die grundlegende Botschaft des Koran war keine neue, abstruse Lehrmeinung von der Art, wie sie Byzanz immer wieder zerrissen hatte, sondern lediglich eine »Erinnerung« daran, wie eine gerechte Gesellschaft aussehen konnte, eine Herausforderung für die strukturelle Gewalt, die auch in Mekka entstand: Sie besagte, dass es falsch war, privates Vermögen anzuhäufen, dass es aber gut war, den eigenen Besitz mit den Armen und Benachteiligten zu teilen und diesen auf Augenhöhe und mit Respekt zu begegnen. Die Gesamtheit der Muslime bildete eine *Umma,* eine »Gemeinschaft«, die eine Alternative zur Habgier und zur systembedingten Ungerechtigkeit des Handelskapitalismus in Mekka darstellte. Irgendwann bekam die Religion der Nachfolger Mohammeds den Namen *Islam,* weil sie verlangte, dass der Einzelne sein ganzes Sein Allah »hingab« oder »unterwarf«. Ein Muslim / eine Muslima war einfach ein Mann oder eine Frau, der oder die diese Hingabe vollzogen hatte. Aber zu Beginn nannte man den neuen Glauben *Tazakka,* was man in etwa mit »Verfeinerung« übersetzen kann.[274] Statt Wohlstand zu horten und die Not der Armen zu ignorieren, sollten Muslime Verantwortung füreinander übernehmen und die Bedürftigen versorgen, auch wenn sie selbst hungerten.[275] Sie tauschten die Reizbarkeit der *Dschahilija* gegen die traditionelle arabische Tugend des *Hilm* – Nachgiebigkeit, Geduld und Barmherzigkeit.[276] Indem sie für die Bedürftigen sorgten, Sklaven befreiten und anderen Menschen täglich, ja stündlich kleine Freundlichkeiten erwiesen, so glaubten sie, würden sie allmählich einen verantwortungsbewussten, mitfühlenden Geist erlangen und sich von aller Eigensucht reinigen. Im Gegensatz zu den Stammesleuten, die bei der geringsten Provokation mit Gewalt reagierten, durften Muslime nicht zurückschlagen, sondern mussten die Rache Allah überlassen[277] und alle Menschen gleichermaßen freundlich und höflich behandeln.[278] In gesellschaftlicher Hinsicht war die Hingabe des Islam ein Lernprozess für das Leben in einer Gemeinschaft: Die Gläubigen sollten ihre tiefe Verbundenheit mit anderen Menschen entdecken und danach streben, diese so zu behandeln, wie sie selbst behandelt werden wollten. »Keiner von euch kann ein Gläubiger sein«, soll Mohammed gesagt haben, »wenn er nicht für seinen Nachbarn ersehnt, was er für sich selbst ersehnt.«

Zunächst nahm das Establishment von Mekka wenig Notiz von der Umma, aber als Mohammed anfing, den Monotheismus seiner Botschaft zu betonen, wurden einige aufmerksam, und zwar eher aus wirtschaftlichen denn aus theologischen Gründen. Eine direkte Ablehnung der lokalen Gottheiten wäre schlecht fürs Geschäft und würde die Stämme verschrecken, die rund um die Kaaba ihre Götterbilder verehrten und während des Haddsch in die Stadt kamen, um diese Götterbilder aufzusuchen. So kam es zu einem ernsthaften Bruch: Die Muslime wurden angegriffen; die Umma, nach wie vor nur ein kleiner Teil der Quraisch, wurde wirtschaftlich und gesellschaftlich isoliert; Mohammeds Leben war in Gefahr. Als die Araber aus der etwa 450 Kilometer weiter nördlich gelegenen landwirtschaftlichen Kolonie Yathrib die Umma einluden, sich bei ihnen anzusiedeln, schien das die einzige Lösung zu sein. So verließen etwa siebzig muslimische Familien ihr Zuhause und begaben sich in die Oase, die später den Namen *al-Madinat* oder Medina erhalten würde: die Stadt des Propheten.

Diese *Hidschra* (Wanderung) weg von Mekka war ein ungewöhnlicher Schritt. In Arabien, wo der Stamm den heiligsten Wert darstellte, grenzte es an Blasphemie, die Verwandten zu verlassen und sich unter den dauerhaften Schutz von Fremden zu begeben. Schon das Wort *Hidschra* deutet die schmerzhafte Trennung an: HJR lässt sich übersetzen mit:»Er schnitt sich von freundlicher oder liebevoller Kommunikation ab ... er brach ... den Kontakt mit ihnen ab.«[279] Von jetzt an wurden die Muslime aus Mekka *Muhajirun* (»Emigranten«) genannt, und der traumatische Ortswechsel wurde zum Mittelpunkt ihrer Identität. Doch auch die *Ansar* (»Helfer«), Araber aus Medina, die sich zum Islam bekehrt hatten und nun Fremde bei sich aufnahmen, mit denen sie keine Blutsverwandtschaft verband, ließen sich auf ein gewagtes Experiment ein. Medina war keine klar umrissene Stadt, sondern eine Ansammlung von befestigten Dörfern, die von unterschiedlichen Stammesgruppen bewohnt wurden. Es gab zwei große arabische Stämme – die Aw und die Khasraj – und zwanzig jüdische Stämme dort, und diese Gruppen bekämpften sich ständig.[280] Als neutraler Außenstehender wurde Mohammed zum Vermittler und entwarf ein Abkommen, das Helfer und Emigranten in einem großen Stamm vereinte – »einer Gemeinschaft gegen alle anderen« –, der gemeinsam alle Feinde bekämpfen würde.[281] So wurde Medina zu einer Art Staat – und musste sofort feststellen, dass ihm, der Ideologie des

Hilm zum Trotz, keine andere Möglichkeit blieb, als sich militärisch zu engagieren.

❊ ❊ ❊

Die Emigranten waren eine Belastung für die neue Gemeinschaft. Sie waren Kaufleute und Geldwechsler, aber in Medina gab es wenig Möglichkeiten, Handel zu treiben. In der Landwirtschaft hatten sie keine Erfahrung, und es gab ohnehin kein freies Land. Sie mussten also unbedingt eine neue Einkommensquelle finden, und die Ghazu-Raubzüge, die ja durchaus eine akzeptable Möglichkeit darstellten, in Notzeiten zurechtzukommen, waren die offensichtliche Lösung ihres Problems. Im Jahr 624 begann Mohammed also, Gruppen von Räubern loszuschicken, die die Karawanen von Mekka angriffen. Der Schritt war nicht unumstritten, denn damit griffen die Muslime ja ihre eigenen Stammesangehörigen an. Aber da die Quraisch schon vor langer Zeit dem Krieg abgeschworen hatten, waren die Emigranten keine besonders erfahrenen Räuber, und die ersten Versuche schlugen fehl. Als sie den Bogen endlich heraushatten, brachen sie gleich zwei arabische Grundregeln, indem sie versehentlich einen Kaufmann aus Mekka töteten und während eines der heiligen Monate kämpften, in denen jegliche Gewalt auf der gesamten Halbinsel verboten war.[282] Jetzt musste man mit einem Vergeltungsschlag aus Mekka rechnen. Drei Monate später führte Mohammed selbst einen Ghazu an, um die wichtigste Karawane aus Mekka in diesem Jahr anzugreifen. Als sie davon hörten, schickten die Quraisch sofort ihre Armee, um die Karawane zu verteidigen, aber in der offenen Feldschlacht an der Quelle von Badr gelang den Muslimen ein erstaunlicher Sieg. Die Quraisch antworteten im nächsten Jahr mit einem Angriff auf Medina und besiegten die Muslime in der Schlacht von Uhud, aber im Jahr 627, bei einem erneuten Angriff auf Medina, schlugen die Muslime die Quraisch vernichtend in der Grabenschlacht, so genannt, weil Mohammed einen Verteidigungsgraben um die Siedlung ziehen ließ.

Die Umma erlebte aber auch innere Streitigkeiten. Drei der jüdischen Stämme von Medina – die Banu Quainuqa, Nadir und Quraiza – waren entschlossen, Mohammed zu vernichten, weil er ihren politischen Aufstieg in der Oase behinderte. Da sie beträchtliche militärische Stärke und ein Bündnis mit Mekka auf ihrer Seite hatten, stellten sie ein Sicherheitsrisiko dar. Als die Banu Quainuqa und Nadir einen Aufstand anzettelten und drohten, Mohammed zu ermorden, ließ er sie aus Medina ausweisen. Aber die Nadir hatten sich mit der nahe gelegenen jüdischen Siedlung Chaibar zusammengetan und riefen die Beduinen der Umgebung zur Unterstützung Medinas auf. So ließ Mohammed nach der Grabenschlacht, bei der die Quraiza die gesamte Siedlung durch ihr Komplott mit Mekka in Gefahr gebracht hatten, keine Gnade walten. Wie es im arabischen Raum üblich war, wurden die siebenhundert Männer des Stammes getötet und die Frauen und Kinder als Sklaven verkauft. Die anderen siebzehn jüdischen Stämme verblieben in Medina, und der Koran verpflichtete die Muslime weiterhin, sich den »Buchleuten« *(ahl al-kitab)* gegenüber respektvoll zu verhalten und die Gemeinsamkeiten zu betonen.[283]

Obwohl die Muslime die Quraiza aus politischen, nicht aus religiösen Gründen verurteilten, markierte diese Greueltat den Tiefpunkt in der Karriere des Propheten. Von da an intensivierte er seine diplomatischen Anstrengungen, baute die Beziehungen zu den Beduinen aus, die er mit seinem militärischen Erfolg beeindruckt hatte, und errichtete eine mächtige Konföderation. Die beduinischen Verbündeten mussten nicht zum Islam konvertieren, sondern lediglich schwören, die Feinde der Umma zu bekämpfen: Mohammed ist wohl einer der wenigen Anführer in der Geschichte, denen es gelang, ein Imperium im Wesentlichen durch Verhandlungen aufzubauen.[284]

Im März 628, im Monat des Haddsch, verkündete Mohammed zur allgemeinen Verwunderung, er würde nach Mekka pilgern. Da Pilger keine Waffen tragen durften, bedeutete das, er würde unbewaffnet in feindliches Gebiet reiten.[285] Etwa tausend Muslime meldeten sich freiwillig, um ihn zu begleiten. Die

Quraisch schickten ihre Kavallerie, um die Pilger anzugreifen, aber diese wurden von beduinischen Verbündeten auf einer Ausweichroute bis zum Heiligtum von Mekka geführt, wo jegliche Gewaltanwendung verboten war. Dort forderte Mohammed die Pilger auf, sich bei der Quelle von Hudaibiya hinzusetzen und auf die Quraisch zu warten, um mit ihnen zu verhandeln. Er wusste, dass er die Gegenseite in eine extrem schwierige Lage gebracht hatte: Wenn die Wächter der Kaaba auf heiligem Boden Pilger töteten, verloren sie jegliche Glaubwürdigkeit in der Region. Als jedoch die Abgesandten der Quraisch eintrafen, ließ sich Mohammed auf Bedingungen ein, die alle Vorteile der Umma anscheinend wieder zunichtemachten. Seine Mitpilger waren so entsetzt, dass es um ein Haar zu einer Meuterei kam. Der Koran jedoch feiert den Vertrag von Hudaibiya als echten Sieg: Während Mekka sich auf die typische *dschahili*-Streitlust verlassen hätte, als es versuchte, unbewaffnete Pilger zu töten, habe Gott den Muslimen den »Geist des Friedens« *(sakina)* geschickt.[286]

Mohammeds erster Biograph erklärte, dieser gewaltlose Sieg sei der Wendepunkt für die junge Bewegung gewesen: In den nächsten zwei Jahren traten mehr als doppelt so viele Menschen zum Islam über wie jemals zuvor.[287] Und im Jahr 630 öffnete Mekka der muslimischen Armee freiwillig seine Tore.

✳ ✳ ✳

Unsere Hauptquelle für das Leben Mohammeds ist der Koran, die Sammlung von Offenbarungen, die der Prophet während der dreiundzwanzig Jahre seiner Mission erhielt. Der offizielle Text wurde etwa zwanzig Jahre nach Mohammeds Tod unter dem dritten Kalifen Uthman standardisiert. Ursprünglich wurde der Koran jedoch mündlich überliefert, laut rezitiert und auswendig gelernt. So blieb der Text auch nach dem Tod des Propheten im Fluss, und die Menschen erinnerten sich an unterschiedliche Teile, die sie gehört hatten. Der Koran ist keine zusammenhängende Offenbarung: Mohammed erhielt ihn stückweise und im Zusammenhang mit verschiedenen Ereignissen, so dass es wie in jeder anderen heiligen Schrift Ungereimtheiten gibt – nicht zuletzt in Bezug auf das Thema Krieg. Der Dschihad ist kein Hauptthema im Koran, tatsächlich taucht das Wort mit all seinen Ableitungen nur einundvierzigmal in dem Text auf, und nur an zehn Stellen geht es eindeutig um Krieg. Die »Hingabe« des Islam verlangt einen ständigen Dschihad (»Kampf«) gegen die angeborene Selbstsucht. Manchmal sind damit tatsächliche, physische Kämpfe verbunden, manchmal geht es aber beim Dschihad auch darum, Prüfungen tapfer zu bestehen und den Armen auch in Zeiten persönlicher Not zu helfen.[288]

In Bezug auf militärische Gewalt kennt der Koran keine eindeutige oder systematische Lehre.[289] Manchmal verlangt Gott Geduld und Zurückhaltung statt Kampf;[290] manchmal gestattet er einen Verteidigungskrieg und verurteilt den Angriff. Zu anderen Zeiten ruft er zum offensiven Krieg innerhalb gewisser Grenzen auf,[291] und manchmal werden diese Grenzen auch aufgehoben.[292] In einigen Textpassagen werden die Muslime aufgefordert, mit den Angehörigen der anderen Buchreligionen friedlich zusammenzuleben,[293] in anderen werden sie dazu ermächtigt, sie zu unterdrücken.[294] Diese widersprüchlichen Hinweise durchziehen den ganzen Koran, und im Islam wurden zwei exegetische Strategien entwickelt, um mit diesen Widersprüchen umzugehen. Die erste stellte eine Verbindung zwischen jedem Koranvers und einem historischen Ereignis im Leben Mohammeds her und benutzte diesen Kontext, um ein allgemeines Prinzip abzuleiten. Da der überlieferte Text die Offenbarungen aber nicht in chronologischer Reihenfolge wiedergibt, fiel es den frühen Gelehrten schwer, die *Asbab al-nuzal* (»Gelegenheiten der Offenbarung«) festzulegen. Die zweite Strategie bestand darin, bestimmte Verse für ungültig zu erklären. Die Gelehrten argumentierten, solange die Umma noch ums Überleben kämpfte, hätte Gott den Muslimen nur vorläufige Lösungen für ihre Schwierigkeiten anbieten können, nach dem Sieg des Islam habe er aber dauerhafte Anordnungen gegeben. Die späteren Offenbarungen – darunter einige, die zum uneingeschränkten Krieg auffordern – seien Gottes letztes Wort in dieser Sache und ersetzten die früheren, weniger strengen Anordnungen.[295]

Die Befürworter der Außerkraftsetzung bestimmter Textteile argumentierten, Gott habe den Muslimen geboten, Kampf und Konfrontation zu vermeiden, solange sie noch eine verletzliche Minderheit in Mekka gewesen seien.[296] Nach der Hidschra jedoch, nachdem sie eine gewisse Macht erlangt hatten, habe Gott ihnen gestattet zu kämpfen, wenn auch nur zur Selbstverteidigung.[297] Je stärker sie wurden, desto mehr Beschränkungen seien gefallen,[298] und schließlich, nach der triumphalen Rückkehr des Propheten nach Mekka, sei ihnen befohlen worden, gegen die Nicht-Muslime in den Krieg zu ziehen, wo und wann immer sie konnten.[299] Gott hatte die Muslime also schrittweise auf die Eroberung der Welt vorbereitet und seine Anordnungen ihren Lebensumständen angepasst. Moderne Forscher haben allerdings festgestellt, dass die frühe Auslegung sich nicht immer einig war, welche Offenbarungen zu welchen historischen Ereignissen gehörten und welche man außer Kraft setzen konnte. So vermutet der amerikanische Forscher Reuven Firestone, die widersprüchlichen Verse würden vielmehr die Ansichten unterschiedlicher Gruppen innerhalb der Umma wiedergeben, zu Lebzeiten des Propheten und nach seinem Tod.[300]

Uneinigkeit und Fraktionsbildungen innerhalb der Umma wären nicht sehr erstaunlich. Wie die Christen, so interpretierten auch die Muslime ihre Offenbarung in radikal unterschiedlicher Weise, und wie jede andere Glaubensrichtung entwickelte der Islam sich in Reaktion auf veränderte Umstände. Der Koran scheint sich der Tatsache bewusst zu sein, dass einige Muslime eine göttliche Aufforderung zum Kampf nicht gern hörten: »Vorgeschrieben ist euch zu kämpfen, obwohl es euch zuwider ist.«[301] Wenn die Umma sich militärisch engagierte, gab es offenbar eine Gruppe, die stark genug dazu war, sich dem Kampf zu verweigern:

Die ihr glaubt, was ist mit euch, dass, wenn zu euch gesagt wird: »*Rückt aus auf Allahs Weg!*«, *ihr euch schwer zur Erde sinken lasst? Seid ihr mit dem diesseitigen Leben mehr zufrie-*

den als mit dem Jenseits? Aber der Genuss des diesseitigen Lebens wird im Jenseits nur gering (erscheinen). Wenn ihr nicht ausrückt, wird Er euch mit schmerzhafter Strafe strafen und euch durch ein anderes Volk ersetzen, und ihr (könnt) Ihm keinerlei Schaden zufügen. Allah hat zu allem die Macht.[302]

Der Koran nennt diese Leute Zauderer und Lügner, und Mohammed wurde getadelt, weil er es ihnen gestattete, während der Kriegszüge zu Hause zu bleiben.[303] Sie werden der Trägheit und Feigheit beschuldigt und mit den *Kufar,* den Feinden des Islam, gleichgesetzt.[304] Aber diese Gruppe konnte viele Koranverse anführen, in denen die Muslime aufgefordert werden, nicht zu vergelten, sondern zu vergeben und zu ertragen und auf Angriffe mit Barmherzigkeit, Geduld und Höflichkeit zu reagieren.[305] An anderen Stellen blickt der Koran freudig voraus auf eine schlussendliche Versöhnung: »Es gibt keine Beweisgrundlage zwischen uns und euch. Allah wird uns zusammenbringen. Und zu Ihm ist der Ausgang.«[306] Die Konsequenz des Friedensthemas, das den gesamten Koran durchzieht, muss eine starke Strömung repräsentieren, die in der Umma einige Zeit überlebte – vielleicht bis ins 9. Jahrhundert.[307] Am Ende überwogen jedoch die militanteren Gruppen, vermutlich weil im 9. Jahrhundert, also lange nach dem Tod des Propheten, die aggressiveren Verse die Realität spiegelten: Seither hatten die Muslime ein Reich errichtet, das nur durch militärische Gewalt erhalten werden konnte. Ihr Lieblingstext war die »Schwert-Sure«, die sie als Gottes letztes Wort zu dem Thema betrachteten, obwohl auch hier die Erlaubnis zum uneingeschränkten Krieg sofort in eine Forderung nach Frieden und Milde übergeht:

Wenn nun die Schutzmonate abgelaufen sind, dann tötet die Götzendiener, wo immer ihr sie findet, ergreift sie, belagert sie und lauert ihnen aus jedem Hinterhalt auf! Wenn sie aber bereuen, das Gebet verrichten und die Abgabe entrichten, dann lasst sie ihres Weges ziehen! Gewiss, Allah ist allvergebend und barmherzig.[308]

Durch den gesamten Koran zieht sich also ein Gegensatz von Rücksichtslosigkeit und Barmherzigkeit: Die Gläubigen werden ständig zum Kampf aufgefordert, »bis es keine Verfolgung mehr gibt und die Religion (allein) Allahs ist«,[309] aber gleichzeitig wird auch immer wieder gesagt, dass es keine Gewalt mehr geben darf, sobald der Feind um Frieden bittet.[310]

* * *

Mohammeds Konföderation zerbrach nach seinem Tod 632, und sein »Nachfolger« (Kalif) Abu Bakr bekämpfte die abtrünnigen Stämme, um Arabien vor einem Rückfall in einen Dauerkrieg zu bewahren. Wie wir schon gesehen haben, gab es nur eine Möglichkeit, die dauernden Kämpfe zu beenden, nämlich die Wiedererrichtung einer starken Hegemonialmacht, die den Frieden erzwingen konnte. Nach zwei Jahren gelang es Abu Bakr, die Pax Islamica wiederherzustellen, und nach seinem Tod 634 glaubte der zweite Kalif, Umar ibn al-Khattab (reg. 634–644), der Frieden könne nur durch eine nach außen gerichtete Offensive bewahrt werden. Diese Kriegszüge waren nicht religiös motiviert, und es gibt im Koran keinen Hinweis darauf, dass die Muslime kämpfen sollen, um die Welt zu erobern. Umars Feldzüge begründeten sich fast ausschließlich aus der heiklen Wirtschaftslage in Arabien. Ein konventionelles agrarisch strukturiertes Reich in Arabien zu gründen kam nicht in Frage, weil es so wenig bebaubares Land gab. Die bescheidene Marktwirtschaft der Quraisch konnte auf keinen Fall die gesamte Halbinsel versorgen, und der Koran verbot den Mitgliedern der islamischen Konföderation, gegeneinander zu kämpfen. Wie sollte ein Stamm sich also in Notzeiten versorgen? Der Ghazu, der Raubzug gegen die Nachbarstämme, war die einzige Möglichkeit gewesen, die mageren Ressourcen in Arabien umzuverteilen, aber diese Möglichkeit fiel nun weg. Umars Lösung bestand darin, die reichen Länder außerhalb der arabischen Halbinsel zu überfallen, die, wie die Araber sehr wohl wussten, nach den persisch-byzantinischen Kriegen in Auflösung begriffen waren.

Unter Umars Führung überschritten sie die Grenzen der Halbinsel im Sturm, zunächst in Form kleinerer Züge, später auch mit großen Unternehmungen. Wie erwartet, trafen sie auf wenig Gegenwehr. Die Armeen der beiden Großmächte waren dezimiert, die unterworfenen Völker wehrlos. Juden und monophysitische Christen waren es müde, sich von Konstantinopel schikanieren zu lassen, und die Perser hatten sich von den politischen Unruhen nach dem Mord an Chosrau II. noch nicht erholt. In bemerkenswert kurzer Zeit zwangen die Araber die römische Armee zum Rückzug aus Syrien (636) und zerschmetterten die ohnehin schwache persische Armee (637). Im Jahr 641 eroberten sie Ägypten, und es dauerte zwar an die fünfzehn Jahre, bis sie den gesamten Iran befriedet hatten, aber im Jahr 652 siegten sie auch hier. Nur Byzanz, inzwischen ein Rumpfstaat ohne seine südlichen Provinzen, hielt noch durch. Zwanzig Jahre nach der Schlacht von Badr waren die Muslime nun also die Herren von Mesopotamien, Syrien, Palästina und Ägypten. Als sie den Iran endlich unterworfen hatten, erfüllte sich an ihnen der Traum, der sowohl die Perser als auch die Byzantiner verführt hatte: Sie hatten das Reich des Kyros wiederhergestellt.[311]

Dieser Erfolg ist schwer zu erklären. Die Araber waren gewiefte Räuber, hatten aber wenig Erfahrung in längeren Kriegszügen und verfügten über keinerlei überlegene Waffen oder Technologie.[312] Tatsächlich eroberten sie, wie schon der Prophet, in den ersten Jahren ihrer Expansion mehr Land durch diplomatische Bemühungen als durch Kämpfe: Damaskus und Alexandria kapitulierten, weil man ihnen großzügige Bedingungen angeboten hatte.[313] Die Araber hatten keine Erfahrung mit dem Aufbau von Staaten und übernahmen einfach die persischen und byzantinischen Systeme der Landverteilung, Besteuerung und Verwaltung. Und sie unternahmen auch keinen Versuch, den unterworfenen Völkern den Islam aufzuzwingen. Die Angehörigen der Buchreligionen – Juden, Christen und Zoroastrier – wurden *Dhimmi* (»geschützte Untertanen«). Islamkritiker verurteilen dieses Arrangement oft als Beweis für islamische Intoleranz, aber Umar hatte lediglich das persische System Chosraus I. übernommen: Der Islam war die Religion der arabischen Eroberer, genau wie der Zoroastrismus der exklusive Glaube der persischen Aristokratie gewesen war. Und die Dhimmi verwalteten sich selbst, wie sie es schon im Iran getan hatten, und zahlten die Dschizya, eine Kopfsteuer als Gegenleistung für militärischen Schutz. Nachdem das christliche Römische Reich jahrhundertelang versucht hatte, den Menschen einen religiösen Konsens aufzuzwingen, hatte sich das traditionelle agrarische System wieder durchgesetzt, und viele Dhimmi empfanden die muslimische Politik als Erleichterung.

Als Umar im Jahr 632 Jerusalem eroberte, unterschrieb er sofort eine Charta, mit der sichergestellt wurde, dass die christlichen Schreine unbehelligt blieben, und räumte den Platz des jüdischen Tempels frei, der seit seiner Zerstörung im Jahr 70 in Trümmern lag und als Mülldeponie benutzt wurde. Von da an bekam die heilige Stätte den Namen *Haram al-Sharif* (»Edles Heiligtum«) und wurde zum drittheiligsten Ort der muslimischen Welt nach Mekka und Medina. Umar lud auch die Juden, die seit dem Bar-Kochba-Aufstand nicht mehr in Judäa siedeln durften, zur Rückkehr in die Stadt des Propheten Da'du (David) ein.[314] Noch im 11. Jahrhundert erinnerte sich ein Rabbi in Jerusalem voller Dankbarkeit an die Gnade, die Gott seinem Volk erwiesen hatte, als er dem »Königreich des Ismael« gestattete, Palästina zu erobern.[315] »Sie fragten nicht nach dem Glaubensbekenntnis«, schrieb Michael von Syrien, ein Historiker aus dem 12. Jahrhundert, »noch verfolgten sie irgendjemand wegen seines Berufs, wie es das häretische und bösartige Volk der Griechen getan hatte.«[316]

Die muslimischen Eroberer versuchten zunächst, der systematischen Unterdrückung und Gewalt des Reiches zu widerstehen. Umar gestattete seinen Beamten nicht, Menschen umzusiedeln oder Landgüter im reichen Mesopotamien einzurichten. Stattdessen lebten die muslimischen Soldaten in neuen Garnisonstädten *(Amsar),* die an strategisch günstigen Orten erbaut worden waren: Kufa im Irak, Basra in Syrien, Ghom im Iran und Fustat in Ägypten. Damaskus war die einzige alte Stadt, die zur Garnison wurde. Umar glaubte, die junge Umma könne ihre Integrität nur bewahren, wenn sie sich räumlich von den weiterentwickelten Kulturen abgrenzte.

Die Fähigkeit der Muslime, ein stabiles, zentralisiertes Reich aufzubauen, war noch erstaunlicher als ihr militärischer Erfolg. Sowohl die Perser als auch die Byzantiner hatten erwartet, dass sich die Araber nach ihren anfänglichen Erfolgen einfach in den eroberten Reichen niederlassen würden. So hatten es schließlich auch die Barbaren in den westlichen Provinzen getan, und jetzt regierten sie mit Hilfe römischer Gesetze und sprachen lateinische Dialekte.[317] Aber als die Expansionskriege um 750 endlich nachließen, regierten die Muslime ein Reich, dass sich vom Himalaya bis an die Pyrenäen erstreckte, das größte Reich, das die Welt je gesehen hatte, und die meisten eroberten Völker bekehrten sich zum Islam und sprachen Arabisch.[318] Diese außerordentliche Leistung schien die Botschaft des Koran zu stützen, der erklärte, eine Gesellschaft auf der Grundlage seiner gerechten Prinzipien würde immer gedeihen.

Spätere Generationen idealisierten die Eroberungszeit, aber so einfach war es natürlich nicht. Dass es nicht gelang, Konstantinopel einzunehmen, war ein bitterer Schlag. Als Uthman, der Schwiegersohn des Propheten, zum dritten Kalifen ausgerufen wurde (reg. 644–656), waren die muslimischen Truppen unzufrieden und mürrisch geworden. Die Entfernungen waren so groß, dass jeder Feldzug zur Erschöpfung führte, und es gab auch weniger Beute. Weit weg von zu Hause, ständig in fremder Umgebung, kannten die Soldaten kein stabiles Familienleben.[319] Diese Unruhe spiegelt sich in der Hadith-Literatur, in der die klassische Lehre vom Dschihad Gestalt annahm.[320] Die Hadith überlieferten Sprüche und Geschichten des Propheten, die nicht im Koran enthalten waren. Nachdem er ja nicht mehr bei ihnen war, wollten die Menschen wissen, wie sich Mohammed verhalten hatte und was er über Themen wie den Krieg gedacht hatte. Diese Traditionen wurden im 8. und 9. Jahrhundert gesammelt und zusammengestellt und wurden so zahlreich, dass man neue

Kriterien brauchte, um die echten von den erfundenen Geschichten zu unterscheiden. Nur wenige Hadith lassen sich auf den Propheten selbst zurückführen, aber selbst die eher zweifelhaften unter ihnen werfen ein Schlaglicht auf die Einstellungen in der frühen Umma zu jener Zeit, als die Muslime ihren erstaunlichen Erfolg reflektierten.

Viele Hadith betrachteten die Kriege als Gottes Art, den Glauben auszubreiten. »Ich bin zu der ganzen Menschheit gesandt«, sagt der Prophet.[321] »Ich bin beauftragt, die Völker zu bekämpfen, bis sie bezeugen: Es gibt keinen Gott außer Allah.«[322] Der Aufbau eines Staatswesens funktioniert am besten, wenn die Soldaten glauben, dass sie der Menschheit dienen, also war die Überzeugung, sie seien im göttlichen Auftrag unterwegs, eine Aufmunterung, wenn die Moral nachließ. Hinzu kam eine stille Verachtung für die »Zauderer«, die zu Hause blieben; die Soldaten hegten vermutlich einen Groll gegen jene Muslime, die von den Eroberungen profitierten, aber ihre Härten nicht teilten. In einigen Hadith werden Mohammed entsprechende Urteile über das sesshafte Leben in den Mund gelegt: »Ich bin als Gnade und als Kämpfer gesandt, nicht als Kaufmann und Bauer; die Schlimmsten in der Umma sind die Kaufleute und Bauern, die die Religion nicht ernst nehmen.«[323] Andere Berichte betonen die Härten, die der Krieger durchlebt, der täglich mit dem Tod konfrontiert ist und »ein Haus baut und nicht darin lebt, eine Frau geheiratet hat und nicht mit ihr schläft«.[324] Diese Krieger lehnten andere Formen des Dschihad wie z. B. die Versorgung der Armen zunehmend ab und betrachteten sich als die wahren Dschihadi. Einige Hadith behaupten, der Kampf sei die sechste Säule, die sechste unabdingbare Praxis des Islam, neben dem Glaubensbekenntnis, dem Almosengeben, dem Gebet, dem Fasten während des Ramadan und dem Haddsch. Einige behaupteten, ein Kampf sei viel wertvoller, als wenn man die ganze Nacht im Gebet neben der Kaaba säße oder viele Tage fastete.[325]

Die Hadith verleihen dem Kampf eine spirituelle Dimension, die er im Koran nie besessen hat. Dabei wird viel Wert auf die Absichten des Soldaten gelegt: Kämpft er für Gott oder lediglich um Ruhm und Ehre?[326] Nach Aussage des Propheten ist der Dschihad das Mönchtum des Islam.[327] Die Anforderungen des militärischen Lebens trennten die Soldaten von den Zivilisten, und so wie christliche Mönche getrennt von den Laien lebten, so waren die Garnisonstädte, in denen die muslimischen Kämpfer getrennt von ihren Frauen lebten und eifrig fasteten und beteten, ihre Klöster.

Weil die Soldaten ständig den vorzeitigen Tod vor Augen hatten, spekulierten sie viel über ein Leben nach dem Tod. Im Koran gab es keine detaillierte Vorstellung von der Endzeit, und das Paradies wurde nur in vagen poetischen Begriffen umschrieben. Jetzt behaupteten einige Hadith, die Eroberungskriege seien Vorzeichen der letzten Tage,[328] und stellten sich Mohammed als Propheten des Jüngsten Gerichts vor: »Hört! Gott hat mich gerade noch rechtzeitig mit einem Schwert geschickt.«[329] Die muslimischen Krieger wurden als Elitetruppe beschrieben, die sich mitten im endzeitlichen Kampf befand.[330] Wenn das Ende käme, würden alle Muslime die Bequemlichkeiten des sesshaften Lebens aufgeben und sich der Armee anschließen, die nicht nur Byzanz besiegen, sondern die Eroberung Zentralasiens, Indiens und Äthiopiens vollenden würde. Einige Soldaten träumten vom Märtyrertod, und die Hadith ergänzten die kurzen Bemerkungen des Koran über das Schicksal derjenigen, die im Kampf fielen, durch christliche Bilder.[331] Wie der griechische *Martus* war auch der arabische *Shahid* ein Mensch, der durch seine letzte Hingabe den Islam bezeugte. Die Hadith zählen seine himmlischen Belohnungen auf: Er würde nicht im Grab auf das Jüngste Gericht warten müssen wie alle anderen, sondern sofort an einen eigenen Ort im Paradies gelangen:

Im Angesicht Gottes besitzt der Märtyrer sechs besondere Eigenschaften: Gott vergibt ihm bei erster Gelegenheit und zeigt ihm seinen Platz im Paradies. Er wird vor den Qualen des Grabes verschont, er ist befreit von der großen Angst [vor dem Jüngsten Gericht], eine Ehrenkrone wird ihm auf den Kopf gesetzt, in der ein einzelner Rubin größer ist als die ganze Welt und alles, was darin ist. Er wird mit siebzehn Huris [Frauen des Paradieses] verheiratet und hat das Recht, bei Gott Fürsprache für seine Verwandten einzulegen.[332]

Als Belohnung für das harte Leben in der Armee darf der Märtyrer Wein trinken, seidene Kleider tragen und in sexuellen Freuden schwelgen, die ihm im Dienste des Dschihad versagt geblieben sind.

Andere Muslime, die dem neuen militärischen Ideal nicht so eng verbunden waren, erklärten, ein vorzeitiger Tod – durch Ertrinken, Seuchen, Feuer oder Unfälle – sei nur Zeugnis der menschlichen Vergänglichkeit und zeige, dass es in den menschlichen Einrichtungen keine Sicherheit gebe, sondern nur im allmächtigen Gott. Insofern sei er auch ein Märtyrertod.[333]

* * *

Vermutlich war es unvermeidlich, dass es bei dem erstaunlichen Übergang von einem elenden Leben zur Weltherrschaft einige Uneinigkeit über Führungsfragen, die Verteilung von Ressourcen und die Moral des Reiches gab.[334] Im Jahr 656 wurde Uthman während einer Meuterei der Soldaten getötet, die von den Koran-Rezitatoren unterstützt wurde, jenen Wächtern der islamischen Tradition, die die wachsende Zentralisierung der Macht innerhalb der Umma ablehnten. Mit Unterstützung dieser Unzufriedenen wurde Ali, Cousin und Schwiegersohn des Propheten, zum vierten Kalifen. Er war ein frommer Mann, der mit der Logik praktischer Politik seine Mühe hatte, und seine Herrschaft wurde in Syrien nicht akzeptiert. Die dortige Opposition wurde von Uthmans Verwandtem Muawiya angeführt, dem Statthalter von Damaskus. Als Sohn eines der hartnäckigsten Feinde des Propheten, wurde Muawiya von den reichen Familien in Mekka und von den Syrern unterstützt, die seine weise und fähige Regierung schätzten. Dass die Verwandten und Gefährten des Propheten nun aufeinander losgingen, war zutiefst verstörend, und um bewaffnete Konflikte zu vermeiden, suchten sich die beiden Seiten Vermittler unter den neutralen Muslimen – die sich für Muawiya entschieden. Eine extremistische Gruppe weigerte sich jedoch, dieses Urteil zu akzeptieren, und reagierte schockiert darüber, dass Ali sich fügte. Diese Leute glaubten, die Umma solle eher von dem eifrigsten Muslim geleitet werden (also von Ali) als von einem Machtmenschen wie Muawiya. Sie betrachteten jetzt beide Herrscher als Abtrünnige, zogen sich aus der Umma zurück und begründeten ein eigenes Lager mit einem unabhängigen Kommandeur, so dass sie als *Charidschi,* »die hinausgehen«, bezeichnet wurden. Nach dem Scheitern einer zweiten Verhandlungsrunde wurde Ali im Jahr 661 von einem Charidschiten getötet.

Das Trauma dieses Bürgerkriegs hinterließ im islamischen Leben unauslöschliche Spuren. Von jetzt an bezogen sich die rivalisierenden Parteien auf diese tragischen Ereignisse, wenn sie darum kämpften, mit ihrer islamischen Berufung im Einklang zu leben. Von Zeit zu Zeit zogen sich Muslime, die gegen das Verhalten des jeweiligen Herrschers protestierten, aus der Umma zurück, wie es die Charidschiten getan hatten, und riefen alle »wahren Muslime« auf, sich ihnen im Kampf (Dschihad) um höhere islamische Standards anzuschließen.[335] Für einige von ihnen wurde das Schicksal Alis zum Symbol der strukturellen Ungerechtigkeit des politischen Mainstreams, und diese Muslime, die sich *Shiah-i-Ali* (Alis Gefolgsleute, später als Schiiten bezeichnet) nannten, entwickelten eine besonders prinzipientreue Frömmigkeit. Sie verehrten Alis männliche Nachkommen als die wahren Anführer der Umma. Abgestoßen von den mörderischen Teilungen, die die Umma zerrissen, räumten die meisten Muslime jedoch der Einheit erste Priorität ein, selbst wenn das ein gewisses Maß an Unterdrückung und Ungerechtigkeit mit sich brachte. Statt Alis Nachkommen zu verehren, folgten sie der Sunna (der »üblichen Praxis«) des Propheten. Wie im Christentum und Judentum machten es radikal unterschiedliche Interpretationen der ursprünglichen Offenbarung irgendwann unmöglich, von einer reinen Essenz des Islam zu sprechen. Der Koran hatte den Muslimen eine historische Aufgabe zugewiesen: Sie sollten eine gerechte Gemeinschaft errichten, in der alle Mitglieder, selbst die schwächsten und verletzlichsten, mit absolutem Respekt behandelt werden. Politik war insofern keine Ablenkung von der Spiritualität, sondern das, was die Christen als Sakrament bezeichneten, Schauplatz der Gotteserfahrung für die Muslime und Mittel zur Erfahrung des Göttlichen in dieser Welt. Wenn staatliche Institutionen sich also nicht am Ideal des Koran messen ließen, wenn politische Anführer grausam und ausbeuterisch waren und ihre Gemeinschaft von Feinden jenseits ihrer Grenzen gedemütigt wurde, dann konnten Muslime das als eine Bedrohung ihres Glaubens an den letzten Sinn des Lebens empfinden. Für Muslime waren das Leiden, die Unterdrückung und Ausbeutung, die aus der Gewalt des Staates entsprangen, moralische Fragen mit heiliger Bedeutung und konnten nicht in den Bereich des Profanen verwiesen werden.

Nach Alis Tod verlegte Muawiya seine Hauptstadt von Medina nach Damaskus und gründete eine Erbdynastie. Die Umayyaden begründeten ein agrarisches Reich mit einer privilegierten Aristokratie und einer ungleichen Güterverteilung. Und genau hier lag das muslimische Dilemma. Generell wurde akzeptiert, dass eine absolute Monarchie wesentlich befriedigender war als eine militärische Oligarchie, deren Führer unweigerlich in aggressiver Weise um die Macht kämpften, wie es Ali und Muawiya getan hatten. Die jüdischen, christlichen und zoroastrischen Untertanen der Umayyaden stimmten dem zu. Sie waren erschöpft von dem Chaos der römisch-persischen Kriege und sehnten sich nach einem Frieden, den anscheinend nur ein autokratisch regiertes Reich sichern konnte. Die Umayyaden gestatteten teilweise die alten informellen Umgangsformen, legten aber auch Wert auf den Ausnahmestatus des Monarchen. Sie bildeten ihr höfisches Zeremoniell nach persischem Muster, verhüllten den Kalifen in der Moschee vor den Blicken der Öffentlichkeit und erreichten ein staatliches Gewaltmonopol, indem sie durchsetzten, dass nur der Kalif die Muslime zum Krieg aufrufen konnte.[336]

Aber diese Übernahme systemischer Gewalt, die der Koran noch verurteilt hatte, war für die frommeren unter den Muslimen sehr verstörend, und fast alle Merkmale, die heute im Islam als problematisch angesehen werden, entstanden aus den besorgten Diskussionen der Zeit nach dem Bürgerkrieg. Eines davon war die Aufspaltung in Sunniten und Schiiten. Ein anderes war die Rechtswissenschaft *(Figh)*: Die Juristen wollten präzise rechtliche Normen aufstellen, die den Befehl des Koran zur Errichtung einer gerechten Gesellschaft über den frommen Traum hinaus zu einer realen Möglichkeit machten. Diese Debatten brachten auch die islamische Geschichtsschreibung hervor: Um Lösungen für die Gegenwart zu finden, blickten die Muslime in die Zeit des Propheten und der ersten vier Kalifen *(Rashidun)* zurück. Außerdem entwickelte sich eine Strömung muslimischer Asketen als Reaktion auf den wachsenden Luxus und die Weltlichkeit der Aristokratie. Diese Asketen trugen oft grobe wollene Kleidung *(Tasawwuf)*, wie sie unter den Armen üblich war und wie sie auch der Prophet getragen hatte. Wegen dieser Kleidung nannte man sie Sufis. Während der Kalif und seine Verwaltung mit den üblichen Problemen eines agrarischen Reiches zu kämpfen hatten und versuchten, eine starke Monarchie zu errichten, verweigerten sich diese frommen Muslime hartnäckig jedem Kompromiss mit der Ungerechtigkeit und Unterdrückung des Systems.

Mehr als alles andere symbolisierte ein Ereignis den tragischen Konflikt zwischen der inhärenten staatlichen Gewalt und den muslimischen Idealen. Nach Alis Tod hatten die Schiiten ihre Hoffnung auf seine Nachkommen gesetzt. Alis ältester Sohn Hassan einigte sich mit Muawiya und zog sich aus dem politischen Leben zurück. Aber im Jahr 680, kurz bevor Muawiya starb, übergab er das Kalifat an seinen Sohn Yazid. Zum ersten Mal wurde ein muslimischer Herrscher nicht aus dem Adel gewählt, und so gab es in Kufa schiitische Demonstrationen für Alis jüngeren Sohn Husain. Dieser Aufstand wurde rücksichtslos niedergeschlagen, aber Husain war schon von Medina nach Kufa aufgebrochen, begleitet von einer kleinen Gruppe von Gefolgsleuten mit ihren Frauen und Kindern und in der Überzeugung, wenn die Familie des Propheten sich aufmachte, die Ungerechtigkeit des Reiches zu beenden, würde sich die Umma an die alten islamischen Prioritäten erinnern. Aber Yazid schickte seine Armee, und Husain wurde mit seinen Gefolgsleuten auf der Ebene von Karbala unweit Kufa niedergemetzelt. Husain starb als Letzter, seinen kleinen Sohn in den Armen. Alle Muslime betrauern bis heute den Mord an dem Enkel des Propheten, aber für die Schiiten wurde Karbala zum Inbegriff des muslimischen Dilemmas. Wie konnte die islamische Gerechtigkeit in einem kriegerischen imperialen Staat ihren Platz finden?

Unter dem Umayyaden-Kalifen Abd al-Malik (685–705) verschärften sich die Expansionskriege, und der Nahe Osten bekam ein islamisches Gesicht. Der Felsendom, den Abd al-Malik 693 in Jerusalem erbaute, war nicht weniger großartig als die Gebäude des Justinian. Aber die Wirtschaft des Umayyadenreiches geriet darüber in Schwierigkeiten: Sie war allzu sehr abhängig von Plünderungen, und ihre Investitionen in öffentliche Gebäude waren kaum zu finanzieren. Umar II. (reg. 717–720) versuchte durch Streichungen staatlicher Ausgaben, durch eine Demobilisierung überflüssiger militärischer Einheiten und die Kürzung der Einkünfte der Kommandeure Abhilfe zu schaffen. Er wusste, dass die Dhimmi die Schutzsteuer ablehnten, die nur sie bezahlen mussten, und dass viele Muslime diese Besteuerung als Verletzung des Gleichheitsgebots im Koran empfanden. Deshalb förderte Umar II. als erster Kalif die Bekehrung der Dhimmi zum Islam, so drastisch die staatlichen Einkommensverluste auch sein mochten. Er starb allerdings, bevor er diese Reform durchsetzen konnte. Sein Nachfolger Hischam I. (724–743) unternahm weitere militärische Offensiven in Zentralasien und Nordafrika, aber als er die Wirtschaft durch eine erneute Einführung der Schutzsteuer beleben wollte, gab es einen massiven Aufstand der konvertierten Berber in Nordafrika.

Mit Unterstützung persischer Konvertiten forderte eine neue Dynastie, die sich auf Mohammeds Onkel Abbas zurückführte, die Herrschaft der Umayyaden heraus: Die Abbasiden stützten sich stark auf eine schiitische Rhetorik. Im August 749 besetzten sie Kufa, und im nächsten Jahr besiegten sie den Umayyaden-Kalifen. Aber sobald sie an die Macht gekommen waren, ließen die Abbasiden alle schiitische Frömmigkeit fahren und errichteten eine absolutistische Monarchie nach persischem Muster, die von den unterworfenen Völkern begrüßt wurde, sich mit ihrer imperialen strukturellen Gewalt aber vollkommen von dem islamischen Egalitarismus entfernte. Als Erstes wurden alle Umayyaden getötet, und ein paar Jahre später ermordete Kalif Abu Jafar al-Mansur (754–775) schiitische Anführer und verlegte seine Hauptstadt in die neue Stadt Bagdad, 35 Meilen südlich von Ktesiphon. Die Abbasiden orientierten sich ganz und gar nach Osten.[337]

Im Westen wird der Sieg des Frankenkönigs Karl Martell über ein muslimisches Heer in Poitiers 732 oft als entscheidendes Ereignis betrachtet, das Europa vor der islamischen Herrschaft bewahrte. Tatsächlich wurde das Christentum durch die vollkommene Gleichgültigkeit der Abbasiden dem Westen gegenüber gerettet. Nachdem sie begriffen hatten, dass sich ihr Reich nicht noch weiter ausdehnen konnte, erledigten sie ihre äußeren Angelegenheiten mit ausgefeilter persischer Diplomatie, und bald waren Soldaten eine Ausnahmeerscheinung am Hof.

Als Harun al-Raschid (786–809) an die Macht kam, war die Verwandlung des islamischen Reiches von einer arabischen zu einer persischen Monarchie vollkommen. Der Kalif wurde als »Schatten Gottes« auf Erden bejubelt, und seine muslimischen Untertanen – die sich einstmals nur vor Gott verneigt hatten – warfen sich vor ihm in den Staub. Ständig stand ein Scharfrichter neben dem Herrscher, um zu demonstrieren, dass er die Macht über Leben und Tod besaß. Die Routineaufgaben der Regierung überließ er seinem Wesir, er selbst übernahm die Rolle des letztinstanzlichen Richters und stand jenseits aller Fraktionen und aller tagespolitischen Niederungen. Er hatte zwei wichtige Aufgaben: das Freitagsgebet zu leiten und die Armee in die Schlacht zu führen. Letzteres war neu: Die Umayyaden waren nie mit ins Feld gezogen. Harun war der erste autokratische Ghazi-Kalif.[338]

Die Eroberung Konstantinopels hatten die Abbasiden aufgegeben, aber Harun führte jedes Jahr einen Feldzug auf byzantinisches Gebiet, um seine Hingabe an die Verteidigung des Islam zu demonstrieren. Der Kaiser von Byzanz antwortete mit einer entsprechenden Invasion auf islamisches Gebiet. Hofdichter priesen Harun wegen seines Eifers, sich über das Gebot des Dschihad hinaus als ein gottesfürchtiger Herrscher zu engagieren. Sie wiesen darauf hin, dass Harun sich freiwillig einer Aufgabe widmete, die nicht von ihm verlangt wurde: »Du könntest dich an einen angenehmen Ort zurückziehen und anderen die Härten des Lebens überlassen.«[339] Mit Absicht weckte Harun die Erinnerung an das goldene Zeitalter, in dem von jedem körperlich leistungsfähigen Mann erwartet worden war, dass er mit dem Propheten in den Kampf zog. Trotz seiner glorreichen Fassade war das Reich jedoch in ernsten Schwierigkeiten wirtschaftlicher und militärischer Art.[340] Die Berufsarmee der Abbasiden war teuer und hatte Nachwuchsprobleme. Trotzdem war es unabdingbar, die Grenze gegen Byzanz zu verteidigen, und so verließ sich Harun auf pflichtbewusste Zivilisten, die wie er selbst bereit waren, freiwillig Dienst zu tun.

Immer häufiger betrachteten die Muslime, die nah an den Grenzen des Reiches lebten, die »Grenze« als Symbol islamischer Integrität, die gegen eine feindliche Welt verteidigt werden musste. Einige der *Ulema* (»Gelehrten«) hatten sich gegen das Monopol der Umayyaden auf den Dschihad gewehrt: Es widersprach dem Koran und den Hadith-Traditionen, die den Dschihad als allgemeine Pflicht ansahen.[341] Doch als die Umayyaden in den Jahren 717/18 Konstantinopel belagert hatten, hatten sich Ulema, Hadith-Sammler, Asketen und Koran-Rezitatoren an der Grenze versammelt, um die Armee mit ihren Gebeten zu unterstützen. Ihre Motive waren durchaus frommer Natur, aber vielleicht fühlten sie sich auch angezogen von der Intensität und Aufregung auf dem Schlachtfeld. Jetzt versammelten sie sich in Haruns Gefolge in noch größerer Zahl, nicht nur an der syrisch-byzantinischen Grenze, sondern auch an den Grenzen zu Zentralasien, Nordafrika und Spanien. Einige dieser Gelehrten und

Asketen nahmen an Kämpfen und am Leben in den Garnisonstädten teil, die meisten jedoch leisteten Unterstützung in Form von Gebeten, Fasten und Studium. Die freiwillige Arbeit *(Tatawwa)* schlug tiefe Wurzeln im Islam und zeigt sich heute wieder mit großer Kraft.

Während des 8. Jahrhunderts entwickelten einige dieser »kämpfenden Gelehrten« eine besondere Spiritualität des Dschihad. Abu Ishaq al-Fazari (?–ca. 802) glaubte, er imitiere mit seinem Leben in Studium und Krieg den Propheten. Ibraham ibn Adham (?–778) hielt extremes Fasten und heroische Nachtwachen an der Grenze und erklärte, es gäbe keine vollkommenere Form des Islam als diese. Und Abdullah ibn Mubarak (?–797) stimmte ihm zu mit dem Argument, die Hingabe der muslimischen Krieger sei der Kitt gewesen, der die frühe Umma zusammenhielt. Die Dschihadis brauchten keine staatliche Erlaubnis, sondern konnten in Aktion treten, ob es den Herrschenden und den Berufssoldaten gefiel oder nicht.

Aber diese frommen Freiwilligen konnten das Nachschubproblem des Reiches nicht lösen, und so schuf Kalif al-Mutasim (883–842) schließlich eine Privatarmee aus türkischen Sklaven: Steppenbewohnern, die die guten kämpferischen Fertigkeiten des Hirtenvolkes in den Dienst des Islam stellten. Die sogenannten Mamelucken (»Sklaven«) mussten zum Islam übertreten, aber da der Koran es verbot, Muslime als Sklaven zu halten, waren ihre Söhne frei geboren. Diese Politik war voller Widersprüche, aber die Mamelucken wurden zu einer privilegierten Gruppe, und in nicht allzu ferner Zukunft würden genau diese Türken das Reich regieren.

Die Freiwilligen hatten eine neue Variante des Islam begründet und konnten behaupten, ihre Lebensweise käme der des Propheten am nächsten, der Jahre damit zugebracht hatte, die Umma gegen ihre Feinde zu verteidigen. Aber ihr militanter Dschihad war für den Großteil der Umma nie attraktiv. In Mekka und Medina, wo die Grenze weit entfernt war, spielten Almosen und Armenversorgung immer noch die Hauptrolle im Dschihad. Einige Ulema lehnten den Glauben der »kämpfenden

Gelehrten« vehement ab und argumentierten, ein Mann, der sein Leben der Gelehrsamkeit widme und jeden Tag in der Moschee bete, sei ein ebenso guter Muslim wie ein Krieger.[342] Ein neuer Hadith berichtete, Mohammed habe auf dem Heimweg nach der Schlacht von Badr zu seinen Gefährten gesagt:»Wir kommen aus dem kleineren Dschihad zurück [der Schlacht] und kehren zum größeren Dschihad zurück.« Gemeint war die schwierigere und wichtigere Anstrengung, die niederen Leidenschaften zu bekämpfen und die Gesellschaft zu reformieren.[343]

* * *

Während der Eroberungszeit hatten die Ulema damit begonnen, in den Garnisonstädten ein eigenes muslimisches Gesetz zu entwickeln. Aber zu dieser Zeit war die Umma eine winzige Minderheit gewesen; im 10. Jahrhundert war die Hälfte der Bevölkerung im Reich muslimisch, und das Gesetz der Garnisonstädte war nicht mehr angemessen.[344] Der Adel der Abbasiden hatte ein eigenes persisches Gesetzbuch namens *Adab* (»Kultur«), das auf Schriftgelehrsamkeit und höfischem Verhalten basierte, wie sie vom Adel verlangt wurden und für die Massen ganz offensichtlich unpassend waren.[345] Deshalb baten die Kalifen die Ulema, das standardisierte islamische Rechtssystem zu entwickeln, das wir heute als Scharia kennen. Vier juristische Schulen *(Maddhab)* entstanden, die alle gleichermaßen Gültigkeit besaßen. Jede Schule hatte ihren eigenen Blickwinkel, begründete sich aber aus der Praxis *(Sunna)* des Propheten und der frühen Umma. Wie der Talmud, der diese Entwicklungen stark beeinflusste, zielte die neue Rechtswissenschaft *(Figh)* darauf ab, das gesamte Leben unter den Schirm des Heiligen zu stellen. Deshalb gab es keinen Versuch, ein gesondertes »Glaubensgesetz« in Kraft zu setzen. Der Einzelne hatte die Freiheit, sich seine eigene Maddhab zu wählen und – wie im Judentum – dem Rat seiner Gelehrten zu folgen.

Das Gesetz der Scharia stellte eine grundsätzliche Alternative zur aristokratischen Herrschaft in der agrarischen Gesellschaft dar, weil es ein erbliches Klassensystem ablehnte. Deshalb hatte es durchaus revolutionäres Potenzial. Tatsächlich hatten zwei der Begründer – Malik ibn Anas (?–795) und Muhammad Idris al-Schafii (?–820) an den schiitischen Aufständen gegen die frühen Abbasiden teilgenommen. Die Scharia bestand darauf, dass jeder einzelne Muslim Gott unmittelbar verantwortlich sei. Ein Muslim brauche keinen Kalifen oder Priester, um über das göttliche Gesetz zu meditieren, und jeder Mensch – nicht nur die Herrschenden – sei verantwortlich für das Wohlergehen der Umma. Während der aristokratische Adab pragmatisch auf das politisch Machbare blickte, stellte die Scharia eine idealistische Gegenkultur dar, die die strukturelle Gewalt des imperialen Staates stillschweigend ablehnte und tapfer darauf bestand, dass keine Institution – nicht einmal das Kalifat – das Recht hatte, in die persönlichen Entscheidungen des Einzelnen einzugreifen. Damit konnte man allerdings keinen Agrarstaat beherrschen, und obwohl die Kalifen die Scharia immer als Gesetz Gottes anerkannten, konnten sie damit nicht regieren. Entsprechend galt die Scharia nie für die gesamte Gesellschaft, und der Hof des Kalifen, wo das Recht zusammengefasst und aufgrund von Verhandlungen absolut gesetzt wurde, blieb oberster Gerichtshof. In der Theorie konnte jeder Muslim, aus welcher Schicht auch immer, an den Kalifen appellieren, auch gegen Mitglieder des niederen Adels.[346] Trotzdem blieb die Scharia ein ständiges Zeugnis des islamischen Ideals einer Gleichheit, die so tief in unserer Menschlichkeit verwurzelt ist, dass wir bei aller scheinbaren Unmöglichkeit, sie im politischen Leben umzusetzen, doch hartnäckig überzeugt bleiben, sie bilde die natürliche Art des menschlichen Zusammenlebens.

Al-Schafii formulierte die klassische Doktrin des Dschihad, die sich trotz aller Aversionen der Scharia gegen autokratische Herrschaft auf die übliche imperiale Ideologie bezog: Sie hatte ein dualistisches Weltbild, schrieb der Umma einen göttlichen Auftrag zu und behauptete, die islamische Herrschaft würde der Menschheit Segen bringen. Gott hatte den Krieg befohlen, weil er für das Überleben der Umma unerlässlich war, argumentierte

Al-Schafii. Die Menschheit sei in eine muslimische *(Dar al-Islam)* und eine nichtislamische Welt *(Dar al-harb, die Welt des Krieges)* geteilt. Zwischen diesen beiden Welten könne es keinen dauerhaften Frieden geben, nur zeitweilige Waffenruhe. Doch nachdem alle ethischen Glaubensrichtungen von Gott kämen, sei die Umma nur eine von vielen göttlich gelenkten Gemeinschaften, und das Ziel des Dschihad bestehe nicht darin, unterworfene Völker zu bekehren. Was den Islam jedoch von anderen Offenbarungen unterscheide, sei die Tatsache, dass er ein göttliches Mandat besitze, seine Herrschaft auf den Rest der Menschheit auszudehnen. Sein Auftrag sei es, die soziale Gerechtigkeit und Gleichheit in Kraft zu setzen, die Gott im Koran befohlen habe, damit alle Männer und Frauen von der Tyrannei eines rein weltlichen Staates befreit würden.[347]

In Wirklichkeit war das abbasidische Kalifat eine Autokratie, die auf der zwangsweisen Unterdrückung der Bevölkerungsmehrheit beruhte. Wie jeder Agrarstaat war es seinem Wesen nach nicht in der Lage, die Normen des Koran vollständig umzusetzen. Aber ohne den Idealismus, der uns an die Unvollkommenheit unserer Institutionen erinnert, würden deren angeborene Gewalttätigkeit und Ungerechtigkeit kritiklos akzeptiert. Vielleicht ist es die Aufgabe religiöser Visionen, uns mit einem göttlichen Unbehagen zu erfüllen, das uns daran hindert, das Unerträgliche einfach hinzunehmen.

Al-Schafii wandte sich auch gegen die Überzeugung der »kämpfenden Gelehrten«, der militante Dschihad sei eine Pflicht für jeden Muslim. Die Scharia verpflichtete ausnahmslos jeden Muslim zum täglichen Gebet, es war also *fard-ayn,* eine Pflicht für jedermann. Aber obwohl alle Muslime für das Wohlergehen der Umma verantwortlich waren, konnten manche Aufgaben, beispielsweise die Reinigung der Moschee, einem dafür bestimmten Diener übertragen werden. Sie war *fard kifaya,* eine Pflicht, die von der Gemeinschaft an einen Einzelnen übergeben wurde. Wenn die Aufgabe jedoch unzureichend erfüllt wurde, waren die anderen verpflichtet, die Initiative zu ergreifen und Abhilfe zu schaffen.[348] Al-Schafii bestimmte, der Dschihad gegen die nichtmuslimische Welt sei *fard kifaya* und läge in der Verantwortung des Kalifen. Solange es genug Soldaten gab, um die Grenze zu verteidigen, waren Zivilisten vom Militärdienst befreit. Im Falle einer feindlichen Invasion jedoch konnten Muslime in der Grenzregion zur Hilfe verpflichtet sein. Al Schafii schrieb zu einer Zeit, als die Abbasiden der territorialen Expansion abgeschworen hatten, legte also keine Regeln für den offensiven Dschihad fest, sondern nur für den Verteidigungsfall. Bis heute diskutieren die Muslime deshalb über die Legitimität des Dschihad.

※ ※ ※

Die Sunniten hatten die Unvollkommenheiten des Agrarsystems akzeptiert, um den Frieden zu erhalten.[349] Die Schiiten verurteilten die systembedingte Gewalt immer noch, arrangierten sich in der Praxis aber mit der abbasidischen Herrschaft. Jafar al-Sadiq (?–765), der sechste in der Reihe der Imame (»Führer«), die sich auf Ali zurückführten, schaffte den bewaffneten Kampf formell ab, weil Aufstände immer mit Gewalt niedergeschlagen wurden und nur unnötig viele Leben kosteten. Künftig würden sich die Schiiten vom Mainstream fernhalten und sich mit stillschweigendem Tadel gegen die abbasidische Tyrannei wenden: Sie waren Zeugen der wahren islamischen Werte. Als Nachkomme des Propheten bewahrte Jafar sein Charisma und blieb der rechtmäßige Führer der Umma, würde aber nur noch als spiritueller Führer wirken. Damit trennte er im Grunde genommen Religion und Politik. Dieser heilige Säkularismus blieb bis zum Ende des 20. Jahrhunderts das vorherrschende Ideal der Schiiten.

Aber die Imame blieben eine unerträgliche Irritation für die Kalifen. Der Imam stellte die lebende Verbindung zum Propheten her, wurde von den Gläubigen verehrt, widmete sich in aller Stille der Kontemplation heiliger Schriften und der Wohltätigkeit – und stand damit in krassem Gegensatz zum Kalifen, dessen allgegenwärtiger Scharfrichter die Menschen grimmig an die

Gewalt des Reiches erinnerte. Wer von beiden war der wahre Anführer der Muslime? Die Imame verkörperten eine heilige Gegenwart, die in einer Welt voller Gewalt und Ungerechtigkeit nicht sicher oder offen existieren konnte. Fast alle wurden von den Kalifen ermordet. Als gegen Ende des 9. Jahrhunderts der zwölfte Imam auf geheimnisvolle Weise aus dem Gefängnis verschwand, hieß es, Gott habe ihn durch ein Wunder unsichtbar gemacht und er würde eines Tages zurückkehren, um ein Zeitalter der Gerechtigkeit auszurufen. In dieser Verhüllung blieb er der wahre Führer der Umma, und jede sonstige Herrschaft war illegitim. Paradoxerweise wurde der Verborgene Imam, befreit von den Schranken von Zeit und Raum, zu einer umso lebendigeren Präsenz im Leben der Schiiten. Der Mythos spiegelte die tragische Unmöglichkeit, eine echte Politik der Gleichheit in einer mangelhaften, gewalttätigen Welt durchzusetzen. Am Gedenktag des Todes von Imam Husain, am 10. *(Ashura)* des Monats Muharram, betrauerten die Schiiten öffentlich den Mord, zogen weinend durch die Straßen und schlugen sich auf die Brust, um ihre unsterbliche Ablehnung des verdorbenen muslimischen Mainstreams zu demonstrieren.

Aber nicht alle Schiiten verschrieben sich Jafars heiligem Säkularismus. Die Ismailiten, die glaubten, Alis Linie habe mit dem siebten Imam Ismael geendet, blieben der Überzeugung, alle Frömmigkeit müsse durch den militärischen Dschihad für eine gerechte Gesellschaft unterstützt werden. Im 10. Jahrhundert, als die Herrschaft der Abbasiden ernsthaft in Gefahr geriet, errichtete ein ismailitischer Anführer ein neues Kalifat in Nordafrika, und seine Dynastie der Fatimiden griff später nach Ägypten, Syrien und Palästina aus.[350]

* * *

Im 10. Jahrhundert zerfiel das muslimische Reich. Byzanz nutzte die Schwäche der Fatimiden und eroberte Antiochia und weite Teile von Kilikien, während die türkischen Generäle des Dar al-Islam praktisch unabhängige Staaten gründeten, wiewohl sie den Kalifen weiterhin als obersten Herrn anerkannten. Im Jahr 945 besetzte die türkische Dynastie der Buyiden Bagdad, und obwohl der Kalif dort weiterhin Hof hielt, wurde die Region zu einer Provinz des Buyiden-Königreichs. Aber der Islam war bei weitem noch nicht am Ende. Es hatte immer eine Spannung zwischen dem Koran und der autokratischen Monarchie bestanden, und die neue Form mit unabhängigen Herrschern, die symbolisch durch ihre Treue zum Kalifen untereinander verbunden waren, war religiös stimmiger, wenn auch politisch nicht besonders effektiv. Das religiöse Denken des Islam wurde in der Folge immer weniger von der Tagesaktualität bestimmt und politisierte sich erst in der Moderne wieder, als die Umma einer neuen imperialen Bedrohung begegnen musste.

Die seldschukischen Türken in Zentralasien waren der vollkommenste Ausdruck der neuen Ordnung. Sie anerkannten die Souveränität des Kalifen, aber unter ihrem genialen persischen Wesir Nizamulmulk (reg. 1063–1092) schufen sie ein Reich, das vom Jemen im Süden, vom Fluss Oxus im Osten und von Syrien im Westen begrenzt wurde.

Die Seldschuken waren nicht überall beliebt. Einige der radikaleren Ismailiten zogen sich in die Berge des heutigen Libanon zurück und bereiteten einen Dschihad vor, um die Seldschuken durch eine schiitische Regierung zu entmachten. Gelegentlich unternahmen sie Selbstmordanschläge gegen prominente Mitglieder des seldschukischen Establishments. Ihre Feinde nannten sie *Hashashin*, weil man ihnen nachsagte, sie würden Marihuana benutzen, um mystische Ekstase hervorzurufen. Aus diesem Begriff wurde das englische Wort »assassin« für Attentäter.[351] Aber die meisten Muslime passten sich der seldschukischen Herrschaft bereitwillig an. Sie beruhte nicht auf einem zentralisierten Reich, sondern aus praktisch autonomen Emiraten, die eng mit den Ulema zusammenarbeiteten, die ihrerseits den verstreuten Militärregimes eine ideologische Einheit verschafften. Um den Bildungsstandard zu heben, richteten sie die ersten *Madrasas* (»Schulen«) ein, und Nizamulmulk verbreitete diese Schulen im gesamten Reich, gab den Ulema damit eine Machtbasis und hielt die weit verstreuten Provinzen zusammen. Die Emire kamen und gingen, aber die Gerichtshöfe der Scharia blieben eine stabile Autorität in jeder dieser Regionen. Außerdem bereisten die Sufi-Mystiker und die charismatischeren Ulema das Seldschukenreich von einem Ende zum anderen und verschafften den gewöhnlichen Muslimen ein starkes Gefühl der Zusammengehörigkeit innerhalb einer internationalen Gemeinschaft.

Am Ende des 11. Jahrhunderts jedoch erlebte auch das Seldschukenreich einen Niedergang. Es verfiel dem üblichen Problem einer militärischen Oligarchie: Die Emire begannen einander zu bekämpfen, um ihre Herrschaftsgebiete zu vergrößern. Diese internen Auseinandersetzungen waren so heftig, dass sie die Außengrenze vernachlässigten und nichts gegen die Einwanderung von Hirtenvölkern aus den Steppen unternehmen konnten, die ihre Herden in das fruchtbare besiedelte Land brachten, in dem inzwischen doch ihre eigenen Leute herrschten. Große Gruppen türkischer Hirten bewegten sich stetig gen Westen, besetzten das beste Weideland und vertrieben die ansässige Bevölkerung. Irgendwann gelangten sie an die Grenze zu Byzanz im armenischen Hochland. Im Jahr 1071 besiegte der seldschukische Anführer Alp Arslan die byzantinische Armee bei Manzikert in Armenien, und als die Byzantiner sich zurückzogen, überrannten die türkischen Nomaden die unbewachte Grenze und zogen ins byzantinische Anatolien ein. Und der belagerte byzantinische Kaiser bat die Christen im Westen um Hilfe.

8

Kreuzzug und Dschihad

Papst Gregor VII. (reg. 1073–1085) war zutiefst verstört, als er erfuhr, dass Scharen türkischer Stammesleute auf byzantinisches Gebiet vorgedrungen waren, und im Jahr 1074 verschickte er eine Reihe von Briefen, in denen er die Gläubigen dazu aufrief, sich ihm anzuschließen und die Brüder in Anatolien zu »befreien«. Er erklärte sich persönlich bereit, eine Armee gen Osten zu führen, die die griechischen Christen der türkischen Bedrohung entreißen und anschließend die heilige Stadt Jerusalem von den Ungläubigen befreien würde.[352] *Libertas* und *Liberatio* waren Signalwörter im Europa des 11. Jahrhunderts; seine Ritter hatten gerade Kalabrien, Sardinien, Tunesien, Sizilien und Apulien von den muslimischen Besatzern »befreit«, und in Spanien hatte die Reconquista begonnen.[353] Künftig würde sich westliche imperiale Aggression häufig in die Rhetorik der Freiheit kleiden. Aber im mittelalterlichen Europa hatte *Libertas* unterschiedliche Bedeutungen. Als in den westlichen Provinzen die Macht Roms zusammengebrochen war, hatten die Bischöfe den Platz des römischen Senatsadels eingenommen und füllten das politische Vakuum, das die scheidenden Beamten des Reichs hinterließen.[354] Der römische Klerus hatte dementsprechend das *Libertas*-Ideal der alten Aristokratie übernommen, das allerdings nur wenig mit Freiheit gemein hatte, sondern sich auf die privilegierte Position der herrschenden Schicht bezog, die erhalten bleiben musste, sollte die Gesellschaft nicht in Barbarei verfallen.[355] Als Nachfolger Petri glaubte Gregor, er habe den göttlichen Auftrag, die christliche Welt zu regieren. Sein »Kreuzzug« hatte auch zum Ziel, die päpstliche *Libertas* im Osten des Reiches wiederzuerlangen, wo der Primat des Bischofs von Rom nicht anerkannt wurde.

Während seines gesamten Pontifikats kämpfte Gregor – letztlich vergeblich – darum, die *Libertas* der Kirche gegen die aufsteigende Macht säkularer Herrscher zu sichern. So wurde nichts aus seinem Vorschlag eines Kreuzzugs, und sein entschlossener Versuch, den Klerus aus säkularer Kontrolle zu befreien, wurde von Heinrich IV., Kaiser des Heiligen Weströmischen Reiches, schmählich niedergeschlagen. Acht Jahre lang verstrickten sich Papst und Kaiser in einen Machtkampf, bei dem jeder versuchte, den anderen abzusetzen. Im Jahr 1084, als Gregor ihm zum wiederholten Male mit Exkommunikation drohte, marschierte Heinrich kurzerhand in Italien ein und setzte im Lateran einen Gegenpapst ein.

Die Päpste waren selbst schuld an dieser Entwicklung, denn das westliche Reich war ihre eigene Schöpfung. Jahrhundertelang hatten die Byzantiner einen Außenposten im italienischen Ravenna unterhalten, um die Kirche von Rom gegen die Barbaren zu schützen. Im 8. Jahrhundert jedoch waren die Langobarden in Norditalien so aggressiv geworden, dass der Papst einen stärkeren außerkirchlichen Beschützer brauchte. So unternahm Papst Stefan II. im Jahr 753, mitten im Winter, eine heroische Reise über die Alpen in die alte römische Provinz Gallien, um ein Bündnis mit Pippin II. zu schließen, dem Sohn des Frankenkönigs Karl Martell. Damit hatte er die Dynastie der Karolinger päpstlicherseits legitimiert. Sofort begann Pippin mit den Vorbereitungen für einen Feldzug nach Italien, während sein zehnjähriger Sohn Karl – später als Karl der Große bekannt – den erschöpften und lädierten Papst zu seiner Unterkunft begleitete.

Die germanischen Stämme, die in den alten römischen Provinzen Königreiche gegründet hatten, waren zum Christentum übergetreten und verehrten die kriegerischen Könige des Alten Testaments, doch ihr militärisches Ethos war immer noch von den alten arischen Idealen durchdrungen: Heldentum und das Verlangen nach Ruhm, Ehre und Beute.[356] Ihre Feldzüge hatten durchaus eine religiöse Dimension, aber der materielle Gewinn war mindestens ebenso wichtig. 732 hatte Karl Martell (um 688–741) eine muslimische Armee besiegt, die sich auf den Weg gemacht hatte, Tours zu plündern; allerdings hatte er nach seinem Sieg sofort damit begonnen, die christlichen Gemeinden im südlichen Teil des Frankenreichs ebenso gründlich zu berauben, wie es die Muslime getan hätten.[357] Während seiner italienischen Kriege zur Verteidigung des Papstes zwang sein Sohn Pippin die Langobarden zur Herausgabe eines Drittels ihres Staatsschatzes und versetzte auf diese Weise seinen Klerus in die Lage, eine wahrhaft katholische und römische Enklave nördlich der Alpen zu errichten.

Karl der Große (reg. 771–814) zeigte, wozu ein König in der Lage war, wenn er solche substanziellen Mittel zur Verfügung hatte.[358] 785 hatte er Norditalien und ganz Gallien erobert, 792 zog er nach Mitteleuropa und griff die Awaren im westlichen Ungarn an. Von dort brachte er Wagenladungen voller Beute mit nach Hause. Diese Feldzüge wurden als heilige Kriege gegen die »Heiden« deklariert, aber die Franken behielten sie aus ganz weltlichen Gründen in Erinnerung.»Der gesamte Adel der Awaren starb in diesem Krieg, all seines Ruhmes beraubt. Ihr Reichtum und ihre Schätze, die sie über so viele Jahre gesammelt hatten, wurden verstreut«, schrieb Karls Biograph Einhard zufrieden.»Im Gedächtnis der Menschheit gibt es keinen Krieg der Franken, bei dem sie so reich wurden und bei dem ihr materieller Besitz so stark anwuchs.«[359] Weit davon entfernt, nur von religiösem Eifer motiviert zu sein, gehorchten diese Expansionskriege dem wirtschaftlichen Zwang, mehr Ackerland zu finden. Die Bischofssitze in den besetzten Gebieten wurden zu Werkzeugen kolonialer Kontrolle,[360] und die Massentaufen der besiegten Völker waren Statements einer politischen, nicht so sehr einer spirituellen Anpassung.[361]

Aber das religiöse Element war dennoch vorhanden. Zu Weihnachten des Jahres 800 krönte Papst Leo III. Karl den Großen in der Petrusbasilika in Rom zum Kaiser des Heiligen Römischen Reiches. Die Versammlung bejubelte den Kaiser als »Augustus«, und Leo warf sich ihm zu Füßen nieder. Die Päpste und die italienischen Bischöfe hatten lange geglaubt, die Daseinsberechtigung des Römischen Reiches bestände darin, die *Libertas* der katholischen Kirche zu schützen.[362] Nach dem Ende des Reiches wussten sie, dass die Kirche ohne den König und seine Soldaten nicht überleben konnte. Deshalb wurde der König in der Zeit von 750 bis 1000 zu einer heiligen Gestalt, die an der Spitze der Gesellschaftspyramide stand. »Unser Herr Jesus Christus hat dich zum Beherrscher der Christenheit ernannt und dir mehr Macht gegeben als dem Papst oder dem Kaiser von Konstantinopel«, schrieb Alkuin, ein britischer Mönch und Hofberater, an Karl den Großen. »Von dir allein ist die Sicherheit der Kirchen Christi abhängig.«[363] In einem Brief an Papst Leo erklärte Karl der Große, es sei sein Auftrag als Kaiser, »die Kirche Christi überall zu verteidigen«.[364]

Die Instabilität und die chaotischen Lebensverhältnisse in Europa nach dem Zusammenbruch des Römischen Reiches hatten einen regelrechten Hunger nach einem fühlbaren Kontakt mit der ewigen Stabilität des Himmels geweckt. Deshalb auch die Popularität von Heiligenreliquien, die eine physische Verbindung zu einem Märtyrer herstellten, der schon bei Gott war. Selbst der mächtige Karl der Große fühlte sich in dieser gewalttätigen und instabilen Welt unsicher: In seinem Thron in Aachen gab es Aussparungen mit Reliquien, und die großen Klöster in Fulda, Sankt Gallen und auf der Insel Reichenau, die als Machtzentren von Gebet und Heiligkeit galten, waren sehr stolz auf ihre Reliquiensammlungen.[365] Die europäischen Mönche unterschieden sich erheblich von ihren Gegenstücken in Ägypten und Syrien. Sie waren keine Bauern, sondern Mitglieder des Adels. Sie lebten nicht in Höhlen in der Wüste, sondern auf Landgütern, die von Leibeigenen bewirtschaftet wurden.[366] Die meisten folgten der Regel des hl. Benedikt, die im 6. Jahrhundert verfasst worden war, zu einer Zeit, als die Bindungskräfte der zivilen Gesellschaft vor dem Zusammenbruch standen. Benedikts Ziel war es gewesen, in einer Welt voller Gewalt und Unsicherheit Gemeinschaften zu erschaffen, die durch Gehorsam, Stabilität und *Religio* (Verehrung und Bindung) zusammengehalten wurden. Die Regula stellte *Disciplina* zur Verfügung, ähnlich der militärischen Disziplin des römischen Soldaten. Sie schrieb eine Reihe von greifbaren Ritualen vor, die genau darauf ausgelegt waren, Gefühle und Verlangen umzuleiten und eine Haltung der Demut hervorzubringen, die sich von der aggressiven Selbstbehauptung eines Ritters deutlich unterschied.[367] Monastische Disziplin hatte zum Ziel, nicht einen körperlichen Feind zu besiegen, sondern die unruhige Seele und die unsichtbaren Mächte des Bösen. Die Karolinger wussten, dass sie ihren kriegerischen Erfolg hoch disziplinierten Truppen verdankten. Deshalb schätzten sie die benediktinischen Gemeinschaften, und im 9./10. Jahrhundert wurde die Unterstützung der Regula zu einem zentralen Merkmal aller europäischen Regierungen.[368]

Die Mönche lebten in einer sozialen Ordnung *(ordo)*, abgetrennt von der unordentlichen Welt außerhalb des Klosters. Sie lehnten Sex, Geld, Kampf und Wandel ab – die verderblichsten Aspekte des säkularen Lebens – und wandten sich der Keuschheit, Armut, Gewaltlosigkeit und Ortsgebundenheit zu. Anders als die rastlosen Boskoi versprachen die Benediktinermönche, ein Leben lang in derselben Gemeinschaft zu verbleiben.[369] Ein Kloster war jedoch nicht so sehr dafür ausgelegt, den individuellen spirituellen Weg zu fördern, sondern es diente einer sozialen Aufgabe, indem es den jüngeren Söhnen des Adels eine Beschäftigung gab. Diese jüngeren Söhne konnten nicht darauf hoffen, jemals Land zu besitzen, und stellten eine Bedrohung der gesellschaftlichen Stabilität dar.

Zu dieser Zeit machte die christliche Welt keinen Unterschied zwischen dem öffentlichen und dem privaten Bereich, dem Natürlichen und Übernatürlichen. Indem die Mönche also mit ihren Gebeten dämonische Mächte bekämpften, übernahmen sie eine wichtige Aufgabe für die Sicherheit des Reiches. Für einen Adeligen gab es zwei Möglichkeiten, Gott zu dienen: Kampf oder Gebet.[370] Die Mönche waren der spirituelle Gegenpart zu den säkularen Soldaten, und ihre Schlachten waren ebenso real und wesentlich bedeutender:

Der Abt trägt spirituelle Waffen und wird von einer Truppe von Mönchen unterstützt, die gesalbt sind mit dem Tau der himmlischen Gnade. Zusammen kämpfen sie in der Kraft Christi und mit dem Schwert des Geistes gegen die Ränke des Teufels. Sie verteidigen den König und den Klerus des Reiches gegen die Angriffe ihrer unsichtbaren Feinde.[371]

Der karolingische Adel war überzeugt, der Erfolg seiner irdischen Schlachten sei abhängig von der disziplinierten Kriegführung der Mönche, auch wenn diese nur mit »Nachtwachen, Hymnen, Gebeten, Psalmen, Almosen und täglichen Messopfern« kämpften.[372]

Ursprünglich hatte es drei Schichten in der westlichen Christenheit gegeben: Mönche, Kleriker und Laien. Aber während der karolingischen Zeit entstanden zwei neue aristokratische Gruppen: der Kriegeradel *(bellatores)* und die Männer der Religion *(oratores)*. Kleriker und Bischöfe, die in der Welt *(saeculum)* arbeiteten und einst eine eigene Schicht *(ordo)* gebildet hatten, vermischten sich jetzt mit den Mönchen und gerieten zunehmend unter Druck, genauso zu leben wie diese, indem sie der Ehe und dem Kampf abschworen. In der fränkischen und angelsächsischen Gesellschaft, die immer noch von alten arischen Wertvorstellungen geprägt waren, trugen diejenigen, die auf dem Schlachtfeld Blut vergossen, ein Kainsmal, das sie daran hinderte, heilige Gegenstände zu berühren oder die Messe zu lesen. Jetzt stand die militärische Gewalt kurz davor, die christliche Taufe zu erhalten.

Im 9./10. Jahrhundert verwüsteten Eindringlinge aus dem Norden und aus Ungarn Europa und brachten das karolingische Reich zu Fall. So bösartig und monströs sie sich in der Erinnerung auch darstellten: Tatsächlich unterschieden sich die Wikingerhäuptlinge kaum von einem Karl Martell oder Pippin. Sie waren »Könige auf dem Kriegspfad« und kämpften um Tributzahlungen, Beute und Ruhm.[373] Im Jahr 962 gelang es dem sächsischen König Otto, die Magyaren zurückzuwerfen und in einem Großteil Deutschlands das Heilige Römische Reich wiederherzustellen. Aber in Franken war die Macht der Könige so heruntergekommen, dass sie den Kleinadel nicht mehr unter Kontrolle halten konnten, der nicht nur untereinander kämpfte, sondern auch begonnen hatte, das Eigentum der Kirche zu plündern und die Bauerndörfer zu terrorisieren, Vieh zu töten und Häuser anzuzünden, wenn die Ernte nicht ausreichte.[374] Ein Mitglied des niederen Adels – ein *Cniht* (»Soldat«) oder *Chevaller* (»Reiter«) – empfand bei solchen Raubzügen kein schlechtes Gewissen, sondern sah sie als notwendige Voraussetzung seines eigenen Lebens. Jahrzehntelang waren die französischen Ritter fast ununterbrochen im Krieg gewesen, so dass sie jetzt von Plünderungen und Beutezügen wirtschaftlich abhängig waren. Wie es der französische Historiker Marc Bloch erklärt, brachte der Krieg einem Ritter nicht nur Ehre und Heldentum, sondern er war »vielleicht vor allem anderen eine Einkommensquelle, der Hauptberuf des Adeligen«. Für die weniger Wohlhabenden konnte die Rückkehr des Friedens »eine wirtschaftliche Krise und einen vernichtenden Prestigeverlust« bedeuten.[375] Ohne Krieg konnte ein Ritter sich keine Waffen und Pferde leisten, die Werkzeuge seines Berufsstandes, und war zur Handarbeit gezwungen. Die gewalttätige Aneignung von materiellem Wohlstand wurde aber, wie wir gesehen haben, als einzig ehrbare Möglichkeit eines Adeligen angesehen, sich Mittel zu verschaffen, umso mehr, da es im mittelalterlichen Europa keine »Demarkationslinie« zwischen »kriegerischer Aktivität« und »Plünderung« gab.[376] Im 10. Jahrhundert taten viele verarmte Ritter also einfach das, was ihnen natürlich vorkam: Sie raubten und drangsalierten die Bauern.

Diese Welle der Gewalt fiel mit der Entstehung der Herrenhäuser und großen Landgüter wie auch eines voll entwickelten agrarischen Systems in Europa zusammen, das auf der gewaltsamen Ausbeutung des landwirtschaftlichen Ertrags beruhte.[377] Die damit einhergehende Entstehung struktureller Gewalt wurde am Ende des 10. Jahrhunderts durch das Aufkommen einer neuen Gesellschaftsschicht angekündigt: des *imbelle vulgus* oder »unbewaffneten Gemeinen«, dessen Aufgabe darin bestand, zu arbeiten *(laborare)*.[378] Das System der Güter hatte die alte Unterscheidung zwischen dem freien, waffentragenden Bauern und dem unbewaffneten Sklaven aufgehoben. Beide wurden jetzt zusammengeworfen, durften nicht mehr kämpfen und waren dadurch nicht mehr in der Lage, sich vor den Angriffen der Ritter zu schützen. In der Folge existierten sie auf Subsistenzniveau. Im Westen war eine Zweiteilung der Gesellschaft entstanden: die »Mächtigen« *(potentes)* und die »Armen« *(pauperes)*. Der Hochadel brauchte die Hilfe gemeiner Soldaten, um die Armen zu unterdrücken, also wurden die Ritter zu Pächtern, waren von Dienst- und Steuerpflichten ausgenommen und wurden zu Mitgliedern des Adels.

Die adeligen Priester stützten natürlich das Unterdrückungssystem und waren sogar in hohem Maße für seine Entstehung verantwortlich. Viele Arme waren empört über diese klare Abkehr vom Gleichheitsideal des Evangeliums. Die Kirche denunzierte die deutlich hörbaren Unzufriedenen als »Häretiker«, aber ihre Opposition nahm die Gestalt eines religiös formulierten Protests gegen das neue soziale und politische System an und scherte sich nicht um theologische Fragen. Beispielsweise wanderte im frühen 11. Jahrhundert ein gewisser Robert von Arbrissel barfuß an der Spitze einer abgerissenen Schar von *Pauperes Christi* durch die Bretagne und Anjou. Seine Forderung, zu den Werten des Evangeliums zurückzukehren, fand große Unterstützung.[379] In Südfrankreich scharte Heinrich von Lausanne riesige Menschenmengen um sich, wenn er die Gier und Unmoral des Klerus anprangerte, und in Flandern predigte Tanchelm von Antwerpen so machtvoll, dass die Menschen nicht mehr die Messe besuchten und sich weigerten, den Zehnten zu bezahlen. Robert unterwarf sich irgendwann der Kirche, gründete ein Benediktinerkloster und wurde sogar heiliggesprochen, aber Heinrich blieb dreißig Jahre lang aktiv in seiner »Häresie«, und Tanchelm gründete eine eigene Kirche.

Die Mönche der Benediktinerabtei im burgundischen Cluny reagierten auf die zweifache Krise innerer Gewalt und sozialer Proteste, indem sie eine Reform initiierten, die den Versuch unternahm, die gesetzlose Aggressivität der Ritter einzuschränken. Sie unterwiesen Laien – Männer und Frauen – in den Werten der monastischen *Religio,* die in ihren Augen die einzig authentische Form des Christentums darstellte, indem sie Pilgerfahrten zu heiligen Stätten förderten. Die Pilger trafen wie die Mönche die Entscheidung, der Welt den Rücken zu kehren und an einen heiligen Ort zu ziehen. Wie die Mönche legten sie in ihrer Heimatkirche ein Gelübde ab, bevor sie sich auf den Weg machten, und trugen spezielle Kleidung. Alle Pilger waren für die Dauer ihrer Reise zur Keuschheit verpflichtet, und Ritter durften in dieser Zeit keine Waffen tragen, mussten also ihre spezielle Form der Aggression für eine gewisse Zeit ablegen. Während der langen, schwierigen und oft gefährlichen Reise bildeten die Laienpilger eine Gemeinschaft; die Reichen teilten die Nöte und Unsicherheiten der Armen; die Armen lernten, dass ihre Armut einen heiligen Wert besaß; und beide erfuhren die unvermeidliche Härte des Lebens auf der Straße als eine Form der Askese.

Zur selben Zeit versuchten die Reformer, dem militärischen Kampf einen spirituellen Wert zu verleihen und die ritterliche Kriegführung zu einem christlichen Beruf zu machen. Sie entschieden, ein Krieger könne Gott dienen, indem er die unbewaffneten Armen vor den Verwüstungen durch den niederen Adel beschützte und die Feinde der Kirche verfolgte. Der heilige Held im *Leben des hl. Gerald von Aurillac,* um das Jahr 930 von dem cluniazensischen Abt Odo verfasst, war weder König, noch Mönch oder Bischof, sondern ein einfacher Ritter, der zur Heiligkeit gelangte, indem er ein Soldat Christi wurde und die Armen verteidigte. Zur Förderung des Kultes dieser »heiligen Kriegführung« entwickelten die Reformer Rituale zur Segnung von Militärfahnen und Schwertern und ermunterten zur Verehrung so militärischer Heiliger wie Michael, Georg und Merkur (der angeblich den römischen Apostatenkaiser Julian ermordet hatte).[380]

Gleichzeitig entwickelten die Bischöfe die Idee des Gottesfriedens, um die Gewalt der Ritter zu begrenzen und das Eigentum der Kirche zu schützen.[381] In Mittel- und Südfrankreich, wo die Monarchie nicht mehr funktionierte und die Gesellschaft ins gewalttätige Chaos stürzte, versammelten sie Kirchenleute, Ritter und Feudalherren auf den Feldern außerhalb der Städte. Dann wurden die Ritter gezwungen, unter Androhung der Exkommunikation zu schwören, dass sie die Armen nicht länger drangsalieren würden:

Ich werde weder Ochsen noch Kühe noch irgendein anderes Lasttier wegtreiben. Ich werde weder Bauern noch Kaufleute berauben. Ich werde ihnen kein Geld abnehmen und keine Lösegelder erpressen. Ich werde sie nicht schlagen, um an ihren Besitz zu kommen. Ich werde weder Hengst, noch Stute oder Wallach von ihren Weiden stehlen. Ich werde ihre Häuser nicht zerstören oder niederbrennen.[382]

Bei diesen Friedensversammlungen bestanden die Bischöfe darauf, dass jeder, der einen Mitchristen tötete, »das Blut Christi vergoss«.[383] Jetzt führten sie auch die zweite Stufe des Gottesfriedens ein, nämlich ein Kampfverbot von Mittwochabend bis Montagmorgen, um an die Passion, den Tod und die Auferstehung Christi zu erinnern. Für eine gewisse Zeit griff dieser Friede tatsächlich, aber er konnte nicht ohne Gewaltanwendung erhalten werden. Die Bischöfe konnten den Gottesfrieden nur durchsetzen, indem sie »Friedensmilizen« einsetzten. Wer den Frieden brach, so erklärte der Chronist Raoul Glaber (um 985–1047), »musste mit seinem Leben bezahlen oder wurde des Landes und der Gemeinschaft seiner Mitchristen verwiesen«.[384] Die Friedenstruppen sorgten dafür, dass ritterliche Gewalt als echter Dienst für Gott anerkannt und der priesterlichen und monastischen Berufung gleichgestellt wurde.[385] Die Friedensbewegung verbreitete sich in ganz Frankreich, und am Ende des 11. Jahrhunderts hatten sich tatsächlich viele Ritter zu einem »religiösen« Lebensstil bekehrt und betrachteten ihre militärischen Pflichten als eine Form des Laienmönchtums.[386]

Für Papst Gregor VII. jedoch, einen der führenden Reformer dieser Zeit, konnte das Rittertum nur dann eine heilige Berufung sein, wenn der Ritter für die Bewahrung der kirchlichen *Libertas* kämpfte. Deshalb versuchte er, Könige und Adelige in seine eigene Miliz des hl. Petrus zu rufen, um die Feinde der Kirche zu bekämpfen. Und mit dieser Miliz beabsichtigte er auch, seinen Kreuzzug zu führen. In seinen Briefen stellte er eine Verbindung zwischen den Idealen brüderlicher Liebe für die bedrängten Christen im Osten und der Befreiung der Kirche durch militärische Aggression dar. Doch nur wenige Laien schlossen sich seiner Miliz an.[387] Warum sollten sie auch, war dieses Heer doch eindeutig dazu bestimmt, die Macht der Kirche auf Kosten der *Bellatores,* des Kriegeradels, zu stärken? Die Päpste hatten der räuberischen Gewalt der Karolinger ihren Segen gegeben, weil diese Gewalt der Kirche das Überleben ermöglicht hatte. Aber wie Papst Gregor in seinem Ringen mit Heinrich IV. gelernt hatte, waren die Krieger nicht mehr ohne weiteres bereit, die *Libertas* der Kirche zu schützen.

Der politische Machtkampf zwischen Päpsten und Kaisern würde die religiös inspirierte Gewalt der Kreuzzugszeit bestimmen. Beide Seiten wetteiferten um die politische Vorherrschaft in Europa, und das hieß, sie strebten ein Gewaltmonopol an.

Im Jahr 1074 fand Gregors Kreuzzug keinen Anklang. Zwanzig Jahre später sah die Reaktion der Laien völlig anders aus.

❊ ❊ ❊

Am 27. November 1095 sprach Papst Urban II., auch er ein Mönch aus Cluny, bei einer Friedensversammlung in Clermont in Südfrankreich und rief zum Ersten Kreuzzug auf. Er appellierte direkt an die Franken, die Erben Karls des Großen. Wir haben keinen zeitgenössischen Bericht über diese Rede und können nur aufgrund seiner Briefe vermuten, was er gesagt hat:[388] Im Einklang mit den letzten Reformen drängte Urban die französischen Ritter, ihre Angriffe auf Mitchristen einzustellen und stattdessen die Feinde Gottes zu bekämpfen. Wie schon Gregor VII. forderte er die Franken auf, ihre Brüder, die Christen im Osten, von der »Tyrannei und Unterdrückung durch die

Muslime« zu »befreien«.[389] Dann sollten sie ins Heilige Land weiterziehen und Jerusalem befreien. Auf diese Weise würde der Gottesfriede in der Christenheit durchgesetzt und Gottes Krieg im Osten geführt werden. Urban war überzeugt, der Kreuzzug würde ein Akt der Liebe sein, in dem die Kreuzfahrer ihr Leben für die Brüder im Osten hingäben. Indem sie ihre Heimat verließen, sicherten sie sich denselben himmlischen Lohn wie die Mönche, die der Welt den Rücken kehrten und ins Kloster gingen.[390]

Aber trotz all seiner frommen Reden war der Kreuzzug auch für Urbans politische Ziele von Bedeutung: für die Sicherung der *Libertas* der Kirche. Im Jahr zuvor hatte er den Gegenpapst Heinrichs IV. aus dem Lateranpalast vertrieben, und in Clermont exkommunizierte er König Philip I. von Frankreich wegen Ehebruchs. Indem er jetzt einen massiven Feldzug Richtung Osten schickte, ohne einen der Monarchen konsultiert zu haben, riss Urban die königliche Aufgabe an sich, die militärische Verteidigung des Christentums zu kontrollieren.[391]

Aber was auch immer ein Papst sagte: Weniger gebildete Zuhörer nahmen unter Umständen etwas ganz anderes wahr. Aufgrund der Ideen von Cluny sprach Urban im Zusammenhang mit dem Kreuzzug immer von einer Pilgerfahrt – mit der Besonderheit, dass die Pilger schwer bewaffnete Ritter sein würden und dass ihr »Akt der Liebe« den Tod Tausender Unschuldiger zur Folge haben würde. Sicher hat er auch die Worte Jesu zitiert, mit denen dieser seine Jünger aufgefordert hatte, ihr Kreuz auf sich zu nehmen, und vermutlich forderte er die Kreuzfahrer auf, Kreuze auf die Rückenseite ihrer Kleidung zu nähen und in das Land zu reisen, in dem Jesus gelebt hatte und gestorben war.

Die Welle der Pilgerfahrten hatte die Bedeutung Jerusalems in Europa bereits gesteigert. Im Jahr 1033, tausend Jahre nach dem Tod Jesu, berichtete Raoul Glaber, waren »unzählige Pilger« nach Jerusalem marschiert, um den »elenden Antichrist« zu bekämpfen, in der Überzeugung, das Ende der Welt sei nahe.[392] Dreißig Jahre später zogen siebentausend Pilger aus Europa ins Heilige Land, um den Antichrist zur Selbstoffenbarung zu zwingen, auf dass Gott eine bessere Welt errichten könne. Und jetzt, 1095, betrachteten viele Ritter den Kreuzzug in diesem weit verbreiteten apokalyptischen Licht. In ihren Ohren klang Urbans Aufruf, den Christen im Osten zu helfen, wie die Aufforderung zu einem Rachefeldzug für ihre Brüder, und sie fühlten sich ebenso verpflichtet, im Heiligen Land für das Erbe Christi zu kämpfen, wie sie die Abgaben für ihren Feudalherrn eingetrieben hätten. Ein früher mittelalterlicher Geschichtsschreiber der Kreuzzüge lässt einen Priester seine Zuhörer fragen: »Wenn ein Fremder einen eurer Verwandten schlüge, würdet ihr ihn nicht rächen? Wie viel mehr müsst ihr da Gott, euren Vater und Bruder, rächen, wenn ihr seinen Hilferuf hört und seht, wie man ihn beschimpft, von seinen Gütern vertreibt, kreuzigt?«[393] Fromme Ideen vermischten sich mit eher irdischen Zielen. Viele nahmen das Kreuz, um in der Fremde Reichtum zu finden, Wohlstand für ihre Nachkommen und Ruhm und Ehre für sich selbst.

Es dauerte nicht lange, dann verlor Urban die Kontrolle über den Lauf der Dinge – was uns wiederum an die Grenzen religiöser Autorität erinnert. Urban hatte sich einen geordneten Feldzug vorgestellt und die Kreuzfahrer aufgefordert, bis nach der Ernte zu warten. Aber die fünf großen Armeen ignorierten seinen vernünftigen Rat und zogen im Frühjahr durch Europa. Tausende verhungerten oder wurden von den Ungarn zurückgeschlagen, die durch die plötzliche Invasion in Angst und Schrecken versetzt worden waren. Niemals war Urban auf die Idee gekommen, die Kreuzritter könnten die jüdischen Gemeinden in Europa angreifen, aber im Jahr 1096 metzelte ein Kreuzfahrerheer vier- bis achttausend Juden in Speyer, Worms und Mainz nieder. Ihr Anführer Emicho von Leningen behauptete, er sei der Kaiser aus den Volkssagen, der zu Beginn der letzten Tage im Westen erscheinen und den Antichrist in Jerusalem schlagen würde. Jesus könne erst zurückkehren, so Emicho, wenn die Juden zum Christentum übergetreten seien, und als seine Truppen die rheinischen Städte erreichten, in denen große jüdische Gemeinden lebten, befahl er, sie zwangsweise zu taufen oder zu töten. Einige Kreuzfahrer waren ernsthaft verwirrt. Warum sollten sie die Muslime Tausende Kilometer entfernt bekämpfen, wenn die Leute, die Jesus tatsächlich getötet hatten – denn das glaubte die Kreuzfahrer in ihrer Verblendung –, vor ihrer eigenen Tür herrlich und in Freuden lebten?»Schau«, hörte ein jüdischer Chronist einen Kreuzfahrer zum anderen sagen. »Wir nehmen Rache an den Ismailiten für unseren Messias, dabei leben hier doch die Juden, die ihn ermordet und gekreuzigt haben. Da sollten wir doch zuerst an ihnen Rache nehmen.«[394] Später äußerten sich einige französische Kreuzfahrer in ähnlicher Weise:»Müssen wir so weit nach Osten reisen, um die Feinde Gottes anzugreifen, wenn doch Juden hier vor unseren Augen leben, die größten Feinde Gottes überhaupt? Das ist doch widersinnig!«[395]

Durch die Kreuzzüge etablierte sich die antisemitische Gewalt als chronische Krankheit in Europa: Bei jedem Kreuzzug griffen die Christen zuerst die Juden im eigenen Land an. Diese Verfolgung war sicher durch religiöse Überzeugungen motiviert, aber sie hatte auch soziale, politische und wirtschaftliche Gründe. Die Städte im Rheinland entwickelten jene wirtschaftliche Kraft, die die agrarische Zivilisation irgendwann ersetzen würde. Sie erlebten bereits die allerersten Stufen der Modernisierung: eine Verwandlung, die immer Druck auf die sozialen Beziehungen ausübt. Nach dem Ende des Römischen Reiches war das städtische Leben verebbt, es gab praktisch keinen Handel und keine Kaufmannsschicht.[396] Gegen Ende des 12. Jahrhunderts jedoch hatte der Adel aufgrund steigender Produktivität Geschmack am Luxus gefunden. Um diesen Ansprüchen zu genügen, war aus der Bauernschaft eine Gruppe von Spezialisten – Steinmetzen, Handwerker und Kaufleute – aufgestiegen, und der daraus folgende Austausch von Geld und Gütern führte zur Wiedergeburt der Städte.[397] Die Abneigung des Adels gegen den »Emporkömmling« aus den unteren Schichten, der Güter ansammelte, die sie eigentlich als ihr Eigentum betrachteten, hat möglicherweise noch zusätzlich die Gewalt der deutschen Kreuzfahrer beflügelt, denn die Juden waren in besonderem

Maße Teil des irritierenden gesellschaftlichen Wandels.[398] In den von Bischöfen verwalteten rheinischen Städten versuchte die Bevölkerung schon seit Jahrzehnten, die feudalen Lasten abzuwerfen, die den Handel behinderten, aber die Fürstbischöfe hatten in Sachen Handel extrem konservative Ansichten.[399] Außerdem gab es Spannungen zwischen reichen Kaufleuten und ärmeren Handwerkern, und als die Bischöfe versuchten, die Juden zu schützen, schlossen sich weniger wohlhabende Stadtbewohner den Kreuzfahrern bei ihren Massakern an.

Die Kreuzfahrer waren immer sowohl von sozialen und wirtschaftlichen Faktoren als auch von religiösem Eifer motiviert. Die Kreuzzüge hatten besonders viel Erfolg in der *Juventus*, den jüngeren unter den Rittern, die ihre militärische Ausbildung vervollständigten, indem sie auf der Suche nach Abenteuern durchs Land streiften.[400] Diese fahrenden Ritter waren auf gewalttätiges Handeln vorbereitet und frei von den Schranken einer sesshaften Existenz. In ihrer Gesetzlosigkeit waren sie verantwortlich für einige Greueltaten der Kreuzzüge.[401] Viele von den ersten Kreuzfahrern kamen aus Regionen in Nordost-Frankreich und Westdeutschland, die durch schwere Jahre mit Überschwemmungen, Seuchen und Hungersnöten verwüstet waren, und wollten vielleicht einfach nur aus unerträglichen Lebensverhältnissen ausbrechen.[402] Aber die Kreuzfahrerheere boten natürlich auch Abenteurern, Räubern, entlaufenen Mönchen und Banditen einen Platz, viele von ihnen zweifellos angezogen durch Träume von Wohlstand und Glück und ein »rastloses Herz«.[403]

Auch die Anführer des Ersten Kreuzzugs, der Europa im Herbst 1096 verließ, hatten gemischte Gründe, als sie sich dem Heer anschlossen. Graf Bohemund von Tarent in Süditalien besaß nur sehr wenig Land und machte kein Geheimnis aus seinem weltlichen Ehrgeiz: Er verließ den Kreuzzug bei erster Gelegenheit und wurde Fürst von Antiochia. Sein Neffe Tankred jedoch fand im Kreuzzug die Antwort auf ein spirituelles Dilemma. Er brannte vor Sorge, weil er seinen kriegerischen Beruf nicht mit dem Evangelium in Einklang bringen konnte, und hatte sogar schon darüber nachgedacht, ins Kloster zu gehen. Aber als er Urbans Aufruf hörte,»wurden ihm die Augen aufgetan und sein Mut war geboren«.[404] Gottfried von Bouillon dagegen war vom cluniazensischen Ideal beseelt, das den Kampf gegen die Feinde der Kirche als spirituelle Berufung ansah, während sein Bruder Balduin im Osten nichts anderes suchte als Ruhm, Reichtum und Landbesitz.

Die grausige Erfahrung des Kreuzzugs veränderte bald ihre Ansichten und Erwartungen.[405] Viele Kreuzfahrer hatten bis dahin nie ihre Dörfer verlassen; jetzt waren sie Tausende von Kilometern von zu Hause entfernt, von allem getrennt, was sie kannten, und umzingelt von schrecklichen Feinden in einem beunruhigenden Land. Als sie den Armenischen Taurus erreichten, starrten viele von ihnen voller Schrecken auf die steilen Berge »und rangen düster die Hände vor lauter Angst und Elend«.[406] Die Türken verfolgten eine Politik der verbrannten Erde, so dass es keine Verpflegung gab, und die ärmeren Zivilisten und Soldaten starben wie die Fliegen. Chronisten berichten von der Belagerung Antiochias:

Die Hungernden aßen Bohnentriebe und wilde Kräuter auf den Feldern, selbst Disteln, die wegen des Mangels an Feuerholz nicht richtig gekocht werden konnten und deshalb die Zungen zerstachen. Sie aßen auch Pferde, Kamele, Hunde und sogar Ratten. Die Ärmeren verschmähten nicht einmal Tierhäute und Getreidekörner, die im Dung gefunden wurden.[407]

Bald erkannten die Kreuzfahrer, dass sie schlecht geführt und unzureichend versorgt wurden. Und sie wussten, dass sie bei weitem in der Unterzahl waren: »Wo wir einen Grafen haben, hat der Feind vier Könige. Wo wir ein Regiment haben, hat der Feind eine Legion«, schrieben die Bischöfe, die den Zug begleiteten, in einem gemeinsamen Brief nach Hause. »Wo wir ein Schloss haben, hat der Feind ein Königreich.«[408]

Dabei hätten sie gar keinen günstigeren Augenblick erwischen können. Das Seldschukenreich war in Auflösung begriffen, und der Sultan war vor kurzem gestorben, so dass die Emire miteinander um die Nachfolge kämpften. Hätten die Türken eine einheitliche Front aufstellen können, wäre der Kreuzzug gescheitert. Aber die Kreuzfahrer wussten nichts von der Politik vor Ort, ihr Verständnis speiste sich fast ausschließlich aus ihren religiösen Ansichten und Vorurteilen.[409] Beobachter beschreiben die Kreuzfahrerheere als ein marschierendes Kloster. Bei jeder Krise hielten sie Prozessionen ab, beteten und feierten besondere Messen. Obwohl sie ohnehin hungerten, fasteten sie vor jedem Kampf und lauschten den Predigten ebenso eifrig wie den Kampfbefehlen. Hungernde Männer hatten Visionen von Jesus, den Heiligen und verstorbenen Kreuzfahrern, die jetzt als glorreiche Märtyrer im Himmel saßen. Sie sahen Engel, die an ihrer Seite kämpften, und während eines Tiefpunkts der Belagerung von Antiochia entdeckten sie eine heilige Reliquie: die Lanze, mit der, so hieß es, die Seite Christi durchbohrt worden war. Die verzweifelten Männer waren davon so begeistert, dass sie aus der Stadt strömten und die belagernden Türken in die Flucht schlugen. Als sie am 15. Juli 1099 tatsächlich Jerusalem einnahmen, konnten sie daraus nur schließen, dass Gott auf ihrer Seite war. »Wer würde nicht staunen, dass wir, eine kleine Schar unter den Königreichen der Feinde, ihnen nicht nur widerstehen könnten, sondern auch überleben?«, schrieb Fulcher von Chartres.[410]

Der Krieg ist zutreffend als »eine Psychose, verursacht durch die Unfähigkeit zur Wahrnehmung von Beziehungen« beschrieben worden.[411] So gesehen, war der Erste Kreuzzug besonders psychotisch. Nach allen Berichten zu urteilen, waren die Kreuzfahrer halb wahnsinnig. Seit drei Jahren hatten sie keinen normalen Umgang mit der Welt um sie herum gehabt, und der lang andauernde Schrecken und die Mangelernährung machten sie anfällig für abnorme Geisteszustände. Sie kämpften gegen einen Feind, der ihnen sowohl kulturell als auch ethnisch fremd war – ein Faktor, der, wie wir heute wissen, alle üblichen Hemmungen außer Kraft setzt. Als sie über die Einwohner von Jerusalem herfielen, metzelten sie in drei Tagen dreißigtausend Menschen nieder.[412] »Sie töteten alle Sarazenen und Türken, die sie finden konnten«, berichtet der anonyme Autor der *Gesta Francorum* (»Die Taten der Franken«) wohlgefällig. »Sie töteten alle, Männer und Frauen.«[413] In den Straßen strömte das Blut. Juden wurden in ihrer Synagoge eingekesselt und mit dem Schwert niedergemacht, und zehntausend Muslime, die im Haram al-Sharif Zuflucht gesucht hatten, wurden brutal massakriert. »Man sah ganze Haufen von Köpfen, Händen und Füßen«, schrieb der provenzalische Chronist Raymond von Aguilers. »Männer ritten durch Blut, das ihnen bis zu den Knien und Zügeln reichte. Wahrlich, es war ein gerechtes, großartiges Gottesgericht, dass dieser Ort mit dem Blut der Ungläubigen angefüllt war.«[414] Es gab so viele Tote, dass die Kreuzfahrer die Leichen nicht bestatten konnten. Als Fulcher von Chartres fünf Monate später nach Jerusalem kam, um Weihnachten zu feiern, war er entsetzt über den Gestank verwesender Leichen, die immer noch auf den Feldern und in den Gräben rund um die Stadt lagen.[415]

Als sie niemanden mehr fanden, den sie töten konnten, zogen die Kreuzfahrer Hymnen singend zur Grabeskirche, während ihnen die Freudentränen über die Wangen liefen. Neben dem Grab Christi feierten sie die Osterliturgie. »Dieser Tag wird in künftigen Zeitaltern gerühmt werden, denn er verwandelte unsere Mühen und unseren Kummer in Freude und Begeisterung«, jubelte Raymond. »Dieser Tag markiert die Rechtfertigung der ganzen Christenheit, die Demütigung der Heiden, die Erneuerung des Glaubens.«[416]

Hier können wir einen weiteren Hinweis auf psychotische Verirrung beobachten: Die Kreuzfahrer standen neben dem Grab eines Mannes, der ein Opfer menschlicher Grausamkeit geworden war, und doch waren sie unfähig, ihr eigenes gewalttätiges Verhalten in Frage zu stellen. Die Ekstase des Kampfes, in diesem Fall durch Jahre des Schreckens, des Hungers und der Isolation überhöht, vermischte sich mit ihrer religiösen Mythologie zu einer Illusion äußerster Rechtfertigung. Aber Sieger werden nie für ihre Verbrechen belangt, und die Chronisten beschrieben schon bald die Eroberung Jerusalems als Wendepunkt der Geschichte. Robert der Mönch behauptete, erstaunlich genug, die Bedeutung dieses Ereignisses werde nur noch durch die Erschaffung der Welt und die Kreuzigung Jesu übertroffen.[417] In der Folge wurden Muslime im Westen jetzt als »bösartige, verabscheuungswürdige Rasse«, als »verächtlich, degeneriert und von Dämonen versklavt«, als »Gott vollkommen fremd« und als »nur der Vernichtung würdig« betrachtet.«[418]

Dieser heilige Krieg und die Ideologie, die ihn inspiriert hatte, repräsentierten die vollkommene Verleugnung der pazifistischen Strömung innerhalb des Christentums. Er war auch die erste imperiale Unternehmung des christlichen Westens, der sich nach Jahrhunderten der Stagnation den Weg zurück auf die internationale Bühne bahnte. Fünf Kreuzfahrerstaaten wurden in Jerusalem, Antiochia, Galiläa, Edessa und Tripolis gegründet. Diese Staaten brauchten stehende Heere, und die Kirche machte ihre Kanonisierung des Krieges vollkommen, indem sie den Mönchen das Schwert in die Hand gab: Die Ritter des St.-Johannes-Hospitals, später als Johanniter bekannt, wurden ursprünglich gegründet, um für arme und kranke Pilger zu sorgen, und die Tempelritter, die in der Al-Aqsa-Moschee auf dem Haram lebten, wurden als Polizeitruppe eingesetzt. Sie legten vor ihrem militärischen Befehlshaber die Gelübde der Armut, Keuschheit und des Gehorsams ab, und weil sie wesentlich disziplinierter waren als die normalen Ritter, wurden sie zur ersten professionellen Kampfeinheit des Westens seit dem Niedergang der römischen Legionen.[419] Der hl. Bernhard, Abt der neuen Zisterzienserabtei von Clairvaux, hatte keinen Sinn für normale Ritter, die mit ihren feinen Kleidern, edelsteinbesetzten Zügeln und zarten Händen nur von »irrationalem Zorn, Hunger nach leerem Ruhm und Gier nach irdischen Besitztümern« motiviert waren.[420] Die Templer freilich kombinierten die Demut der Mönche mit militärischer Macht, und ihre einzige Motivation bestand darin, die Feinde Christi zu töten. Ein Christ, sagte der hl. Bernhard, sollte jubeln, wenn er sah, wie diese »Heiden« zerstreut und vertrieben wurden.[421] Die Ideologie dieser ersten Kolonien des Westens war durch und durch religiös, und sosehr der spätere westliche

Imperialismus auch von einer eher säkularen Ideologie inspiriert war, würde er doch die Rücksichtslosigkeit und aggressive Selbstgerechtigkeit der Kreuzzüge wieder aufgreifen.

* * *

Die Muslime waren fassungslos über die Gewalttätigkeit der Kreuzritter. Als die *Franj* (»Franken«) Jerusalem erreichten, hatten sie bereits einen entsetzlichen Ruf; es hieß, sie hätten mehr als hunderttausend Menschen in Antiochia getötet, seien während der Belagerung wild vor Hunger durch die Umgebung gestreift und hätten geschworen, jeden Sarazenen zu »verspeisen«, der ihnen über den Weg lief.[422] Aber so etwas wie das Massaker von Jerusalem hatten die Muslime noch nicht erlebt. Mehr als dreihundert Jahre lang hatten sie alle großen Regionalmächte bekämpft, aber diese Kriege hatten immer allseitig akzeptierte Grenzen gekannt.[423] Muslimische Quellen berichteten voller Grauen, dass die Franken alte Menschen, Frauen und Kranke nicht verschont hätten und selbst fromme Ulema getötet hätten, »die ihre Heimat verlassen hatten, um ein Leben in frommer Abgeschiedenheit an einem heiligen Ort zu führen«.[424]

Doch trotz dieses abstoßenden Auftakts dauerte es nicht nur fast fünfzig Jahre, bis es zu einer größeren muslimischen Offensive gegen die Franken kam. In der Zwischenzeit wurden die Kreuzritter sogar als Teil der politischen Landschaft in der Region akzeptiert. Die Kreuzfahrerstaaten passten gut in das seldschukische Muster kleiner, unabhängiger, aber tributpflichtiger Gemeinwesen, und wenn die Emire einander bekämpften, schlossen sie oft Bündnisse mit den fränkischen Herrschern.[425] Für die türkischen Befehlshaber waren die Ideale des klassischen Dschihad tot, und bei der Ankunft der Kreuzfahrer waren auch keine »Freiwilligen« herbeigeeilt, um die Grenzen zu verteidigen. Nachdem sie sich nicht mehr in der Lage sahen, einer fremden Invasion zu widerstehen, hatten die Emire die Verteidigung der Grenzen vernachlässigt, und so beschäftigt, wie sie mit ihren Feldzügen gegeneinander waren, fanden sie sich mit der Anwe-

senheit der »Ungläubigen« sorglos ab. Obwohl das Kreuzfah-
rerideal mit den Hadith im Einklang stand, die den Dschihad als
eine Form des monastischen Lebens betrachteten, verkannten
die ersten muslimischen Chronisten die religiöse Leidenschaft
der Männer aus dem Westen und nahmen an, sie seien nur von
materieller Gier getrieben. Sie alle begriffen, dass die Franken
ihren Erfolg dem Scheitern der Emire verdankten, eine geeinte
Front zu schaffen, aber nach dem Kreuzzug gab es dennoch keinen ernsthaften Versuch, sich zusammenzuschließen. Die Franken, die im Heiligen Land blieben, erkannten ihrerseits, dass ihr
Überleben von ihrer Fähigkeit zur Koexistenz mit den muslimischen Nachbarn abhing, und ließen ihre scharfen Vorurteile bald
fahren. Sie passten sich der lokalen Kultur an und lernten, zu
baden, sich im türkischen Stil zu kleiden, die regionalen Sprachen zu sprechen, und heirateten sogar muslimische Frauen.

Aber sosehr die Emire den Dschihad auch vergessen hatten –
eine Handvoll »kämpfender Ulema« hatte es nicht getan. Unmittelbar nach der Eroberung Jerusalems führte Abu Said al-
Harawi, der Kadi (Richter) von Damaskus, eine Abordnung
muslimischer Flüchtlinge aus Jerusalem in die Moschee des Kalifen von Bagdad und bat den Kalifen, einen Dschihad gegen die
Eroberer auszurufen. Die schrecklichen Berichte der Flüchtlinge rührten die Versammlung zu Tränen, aber der Kalif war
inzwischen zu schwach, um militärisch zu handeln.[426] Im Jahr
1105 schrieb der syrische Jurist al-Sulami einen Traktat, in dem
er argumentierte, der Dschihad gegen die Franken sei *fard ayn*,
eine individuelle Verpflichtung für die lokalen Emire. Sie müssten das Vakuum ausfüllen, das durch die Unfähigkeit des Kalifen
entstanden sei, und die Invasoren aus dem *Dar al-Islam* vertreiben. Aber, so beharrte er, keine militärische Aktion würde Erfolg haben ohne den Hintergrund des »größeren Dschihad«:
eine Reform der Herzen und Köpfe, mit der die Muslime ihre
Furcht und Apathie bekämpften.[427]

Auch darauf gab es nur wenige Reaktionen. Die Muslime waren von ihrer Religion absolut nicht auf einen heiligen Krieg
programmiert; sie hatten wenig Lust auf den Dschihad und wa-

ren viel eher mit neuen Formen der Spiritualität beschäftigt. Vor allem einige der Sufi-Mystiker entwickelten eine außerordentliche Wertschätzung für andere Glaubenstraditionen. Der gelehrte und sehr einflussreiche Muid ad-Din ibn al-Arabi (1165–1240) erklärte, ein Mann Gottes sei in einer Synagoge, einer Moschee, einem Tempel und einer Kirche gleichermaßen zu Hause, denn alle diese Orte seien der Wahrnehmung Gottes geweiht.

Mein Herz kann jede Form annehmen.
Ein Kloster für den Mönch, eine Kirche für Götterbilder,
eine Weide für Gazellen, die Kaaba der Eingeweihten,
Tische für Tora und Koran.
Mein Glaube heißt Liebe. Wohin auch immer
er seine Kamele lenkt, der eine wahre Glaube ist mein.[428]

Während des 12. und 13. Jahrhunderts, also zur Zeit der Kreuzzüge, entwickelte sich der Sufismus von einer Randerscheinung zu einer vorherrschenden Strömung in vielen Teilen der muslimischen Welt. Nur wenige Menschen waren fähig zu höheren mystischen Bewusstseinszuständen, aber die Konzentrationsübungen der Sufi, die mit Musik und Tanz einhergingen, halfen doch vielen, allzu einfache und enge Vorstellungen von Gott und anderen Glaubenstraditionen hinter sich zu lassen.

Einige Ulema und Asketen empfanden die Gegenwart der Franken allerdings als unerträglich. Im Jahr 1111 führte Ibn al-Khashab, der Kadi von Aleppo, eine Delegation aus Sufis, Imamen und Kaufleuten nach Bagdad, wo sie in die Moschee des Kalifen eindrangen und seine Kanzel zerschlugen, um ihn aus seiner Trägheit zu wecken. Vergeblich.[429] Im Jahr 1119 waren die Truppen von Mardin und Damaskus so begeistert von den Predigten des Kadis, dass sie »vor Gefühl und Bewunderung weinten« und den ersten muslimischen Sieg über die Franken errangen, indem sie Graf Roger von Antiochia besiegten.[430] Erst im Jahr 1144 wurde aber konsequent gegen die Kreuzritter vorgegangen. In diesem Jahr eroberte Zangi, der Emir von Mosul, während eines Feldzugs in Syrien fast aus Versehen das christliche Fürstentum Edessa. Zu seiner eigenen Überraschung wurde Zangi, der wenig Interesse an den Franken hatte, über Nacht zum Helden. Der Kalif bejubelte ihn als »Pfeiler des Glaubens« und »Eckstein des Islam«, obwohl Zangi eigentlich kaum als frommer Muslim gelten konnte.[431] Die türkischen Chronisten verurteilten seine »Rohheit, Aggression und Anmaßung, die Feinden und Zivilisten den Tod gebracht« hatte. 1146 wurde er sturzbetrunken von einem Sklaven ermordet.[432]

Erst der Anblick der riesigen Armeen, die während des Zweiten Kreuzzugs (1148) aus Europa herbeieilten, um Edessa zurückzuerobern, brachte einige Emire zur Vernunft. Obwohl dieser Kreuzzug zu einem peinlichen Fiasko für die Christen geriet, empfanden die Menschen im Land die Franken jetzt als echte Gefahr. Der muslimische Gegenschlag wurde von Zangis Sohn Nur ad-Din (reg. 1146–1174) angeführt, der den Rat der »kämpfenden Gelehrten« annahm und sich zunächst dem »großen Dschihad« hingab. Er kehrte zum Geist der Umma zurück, führte ein einfaches Leben, verbrachte oft die ganze Nacht im Gebet und ließ »Häuser der Gerechtigkeit« errichten, in denen jeder, unabhängig von Glauben und Status, Zuflucht finden konnte. Er ließ die Städte in der Region befestigen, baute Madrasas (Koran-Hochschulen) und Sufi-Klöster und förderte die Ulema.[433] Doch der Geist des Dschihad war in der Bevölkerung so wenig präsent, dass er nur mühsam wiederbelebt werden konnte. Nur ad-Din ließ Hadith-Sammlungen verbreiten, in denen Jerusalem verherrlicht wurde, und gab eine wunderbare Kanzel in Auftrag, die in der Aqsa-Moschee aufgestellt werden sollte, sobald die Muslime ihre Heilige Stadt zurückerobert hätten. Aber in seiner achtundzwanzigjährigen Regierungszeit führte er keinen einzigen direkten Angriff gegen die Franken.

Seine größte militärische Errungenschaft war die Eroberung des fatimidischen Ägypten. Sein kurdischer Statthalter dort, Yusuf ibn Ayyub, den man eher unter seinem Titel Salah ad-Din oder kurz Saladin (»Ehre des Glaubens«) kennt, eroberte Jerusalem zurück. Aber Saladin musste seine ersten zehn Regierungsjahre damit zubringen, andere Emire zu bekämpfen, um Nur ad-Dins Reich zusammenzuhalten, und während dieses Kampfes schloss er zahlreiche Verträge mit den Franken. Auch Saladin konzentrierte sich zunächst auf den Großen Dschihad und war beim Volk wegen seines Mitgefühls, seiner Demut und seines Charismas beliebt. Aber wie sein Biograph erklärte, war er auch ein leidenschaftlicher Vertreter eines militärischen Dschihad:

> *Der Dschihad und das damit verbundene Leiden lastete schwer auf seinem Herzen und auf jeder Faser seines Seins. Er sprach von nichts anderem, dachte nur darüber nach, wie man sich für den Kampf ausrüstete, und war nur an jenen interessiert, die zu den Waffen griffen. ... Aus Liebe zum Dschihad auf dem Weg Gottes verließ er seine Familie, seine Söhne, sein Heimatland, sein Haus und all seine Güter und entschied sich, im Schatten seines Zeltes zu leben.*[434]

Wie auch Nur ad-Din reiste Saladin immer in Begleitung von Ulema, Sufis, Kadis und Imamen, die den Truppen unterwegs aus dem Koran und den Hadith vorlasen. Der Dschihad, der beinahe tot gewesen war, wurde in der Region zu einer lebendigen Kraft, wiedererweckt nicht durch die dem Islam innewohnende Gewalttätigkeit, sondern durch die ständigen Angriffe aus dem Westen. In Zukunft würde jede westliche Intervention im Nahen Osten, so säkular sie auch motiviert sein mochte, die Erinnerung an die fanatische Gewalt des Ersten Kreuzzugs wecken.

Wie die Kreuzfahrer, so entdeckte auch Saladin, dass sein Feind sich selbst das Leben schwermachte. Letztlich verdankte er seinen militärischen Erfolg den ständigen inneren Streitigkeiten der Franken und der harten Haltung von Neuankömmlingen aus dem Westen, die die Verhältnisse vor Ort nicht kannten. In der Folge konnte er im Juli 1187 die christliche Armee am Horn von Hattin in Galiläa vernichtend schlagen. Nach der Schlacht gab er den König von Jerusalem frei, ließ aber in dessen Anwesenheit die überlebenden Templer und Malteserritter töten, da er sie – aus gutem Grund – für das größte Hindernis einer muslimischen Reconquista hielt. Als er Jerusalem einnahm, lief sein erster Impuls auf Rache für das Massaker der Kreuzritter von 1099 hinaus, aber er ließ sich von einem fränkischen Gesandten dazu überreden, die Stadt gewaltlos in Besitz zu nehmen.[435] Kein einziger Christ wurde getötet, die fränkischen Bewohner Jerusalems wurden für ein sehr bescheidenes Lösegeld freigelassen, und viele wurden nach Tyrus gebracht, wo die Christen einen Stützpunkt unterhielten. Im Westen sah man mit Unbehagen, dass Saladin humaner gehandelt hatte als die eigenen Kreuzritter, und bald kamen Legenden auf, die ihn als ehrbaren Christen darstellten. Einige Muslime gingen freilich kritischer mit ihm um: Ibn al-Athir hielt seine Milde für einen ernsthaften militärischen und politischen Fehler, weil es den Franken gelang, sich einen schmalen Küstenstaat zu erhalten, der sich von Tyrus bis nach Beirut erstreckte und das muslimische Jerusalem bis ins späte 13. Jahrhundert ständig bedrohte.[436]

Ironischerweise wurde der militärische Dschihad immer stärker in die Spiritualität des Großen Dschihad eingebettet, und gleichzeitig wurden die materiellen und politischen Interessen des Kreuzzugs immer wichtiger.[437] Als Papst Urban zum Ersten Kreuzzug aufgerufen hatte, verband er mit seiner Forderung nach dem Primat des Papstes einen Angriff auf die Vorherrschaft der Könige. Der Dritte Kreuzzug (1189–1192) wurde von Friedrich Barbarossa, dem Kaiser des Heiligen Römischen Reiches, Philip II. von Frankreich und Richard I. von England, genannt Löwenherz, angeführt und ausgerufen und führte zu einer Rückführung des Gewaltmonopols an die weltlichen Herrscher. Während Saladin seine Soldaten mit Lesungen aus den Hadith inspirierte, bot Richard seinen Männern Geld für jeden Stein, den sie aus der Stadtmauer von Akko brachen. Der Vierte Kreuzzug, wenige Jahre später, wurde aus rein kommerziellen Gründen von den venezianischen Kaufleuten, den neuen Herrschern in Europa, unternommen. Sie überredeten die Kreuzfahrer, ihre Mitchristen im Hafen von Zara anzugreifen und im Jahr 1204 Konstantinopel zu plündern. Westliche Kaiser regierten Byzanz noch bis 1261, als es den Griechen endlich gelang, sie zu vertreiben, aber ihre Unfähigkeit bedeutete in der Zwischenzeit eine tödliche Schwächung für diesen hoch entwickelten Staat, dessen Politik wesentlich komplexer war als die jedes westlichen Königreichs seiner Zeit.[438] Papst Innozenz III. nahm die päpstliche *Libertas* im Jahr 1213 wieder in Anspruch, indem er den Fünften Kreuzzug ausrief, mit dessen Hilfe ein westlicher Stützpunkt in Ägypten angelegt werden sollte, aber die Flotte der Kreuzfahrer wurde von einer Epidemie außer Gefecht gesetzt, und die Landtruppen wurden von den steigenden Wassern des Nilhochwassers an ihrem Marsch auf Kairo gehindert.

Der Sechste Kreuzzug (1228–1229) verdrehte das ursprüngliche Ideal vollkommen, denn er wurde vom Kaiser des Heiligen Römischen Reiches, Friedrich II., angeführt, der kurz zuvor von Papst Gregor IX. exkommuniziert worden war. Friedrich, der im kosmopolitischen Sizilien aufgewachsen war, konnte die Islamophobie im restlichen Europa nicht teilen und handelte einen Waffenstillstand mit seinem Freund Sultan al-Kamil aus, der seinerseits kein Interesse am Dschihad hatte. So konnte Friedrich ohne eine einzige Schlacht Jerusalem, Bethlehem und Nazareth zurückerobern.[439] Aber beide Herrscher hatten die Stimmung im Volk falsch eingeschätzt: Die Muslime waren inzwischen überzeugt, dass der Westen ihr unversöhnlicher Feind sei, und die Christen hielten den Kampf gegen die Muslime für wesentlich wichtiger als die Rückeroberung Jerusalems. Da kein Priester für einen Exkommunizierten diese Zeremonie übernehmen wollte, krönte sich Friedrich im März 1229 in der Grabeskirche trotzig selbst zum König von Jerusalem. Die Deutschordensritter des Heiligen Römischen Reiches erklärten stolz, mit dieser Zeremonie sei er zum Stellvertreter Gottes auf Erden geworden, und es sei der Kaiser, nicht der Papst, der »zwischen Gott und den Menschen stand und erwählt war, die ganze Welt zu beherrschen«.[440] Inzwischen hatte ein Kreuzzug zu Hause mehr politisches Gewicht als im Nahen Osten.

* * *

Die Christen verloren Jerusalem im Jahr 1244 erneut, als marodierende türkische Choresmier auf der Flucht vor den Mongolen durch die Heilige Stadt zogen, eine tödliche Bedrohung sowohl für das Christentum als auch für den Islam. Zwischen 1190 und 1258 hatten die mongolischen Horden des Dschingis Khan Nordchina, Korea, Tibet, Zentralasien, Anatolien, Russland und Osteuropa überrannt. Jeder Herrscher, der sich ihnen nicht sofort ergab, riskierte die Zerstörung seiner Städte und Massaker an seinen Untertanen. 1257 überquerte Dschingis Khans Sohn Hulugu den Tigris, überfiel Bagdad und erdrosselte den letzten Abbasidenkalifen; danach zerstörte er Aleppo und besetzte Damaskus, das sich ergab und deshalb der Zerstörung entging. Zunächst hofften König Ludwig IX. von Frankreich und Papst Innozenz IV., sie könnten die Mongolen zum Christentum bekehren und für die Vernichtung des Islam benutzen. Aber stattdessen retteten die Muslime den Kreuzfahrerstaat an der Küste und möglicherweise die gesamte westliche Christenheit vor den Mongolen. Am Ende konvertierten die mongolischen Herrscher, die im Nahen Osten ihre Staaten gründeten, zum Islam.

Im Jahr 1250 übernahm eine Gruppe unzufriedener Mamelucken in einem Militärputsch Saladins Ayyubidenreich. Zehn Jahre später besiegte der geniale Mamelucken-Befehlshaber Baibars die mongolische Armee in der Schlacht von Ain Jalut in Galiläa. Aber die Mongolen hatten große muslimische Gebiete in Mesopotamien, dem iranischen Bergland, dem Syr-Oxus-Becken und an der Wolga erobert und gründeten dort vier große Reiche. Ihre Gewalt hatte nichts mit religiöser Intoleranz zu tun: Sie anerkannten die Gültigkeit aller Glaubensrichtungen und bauten normalerweise auf die lokalen Traditionen, wenn sie eine Region unterworfen hatten. Und so waren im frühen 14. Jahrhundert die mongolischen Herrscher aller vier Reiche zum Islam übergetreten. Der mongolische Adel folgte jedoch immer noch der Yasa, dem militärischen Kodex des Dschingis Khan. Viele ihrer muslimischen Untertanen ließen sich von dem strahlenden höfischen Leben blenden und waren fasziniert von den neuen Herrschern. Andererseits war durch die Zerstörungen so viel muslimische Gelehrsamkeit und Kultur verlorengegangen, dass einige Rechtsgelehrte erklärten, die »Tore der Idschtihad« (die unabhängige Vernunft) seien geschlossen. Dahinter verbarg sich eine extreme Spielart der konservativen Neigung agrarischer Zivilisationen, die keine wirtschaftlichen Mittel für die Einführung von Neuerungen im großen Stil besaßen, die bestehende soziale Ordnung über neue Ideen zu stellen und das Gefühl zu haben, ihre Kultur sei so hart erkämpft, dass es wichtiger sei, zu erhalten, was bereits erreicht worden war. Diese Verengung des Horizonts gehörte nicht unmittelbar zum islamischen Denken, sondern war eine Reaktion auf die schockierenden mongolischen Angriffe. Andere Muslime reagierten ganz anders auf die Eroberung durch die Mongolen.

Im Islam war man immer bereit, von anderen Kulturen zu lernen, und im späten 15. Jahrhundert lernte man von den Erben des Dschingis Khan. Das Osmanische Reich in Kleinasien, dem Nahen Osten und Nordafrika, das Reich der Safawiden im Iran und das Reich der Moguln in Indien entstanden auf der Grundlage des mongolischen Militärstaates und wurden zu den höchstentwickelten Staaten dieser Zeit weltweit. Aber die Mongolen inspirierten, ohne es zu wissen, auch eine spirituelle Wiederbelebung. Jalal ad-Din Rumi (1207–1273) war mit seiner Familie vor den mongolischen Truppen geflohen und aus dem Iran nach Anatolien gezogen, wo er einen neuen mystischen Sufi-Orden gründete. Heute ist er einer der meistgelesenen muslimischen Autoren im Westen; seine Philosophie ist stark geprägt von der Heimatlosigkeit des Flüchtlings und vom Gefühl der Trennung, aber Rumi war auch fasziniert von den riesigen Ausmaßen des Mongolenreiches und ermunterte die Sufis, endlose Horizonte auf der spirituellen Ebene zu erforschen und Herz und Geist für andere Glaubensrichtungen zu öffnen.

Aber Menschen reagieren unterschiedlich auf traumatische Erfahrungen. Ein anderer Denker dieser Zeit, der ebenfalls bis in unsere Zeit großen Einfluss ausübte, war der »kämpfende Gelehrte« Ahmed Ibn Taimīya (1263–1382), ebenfalls ein Flüchtling, aber einer, der im Gegensatz zu Rumi die Mongolen hasste.

Für ihn waren die bekehrten Mongolen keine muslimischen Brüder, sondern *kufar* (Ungläubige).[441] Er missbilligte auch die Aufgabe des Idschtihad: In diesen beängstigenden Zeiten sollten die Juristen kreativ denken und die Scharia der Tatsache anpassen, dass die Umma von zwei rücksichtslosen Feinden geschwächt worden war: den Kreuzrittern und den Mongolen. Natürlich waren die Kreuzfahrer am Ende, aber die Mongolen versuchten immer noch, die Levante zu erobern. Als Vorbereitung auf einen militärischen Dschihad, um ihre Länder zu verteidigen, forderte Ibn Taimīya die Muslime auf, sich im Großen Dschihad zu engagieren und zum reinen Islam aus der Zeit des Propheten zurückzukehren und sich von so unislamischen Praktiken wie der Philosophie *(falsafah)*, der Sufi-Mystik, dem Schiismus und der Verehrung von Heiligen und Gräbern zu trennen. Muslime, die die falsche Frömmigkeit fortsetzten, waren nichts anderes als Ungläubige. Als Ghazan Khan, der erste zum Islam übergetretene mongolische Herrscher, 1299 in Syrien einmarschierte, erließ Ibn Taimīya eine *Fatwa* (Urteil), in der er erklärte, trotz ihrer Bekehrung zum Islam seien die Mongolen Ungläubige, weil sie nach der Yasa und nicht nach der Scharia lebten; ihre muslimischen Untertanen seien nicht verpflichtet, ihnen zu gehorchen. Traditionell hatten die Muslime immer gezögert, andere Muslime als Abtrünnige zu verurteilen, weil sie glaubten, nur Gott könne ins Herz eines Menschen schauen. Die Praxis des *Takfir,* mit der ein Muslim zum Abtrünnigen erklärt wurde, kam erst in unserer Zeit zu neuem Leben, seitdem sich die Muslime erneut von fremden Mächten bedroht fühlen.

* * *

Zur Zeit der Kreuzzüge hatte auch Europa seinen Blickwinkel verengt und war, wie ein Historiker es nannte, zu einer »Verfolgungsgesellschaft« geworden.[442] Während des frühen 11. Jahrhunderts waren die Juden in Europa vollständig integriert gewesen.[443] Unter Karl dem Großen hatten sie kaiserlichen Schutz genossen und wichtige öffentliche Ämter bekleidet. Sie konnten

Land besitzen, waren als Handwerker in allen Berufen tätig, und jüdische Ärzte waren sehr gefragt. Sie sprachen auch dieselbe Sprache wie die Christen – das Jiddische kam erst im 13. Jahrhundert auf – und gaben ihren Kindern lateinische Namen. Ghettos gab es nicht, Juden und Christen lebten als Nachbarn und kauften sich beispielsweise in London bis in die Mitte des 12. Jahrhunderts hinein gegenseitig Häuser ab.[444] Aber im 11. Jahrhundert kamen Gerüchte auf, die Juden hätten den Fatimidenherrscher al-Hakim im Jahr 1009 verleitet, die Grabeskirche in Jerusalem zu zerstören, obwohl der Kalif, der offenbar vollkommen wahnsinnig war, Juden und Muslime ebenso verfolgt hatte wie Christen.[445] In der Folge wurden Juden in Limoges, Orléans, Rouen und Mainz angegriffen. Da sie in der Vorstellung der Christen mit dem Islam verbunden waren, wurde ihre Lage mit jedem Kreuzzug heikler. Nachdem Richard I. 1198 in London das Kreuz genommen hatte, gab es in East Anglia und Lincoln Verfolgungen, und 1193 begingen in York Juden, die die Taufe verweigerten, massenweise Selbstmord. Die sogenannten Ritualmordlegenden, mit denen Todesfälle von Kindern den jüdischen Ortsgemeinden angelastet wurden, kamen auf, als um 1140 in Norwich ein Kind ermordet wurde. Ähnliche Fälle gab es in Gloucester (1168), Bury St Edmunds und Winchester (1192).[446]

Diese Verfolgungswelle war sicher durch eine verzerrte christliche Mythologie inspiriert, aber sie war auch das Ergebnis sozialer Faktoren. Während des langsamen Übergangs von einer rein agrarischen zu einer kommerzialisierten Wirtschaft begannen die Städte die westliche Christenheit zu dominieren, und gegen Ende des 12. Jahrhunderts wurden sie zu Zentren des Wohlstands, der Macht und Kreativität. Das Wohlstandsgefälle war groß. Niedrig geborene Bankiers und Finanziers wurden reich auf Kosten des Adels, während einige Stadtbewohner nicht nur in bittere Armut abstiegen, sondern auch die traditionellen Unterstützungsmöglichkeiten des bäuerlichen Lebens einbüßten.[447] Geld, das ab dem späten 11. Jahrhundert überall in Gebrauch war, war das Symbol eines verstörenden Wandels, der durch das schnelle Wirtschaftswachstum verursacht wurde, das wiederum die traditionellen gesellschaftlichen Strukturen untergrub. Es galt als »Wurzel allen Übels«, und in der volkstümlichen Ikonographie rief die Todsünde der Habgier instinktiv Abscheu und Furcht hervor.[448] Ursprünglich waren die Christen die erfolgreichsten Geldverleiher gewesen, aber während des 12. Jahrhunderts wurde der Landbesitz der Juden beschlagnahmt, und viele von ihnen sahen sich gezwungen, Verwalter, Finanzagenten des Adels oder Geldverleiher zu werden, und trugen von jetzt an das Kainsmal ihres Umgangs mit dem Geld.[449] Der Jude in Pierre Abelards *Dialogus* (1125) erklärt, der Landbesitz der Juden sei so unsicher, »dass die Hauptbeschäftigung, die uns noch bleibt, darin besteht, dass wir unseren elenden Lebensunterhalt verdienen, indem wir Geld gegen Zinsen an Fremde verleihen. Aber das macht uns nur noch verhasster bei jenen, die sich dadurch bedrückt fühlen«.[450]

Natürlich waren die Juden nicht die einzigen Sündenböcke für christliche Ängste. Seit den Kreuzzügen galten die Muslime, die man lange Zeit in Europa eher indifferent betrachtet hatte, als Feinde, die man vernichten musste. Mitte des 12. Jahrhunderts stellte Petrus Venerabilis, der Abt von Cluny, den Islam als blutrünstige Religion dar, die ausschließlich durch das Schwert Verbreitung fand – eine Phantasie, die möglicherweise verborgene Schuldgefühle wegen des Verhaltens der Christen während des Ersten Kreuzzuges spiegelte.[451]

Die Beunruhigung über den aufkeimenden Kapitalismus und die wachsende Gewalt in der westlichen Gesellschaft – beides in krassem Widerspruch zu den Lehren Jesu – tauchte auch in den »Häresien« auf, die die Kirche seit dem späten 12. Jahrhundert aktiv verfolgte. Wieder einmal betraf die Herausforderung eher die Politik als die religiöse Lehre. Die Lebensbedingungen der Bauern waren an einem Tiefpunkt angekommen, Armut wurde zu einem großen Problem.[452] Manch einer war in den Städten reich geworden, aber das Bevölkerungswachstum hatte die Erbteile schwinden lassen und die Zahl landloser Dorfbewohner vervielfacht, die auf der verzweifelten Suche nach Arbeit durchs

Land zogen. Die strukturelle Gewalt des »Drei-Stände-Systems« sorgte für große seelische Not unter den Christen. In orthodoxen wie auch häretischen Kreisen kamen die Wohlhabenden zu dem Schluss, sie könnten ihre Seele nur retten, indem sie ihren Besitz weggaben, den sie mittlerweile als sündhaft ansahen. Nach einer schweren Krankheit wies Franz von Assisi (1181–1226), der Sohn eines reichen Kaufmannes, sein Erbe zurück, lebte fortan als Einsiedler und gründete einen neuen, schnell wachsenden Orden von Brüdern, die sich dem Dienst an den Armen verschrieben und selbst in Armut lebten. Franziskus' Ordensregel wurde von Papst Innozenz III. anerkannt, der hoffte, auf diese Art die Armutsbewegung etwas besser unter Kontrolle zu halten, die die gesamte gesellschaftliche Ordnung bedrohte.

Andere Gruppen waren der Kirche nicht so treu ergeben. Selbst nachdem sie 1181 exkommuniziert worden waren, zogen die Gefolgsleute von Valdes, einem reichen Geschäftsmann aus Lyon, der seinen gesamten Besitz den Armen gegeben hatte, immer noch viele Menschen an, wenn sie zu zweit wie die Apostel durch die europäischen Städte zogen, barfuß, einfach gekleidet und ohne individuellen Besitz. Noch beunruhigender waren die Katharer, die »Reinen«, die ebenfalls durchs Land zogen, um Nahrung bettelten und sich der Armut, Keuschheit und Gewaltlosigkeit verschrieben hatten. Sie gründeten Kirchen in allen wichtigen Städten Nord- und Mittelitaliens, standen unter dem Schutz einflussreicher Laien und wurden im Languedoc, in der Provence, der Toskana und der Lombardei besonders mächtig. Sie verkörperten die Werte des Evangeliums viel klarer und authentischer als die etablierte katholische Kirche des Westens, die auf sie entsprechend brutal reagierte, wohl auch, weil sie sich schuldig fühlte angesichts eines Systems, das so deutlich im Widerspruch zu den Lehren Jesu stand. Im Jahr 1207 gab Papst Innozenz III. (reg. 1198–1216) dem französischen König Philip II. den Auftrag zu einem Kreuzzug gegen die Katharer im Languedoc, die, wie er schrieb, schlimmer seien als die Muslime. Die Kirche der Katharer »gebiert eine monströse Brut, deren

Verderbtheit sich ständig erneuert, weil sie das Krebsgeschwür ihres eigenen Wahnsinns auf ihre Nachkommen überträgt, so dass eine abscheuliche Folge von Verbrechern entsteht«[453].

Philip war nur zu bereit zu gehorchen, weil er auf diese Weise seinen Zugriff auf Südfrankreich festigen konnte, aber die Grafen Raymond VI. von Toulouse und Raymond-Roger von Beziers und Carcassonne verweigerten ihm die Gefolgschaft in diesem Kreuzzug. Als einer von Raymonds Baronen den päpstlichen Gesandten erstach, war Innozenz überzeugt, die Katharer hätten die Absicht, auch ihn umzubringen und den orthodoxen Katholizismus im Languedoc außer Kraft zu setzen.[454] Im Jahr 1209 führte Armand-Amalric, der Abt von Cîteaux, eine große Armee in das Gebiet und belagerte die Stadt Beziers. Als seine Truppen ihn fragten, wie sie orthodoxe Katholiken und Ketzer voneinander unterscheiden sollten, habe er, so heißt es, geantwortet: »Tötet sie alle, Gott wird die Seinen erkennen.« Darauf folgte ein willkürliches Gemetzel. Tatsächlich wurden die Katholiken von Beziers wohl aufgefordert, die Stadt zu verlassen, weigerten sich aber, ihre katharischen Nachbarn im Stich zu lassen, und beschlossen, lieber mit ihnen zu sterben.[455] So ging es bei diesem Kreuzzug ebenso sehr um regionale Solidarität gegen Eindringlinge von außen wie um religiöse Überzeugungen.

Die extreme Ausprägung sowohl der Rhetorik als auch der militärischen Rücksichtslosigkeit während des Katharer-Kreuzzugs ist symptomatisch für das systembedingte Leugnen der Lehre Jesu. Päpste und Äbte waren dafür bestimmt, Christus nachzuahmen, aber wie schon Ashoka standen sie vor dem Dilemma einer Zivilisation, die ohne strukturelle und militärische Gewalt nicht existieren konnte. Und genau gegen diese Gewalt protestierten die Katharer. Innozenz III. war der mächtigste Papst der Geschichte, er hatte die *Libertas* der Kirche erhalten und konnte im Gegensatz zu seinen Vorgängern Königen und Kaisern befehlen wie ein Monarch. Aber er stand an der Spitze einer Gesellschaft, die nach dem Zusammenbruch des Römischen Reiches fast in die Barbarei zurückgefallen war, und erlebte nun die Entstehung der weltweit ersten echten Marktwirtschaft. Alle drei abrahamitischen Religionen hatten mit einer trotzigen Zurückweisung von Ungleichheit und struktureller Gewalt begonnen und spiegelten damit die hartnäckige Überzeugung der Menschen – die vermutlich bis in die Zeit der Jäger und Sammler zurückreicht –, eine gleichmäßige Verteilung von Ressourcen müsse möglich sein. Aber mit dieser Haltung standen sie gegen die Entwicklung der westlichen Gesellschaft. Katharer und Franziskaner fühlten sich gleichermaßen in einer Sackgasse gefangen und begriffen wohl auch, was Jesus gemeint hatte: Jeder, der von der strukturellen Gewalt des Staates profitiert, hat auch Anteil an seiner Grausamkeit.

Innozenz hat sich vermutlich keine großen Sorgen über dieses Dilemma gemacht, obwohl seine neurotisch übersteigerte Rhetorik gegen die Katharer das Unbehagen an seiner Lage spiegeln mag. Deutlich schmerzhafter war die Situation von Dominikus Guzman (um 1170–1221), dem Gründer des Predigerordens. Ähnlich wie die Franziskaner hatten seine Brüder sich einer Armut verschrieben, die so extrem war, dass sie nichts besitzen durften und sich ihr Essen durch Betteln verdienten. Die bettelnden Dominikaner reisten paarweise durch das Languedoc und versuchten, die »Ketzer« auf friedlichem Wege zurück zur Orthodoxie zu holen, indem sie sie daran erinnerten, dass schon Paulus darauf bestanden hatte, die Christen müssten der politischen Obrigkeit gehorchen. Aber sie gerieten unvermeidlich in den Sog ihrer Verbindung zum Katharer-Kreuzzug, vor allem nachdem Dominikus 1215 am Laterankonzil teilgenommen hatte, um bei Innozenz für die Anerkennung seines Ordens zu werben.

Jene Christen, die der Kirche treu blieben, aber trotzdem erkannten, wie sehr die systemische Gewalt des Christentums gegen die Lehre des Evangeliums verstieß, gerieten unweigerlich in einen Konflikt. Sie konnten nicht zugeben, dass die »Ketzer« recht hatten, und waren wütend auf sie, weil sie den Finger in die Wunde legten. So projizierten sie diese Gefühle nach außen, und zwar in monströser, unmenschlicher Form. Es gab paranoide Phantasien einer durchorganisierten geheimen Katharer-Kirche, die entschlossen war, die Menschheit zu vernichten und das Reich des Satans aufzurichten.[456] Wir werden noch sehen, dass ähnliche Verschwörungsängste später auch in anderen Gesellschaften aufkamen, die einen traumatischen Modernisierungsprozess durchlebten, und dass sie sich auch dort in Gewalt äußerten. Das Konzil von Reims (1157) beschrieb die Katharer als Leute, die »sich unter den Armen und unter dem Schleier der Religion verstecken ... von einem Ort zum anderen ziehen und den Glauben der einfachen Menschen untergraben.«[457] Wenig später unterstellte man den Juden eine ähnliche internationale Verschwörung.[458] Selbst ein vernünftiger Mann wie Petrus Venerabilis, der Abt von Cluny, der dazu aufrief, der muslimischen Welt nicht mit Gewalt, sondern mit Liebe zu begegnen, beschrieb den Islam gleichzeitig als eine »Häresie und eine diabolische Sekte«, die sich »bestialischer Grausamkeit« hingebe.[459] Zu Beginn des Zweiten Kreuzzuges schrieb er an den französischen König Ludwig VII., er hoffe, er würde ebenso viele Muslime töten, wie Mose und Josua Amoriter und Kanaaniter getötet hätten.[460] In dieser Zeit wurde der Satan, oft als menschenähnliches Ungeheuer mit Hörnern und Schwanz dargestellt, im westlichen Christentum zu einer wesentlich bedrohlicheren Gestalt als im Judentum oder im Islam. Im Zuge ihres anstrengenden Übergangs von einer politisch rückständigen Region zu einer Weltmacht lebten die Europäer in Angst und Schrecken vor einem unsichtbaren »gemeinsamen Feind«, der alles repräsentierte, was sie in sich selbst nicht akzeptieren konnten und mit dem absoluten Bösen in Verbindung brachten.[461]

✳ ✳ ✳

Innozenz III. hatte in Europa eine faktische päpstliche Monarchie errichtet, aber kein Papst nach ihm konnte diese Macht aufrechterhalten. Säkulare Herrscher wie Ludwig VII. von Frankreich (reg. 1137–1180), Heinrich II. von England (reg. 1154–1189) und Friedrich II. forderten den Primat des Papstes heraus.

Sie hatten mächtige Königreiche mit Institutionen aufgebaut, die mehr als je zuvor auch in das Leben der einfachen Menschen eingreifen konnten, und entsprechend eifrig verfolgten sie »Ketzer«, die ihre Gesellschaftsordnung störten.[462] Sie waren keine »Säkularisten« im modernen Sinn; sie betrachteten ihre Königsmacht durchaus als heilig, ebenso wie ihre Kriege, aber sie hatten eine christliche Theologie des Krieges entwickelt, die sich von der Theologie der offiziellen Kirche weit entfernte. Wieder müssen wir feststellen, dass es unmöglich ist, eine durchgehende christliche Haltung zu Krieg, Kampf und Gewalt festzumachen. Das christliche Muster konnte von verschiedenen Gruppen mit sehr unterschiedlichen Auswirkungen angewendet werden.

Bischöfe und Päpste hatten den Gottesfrieden und die Kreuzzüge benutzt, um ihren kriegerischen Adel unter Kontrolle zu halten, aber während des 13. Jahrhunderts reagierten die Ritter mit einem eigenen Verhaltenskodex, der sich von der päpstlichen Monarchie unabhängig erklärte. Sie lehnten die cluniazensische Reform ab, hatten keinerlei Absicht, sich dem monastischen Ideal anzugleichen, und Bernhards scharfe Kritik am Rittertum war ihnen von Herzen gleichgültig. Ihr Christentum schmückte sich mit dem indoeuropäischen Kriegerethos der germanischen Stämme: Ehre, Treue und heldenhafter Mut. Sosehr die Reformpäpste den Rittern verboten, Mitchristen zu töten, und sie stattdessen zum Mord an den Muslimen drängten, reichte es diesen rebellischen Rittern vollkommen, jeden Christen zu bekämpfen, der ihren Herrn und seine Gefolgsleute bedrohte.

In den *Chansons de gestes,* den »Heldenliedern« des frühen 12. Jahrhunderts, gilt der Krieg als ein natürliches, gewalttätiges und heiliges Tun. Diese Ritter liebten die Aufregung und Intensität der Schlacht und erlebten sie mit religiösem Eifer. »Nun kommt der Krieg wieder über uns, Christus sei gepriesen!«, ruft einer der Ritter in König Artus' Gefolge.[463] Das *Rolandslied* aus dem späten 11. Jahrhundert beschreibt ein Ereignis am Ende des Feldzugs von Karl dem Großen gegen das muslimische Spanien: Erzbischof Turpin tötet voller Freude die Muslime, und Roland zweifelt nicht daran, dass die Seelen seiner toten Gefährten direkt in den Himmel aufsteigen.[464] Sein Schwert Durendal, das im Griff Reliquien trägt, ist ein heiliger Gegenstand, und seine Treue zu Karl dem Großen ist untrennbar verbunden mit seiner Ergebenheit zu Gott.[465] Diesem Ritter sind monastische Ideale ganz fremd, ja, er betrachtet Mönche voller Verachtung. Wie Erzbischof Turpin sehr drastisch sagt: Ein Ritter, der in der Schlacht nicht draufgängerisch und wild kämpft, kann ebenso gut als Mönch ins Kloster gehen und jeden Tag auf Knien um Vergebung für seine Sünden beten.[466]

Die Prosageschichte von der Suche nach dem Heiligen Gral (um 1225) nimmt uns mit ins Herz ritterlicher Spiritualität.[467] Sie zeigt deutliche Einflüsse des zisterziensischen Ideals, das eine eher nach innen gerichtete Spiritualität ins Mönchtum eingeführt hatte, ersetzt die innere Suche aber durch das Heldentum auf dem Schlachtfeld und grenzt die religiöse Welt des Ritters vom kirchlichen Establishment ab. Tatsächlich können nur Ritter an der Suche nach dem Gral – dem Kelch, aus dem Jesus beim letzten Abendmahl getrunken haben soll – teilnehmen. Ihre Liturgie findet nicht in einer Kirche oder einem Kloster statt, sondern auf einer feudalen Burg, und ihre Kleriker sind keine Äbte oder Bischöfe, sondern Eremiten, viele von ihnen frühere Ritter. Galahad ist der Stellvertreter Christi auf Erden, nicht der Papst. Und die Treue des Ritters seinem irdischen Herrn gegenüber ist eine heilige Pflicht, die durch keine andere Verpflichtung übertroffen werden kann:

Denn das Herz eines Ritters muss so hart und unnachgiebig dem Feind seines Herrn gegenüber sein, dass nichts in der Welt es erweichen kann. Und wenn er sich der Angst ergibt, gehört er nicht zur Gemeinschaft der Ritter, ist er kein echter Gefährte, der lieber den Tod in der Schlacht erleidet, als dass er es aufgäbe, für seinen Herrn zu streiten.[468]

Ebenso heilig wie das Töten der muslimischen Feinde Christi ist es, die Feinde des Königs zu töten – selbst wenn sie Christen sind. Die etablierte Kirche konnte das abweichende Christentum der Ritter nicht unter Kontrolle halten. Sie wussten sich in einer unangreifbaren Position und weigerten sich schlicht, den Forderungen der Kirche nachzugeben.[469] »Jeder sollte ihnen die Ehre geben«, schrieb ein Geistlicher aus dem frühen 13. Jahrhundert. »Denn sie verteidigen die heilige Kirche und unsere Gerechtigkeit vor denen, die uns schaden wollen ... Unsere Kelche würden vor unseren Augen vom Tisch des Herrn gestohlen, und niemand könnte etwas dagegen tun ... Die Guten würden niemals überleben, lebten die Bösen nicht in Furcht vor den Rittern.«[470] Warum sollten die Ritter der Kirche gehorchen? Ihre Siege bewiesen doch, dass sie in einer besonderen Beziehung zum Herrn der Heerscharen lebten.[471] Tatsächlich, so argumentierte ein Dichter, war der Beruf des Ritters schon wegen der körperlichen Anstrengung, der Geschicklichkeit, der Durchhaltekraft und des Mutes, die im Krieg gefordert waren, wesentlich edler als jede andere Beschäftigung. Die Ritter bildeten einen Stand für sich. Ritterlichkeit, so ein anderer, war so »schwierig, hart und teuer zu erlernen, dass kein Feigling sich daranwagt«.[472] Die Ritter betrachteten den Kampf als asketische Praxis, die wesentlich fordernder war als die Fastenübungen und Nachtwachen der Mönche. Nur der Ritter wusste wirklich, was Leiden bedeutete: Er nahm jeden Tag sein Kreuz auf sich und folgte Jesus auf das Schlachtfeld hinaus.[473]

Henry von Lancaster (um 1310–1361), der Held aus der ersten Phase des Hundertjährigen Krieges zwischen England und Frankreich, betete darum, dass die Wunden und Schmerzen, die Müdigkeit und Gefahr der Schlacht ihn befähigen würden, für Christus zu leiden, »die Anfechtungen, Mühen, Schmerzen, die du erwählt hast, nicht nur um einen Preis zu gewinnen oder meine Sünden zu büßen, sondern aus reiner Liebe zu dir, wie auch du es aus Liebe zu mir getan hast«.[474] Für Geoffroi von Charny, der auf der anderen Seite kämpfte, gab der körperliche Kampf dem Leben erst Sinn. Mut war für ihn die höchste menschliche Errungenschaft, weil er so extreme »Schmerzen, Mühen, Ängste und Kummer« forderte. Aber er brachte auch »große Freude«.[475] Die Mönche hatten es leicht; ihre sogenannten Leiden waren

»nichts im Vergleich« zu dem, was ein Soldat tagtäglich ertragen musste, »in großen Schrecken« und in dem Wissen, dass er jeden Augenblick »besiegt, getötet, gefangen genommen oder verwundet« werden konnte.[476] Ein Kampf allein um irdische Ehre war nutzlos, aber wenn die Ritter auf dem Weg Gottes kämpften, dann würde »ihre edle Seele für alle Ewigkeit ins Paradies einziehen, und sie werden auf ewig geehrt«.[477]

* * *

Die Könige, die sich nach diesem ritterlichen Verhaltenskodex richteten, glaubten, sie hätten dadurch ebenfalls eine direkte Verbindung zu Gott, unabhängig von der Kirche. Ende des 13. Jahrhunderts fühlten sich einige von ihnen stark genug, den Primat des Papstes in Frage zu stellen.[478] Es begann 1296 mit einer Diskussion über die Besteuerung. Das vierte Laterankonzil (1215) hatte den Klerus von der direkten Jurisdiktion weltlicher Fürsten »befreit«, aber jetzt bestanden Philip IV. von Frankreich und Edward I. von England auf ihrem Recht, den Klerus in ihren Ländern mit Steuern zu belegen. Trotz aller Einwände von Papst Bonifaz VIII. setzten sie sich durch: Edward, indem er den englischen Klerus ächtete, und Philip, indem er dem Papst lebenswichtige Mittel entzog. 1301 ging Philip wieder in die Offensive und zog einen französischen Bischof wegen Hochverrates und Ketzerei vor Gericht. Und als Bonifaz die päpstliche Bulle *Unam Sanctam* herausgab und darauf bestand, alle weltliche Macht sei dem Papst untertan, schickte Philip eine Söldnertruppe unter dem Befehl von Guillaume de Nogaret los, um Bonifaz nach Paris zu bringen und wegen der Anmaßung königlicher Macht vor Gericht zu stellen. Nogaret verhaftete den Papst in Anagni und hielt ihn einige Tage fest, bevor er fliehen konnte. Der Schock war zu viel für Bonifaz: Er starb wenig später.

Zu dieser Zeit konnte kein König ohne päpstliche Unterstützung überleben. Aber die Untat von Anagni überzeugte Bonifaz' Nachfolger Clemens V. (reg. 1305–1314) von einem nachgiebigeren Kurs, und er war der erste einer Reihe französischer

Päpste, die in Avignon residierten. Demütig stellte er Philips Legitimität wieder her, indem er sämtliche Bullen widerrief, die Bonifaz gegen ihn erlassen hatte. Dann löste er auf Philips Befehl hin den Templerorden auf und konfiszierte dessen riesigen Besitz. Die Templer, die nur dem Papst unterstellt waren und dem König keinen Gehorsam schuldeten, waren eine Bedrohung des Throns. Sie verkörperten die Kreuzfahrerideale der Papstmonarchie, und deshalb mussten sie beseitigt werden. Die Mönche wurden gefoltert, bis sie sich selbst der Sodomie, des Kannibalismus und der Teufelsanbetung schuldig erklärten; viele widerriefen ihre Geständnisse noch auf dem Scheiterhaufen.[479] Philips Rücksichtslosigkeit ließ nicht darauf hoffen, dass die Königsherrschaft friedlicher sein würde als die Papstmonarchie eines Innozenz III. Fälschlicherweise behaupten einige Forscher, Philip habe die erste moderne, säkulare Monarchie begründet. Aber diese Königreiche waren noch keine souveränen Staaten.[480] Nein, Philip stellte den sakralen Charakter des Königtums wieder her. Er wusste, dass der König in Europa einst der wichtigste Repräsentant des Göttlichen gewesen war, und argumentierte, der Papst habe diese königliche Aufgabe an sich gerissen.[481] Philip war ein theokratischer Herrscher, und seine Untertanen bezeichneten ihn als »Halbgott«, als »König und Priester« *(quasi semi-deus; rex et sacerdos).* Sein Land war »heilig«, und die Franzosen waren das neue auserwählte Volk.[482]

Auch in England war die Heiligkeit »vom Kreuzzug zur Nation und ihren Kriegen« gewandert.[483] England, so erklärte der Lordkanzler bei der Eröffnung des Parlaments 1376/77, war das neue Israel. Seine militärischen Siege waren der Beweis für die göttliche Erwählung.[484] Unter diesem sakralen Königtum nahm auch die Verteidigung des Herrschaftsgebiets sakrale Dimensionen an.[485] Soldaten, die im Kampf für ein territoriales Königreich starben, wurden wie zuvor die Kreuzritter als Märtyrer verehrt.[486] Die Menschen träumten immer noch davon, auf den Kreuzzug zu gehen und Jerusalem zu befreien, aber jetzt vermischte sich der heilige Krieg mit dem Patriotismus des nationalen Krieges.

Teil 3
Neuzeit

9
Der Aufstieg der Religion

Am 2. Januar 1492 feierte das katholische Königspaar Ferdinand von Aragón und Isabella von Kastilien seinen Sieg über das muslimische Königreich Granada in Südspanien. Die Menge beobachtete tief bewegt, wie sich die christlichen Banner über der Stadtmauer Granadas entfalteten, und überall in Europa läuteten triumphierend die Glocken. Doch trotz des Jubels an diesem Tag fühlten sich die Europäer nach wie vor durch den Islam bedroht. 1453 hatten die Osmanen das byzantinische Reich ausgelöscht, das Europa jahrhundertelang vor dem Herannahen des Islam beschützt hatte. 1480, im Jahr nach der Thronbesteigung der beiden Spanier, hatten die Osmanen eine Flottenoffensive auf dem Mittelmeer begonnen, und Abu al-Hassan, der Sultan von Granada, hatte einen Überraschungsangriff auf den Hafen Zahara in Kastilien geführt. Spanien stand also an vorderster Front im Krieg mit der muslimischen Welt, und viele glaubten, Ferdinand sei der mythische Kaiser, der das Christentum einen, die Osmanen besiegen und das Zeitalter des Heiligen Geistes ausrufen sollte, in dem sich das Christentum bis an die Enden der Erde verbreiten würde.[1] Westeuropa war tatsächlich auf dem Sprung zur Weltherrschaft, aber im Jahr 1492 war es dem Islam in dieser Hinsicht noch weit unterlegen.

Das Osmanische Reich war der stärkste, mächtigste Staat der Welt. Es umfasste Anatolien, den Nahen Osten, Nordafrika und Arabien. Aber die Safawiden im Iran und die Moguln in Indien hatten ebenfalls absolutistische Monarchien begründet, in denen nahezu jede Facette des öffentlichen Lebens mit systematischer und bürokratischer Präzision verwaltet wurde. Sie alle lebten von einer starken islamischen Ideologie, die jeden Aspekt ihrer Herrschaft durchdrang: Die Osmanen waren beinharte Sunniten, die Safawiden waren Schiiten, und die Moguln neigten zu Falsafah und Sufismus. Ihre Staaten waren wesentlich effizienter und mächtiger als jedes europäische Königreich dieser Zeit: Sie stellten den Höhepunkt des Agrarstaates dar[2] und waren der letzte, großartige Ausdruck des »konservativen Geistes«, der die vormodernen Gesellschaften kennzeichnete.[3] Wie wir gesehen haben, wuchsen jedoch alle Agrargesellschaften irgendwann über ihre begrenzten natürlichen Ressourcen hinaus, und das hemmte jede Innovation. Nur durchgehend industrialisierte Gesellschaften konnten sich die ständige Veränderung ihrer Infrastruktur leisten, die ein unbegrenzter Fortschritt verlangte. Die vormoderne Erziehung konnte keine Originalität fördern, weil ihr die Mittel fehlten, um viele neue Ideen auch einzuführen. Wenn man die Menschen ermutigte, innovativ zu denken, dann aber nichts daraus machte, konnte die daraus folgende Frustration zu sozialen Unruhen führen. In einer konservativen Gesellschaft waren Stabilität und Ordnung insofern wesentlich wichtiger als die Freiheit der Ausdrucksmöglichkeiten.

In jedem traditionellen Reich bestand der Sinn und Zweck der Regierung nicht darin, die Bevölkerung zu führen oder Dienstleistungen für sie zur Verfügung zu stellen, sondern Steuern einzutreiben. Normalerweise mischte sich die Verwaltung auch nicht in gesellschaftliche Gepflogenheiten oder religiöse Fragen ein. Sie war damit beschäftigt, den Bauern so viel wie möglich abzunehmen, und andere Adelige daran zu hindern, sich diesen Überschuss anzueignen. Deshalb war Krieg – zur Eroberung, Erweiterung oder Erhaltung der steuerlichen Grundlagen – für diese Staaten lebenswichtig. Tatsächlich gab es von 1450 bis 1700 nur acht Jahre, in denen die Osmanen keinen Krieg führten.[4] Ein osmanischer Traktat formulierte deutlich die Abhängigkeit des Agrarstaates von organisierter Gewalt:

Die Welt ist vor allem ein blühender Garten, eingefasst vom Staat. Der Staat ist eine Verwaltung, an deren Spitze der Fürst steht. Der Fürst ist ein Hirte, unterstützt von der Armee. Die Armee ist eine Wache, die durch Geld unterhalten wird. Und Geld ist das unabdingbare Mittel, das die Untertanen zur Verfügung stellen.[5]

Doch in den letzten Jahrhunderten hatten die Europäer marktwirtschaftliche Formen entwickelt, die eine Neuorganisation des Staates zur Folge hatte. Man sagt oft, die moderne Welt habe 1492 ihren Anfang genommen. Tatsächlich brauchten die Europäer noch weitere vierhundert Jahre, um den modernen Staat zu schaffen. Seine Ökonomie gründete sich nicht mehr auf den landwirtschaftlichen Überschuss, er mischte sich wesentlich mehr ins persönliche Leben seiner Untertanen ein, er beruhte auf der Erwartung ständiger Innovation und trennte Religion und Politik voneinander.

Bei der Zeremonie in Granada war auch Christopher Columbus anwesend, ein Schützling des Königspaares. Später im Laufe dieses Jahres segelte er von dem Hafen Palos in Spanien los, um einen neuen Handelsweg nach Indien zu finden. Und fand stattdessen Amerika. Indem sie seine Reise finanzierten, hatten Ferdinand und Isabella, ohne es zu wissen, einen wichtigen Schritt zur Genese unserer globalisierten, westlich dominierten Welt getan.[6] Für einige Menschen würde die westliche Moderne zu einem Machtzuwachs führen, sie würde sie befreien und begeistern. Andere würden sie als Zwang, als Übergriff und Zerstörung erleben. Die Spanier und Portugiesen, die Pioniere bei der Entdeckung der Neuen Welt, glaubten, diese Neue Welt warte nur darauf, verteilt, geplündert und zum Nutzen der europäischen Herren ausgebeutet zu werden. Dasselbe glaubte auch Papst Alexander VI., der die Welt von Pol zu Pol zwischen Spanien und Portugal aufteilte, als wäre er der unbestrittene Herrscher des Erdballs, und Ferdinand und Isabella den Auftrag gab, einen »gerechten Krieg« gegen alle indigenen Völker zu führen, die den europäischen Kolonialherren Widerstand leisteten.[7]

Aber Alexander war kein Innozenz III. Im 14. Jahrhundert war die päpstliche Macht geschwunden – zugunsten der Könige.

Sieben aufeinanderfolgende Päpste hatten in Avignon residiert (1309–1377), im Machtbereich der französischen Könige. 1378 hatte eine umstrittene Papstwahl die Kirche gespalten in die Befürworter Urbans VI. in Rom und Clemens' VII. in Avignon, und die europäischen Könige hatten sich je nach Stand ihrer eigenen Rivalitäten auf die eine oder andere Seite geschlagen. Das Schisma endete erst mit der Wahl von Martin V. beim Konzil von Konstanz 1417, aber danach fanden die Päpste, die jetzt wieder in Rom residierten, nie mehr zur alten Macht zurück. Es gab Berichte über Korruption und Unmoral, und 1492 erlangte Rodrigo Borgia, der Vater von Cesare und Lucrezia Borgia und zwei weiteren, unehelichen Kindern, die Papstwürde durch offene Bestechung. Er wählte den Papstnamen Alexander VI. Sein Hauptziel als Pontifex bestand darin, die Macht der italienischen Fürsten zu brechen und ihren Reichtum für seine eigene Familie zu reklamieren. Sein Auftrag an Ferdinand und Isabella war daher von zweifelhaftem spirituellem Wert.

Die frühen Kolonialherren stürmten so gewaltsam in die Neue Welt, als führten sie einen riesigen Raubzug. Gier vermischte sich unterschiedslos mit frommem Eifer. Die Portugiesen gründeten Zuckerrohrplantagen auf den Kapverdischen Inseln, und drei bis fünf Millionen Afrikaner wurden aus ihrer Heimat verschleppt und dort in die Sklavenarbeit gezwungen.[8] Keine andere Kolonie in Amerika würde je so tief in die Sklaverei geraten. Als die Portugiesen endlich das Kap der Guten Hoffnung umrundeten und aggressiv den Indischen Ozean befuhren, machten ihre bronzenen Kanonen kurzen Prozess mit den schlanken Dhaus und Dschunken ihrer Gegner. 1524 hatten sie die besten Häfen in Ostafrika, im westlichen Indien, dem persischen Golf und der Straße von Malakka besetzt, und 1560 besaßen sie eine über den ganzen Ozean reichende Kette von Siedlungen mit einer Basis in Goa.[9] Es handelte sich um ein reines Handelsimperium: Die Portugiesen unternahmen keinerlei Versuche, ins Landesinnere vorzudringen. Inzwischen hatten die Spanier Amerika besetzt, die indigenen Völker abgeschlachtet und Land, Schätze und Sklaven erbeutet. Durchaus möglich, dass sie behaupteten, im Namen der Christenheit zu handeln, aber Hernando Cortés war von brutaler Offenheit, was seine wahre Motivation anging: Er wollte einfach nur »reich werden und nicht wie ein Bauer arbeiten«.[10] In Montezumas Aztekenreich in Zentralmexiko lud er in jeder einzelnen Stadt die örtlichen Häuptlinge auf den Platz in der Stadtmitte ein, und wenn sie mit ihren Gefolgsleuten kamen, schoss seine kleine spanische Armee sie nieder, plünderte die Stadt und zog weiter zur nächsten.[11] Als Cortés 1525 in der Hauptstadt der Azteken ankam, war Montezuma bereits tot, und sein erschüttertes Reich ging in spanische Hände über. Die Überlebenden wurden von den europäischen Krankheiten dahingerafft, gegen die sie keine Immunabwehr hatten. Etwa zehn Jahre später schleppte die Gefolgschaft Francisco Pizarros, der eine ähnliche Militärtaktik verfolgte, die Windpocken in das Reich der Inka in Peru ein. Für die Europäer brachte der Kolonialismus unvorstellbaren Reichtum, für die eingeborenen Völker brachte er Tod in ungeahntem Ausmaß. Nach einer Schätzung sank zwischen 1519 und 1595 die Bevölkerungszahl Zentralmexikos von 16,9 Millionen auf eine Million Menschen, die Inka-Bevölkerung wurde in der Zeit von 1572 bis 1620 halbiert.[12]

Cortés und Pizarro waren die Helden der *Conquistadores* (Eroberer), Männer von niedrigem sozialem Rang, die in die Neue Welt gingen, um spanische Granden zu werden.[13] Wenn sie ein neues Gebiet betraten, lasen sie eine formale Erklärung in spanischer Sprache vor und »informierten« auf diese Weise die verständnislosen Einwohner, der Papst habe ihr Land den Spaniern zugeteilt und sie müssten sich jetzt der Kirche und den katholischen Königen unterwerfen: »Wir werden euch und eure Frauen und Kinder nehmen und zu Sklaven machen, wir werden euch euren Besitz nehmen und euch so viel Böses und so viel Schaden zufügen, wie wir können.«[14] Die Spanier brauchten keine Sklaven aus Afrika zu importieren, sie versklavten einfach die örtliche Bevölkerung, die von nun an Getreide für den Verkauf anbaute, in den Bergwerken arbeitete und Hausarbeiten verrichtete. Ende des 16. Jahrhunderts wurden im Durchschnitt pro

Jahr 300 Tonnen Silber und 1,9 Tonnen Gold abtransportiert. Mit diesen einzigartigen Ressourcen baute Spanien das erste Weltreich auf, das sich von Amerika bis zu den Philippinen erstreckte und große Teile von Europa beherrschte.[15] Die spanischen Kolonialherren empfanden kein schlechtes Gewissen wegen der Behandlung der indigenen Völker. Sie betrachteten die »Wilden« als kaum menschlich und waren entsetzt, als sie feststellten, dass die Azteken Menschenopfer und Kannibalismus praktizierten.[16] Aber zu Hause in Spanien hielten sich die Dominikaner gewissenhafter an die Prinzipien des Christentums und legten ein Wort für die eroberten Völker ein. Die Kirche konnte über diese amerikanischen »Könige« nicht richten, argumentierte Durandus von San Poinciana 1506, und sie durften nur dann angegriffen werden, wenn sie den Europäern tatsächlich Schaden zufügten. Die Päpste sollten Missionare in die neuen Länder schicken, riet Kardinal Thomas Cajetan, aber nicht, »um ihr Land zu rauben oder sie zur Unterwerfung zu zwingen«.[17] Francisco de Vitoria erklärte, die Conquistadores hätten kein Recht, »den Feind aus seinen Gebieten zu vertreiben und seines Besitzes zu berauben«.[18]

Die Humanisten der Renaissance brachten dem kolonialen Projekt wesentlich mehr Sympathie entgegen. In der *Utopia* des Thomas Morus, einem fiktionalen Bericht über eine ideale Gesellschaft, führten die Utopier nur Krieg, um angreifende Armeen aus den Territorien ihrer Freunde zu vertreiben oder unterdrückte Völker im Namen der Menschlichkeit aus Tyrannei und Sklaverei zu befreien.[19] Alles sehr bewundernswert, aber diese wohlwollende Politik hatte ihre Grenzen: Wenn die Bevölkerung ihrer Insel zu groß wurde, fühlten sich die Utopier durchaus dazu berechtigt, eine Kolonie auf dem Festland zu gründen, »wo die Eingeborenen viel unbesiedeltes und unkultiviertes Land haben«. Sie bebauten den vernachlässigten Boden, der »zuvor zu unfruchtbar und karg selbst für den Unterhalt der Eingeborenen« gewesen war, und ernteten reichlich davon.[20] Freundliche Eingeborene fanden in der Kolonie ihren Platz, aber die Utopier zögerten auch nicht, diejenigen zu bekämpfen, die ihnen Widerstand leisteten: »Die Utopier sagen, es sei voll-kommen gerechtfertigt, Krieg gegen Leute zu führen, die ihr Land brachliegen lassen, anderen aber seine Nutzung und den Besitz zu verbieten, die nach dem Naturgesetz von ihm leben dürfen.«[21]

Das frühmoderne Denken neigte zu Rücksichtslosigkeit und Grausamkeit.[22] Die sogenannten Humanisten bereiteten sehr gefälligen Vorstellungen von Naturrechten den Weg, um der Brutalität und Intoleranz zu begegnen, die sie mit der konventionellen Religion verbanden. Von Anfang an wendeten sie die Philosophie der Menschenrechte, die bis heute so wichtig für den modernen politischen Diskurs ist, aber nicht auf alle Menschen an. Weil Europa häufig von Hungersnöten heimgesucht wurde und nicht in der Lage zu sein schien, seine wachsende Bevölkerung zu ernähren, hielten es Humanisten wie Thomas Morus für einen Skandal, wenn irgendwo potenzielles Ackerland brachlag. Sie blickten zurück zu Tacitus, der den römischen Imperialismus unterstützt hatte und überzeugt war, Exilanten hätten ein Recht, sich einen Platz zum Leben zu sichern: »Was niemandem gehört, das gehört allen.« In einem Kommentar über diese Passage schloss Alberico Gentili (1552–1608), Professor für Zivilrecht in Oxford, nachdem Gott die Welt nicht erschaffen habe, damit sie leer stehe, sei die Übernahme leer stehender Orte ein Naturgesetz:

Und selbst wenn dieses Land dem Souverän des betreffenden Landes gehört ... wird es nach dem Naturgesetz, das das Vakuum scheut, an jene fallen, die zugreifen, sosehr der Souverän sie auch vor Gericht stellen mag.[23]

Gentili zitierte auch Aristoteles, der die Ansicht vertreten hatte, manche Menschen seien von der Natur zu Sklaven bestimmt und ein Krieg gegen primitive Völker, »die, obwohl sie von der Natur dazu ausersehen sind, beherrscht zu werden, sich nicht unterwerfen wollen«, sei genauso notwendig wie die Jagd auf wilde Tiere.[24] Gentili argumentierte, die Mittelamerikaner fielen eindeutig in diese Kategorie, weil sie Unzucht und Kannibalismus betrieben. Während Kirchenvertreter die gewaltsame Unterwerfung der Neuen Welt oft verurteilten, fand sie bei den Renaissance-Humanisten, die eine Alternative zu den durch den Glauben begründeten Grausamkeiten schaffen wollten, durchaus Unterstützung.

* * *

Spanien hatte sich jedoch auf eine Politik verlegt, die zum Inbegriff der fanatischen Gewalt werden sollte, wie sie angeblich der Religion innewohnt. Im Jahr 1480, die osmanische Bedrohung im Nacken, hatten Ferdinand und Isabella die Spanische Inquisition ins Leben gerufen. Es fällt auf, dass sie, obwohl sie gehorsame Diener des Papstes blieben, darauf bestanden, diese Inquisition müsse getrennt von der päpstlichen arbeiten. Ferdinand hat vielleicht gehofft, die Grausamkeit dadurch abzumildern, und er hat sicher nie geplant, daraus eine dauerhafte Institution zu machen.[25] Die Spanische Inquisition verfolgte keine christlichen Ketzer, sondern konzentrierte sich auf Juden, die zum Christentum übergetreten waren und von denen man vermutete, dass sie rückfällig wurden. Im muslimischen Spanien waren die Juden nie so verfolgt worden wie im restlichen Europa,[26] aber als die Kreuzfahrerheere der Reconquista im späten 14. Jahrhundert auf der Halbinsel vordrangen, wurden die Juden in Aragón und Kastilien zu den Taufbecken gezerrt. Andere versuchten sich durch freiwillige Konversion zu retten, und einige dieser *Conversos* (Konvertiten) wurden extrem erfolgreich in der christlichen Gesellschaft und riefen gerade deshalb erhebliche Vorbehalte hervor. Es gab Aufstände, bei denen der Besitz der Conversos geraubt wurde. Die Gewalt war von finanziellem und sozialem Neid ebenso verursacht wie von religiösen Erwägungen.[27] Das Königspaar war persönlich nicht antisemitisch eingestellt, sie wollten lediglich ihr Königreich befrieden, das durch einen Bürgerkrieg erschüttert war und jetzt der osmanischen Bedrohung entgegensah. Aber die Inquisition war ein sehr unvollkommener Versuch, Stabilität zu erlangen. Wie so oft, wenn eine Nation von außen bedroht wird, gab es paranoide Ängste vor inneren Feinden, in diesem Fall vor einer »fünften Kolonne« von abtrünnigen Konvertiten, die heimlich daran arbeiteten, die Sicherheit des Königreiches zu untergraben. Die Spanische Inquisition wurde zum Synonym für fanatische »religiöse« Intoleranz, aber ihre Gewalttätigkeit war eher politisch als theologisch begründet.

Die Einmischung in die religiöse Praxis der Untertanen war in Spanien ein neues Phänomen; konfessionelle Uniformität war hier nie angestrebt worden. Nach vielen Jahrhunderten des Zusammenlebens *(convivencia)* von Christen, Juden und Muslimen stieß die Initiative der Monarchen denn auch auf heftigen Widerstand.[28] Aber so wenig die Öffentlichkeit sich an frommen Juden störte, so groß waren doch die Sorgen wegen der sogenannten abtrünnigen »heimlichen Juden«, die man auch »neue Christen« nannte. Wenn die Inquisitoren irgendwo auftauchten, versprachen sie »Apostaten« Vergebung, sofern sie freiwillig gestanden, und »alte Christen« wurden aufgefordert, Nachbarn anzuzeigen, die kein Schweinefleisch aßen oder sich weigerten, am Samstag zu arbeiten.

Bei alldem lag die Betonung immer auf der Praxis und den sozialen Gebräuchen, weniger auf dem »Glauben«. Viele Conversos, die treue Katholiken waren, nutzten die Gelegenheit zur Amnestie, solange dies möglich war, und die Flut von »Geständnissen« überzeugte sowohl die Inquisitoren als auch die Öffentlichkeit, dass die Gemeinschaft »heimlicher Juden« tatsächlich existierte.[29] Das Aufspüren von Dissidenten mit dieser Methode sollte zu einem häufigen Merkmal moderner Staaten werden, auf säkularer wie auch religiöser Ebene, vor allem in Zeiten nationaler Krisen.

Nach der Eroberung von 1492 »erbte« das Königspaar auch die große jüdische Gemeinde von Granada. Der glühende Patriotismus, der durch den Sieg der Christen ausgelöst wurde, führte zu weiteren hysterischen Verschwörungsängsten.[30] Einige erinnerten sich an die alten Geschichten, denen zufolge Juden

den muslimischen Armeen geholfen hatten, als sie achthundert Jahre zuvor in Spanien angekommen waren, und drängten die Monarchen, alle praktizierenden Juden aus Spanien zu deportieren. Nach anfänglichem Zögern unterschrieb das Königspaar am 31. März 1492 ein Ausweisungsedikt, das die Juden vor die Wahl stellte, sich taufen zu lassen oder deportiert zu werden. Die meisten entschieden sich für die Taufe und wurden wenig später von der Inquisition bedrängt, aber etwa achtzigtausend gingen über die Grenze nach Portugal, und fünfzigtausend fanden Zuflucht im Osmanischen Reich.[31] 1499 wurde Granada in christliche und muslimische Zonen aufgeteilt, die Muslime wurden gezwungen zu konvertieren, und 1501 war Granada offiziell ein Königreich »neuer Christen«. Aber die muslimischen Konvertiten (Moriscos) wurden in ihrem neuen Glauben nicht unterwiesen, und jeder wusste, dass sie weiterhin nach den Gesetzen des Islam lebten, beteten und fasteten. Tatsächlich gab ein Mufti im nordafrikanischen Oran eine Fatwa heraus, die es spanischen Muslimen gestattete, sich äußerlich ans Christentum anzupassen, und die meisten Spanier sahen darüber hinweg. In der Praxis war die Convivencia damit wiederhergestellt.

Die ersten zwanzig Jahre der Spanischen Inquisition waren zweifellos die gewalttätigsten in ihrer langen Geschichte. Es gibt keine verlässlichen Aufzeichnungen über die Zahl der Getöteten. Lange Zeit glaubten Historiker, während dieser Frühzeit seien etwa dreizehntausend Conversos verbrannt worden.[32] Neuere Schätzungen gehen davon aus, dass die meisten »Geständigen« nie vor Gericht gestellt wurden, dass die Todesstrafe in der Mehrzahl der Fälle in Abwesenheit ausgesprochen wurde und dass es symbolische Scheiterhaufen gab, so dass in der Zeit von 1480 bis 1530 nur fünfzehnhundert bis zweitausend Menschen tatsächlich hingerichtet wurden.[33] Trotzdem handelte es sich um eine tragische, schockierende Entwicklung, die vielen Jahrhunderten friedlicher Koexistenz ein Ende bereitete. Für die Conversos war die Erfahrung niederschmetternd und erwies sich als beklagenswert kontraproduktiv. Viele von ihnen waren treue Katholiken gewesen, als sie angezeigt wurden, waren nun aber so angewidert, dass sie zum Judentum zurückkehrten und tatsächlich zu jenen »heimlichen Juden« wurden, die die Inquisition verhindern sollte.[34]

Spanien war kein moderner Zentralstaat, aber im späten 15. Jahrhundert war es das mächtigste Königreich der Welt. Neben dem Kolonialbesitz in Amerika unterhielt es Stützpunkte in den Niederlanden, und das Königspaar hatte seine Kinder mit den Thronfolgern von Portugal, England und der Habsburger Dynastie verheiratet. Um den Ambitionen des Erzrivalen Frankreich etwas entgegenzusetzen, führte Ferdinand in Italien Krieg gegen Frankreich und Venedig und brachte das obere Navarra und Neapel unter seine Herrschaft. Spanien war gefürchtet und gehasst, und übertriebene Geschichten über die Inquisition verbreiteten sich in ganz Europa, das selbst gerade einen großen Wandlungsprozess durchlebte.

✳ ✳ ✳

Im 16. Jahrhundert entstand in Europa allmählich eine neue Art der Zivilisation auf der Grundlage neuer Technologien und der ständigen Reinvestition von Kapital. Damit befreite sich der Kontinent endgültig von vielen Beschränkungen der Agrargesellschaft. Statt sich auf den Erhalt früherer Errungenschaften zu konzentrieren, brachten die Menschen im Westen jetzt das Selbstvertrauen auf, in die Zukunft zu schauen. Während ältere Kulturen verlangt hatten, dass die Menschen sich innerhalb genau definierter Grenzen bewegten, machten Pioniere wie Columbus ihnen Mut, sich ins Unbekannte aufzumachen, wo sie feststellen konnten, dass sie nicht nur überlebten, sondern sogar davon profitierten. In vielen verschiedenen Gebieten tauchten gleichzeitig Erfindungen auf, keine von ihnen besonders gravierend, aber zusammengenommen von entscheidender Wirkung.[35] Die Spezialisten einer Disziplin stellten fest, dass sie von den Entdeckungen anderer profitierten. Um 1600 hatten diese Innovationen ein Ausmaß angenommen und sich so stark verbreitet, dass der Fortschritt unaufhaltsam war und die Religion sich der

Entwicklung entweder anpassen oder in die Bedeutungslosigkeit fallen musste.

Im frühen 17. Jahrhundert legten die Niederländer den Grundstein des westlichen Kapitalismus.[36] In den Aktiengesellschaften sammelten die Mitglieder ihre Kapitalbeträge und stellten sie auf Dauer einem Management zur Verfügung, so dass Mittel für Kolonial- oder Handelsunternehmungen zur Verfügung gestellt wurden und die Sicherheit wesentlich größer war als bei einem einzelnen Kapitalgeber. Die erste städtische Bank in Amsterdam bot effiziente, günstige und sichere Möglichkeiten für Sparkonten, Überweisungen und Serviceleistungen an, sowohl zu Hause als auch auf den wachsenden internationalen Märkten. Und endlich verschaffte die Börse den Kaufleuten ein Zentrum, in dem sie mit allen möglichen Dingen Handel treiben konnten. Diese Institutionen, über die die Kirche keinerlei Kontrolle besaß, erlangten bald eine Eigendynamik, und während sich die Marktwirtschaft weiterentwickelte, untergruben sie immer mehr die alten Agrarstrukturen und versetzten die Kaufmannsklasse in die Lage, eine eigene Machtbasis aufzubauen. Erfolgreiche Kaufleute, Handwerker und Fabrikanten wurden so mächtig, dass sie auch in die Politik eingriffen, die bisher dem Adel vorbehalten gewesen war, bis hin zu Situationen, in denen sie eine Adelspartei gegen die andere ausspielen konnten. Sie neigten dazu, sich mit den Königen zu verbünden, die starke Zentralmonarchien aufbauten, da dies den Handel vereinfachte. Mit dem Aufstieg der absolutistischen Monarchie und des souveränen Staates in England und Frankreich erlangten die Kaufleute, das Bürgertum, immer mehr Einfluss, während die Kräfte des Marktes den Staat von den Beschränkungen befreiten, die ihm in einer Agrargesellschaft auferlegt gewesen waren.[37] Aber würde dieser Staat strukturell oder militärisch weniger gewalttätig sein als der Agrarstaat?

In Deutschland gab es keine starken Zentralmonarchien, sondern nicht weniger als einundvierzig kleine Fürstentümer, die der Kaiser des Heiligen Römischen Reiches unmöglich kontrollieren konnte. Im Jahr 1506 erbte jedoch der Habsburger

Karl V., ein Enkel von Ferdinand und Isabella, die Habsburger Ländereien in Österreich, und 1516 wurde er nach dem Tod von Ferdinand König von Aragón und Kastilien. 1519 wurde er zum Kaiser gewählt. Durch eine Mischung aus Heiratsbündnissen, geschickter Diplomatie und Krieg hatten die Habsburger ein größeres Gebiet unter ihre Herrschaft gebracht als irgendein europäischer Herrscher vor ihnen. Karls Ehrgeiz richtete sich darauf, ein paneuropäisches Reich ähnlich dem Osmanischen Reich zu schaffen, aber er musste feststellen, dass er die deutschen Fürsten nicht kontrollieren konnte, die ihre Fürstentümer zu starken Monarchien nach dem Muster von Frankreich und England weiterentwickeln wollten. Zudem waren die Städte Mittel- und Süddeutschlands die vitalsten Handelszentren in der nördlichen Hälfte Europas.[38] Wirtschaftliche Veränderungen dort führten zu sozialen Konflikten, und wie üblich konzentrierte sich der Unmut auf jüdische »Wucherer« und käufliche katholische Priester, die angeblich die Armen betrogen.

Im Jahr 1517 nagelte der Augustinermönch Martin Luther (1483–1546) seine berühmten fünfundneunzig Thesen an das Portal der Schlosskirche zu Wittenberg und setzte damit in Gang, was wir heute Reformation nennen. Seine Angriffe auf den Ablasshandel der Kirche fand Anklang bei den unzufriedenen Stadtbewohnern, die es unerträglich fanden, wie Kleriker leichtgläubigen Menschen unter fadenscheinigen Vorwänden das Geld aus der Tasche zogen.[39] Das kirchliche Establishment behandelte Luthers Protest mit hochmütiger Verachtung, aber jüngere Kleriker verbreiteten seine Ideen in den Städten, wo die Menschen lokale Reformen in Gang setzten und ihre Gemeinden praktisch der Kontrolle Roms entzogen. Hochgebildete Kirchenmänner verbreiteten Luthers Gedanken in eigenen Büchern, die dank der neuen Technologie des Buchdrucks mit ungekannter Geschwindigkeit in Umlauf kamen. Die erste moderne Massenbewegung war entstanden. Wie so viele andere Ketzer der Vergangenheit, hatte Luther die Bildung einer Gegenkirche ausgelöst.

Luther und die anderen großen Reformatoren – Ulrich Zwingli (1484–1531) und Johannes Calvin (1509–1564) – wendeten sich an eine Gesellschaft, die grundlegenden und weitreichenden Veränderungen unterworfen war. Modernisierung ist immer beängstigend, und die Menschen, die mitten in diesen Veränderungen leben, können nicht erkennen, wohin ihre Gesellschaft sich bewegt, und sind verstört von dem langsamen, aber radikalen Wandel. So auch hier. Die Menschen fühlten sich nicht mehr zu Hause in einer sich wandelnden Welt, und nun stellten sie fest, dass sich auch ihr Glaube veränderte. Luther selbst litt unter entsetzlichen Depressionen und schrieb wortreich von seiner Unfähigkeit, den alten Ritualen treu zu bleiben, die für eine andere Lebensform bestimmt waren.[40] Zwingli und Calvin erlebten beide ein Gefühl lähmender Hilflosigkeit, bevor sie zu der Überzeugung kamen, dass Gottes Allmacht allein sie retten konnte. Indem sie sich von der römischen Kirche abwandten, formulierten die Reformatoren eine der ersten Unabhängigkeitserklärungen der westlichen Neuzeit, und wegen ihrer aggressiven Haltung gegenüber der etablierten katholischen Kirche nannte man sie »Protestanten«. Sie forderten die Freiheit, die Bibel nach eigenem Gutdünken zu lesen und zu interpretieren – so intolerant sie auch alle drei sein konnten, wenn jemand ihrer eigenen Lehre widersprach. Der Christ der Reformation stand mit seiner Bibel in der Hand allein vor Gott. Und damit vollzogen die Protestanten praktisch die Heiligsprechung des individuellen modernen Geistes.

Luther war auch der erste europäische Christ, der die Trennung von Kirche und Staat forderte, wiewohl seine »säkularistischen« Vorstellungen nicht besonders friedliebend waren. Gott, so glaubte er, hatte sich von der materiellen Welt zurückgezogen, so dass sie keinerlei spirituelle Bedeutung mehr besaß. Wie andere rigorose Gläubige vor ihm, sehnte sich Luther nach spiritueller Reinheit und forderte, Kirche und Staat sollten unabhängig voneinander arbeiten und die Sphäre des jeweils anderen respektieren.[41] In Luthers politischen Schriften können wir die Entstehung der »Religion« als eigenständige Angelegenheit beobachten, getrennt von der Welt, die sie [die Religion] bisher durchdrungen hatte. Wahre Christen, gerechtfertigt durch einen persönlichen Akt des Glaubens an die rettende Macht Gottes, gehörten zum Reich Gottes, und nachdem der Heilige Geist sie von Ungerechtigkeit und Hass befreit hatte, waren sie auch frei von staatlichem Zwang.[42] Aber Luther wusste, dass ihre Zahl nicht groß war. Die meisten lebten noch im Stand der Sünde und gehörten gemeinsam mit den Nicht-Christen zum Reich der diesseitigen Welt. Deshalb war es unabdingbar, dass diese Sünder vom Staat in Schranken gehalten wurden,»wie ein wildes Tier mit Ketten und Seilen gebunden wird, damit es nicht beißt und reißt, wie es das normalerweise tun würde«.[43] Luther wusste, dass die Welt ohne einen starken Staat ins Chaos abgleiten würde und dass keine Regierung realistischerweise nach den Prinzipien des Evangeliums handeln konnte: Liebe, Vergebung und Toleranz.[44] Schon der Versuch war gleichbedeutend mit der Freilassung des wilden Tieres aus seinen Fesseln.[45] Die einzige Art, wie das Reich dieser Welt – ein Reich der Selbstsucht und Gewalt, beherrscht vom Teufel – Frieden, Kontinuität und Ordnung erzwingen und die menschliche Gesellschaft zum Funktionieren bringen konnte, war das Schwert.

Aber der Staat konnte nicht über das Gewissen des Einzelnen bestimmen und hatte deshalb auch kein Recht, Ketzerei zu bekämpfen oder einen heiligen Krieg zu führen. Mit dem spirituellen Bereich hatte er nichts zu schaffen, besaß aber sehr wohl die bedingungslose und absolute Autorität in weltlichen Dingen. Selbst wenn der Staat grausam und tyrannisch war und die Verkündigung von Gottes Wort verhinderte, durften Christen seiner Macht keinen Widerstand leisten.[46] Die wahre Kirche, das Reich Gottes, musste sich von der korrupten und verdorbenen Politik des weltlichen Reiches fernhalten und sich auf spirituelle Angelegenheiten beschränken. Die Protestanten glaubten, die römische Kirche habe ihren Auftrag verfehlt, weil sie sich mit dem sündigen Reich dieser Welt gemein gemacht hatte.

Wo der Glaube in vormoderner Zeit die Heiligkeit der Gemeinschaft betont hatte – die Sangha, die Umma, den Leib Christi –, wurde»Religion« für Luther zu einer rein persönlichen und privaten Angelegenheit. Wo frühere Weise, Propheten

und Reformer sich verpflichtet gefühlt hatten, gegen die systembedingte Gewalt des Staates aufzubegehren, sollten sich Luthers
Christen in die eigene Innenwelt ihrer Rechtfertigung zurückziehen und die Gesellschaft buchstäblich zur Hölle fahren lassen. Mit seiner Betonung der beschränkten, untergeordneten
Natur weltlicher Politik verschaffte Luther unbeschränkter
staatlicher Macht eine potenziell gefährliche Begründung.[47] Seine Reaktion auf den deutschen Bauernkrieg zeigte, dass eine sä-
kularisierte politische Theorie nicht unbedingt zur Verringerung
staatlicher Gewalt führen musste.

Von März bis Mai 1525 leisteten Bauerngruppen in Süd- und
Mitteldeutschland Widerstand gegen die Zentralisierungsbestre-
bungen der Fürsten, die sie ihrer traditionellen Rechte beraubten, und durch harte Verhandlungen war es vielen Dörfern gelungen, den Fürsten Zugeständnisse abzuringen, ohne Gewalt
anzuwenden. Aber im mitteldeutschen Thüringen zogen gesetzlose Bauernbanden durchs Land und plünderten und brannten
Klöster und Kirchen nieder.[48]

In seiner ersten Schrift über den Bauernkrieg hatte Luther zur
Mäßigung aufgerufen und die »tyrannische und tobende Obrigkeit« der Fürsten gegeißelt.[49] Doch in seinen Augen hatten die
Bauern die unverzeihliche Sünde begangen, Religion und Politik
zu vermischen. Es war ihr Los, zu leiden, erklärte er; sie mussten
dem Evangelium gehorchen, die andere Wange hinhalten und
den Verlust von Leben und Besitz hinnehmen.[50] Sie hatten kühn
argumentiert, dass Christus alle Menschen frei gemacht hatte –
eine Ansicht, die zwar im Einklang mit den Lehren des Neuen
Testaments stand, Luther aber nicht beeindruckte. Er bestand
darauf: »Christlich Recht sei: nicht sich gegen Unrecht sträuben,
nicht zum Schwert greifen, nicht sich wehren, nicht sich rächen,
sondern Leib und Gut dahingeben, dass es raube, wer da raubt.
Wir haben doch genug an unserm Herrn, der uns nicht verlassen
wird, wie er verheißen hat.«[51] Luther ermutigte die Fürsten, jedes denkbare Mittel anzuwenden, um die bäuerlichen Agitato-
ren zu unterdrücken:

Drum soll hier schlagen, würgen und stechen heimlich oder öffentlich, wer da kann, und bedenken, dass nichts giftiger, schädlicher, teuflischer sein kann als ein Aufrührer. Es ist, als müsste man einen tollwütigen Hund totschlagen: Erschlägst du ihn nicht, dann tötet er dich und das ganze Land mit dir.[52]

Die Aufrührer, so schloss er, waren Knechte des Teufels, und es war ein Akt der Barmherzigkeit, sie zu töten, weil es sie aus den Fesseln des Satans erlöste.

Und weil dieser Aufstand die gesamte gesellschaftliche Ordnung bedrohte, unterdrückte der Staat sie mit brutaler Gewalt: Etwa hunderttausend Bauern ließen ihr Leben. Die Krise war ein düsteres Vorzeichen der Instabilität frühneuzeitlicher Staaten in einer Zeit, in der traditionelle Ideen weithin in Frage gestellt wurden. Die Reformatoren hatten gefordert, man solle sich allein auf die Heilige Schrift stützen, mussten nun aber feststellen, dass die Bibel eine gefährliche Waffe sein konnte, wenn sie in die falschen Hände geriet. Sobald die Menschen selbst in der Bibel lasen, erkannten sie die krassen Unterschiede zwischen der Lehre Jesu und der kirchlichen und politischen Realität. Die Wiedertäufer gingen in dieser Hinsicht besonders weit, weil ihre buchstabengetreue Lesart des Evangeliums sie zur Verurteilung von Institutionen wie dem Heiligen Römischen Reich, den Stadträten und Handelsgilden führte.[53] Als einige niederländische Wiedertäufer 1534 die Kontrolle über die Stadt Münster im Nordwesten Deutschlands erlangten und dort die Polygamie einführten und das Privateigentum abschafften, betrachteten das Katholiken und Protestanten – ausnahmsweise ganz und gar einig – als eine politische Bedrohung, die nur allzu leicht auf andere Städte übergreifen konnte.[54] Im folgenden Jahr wurden die Täufer von Münster von vereinigten katholischen und protestantischen Truppen niedergemetzelt.[55]

* * *

Die Katastrophe von Münster und der Bauernkrieg beeinflussten den Umgang auch anderer Herrscher mit religiösen Abweichlern. In Westeuropa war »Ketzerei« immer eher eine politische denn eine theologische Angelegenheit gewesen und gewaltsam unterdrückt worden, weil sie die öffentliche Ordnung bedrohte. Nur eine kleine Elite hielt es daher für falsch, »Ketzer« zu verfolgen und hinzurichten, nicht so sehr wegen ihres Glaubens als wegen ihres Tuns und Lassens. Die Reformation jedoch hatte dem »Glauben« eine ganz neue Betonung gegeben. Bis dahin hatte hinter den Begriffen rund um den Glauben die Vorstellung von »Hingabe« und »Treue« gestanden; jetzt ging es immer mehr um eine intellektuelle Annahme von Lehrsätzen.[56] Je weiter die Reformation voranschritt, desto wichtiger wurde es, die Unterschiede zwischen alter und neuer Religion und zwischen den einzelnen protestantischen Strömungen zu erklären – daher die vielen Listen obligatorischer Glaubenssätze.[57] Die Katholiken unternahmen auf ihrem eigenen Reformkonzil in Trient (1545–1563) Ähnliches und schufen einen Katechismus klarer, standardisierter Glaubenssätze.

Die Trennungen in der Lehre, die durch die Reformation entstanden, wurden vor allem in Staaten mit starker Zentralherrschaft wichtig. Der frühere Agrarstaat hatte weder die Mittel noch die Absicht gehabt, das religiöse Leben der unteren Schichten zu überwachen. Aber die Monarchen, die nach absoluter Herrschaft strebten, hatten eine staatliche Maschinerie entwickelt, die es ihnen möglich machte, das Leben ihrer Untertanen genauer zu beobachten, und allmählich wurde konfessionelle Treue zu einem Kriterium politischer Loyalität. Heinrich VIII. (1509–1547) und Elisabeth I. (reg. 1558–1603) von England verfolgten die Katholiken nicht als religiöse Abtrünnige, sondern als Staatsverräter. Als Kanzler Heinrichs VIII. hatte Thomas Morus harte Strafen gegen politisch gefährliche Ketzer ausgesprochen, aber am Ende wurde er selbst hingerichtet, weil er sich weigerte, den Eid auf die Suprematsakte abzulegen, mit der Heinrich zum Oberhaupt der englischen Kirche wurde.[58] In Frankreich erklärte das Edikt von Paris (1543) die protestantischen »Ketzer« zu »bösartigen Störern des Friedens und der Ruhe unserer Untertanen und geheimen Verschwörern gegen die Wohlfahrt unseres Staates, die hauptsächlich auf der Bewahrung des katholischen Glaubens in unserem Königreich beruht«.[59]

Obwohl die Reformation fruchtbare Formen des Christentums hervorbrachte, war sie in vielerlei Hinsicht eine Tragödie. Schätzungen zufolge wurden etwa achttausend Männer und Frauen im 16./17. Jahrhundert in Europa als Ketzer hingerichtet.[60] Die Politik unterschied sich dabei von Region zu Region. In Frankreich waren die Gerichtsverfahren um 1550 durch offenen Krieg, Massaker und öffentliche Gewalt ersetzt worden. Die katholischen Inquisitoren in Deutschland waren nicht besonders eifrig bei der Verfolgung von Protestanten, aber Karl V. und sein Sohn Philip II. von Spanien (1555–1598) betrachteten den Protestantismus in den Niederlanden als politische wie auch religiöse Bedrohung und versuchten hartnäckig, ihn zu unterdrücken. In England änderte sich die Politik je nach Glaubensbekenntnis des Monarchen. Heinrich VIII., der katholisch blieb, war den Lutheranern feindlich gesinnt, betrachtete jegliche Treue zum Papst jedoch als Kapitalverbrechen, weil sie seine politische Vorherrschaft bedrohte. Unter seinem Sohn Edward VI. (1547–1553) schwang das Pendel in Richtung Calvinismus und schlug unter der katholischen Maria Tudor (1553–1558) in die andere Richtung aus; in ihrer Regierungszeit wurden etwa dreihundert Protestanten auf dem Scheiterhaufen verbrannt. Unter Elisabeth I. wurde England offiziell wieder protestantisch, und die meisten Opfer waren katholische Missionare, die im Ausland ausgebildet worden waren und nun im Verborgenen in England lebten, die Messe lasen und den letzten Katholiken die Sakramente spendeten.

Man kann von diesen Staaten der frühen Neuzeit nicht erwarten, dass sie die Ansichten der Aufklärung teilten. Die Zivilisation hatte sich immer auf Zwang gestützt, und so wurde staatliche Gewalt als legitimes Mittel zur Aufrechterhaltung der öffentlichen Ordnung angesehen. Diebstahl, Mord, Urkundenfälschung, Brandstiftung und die Entführung von Frauen waren Kapitalverbrechen – die Todesstrafe für Ketzerei war also weder ungewöhnlich noch extrem.[61] Hinrichtungen wurden in der Regel öffentlich durchgeführt, ein Abschreckungsritual, das die staatliche und lokale Autorität zum Ausdruck brachte und verstärkte.[62] Ohne eine professionelle Polizei oder moderne Überwachungsmöglichkeiten war die öffentliche Ordnung von solchen Spektakeln abhängig. So abstoßend es uns heute vorkommen mag: Die Hinrichtung religiöser Abweichler war ein notwendiges Mittel der Machtausübung, vor allem in einem noch zerbrechlichen Staat.[63] Aber die Unterdrückung unterschiedlicher Glaubensäußerungen war nicht nur pragmatisch motiviert, sondern auch durch eine Ideologie bedingt, die von zentraler Bedeutung für die Integrität des Individuums war. Thomas Morus, einst ein rücksichtsloser Verfolger, hätte den Eid geleistet, wäre er nur von politischen Erwägungen geleitet gewesen. Und Maria Tudor hätte ihre Herrschaft stärken können, wäre sie weniger eifrig gegen die Protestanten vorgegangen. Aber die Ketzerei unterschied sich von anderen Kapitalverbrechen insofern, als der Angeklagte begnadigt und am Leben gelassen wurde, wenn er widerrief. Moderne Forscher haben gezeigt, dass die Beamten oft ernsthaft danach strebten, die Abtrünnigen zurück auf den rechten Weg zu bringen, und dass sie den Tod eines hartnäckigen Ketzers als Niederlage betrachteten.[64] In den 1550er Jahren fungierte der eifrige Inquisitor Pieter Titlemaus bei mindestens 1120 Ketzerprozessen in Flandern als Vorsitzender Richter; nur 127 dieser Prozesse endeten mit einer Hinrichtung. Zwölf Versuche unternahmen die Inquisitoren, Behörden und Priester 1560, um die Wiedertäuferin Soetken van den Houte und ihre drei Begleiterinnen zu retten. Unter Maria Tudor versuchte Edmund Bonner, der katholische Bischof von London, fünfzehn Mal, den Protestanten John Philpot zu retten. Bei Richard Woodman waren es sechs, bei Elizabeth Young neun Versuche.[65]

Katholiken, Lutheraner und Calvinisten waren gleichermaßen in der Lage, mit Hilfe von Bibeltexten die Hinrichtung von

Ketzern zu rechtfertigen.[66] Manche von ihnen zitierten Schriftworte, die Barmherzigkeit und Toleranz predigten, aber diese freundlicheren Sätze wurden von der Mehrheit abgelehnt.[67] Doch obwohl tatsächlich Tausende enthauptet, verbrannt oder gehängt, gerädert und geviertelt wurden, gab es keinen Wettlauf um den Tod als Märtyrer. Die große Mehrheit behielt die eigenen Überzeugungen für sich und passte sich äußerlich den staatlichen Erlassen an.[68] Calvin schmähte diese Art von Feigheit und verglich heimliche Calvinisten mit dem Pharisäer Nicodemus, der seinen Glauben an Jesus geheim hielt. Aber die »Nicodemiten« in Frankreich und Italien erklärten, er tue sich leicht, einen heroischen Standpunkt zu vertreten, solange er sicher in Genf lebte.[69] Unter Elisabeth I. gab es einen starken Märtyrerkult bei den Jesuiten und Seminaristen, die für die Mission in England ausgebildet wurden und glaubten, ihr Opfer würde das Land retten.[70] Aber die Gläubigen wurden auch vor allzu großem Enthusiasmus gewarnt. Ein Handbuch des Englischen Kollegs in Rom aus den 1580er Jahren weist darauf hin, dass nicht jeder zum Martyrium berufen sei und dass sich auch nicht jeder unnötigen Risiken aussetzen solle.[71]

Das Einzige, worin sich Katholiken und Protestanten einig waren, war ihr Hass auf die Spanische Inquisition. Aber trotz ihres grausigen Rufs wurden die Verbrechen der Inquisition übertrieben. Selbst das *Autodafé* (Erklärung des Glaubens) mit seiner feierlichen Prozession, den düsteren Kostümen und der Verbrennung von Ketzern – für Fremde der Inbegriff des spanischen Fanatismus – entsprach bei weitem nicht den Gerüchten, die darüber verbreitet wurden. Das Autodafé war in der spanischen Kultur nicht besonders tief verwurzelt.[72] Ursprünglich ein schlichter Versöhnungsgottesdienst, bekam es erst Mitte des 16. Jahrhunderts seine spektakuläre Form, und nach einer kurzen Hochphase (1559–1570) wurde es nur noch sehr selten praktiziert. Die Verbrennung des hartnäckigen Abweichlers stand auch gar nicht im Mittelpunkt des Rituals: In der Regel wurden die Angeklagten ohne große Zeremonie außerhalb der Stadt getötet, und es gab Dutzende von Autodafés ohne eine einzige Hinrichtung. Nach zwanzig Jahren Inquisition war es nur in zwei Prozent aller Anklagen zu einer Verurteilung gekommen, und bei den meisten Exekutionen hatte man in Abwesenheit des Verurteilten eine Puppe verbrannt.[73] Zwischen 1559 und 1566, als das Autodafé auf dem Höhepunkt seiner Beliebtheit war, starben etwa hundert Menschen, während unter Maria Tudor dreihundert Protestanten den Tod fanden. Doppelt so viele wurden unter Henri II. von Frankreich (reg. 1547–1559) hingerichtet, zehnmal so viele in den Niederlanden.[74]

Überhaupt wurden von der Spanischen Inquisition nur sehr wenige Protestanten getötet, die meisten ihrer Opfer waren »neue Christen«. In den 1580er Jahren lag Spanien im Krieg mit anderen europäischen Staaten, und die Krone wendete sich wieder einmal gegen den »inneren Feind«, diesmal gegen die Moriscos, die wie zuvor die Juden weniger aus Glaubensgründen abgelehnt wurden als vielmehr wegen kultureller Unterschiede und wegen ihres Geschicks in finanziellen Angelegenheiten.[75] »Sie heiraten untereinander und vermischen sich nicht mit den alten Christen«, klagte ein Richter aus Toledo 1589 gegenüber Philip II. »Keiner von ihnen tritt in den Dienst der Kirche, des Militärs oder der Zivilverwaltung ... sie treiben Handel und werden reich.«[76] Und auch diesmal erwies sich die Verfolgung als kontraproduktiv, weil sie die bedrängten Moriscos von eingebildeten zu echten Feinden machte, die von den Hugenotten und Henri IV. in Frankreich hofiert wurden oder den Sultan von Marokko um Hilfe baten. In der Folge wurden die Moriscos 1609 aus Spanien vertrieben. Das war das Ende der letzten größeren muslimischen Gemeinde in Europa.

※ ※ ※

Spanien war in hohem Maße in die Religionskriege verstrickt, die in den Schrecken des Dreißigjährigen Krieges (1618–1648) ihren Höhepunkt fanden. Diese Konflikte riefen den »Gründungsmythos« des modernen Westens ins Leben, der erklärt, wie dessen besondere säkulare Regierungsform entstehen konnte.[77] Die theologischen Streitigkeiten der Reformation, so hieß es, hetzten Katholiken und Protestanten so gegeneinander auf, dass sie sich in sinnlosen Kriegen gegenseitig abschlachteten, bis die Gewalt schließlich durch den liberalen Staat eingedämmt wurde, der Religion und Politik voneinander trennte. Europa hatte auf eine harte Weise gelernt, dass die Gewalt keine Grenzen kennt, sobald ein Konflikt »heilig« wird, und dass keine Kompromisse mehr möglich sind, wenn alle Kombattanten davon überzeugt sind, dass Gott auf ihrer Seite steht. Daraus folgte, dass die Religion nie mehr die Erlaubnis bekommen durfte, Einfluss auf das politische Leben zu nehmen.

Aber so einfach ist es natürlich nie. Nach der Reformation waren der Nordosten Deutschlands und Skandinavien, grob gesprochen, lutherisch. England, Schottland, die nördlichen Niederlande, das Rheinland und Südfrankreich waren im Wesentlichen calvinistisch, und der Rest des Kontinents blieb in der Mehrheit katholisch. Das hatte natürlich Auswirkungen auf die internationalen Beziehungen, aber die europäischen Herrscher hatten eigentlich andere Sorgen. Viele, vor allem diejenigen, die versuchten, absolutistische Staaten zu errichten, waren besorgt über den außerordentlichen Erfolg der Habsburger, die jetzt Deutschland, Spanien und die südlichen Niederlande regierten. Karls V. Ehrgeiz, eine transeuropäische Hegemonie nach osmanischem Muster zu erreichen, traf auf den Widerstand einer eher pluralistischen Entwicklung in Europa, die dem souveränen Nationalstaat zuneigte.[78] Und natürlich kämpften die deutschen Fürsten gegen Karls Ambitionen und versuchten, ihre lokale Macht und die traditionellen Privilegien zu erhalten.

In den Köpfen der Teilnehmer wurden diese Kriege aber durchaus als Kampf auf Leben und Tod zwischen Protestanten und Katholiken erlebt. Religiöse Gefühle halfen Soldaten und Generälen, sich vom Feind zu distanzieren, alle Empfindungen gemeinsamer Menschlichkeit auszuschalten und den grausamen Kampf mit einem moralischen Eifer zu befeuern, der ihn nicht nur annehmbar, sondern edel machte und allen Beteiligten das erhebende Gefühl gab, recht zu handeln. Das alles können aber auch säkulare Ideologien leisten. Die Kriege waren nicht »religiös« im modernen Sinne. Wären sie das gewesen, dann hätten Protestanten und Katholiken nicht auf derselben Seite kämpfen können. Tatsächlich war das aber oft der Fall, und in der Folge bekämpften sie oft Angehörige der eigenen Konfession.[79] Nur zwei Jahre nachdem Karl Kaiser des Heiligen Römischen Reiches geworden war, hatte die katholische Kirche Luther auf dem Reichstag zu Worms (1521) verurteilt. Aber in den ersten zehn Regierungsjahren beachtete der Katholik Karl die Lutheraner in Deutschland kaum, sondern konzentrierte sich darauf, den Papst und die katholischen französischen Könige in Italien zu bekämpfen. Katholische Herrscher standen den Erlassen des Konzils von Trient besonders feindlich gegenüber, mit denen ihre Macht eingeschränkt werden sollte – auch dies eine Episode im langen Kampf der europäischen Monarchen um die Kontrolle über die Kirche in ihren eigenen Herrschaftsgebieten.[80] Noch 1556 zog Papst Paul IV. in den Krieg gegen Karls Sohn Philip II., den frommen katholischen Herrscher von Spanien.[81] Die katholischen Könige in Frankreich waren so besorgt über Habsburg, dass sie sogar zu Bündnissen mit den osmanischen Türken bereit waren.[82] Mehr als dreißig Jahre lang (1521–1552) führten sie fünf Kriege gegen den katholischen Kaiser, der in diesen Konflikten von vielen protestantischen deutschen Fürsten unterstützt wurde. Karl belohnte die Deutschen mit großer Macht über die Kirchen in ihren Herrschaftsgebieten.[83]

Die deutschen Fürsten, Katholiken wie Lutheraner, waren ebenso besorgt über Karls zentralistische Bestrebungen. Im Jahr 1531 vereinigten sich einige protestantische Fürsten und Städte gegen ihn im Schmalkaldischen Bund. Aber im ersten Schmalkaldischen Krieg kämpften andere wichtige lutherische Fürsten auf Karls Seite, während sich der katholische König Henri II. der lutherischen Liga bei einem Angriff auf die kaiserlichen Truppen anschloss und die katholischen deutschen Fürsten neutral blieben.[84] Mehr noch: Viele von Karls Soldaten in der kaiserlichen Armee waren Söldner, die eher des Geldes als ihres Glaubens wegen kämpften – und einige von ihnen waren Protestanten.[85] Diese Kriege wurden also ganz eindeutig nicht aus konfessionellem Eifer geführt. Schließlich musste Karl sich geschlagen geben und unterzeichnete 1555 den Augsburger Religionsfrieden. Die protestantischen Fürsten durften die katholischen Kirchengüter behalten, die sie erobert hatten, und von diesem Zeitpunkt an bestimmte die Konfession des Herrschers den Glauben seiner Untertanen – ein Prinzip, das später in der Maxime »Cuius regio, eius religio« zusammengefasst wurde.[86] Karl dankte ab und zog sich in ein Kloster zurück. Das Reich wurde zwischen seinem Bruder Ferdinand (der die deutschen Gebiete regierte) und seinem Sohn Philip II. (der Spanien und die Niederlande bekam) geteilt.

Es handelte sich um den politischen Sieg einer Gruppe von Staatsgründern über eine andere.[87] Die katholischen und lutherischen deutschen Fürsten hatten sich gegen Karl verschworen, weil sie erkannten, dass er nicht nur die Ketzerei zerschmettern, sondern seine Macht auf ihre Kosten vergrößern wollte.[88] Die Bauern und unteren Schichten kümmerten sich kaum um theologische Überzeugungen, sondern wechselten zwischen Katholizismus und Luthertum, wie es ihre Herren verlangten.[89] Am Ende vergrößerte der Augsburger Religionsfrieden die politische Macht der Fürsten erheblich, und zwar auf beiden Seiten. Sie konnten die Reformation zu ihrem eigenen Vorteil nutzen, den Klerus besteuern, Kirchengüter einziehen, das Erziehungswesen kontrollieren und ihre Macht über die Ortsgemeinden auf jeden einzelnen Untertan ausweiten.[90]

Eine ähnlich komplizierte Lage lässt sich in den französischen Religionskriegen (1562–1598) beobachten. Auch hier ging es nicht um den Kampf zwischen den calvinistischen Hugenotten und der katholischen Mehrheit, sondern um den politischen Wettstreit verschiedener Adelsfraktionen.[91] Die Herzöge von Guise waren katholisch, die Bourbonen im Süden waren Hugenotten. Die Montmorency waren gespalten – die ältere Generation neigte dem Katholizismus zu, die jüngere den Hugenotten. Diese Adelshäuser kämpften um ihre traditionellen Rechte und gegen den Ehrgeiz des Königs, einen Zentralstaat mit »einem

König, einem Glauben und einem Gesetz« zu schaffen. Die sozialen und politischen Aspekte dieses Kampfes waren so offensichtlich, dass bis in die 1970er Jahre hinein die meisten Forscher glaubten, der Glaube sei lediglich die Fassade für die rein säkularen Ambitionen von Königen und Adel gewesen.[92] In einem bahnbrechenden Aufsatz untersuchte dann aber Natalie Zemon Davis die populären Rituale, mit denen sich Katholiken und Protestanten auf die Bibel, die Liturgie und die Volkstradition beriefen, um den Feind unmenschlich erscheinen zu lassen. Sie schloss daraus, die französischen Bürgerkriege seien »ihrem Wesen nach religiös« gewesen.[93] Seither betont die Forschung wieder die Rolle der Religion, weist allerdings darauf hin, dass es anachronistisch ist, in dieser Zeit »Politik« und »Religion« voneinander zu trennen.[94]

Am 25. Oktober 1534 hatten die Calvinisten überall in Paris, Blois, Orléans und Tours ätzende, satirische Plakate aufgehängt, mit denen die katholische Messe angegriffen wurde. Eines dieser Plakate hing sogar an der Schlafzimmertür von König François I. Als die Katholiken zur Frühmesse gingen, mussten sie die fett gedruckte Überschrift lesen: »Wahre Artikel über den schrecklichen, ekelhaften und unerträglichen Missbrauch der papistischen Messe«. Der französische Flugblattschreiber Antoine Marcourt listete vier Argumente gegen die Eucharistie auf, »durch die die ganze Welt ... vollkommen ruiniert, niedergeschmettert, verloren und verwüstet wird«: In der Messe werde in gotteslästerlicher Weise behauptet, sie wiederhole das vollkommene Opfer Christi auf Golgatha. Der Leib Jesu sei bei Gott im Himmel und könne in Brot und Wein nicht anwesend sein. Die Transsubstantiation sei von der Heiligen Schrift nicht gedeckt. Und die Kommunion sei ein schlichter Akt der Erinnerung. Er schloss mit einem bösen Angriff auf den Klerus:

Durch diese Messe haben sie alles nur Vorstellbare geraubt, zerstört und verschlungen, tot oder lebendig. Durch sie leben sie ohne jegliche Pflichten oder Verantwortlichkeiten gegen irgendjemanden oder irgendetwas. Sie müssen nicht einmal stu-

dieren ... Sie töten, brennen, zerstören und morden wie Stra-
ßenräuber all jene, die ihnen widersprechen, denn sie haben
nur ihre Macht.[95]

Die Polemik war so drastisch, dass selbst Theodore Beza, Cal-
vins späterer Stellvertreter in Genf, sie in seiner »Geschichte der
Protestantischen Kirche Frankreichs« verurteilte. Aber genau
dieser berüchtigte Angriff war der Auslöser für die französischen Religionskriege.

Als der König die Plakate sah, befahl er sofort eine landeswei-
te Verfolgung der Hugenotten, die viele, auch Calvin selbst,
dazu zwang, das Land zu verlassen. König François war nicht
theologisch bigott, er war offen für neue Ideen und hatte Eras-
mus von Rotterdam und andere Humanisten an seinem Hof
empfangen. Aber er betrachtete die Plakate, durchaus zutreffend, nicht nur als theologische Hetzrede, sondern als Angriff
auf das gesamte politische System. Die Eucharistie war der
höchste Ausdruck gesellschaftlicher Bindungskräfte. Sie wurde
nicht in erster Linie als private Vereinigung mit Christus empfunden, sondern als Ritus, der die Gemeinschaft zusammenhielt,[96] als Ritual von »Begrüßung, Teilen, Weitergeben, Empfangen und Frieden«.[97] Bevor sie das Sakrament empfingen,
mussten die Katholiken ihren Nachbarn um Vergebung für noch
bestehendes Unrecht bitten. Könige, Priester, Adelige und einfache Leute aßen vom selben geweihten Brot und wurden damit
als Einheit in den Leib Christi aufgenommen. Außerdem wurden die Plakate von Katholiken und Protestanten als impliziter
Angriff auf die Monarchie verstanden. Die französischen Könige waren seit jeher als halb göttliche Wesen verehrt worden, und
die calvinistische Leugnung der Realpräsenz Christi rührte stillschweigend an die Vermischung von Materie und Heiligem, die
der mittelalterlichen Christenheit so wichtig gewesen war und
die der König in seiner Person verkörperte.[98] Dass das skurrile
Plakat an der Schlafzimmertür des Königs aufgehängt wurde,
war ein religiöser und politischer Akt, und für François war das
eine vom anderen ohnehin nicht zu trennen.

In den nachfolgenden Kriegen erwies es sich aber als unmöglich, die französische Bevölkerung sauber in Protestanten und Katholiken zu unterscheiden.[99] Auch hier überschritten die Menschen die konfessionellen Grenzen und wechselten sogar das Bekenntnis.[100] Im Jahr 1574 schloss sich Henri von Montmorency, der katholische Herrscher des Languedoc, seinen hugenottischen Nachbarn an und unterstützte eine Konstitution, die die Monarchie in Frage stellte.[101] 1579 war eine große Zahl von Hugenotten bereit, unter dem Banner des ultrakatholischen Herzogs von Guise, einem Thronprätendenten, gegen den König zu kämpfen.[102] Und selbst die katholischen Könige schlossen Bündnisse mit den Protestanten gegen die Habsburger, die durch den Augsburger Religionsfrieden zwar zurückgeworfen, aber bei weitem nicht neutralisiert worden waren. Charles IX. (1560–1574) kämpfte mit den Hugenotten in den Niederlanden gegen die spanischen Habsburger, und 1580 unterstützte Henri III. (reg. 1575–1589) die niederländischen Calvinisten gegen das katholische Spanien.

Auch die unteren Schichten überschritten in ihrem Kampf gegen den Adel die Grenzen der Konfessionen. 1562 schlossen sich Hunderte von katholischen Bauern einem Aufstand gegen einen katholischen Adeligen an, der seinen hugenottischen Bauern den protestantischen Gottesdienst verboten hatte.[103] Katholische und protestantische Bauern schlossen sich 1578 gegen die exzessive Besteuerung durch Henri III. zusammen und zogen fast ein Jahr lang marodierend durchs Land, bis sie von den Truppen des Königs abgeschlachtet wurden.[104] Bei einem erneuten Steuerprotest in den 1590er Jahren errichteten vierundzwanzig protestantische und katholische Dörfer im Haut-Biterrois eine alternative Form der Selbstverwaltung,[105] und im Südwesten nahmen Protestanten und Katholiken an Dutzenden von gemeinsamen Aufständen gegen den Adel teil, in einigen Fällen bis zu vierzigtausend Menschen. Bei den Croquants, der berühmtesten oppositionellen Vereinigung, war die Ausklammerung religiöser Unterschiede eine Aufnahmebedingung.[106]

Nach dem Mord an Henri III. 1589 wurde der Hugenottenführer Henry von Navarra als Henry IV. sein Thronfolger und beendete die französischen Religionskriege, indem er zum Katholizismus konvertierte und eine Politik strikter Neutralität beachtete. Im Edikt von Nantes (1589) gewährte er den Hugenotten religiöse und bürgerliche Freiheiten, und als das Parlament die Jesuiten aus Frankreich auswies, setzte er diesen Beschluss außer Kraft. Dies war jedoch nicht die Geburt des toleranten säkularen Staats, denn Henry hatte das Ideal des »une foi«, des einen Glaubens, nicht aufgegeben. Das Toleranzedikt von Nantes war nur eine vorläufige Einigung, ein Versuch, Zeit zu gewinnen, indem er die Hugenotten für sich einnahm. Die französische Krone war noch zu schwach, um die religiöse Uniformität zu gewährleisten, die – so glaubten die Könige – dabei helfen würde, einen Zentralstaat zu errichten und die Nation zusammenzuhalten.[107]

Aber trotz Henrys Toleranzpolitik näherte sich Europa unaufhaltsam den Schrecken des Dreißigjährigen Krieges, der fast 35 Prozent der mitteleuropäischen Bevölkerung das Leben kosten sollte. Auch in dieser ganzen Reihe von Konflikten waren religiöse Loyalitäten sicher ein bestimmender Faktor, aber bei weitem nicht die einzige Motivation.[108] Das wurde schon 1609 deutlich, neun Jahre vor Ausbruch des Krieges, als der calvinistische Kurfürst Friedrich V. versuchte, eine paneuropäische Union protestantischer Fürstentümer gegen die Habsburger ins Leben zu rufen. Nur wenige protestantische Fürsten schlossen sich ihm an, aber die Union bekam katholische Unterstützung von Henri IV. und Carlo Emmanuele von Savoyen. Ernsthaft begann der Krieg dann mit einem Aufstand im katholischen Böhmen gegen den katholischen Habsburger Kaiser Ferdinand II.: Im Jahr 1618 boten die Aufständischen die böhmische Krone trotzig dem Calvinisten Friedrich V. an, aber die anderen Mitglieder der protestantischen Union verweigerten ihm die Unterstützung, und zwei Jahre später löste die Union sich auf.[109] Die Habsburger brauchten zwei Jahre, um die Revolte niederzuschlagen und Böhmen zu rekatholisieren, und inzwischen hatten die Niederländer eine neue Runde gegen die habsburgische Herrschaft eröffnet. Die europäischen Fürsten leisteten Widerstand gegen den Habsburger Imperialismus, aber es gab nie eine ganz eindeutige »katholische« oder »protestantische« Reaktion. Das katholische Frankreich unterstützte fast immer die protestantischen deutschen Fürsten gegen das Reich. Der Krieg wurde von Söldnern geführt, die sich dem anschlossen, der ihnen am meisten bezahlte. So dienten Protestanten aus Schottland und England beispielsweise in den Armeen des katholischen Frankreich.[110] Der katholische General Ernst von Mansfeld führte die kaiserliche Armee zu Beginn des Krieges gegen die katholischen böhmischen Rebellen, wechselte 1621 aber die Seiten und befehligte danach die Truppen des Calvinisten Friedrich V. in Böhmen.[111] Albrecht von Wallenstein, der böhmische Söldnerführer, der zum Oberbefehlshaber der katholischen kaiserlichen Armee aufstieg, war Lutheraner, und auch viele seiner Fußsoldaten waren Protestanten, die in ihren eigenen Ländern der katholischen Verfolgung entkommen waren. Wallenstein schien mehr an militärischer Unternehmungslust interessiert als an Religion.[112] Er wandelte seine riesigen Güter in Arsenale für seine fünfhunderttausend Mann umfassende Privatarmee um. Der gesellschaftliche Rang und die religiösen Überzeugungen seiner Bündnispartner waren ihm gleichgültig; von seinen Truppen verlangte er lediglich Gehorsam und Schlagkraft und erlaubte ihnen, von dem zu leben, was das Land hergab, und die Bevölkerung zu terrorisieren.

1629 schien Kaiser Ferdinand die Kontrolle über das Reich wiedererlangt zu haben. Aber ein Jahr später wendete sich das Blatt, als Kardinal Richelieu, der französische Premierminister, den protestantischen Kriegerkönig Gustav Adolf von Schweden dazu überredete, in das Habsburger Reich einzudringen. Gustav Adolf wird oft als Held der protestantischen Sache dargestellt, aber in seiner Absichtserklärung vom Juni 1630 sprach er überhaupt nicht von Religion, und zu Beginn fiel es ihm schwer, Bündnispartner zu finden.[113] Die mächtigsten protestantischen

Fürsten in Deutschland betrachteten die schwedische Invasion eher als Bedrohung und bildeten eine dritte Partei, die sich sowohl von den Schweden als auch von Habsburg fernhielt. Als lutherische deutsche Bauern im November 1632 versuchten, die lutherischen Schweden aus ihrem Land zu vertreiben, wurden sie schlicht abgeschlachtet.[114] Doch nach Gustav Adolfs erstem Sieg über die katholische Liga deutscher Fürsten in Magdeburg (1631) schlossen sich viele Gebiete, die bisher versucht hatten, neutral zu bleiben, der schwedischen Offensive an. Da die Finanzierung, Versorgung und Kontrolle der Truppen unzureichend war, verlegten sich die schwedischen Soldaten darauf, das Land auszuplündern, und töteten sehr viele Zivilisten.[115] Die riesigen Zahlen von Toten im Dreißigjährigen Krieg gehen zu einem Teil auf das Konto der Söldnerarmeen, die sich selbst versorgen mussten und dazu die Zivilbevölkerung brutal ausraubten, Frauen und Kinder missbrauchten und ihre Gefangenen töteten.

Das katholische Frankreich war den protestantischen Schweden im Januar 1631 zu Hilfe gekommen und hatte versprochen, den Kriegszug zu versorgen. Später schickte es auch Truppen, um im Winter 1634/35 gegen die kaiserlichen Truppen zu kämpfen. Frankreich fand Unterstützung bei Papst Urban VIII., der die Habsburger Kontrolle über den Kirchenstaat in Italien schwächen wollte. Aber im Frieden von Prag (1635) verbündeten sich die protestantischen Fürstentümer Brandenburg und Sachsen mit dem katholischen Kaiser gegen die Allianz aus Schweden, Franzosen und Papst, und wenige Monate später schlossen auch die meisten anderen lutherischen Staaten Frieden mit Ferdinand. Die protestantischen Armeen gingen in den kaiserlichen Truppen auf, und deutsche Katholiken und Protestanten kämpften gemeinsam gegen die Schweden. Der Rest des Dreißigjährigen Krieges war im Wesentlichen ein Kampf zwischen dem katholischen Frankreich und den katholischen Habsburgern.[116] Keiner von ihnen konnte einen entscheidenden Sieg erringen, und nach langen, nervenzerfetzenden Kämpfen wurden die Verträge unterzeichnet, die wir bis heute als Westfälischen Frieden (1648) bezeichnen. Die österreichischen Habsburger behielten ihre Erblande, die Schweden bekamen Pommern, Bremen und das Ostseegebiet. Preußen stieg zum führenden Staat unter den deutschen Protestanten auf, und Frankreich erhielt den größten Teil des Elsass. Schließlich wurde der Calvinismus zur legitimen Religion im Heiligen Römischen Reich erklärt.[117] Am Ende des Dreißigjährigen Krieges hatten die Europäer die Gefahr imperialer Herrschaft besiegt. Es würde nie ein großes, geeinigtes Reich nach persischem, römischem oder osmanischem Muster geben, stattdessen würde Europa in kleinere Staaten aufgeteilt bleiben, die auf ihrem Territorium souveräne Macht beanspruchten, von einem stehenden Heer aus Berufssoldaten gestützt und von einem Fürsten regiert wurden, der absolute Herrschaft anstrebte. Dies kann als Ursache für die fortgesetzten Kriege zwischen den Staaten gelten.

»Religiöse« Gefühle spielten in den Köpfen derjenigen, die diese Kriege führten, sicher eine Rolle, aber es wäre anachronistisch, sich vorzustellen, dass zu dieser Zeit »Religion« von sozialen, wirtschaftlichen und politischen Faktoren zu trennen gewesen wäre. Wie der Historiker John Bossy uns ins Gedächtnis ruft: Vor 1700 gab es keine Vorstellung von »Religion« unabhängig von Gesellschaft und Politik. Wie wir später in diesem Kapitel noch sehen werden, entstand diese Unterscheidung erst mit der formalen Trennung von Kirche und Staat durch die frühen Philosophen und Staatsmänner der Moderne, und selbst dann lag der liberale Staat noch in weiter Ferne. Vorher »gab es einfach keine Möglichkeit, religiöse und soziale Gründe voneinander zu trennen. Diese Trennung ist eine Erfindung der Moderne.«[118] Die Menschen kämpften für unterschiedliche Visionen einer Gesellschaft, aber sie konnten religiöse und weltliche Faktoren noch nicht voneinander unterscheiden.

Das galt auch für den englischen Bürgerkrieg (1642–1648), der die Hinrichtung von Charles I. und die Existenz einer kurzlebigen puritanischen Republik unter Oliver Cromwell (1599–1658) zur Folge hatte. Es fällt schwer, die Teilnehmer an diesem Krieg aufzuzählen, die Konfessionsgrenzen überschritten, denn sowohl Cromwells Puritaner-Armee als auch die Truppen des Königs waren Mitglieder der Church of England. Trotzdem vertraten sie sehr unterschiedliche Glaubensauffassungen. Die »Puritaner« waren unzufrieden mit dem langsamen, eingeschränkten Fortschritt der Reformation in ihrem Land und wollten die anglikanische Oberschicht von »papistischen« Praktiken »reinigen«. Statt in prunkvollen Kirchen mit autoritären Bischöfen ihre Gottesdienste zu feiern, bildeten sie kleine, exklusive Gemeinden von Menschen, die durch ein Bekehrungserlebnis »wiedergeboren« waren. Natürlich waren die autoritären Versuche des Erzbischofs von Canterbury, William Laud (1573–1645), den Calvinismus in der englischen und schottischen Kirche auszurotten, sowie seine Absetzung puritanischer Pfarrer und seine Unterstützung der absolutistischen Monarchie erhebliche Störfaktoren. Cromwell war überzeugt, dass Gott den Lauf der Welt regierte und die Briten zu seinem neuen auserwählten Volk ernannt hatte.[119] Der Erfolg seiner neuen Musterarmee beim Sieg über die Royalisten in der Schlacht von Naseby 1645 schien die »großen Vorsehungen und Taten des Herrn« zu beweisen,[120] und seine brutale Unterwerfung Irlands rechtfertigte er als »gerechtes Gottesurteil«.[121]

Aber der Bürgerkrieg gilt heute nicht mehr als letztes Aufbäumen des religiösen Fanatismus, der durch die konstitutionelle Monarchie Charles' II. 1660 begraben wurde.[122] Auch er war Teil des europäischen Kampfes gegen das Aufkommen des Zentralstaates. Charles I. hatte versucht, eine absolutistische Monarchie zu begründen, ähnlich denen, die nach dem Dreißigjährigen Krieg auf dem Kontinent entstanden waren,[123] und der Bürgerkrieg stellte den Versuch dar, dieser Zentralisierung zu widerstehen und lokale Interessen, Freiheiten und Privilegien zu schützen.[124] Auch diesmal wurden konfessionelle Grenzen überschritten: Schottische Presbyterianer und irische Katholiken kämpften eine Zeitlang Seite an Seite mit den Puritanern, um die Monarchie zu schwächen. Obwohl Charles versucht hatte, den Schotten einen Bischof aufzuzwingen, erklärten sie in ihrem *Covenant* von 1639, sie kämpften nicht nur um ihre Religion, sondern »um alle monarchische Herrschaft abzuschütteln«.[125] In der großen Remonstranz, die Charles 1641 vorgelegt wurde, gingen die Puritaner davon aus, dass Religion und Politik untrennbar verbunden waren. »Die Wurzel allen Übels ist der bösartige, gefährliche Plan, die fundamentalen Rechte und Prinzipien der Herrschaft umzukehren, auf denen die Religion und Gerechtigkeit dieses Königreiches fest gegründet sind.«[126] Wie William Cavanaugh in seinem Buch *The Myth of Religious Violence* erklärt, waren diese Kriege weder rein religiös, noch rein politisch. Aber tatsächlich förderten sie die Vorstellung von »Religion« als privates, persönliches Tun, das von weltlichen Angelegenheiten getrennt war.[127] Kanzler Axel Oxenstierna, der Vordenker der schwedischen Teilnahme am Dreißigjährigen Krieg, erklärte dem schwedischen Reichsrat, dieser Konflikt sei »nicht so sehr eine Sache der Religion als vielmehr ein Dienst am Status publicus, in den die Religion inbegriffen ist«.[128] Er konnte das so sagen, weil die lutherische Kirche schon im schwedischen Staat aufgegangen war. Neue politische Machtkonstellationen begannen, der Kirche einen untergeordneten Bereich zuzuweisen; in diesem Prozess vollzog sich eine grundsätzliche Neuordnung von Autorität und Machtmitteln. Als das neue Wort »Säkularisation« im Frankreich des späten 16. Jahrhunderts aufkam, bezog es sich ursprünglich auf den »Transfer von Gütern aus dem Besitz der Kirche in den der Welt (saeculum)«.[129] Die bisherige legislative und judikative Macht der Kirche ging allmählich auf den neuen souveränen Staat über.

Wie die meisten Staaten waren die Königreiche der frühen Neuzeit durch Zwang entstanden. Sie alle kämpften darum, so viel Land wie möglich zu annektieren, und es gab innere Konflikte mit den Städten, dem Klerus, lokalen Vereinigungen und dem Adel, die allesamt eifersüchtig ihre angestammten Privilegien und Freiheiten bewachten, die ein souveräner Staat nicht zulassen konnte.[130] Der moderne Staat war durch den militärischen Sieg über rivalisierende politische Institutionen entstanden: das Reich, den Stadtstaat und die Feudalherrschaft.[131] Die

Kirche, die im mittelalterlichen Herrschaftssystem so fest integriert gewesen war, musste ebenfalls unterdrückt werden. So waren die Kriege des 16./17. Jahrhunderts »der Schmelztiegel, in dem einige der wetteifernden Kräfte früherer Zeiten vom Feuer verzehrt wurden, andere sich jedoch vermischten und in neue Legierungen verwandelten … die Matrix für alles, was später entstand«.[132]

***

Die politischen und gesellschaftlichen Entwicklungen verlangten ein neues Verständnis des Wortes »Religion«.[133] Eines der Merkmale frühneuzeitlichen Denkens war die Neigung zu binären Kontrasten. In dem Versuch, Phänomene klarer zu definieren, wurden Erfahrungskategorien, die früher nebeneinander bestanden hatten, jetzt gegeneinandergesetzt: Glaube und Vernunft, Intellekt und Gefühl, Kirche und Staat. Bisher hatten sich »innere« und »äußere« Welt ergänzt; jetzt wurde »Religion« zu einer privaten, inneren Hingabe, die sich abtrennte von so »äußeren« Aktivitäten wie der Politik. Die Protestanten, deren Neuinterpretation des Christentums selbst schon ein Produkt der frühen Neuzeit war, definierten »Religion« und entwickelten einen Maßstab, an den sich andere Glaubenstraditionen halten sollten. Diese neue Definition spiegelte das Programm der neuen souveränen Staaten, die der »Religion« einen Platz im Privatbereich zuwiesen.

Eine entscheidende Gestalt in dieser Entwicklung war Edward Lord Herbert of Cherbury (1583–1648), Philosoph und Staatsmann mit einer großen Neigung zur staatlichen Kontrolle über kirchliche Angelegenheiten. Sein wichtigstes Werk, *De veritate,* das so bedeutende Philosophen wie Hugo Grotius (1583–1645), René Descartes (1596–1650) und John Locke (1632–1704) beeinflusste, stellte die These auf, das Christentum sei weder eine Institution noch eine Lebensweise, sondern eine Zusammenstellung von fünf Wahrheiten, die dem menschlichen Geist angeboren seien:[134]

Es gibt (1) eine oberste Gottheit, die (2) verehrt werden sollte und der man (3) durch ein ethisches Leben und natürliche Frömmigkeit dienen soll. Die Menschen sind deshalb (4) verpflichtet, die Sünde zurückzuweisen und werden (5) nach ihrem Tod von Gott belohnt oder bestraft. Da diese Vorstellungen instinktiv, selbsterklärend und auch der schlichtesten Intelligenz zugänglich sind, werden die Rituale und Leitlinien der Kirche unnötig.[135] Diese »Wahrheiten« wären Buddhisten, Hindus, Konfuzianern und Taoisten jedoch fremd erschienen, und auch viele Juden, Christen und Muslime hätten sie nicht ohne weiteres angenommen. Herbert war überzeugt, alle Menschen strebten »gleichermaßen nach diesem strengen Gottesdienst«, und nachdem jeder diese »natürlichen Kennzeichen des Glaubens« für sich annahm, seien sie auch der Schlüssel zum Frieden. »Dreiste Geister«, die sich dem verweigerten, müssten durch die weltliche Gerichtsbarkeit gestraft werden.[136] Aus der Betonung des »natürlichen«, »normalen« und »angeborenen« Charakters dieser Kernideen folgte, dass diejenigen, die sie nicht in sich fanden, in irgendeiner Weise unnatürlich oder unnormal waren. Dies war die dunkle Unterströmung frühneuzeitlichen Denkens. Die extreme Privatisierung des Glaubens hatte deshalb das Potenzial, genauso trennend, zwanghaft und intolerant zu werden wie die sogenannten »religiösen« Leidenschaften, die sie abschaffen sollte.

Thomas Hobbes (1588–1679) betrachtete die staatliche Kontrolle der Kirche als unabdingbar für die Erhaltung des Friedens und wünschte sich einen starken Monarchen, der die Kirche leitete und religiöse Einheit erzwang. Als engagierter Royalist schrieb er seinen Klassiker *Leviathan* (1651) im Pariser Exil nach dem englischen Bürgerkrieg. Die zerstörerischen Kräfte der Religion, so Hobbes, mussten ebenso wirksam gezügelt werden, wie Gott den Leviathan, das biblische Chaos-Ungeheuer, bezwungen hatte, um ein geordnetes Universum zu schaffen. Hobbes war unbeugsam der Meinung, sinnlose Streitigkeiten über irrationale Dogmen seien für die Religionskriege verantwortlich gewesen. Diese Sicht fand keine allgemeine Zustimmung. In seiner Schrift *Commonwealth of Oceana* (1656) diskutierte der englische Philosoph James Herrington die wirtschaftlichen und rechtlichen Fragen, die zu diesen Konflikten beigetragen hatten, aber Hobbes wollte davon nichts wissen. Die Prediger allein, so insistierte er, waren die »Ursache unseres ganzen jüngsten Unglücks« gewesen, weil sie die Menschen mit »unerträglichen Lehren« in die Irre geführt hatten.[137] Vor allem die presbyterianischen Geistlichen, so glaubte er, trugen die Schuld am Aufrühren wilder Leidenschaften in der Zeit vor dem englischen Bürgerkrieg – und damit »an allem, was danach passierte«.[138] Hobbes Lösung bestand in der Schaffung eines absolutistischen Staates; er würde die menschliche Neigung zum hartnäckigen Kleben am eigenen Glauben zerschmettern, die die Menschen zum ewigen Krieg verurteilte. Stattdessen müssen sie lernen, wie schwach unser Zugriff auf die Wahrheit sei, sich auf vertragsgebundene Beziehungen einlassen, einen absoluten Herrscher wählen und seine Vorstellungen annehmen.[139] Dieser Herrscher würde den Klerus kontrollieren, um jede Möglichkeit zu einem Glaubensstreit zu verhindern.[140] Leider erwies sich Hobbes' Lösung als zu einfach; die Staaten bekämpften einander weiterhin mit brutaler Gewalt, mit oder ohne Glaubensstreit.

John Lockes Lösung war religiöse Freiheit, denn seiner Ansicht nach waren die Religionskriege durch die fatale Unfähigkeit zustande gekommen, andere Sichtweisen zu akzeptieren. »Religion«, so argumentierte er, war eine »private Suche« und konnte als solche nicht von der Regierung überwacht werden. Auf diesem persönlichen Weg musste sich jeder auf »seine eigenen Anstrengungen« verlassen und nicht auf eine äußere Autorität.[141] Es sei ein beklagenswerter, gefährlicher und existenzieller Irrtum, »Religion« und Politik zu vermischen:

Die Kirche selbst ist eine vom Gemeinwohl vollkommen abgetrennte und unterschiedene Angelegenheit. Die Grenzen auf beiden Seiten sind fest und unbeweglich. Wer diese beiden Bereiche vermischt, die ihrem ursprünglichen Zweck und Ge-

schäft nach und in allem vollkommen und unendlich verschie-
den voneinander sind, wirft Himmel und Erde zusammen,
zwei Dinge, die endlos weit voneinander entfernt und einan-
der entgegengesetzt sind.[142]

Locke nahm an, die Trennung von Politik und Religion sei we-
senhaft in den Dingen angelegt. Aber natürlich vertrat er damit
eine radikal neue Ansicht, die für die meisten seiner Zeitgenossen unerhört und inakzeptabel war. Damit unterschied sich die
moderne »Religion« vollkommen von allem, was es bisher gegeben hatte. Aber nachdem sie angeblich so viele gewaltsame Leidenschaften wachrief, bestand Locke darauf, die Trennung von
»Religion« und Regierung sei »mehr als alles andere notwendig«, um eine friedliche Gesellschaft zu erschaffen.[143] Bei Locke
sehen wir die Geburt des »Mythos von der religiösen Gewalt«,
der im westlichen Denken feste Wurzeln schlagen sollte.

Tatsächlich hatte sich das westliche Christentum in der frühen
Neuzeit mehr nach innen gewandt. Das zeigt sich an Luthers
Vorstellung vom Glauben als einer inneren Annahme der retten-
den Kraft Christi, in der Mystik einer Teresa von Ávila (1515–
1582) und in den *Geistlichen Übungen* (Exerzitien) des Ignatius
von Loyola (1491–1556). Aber auch schon in der Vergangenheit
hatte die Erforschung der inneren Welt buddhistische Mönche
dazu verpflichtet, »für das Wohlergehen und Glück der Menschen« zu arbeiten, und vor dem gleichen Hintergrund engagierten sich die Konfuzianer im politischen Bemühen, die Gesellschaft zu reformieren. Nach seinem einsamen Kampf gegen
den Satan in der Wüste hatte Jesus in den bedrängten Dörfern
Galiläas Menschen geheilt und war nicht zuletzt deshalb von der
politischen Obrigkeit hingerichtet worden. Mohammed hatte
seine Höhle auf dem Berg Hira verlassen und sich dem politischen Kampf gegen die strukturelle Gewalt Mekkas verschrieben. Auch in der frühen Neuzeit führten die *Geistlichen Übungen* Ignatius' Jesuiten hinaus in die Welt: nach Japan, Indien,
China und Amerika. Aber die moderne Vorstellung von »Religion« versuchte diese natürliche Dynamik umzukehren, indem

sie den Suchenden auf sich selbst zurückwarf. Es war unvermeidlich, dass sich gegen diese unnatürliche Privatisierung des Glaubens Widerstand regte.

Mit ihrer Unfähigkeit, die naturrechtlich begründeten Menschenrechte, die sie forderten, auch auf die indigenen Völker der Neuen Welt zu übertragen, hatten schon die Humanisten der Renaissance die gefährliche Kehrseite frühmoderner Ideen offenbart, die unser politisches Leben bis heute prägen. Locke, der als Erster das liberale Ethos moderner Politik formulierte, enthüllte auch die dunklen Seiten des von ihm vorgeschlagenen Säkularismus. Obwohl er ein Pionier der Toleranz war, beharrte er darauf, dass ein souveräner Staat Katholizismus und Islam nicht dulden könne.[144] Und er propagierte die »absolute, willkürliche und despotische Gewalt« des Herrn über den Sklaven, einschließlich »der Macht, ihn jederzeit zu töten«.[145] Selbst direkt in die Kolonisierung von Nord- und Südkarolina involviert, argumentierte Locke, die eingeborenen »Könige« von Amerika hätten keine legale Jurisdiktion und kein Eigentumsrecht an ihrem Land.[146] Wie der Städter Thomas Morus fand er die Vorstellung unerträglich, die »wilden Wälder und unbebauten Einöden Amerikas könnten der Natur überlassen bleiben, ohne Verbesserung, Ackerbau und Landwirtschaft«, wenn sie doch genutzt werden konnten, um die »Bedürftigen und Elenden« in Europa zu versorgen.[147] So entstand ein neues System gewalttätiger Unterdrückung, das den liberalen, säkularen Westen auf Kosten der indigenen Völker in seinen Kolonien privilegierte.

In der Frage der Kolonisation schlossen sich die meisten frühneuzeitlichen Denker Locke an. Grotius argumentierte, jede militärische Aktion gegen die Eingeborenen sei gerecht, da sie keinen rechtmäßigen Anspruch auf ihr Territorium erheben könnten.[148] Hobbes glaubte, die »wenigen, wilden, kurzlebigen, armen und einfachen« Ureinwohner Amerikas müssten ihr Land aufgeben, weil sie keine Landwirtschaft entwickelt hätten.[149] Und in einer Predigt, die er im Jahr 1622 in London vor der Virginia Company hielt (die die königliche Genehmigung erhalten hatte, alles Land zwischen dem heutigen New York und South Carolina zu besiedeln), stellte John Donne, Dekan der St Paul's Cathedral, fest: »Nach dem Gesetz der Natur und der Nationen wird ein Land, das nie bewohnt wurde oder von den früheren Einwohnern ganz wüst gelassen und seit unvordenklicher Zeit aufgegeben wurde, zum Besitz desjenigen, der es besitzen will.«[150] Die Kolonisten nahmen diesen Glauben mit nach Nordamerika. Aber im Gegensatz zu den frühneuzeitlichen Denkern hatten sie überhaupt nicht die Absicht, Kirche und Staat voneinander zu trennen.

10

Der Triumph des Säkularen

Als die Pilgerväter 1620 in der Massachusetts Bay an Land gingen, wären sie entsetzt gewesen, hätte man ihnen gesagt, dass sie damit den Grundstein zur ersten säkularen Republik auf Erden legten. Sie hatten England verlassen, weil Erzbischof Laud ihrer Ansicht nach die Kirche mit papistischen Bräuchen verdarb. Sie betrachteten ihre Auswanderung als neuen Exodus und Amerika, das »englische Kanaan«, als ihr gelobtes Land.[151] Vor der Landung erinnerte sie John Winthrop, der erste Gouverneur der Bay Colony, daran, dass sie in die amerikanische Wildnis gekommen waren, um eine wahrhaft protestantische Gemeinschaft aufzubauen, die ein Licht für die anderen Nationen sein und das alte England inspirieren würde, die Reformation mit neuem Leben zu erfüllen.[152] »Wir müssen bedenken, dass wir sein werden wie eine Stadt auf dem Hügel. Die Augen aller Völker ruhen auf uns, so dass wir, wenn wir in diesem Werk unseren Gott betrügen und ihn dazu bringen, seine Hilfe von uns abzuziehen, in der ganzen Welt zum Sprichwort und Spott werden.«[153] Eins ihrer wichtigsten Anliegen war die Rettung der amerikanischen Ureinwohner vor den französisch-katholischen Siedlern in Nordamerika. Neuengland sollte »ein Bollwerk gegen den Antichrist« werden, »den die Jesuiten in diesem Land aufrichten«.[154] Winthrop hätte die Vorstellung eines säkularen Staates unerträglich gefunden, und wie die meisten Kolonisten hatte er keine Zeit für Demokratie. Bevor sie den Fuß auf amerikanischen Boden setzten, erinnerte er die Auswanderer eindringlich daran, dass Gott »die Menschen so gemacht hat, dass es zu allen Zeiten einige Reiche und einige Arme geben wird,

363

einige, die an Macht und Würde hochgestellt sind, und andere, klein und unterworfen«.[155]

Die Puritaner waren überzeugt, dass Gott ihnen das Land speziell zugeteilt hatte, aber diese Vorstellung eines Bundes vermischte sich nahtlos mit der säkularen Lehre der Humanisten von den natürlichen Menschenrechten. Am Vorabend ihrer Abreise aus Southampton 1630, hatte ihr Pfarrer John Cotton ihnen alle biblischen Vorgänger aufgezählt, die ebenfalls ihr Land verlassen hatten. Aber nachdem er ihnen vor Augen geführt hatte, dass Gott den Kindern Adams und Noahs, die beide eine »leere« Welt kolonisiert hatten, die »Freiheit« gegeben hatte, einen »verlassenen Ort« zu bewohnen, ohne ihn von den ursprünglichen Bewohnern zu kaufen oder sie um Erlaubnis zu fragen, ging er ganz selbstverständlich zu dem Argument über, es sei »ein Naturgesetz, dass leerer Boden rechtmäßig dem gehört, der Besitz von ihm ergreift und ihn kultiviert und bebaut«.[156] England war übervölkert, erklärte Robert Cushman, der Geschäftsführer der Bay Company, und Amerika war ein »riesiges, leeres Chaos«, denn die Indianer seien »nicht fleißig«, besäßen »weder Kunst noch Fertigkeiten oder Möglichkeiten, das Land oder die Natur zu nutzen. Alles verdirbt und verkommt, weil es nicht gedüngt, geerntet und geordnet wird.« Deshalb war es das Recht der Siedler, »ein Land, das nicht genutzt wird, in Besitz zu nehmen«.[157] Diese liberale Lehre sollte den Umgang mit den amerikanischen Ureinwohnern ebenso sehr prägen wie die biblische.

Die zentrale Stellung der Erbsünde in ihrer Theologie machte die felsenfest protestantischen Siedler anfällig für ein absolutistisches Heilmittel, das der gefallenen Menschheit mit ihrer Politik verabreicht werden sollte. Hätte Adam nicht gesündigt, dann wäre jede Regierung unnötig, aber unerlöste Männer und Frauen neigten von Natur aus dazu, zu lügen, zu stehlen und zu morden, und diese bösen Neigungen konnten nur durch ein starkes, autoritäres Regime gewaltsam unter Kontrolle gehalten werden. Die »Wiedergeborenen« genossen die Freiheit der Kinder Gottes, durften aber nur tun, was Gott befahl. Bei ihrer Bekehrung hatten sie das Recht aufgegeben, ihren eigenen Vorstellungen zu folgen, und mussten sich der Obrigkeit beugen, die Gott über sie gesetzt hatte.[158]

Die Kolonie in der Massachusetts Bay war natürlich nicht die erste englische Siedlung in Nordamerika. Die Gründer von Jamestown in Virginia waren schon 1607 angekommen. Sie waren keine glühenden puritanischen Dissenters, sondern Merkantilisten, die darauf aus waren, ihre Kolonie zu einer profitablen Unternehmung zu machen. Trotzdem bauten sie als Erstes nach ihrer Landung eine provisorische Kirche mit einem Segel als Dach und Planken als Sitzbänke.[159] Ihre Kolonie war fast so streng wie Massachusetts. Der Gottesdienstbesuch war Pflicht, und es gab Strafen für Trunkenheit, Glücksspiel, Ehebruch, Müßiggang und auffällige Kleidung. Wer sich nicht änderte, wurde exkommuniziert, und sein Besitz wurde eingezogen.[160] Dieses ebenso christliche wie kommerzielle Unternehmen wurde in London als Höhepunkt der Heilsgeschichte bejubelt.[161] Ihrem königlichen Auftrag entsprechend, verfolgte die Virginia Company das Ziel, die Ureinwohner zu bekehren und gleichzeitig finanziell erfolgreich zu sein.[162] Als gute Protestanten der frühen Neuzeit hielten sich die Kolonisten in Virginia an die Prinzipien des Augsburger Religionsfriedens: Cuius regio, eius religio. Während die meisten agrarischen Herrscher sich kaum um das spirituelle Leben ihrer Untertanen gekümmert hatten, war es für die kaufmännisch orientierten Virginier eine Selbstverständlichkeit, dass in einer gut geordneten Gesellschaft alle Bürger denselben Glauben hatten und dass es die Pflicht der Regierung war, die Ausübung der Religion zu erzwingen.

John Locke war noch nicht geboren, in den amerikanischen Kolonien gab es also noch keine Trennung von Religion, Politik und Wirtschaft. Tatsächlich konnten die Virginier Handel als rein säkulare Aktivität noch gar nicht denken.[163] Samuel Purchas, der Propagandist der Company, gab ihrer Ideologie vollständigen Ausdruck:[164] Ohne Adams Sündenfall hätte die ganze Welt ihre ursprüngliche Vollkommenheit erhalten, und es wäre leichtgefallen, sie zu erforschen. Aber durch die Sünde waren die

Menschen so verdorben, dass sie einander abschlachteten. Gott hatte sie nach der Zerstörung des Turms zu Babel über die ganze Erde verstreut und in Unwissenheit voneinander gehalten. Er hatte aber auch befohlen, dass der Handel sie wieder zusammenbringen sollte. In Eden hatte Adam alles zur Verfügung gehabt, was er brauchte, aber auch diese Bequemlichkeit war nach dem Sündenfall verschwunden. Jetzt konnte, dank der modernen Seefahrt, ein Land am Ende der Erde andere Länder mit dem versorgen, was ihnen fehlte, Gott konnte also den weltweiten Markt nutzen, um die nichtchristliche Welt zu erlösen. Von Amerika aus versorgten die Virginier das von Hungersnot bedrohte England mit Nahrungsmitteln, und gleichzeitig brachten sie den Indianern das Evangelium. Ein Flugblatt der Company verkündete, Gott wirke nicht mehr durch Propheten und Wunder, sondern die einzige Möglichkeit zur Evangelisation der Welt bestehe jetzt in einer »Mischung aus Entdeckungsfahrten und Handel«. Die Kolonisten, die im Land der Indianer lebten und mit ihnen Handel trieben, würden ihnen »die Perlen des Himmels« durch ihre »täglichen Gespräche« nahebringen.[165] Das Streben nach Gütern, so Purchas, war also kein Selbstzweck, und die Company würde scheitern, wenn sie nur Profit suchte.

Zu Beginn glaubte Purchas, man müsse den Indianern das Land gar nicht gewaltsam wegnehmen, weil es den Engländern ja von Gott zugesprochen sei.[166] Seine protestantische Ideologie war paternalistisch, aber er hatte auch einen gewissen Respekt vor den Ureinwohnern. Doch während der ersten zwei furchtbaren Winter, als die Kolonisten verhungerten, flohen einige von ihren Zwangsarbeitern zum Stamm der Powhatan, und als der englische Gouverneur deren Häuptling aufforderte, die Flüchtigen zurückzubringen, lehnte dieser verächtlich ab. Daraufhin überfiel die englische Miliz die Siedlung der Powhatan, tötete fünfzehn Ureinwohner, brannte ihre Häuser nieder, mähte ihren Mais ab und entführte die Königin, nachdem man ihre Kinder getötet hatte.[167] So viel zum Thema friedlicher »täglicher Gespräche«. Die Indianer waren verwirrt: »Warum vernichtet ihr uns, die wir euch doch mit Nahrung versorgen?«, fragte Häuptling Powhatan. »Warum dieser Neid auf uns? Wir sind unbewaffnet und bereit, euch zu geben, worum ihr bittet, wenn ihr freundlich zu uns kommt.«[168]

Aber schon 1622 waren die Indianer ernsthaft besorgt über das schnelle Wachstum der Kolonie. Die Engländer hatten einen beträchtlichen Teil ihrer Jagdgründe übernommen und raubten ihnen lebenswichtige Ressourcen.[169] In einem Blitzangriff auf Jamestown töteten die Powhatan ein Drittel der englischen Bevölkerung. Die Virginier reagierten mit einem rücksichtslosen Vernichtungskrieg: Sie erlaubten den lokalen Stämmen, sich niederzulassen und Mais anzupflanzen, und kurz vor der Ernte griffen sie sie an und töteten so viel wie möglich. Innerhalb von drei Jahren hatten sie das Massaker von Jamestown mehrfach gerächt. Statt ihre Kolonie auf die mitfühlenden Prinzipien des Evangeliums zu gründen, verfolgten sie eine Vernichtungspolitik durch rücksichtslose militärische Gewalt. Selbst Purchas musste die Bibel beiseitelassen und sich auf die aggressive Naturrechtslehre der Humanisten stützen, als er schließlich zugab, dass die Indianer ihr Schicksal verdient hatten, weil sie der englischen Besiedlung Widerstand leisteten. Damit hätten sie das Naturgesetz gebrochen.[170] Pragmatische Überlegungen ersetzten die alte Frömmigkeit. Die Company war nicht in der Lage, die Lebensmittel zu produzieren, die man in England brauchte, und die Investoren bekamen keine angemessenen Gewinne zurück. Die einzige Art, wie die Kolonie funktionieren konnte, war der Anbau von Tabak, den man für fünf Shilling pro Pfund verkaufen konnte. Was als heilige Unternehmung begonnen hatte, wurde allmählich säkularisiert – nicht durch Lockes liberale Ideologie, sondern durch den Druck der Ereignisse.[171]

Die Puritaner in Massachusetts hatten keinerlei Gewissensbisse, wenn sie Indianer töteten.[172] Sie hatten England während des Dreißigjährigen Krieges verlassen und waren geprägt von der Gewalt dieser entsetzlichen Zeit. So rechtfertigten sie auch ihre eigene Gewaltanwendung durch eine sehr selektive Lesart der Bibel. Sie ignorierten die friedliche Lehre Jesu und beriefen sich auf die Streitlust einiger alttestamentlicher Schriften. »Gott ist ein großer Krieger«, predigte Alexander Leighton, und die Bibel war »das beste Lehrbuch des Krieges«.[173] Ihr verehrter Pfarrer John Cotton hatte sie gelehrt, sie könnten die Eingeborenen angreifen, auch ohne provoziert zu werden – was normalerweise nicht rechtens war –, weil sie nicht nur das natürliche Recht auf das Territorium besaßen, sondern sogar einen Auftrag von Gott, »ihnen ihr Land wegzunehmen«.[174] Schon zu dieser Zeit gab es also Anzeichen jenes Ausnahmedenkens, das in der Zukunft die amerikanische Politik immer wieder kennzeichnen würde. 1636 beschrieb William Bradford einen Angriff auf das Pequot-Dorf bei Fort Mystic an der Küste von Connecticut, mit dem der Mord an einem englischen Kaufmann gerächt wurde. Über das schreckliche Gemetzel schrieb er mit lässiger Nachsicht:

Diejenigen, die dem Feuer entkamen, wurden mit dem Schwert erschlagen. Einige wurden in Stücke gehauen, andere mit Dolchen durchbohrt, so dass man mit ihnen schnell fertig war. Nur wenige entkamen. Es heißt, man habe auf diese Weise vierhundert getötet. Es war schrecklich anzusehen, wie sie im Feuer brieten, und auch die Ströme von Blut waren entsetzlich. Außerdem roch und stank es, aber der Sieg war ein süßes Opfer, und sie beteten danach zu Gott, der alles so wunderbar für sie gefügt hatte.[175]

Als die Puritaner mit den wenigen Überlebenden der Pequot den Vertrag von Hartford (1638) aushandelten, bestanden sie auf der Zerstörung aller Pequot-Dörfer und verkauften die Frauen und Kinder als Sklaven. Hätten sie sich als Christen mitfühlender verhalten müssen?, fragte Kapitän John Underhill, ein Veteran des Dreißigjährigen Krieges. Er beantwortete die rhetorische Frage mit einem entschiedenen Nein: Gott hatte die Engländer unterstützt, »so dass wir genug Licht für unser Tun hatten«.[176]

Dreißig Jahre später stellten einige Puritaner die Rechtmäßigkeit der Indianerkriege in Frage.[177] Nach dem Mord an einem zum Christentum übergetretenen Indianer 1675 machte das Gericht in Plymouth aufgrund sehr schwacher Beweise den Wampanoag-Häuptling Metacom, von den Engländern »König Philip« genannt, dafür verantwortlich. Als sie drei seiner Gefolgsleute hinrichteten, verwüstete Metacom mit seinen indianischen Verbündeten prompt fünfzig von neunzig englischen Städten in Plymouth und Rhode Island. Im Frühjahr 1676 standen die indianischen Krieger zehn Meilen vor Boston. Im Herbst jedoch neigte sich das Kriegsglück den Kolonisten zu. Allerdings hatten sie einen harten Winter vor sich, und die Narragansett auf Rhode Island besaßen Nahrungsmittel und andere Vorräte. Unter der – wiederum fadenscheinigen – Anklage, sie hätten Metacom unterstützt, griff die englische Miliz das Dorf an, plünderte es, massakrierte die Bewohner – die meisten von ihnen Zivilisten und Flüchtlinge – und brannte die Siedlung nieder. Der Krieg setzte sich mit Greueltaten auf beiden Seiten fort – Indianerkrieger skalpierten ihre Gefangenen bei lebendigem Leibe, die Engländer weideten Gefangene aus und vierteilten sie –, aber im Sommer 1676 gaben beide Seiten den Kampf auf. Fast die Hälfte der indianischen Bevölkerung war vernichtet: 1250 waren im Kampf gefallen, 625 an ihren Verletzungen gestorben und dreitausend in Gefangenschaft an Krankheiten gestorben. Die Kolonien hatten nur etwa achthundert Tote zu beklagen, bei einer englischen Gesamtbevölkerung von fünfzigtausend waren das gerade einmal 1,6 Prozent.

Die puritanische Oberschicht glaubte, Gott hätte die Indianer als Strafe der Kolonisten für ihren Abfall vom rechten Weg und ihren mangelnden Gottesdienstbesuch benutzt, und machte sich deshalb wenig Gedanken über die indianischen Toten. Aber inzwischen waren viele Kolonisten nicht mehr so überzeugt von der Moral des Krieges. Diesmal sprach sich eine deutliche Minderheit dagegen aus. Die Quäker, die 1656 in Boston angekommen waren und selbst Opfer der puritanischen Intoleranz gewesen waren, verurteilten die Greueltaten vehement. John Easton, der Gouverneur von Rhode Island, klagte die Puritaner von Plymouth der Arroganz und der allzu provokativen Ausweitung ihrer Siedlungen an. Sie hätten die Stämme böswillig gegeneinander ausgespielt. John Eliot, der bei den Indianern als Missionar tätig war, erklärte, dies sei kein Krieg zur Selbstverteidigung und die wahren Aggressoren seien die Behörden in Plymouth gewesen, die Beweise verfälscht und die Indianer ungerecht behandelt hätten. Wie schon in Virginia, führte die nachlassende Frömmigkeit dazu, dass rationale und naturrechtliche Argumente die theologischen Begründungen der Politik allmählich ersetzten.[178]

Wie so oft, führte ein allgemeines Nachlassen des religiösen Eifers zu einer Wiederbelebung in unzufriedenen Teilen der Gesellschaft. Im frühen 18. Jahrhundert war der Gottesdienst in den Kolonien eher zu einer Formsache geworden, und elegante Kirchen prägten die Skylines von New York und Boston. Zum Entsetzen dieser vornehmen Gemeinden kam im ländlichen Bereich eine wilde Frömmigkeit auf. Die Große Erweckung ging 1734 von Northampton, Massachusetts, aus, wo der Tod zweier junger Leute und die machtvollen Predigten des Pfarrers Jonathan Edwards (1703-1758) die Stadt zu einem wahren Fieber aufpeitschte, das sich nach Massachusetts und Long Island ausbreitete. Während Edwards' Predigten kreischte und schrie die Gemeinde, Menschen wanden sich auf dem Boden und versammelten sich um die Kanzel, um ihn zum Aufhören zu bewegen. Aber Edwards machte unerbittlich weiter, ohne die hysterischen Massen zu beachten. Er spendete ihnen keinen Trost, sondern starrte nur auf das Glockenseil. Dreihundert Menschen wurden bekehrt, konnten ihre Bibeln gar nicht mehr aus der Hand legen und vergaßen zu essen. Aber sie erlebten auch, so erinnerte sich Edwards, eine freudige Wahrnehmung von Schönheit, die sich von allem Natürlichen unterschied, »so dass sie nicht umhinkonnten, laut zu rufen und ihre große Bewunderung zum Ausdruck zu bringen«.[179] Andere versanken, zerbrochen von der Furcht Gottes, in tiefster Verzweiflung, um gleich darauf in ebenso extremer Begeisterung aufzuschauen, plötzlich überzeugt, dass sie von ihren Sünden befreit waren.

Die Große Erweckung zeigte, dass Religion nicht unbedingt

ein Hindernis für Fortschritt und Demokratie war, sondern durchaus auch eine positive Kraft der Modernisierung sein konnte. So seltsam es klingen mag: Diese scheinbar primitive Hysterie half den Puritanern, einen Egalitarismus anzunehmen, der Winthrop schockiert hätte, unseren heutigen Vorstellungen aber nahekam. Die Erweckung entsetzte die Fakultäten in Harvard, und Yale, Edwards' eigene Universität wandte sich von ihm ab, aber Edwards glaubte, in der Neuen Welt würde eine andere Ordnung – nicht weniger als das Reich Gottes – unter Schmerzen geboren. Tatsächlich führte er eine Revolution an. Die Erweckung blühte in den ärmeren Kolonien auf, wo die Menschen wenig Hoffnung auf irdische Erlösung hatten. Während sich die Gebildeten den rationalen Tröstungen der europäischen Aufklärung zuwandten, brachte Edwards das aufklärerische Ideal vom »Pursuit of Happiness« seinen ungebildeten Gemeinden in einer Form nahe, die sie verstehen konnten, und bereitete sie auf die revolutionären Erhebungen von 1775 vor.[180]

Zu dieser Zeit glaubten die meisten Kolonisten noch, Demokratie sei die schlimmste Form der Regierung und eine in hierarchisch gegliederte Gesellschaft entspreche dem Willen Gottes. Ihr christlicher Horizont war von der Systemgewalt geprägt, die dem Agrarstaat eigen gewesen war. In den Gemeinden Neuenglands durften nur die »Heiligen«, die ein Bekehrungserlebnis in Form einer Wiedergeburt erlebt hatten, am Abendmahl teilnehmen. Sie machten nur ein Fünftel der englischen Bevölkerung aus, aber nur sie hatten Anteil an Gottes Bund mit dem Neuen Israel. Doch selbst die Heiligen durften in der Kirche nicht das Wort ergreifen, sondern mussten schweigend ihrem Pfarrer zuhören. Und die Mehrheit der Menschen war zwar gleich vor dem Gesetz, hatte aber keine Stimme in der Regierung.[181] Edwards' Großvater, Solomon Stoddard aus Northampton, hatte brüsk erklärt, die Massen seien zu keinem ernsthaften Gedanken fähig: »Gib ihnen die Regierung in die Hand, und es kommt zu einem Schrei des Aufruhrs ... Bald geht es drunter und drüber.«[182] Doch Stoddard ermunterte seine gesamte Gemeinde, auch die noch nicht Bekehrten, am Abendmahl teilzunehmen, und befahl ihnen in hoch emotionalen Versammlungen, aufzustehen und am heiligen Bund teilzuhaben.

Jonathan Edwards verstand, dass sein Großvater, seinen autokratischen Ansichten zum Trotz, den Massen eine Stimme verliehen hatte. Jetzt forderte er von seinen Gemeindegliedern, sie sollten in der Kirche das Wort ergreifen, wenn sie nicht auf ewig verloren sein wollten. Edwards gehörte zum Neuengland-Adel, er hatte kein Interesse an einer politischen Revolution, aber er begriff, dass ein Prediger von seinen Zuhörern nicht mehr erwarten konnte, dass sie sich unterwürfig ewige Wahrheiten anhörten, die ihrem Leben nicht entsprachen. Im England des 17. Jahrhunderts hatte das funktioniert, aber in Amerika entstand jetzt eine neue Gesellschaft, die sich aus der Knechtschaft befreite. 1748, bei der Beerdigung seines Onkels Colonel John Stoddard, verfasste Edwards einen bemerkenswerten Nachruf, in dem er die Eigenschaften eines großen Anführers aufzählte. In dieser Neuen Welt musste der Anführer sich auf die Ebene des Volkes begeben.[183] Er musste viel über die menschliche Natur wissen und sich mit dem »Zustand und den Umständen« der Nation vertraut machen und seine Vorstellungen der Wirklichkeit menschlicher und gesellschaftlicher Erfahrung anpassen. Ein Anführer musste seine Leute kennen, auf die laufenden Ereignisse achten und Krisen vorhersehen. Erst ganz am Ende sagte Edwards, dass er auch aus »guter Familie« stammen müsse, aber nur, weil Erziehung »nützlich« war und seine Wirkungsmöglichkeiten erhöhte. Ein großer Mann durfte sich nicht mit eigennützigen Menschen gemein machen, die einem »engen, egoistischen Geist« huldigten. Vor einer Zuhörerschaft aus Kaufleuten, Geschäftsleuten und Landspekulanten in Northampton verurteilte Edwards mit äußerster Schärfe Männer, die »ihre Hände schändlich beschmutzen, um ein paar Pfund zu verdienen und … die Gesichter der Armen zerschmettern und ihre Nachbarn betrügen. Männer, die ihre Macht missbrauchen, um ihre eigenen Taschen zu füllen.«[184] Dieser revolutionäre Anschlag auf die strukturelle Gewalt der Kolonialgesellschaft verbreitete sich in andere Städte, und zwei Jahre später wurde

Edwards von der Kanzel vertrieben und gezwungen, eine Weile mit anderen missliebigen Personen an der Grenze Zuflucht zu suchen, wo er als Pfarrer bei den Indianern von Stockbridge arbeitete. Edwards kannte sich im Gedankengut seiner Zeit aus und hatte Locke und Newton gelesen, aber sein Christentum versetzte ihn in die Lage, das moderne Gleichheitsideal zu den einfachen Leuten zu bringen.

Die Große Erweckung der 1730er und 40er Jahre war die erste Massenbewegung Amerikas. Zum ersten Mal erlebten die einfachen Menschen die Teilhabe an einem landesweiten Ereignis, das den Lauf der Geschichte verändern konnte.[185] Das ekstatische Erlebnis hinterließ bei vielen Amerikanern, die sich nicht einfach auf die säkularen Lehren revolutionärer Anführer stützen konnten, die Erinnerung an einen seligen Zustand, den sie »Freiheit« nannten. Die Wiederbelebung hatte ihnen auch Mut gemacht, ihren emotionalen Glauben als überlegen über die vernunftgesteuerte Frömmigkeit der Bessergestellten zu sehen. Diejenigen, die sich an die Verachtung der aristokratischen Kleriker für ihre Begeisterung erinnerten, erhielten sich ein Misstrauen gegenüber jeder institutionellen Autorität, das sie auf den nächsten drastischen Schritt vorbereitete, mit dem sie den König von England als Herrscher ablehnten.

Als die britische Regierung 1775 versuchte, die Kolonisten zu besteuern, um die Kolonialkriege gegen Frankreich zu finanzieren, wuchs sich der Zorn darüber zu einem regelrechten Aufstand aus. Die Anführer erlebten die Amerikanische Revolution als säkulares Ereignis: als nüchternen, pragmatischen Kampf gegen eine imperiale Macht. Sie waren Männer der Aufklärung, inspiriert von Locke und Newton, und dazu Deisten, die sich vom orthodoxen Christentum insofern unterschieden, als sie die Lehren von der Erlösung und der Göttlichkeit Christi ablehnten. Die Unabhängigkeitserklärung, die Thomas Jefferson, John Adams und Benjamin Franklin entwarfen und die am 4. Juli 1776 vom Kongress ratifiziert wurde, war ein Dokument der Aufklärung auf der Grundlage von Lockes Theorie der selbstverständlichen Menschenrechte – Leben, Freiheit und Besitz[186] –

und der Aufklärungsideale von Freiheit und Gleichheit. Aber diese Männer verfolgten keine utopischen Ideen einer Umverteilung der Güter oder die Aufhebung sozialer Unterschiede. Für sie ging es einfach um einen praktischen, weitreichenden, aber durchhaltbaren Unabhängigkeitskrieg. Die Gründungsväter gehörten allerdings auch zur Gentry, und ihre Ideen waren alles andere als typisch. Die meisten Amerikaner waren Calvinisten und hatten keine Beziehung zu diesem rationalen Ethos. Sie zögerten zunächst, mit Großbritannien zu brechen, und es schlossen sich auch nicht alle Kolonisten dem Kampf an, und diejenigen, die es taten, waren ebenso sehr von den alten Mythen des Christentums motiviert wie von den Idealen ihrer Staatsgründer. Während der Revolution vermischte sich säkulare Ideologie auf kreative Weise mit den religiösen Hoffnungen der Mehrheit in einer Weise, die Amerikaner mit sehr unterschiedlichen Glaubensvorstellungen in die Lage versetzte, gemeinsam gegen die Macht Englands zu streiten. Wenn Pfarrer von der Bedeutung von Tugend und Verantwortung in einer Regierung sprachen, halfen sie den Menschen, die feurigen Angriffe des Gründungsvaters Sam Adams gegen die britische Tyrannei zu verstehen.[187] Wenn die Gründungsväter von »Freiheit« sprachen, benutzten sie ein Wort, das mit religiöser Bedeutung aufgeladen war.[188] Timothy Dwight, Jonathan Edwards' Enkel und Präsident der Yale University, sagte voraus, die Revolution würde »Immanuels Land« entstehen lassen;[189] Ebenezer Baldwin, ein Prediger aus Connecticut, verkündete, Freiheit, Religion und Bildung seien aus Europa vertrieben worden und hätten sich in Amerika angesiedelt, wo Jesus sein Reich errichten würde. Und Propst William Smith aus Philadelphia erklärte, die Kolonien seien Gottes »erwählter Sitz von Freiheit, Künsten und himmlischem Wissen«.[190] John Adams betrachtete die englische Besiedlung Amerikas als Teil eines göttlichen Plans zur Erleuchtung der Welt,[191] und Thomas Paine war überzeugt, dass »wir es in der Hand haben, die Welt neu zu erschaffen. Eine solche Situation ist seit der Zeit Noahs nicht mehr vorgekommen.«[192]

Aber diese Begeisterung schmückte sich eben auch mit dem Hass gegen die Feinde des Gottesreiches. Nach der Verabschiedung der Stamp Act 1765 wurden diejenigen, die dagegen verstießen – die Lords Bute, Grenville und North – in patriotischen Liedern als Agenten des Satans porträtiert, und bei politischen Demonstrationen wurden ihre Bilder neben Darstellungen des Teufels herumgetragen.[193] Als George III. den französischen Katholiken im kanadischen Gebiet Religionsfreiheit gewährte, beschimpften ihn die amerikanischen Kolonisten als Verbündeten des Antichrist;[194] und selbst die Präsidenten der Universitäten Harvard und Yale betrachteten den Unabhängigkeitskrieg als Teil von Gottes Plan zur Überwindung des Katholizismus.[195] Diese heftige interkonfessionelle Feindseligkeit ermöglichte es den Kolonisten, sich definitiv von der Alten Welt zu trennen, der viele immer noch mit einem großen Rest an Zuneigung verbunden waren; der Hass auf die katholische Tyrannei blieb lange ein wichtiges Element ihrer nationalen Identität. Die Staatsgründer mochten Anhänger von John Locke gewesen sein, aber die »Religion« war nicht aus den Kolonien verbannt. Wäre es so gewesen, dann hätte die Revolution keinen Erfolg gehabt.

Unmittelbar nach der Unabhängigkeitserklärung im Juli 1776 begannen die Kolonien mit der Formulierung ihrer neuen Verfassungen. In Virginia stellte Thomas Jefferson (1743–1826) eine Formel vor, die den Ratifikationsprozess aber nicht überlebte: »Alle Menschen sollen vollständige Freiheit ihrer religiösen Überzeugungen haben, und niemand soll verpflichtet werden, Mitglied einer religiösen Institution zu werden oder zu bleiben.«[196] Diese Formel garantierte sowohl die Freiheit für die Religion als auch die Freiheit von der Religion. Aber wir müssen berücksichtigen, dass Jeffersons Vorstellung von »Religion« auf zwei frühneuzeitlichen Neuerungen beruhte, die die meisten seiner Landsleute nicht teilten. Zunächst betraf das die Reduktion der Religion auf »Glauben« und »Überzeugungen«. Als Apostel des aufklärerischen Empirismus lehnte Jefferson die Vorstellung ab, religiöses Wissen werde durch Offenbarung, Ritual oder gemeinsames Erleben erworben. Es handelte sich lediglich um eine Sammlung von Überzeugungen, die von einigen Menschen geteilt wurden. Wie alle *Philosophen* der Aufklärung, glaubten auch Jefferson und James Madison (1751–1836), die Pioniere religiöser Freiheit in Amerika, dass keine Idee von Nachforschungen und selbst direkter Ablehnung ausgenommen werden dürfe. Trotzdem bestanden sie auf der Freiheit des Gewissens: Die persönlichen Überzeugungen eines Menschen gehörten ihm allein, sie waren nicht dem Zwang einer Regierung unterworfen. Verpflichtender Glaube war also eine Verletzung fundamentaler Menschenrechte. »Religiöser Zwang fesselt und verdummt den Geist und macht ihn unfähig zu jeder edlen Unternehmung, jedem Fortschritt«, erklärte Madison.[197] Die letzten fünfzehnhundert Jahre, so behauptete er mit großer Geste, hatten »mehr oder weniger überall« nur »Stolz und Anmaßung des Klerus, Unwissenheit und Sklaverei bei den Laien und bei beiden Aberglauben, Bigotterie und Verfolgung« hervorgebracht.[198] Der »Mythos von der Gewalttätigkeit der Religion« hatte in den Köpfen der Gründerväter unübersehbar Wurzeln geschlagen. Im neuen Zeitalter der Aufklärung erklärte Jefferson in seinem *Statute for Establishing Religious Freedom in Virginia:* »Unsere Bürgerrechte sind nicht mehr von unseren religiösen Überzeugungen abhängig als von unseren Überzeugungen in Physik oder Geometrie.«[199]

Die Kritik von Jefferson und Madison war ein heilsames Korrektiv für die aufkommende Ersatzreligion, mit der menschengemachten Vorstellungen ein göttlicher Status verliehen wurde. Die Freiheit des Denkens wurde im modernen, säkularen Westen zu einem heiligen Wert, einem unverletzlichen und unverhandelbaren Menschenrecht. Sie sollte den wissenschaftlichen und technologischen Fortschritt fördern und die Künste zum Blühen bringen. Aber die intellektuelle Freiheit, wie sie die Philosophen der Aufklärung verkündeten, war ein Luxusgegenstand der Modernisierung. Im vormodernen Agrarstaat war es nie möglich gewesen, der gesamten Bevölkerung die Abkehr von allen Traditionen und freie Kritik an der etablierten Ordnung zu gestatten. Die meisten aristokratischen Staatsgründer hatten auch gar nicht die Absicht, dieses Privileg auf die Gesamtbevölkerung auszuweiten. Sie hielten es immer noch für eine Selbstverständlichkeit, dass ihre Aufgabe als aufgeklärte Staatsmänner darin bestand, von oben her zu führen.[200] Wie die meisten Angehörigen der Elite hegte auch John Adams, der zweite Präsident der Vereinigten Staaten (reg. 1797–1801) starken Verdacht gegen jede Politik, die zur »Herrschaft des Pöbels« oder zur Verarmung des Adels führen konnte,[201] obwohl Jeffersons radikalere Anhänger gegen seine »Tyrannei« protestierten und wie Edwards forderten, die Stimme des Volkes müsse gehört werden.[202] Erst mit der industriellen Revolution und der nachfolgenden Umwälzung der gesellschaftlichen Ordnung konnten die Ideale der Gründerväter auf breiter Ebene gesellschaftliche Wirklichkeit werden.

Die zweite Annahme von Jefferson und Madison lautete, »Religion« sei eine autonome, private menschliche Aktivität, abgetrennt von der Politik, und jede Vermischung der beiden sei eine grobe Verirrung. Für Locke mochte das selbstverständlich klingen – für die meisten Amerikaner war diese Vorstellung noch sehr fremd. Die Gründerväter kannten ihre Landsleute, sie wussten, eine föderale Verfassung würde nur dann die Unterstützung aller Staaten erhalten, wenn sie davon absah, eine einzelne protestantische Denomination zur offiziellen Religion zu erklären, wie es so viele Verfassungen der Einzelstaaten getan hatten. Gerade weil die meisten Amerikaner Religion in ihrer Politik noch befürworteten, brauchte eine Vereinigung der Einzelstaaten religiöse Neutralität auf der förderalen Ebene.[203] Deshalb bestimmte die erste lapidare Klausel der Ersten Verfassungsergänzung in der Bill of Rights (1791): »Der Kongress wird keine Gesetze in Bezug auf die Einführung einer Religion erlassen oder die freie Religionsausübung verbieten.« Der Staat würde Religion weder fördern noch behindern: Er würde sie einfach in Ruhe lassen.[204] Aber daraus ergaben sich politische Konsequenzen. Während der hart umkämpften Präsidentschaftswahl von 1800 wurde der Deist Jefferson des Atheismus angeklagt. Es hieß sogar, er sei Muslim. Er erwiderte, er sei dem

Glauben gegenüber nicht feindlich eingestellt, wehre sich aber beharrlich gegen eine Einmischung des Staates in religiöse Angelegenheiten. Als eine Gruppe baptistischer Unterstützer in Danbury, Connecticut, ihn bat, einen Fastentag zu erlassen, um die Nation zusammenzuführen, erwiderte Jefferson, dies läge außerhalb der Kompetenz des Präsidenten:

Ich bin mit Ihnen der Ansicht, dass Religion eine Sache ist, die ausschließlich zwischen dem Menschen und seinem Gott liegt, dass er niemandem sonst für seinen Glauben und seinen Gottesdienst Rechenschaft schuldet, dass die Legislative einer Regierung nur die Taten betrifft, nicht die Meinungen. Ich denke mit feierlicher Ehrerbietung an die Tat des gesamten amerikanischen Volkes, das erklärt hat, seine Gesetzgebung solle »keine Gesetze in Bezug auf die Einführung einer Religion erlassen oder die freie Religionsausübung verbieten«, und damit eine trennende Mauer zwischen Kirche und Staat aufgerichtet hat.

Aber so sehr eine solche Trennung Kirche und Staat gleichermaßen nützen konnte, so wenig war sie, wie Jefferson annahm, in der Natur der Dinge verankert, sondern eine moderne Erfindung. Die Vereinigten Staaten versuchten etwas ganz und gar Neues.

Das Bild von der trennenden Mauer hatte Jefferson von Roger Williams (1604–1683) entlehnt, dem Gründer von Providence, Rhode Island, der wegen seiner Opposition gegen die intolerante Politik der puritanischen Regierung aus Neuengland ausgewiesen worden war.[205] Aber Williams war weniger besorgt um das Wohlergehen des Staates als um das seines Glaubens, von dem er annahm, er würde durch das Eingreifen der Regierung beschmutzt.[206] Er wollte Rhode Island als alternative christliche Gemeinschaft erhalten, die dem Geist des Evangeliums entsprach. Jefferson hingegen sorgte sich mehr um den Schutz des Staates vor der »schädlichen Verbindung von Kirche und Staat«, die Menschen zu »Narren und Schuften« gemacht hatte.[207] In unzutreffender Weise nahm er an, es habe in der Vergangenheit Staaten gegeben, die sich dieser »schädlichen Verbindung« *nicht* schuldig gemacht hatten. Es blieb deshalb abzuwarten, ob die säkularisierten Vereinigten Staaten weniger gewalttätig und auf Zwang orientiert sein würden als ihre religiös prononcierteren Vorgänger.

Was auch immer die Gründerväter sich vorstellten: Die meisten Amerikaner hielten es nach wie vor für selbstverständlich, dass die Vereinigten Staaten auf christlichen Prinzipien aufbauten. Um 1790 lebten etwa 40 Prozent der neuen Nation entlang der *frontier* (Siedlungsgrenze) und hegten einen immer stärkeren Groll gegen die republikanische Regierung, die ihre Härten nicht mittrug, sondern sie ebenso schwer besteuerte, wie es die Briten getan hatten. Eine neue Welle von Erweckungsbewegungen, die man die Zweite Große Erweckung nannte, war Ergebnis einer Kampagne von unten, die sich die Forderung nach einem demokratischeren und bibeltreueren Amerika auf die Fahnen geschrieben hatte.[208] Die neuen Erwecker waren keine Intellektuellen wie Edwards, sondern Männer aus dem Volk, die wilde Gesten, groben Humor und Slang benutzten und sich auf Träume, Visionen und himmlische Zeichen verließen. Für ihre Massenversammlungen stellten sie große Zelte vor den Toren der Städte auf, und ihre Predigten versetzten die Menge in Ekstase. Aber diese Propheten waren keine rückwärtsgewandten Leute, die in die Zeit vor der Aufklärung zurückwollten. Lorenzo Dow sah vielleicht aus wie Johannes der Täufer, aber er zitierte Jefferson und Paine und drängte die Menschen wie jeder andere Philosoph der Aufklärung, selbst zu denken. In einem christlichen Gemeinwesen sollten die Ersten die Letzten sein und die Letzten die Ersten. Gott hatte seine Erkenntnis den Armen und Ungebildeten zukommen lassen, und Jesus und seine Jünger hatten keinen Collegeabschluss besessen.

James Kelly und Barton Stone wüteten gegen den aristokratischen Klerus, der dem Volk einen trockenen Harvard-Glauben aufzuzwingen versuchte. Die Philosophen der Aufklärung hatten darauf bestanden, die Menschen müssten den Mut aufbringen, ihre Abhängigkeit von Autoritäten abzulegen und ihren natürlichen Verstand zu benutzen, um die Wahrheit zu entdecken. Jetzt bestanden die Erwecker darauf, amerikanische Christen sollten die Bibel ohne Anleitung arrivierter Theologen lesen. Als Stone seine eigene Kirche gründete, sprach er von einer »Unabhängigkeitserklärung«: Die Erwecker brachten die modernen Ideale von Demokratie, Gleichheit, Freiheit der Rede und Unabhängigkeit zu den einfachen Menschen, mit einer Sprache, die auch Ungebildete verstanden. Diese Zweite Erweckung mochte der Elite des Landes rückwärtsgewandt erscheinen, aber tatsächlich war sie eine protestantische Spielart der Aufklärung. Mit ihrer Forderung nach einem Maß an Gleichheit, das die amerikanische Herrschaftsschicht noch nicht zu gewähren bereit war, repräsentierten die Erwecker eine Unzufriedenheit im Volk, die niemand ignorieren konnte.

Zunächst beschränkte sich dieses rauhe, demokratische Christentum auf die ärmeren Schichten, aber in den 1840er Jahren brachte Charles Finney (1792–1875) die Bewegung in die Mittelschicht und schuf ein »evangelikales« Christentum auf der Basis einer buchstabengetreuen Lesart der Evangelien. Die Evangelikalen waren entschlossen, die säkulare Republik zu Christus zu bekehren, und Mitte des 19. Jahrhunderts war diese Strömung zur beherrschenden Glaubensrichtung in den Vereinigten Staaten geworden.[209] Ohne auf Anleitung von Seiten der Regierung zu warten, arbeiteten diese Protestanten ab 1810 in Kirchen und Schulen und etablierten Reformvereinigungen, die in den Nordstaaten wie Pilze aus dem Boden schossen. Einige kämpften gegen die Sklaverei, andere gegen den Alkohol, einige wollten die Unterdrückung der Frauen und anderer benachteiligter Gruppen beenden, wieder andere arbeiteten für Reformen des Strafvollzugs und des Erziehungswesens. Wie bei der Zweiten Großen Erweckung halfen diese Modernisierungsbewegungen einfachen Amerikanern, das Ideal der unveräußerlichen Menschenrechte in protestantischer Verpackung zu akzeptieren. Ihre Mitglieder lernten, ein klar definiertes Ziel zu planen, zu organisieren und zu verfolgen, und zwar in einer rationalen

Weise, die sie gegenüber dem Establishment erstarken ließ. Wir im Westen neigen dazu, andere kulturelle Traditionen an der Aufklärung zu messen: die Großen Erweckungen in Amerika zeigen, dass Menschen dieselben Ideale auch auf einem anderen, explizit religiösen Weg erreichen können.

Tatsächlich hatten die amerikanischen Evangelikalen einige Ideale der Aufklärung so durchgreifend übernommen, dass sie eine seltsame Mischung erschufen, die von einigen Historikern als »aufgeklärter Protestantismus« bezeichnet wurde.[210] Dieses Paradox beobachtete auch Alexis de Tocqueville, als er in den 1830er Jahren die USA besuchte. Er bemerkte, der Charakter des Landes verbinde »zwei vollkommen getrennte Elemente, die an anderen Orten oft miteinander im Krieg lagen«. In Amerika jedoch sei es gelungen, »sie irgendwie miteinander zu vereinigen und wunderbar zu verbinden: Ich spreche vom Geist der Religion und dem Geist der Freiheit«.[211] Die Gründungsväter waren von der sogenannten »gemäßigten« Aufklärung eines Isaac Newton und John Locke beeinflusst gewesen. Die Evangelikalen jedoch wiesen die »skeptische« Aufklärung eines Voltaire oder David Hume ebenso zurück wie die »revolutionäre« Aufklärung von Rousseau und übernahmen die »Common sense«-Philosophie der schottischen Denker Francis Hutcheson (1694–1746), Thomas Reid (1710–1796), Adam Smith (1723–1790) und Dugald Stewart (1753–1828).[212] Von ihnen lernten sie, dass Menschen die angeborene und unfehlbare Fähigkeit besaßen, klare Verbindungen zwischen moralischen Ursachen und ihren Wirkungen im öffentlichen Leben zu sehen. Das Verständnis der Dinge war ganz einfach, man brauchte dazu nur etwas gesunden Menschenverstand. Jedes Kind konnte die Essenz des Evangeliums begreifen und für sich herausfinden, was richtig war. Die amerikanischen Evangelikalen vertrauten darauf, dass sie, wenn sie es sich in den Kopf setzten, in der Neuen Welt eine Gesellschaft erschaffen konnten, die die christlichen Werte in vollem Umfang durchsetzte.[213] Die Verfassung hatte einen säkularen Staat begründet, aber nichts getan, um die Entwicklung einer nationalen Kultur zu fördern. Die Gründerväter hatten angenommen, sie würde sich auf natürlichem Wege und in Reaktion auf das Handeln der Regierung von selbst entwickeln.[214] Aber mit Hilfe der evangelikalen Wohlfahrts- und Reformvereinigungen wurde der »aufgeklärte Protestantismus« – Ironie der Geschichte – zum nationalen Ethos des säkularen Staates.[215] Man kann die Religion aus einem Staat entfernen, aber nicht aus einer Nation. Durch ihre energische Missionsarbeit, ihre Reformorganisationen und Publikationen schufen die Evangelikalen eine Kultur auf der Grundlage der Bibel, die die neue Nation zusammenführte.

* * *

Die Amerikaner hatten gezeigt, dass es möglich war, eine Gesellschaft auf gerechterer und rationaler Basis zu organisieren. In Frankreich hatten die Anführer der Bourgeoisie, die aufsteigende Mittelschicht, diese Ereignisse sehr genau beobachtet, weil auch sie Ideologien entwickelt hatten, die die Freiheit des Einzelnen betonten.[216] Aber ihre Aufgabe war schwieriger, denn sie mussten eine seit langer Zeit etablierte Herrschaftsschicht mit einer professionellen Armee loswerden, eine zentralisierte Bürokratie und eine absolutistische Monarchie.[217] Am Ende des 18. Jahrhunderts geriet die traditionelle Agrargesellschaft in Europa immer mehr unter Druck. Die Menschen wanderten in die Städte ab und arbeiteten in nicht landwirtschaftlich geprägten Geschäftszweigen und Berufen, sie waren in der Breite gebildeter, und die soziale Mobilität verstärkte sich.

Im Frühjahr 1789 geriet die absolutistische Monarchie Ludwigs XVI. in Schwierigkeiten. Verschwendung und Misswirtschaft hatten die französische Ökonomie in eine Krise gestürzt, und jetzt verweigerten Klerus und Adel (der erste und der zweite Stand) die Einführung einer neuen Steuergesetzgebung durch die Krone. Um aus der Sackgasse zu kommen, rief der König die Generalstände am 2. Mai in Versailles zusammen.[218] Er wollte, dass die drei Stände – Klerus, Adel und Bürger – getrennt voneinander verhandelten und abstimmten, aber der dritte Stand weigerte sich, dem Adel die Oberherrschaft über die Verhandlungen zu überlassen, und lud Klerus und Adel ein, sich an einer neuen Nationalversammlung zu beteiligen. Die Ersten, die sich dem dritten Stand anschlossen, waren die 150 Mitglieder des niederen Klerus, die aus der gleichen Schicht stammten wie die Bürger. Sie waren des Hochmuts der Bischöfe müde und wünschten sich eine kollegialer geführte Kirche.[219] Auch beim zweiten Stand gab es Abspaltungen: Der Landadel, die Pariser Aristokratie und die reichen Bürger, die mit dem Konservatismus des Adels keine Geduld mehr hatten, liefen über. Am 17. Juni schwor die neue Nationalversammlung, sie werde sich nicht auflösen, bevor es eine neue Verfassung gäbe.

Die Versammlung hatte die Absicht gehabt, eine vernünftige, aufgeklärte Debatte nach amerikanischem Modell zu führen, aber sie hatte ihre Rechnung ohne das Volk gemacht. Nach einer schlechten Ernte waren die Nahrungsvorräte gefährlich gering, der Brotpreis in den Städten schoss in die Höhe, und die Arbeitslosigkeit war weit verbreitet. Im April hatten fünftausend Handwerker in Paris einen Aufstand angezettelt, und überall im Land waren revolutionäre Komitees und Bürgermilizen entstanden, um die Unruhen zu organisieren. Während der Verhandlungen der Nationalversammlung wurden Abgeordnete von den öffentlichen Galerien her ausgebuht und mit Gegenständen beworfen, und die unzufriedenen Massen gingen auf die Straßen und griffen jeden Vertreter des *Ancien Régime* an, den sie zu fassen bekamen. Entscheidend war letztlich, dass einige Truppen, die den Auftrag bekommen hatten, die Unruhen niederzuschlagen, sich stattdessen den Aufständischen anschlossen. Am 14. Juli stürmten die Massen die Bastille im Osten von Paris, ließen die Gefangenen frei und erschlugen den Gefängnisdirektor. Andere Beamte erlitten dasselbe Schicksal. Auf dem Land wurde die hungernde Bauernschaft von der »Großen Furcht« befallen. Die Bauern waren überzeugt, die Getreideknappheit sei vom Regime bewusst herbeigeführt worden, um sie auszuhungern und damit zur Unterwerfung zu zwingen. Dieser Verdacht wurde durch die Ankunft verarmter Arbeiter genährt, die

Beschäftigung suchten, aber als Vortrupp des Adels galten.[220] Dorfbewohner überfielen Schlösser und jüdische Geldverleiher, und sie weigerten sich, den Zehnten abzugeben und Steuern zu bezahlen. Während das Land allmählich außer Kontrolle geriet, radikalisierte sich die Nationalversammlung. Sie verabschiedete die Erklärung der Menschen- und Bürgerrechte, die die Souveränität vom Monarchen auf das Volk übertrug, und proklamierte, alle Menschen besäßen von Natur aus das Recht auf Gewissensfreiheit, Besitz und freie Rede und müssten Gleichheit vor dem Gesetz, persönliche Sicherheit und Gleichberechtigung genießen. Dann ging es an die Entmachtung der katholischen Kirche in Frankreich. Wie wir schon gesehen haben, gründete sich der »Mythos der religiösen Gewalt« auf die Vorstellung, eine Trennung von Kirche und Staat würde die Gesellschaft von der angeborenen Streitlust der »Religion« befreien. Aber beinahe jede säkularisierende Reform in Europa und ebenso in anderen Teilen der Welt begann mit einem aggressiven Anschlag auf die religiösen Institutionen, der Groll, Feindschaft, Leid und in einigen Fällen gewaltsame Vergeltung nach sich zog. Am 2. November 1789 votierte die Versammlung mit 568 zu 346 Stimmen dafür, die Staatsschulden mit Hilfe einer Beschlagnahme des kirchlichen Vermögens zu bezahlen. Charles Maurice de Talleyrand, Bischof von Autun, erklärte dagegen, die Kirche hätte gar keinen Besitz im üblichen Sinne; ihre Ländereien und Güter seien ihr übergeben worden, damit sie gute Werke tun könne.[221] Der Staat könne den Klerikern von jetzt an ein Gehalt zahlen und diese wohltätigen Aktivitäten selbst finanzieren. Dieser Haltung folgte am 3. Februar 1790 die Entscheidung zur Abschaffung aller religiösen Orden mit Ausnahme derjenigen, die Schulen oder Krankenhäuser unterhielten. Viele Kleriker protestierten vehement gegen diese Maßnahmen, und auch viele Laien waren zutiefst verstört, aber einige Priester betrachteten sie auch als Gelegenheit für Reformen, die die Kirche zu ihrer jungfräulichen Reinheit zurückführen und womöglich sogar eine neue »nationale Religion« schaffen könnte.

Das säkulare Regime begann also mit einer Politik des Zwangs, der Entmachtung und Enteignung. Am 29. Mai 1790 gab die Nationalversammlung die Zivilverfassung des Klerus heraus, die die Kirche auf den Status eines staatlichen Ministeriums reduzierte. Fünfzig Diözesen wurden abgeschafft, und in der Bretagne waren viele Gemeinden plötzlich ohne Bischof. Viertausend Gemeinden wurden ganz geschlossen, die Gehälter der Bischöfe wurden herabgesetzt, und von jetzt an sollten die Bischöfe vom Volk gewählt werden. Am 26. November setzte man dem Klerus eine Frist von acht Tagen, um einen Loyalitätseid auf die Nation, das Gesetz und den König abzulegen. Vierundvierzig Kleriker in der Nationalversammlung verweigerten diesen Eid, und es gab Aufstände aus Protest gegen diese Demütigung des Klerus im Elsass, dem Anjou, in Artois, der Bretagne, in Flandern, dem Languedoc und der Normandie.[222] Der Katholizismus war so eng mit fast jedem Detail des Alltagslebens verbunden, dass viele Mitglieder des dritten Standes sich entsetzt gegen das Regime wandten. Im Westen Frankreichs drängten die Gemeindeglieder ihren Klerus, den Eid zu verweigern und wollten nichts mit den konstitutionellen Kirchenleuten zu tun haben, die man ihnen als Ersatz schickte.

Bald mündete die Aggressivität des säkularen Staates in offene Gewalt. Die Monarchien in den Nachbarländern begannen, gegen die Revolution zu mobilisieren. Wie so oft, führte die äußere Bedrohung zu weit verbreiteten Ängsten vor dem »inneren Feind«. Als französische Truppen von den Österreichern im Sommer 1792 besiegt wurden, kursierten wilde Gerüchte von einer Gruppierung konterrevolutionärer Priester, die den Feind unterstützt hätten. Als die preußische Armee die Grenze durchbrach und Verdun, die letzte Verteidigungslinie vor Paris, durchbrach, wurden viele Kleriker verhaftet. Im September, mitten hinein in die Ängste vor royalistischen Kirchenleuten, die angeblich neue Aufstände planten, drang der Pöbel gewaltsam in die Gefängnisse ein und ermordete zwei- bis dreitausend Gefangene, darunter viele Priester. Zwei Wochen darauf wurde die französische Republik ausgerufen.

Franzosen und Amerikaner hatten eine diametral entgegengesetzte Religionspolitik entwickelt. Alle amerikanischen Bundes-
staaten hatten ihre Kirchen irgendwann abgeschafft, aber nachdem ihr Klerus nicht in eine aristokratische Regierung involviert
war, gab es keine echte Feindseligkeit gegen die traditionellen
Konfessionen. In Frankreich jedoch konnte die Kirche, die so
tief in die aristokratische Herrschaft verstrickt war, nur durch
einen direkten Angriff entmachtet werden.[223] Inzwischen war
klar, dass ein säkulares Regime ein ebenso großes Gewaltpoten-
zial besaß wie ein religiös verankertes. Nach den September-
Massakern geschahen weitere Greueltaten. Am 12. März 1793
gab es einen Aufstand in der Vendée im Westen Frankreichs, mit
dem gegen die Zwangsrekrutierungen der Armee, gegen unge-
rechte Steuern und vor allem gegen die antikatholische Politik
der Revolution protestiert werden sollte.[224] Die Aufständischen
empörten sich vor allem über die Ankunft der neuen staatstreu-
en Kleriker in der Vendée, die in der Region nicht verwurzelt
waren und die bekannten und beliebten Priester ersetzen sollten. Sie gründeten eine katholische und königstreue Armee,
trugen die Jungfrau Maria in ihrem Banner und sangen Kirchen-
lieder, wenn sie marschierten. Es handelte sich um keinen Adels-
aufstand, sondern um eine Armee des Volkes, das entschlossen
war, sich den katholischen Glauben zu erhalten: Mehr als
60 Prozent von ihnen waren Bauern, die anderen Handwerker
und Ladenbesitzer. Drei Armeen, von Paris aus losgeschickt, um
den Aufstand niederzuschlagen, zogen gegen die föderalistische
Revolte, bei der gemäßigte Bürger und Republikaner sich mit
den Royalisten in Bordeaux, Lyon, Marseilles, Toulouse und
Toulon in ihrem Protest gegen die Pariser Maßnahmen zusam-
menfanden.

Nachdem die Föderalisten mit schrecklichen Verlusten niedergeschlagen worden waren, übernahmen vier Revolutionsar-
meen zu Beginn des Jahres 1794 die Vendée, versehen mit Anweisungen des Wohlfahrtsausschusses, die an die Rhetorik des
Katharerkreuzzuges erinnerten.»Erstecht mit euren Bajonetten
alle Einwohner, denen ihr unterwegs begegnet. Ich weiß, es gibt

auch einige Patrioten in dieser Gegend – das kann uns nicht kümmern, wir müssen sie alle opfern.«[225]

»Wer unterwegs mit Waffen angetroffen wird oder im Verdacht steht, Waffen getragen zu haben, wird mit dem Bajonett getötet«, befahl General Turreau seinen Soldaten. »Ebenso verfahren wir mit Frauen, Mädchen und Kindern ... Wer sich lediglich verdächtig macht, wird jedoch nicht erstochen.«[226]

»Die Vendée existiert nicht mehr« berichtete François-Joseph Westermann seinen Vorgesetzten am Ende des Feldzuges. »Den Befehlen folgend, die ich erhalten habe, habe ich Kinder von den Hufen unserer Pferde zertrampeln lassen und Frauen massakriert ... die Straßen sind voller Leichen.«[227] Die Revolution, die Freiheit und Brüderlichkeit versprochen hatte, schlachtete in einer der schlimmsten Greueltaten der Neuzeit eine Viertelmillion Menschen ab.

Menschen suchen seit jeher die Intensität und Momente der Ekstase, die ihrem Leben Bedeutung und Sinn verleihen. Wenn ein Symbol, ein Bild, ein Mythos, ein Ritual oder eine Lehre kein Gefühl von Transzendenz mehr ermöglicht, neigen sie dazu, es durch ein anderes zu ersetzen. Religionshistoriker sagen uns, dass absolut alles zum Symbol des Göttlichen werden kann und dass solche Offenbarungen »in jedem Bereich des psychologischen, wirtschaftlichen, spirituellen und gesellschaftlichen Lebens« auftreten können.[228] In Frankreich wurde das bald deutlich. Kaum hatten sich die Revolutionäre von der einen Religion befreit, erfanden sie eine neue und erklärten die Nation zur Verkörperung des Göttlichen. Kühn hatten die Führer der Revolution erkannt, dass die machtvollen Emotionen, die traditionell mit der Kirche verbunden waren, ebenso machtvoll zum Ausdruck kamen, wenn sie sich einem neuen Symbol zuwandten. Am 10. August 1793, während die Nation sich in Krieg und Blutvergießen selbst zerfleischte, feierten sie ein Fest, das der Künstler Jacques-Louis David choreographiert hatte: In Paris ging es um die Einheit und Unteilbarkeit der Republik. Es begann bei Sonnenaufgang am Ort der Bastille, wo eine imposante Statue der »Natur« Wasser aus ihren Brüsten in einen Pokal goss, den der Präsident der Nationalversammlung in Händen hielt. Er gab diesen Pokal dann an sechsundachtzig ältere Männer weiter, die in heiliger Kommunion die französischen Départements repräsentierten. Auf der Place de la Révolution entzündete der Präsident ein großes Feuer mit heraldischen Symbolen, Zeptern und Thronen vor einer Freiheitsstatue, und am Platz der Invaliden bestaunten die Menschen eine riesige Statue des französischen Volkes in der Gestalt des Herkules.[229] Diese Feste wurden so häufig, dass manche Leute von einer »Festomania« schrieben.[230] Wie Jules Michelet, ein Historiker aus dem 19. Jahrhundert, erklärte, verherrlichten diese staatlich verordneten Rituale die Ankunft »einer seltsamen, eminent spirituellen *vita nuova*.«[231]

Bei den ersten dieser Feste spielte die katholische Messe noch eine zentrale Rolle, aber 1793 gab es keine Priester mehr bei den nationalen Riten. In diesem Jahr inthronisierte Jacques Hebert die Göttin der Vernunft auf dem Hochaltar von Notre Dame und verwandelte die Kathedrale damit in einen Tempel der Philosophie. Nun war die revolutionäre Politik selbst ein Objekt der Verehrung geworden. Die Führer bedienten sich zur Beschreibung politischer Ereignisse in hohem Maße religiöser Begriffe wie »Credo«, »Zelot«, »Sakrament« und »Predigt«.[232] Honoré Mirabeau schrieb: »Die Erklärung der Menschenrechte ist zu einem politischen Evangelium geworden, die französische Verfassung zu einer Religion, für die die Menschen zu sterben bereit sind.«[233] Der Dichter Marie-Joseph Chénier erklärte vor der Nationalversammlung: »Sie werden auf den Ruinen entthronten Aberglaubens die eine, universale Religion aufbauen müssen, in der unsere Gesetzgeber die Priester und die Richter die Päpste sind und in der die Menschheitsfamilie ihren Weihrauch nur noch am Altar des Vaterlandes abbrennt, das uns gemeinsame Mutter und Gottheit ist.«[234] Weil die Revolution »eher noch mehr nach der Regeneration der Menschheit als nach einer Reform Frankreichs strebte«, bemerkte Tocqueville:

Eine neue Form der Religion entstand, eine unvollkommene
Religion fürwahr, ohne Gott, ohne Ritual und ohne ein Leben
nach dem Tod, aber wie der Islam überflutete sie die Erde mit
ihren Soldaten, Aposteln und Märtyrern.[235]

Interessanterweise setzte er diese trotzig säkulare Religiosität
mit der fanatischen Gewalt gleich, die die Europäer dem Islam
so lange zugeschrieben hatten.

Die »zivile Religion«, die Jean-Jacques Rousseau (1712–1778)
als Erster beschrieben hatte, gründete sich auf den Glauben an
Gott, ein Leben nach dem Tod, den Gesellschaftsvertrag und ein
Verbot jeglicher Intoleranz. »Die Zuschauer sollen sich selbst
unterhalten, selbst Schauspieler sein. So, dass jeder sich selbst in
den anderen sieht und liebt und alle umso mehr vereint sind.«[236]
Aber Rousseaus liebende Toleranz erstreckte sich nicht auf diejenigen, die den Vorschriften der zivilen Religion nicht gehorchten, und der gleiche Rigorismus machte sich auch in der Revolution breit.[237] Einen Monat nach dem Fest, das die Einheit und
Unteilbarkeit der Revolution gefeiert hatte, begann das Terror-
regime: Maximilien de Robespierre ernannte ein Tribunal, das
Verräter identifizierte, und verfolgte Dissidenten mit dem Eifer
eines militanten Papstes. Nicht nur der König und die Königin,
die Mitglieder der königlichen Familie und des Adels wurden
hingerichtet, sondern auch treue Patrioten traten den Gang aufs
Schafott an, eine Gruppe nach der anderen. Der angesehene
Chemiker Antoine Lavoisier, der sein ganzes Berufsleben lang
daran gearbeitet hatte, die Bedingungen in französischen Gefängnissen und Hospitälern zu verbessern, und Gilbert Romme,
der den Kalender der Revolution entworfen hatte, wurden beide
enthauptet. Als die Säuberungen im Juli 1794 endeten, waren
etwa siebzehntausend Männer, Frauen und Kinder auf der Guil-
lotine zu Tode gekommen, und noch einmal doppelt so viele waren in den krankheitsverseuchten Gefängnissen gestorben oder
von lokalen Milizen getötet worden.[238]
Inzwischen riefen die Revolutionsführer zu einem heiligen
Krieg gegen die nichtrevolutionären Regierungen Europas auf.[239]

Seit dem Westfälischen Frieden (1648) hatte der Kontinent fast zweihundert Jahre relativen Friedens erlebt. Ein Gleichgewicht der Kräfte sorgte für Harmonie zwischen den souveränen Staaten. Brutalität auf dem Schlachtfeld wurde nicht mehr ohne weiteres akzeptiert, Mäßigung und Zurückhaltung waren die neuen Stichworte.[240] Die Armeen wurden jetzt angemessen versorgt, so dass die Soldaten nicht mehr darauf angewiesen waren, die bäuerliche Bevölkerung zu terrorisieren.[241] Drill, Disziplin und korrektes Vorgehen wurden stärker betont, und zwischen 1700 und 1850 gab es keine nennenswerten Entwicklungen im Bereich der Militärtechnologie.[242] Aber der Friede wurde erschüttert, als zuerst die Revolutionsheere und dann Napoleon alle diese Faktoren ignorierten.

Der französische Staat war durch die Abschaffung der Kirche sicher nicht friedlicher geworden. Am 16. August 1793 erließ die Nationalversammlung die »Levée en masse«: Zum ersten Mal in der Geschichte der Menschheit wurde eine ganze Gesellschaft für den Krieg mobilisiert.

Alle Franzosen werden zum Dienst in der Armee verpflichtet. Junge Männer werden in die Schlacht ziehen, verheiratete Männer werden Waffen herstellen und Munition transportieren. Frauen werden Zelte und Kleidung herstellen und in den Hospitälern dienen. Kinder werden aus alten Leintüchern Verbände machen, und alte Männer werden auf die öffentlichen Plätze gebracht, um den Mut der Soldaten anzustacheln, die Einheit der Republik zu besingen und Hass gegen die Könige zu predigen.[243]

Um die dreihunderttausend Freiwillige zwischen achtzehn und fünfundzwanzig Jahren brachten die französische Armee auf eine Rekordstärke von einer Million Soldaten. Bis dahin waren Bauern und Handwerker mit Hilfe von Tricks oder Zwang in die Armee geholt worden, aber in dieser »freien Armee« wurden die Soldaten gut bezahlt, und im ersten Jahr wurden die Offiziere nach ihren Verdiensten aus dem Kreis der gemeinen Soldaten gewählt. Im Jahr 1789 waren über 90 Prozent der französischen Offiziere Mitglieder des Adels gewesen, 1794 waren nur noch 3 Prozent von adeliger Geburt.[244] Obwohl in den Revolutionskriegen und den Napoleonischen Kriegen mehr als eine Million junger Männer starben, gab es immer mehr Freiwillige. Diese Soldaten kämpften nicht mit professioneller Zurückhaltung, sondern mit der rohen Gewalt, die sie in den Straßenkämpfen der Revolution gelernt hatten, und sie genossen die Ekstase des Kampfes.[245] Und weil sie von irgendetwas leben mussten, begingen sie dieselben Greueltaten wie die Söldner des Dreißigjährigen Krieges.[246] Fast zwanzig Jahre lang waren die französischen Armeen nicht aufzuhalten; sie überrannten Belgien, die Niederlande und Deutschland und fegten mühelos die österreichischen und preußischen Armeen beiseite, die ihr triumphales Fortschreiten zu verhindern versuchten.

Das revolutionäre Frankreich brachte den Völkern Europas jedoch keine Freiheit. Stattdessen erschuf Napoleon, der Erbe der Revolution, ein traditionelles Reich auf der Grundlage von Tributzahlungen, das die imperialen Ambitionen Großbritanniens bedrohte. 1798 marschierte er in Ägypten ein, um einen Stützpunkt bei Suez zu errichten, der die britischen Handelswege nach Indien abschnitt. In der Schlacht bei den Pyramiden fügte er der Mameluckenarmee eine vernichtende Niederlage zu: Nur zehn französische Soldaten kamen zu Tode, während die Mamelucken mehr als zweitausend Mann verloren.[247]

Mit vollendetem Zynismus präsentierte sich Napoleon danach als Befreier des ägyptischen Volkes. Sorgfältig vom französischen Institut d'Égypte instruiert, hielt er in arabischer Sprache eine Rede vor den Scheichs der Azhar Madrasa, brachte seinen tiefen Respekt vor dem Propheten zum Ausdruck und versprach, Ägypten von der Unterdrückung durch die Osmanen und ihre mameluckischen Handlanger zu befreien. Die französische Armee wurde von einer Gruppe Gelehrter, einer Bibliothek mit moderner europäischer Literatur, einem Labor und einer Druckerpresse mit arabischen Typen begleitet. Aber die Ulema ließen sich nicht beeindrucken: »Alles nur Betrug und Taschenspielerei, um uns zu verführen«, sagten sie.[248] Und damit hatten sie recht. Napoleons Invasion nutzte die Gelehrsamkeit und Naturwissenschaft der Aufklärung, um die Region zu unterwerfen. Sie markierte den Beginn westlicher Herrschaft im Nahen Osten.

Viele hatten den Eindruck, die Französische Revolution sei gescheitert. Die systembedingte Gewalt des napoleonischen Reiches verriet die Prinzipien der Revolution, und Napoleon setzte auch die katholische Kirche wieder ein. Jahrzehntelang wurden die Hoffnungen von 1789 durch ein desillusionierendes Ereignis nach dem anderen zerstört. Den glorreichen Tagen der Bastille-Erstürmung folgten die September-Massaker, die Schreckensherrschaft, der Völkermord in der Vendée und die Militärdiktatur. Nach Napoleons Sturz 1814 kam Ludwig XVIII., ein Bruder von Ludwig XVI., auf den Thron. Aber der revolutionäre Traum starb nicht so ohne weiteres. Zweimal wurde die Republik für kurze Zeit wiederbelebt: während der hundert Tage vor Napoleons endgültiger Niederlage in Waterloo 1815 und für eine kurze Phase von 1848 bis 1852. 1870 wurde sie ein weiteres Mal wiedererrichtet, diesmal auf Dauer, bis sie 1940 von den Nazis zerschlagen wurde. Wir sollten also, statt die Französische Revolution als gescheitert anzusehen, sie vielleicht als explosiven Start eines lang andauernden Prozesses betrachten. Massive gesellschaftliche und politische Veränderungen, die Jahrtausende der Autokratie beenden, geschehen nicht über Nacht, Revolutionen dauern ihre Zeit. Aber anders als in anderen europäischen Ländern, in denen die Adelsherrschaft so tief verwurzelt war, dass sie noch lange, wenn auch in begrenzter Form andauerte, setzte sich in Frankreich irgendwann die säkulare Republik durch. Diesen lang andauernden, schmerzhaften Prozess sollten wir bedenken, bevor wir Revolutionen unserer Zeit vorschnell als gescheitert bezeichnen: beispielsweise im Iran, in Ägypten und Tunesien.

* * *

Die Französische Revolution veränderte die Politik in Europa, nicht jedoch die Ökonomie. In der britischen industriellen Revolution wurde die Moderne erwachsen, und diese Revolution begann am Ende des 18. Jahrhunderts. Ihre sozialen Folgen wurden aber erst zu Beginn des 19. Jahrhunderts spürbar.[249] Diese Entwicklung nahm ihren Anfang mit der Erfindung der Dampfmaschine, die mehr Energie zur Verfügung stellte als die gesamte Arbeitskraft des Landes zusammengenommen. Und so wuchs die Wirtschaft in einem bisher nicht gekannten Ausmaß.

Es dauerte nicht lange, dann folgten Deutschland, Frankreich, Japan und die Vereinigten Staaten dem britischen Beispiel, und mit der Industrialisierung veränderten sich diese Länder dauerhaft. Um die neuen Maschinen zu besetzen, musste die Bevölkerung für die industrielle Arbeit mobilisiert werden statt für die landwirtschaftliche. Selbstversorgung war ein Ding der Vergangenheit. Die Regierungen begannen, das Leben der einfachen Menschen in einer Weise zu kontrollieren, die in einer Agrargesellschaft undenkbar gewesen wäre.[250] In seinem Roman *Hard Times* (dt. »Harte Zeiten«, 1854) zeichnet Charles Dickens ein Porträt der Industriestadt als Inferno: Arbeiter – verächtlich als »Hände« bezeichnet – lebten in entsetzlicher Armut und hatten nur instrumentellen Wert. Die Unterdrückungsmechanismen des Agrarstaates wurden von der strukturellen Gewalt der Industrialisierung abgelöst. Allmählich entwickelten sich menschenfreundlichere Ideologien, und eine wachsende Zahl von Menschen konnte Bequemlichkeiten genießen, die bisher nur dem Adel zur Verfügung gestanden hatten, aber trotz aller Bemühungen einiger Politiker blieb die Kluft zwischen Reich und Arm unüberbrückbar.

Die Ideale der Aufklärung – Toleranz, Unabhängigkeit, Demokratie und Geistesfreiheit – waren nun keine edlen Ziele mehr, sondern wurden zu praktischen Notwendigkeiten. Die Massenproduktion verlangte einen Massenmarkt, also durfte man die einfachen Leute nicht mehr auf Subsistenzniveau halten, sondern musste ihnen die Möglichkeit geben, Güter zu kaufen. Immer mehr Menschen wurden Teil des Produktionsprozesses – als Fabrikarbeiter, Drucker oder Büroangestellte – und brauchten ein Mindestmaß an Bildung. Irgendwann forderten sie eine Repräsentation in der Regierung, und moderne Kommunikationsmittel machten es den Arbeitern leichter, sich politisch zu organisieren. Da keine einzelne Gruppe die Politik beherrschen oder auch nur eine wirksame Opposition zustande bringen konnte, wetteiferten nun politische Parteien um die Macht.[251]

So war die Geistesfreiheit zu einer wirtschaftlichen Notwendigkeit geworden. Die Menschen konnten die Innovationen, die der Fortschritt verlangte, nur erreichen, wenn sie frei waren, ohne Einschränkungen durch Klasse, Gilde oder Kirche. Die Regierungen mussten alle menschlichen Ressourcen nutzen, und so wurden auch Außenseiter wie die Juden in Europa oder die Katholiken in England und Amerika integriert.

Bald sahen sich die Industriestaaten gezwungen, neue Märkte und Ressourcen im Ausland zu suchen, und wurden deshalb, wie es der deutsche Philosoph Georg Wilhelm Friedrich Hegel (1770–1831) vorausgesagt hatte, in Richtung Kolonialismus gedrängt.[252] In den neuen Reichen war die ökonomische Beziehung zwischen imperialer Macht und Untertanenvölkern ebenso einseitig wie in den alten agrarischen Reichen. Die neuen Kolonialmächte verhalfen ihren Kolonien nicht zu einer eigenen Industrialisierung, sondern eigneten sich einfach ein »unentwickeltes« Land an, um Rohstoffe daraus zu beziehen: Nahrung für den industriellen Prozess in Europa.[253] Im Gegenzug gelangten billige massengefertigte Waren in die Kolonien und ruinierten die lokale Wirtschaft. Es kann kaum verwundern, dass der Kolonialismus als übergriffig und als Zwang empfunden wurde. Die Kolonialisten bauten moderne Transport- und Kommunikationsmittel, aber hauptsächlich für ihre eigene Bequemlichkeit.[254] In Indien raubten britische Händler Bengalen im späten 18. Jahrhundert so rücksichtslos aus, dass man diese Zeit in der Regel als »Plünderung Bengalens« bezeichnet. Die Region wurde in eine dauerhafte Abhängigkeit gezwungen, und die Dorfbewohner mussten, statt Lebensmittel für den Eigenbedarf anzubauen, Jute und Indigo für den Weltmarkt produzieren. Die Briten hielten Krankheiten und Hungersnöte unter Kontrolle, aber das daraus folgende Bevölkerungswachstum führte zu noch mehr Armut und Überbevölkerung.[255]

Diese Verbindung von industrialisierter Technologie und Kolonialreich schuf eine globale Form systembedingter Gewalt, die nicht religiös angetrieben war, sondern auf den ganz und gar säkularen Werten des Marktes beruhte. Der Westen war dem Rest der Welt so weit voraus, dass es den unterworfenen Völkern praktisch unmöglich war, den Vorsprung aufzuholen. So wurde die Welt immer mehr in den Westen und den Rest aufgeteilt, und diese systembedingte politische und wirtschaftliche Ungleichheit wurde durch militärische Gewalt aufrechterhalten. Mitte des 19. Jahrhunderts kontrollierten die Briten den größten Teil des indischen Subkontinents, und nach dem indischen Aufstand von 1857, als siebzigtausend Inder ihren letzten verzweifelten Protest gegen die Fremdherrschaft mit dem Leben bezahlten, setzten die Briten den letzten Mogulkaiser formell ab.[256] Da die Kolonie dem globalen Markt angepasst werden musste, wurde ein gewisses Maß an Modernisierung unabdingbar: Polizei, Armee und lokale Wirtschaft mussten vollständig reorganisiert werden, und ein Teil der »Eingeborenen« musste das moderne Denken lernen. Selten hatten die agrarischen Reiche versucht, die religiösen Traditionen der einfachen Menschen zu verändern, aber in Indien hatten die britischen Innovationen drastische Auswirkungen auf das religiöse und politische Leben des Subkontinents.

Die Leichtigkeit, mit der sie so umfassend unterworfen worden waren, verstörte die Inder zutiefst. Sie hatten das Gefühl, ihr Gesellschaftssystem müsse radikal defizitär sein.[257] Jetzt musste sich die traditionelle indische Aristokratie nicht nur mit fremder Herrschaft, sondern auch noch mit einer ganz anderen sozioökonomischen Ordnung arrangieren, nicht zuletzt mit den neuen Kadern aus Angestellten und Beamten, die die Briten einsetzten und die oft mehr verdienten als die alten Eliten. Diese verwestlichten Inder wurden tatsächlich zu einer neuen Kaste, die durch eine riesige Kluft der Verständnislosigkeit von der nicht modernisierten Mehrheit getrennt war. Die Demokratisierung, die die britische Herrschaft durchsetzte, war der indischen Gesellschaft fremd; sie war immer sehr hierarchisch gewesen und hatte eher die Synergien zwischen getrennten Gruppen betont als die organisierte Einheit. Außerdem verließen sich die Briten, die auf dem Subkontinent mit einer verwirrenden sozialen Vielfalt konfrontiert waren, auf die Gruppen, von denen sie irrtümlich annahmen, sie würden sie verstehen, und teilten die Bevölkerung in »Hindus«, »Muslime«, »Sikhs« und »Christen« ein.

Die »Hindu«-Mehrheit jedoch bestand aus vielen Kasten, Kulten und Gruppen, die sich selbst nicht als organisierte Religion betrachteten, wie man sie sich im Westen vorstellte. Sie besaßen keine gemeinsame Hierarchie und keine gemeinsamen Rituale, Praktiken und Glaubensaussagen. Sie verehrten viele, untereinander nicht verbundene Götter und praktizierten ihre Religion ohne nachvollziehbare Verbindung untereinander. Und jetzt fasste man sie plötzlich zusammen unter der britischen Vorstellung von »Hinduismus«.[258] Der Begriff »Hindu« war von den muslimischen Eroberern benutzt worden, um die Urbevölkerung zu bezeichnen. Er hatte keine spezifische religiöse Konnotation, sondern meinte nur »eingeboren«, »einheimisch«. So benutzten ihn auch die indigenen Völker, darunter auch Buddhisten, Jains und Sikhs. Unter den Briten jedoch mussten die »Hindus« zu einer eng untereinander verbundenen Gruppe werden und eine breite, kastenlose Identität entwickeln, die ihren uralten Traditionen vollkommen fremd war.

Es entbehrt nicht einer gewissen Ironie, dass die Briten, die in ihrer Heimat die »Religion« aus dem öffentlichen Bereich entfernt hatten, den Subkontinent mit so engen religiösen Begriffen klassifizierten. Das indische Wahlsystem machten sie an der Religionszugehörigkeit fest und führten 1871 eine Volkszählung durch, die den religiösen Gruppen ihre relative Größe und Verbreitung schmerzhaft bewusst machte. Indem sie die Religion auf diese Weise in den Vordergrund stellten, zwangen die Briten, ohne es zu wollen, dem Süden Asiens eine ganze Geschichte von

Konflikten auf. Im Mogul-Reich hatte es durchaus Spannungen zwischen der muslimischen Herrschaftsschicht und ihren »Hindu«-Untertanen gegeben, aber diese waren nur selten religiös gefärbt gewesen. Während das westliche Christentum sich während der Reformation immer weiter differenziert hatte, war Indien den entgegengesetzten Weg gegangen. Im 13. Jahrhundert war die vedische Orthodoxie durch die »Bhaktı« verändert worden, die Verehrung einer persönlichen Gottheit über Glaubens- und Kastengrenzen hinweg. Die Bhakti bezog einen Großteil ihrer Inspiration aus dem Sufismus, der auf dem Subkontinent zur beherrschenden islamischen Strömung geworden war und schon seit langer Zeit erklärte, der allwissende und allgegenwärtige Gott könne nicht auf einen einzigen Glauben beschränkt werden und deshalb sei jede streitlustige Selbstbehauptung von Orthodoxie eine Form der Götzenanbetung *(shirk)*.

In diesem Klima großzügiger Toleranz war auch der Sikhismus geboren worden. Das Wort »Sikh« stammt von dem Sanskrit-Wort *shishya* (»Schüler«), denn die Sikh folgten den Lehren des Gurus Nanak (1469–1539), dem Begründer ihrer Tradition, und seiner neun inspirierten Nachfolger. Nanak war in einem Dorf in der Nähe von Lahore im Punjab geboren und hatte erklärt, die innere Wahrnehmung Gottes sei viel wichtiger als ein strenges Festhalten an Lehren und Bräuchen, die die Menschen voneinander trennen konnten. Er achtete peinlich genau darauf, den Glauben anderer Menschen nicht lächerlich zu machen oder in Frage zu stellen. Wie die Sufi glaubte er, die Menschen müssten von dem Fanatismus entwöhnt werden, der sie dazu brachte, andere Glaubensrichtungen anzugreifen: »Religion lebt nicht in leeren Worten«, sagte er einmal. »Wer alle Menschen als gleich betrachtet, ist religiös.«[259] Eine seiner frühesten Maximen erklärte kategorisch: »Es gibt keine Hindus, es gibt keine Muslime. Wem soll ich folgen? Ich folge dem Weg Gottes.«[260]

Ein weiterer führender Vertreter dieser Offenheit anderen Glaubensrichtungen gegenüber war Akbar, der dritte Mogulkaiser (1542–1605). Aus Respekt vor Empfindlichkeiten der

»Hindu« gab er die Jagd auf, verbot die Tieropfer anlässlich seines Geburtstags und wurde Vegetarier. 1575 gründete er ein »Haus der Verehrung«, in dem Gelehrte aller religiösen Traditionen zusammenkommen konnten, um frei über spirituelle Themen zu sprechen, und einen Sufi-Orden, der sich dem »göttlichen Monotheismus« *(tawhid-e-ilahi)* widmete und sich auf die Überzeugung gründete, der eine Gott könne sich in jeder recht geführten Religion offenbaren. Aber diese Vision wurde nicht von allen Muslimen geteilt, und die Politik der Toleranz konnte nur durchgesetzt werden, solange die Moguln aus einer Position der Stärke heraus regierten. Als ihre Macht geschwächt wurde und verschiedene Gruppen gegen die imperiale Herrschaft Widerstand leisteten, eskalierten auch die religiösen Konflikte. Akbars Sohn Jahangir (reg. 1605–1627) musste einen Aufstand nach dem anderen niederschlagen, und Aurangzeb (reg. 1658–1707) glaubte wohl, politische Einheit könne nur durch eine größere Disziplin innerhalb der muslimischen Herrschaftsschicht wiederhergestellt werden. Deshalb verbot er solche Lockerungen wie das Trinken von Alkohol, machte die Zusammenarbeit zwischen Muslimen und Hindu-Untertanen unmöglich und ließ viele Hindu-Tempel zerstören. Diese gewalttätige Politik, ebenso sehr das Ergebnis der politischen Unsicherheit wie des religiösen Eifers, wurde unmittelbar nach Aurangzebs Tod rückgängig gemacht, geriet aber nie mehr ganz in Vergessenheit.

Auch die Sikhs hatten unter der imperialen Gewalt gelitten. Inzwischen hatten sie, die zu Beginn alle äußerlichen Symbole abgelegt hatten, sich eigene erschaffen. Der fünfte Guru, Arjan Dev, hatte den Goldenen Tempel in Amritsar im Punjab zu einem Pilgerort gemacht und im Jahr 1604 dort die Heiligen Schriften der Sikhs in einem Schrein niedergelegt. Die Sikhs waren immer gewaltlos gewesen. Guru Nanak hatte gesagt: »Greift zu Waffen, die niemanden verletzen; macht das Verständnis zu eurer Rüstung; macht eure Feinde zu Freunden.«[261] Und auch die ersten vier Gurus hatten keine Waffen gebraucht. Aber Jahangir hatte im Jahr 1606 den fünften Guru zu Tode foltern

lassen, und 1675 ließ Aurangzeb den neunten Guru Tegh Baha-
dur enthaupten. Sein Nachfolger Gobind Singh hatte es also mit
einer ganz anderen Welt zu tun. Und so erklärte der zehnte
Guru, es würde in Zukunft keine menschlichen Führer mehr geben: Von jetzt an wäre die Heilige Schrift der einzige Guru der
Sikhs. Im Jahr 1699 gründete er den Sikh-Orden der Khalsa (der
»Gereinigten« oder »Erwählten«). Wie die Kshatriya-Krieger
nannten sich seine Mitglieder »Singh« (Löwe), trugen Schwerter
und unterschieden sich von der übrigen Bevölkerung durch das
Tragen von Soldatenkleidung und langen Haaren. Wieder einmal hatte imperiale Gewalt eine ursprünglich friedliche Tradition radikalisiert und eine Trennung bewirkt, die der ursprünglichen Vision der Sikhs ganz fremd war. Gobind soll an Aurangzeb geschrieben haben, wenn alles andere scheitere, sei es nur
recht, zum Schwert zu greifen und zu kämpfen. Militanz könne
notwendig sein, um die Gemeinschaft zu verteidigen, wenn auch
nur als allerletztes Mittel.[262]

❊ ❊ ❊

Die Gemeinden der Hindu, Sikhs und Muslime wetteiferten
nun also um die Gunst der Briten, um Mittel und politischen
Einfluss. Ihre Anführer stellten fest, dass die Briten ihren Ideen
gegenüber aufgeschlossener waren, wenn sie annehmen mussten, sie repräsentierten eine größere Gruppe. Und sie begriffen,
dass sie sich, um unter kolonialer Herrschaft ihr Auskommen zu
finden, dem westlichen Verständnis von Religion anpassen
mussten. So neigten neue Reformbewegungen stets dazu, die
protestantischen Normen ihrer Zeit anzunehmen, und zwar in
einer Weise, die die ursprünglichen Traditionen verzerrte. Luther hatte zur Praxis der frühen Kirche zurückkehren wollen,
und entsprechend unternahm die Arya Samaj (»Gesellschaft der
Arier«), die 1875 von Swami Dayananda im Punjab gegründet
wurde, eine Rückkehr zur vedischen Orthodoxie. Er versuchte
auch die Schaffung eines verbindlichen Schriftkanons, eine vollkommene Neuerung in Indien. Die Arya war entsprechend eine

extrem reduktive Form des »Hinduismus«, denn die vedische Tradition hatte lange Zeit nur den Glauben einer kleinen Elite repräsentiert, und nur wenige Menschen verstanden Sanskrit. So fand die Bewegung nur bei den Gebildeten Anklang. Aber 1947, als die britische Herrschaft ihr Ende fand, hatten die Arya 1,5 Millionen Mitglieder. In anderen Teilen der Welt, in denen die säkulare Moderne Einzug gehalten hatte, gab es ähnliche Rückkehrbewegungen zur den »Grundlagen«. Die Arya zeigte aber auch die Aggressivität, die einem solchen Fundamentalismus innewohnte. In seinem Buch *Satyarth Prakash* (»Licht der Wahrheit«) tat Dayananda Buddhisten und Jainisten als bloße Seitenzweige des »Hinduismus« ab, machte die christliche Theologie lächerlich und erklärte, der Sikhismus sei nur eine Hindu-Sekte. Guru Nanak tat er als wohlmeinenden Niemand ab, der die vedischen Traditionen nicht verstanden und in giftigster Weise den Propheten Mohammed beleidigt habe. 1943 rief das Buch gewaltsame Proteste unter den Muslimen in Sind hervor und wurde zum Bezugspunkt jener Hindus, die Indien sowohl von den Briten als auch von den Muslimen befreien wollten.[263]

Nach Dayvanandas Tod wurde die Arya noch beleidigender und respektloser in ihren Beschimpfungen der Sikh-Gurus und rief, vielleicht unvermeidlich, eine aggressive Selbstbehauptung der Sikh-Identität hervor. Als in den Schriften der Arya behauptet wurde, die Sikhs seien Hindus *(Sikh Hindu hain),* schoss der prominente Sikh-Gelehrte Kahim Singh mit seinem äußerst einflussreichen Traktat *Ham Hindu nahim* (»Wir sind keine Hindus«) zurück.[264] Die Ironie bestand darin, dass sich vor Ankunft der Briten ja niemand als »Hindu« bezeichnet hatte. Die britische Neigung, unterschiedliche Glaubensgemeinschaften stereotyp zu betrachten, förderte also auch die Radikalisierung der Sikh-Tradition. Sie hatten die Vorstellung entwickelt, die Sikh seien durch und durch kriegerisch und heroisch.[265] In Anerkennung der Unterstützung durch die Sikhs während des Aufstands von 1857 hatten die Briten ihre anfängliche Zurückhaltung aufgegeben, Mitglieder der Khalsa in die Armee aufzunehmen. Mehr noch, sie durften sogar ihre traditionellen Uniformen tragen. Diese Sonderbehandlung führte dazu, dass die Vorstellung der Sikhs als einer eigenen Ethnie allmählich immer mehr Boden gewann.

Bisher hatten Sikhs und Hindus im Punjab friedlich zusammengelebt und dieselben kulturellen Traditionen geteilt. Die Sikhs besaßen keine zentrale Autorität, so dass es viele unterschiedliche Formen ihrer Religion gab. Das war in Indien seit jeher so, in einem Land, in dem die religiösen Identitäten vielfältig und regional definiert waren.[266] Aber in den 1870er Jahren entwickelten die Sikhs ihre eigene Reformbewegung und versuchten, sich den neuen Realitäten anzupassen. Ende des 19. Jahrhunderts gab es etwa hundert Sikh-Sabha-Gruppen im gesamten Punjab, die sich die Abgrenzung der Sikhs auf die Fahnen schrieben, eigene Schulen und Colleges gründeten und eine Fülle polemischer Schriften produzierten.[267] Oberflächlich betrachtet, standen diese Gruppen im Einklang mit der Sikh-Tradition, aber diese Trennung stellte Nanaks ursprüngliche Vision vollkommen auf den Kopf. Allmählich entstand ein Sikh-Fundamentalismus, der die Tradition selektiv interpretierte, den kriegerischen Lehren des zehnten Gurus zuneigte und das friedliche Ethos der frühen Gurus ignorierte. Dieser neue Sikhismus lehnte den Säkularismus vehement ab: Sikhs brauchten politische Macht, um Konformität durchzusetzen. Eine Tradition, die einmal für alle offen gewesen war, hatte der Angst vor dem »Anderen« Einlass gewährt, und dieses »Andere« wurde durch eine ganze Schar von Feinden repräsentiert: Hindus, Ketzer, Modernisierer, Säkularisten und jede Form politischer Herrschaft.[268]

In der muslimischen Tradition gab es ähnliche Verzerrungen. Die Abschaffung des Mogul-Reichs durch die Briten war ein traumatischer Wendepunkt gewesen und hatte ein Volk zutiefst gedemütigt, das bis dahin praktisch die Welt beherrscht hatte. Zum ersten Mal wurden die Muslime von feindseligen Ungläubigen beherrscht, und dies in einer der Kernkulturen der zivilisierten Welt. Angesichts der symbolischen Bedeutung, die das Wohlergehen der Umma besaß, rief das nicht nur politische

Besorgnis hervor, sondern berührte die spirituellen Grundlagen ihres Seins. Einige Muslime entwickelten daraus eine Geschichte der Trauer.

Wir haben schon gesehen, dass eine Erfahrung der Demütigung eine Tradition beschädigen und zum Katalysator von Gewalt werden kann. Teile der Hindu-Bevölkerung, die siebenhundert Jahre lang unter muslimischer Herrschaft gestanden hatten, pflegten ihren eigenen schwelenden Groll gegen die imperiale Herrschaft, so dass sich die Muslime plötzlich extrem verletzlich fühlten, vor allem, nachdem die Briten sie für den Aufstand von 1857 verantwortlich machten.[269]

Viele fürchteten, der Islam würde von dem Subkontinent verschwinden, und die Muslime würden ihre Identität einbüßen. Und ihrem ersten Impuls folgend, wandten sie sich vom Mainstream ab und klammerten sich an die Herrlichkeit einer fernen Vergangenheit. 1867 erließ eine Gruppe von Ulema in Deoband unweit von Delhi detaillierte Fatwas, die alle Lebensbereiche abdeckten, um damit den Muslimen ein authentisches Leben unter fremder Herrschaft zu ermöglichen. Mit der Zeit etablierten die Deobandis ein Netz von Madrasas auf dem ganzen Subkontinent und förderten damit eine Ausprägung des Islam, die auf ihre Art genauso reduktiv war wie die Arya Samaj. Auch sie bemühten sich um ein »Zurück zu den Grundlagen« – zum jungfräulichen Islam des Propheten und der Rashidun – und lehnten spätere Entwicklungen wie die Schia vehement ab. Jahrhundertelang hatte der Islam eine bemerkenswerte Fähigkeit bewiesen, andere kulturelle Traditionen zu assimilieren, aber die koloniale Demütigung führte dazu, dass die Deobandis sich auf fast dieselbe Weise vom Westen zurückzogen, wie Ibn Taimīya vor der Mogul-Zivilisation zurückgeschreckt war. Der Islam der Deobandi verweigerte sich dem Idschtihād (dem »unabhängigen Denken«) und plädierte für eine allzu strenge, wortwörtliche Auslegung der Scharia. Die Deobandis waren Progressive in sozialer Hinsicht, weil sie das Kastensystem ablehnten und entschlossen für die Bildung der ärmsten Muslime kämpften, aber gleichzeitig jeder Innovation abschworen. So waren sie beispielsweise unbeugsam gegen eine Schulpflicht für Mädchen. In ihren Anfängen waren die Deobandis nicht gewalttätig, aber später wurden sie militanter. Sie entfalteten eine durchgreifende Wirkung auf den Islam des Subkontinents, der sich auch schon traditionell gegen die offeneren Ausprägungen von Sufismus und Falsafah gewandt hatte, die die Deobandis nun heftig verurteilten. Im 20. Jahrhundert erlangten sie erheblichen Einfluss in der muslimischen Welt, etwa vergleichbar mit der Bedeutung der hoch angesehenen Madrasa von al-Azar in Kairo. Die britische Unterwerfung Indiens hatte einige Hindus, Sikhs und Muslime in eine defensive Haltung getrieben, die nur allzu leicht in Gewalt münden konnte.

* * *

Im Zuge der Veränderung der Produktionsmethoden kam es zu einer besonders folgenschweren technologischen Entwicklung: der Entstehung moderner Waffen. Die neuen Gewehre und Granaten, die von William Armstrong, Claude Minié und Henry Shrapnel entwickelt wurden, machten es den Europäern leicht, ihre Untertanen in den Kolonien auf Linie zu halten. Der Einsatz in Europa stieß zunächst auf Widerstand, aber ab 1851 standen Miniés Vorderladergewehre den britischen Übersetruppen zur Verfügung.[270] Als sie im Folgejahr gegen die Bantu zum Einsatz kamen, stellten die Schützen fest, dass sie die Bantu auf eine Entfernung von 1200 Metern treffen konnten, ohne die verheerenden Folgen ihres Tuns mit ansehen zu müssen.[271] Die Distanz löste die angeborene Tötungshemmung auf. In den frühen 1890er Jahren, während eines Gefechts zwischen der Deutsch-Ostafrikanischen Gesellschaft und Stammesangehörigen der Hebe töteten ein Offizier und ein Soldat etwa zweitausend Menschen mit zwei Maschinengewehren.[272] 1898, bei der Schlacht von Omdurman im Sudan, mähten sechs Maxim-Maschinengewehre, die sechshundert Schuss pro Minute abgaben, Tausende von Gefolgsleuten des Mahdi nieder. »Das war keine Schlacht, sondern eine Hinrichtung«, berichtete ein Augenzeuge. »Die Toten lagen nicht aufgehäuft ... sondern waren gleichmäßig über viele hundert Quadratmeter verstreut.«[273] Das neue säkulare Ethos passte sich dieser schrecklichen Gewalt schnell an. Jedenfalls teilte es nicht den universalistischen Blickwinkel einiger religiöser Traditionen, die eine Haltung der Ehrfurcht gegenüber der Heiligkeit jedes Menschenlebens gefördert hatten. Auf einer Konferenz in Le Hague im folgenden Jahr, auf der über die Legalität dieser Waffen diskutiert wurde, erklärte Sir John Ardagh: »Der zivilisierte Mensch ist Verletzungen gegenüber empfindlicher als die Wilden ... Der Wilde ist, ähnlich wie der Tiger, nicht so leicht zu beeindrucken und kämpft weiter, selbst wenn er rettungslos verwundet ist.«[274] Noch 1927 konnte Captain Elbridge Colby von der US Army argumentieren: »Tatsächlich sind Zerstörung und Vernichtung die hauptsächlichen Methoden der Kriegsführung, die die Stämme der Wilden kennen.« Deshalb sei es ein Fehler, aufgrund »exzessiver humanitärer Vorstellungen« den Einsatz überlegener Feuerwaffen zu verbieten. Ein Befehlshaber, der unangebrachtes Mitgefühl zeige, sei »einfach unfreundlich seinen eigenen Leuten gegenüber«. Wenn einige »Nichtkombattanten« getötet würden, gäbe es möglicherweise »viel weniger Verluste als bei einer längeren Operation mit höflicherem Charakter. So kann ein *inhumaner* Akt sich tatsächlich als *human* erweisen.«[275] Die weit verbreitete Anschauung, ethnische Unterschiede beraubten andere Gruppen ihrer Menschlichkeit, hatte eine leichtfertige Akzeptanz jenes Massenmordes zur Folge, der durch die mechanisierten Waffen möglich geworden war. Und damit dämmerte ein Zeitalter bisher unvorstellbarer Grausamkeit herauf.

* * *

Auch der Nationalstaat war eine Folge der Industrialisierung.[276] Die agrarischen Reiche hatten nicht die Technologie besessen, um eine einheitliche Kultur durchzusetzen; die Grenzen und territorialen Reichweiten vormoderner Königreiche konnten nur locker definiert werden und die Autorität des Monarchen beruhte auf einer Reihe sich überschneidender Loyalitäten.[277] Aber im 19. Jahrhundert strukturierte sich Europa in klar definierten Staaten unter der Führung von Zentralregierungen.[278] Die Industriegesellschaft brauchte einen gewissen Bildungsstandard, eine gemeinsame Sprache und die einheitliche Kontrolle über die menschliche Arbeitskraft. Selbst wenn die Untertanen eine andere Sprache benutzten als der Herrscher, gehörten sie jetzt als Untertanen zu einer integrierten »Nation«, einer »imaginären Gemeinschaft« und sollten eine tiefe Verbundenheit mit Menschen empfinden, die sie nicht einmal kannten.[279]

Religiös organisierte Agrargesellschaften hatten »Ketzer« oft verfolgt; im säkularisierten Nationalstaat waren es die »Minderheiten«, die vor der Wahl standen, sich zu assimilieren oder zu verschwinden. Im Jahr 1807 hatte Jefferson seinem Kriegsminister erklärt, die amerikanischen Ureinwohner seien »rückwärtsgewandte Menschen«, die entweder »ausgerottet« oder »aus unserer Reichweite« vertrieben werden mussten: auf die andere Seite des Mississippi, »zu den Tieren des Waldes«.[280] Im Jahr 1806 hatte Napoleon den Juden das volle Bürgerrecht in Frankreich gewährt, zwei Jahre später aber die »infamen Dekrete« erlassen, mit denen er ihnen befahl, französische Namen anzunehmen, ihre Religion nur noch privat auszuüben und dafür zu sorgen, dass mindestens ein Drittel aller Eheschließungen in ihrer Familie mit Nichtjuden erfolgte.[281] Diese Zwangsintegration wurde als Fortschritt angesehen. Natürlich, so argumentierte der britische Philosoph John Stuart Mill (1806–1873), war es für einen Bretonen besser, die französische Staatsbürgerschaft anzunehmen, »als schmollend auf seinen Felsen zu sitzen, als halbwildes Überbleibsel vergangener Zeiten, in seinem eigenen kleinen geistigen Orbit kreisend und ohne Teilhabe oder Interesse an der allgemeinen Bewegung der Welt«[282]. Der englische Historiker Lord Acton (1834–1902) beklagte allerdings die Vorstellung von Nationalität, weil er befürchtete, der »fiktive« allgemeine Wille des Volkes, den sie förderte, zerstöre »alle natürlichen Rechte und angestammten Freiheiten, um sich Bahn zu brechen«[283]. Er erkannte, dass das Verlangen nach einem Erhalt der Nation, wenn er absolut gesetzt wurde, die inhumanste Politik legitimieren könnte. Schlimmer noch:

> *Indem Staat und Nation theoretisch in eins gesetzt werden, reduziert die Nationalität in der Praxis die Lebensbedingungen aller anderen Nationalitäten, die innerhalb der Grenzen existieren ... Je nach dem Grad der Humanität und Zivilisation innerhalb der vorherrschenden Gruppe, die alle Gemeinschaftsrechte für sich beansprucht, werden die unterlegenen Rassen ausgerottet oder zu Sklaven gemacht oder in einen abhängigen Status versetzt.*[284]

Seine Vorbehalte gegen den Nationalismus sollten sich als nur allzu begründet erweisen.

Der neue Nationalstaat war einem grundlegenden Widerspruch unterworfen: Der *Staat* (also der Regierungsapparat) sollte säkular sein, die *Nation* (also die Menschen) jedoch quasireligiöse Emotionen hervorrufen.[285] In den Jahren 1807/08, während Napoleon Preußen eroberte, hatte der deutsche Philosoph Johann Gottlieb Fichte in Berlin eine Reihe von Vorlesungen gehalten und darin seiner Freude auf eine Zeit Ausdruck verliehen, in der die einundvierzig deutschen Einzelfürstentümer zu einem geeinten Nationalstaat würden. Das Vaterland, so erklärte er, sei eine Manifestation des Göttlichen, das Sammelbecken für die spirituelle Essenz des *Volkes* und deshalb ewig. Die Deutschen müssten bereit sein, für die Nation zu sterben, die allein in der Lage war, Menschen jene Unsterblichkeit zu schenken, nach der sie sich sehnten, weil sie seit Anbeginn aller Zeiten existiert hatte und nach ihrem Tod weiterleben würde.[286] Frühmoderne Philosophen wie Hobbes hatten nach einem starken Staat gerufen, der die Gewalt in Europa eindämmen sollte, für die sie einzig die »Religion« verantwortlich machten. Doch in Frankreich war die Nation ins Leben gerufen worden, um alle Bürger für den Krieg zu mobilisieren, und jetzt forderte Fichte die Deutschen dazu auf, im Dienste des Vaterlandes gegen den französischen Imperialismus zu kämpfen. Der *Staat* war erfunden worden, um die Gewalt einzudämmen – die Nation wurde benutzt, um sie freizusetzen.

Wenn wir das Heilige als etwas definieren, für das man bereit ist zu sterben, dann war die Nation sicher zu einer Verkörperung des Göttlichen geworden, zu einem höchsten Wert. Deshalb förderte die nationale Mythologie Zusammenhalt, Solidarität und Loyalität innerhalb der nationalen Grenzen. Sie musste aber noch jene »Sorge um das Gemeinwohl« entwickeln, die in so vielen spirituellen Traditionen religiöser Art ein wichtiges Ideal dargestellt hatte. Der nationale Mythos verlangte von seinen Bürgern nicht, dass sie ihr Mitgefühl bis an die Enden der Erde ausdehnten oder die Fremden in ihrer Mitte liebten, dass sie selbst ihren Feinden gegenüber loyal waren oder allen Wesen Glück wünschten und sich des Schmerzes der Welt bewusst wurden. Natürlich hatte diese universale Empathie die Gewalttätigkeit der Kriegeraristokratie selten beeinflusst, aber sie war zumindest eine Alternative und eine ständige Herausforderung. Nachdem die Religion jetzt zur Privatsache erklärt worden war, gab es kein »internationales« Ethos mehr gegen die wachsende strukturelle und militärische Gewalt, der schwächere Nationen in zunehmendem Maße unterworfen wurden. Der säkulare Nationalismus schien Fremde als Freiwild für Ausbeutung und Massenmord zu betrachten, vor allem, wenn sie einer anderen ethnischen Gruppe angehörten.

* * *

In Amerika, sowohl in den Kolonien als auch später in den Vereinigten Staaten, hatte die nötige Arbeitskraft gefehlt, um die Produktivität aufrechtzuerhalten, und so wurden bis 1800 zwischen zehn und fünfzehn Millionen afrikanische Sklaven zwangsweise nach Nordamerika gebracht.[287] Sie wurden brutal unterdrückt: Sklaven wurden ständig an ihre angebliche rassische Minderwertigkeit erinnert, ihre Familien wurden auseinandergerissen, und sie litten unter schwerer Arbeit, Auspeitschungen und Verstümmelungen. Nichts von alledem schien die Gründungsväter zu kümmern, die doch so stolz erklärt hatten, alle Menschen seien gleich geboren und von ihrem Schöpfer mit bestimmten unveräußerlichen Rechten ausgestattet. Diejenigen, die Bedenken erhoben, taten es nicht aufgrund der Prinzipien der Aufklärung, sondern vor dem Hintergrund christlicher Moral. In den Nordstaaten verurteilten christliche Abolitionisten die Sklaverei als einen Schandfleck auf dem Antlitz der Nation, und im Jahr 1860 kündigte der soeben gewählte Präsident Abraham Lincoln (1809–1865) an, er würde die Sklaverei in allen neu eroberten Territorien verbieten. Praktisch unmittelbar danach trennte sich South Carolina von der Union, und es war klar, dass weitere Südstaaten folgen würden.

Die politische Frage – Erhalt oder Auflösung der Union – stand nicht auf dem Spiel, aber zu ihrem großen Missfallen stellten Nord- und Südstaatler gleichermaßen fest, dass der Klerus, auf den sie sich in ideologischen Fragen verließen, keine Einigung erzielen konnte. Die Unterstützer der Sklaverei konnten massenweise Bibelstellen anführen,[288] während die Abolitionisten sich in Ermangelung einer expliziten biblischen Verurteilung des Sklavenbesitzes nur auf den Geist der Heiligen Schrift berufen konnten. Der Südstaatenprediger James Henry Thornhill argumentierte, die Sklaverei sei eine »gute und barmherzige« Art, Arbeit zu organisieren,[289] während Henry Ward Beecher in New York erklärte, sie sei »die höchst alarmierende und furchtbare Ursache einer nationalen Sünde«.[290] Die theologische Front verlief allerdings nicht entlang der Grenze zwischen Nord- und Südstaaten. In Brooklyn argumentierte Henry Van Dyke, die Abschaffung der Sklaverei sei »böse«, weil sie eine »grobe Missachtung der Heiligen Schrift« darstelle,[291] aber Taylor Lewis, Professor für Griechisch und Orientalistik an der Universität von New York, erwiderte, Van Dyke berücksichtige die »gravierend veränderten Verhältnisse in der Welt« nicht genügend, und es sei eine »bösartige Verfälschung«, zu behaupten, Einrichtungen der Antike könnten eins zu eins auf die moderne Welt übertragen werden.[292]

Lewis' nuancierter Zugang zur Heiligen Schrift basierte auf einem gelehrten Verständnis antiker Sklaverei, das undenkbar für die Evangelikalen in den Nordstaaten war, die seit der Gründung in den 1830er Jahren die Bewegung der Abolitionisten anführten.[293] Sie lasen die Heilige Schrift immer noch mit der aufklärerischen Überzeugung im Hintergrund, Menschen könnten die Wahrheit selbst erkennen, ohne die Führung durch Autoritäten oder Experten. Jetzt mussten sie entsetzt feststellen, dass die Bibel die Nation einer Zerreißprobe aussetzte, obwohl sie sie doch nach dem Unabhängigkeitskrieg zusammengehalten hatte.[294] Die Evangelikalen hatten es in einer Zeit der schweren Krise versäumt, die Nation zu führen. Als jedoch die politische Einheit der Vereinigten Staaten nach der Wahl Abraham Lincolns und der Abspaltung der Konföderierten ins Wanken geriet, wurde das Problem der Sklaverei durch die Schlachten des Bürgerkriegs (1861–1865) gelöst, nicht durch die Bibel.

Das heißt nicht, dass es in diesem Krieg zu einem Nachlassen religiöser Gefühle kam, im Gegenteil: Obwohl der amerikanische Staat sein Handeln als prinzipientreue Verteidigung der Verfassung betrachtete, war der Konflikt für die amerikanische Nation mit religiösen Überzeugungen aufgeladen. Die Bürgerkriegsarmeen wurden als die am stärksten religiös motivierten Armeen in der amerikanischen Geschichte beschrieben.[295] Sowohl Nord- als auch Südstaatler glaubten, Gott stehe auf ihrer Seite, und sie wüssten ganz genau, was er tat.[296] Und als der Krieg vorüber war, betrachteten die Südstaatler ihre Niederlage als Strafe Gottes, während Prediger aus dem Norden ihren Sieg als göttliche Zustimmung zu ihren politischen Entscheidungen feierten. »Die Institutionen der Republik sind in dieser Erfahrung bestätigt worden wie nie zuvor«, jubelte Beecher. »Ich glaube, Gott hat durch dieses Ereignis zu allen Völkern gesprochen: ›Die republikanische Freiheit auf der Grundlage wahren Christentums steht so fest wie der Grund der Erde.‹«[297] Und Howard Bushnell rief zu Beginn des akademischen Jahres 1865 an der Universität Yale aus: »Das Nationalgefühl wird zu einer Art Religion.«[298]

Tatsächlich war der Ausgang des Krieges nicht durch Gott, sondern durch moderne Waffentechnik entschieden worden. Beide Seiten hatten Minié-Gewehre, die es unmöglich machten, laufend nachzuladen, ohne in die erhebliche Reichweite dieser Waffe zu geraten und schreckliche Verluste zu erleiden.[299] Aber trotz der entsetzlichen Anzahl von Toten – bei einem einzigen Angriff konnten zweitausend Männer den Tod finden – schickten die Generäle ihre Männer immer wieder in die Offensive.[300] Auf diese Weise verloren die Konföderierten der Südstaaten in acht der ersten zwölf Schlachten des Krieges siebenundneunzigtausend Männer, und im Jahr 1864 verlor der Nordstaatengeneral Ulysses Grant in den ersten sechs Monaten seines Feldzugs gegen Robert E. Lee in der Wildnis vierundsechzigtausend Männer.[301] Die Infanterie durchschaute das Problem vor den politischen und militärischen Führern. Nachdem man die Minié-Gewehre stehend bedienen musste, begannen Fußsoldaten auf beiden Seiten, Schützengräben anzulegen, die zum wichtigsten Markenzeichen der frühindustriellen Kriegführung und ihrer lang andauernden Stellungskriege wurden.[302] Beide Seiten »gruben sich ein« und waren dadurch nicht mehr in der Lage, entscheidende Fortschritte zu machen. Dadurch zogen sich die modernen Kriege Schlacht um Schlacht endlos hin.

Nach dem Krieg zogen sich die nachdenklicheren Anführer wie Oliver Wendell Holmes jr., Andrew Dixon White und John Dewey von den Scheinsicherheiten des Aufklärungsprotestantismus zurück.[303] Auch in Europa schwand das Zutrauen in die Ideen der Aufklärung. In Deutschland entwickelten im späten 18. und frühen 19. Jahrhundert Gelehrte die Methode der historisch-kritischen Schriftauslegung, wie sie auch für das Studium klassischer Texte benutzt wurde. Diese »höhere Kritik« offenbarte, dass es keine eindeutige Botschaft in der Heiligen Schrift gab. Mose hatte den Pentateuch nicht geschrieben, sondern dieser war aus mindestens vier verschiedenen Quellen zusammengesetzt. Die Wundergeschichten waren nicht viel mehr als literarische Texte, und König David war nicht der Verfasser der Psalmen. Wenig später erklärte Charles Lyell (1797–1875), die

Erdkruste sei nicht von Gott erschaffen worden, sondern das Ergebnis der vereinigten Kräfte von Wind und Wasser. Charles Darwin (1809–1882) stellte die Hypothese auf, der *Homo sapiens* habe sich aus denselben Vor-Primaten entwickelt wie der Schimpanse. Und Studien konnten nachweisen, dass der verehrte Philosoph Immanuel Kant tatsächlich das gesamte Projekt der Aufklärung ad absurdum geführt hatte, indem er behauptete, unser Denken habe keinerlei Beziehung zur objektiven Realität.

In Europa war die steigende Flut des Unglaubens jedoch nicht nur aus dem Skeptizismus geboren, sondern aus einem Hunger nach radikalen sozialen und politischen Veränderungen. Die Deutschen waren von der Französischen Revolution unterjocht worden, aber die soziale und politische Situation im eigenen Land schloss eine ähnliche Entwicklung aus; man musste das Denken der Menschen verändern, statt zur Gewalt zu greifen. In den 1830er Jahren war ein radikaler Kader von Intellektuellen entstanden, die theologisch gebildet waren, sich aber über die sozialen Privilegien des Klerus empörten und die lutherischen Kirchen als Bastion des Konservatismus betrachteten. Als Teil des korrupten alten Regimes, so argumentierten sie, mussten die Kirchen weichen, zusammen mit dem Gott, der das System gestützt hatte. Ludwig Feuerbachs atheistisches Statement *Das Wesen des Christentums* (1841) wurde eifrig gelesen, ebenso sehr als revolutionäre wie auch als theologische Abhandlung.[304]

In den Vereinigten Staaten jedoch war die städtische Elite von der Gewalt der Französischen Revolution entsetzt und nutzte das Christentum zur Förderung sozialer Reformen, die solche Unruhen fernhalten würden. Lyells Offenbarungen hatten eine kurze Panik verursacht, aber die meisten Amerikaner blieben überzeugt von Newtons Vision eines geplanten Universums, das die Existenz eines intelligenten, wohlwollenden Schöpfers bewies. Diese liberaleren Christen waren offen für die Methode der Höheren Kritik und bereit, den Darwinismus zu »taufen«, vor allem weil sie noch nicht ganz begriffen hatten, welche Folgen er nach sich ziehen würde. Die Evolution war in Amerika noch nicht so sehr in Mode, wie es in den 1920er Jahren der Fall sein würde. Zu dieser Zeit glaubte die liberale Elite, Gott sei der Urheber des Prozesses natürlicher Selektion und die Menschheit entwickle sich allmählich hin zu einer größeren spirituellen Vollkommenheit.[305] Aber nach dem Bürgerkrieg zogen sich viele Evangelikale, entmutigt von ihrem Scheitern in der Sklavereifrage, aus dem öffentlichen Leben zurück. Sie hatten begriffen, dass sie sich selbst politisch an den Rand gestellt hatten.[306] Ihre Religion trennte sich von ihrem politischen Engagement und wurde zur Privatangelegenheit – so, wie es die Gründerväter gehofft hatten. Statt eine christliche Stimme in den großen Fragen der Zeit zu erheben, wandten sie sich nach innen und beschäftigten sich – vielleicht weil die Bibel sich in der dunkelsten Stunde der Nation als untaugliches Mittel erwiesen hatte – mit Detailfragen der biblischen Orthodoxie. Dieser Rückzug war in mancher Hinsicht eine positive Entwicklung. Die Evangelikalen waren immer noch unverrückbar antikatholisch eingestellt, und ihr Rückzug machte katholischen Einwanderern die Integration in die amerikanische Nation leichter. Andererseits fehlte dieser Nation jetzt jede heilsgeschichtlich orientierte Kritik. Vor dem Krieg hatten sich die Prediger auf die Legitimität der Sklaverei als Institution konzentriert, die Rassenfrage jedoch vernachlässigt. Tragischerweise blieb es bei der Unfähigkeit, dieses große amerikanische Problem mit Hilfe des Evangeliums zu lösen. Noch hundert Jahre nah der Abschaffung der Sklaverei litten Afroamerikaner in den Südstaaten unter Rassentrennung, Diskriminierung und regelmäßigem Terror durch den weißen Pöbel der Suprematisten, und die örtlichen Behörden unternahmen kaum etwas dagegen.[307]

* * *

Erschüttert durch die Katastrophe des Bürgerkriegs, schafften die Amerikaner ihr Militär ab. Inzwischen kamen die Europäer zu der Überzeugung, sie hätten eine zivilisiertere und erträglichere Art der Kriegführung entwickelt.[308] Ihr Vorkämpfer für den angeblich effizienten Krieg war der preußische Kanzler Otto von Bismarck (1815–1898), der stark in die Eisenbahn und das Telegrafennetz investiert hatte und seine Armee mit den neuen Nadelgewehren und stählernen Kanonen ausrüstete. In drei relativ kurzen, unblutigen, aber spektakulär erfolgreichen Kriegen gegen Staaten, die über diese fortschrittliche Technologie nicht verfügten – im dänischen Krieg 1864, im österreichisch-preußischen Krieg 1866 und im Krieg gegen Frankreich 1870/71 –, erschuf Bismarck ein geeintes Deutschland. Befeuert durch ihre nationalen Mythen, verlegten sich die europäischen Nationalstaaten daraufhin auf ein Wettrüsten, allesamt überzeugt, dass auch sie sich den Weg zu einer einzigartigen, glorreichen Zukunft freikämpfen könnten. Der britische Autor I. F. Clarke hat gezeigt, dass in den Jahren von 1871 bis 1914 kein Jahr verging, ohne dass in einem europäischen Land ein Roman oder eine Kurzgeschichte über einen künftigen katastrophalen Konflikt erschien.[309] Man stellte sich den »nächsten großen Krieg« durchgehend als furchtbare, aber unvermeidliche Prüfung vor, aus der sich die Nation zu einem besseren Leben erhebe würde. Aber so einfach war es nicht. Niemand rechnete damit, dass in einer Situation, in der alle Nationen über dieselben neuen Waffen verfügten, keiner einen Vorteil haben würde und dass Bismarcks Siege deshalb nicht wiederholbar waren.

Wie es Lord Acton vorhergesagt hatte, litten unter dem aggressiven Nationalismus vor allem die Minderheiten. Im Kontext des Nationalstaats erschienen Juden chronisch entwurzelt und kosmopolitisch. Es gab Pogrome in Russland, die von der Regierung geduldet oder sogar inszeniert wurden.[310] In Deutschland tauchten in den 1880er Jahren die ersten antisemitischen Parteien auf, und 1893 wurde Hauptmann Alfred Dreyfus, der einzige jüdische Offizier im französischen Generalstab, aufgrund der falschen Anschuldigung verhaftet, er habe Geheimnisse nach Deutschland verraten. Viele waren überzeugt, Dreyfus sei Teil einer internationalen jüdischen Verschwörung mit dem Ziel, Frankreich zu schwächen. Der neue Antisemitismus konnte sich auf jahrhundertealte christliche Vorurteile berufen, verlieh ihnen aber eine naturwissenschaftliche Begründung.[311] Die Antisemiten erklärten, Juden passten nicht in das biologische und genetische Profil des *Volkes,* und einige forderten, sie sollten ebenso eliminiert werden, wie die moderne Medizin ein Krebsgeschwür herausschneide.

Vielleicht war es unvermeidlich, dass einige Juden, die die antisemitische Katastrophe vorhersahen, ihre eigene nationale Mythologie entwarfen. Mit lockerer Anknüpfung an die Bibel kämpfte der Zionismus für eine sichere Zuflucht der Juden im Land ihrer Väter, aber die Zionisten beriefen sich auch auf verschiedene andere moderne Geistesströmungen: Marxismus, Säkularismus, Kapitalismus und Kolonialismus. Einige wollten im Land Israel ein soziales Utopia errichten. Die frühesten und lautesten Zionisten waren Atheisten, und sie waren überzeugt, der religiöse Judaismus hätte die Juden gegenüber ihren Verfolgern zu passiv werden lassen. Sie erschreckten die orthodoxen Juden, die darauf bestanden, nur der Messias könne die Juden ins Gelobte Land zurückführen. Aber wie die meisten Spielarten des Nationalismus, so hatte auch der Zionismus seine ganz eigene Religiosität. Die Zionisten, die sich in Agrarkolonien in Palästina niederließen, wurden *Chalutzim* genannt, ein Begriff mit biblischen Anklängen an Erlösung, Befreiung und Rettung. Sie beschrieben ihre landwirtschaftliche Arbeit als *Avodah,* ein Begriff, der sich in der Bibel auf den Tempelgottesdienst bezog. Und ihre Auswanderung nach Palästina war *Aliyah,* ein spiritueller »Aufstieg«.[312] Ihr Slogan jedoch war: »Ein Land ohne Volk für ein Volk ohne Land.«[313] Wie andere europäische Kolonisten glaubten auch sie, ein gefährdetes Volk hätte von Natur aus das Recht, ein »leeres« Land zu besiedeln. Aber das Land war nicht leer. Die Palästinenser träumten ebenfalls von nationaler Unabhängigkeit, und als die Zionisten die internationale Gemeinschaft schließlich 1948 von der Gründung des Staates Israel überzeugt hatten, wurden die Palästinenser ein entwurzeltes, gefährdetes Volk ohne eigenes Land. Und dies in einer Welt, die sich inzwischen über die Nation definierte.

* * *

Der Erste Weltkrieg (1914–1918) vernichtete eine ganze Generation junger Männer, aber zu Beginn begrüßten viele Europäer ihn dennoch mit einer Begeisterung, die zeigt, wie schwierig es ist, den Emotionen zu widerstehen, die seit langer Zeit durch die Religion und neuerdings durch den Nationalismus – den neuen Glauben des säkularen Zeitalters – aktiviert wurden. Im August 1914 waren die Städte Europas in einer Feierstimmung, die, ähnlich wie die Rituale der Französischen Revolution, die »imaginäre Gemeinschaft« der Nation zur inkarnierten Realität werden ließ. Fremde schauten sich hingerissen in die Augen, entfremdete Freunde umarmten sich und empfanden einen leuchtenden Zusammenhalt, der sich jeder rationalen Erklärung entzog. Die Euphorie ist als Ausbruch kollektiven Wahnsinns abgetan worden, aber diejenigen, die sie erlebten, beschrieben sie als das bewegendste Ereignis ihres Lebens. Sie wurde auch als »Flucht vor der Moderne« beschrieben, weil sie einer tiefen Unzufriedenheit mit der industrialisierten Gesellschaft entsprang, in der die Menschen nach ihrer Funktion definiert und klassifiziert wurden und alles einem rein materiellen Zweck untergeordnet wurde.[314] Die Kriegserklärung schien ein Ruf zu edlem Altruismus und Selbstaufopferung, die dem Leben wieder einen Sinn verliehen.

»Alle Unterschiede der Stände, der Sprachen, der Klassen, der Religionen waren überflutet für diesen einen Augenblick von dem strömenden Gefühl der Brüderlichkeit«, erinnerte sich der österreichische Schriftsteller Stefan Zweig. »Wie nie fühlten Tausende und Hunderttausende Menschen, was sie besser im Frieden hätten fühlen sollen: dass sie zusammengehörten ... dass jeder aufgerufen war, sein winziges Ich in diese glühende Masse zu schleudern, um sich dort von aller Eigensucht zu läutern.«[315] Es war die Sehnsucht, eine Identität abzuwerfen, die sich zu einsam, zu eng und einschränkend anfühlte, und der Isolation zu entfliehen, die den Menschen von der Moderne aufgezwungen worden war.[316] Der Einzelne war keine isolierte Person mehr, erklärte Zweig,[317] und Marianne Weber sagte: »Wir sind nicht mehr, was wir so lange gewesen sind: allein.«[318] Ein neues Zeitalter schien anzubrechen. Die Menschen erkannten, dass sie gleich *waren*, erinnerte sich Rudolf Binding. »Niemand wollte mehr sein als die anderen ... Es war wie eine Neugeburt.«[319] Die Erfahrung versetzte Leib und Seele in eine tranceartige, ins Äußerste überhöhte Liebe zum Leben und zur Existenz, erinnerte sich Carl Zuckmayer. »Eine Freude an der Teilnahme, am Miterleben, ein Gefühl der Gnade.«[320] Die Trivialität des belanglosen, ziellosen Dahinlebens der Friedenszeit sei vorbei, jubelte Franz Schauwecker.[321] Zum ersten Mal, so Konrad Haenisch, sein Leben lang ein Kritiker des deutschen Kapitalismus, konnte er aus vollem Herzen, mit reinem Gewissen und ohne ein Gefühl von Verrat in den alles umfassenden, stürmischen Gesang einstimmen: »Deutschland, Deutschland über alles.«[322]

In den Schützengräben jedoch mussten die Freiwilligen feststellen, dass sie der Industrialisierung nicht entflohen waren, sondern vollkommen von ihr beherrscht wurden. Wie eine böse religiöse Offenbarung legte der Krieg die materielle, technologische und mechanische Realität frei, die die Zivilisation des 20. Jahrhunderts verborgen hatte.[323] »Alles wird zur Maschine«, schrieb ein Soldat. »Man könnte den Krieg beinahe als Industrie des professionalisierten Menschenschlachtens bezeichnen.«[324] Es zeugt in beredter Weise von der Einsamkeit und Segmentierung der modernen Gesellschaft, dass die meisten dieser Soldaten ihr Leben lang das tiefe Gefühl von Verbundenheit nicht vergaßen, das sie in den Schützengräben erlebt hatten. »Dort umfing uns unverlierbar die plötzliche Kameradschaft der Gemeinen«, erinnerte sich T. E. Lawrence.[325] Einer der Professoren von Simone de Beauvoir »erlebte die Freuden der Kameradschaft, die alle gesellschaftlichen Schranken überwand« und beschloss, sich nie mehr der Segregation anzuschließen, »die im Zivilleben junge Männer der Mittelschicht von Arbeitern trennt«. Er empfand diese Trennung wie eine persönliche Verstümmelung.[326] Viele stellten fest, dass sie nicht einmal den unsichtbaren Feind hassen konnten, und waren schockiert, wenn sie irgendwann die Menschen sahen, die sie seit Monaten mit

Granaten beschossen. »Sie zeigten sich uns, wie sie wirklich waren, Männer und Soldaten wie wir, in Uniformen wie wir«, erklärte ein italienischer Soldat.[327]

Dieser säkulare Krieg im Dienst der Nation schenkte einigen der Teilnehmer Erfahrungen, die auch mit den religiösen Traditionen in Verbindung standen: eine Ekstase, ein Gefühl der Befreiung, der Freiheit, Eintracht, Gemeinschaft und tiefen Verbundenheit mit anderen Menschen, selbst mit dem Feind. Und doch war der Erste Weltkrieg der Vorbote eines Jahrhunderts mit beispiellosen Gemetzeln und Völkermorden, die nicht religiös inspiriert waren, wie es die Menschen schon kennengelernt hatten, sondern mit ähnlich zwingenden Vorstellungen von Heiligkeit befrachtet waren: Männer kämpften um Macht, Ehre, knappe Rohstoffe und, vor allem, für ihre Nation.

11
Die Wiederkehr der Religion

Im 20. Jahrhundert gab es viele Versuche, der modernen Verbannung der Religion in die Privatsphäre zu widerstehen. Für überzeugte Säkularisten schienen diese religiösen Bemühungen nur Versuche zu sein, die Uhren zurückzudrehen, aber tatsächlich standen dahinter immer moderne Bewegungen, die nur in unserer Zeit denkbar waren. Einige Kommentatoren sehen sie als postmoderne Erscheinungen, weil sie eine weit verbreitete Unzufriedenheit mit vielen Merkmalen der Moderne repräsentieren. Was auch immer Philosophen, Gelehrte und Politiker behaupteten: Menschen auf der ganzen Welt brachten ihren Wunsch zum Ausdruck, die Religion möge eine stärkere Rolle im öffentlichen Leben spielen. Diese Form der Religiosität wird oft als »Fundamentalismus« bezeichnet, aber dieser Begriff ist unbefriedigend, weil er sich nur schwer übersetzen lässt und den Eindruck erweckt, wir hätten es mit einem monolithischen Phänomen zu tun. Tatsächlich teilen diese Bewegungen zwar einige Ähnlichkeiten, wie wir sie von Familien kennen, aber sie haben alle ihren eigenen Fokus und ihre eigenen Auslöser. Fast überall, wo eine säkulare Regierungsform eingeführt wurde, entwickelte sich der Protest einer religiösen Gegenkultur, ähnlich den muslimischen und hinduistischen Reformbewegungen, die im britisch beherrschten Indien entstanden. Der Versuch, die Religion auf das individuelle Bewusstsein zu beschränken, hatte seinen Ursprung im Westen und war Teil der westlichen Modernisierung; in anderen Teilen der Welt machte das keinen Sinn. Tatsächlich empfanden viele Menschen diesen Versuch als reduktionistisch und schädlich.

Wie ich an anderer Stelle detailliert ausgeführt habe, ist der Fundamentalismus, sei er jüdisch, christlich oder muslimisch, an sich kein gewalttätiges Phänomen.[328] Nur ein kleiner Teil der Fundamentalisten begeht Terroranschläge; die meisten dieser Gläubigen versuchen einfach nur ein frommes Leben zu führen, in einer Welt, die dem Glauben zunehmend feindlich gegenübersteht. Am Anfang fast aller fundamentalistischen Bewegungen steht ein – zumindest so empfundener – Anschlag des säkularen, liberalen Establishments. Und alle diese Bewegungen folgen im Wesentlichen einem Grundmuster: Zunächst kommt es zu einem Rückzug vom Mainstream der Gesellschaft und zur Schaffung einer Enklave authentischen Glaubens, so wie es auch bei den Deobandis auf dem indischen Subkontinent der Fall war. Später gehen manche – bei weitem nicht alle – zum Gegenangriff über, um die Mehrheitsgesellschaft zu »bekehren«. Jede einzelne Bewegung, die ich untersucht habe, hat ihre Wurzeln in der Angst: In der Überzeugung, die moderne Gesellschaft plane die Zerstörung ihres Glaubens. Das ist nicht einfach, nicht einmal hauptsächlich, eine Paranoia. Im jüdischen Leben beispielsweise erstarkte der Fundamentalismus erst nach dem Holocaust, Hitlers Versuch, das europäische Judentum auszurotten. Und wir haben auch schon in der Vergangenheit gesehen, dass die Furcht vor Vernichtung den Horizont einengt und Menschen dazu bringt, gewaltsam um sich zu schlagen – obwohl die meisten »Fundamentalisten« ihre Feindseligkeit auf rhetorische und gewaltfreie politische Aktivitäten beschränken. Aber wir sollten uns hier mit den Gründen beschäftigen, warum es in Ausnahmefällen zur Gewalt kommt.

Generell können wir viel über den Fundamentalismus lernen, wenn wir die Krise in einer der ersten dieser Bewegungen betrachten, die sich in den Vereinigten Staaten unmittelbar nach dem Ersten Weltkrieg entwickelte. Der Begriff »Fundamentalismus« selbst wurde in den 1920er Jahren von amerikanischen Protestanten geprägt, die entschlossen waren, zu den *fundamentals* (»Grundlagen«) des Christentums zurückzukehren. Ihr Rückzug aus dem öffentlichen Leben nach dem Bürgerkrieg hatte ihren Blick eingeengt und möglicherweise auch verzerrt. Statt sich mit Themen wie rassischer oder ökonomischer Ungleichheit zu beschäftigen, fokussierten sie sich auf eine wortwörtliche Lesart der Bibel. Sie waren überzeugt, jedes einzelne Wort der Heiligen Schrift sei buchstäblich wahr. Und so sahen sie ihren Feind nicht mehr in der sozialen Ungerechtigkeit, sondern in der aus Deutschland stammenden historisch-kritischen Bibelauslegung, die die liberaleren amerikanischen Christen übernommen hatten. Die Evangelikalen versuchten nach wie vor, im Evangelium Lösungsansätze für soziale Probleme zu finden.

Trotz aller Behauptungen fundamentalistischer Bewegungen, sie wollten zu den Grundlagen zurückkehren, sind diese Bewegungen in Wirklichkeit höchst innovativ. Vor dem 16. Jahrhundert waren Christen beispielsweise immer dazu angeleitet worden, die Heilige Schrift allegorisch zu lesen; nicht einmal Calvin glaubte, das erste Kapitel der Genesis sei ein Tatsachenbericht über den Ursprung des Lebens, und er ging hart mit »Schwarmgeistern« ins Gericht, die genau dies glaubten.[329] Der neue fundamentalistische Blick verlangte die vollkommene Ausblendung der krassen Widersprüche in der Bibel. Doch der Glaube an die Unfehlbarkeit der Bibel, jede Alternative ablehnend und im eigenen engen Ideengebäude gefangen, führte zu einem abgeschotteten Denken, das aus großer Angst geboren war. »Die Religion kämpft um ihr Leben gegen eine große Klasse von Wissenschaftlern«, erklärte Charles Hodge, der dieses Dogma 1874 formulierte.[330] Die kämpferische Verteidigung des Bibeltextes spiegelte jedoch eine weit verbreitete christliche Sorge um das Wesen religiöser Autorität. Gerade einmal vier Jahre zuvor hatte das Erste Vatikanische Konzil (1870) das neue und hoch kontroverse Dogma von der Unfehlbarkeit des Papstes verkündet. Zu einer Zeit, da die Moderne alte Wahrheiten zerstörte und wichtige Fragen unbeantwortet ließ, kam eine neue Sehnsucht nach absoluter Gewissheit auf.

Alle Arten von Fundamentalismus befassen sich eingehend mit den Schrecken des modernen Krieges und der Gewalt. Das schockierende Schlachten in Europa während des Ersten Weltkrieges konnte nur der Anfang vom Ende der Welt sein, folgerten die Evangelikalen. Hinter diesem beispiellosen Gemetzel mussten die Kämpfe stehen, die im Buch der Offenbarung vorhergesagt worden waren. Es gab auch eine tiefe Sorge über die Zentralisierung der modernen Gesellschaft und alles, was den Geist der Weltherrschaft atmete. Im neuen Völkerbund sahen die Evangelikalen die Wiederbelebung des Römischen Reiches, die in der Offenbarung ebenfalls vorhergesagt wurde: das Kommen des Antichrist.[331] Und so fanden sich die Fundamentalisten plötzlich im Kampf mit satanischen Mächten, die binnen kurzem die Welt zerstören würden. Die evangelikale Spiritualität war defensiv und angefüllt mit paranoider Angst vor dem schädlichen Einfluss der katholischen Minderheit; die amerikanische Demokratie beschrieben sie sogar als »die teuflischste Herrschaft, die die Welt je gesehen hat«.[332] Das schaurige Endzeit-Szenario der amerikanischen Fundamentalisten mit seinen Kriegen, seinem Blutvergießen und Schlachten ist symptomatisch für eine tief verwurzelte Sorge, die durch kühle, rationale Analyse nicht besänftigt werden kann. In weniger stabilen Ländern würde es in einer ähnlichen Notsituation nur allzu leicht dazu kommen, dass Verzweiflung und Angst sich in körperlicher Gewalt Bahn brachen.

Der entsetzte Rückzug von der Gewalt des Ersten Weltkriegs führte viele amerikanische Fundamentalisten auch zur Ablehnung der modernen Naturwissenschaft. Geradezu besessen waren sie von der Evolutionstheorie. Es herrschte ein weit verbreiteter Glaube, die Kriegsgreuel der Deutschen seien das Ergebnis der deutschen Befürwortung eines Sozialdarwinismus, der besagte, das Leben sei ein brutaler, gottloser Kampf, bei dem nur die Stärksten überleben durften. Das war natürlich eine vulgäre Verzerrung von Darwins Hypothese, aber zu einer Zeit, da die Menschen den blutigsten Krieg der Geschichte verarbeiten mussten, schien die Evolutionstheorie alles zu symbolisieren, was im modernen Leben als rücksichtslos empfunden wurde. Verstört waren vor allem die kleinstädtischen Amerikaner, die das Gefühl hatten, ihre Kultur würde von einer säkularistischen Elite übernommen, was diese Menschen als eine Art kolonialen Angriff fremder Mächte begriffen. Ihre Sorge kam 1925 in dem berühmten Scopes-Prozess in Dayton, Tennessee, zum Ausdruck, als die Fundamentalisten, vertreten durch den demokratischen Politiker William Jennings Bryan, ihre staatliche Gesetzgebung zu verteidigen suchten, die die Behandlung der Evolutionslehre in staatlichen Schulen verbot. Auf der Gegenseite stand der rationalistische Clarence Darrow, unterstützt von der neu gegründeten American Civil Liberties Union.[333] Am Ende wurde das Gesetz aufrechterhalten, aber Bryans schwacher Auftritt bei der scharfen Befragung durch Darrow brachte die Sache der Fundamentalisten gründlich in Misskredit.

Aus der Reaktion auf diese Demütigung lässt sich vieles lernen. Die Presse trat eine heftige Kampagne los und stellte Bryan und seine fundamentalistischen Unterstützer als hoffnungslose Anachronisten dar. Fundamentalisten hatten keinen Platz in der modernen Gesellschaft, argumentierte der Journalist H. L. Mencken:»Sie sind überall, wo dem menschlichen Geist das Lernen zu schwer fällt, selbst das vage, Mitleid erregende Lernen, das in den kleinen roten Schulen möglich ist.« Er machte Dayton als »Dorf in Tennessee mit einem Pferd« lächerlich und bezeichnete seine Einwohner als»glotzäugige Primaten aus dem Hügelland«.[334] Aber sobald eine fundamentalistische Bewegung angegriffen wird, sei es gewaltsam oder in Form einer Medienkampagne, kommt es fast unvermeidlich zu einer Radikalisierung. Die Unzufriedenen schließen daraus, dass ihre Ängste wohl begründet sind: Die säkulare Welt hat *wirklich* die Absicht, sie zu zerstören. Vor dem Scopes-Prozess hatte nicht einmal Hodge geglaubt, die Genesis sei in jeder Einzelheit wissenschaftlich korrekt; nach dem Prozess wurde die »Schöpfungslehre« zum Kriegsruf der fundamentalistischen Bewegung. Vor Dayton hatten sich einige führende Fundamentalisten noch mit der politischen Linken im Bereich der Sozialarbeit engagiert; danach wechselten sie zur extremen Rechten, zogen sich komplett vom Mainstream zurück und gründeten ihre eigenen Kirchen, Colleges, Radiosender und Verlage. Immer unter dem herrschenden kulturellen Radar fliegend, wuchsen sie weiter an. Und als sie in den späten 1970er Jahren erkannten, wie stark die öffentliche Unterstützung war, tauchten sie von den Rändern her wieder auf: mit Jerry Falwells *Moral Majority* (»Die Mehrheit, die die Moral auf ihrer Seite weiß«).

Von da an erhob der amerikanische Fundamentalismus seine entschiedene Stimme in der amerikanischen Politik – mit bemerkenswertem Erfolg. Dass es nicht zu Gewalttätigkeiten kam, ist vor allem dem Umstand geschuldet, dass die amerikanischen Protestanten nicht so sehr litten wie beispielsweise die Muslime im Nahen Osten. Im Unterschied zu den säkularen Herrschern in Ägypten oder im Iran konfiszierte die US-Regierung nicht ihren Besitz, auch ihr Klerus wurde nicht gefoltert und getötet, und ihre Institutionen wurden nicht verboten. In Amerika war die säkulare Moderne ein einheimisches Gewächs. Sie war nicht mit militärischer Gewalt von außen oktroyiert worden, sondern hatte sich allmählich und organisch entwickelt, und als die amerikanischen Fundamentalisten Ende der 1970er Jahre die öffentliche Bühne betraten, konnten sie etablierte demokratische Kanäle nutzen, um ihre Ansichten zu Gehör zu bringen.

Obwohl der amerikanische protestantische Fundamentalismus in der Regel also nicht gewalttätig war, so war er doch eine Reaktion auf erlebte Gewalt: das Trauma des modernen Krieges und die aggressive Verachtung, die ihm aus dem säkularistischen Establishment entgegengebracht wurde. Beides kann eine religiöse Tradition so verzerren, dass die Folgen weit über die Glaubensgemeinschaft hinaus spürbar werden. Aber der amerikanische Fundamentalismus teilt mit anderen unzufriedenen Gruppen die Empfindsamkeit von Menschen in einer kolonialen Situation und die trotzige Selbstbehauptung und Entschlossenheit, die eigene Identität und Kultur gegen eine mächtige Umwelt zu erhalten.

* * *

Der muslimische Fundamentalismus mündete und mündet dagegen oft – wenn auch nicht immer – in physische Aggression. Der Grund dafür liegt nicht darin, dass der Islam seinem Wesen nach eher zur Gewalt neigt als das protestantische Christentum, sondern vielmehr in der viel härteren Konfrontation der Muslime mit der Moderne. Vor der Geburt des modernen Staates im Schmelztiegel des Kolonialismus hatte der Islam in vielen muslimischen Ländern als ordnendes gesellschaftliches Prinzip fungiert. Im Jahr 1920 jedoch, nach dem Ersten Weltkrieg und der Niederlage des Osmanischen Reiches, teilten Großbritannien und Frankreich die osmanischen Gebiete in Nationalstaaten nach westlichem Muster untereinander auf und errichteten Mandatsgebiete und Protektorate, bevor sie die neuen Länder in die Unabhängigkeit entließen. Die inneren Widersprüche des Nationalstaates machten sich aber in der muslimischen Welt besonders zerstörerisch bemerkbar, weil es dort keine Tradition des Nationalismus gab. Die von den Europäern gezogenen Grenzen waren so willkürlich, dass es extrem schwerfiel, die schon erwähnte nationale »imaginäre Gemeinschaft« zu erschaffen. Im Irak beispielsweise, wo die Sunniten in der Minderheit waren, ernannten die Briten einen sunnitischen Herrscher, der auch die schiitische Mehrheit und die Kurden im Norden des Landes regieren sollte. Im Libanon, wo die Hälfte der Bevölkerung muslimisch war und natürlich enge wirtschaftliche und politische Beziehungen zu den arabischen Nachbarn anstrebte, bevorzugte die von den Franzosen eingesetzte christliche Regierung eine Bindung an Europa. Die Teilung Palästinas und die Zustimmung zur Gründung des jüdischen Staates Israel durch die Vereinten Nationen im Jahr 1948 erwies sich als nicht weniger schädlich. Sie hatte die Zwangsumsiedlung von 750000 arabischen Palästinensern zur Folge, und diejenigen, die blieben, lebten plötzlich in einem Staat, der ihnen feindlich gesinnt war. Hinzu kam, dass Israel ein säkularer Staat war, gegründet von den Anhängern einer der alten Weltreligionen. Während der ersten zwanzig Jahre seiner Existenz war die israelische Führung extrem säkular; die Gewalt gegen die Palästinenser, Israels Kriege gegen die Nachbarstaaten und die palästinensische Vergeltung waren nicht religiös motiviert, sondern entsprangen einem säkularen Nationalismus.

Die Teilung des indischen Subkontinents durch die Briten in das hinduistische Indien und das muslimische Pakistan (1947) erwies sich als ähnlich problematisch, nachdem in beiden Fällen im Namen der Religion säkulare Staaten gegründet wurden. Die brutale Teilung führte zur Umsiedlung von mehr als 7 Millionen Menschen und dem Tod einer weiteren Million, die versuchten, von einem Staat in den anderen zu flüchten, um sich ihren eigenen Glaubensbrüdern und -schwestern anzuschließen. Sowohl in Indien als auch in Pakistan beherrschten weite Teile der Bevölkerung die sogenannte Nationalsprache nicht. Besonders heikel war die Lage in Kaschmir, das trotz der dort lebenden muslimischen Mehrheit Indien zugeschlagen wurde, weil es von einem Hindu-Maharadscha regiert wurde. Diese britische Entscheidung ist bis heute umstritten; ähnlich willkürlich wurde die Teilung in Ost- und Westpakistan empfunden, die durch Tausende Kilometer indisches Territorium voneinander getrennt waren.

In ihrem Unabhängigkeitskampf vor der Teilung hatten die Hindus eine intensive Diskussion darüber geführt, ob der Kampf gegen die Briten legitim sei. Diese Diskussion wurde in großen Teilen anhand der *Bhagavad Gita* geführt, die das kollektive Gedächtnis Indiens geprägt hatte. In Indien war die Ahimsa (Gewaltlosigkeit) ein bedeutender spiritueller Wert, aber die *Gita* schien Gewalt zuzulassen. Mohandas (»Mahatma«) Gandhi (1896–1948) stimmte dieser Interpretation jedoch nicht zu. Er war in eine Vaishya-Familie hineingeboren worden und hatte viele Freunde unter den Jains, die seine spätere Haltung auch durchaus beeinflussten. 1914, nachdem er jahrelang als Anwalt in Südafrika gearbeitet und Widerstand gegen die diskriminierende Gesetzgebung in Bezug auf die Inder geleistet hatte, war er in sein Heimatland zurückgekehrt und hatte begonnen, sich mit dem Thema der staatlichen Unabhängigkeit Indiens zu beschäftigen. Er gründete die Natal Indian Congress

Party und entwickelte seine ganz eigene Methode des gewaltlosen Widerstandes gegen die koloniale Unterdrückung. Neben den religiösen Traditionen des Hinduismus waren seine Quellen die Bergpredigt Jesu, Tolstois Schrift *Das Himmelreich in euch* (1893), Ruskins *Diesem Letzten* (1862) und Thoreaus *Über die Pflicht zum Ungehorsam gegen den Staat* (1849).

Im Mittelpunkt von Gandhis Weltsicht stand die zuerst in den Upanishaden entwickelte Erkenntnis, dass alle Lebewesen Manifestationen des Brahman seien. Nachdem alle denselben heiligen Kern teilen, wendet sich jede Gewalt gegen die metaphysische Verfasstheit des gesamten Universums. Diese zutiefst spirituelle Vision der Einheit aller Existenz stand dem aggressiven Separatismus und Chauvinismus des Nationalstaates diametral entgegen. Gandhis friedliche Gehorsamsverweigerung gegen die eigennützige Verstocktheit der britischen Herrschaft basierte auf drei Prinzipien: Ahimsa, Satyagraha (die »Seelenkraft«, die aus der Erkenntnis der Wahrheit entspringt) und Swaraj (»Selbstbeherrschung«). In der *Gita*, so Gandhi, war Arjunas anfängliche Verweigerung des Kampfes keine echte Ahimsa gewesen, weil er immer noch den Unterschied zwischen sich und seinen Feinden betonte und nicht begriff, dass sie alle, Freund und Feind gleichermaßen, Verkörperungen des Brahman darstellten. Wenn Arjuna wirklich verstanden hätte, dass er und Duryodana, der Feind, gegen den er kämpfen würde, letztlich eins waren, dann hätte er die »Seelenkraft« erlangt, die den Hass eines Feindes in Liebe verwandeln konnte.

Aber wie wir gesehen haben, können dieselben Texte und spirituellen Praktiken zu ganz unterschiedlichen Handlungsweisen führen. Und so gab es auch hier ganz unterschiedliche Ansichten. Der Hindu-Gelehrte Aurobindo Gose (1872–1950) argumentierte, Krishnas positive Haltung zur Gewalt in der *Gita* sei lediglich eine Anerkennung der grausamen Realität. Natürlich wäre es schön, wenn man über allem Toben Gewaltfreiheit bewahren könnte, aber bis Gandhis »Seelenkraft« sich in der Welt wirklich durchsetze, würde die natürliche Aggressivität in Menschen und Nationen weiterhin alles »niedertrampeln, zerbrechen, schlachten, verbrennen, verschmutzen, wie wir es heute erleben«. Gandhi würde möglicherweise feststellen, dass er durch seine Abkehr von der Gewalt genauso viel Leben zerstöre wie diejenigen, die kämpfen.[335] Aurobindo wurde zum Sprachrohr der Gandhi-Kritiker, die der Ansicht waren, Gandhi verschließe die Augen vor der Tatsache, dass die britische Antwort auf seine gewaltlosen Kampagnen letztlich in ein scheußliches Blutvergießen mündete. Aber Aurobindo sprach auch von dem ewigen Dilemma des Ashoka: Ist Gewaltlosigkeit in der unvermeidlich gewalttätigen Welt der Politik ein geeignetes Mittel? Trotzdem setzte Gandhi seine Theorie mit letzter Konsequenz durch. Gewaltlosigkeit hieß nicht nur, seine Feinde zu lieben, so erklärte er; es ging auch um die Erkenntnis, dass sie in Wirklichkeit gar keine Feinde waren. Er hasste die systemische und militärische Gewalt der Kolonialherrschaft, gestattete es sich aber nicht, die Menschen zu hassen, die sie anwendeten:

Meine Liebe ist nicht ausschließlich. Ich kann nicht Muslime und Hindus lieben und die Engländer hassen. Denn wenn ich nur Hindus und Muslime liebe, weil ihr Verhalten mir im Großen und Ganzen gefällt, dann werde ich sie hassen, sobald mir ihr Verhalten missfällt, was jederzeit passieren kann. Eine Liebe, die auf der Güte derjenigen basiert, die wir lieben, ist nichts als ein Handel.[336]

Ohne Ehrfurcht vor der Heiligkeit jedes einzelnen Menschen und der »Einigkeit«, die man in Indien schon seit langer Zeit als Ziel der spirituellen Reise betrachtete, war eine »Politik ohne Religion«, so Gandhi, eine »tödliche Falle, weil sie die Seele tötet«.[337] Der säkulare Nationalismus sei nicht in der Lage, eine ähnlich universelle Ideologie zu begründen, obwohl alle Teile unserer Welt eng miteinander verbunden seien. Gandhi konnte den westlichen Säkularismus nicht gutheißen: »Um den universellen und alles durchdringenden Geist der Wahrheit von Angesicht zu Angesicht zu sehen, muss man in der Lage sein, selbst die schäbigste Kreatur zu lieben wie sich selbst«, schloss er in seiner Autobiografie. Die Hingabe an diese Wahrheit verlangte die Einmischung des Menschen in jeden Bereich des Lebens. Ihn hatte diese Haltung in die Politik geführt, weil »diejenigen, die sagen, die Religion habe nichts mit Politik zu tun, nicht wissen, was Religion bedeutet«.[338] Gandhis letzte Lebensjahre waren von der Gewalt überschattet, die während und nach der Teilung des indischen Subkontinents explodierte. Er wurde 1948 von einem radikalen Nationalisten ermordet, der glaubte, Gandhi habe den Muslimen zu viele Zugeständnisse gemacht und eine große finanzielle Spende nach Pakistan gegeben.

Während Muslime und Hindus ihre nationalen Identitäten in dieser besonders angespannten Situation entwickelten, fielen beide Gruppen der Hauptsünde des säkularen Nationalismus anheim: seiner Unfähigkeit, Minderheiten zu tolerieren. Und nachdem ihr Denken noch von Spiritualität durchdrungen war, verzerrten die nationalen Neigungen die traditionelle religiöse Sicht.

Als die Gewalt zwischen Muslimen und Hindus in den 1920er Jahren eskalierte, wurde Dayanandas Arya Samaj militanter.[339] Auf einer Konferenz im Jahr 1927 wurde ein militärischer Flügel gegründet: die Arya Vir Dal (»Soldaten der arischen Pferde«). Sie erklärten, der neue arische Held müsse die Tugenden der Kshatriya – Mut, körperliche Stärke und vor allem Beherrschung von Waffen – in sich entwickeln. Seine Hauptaufgabe bestehe darin, die Rechte der arischen Nation gegen die Muslime und Briten zu verteidigen.[340] Die Arya sorgte dafür, dass sie sich in ihrer Hingabe nicht von der Rashtriya Svayamsevak Sangh (»Nationale Freiwilligen-Vereinigung«, zumeist abgekürzt RSS) übertreffen ließ, die drei Jahre zuvor von Keshav B. Hedgewar gegründet worden war. Während die Arya den britischen Religionsbegriff auf den »Hinduismus« übertrug, vermischte die RSS traditionelle religiöse Ideale mit westlichem Nationalismus. Es handelte sich im Wesentlichen um eine Organisation zur Charakterbildung mit dem Ziel, ein Ethos des Dienens zu entwickeln, das auf Treue, Disziplin und Respekt vor dem Hindu-Erbe beruhte und vor allem die städtische Mittelschicht erreichen sollte. Held der RSS war ein Krieger aus dem 17. Jahrhundert namens Shivaji, der dank seiner Treue zu traditionellen hinduistischen Ritualen und ebenso dank seiner organisatorischen Geschicklichkeit einen erfolgreichen Aufstand gegen die Moguln angeführt hatte. Es war ihm gelungen, seine Gefolgsleute aus den verschiedensten Bauernkasten in einer Armee zu einen, und die RSS hatte sich geschworen, sie würde in Britisch-Indien dasselbe tun.[341]

So entstand in Indien eine neue Religiosität, die die Stärke der Hindus kultivierte, nicht indem sie sich auf die Ahimsa bezog, sondern indem sie das traditionelle Kriegerethos weiterentwickelte. Aber die Verbindung von Kshatriya-Ideal und säkularem Nationalismus sollte wie ein Gift wirken. Für die RSS war Indien kein Territorium, sondern eine lebende Gottheit. Indien war stets als heiliges Land verehrt worden, und seine Meere, Flüsse und Berge waren ebenfalls heilig, aber jetzt war es seit Jahrhunderten von Fremden entweiht worden – und die Teilung würde es vergewaltigen. Traditionell hatte die Muttergottheit alle in ihren Armen willkommen geheißen, aber mit einer bislang unbekannten intoleranten Haltung Minderheiten gegenüber erklärte nun die RSS, Muslime oder ostasiatische Buddhisten hätten keinen Platz mehr im Land.

Hedgewar war eher Aktivist als Intellektueller. Sein Denken war stark beeinflusst von V. D. Savarkar (1883–1966), einem genialen Radikalen, der in britischer Haft gesessen hatte und dessen Klassiker *Hindutva* (»Hindu sein«) aus dem Gefängnis geschmuggelt und 1923 gedruckt worden war. In dieser Schrift definierte Savarkar den Hindu als einen Menschen, der die Integrität Groß-Indiens (das sich vom Himalaya bis zum Iran und bis Singapur erstreckte) anerkannte und das Land nicht nur als Vaterland verehrte, sondern, ähnlich wie andere Nationalisten, als Heiliges Land.[342] Diese Verbindung von Religion und säkularem Nationalismus war potenziell gefährlich. In Savarkars Büchern stand die aufkeimende nationale Identität der Hindus in Abhängigkeit von einem Ausschluss des Islam: Die komplexe Geschichte Indiens wurde als Kampf auf Leben und Tod gegen den muslimischen Imperialismus dargestellt. Obwohl die Hindus immer die Bevölkerungsmehrheit gestellt hatten, waren sie durch Jahrhunderte imperialer Herrschaft darauf konditioniert, sich als umkämpfte, gefährdete Minderheit zu sehen.[343] Wie so viele unterjochte Völker, begriffen sie ihre Geschichte als eine Geschichte der Trauer und Demütigung, die religiöse Traditionen beschädigen und zur Gewalt treiben kann. Einige empfanden die lange Zeit der Unterdrückung als nationale Schande. In den 1930er Jahren neigte M. S. Golwalkar, der zweite Anführer der RSS, den Idealen des Nationalsozialismus zu, die zum Teil durch die Demütigung Deutschlands durch die Alliierten nach dem Ersten Weltkrieg aufgekommen seien. Fremde hätten in Indien nur zwei Möglichkeiten, argumentierte Golwalkar: »Die fremden Rassen müssen ihre eigenständige Existenz aufgeben ... oder sie dürfen im Land bleiben, dann aber ganz der Hindu-Nation unterworfen, ohne Ansprüche zu erheben, ohne Privilegien zu verdienen und schon gar ohne irgendeine Vorzugsbehandlung – nicht einmal Bürgerrechte stehen ihnen zu.«[344] Golwalkar pries die Deutschen wegen ihrer »Reinigung des Landes von der semitischen Rasse«. Indien, so glaubte er, konnte von dieser Ausprägung des arischen »Rassestolzes« viel lernen.[345]

Die Schrecken der Teilung gossen Öl ins Feuer der Trauergeschichte, die die Beziehungen zwischen Muslimen und Hindus so gefährlich vergiftete. Wie der Psychologe Sudhir Kakar erklärt, hören hinduistische und muslimische Kinder seit Jahrzehnten die Geschichten über die Gewalt dieser Zeit. Geschichten, die »auf der Wildheit des unversöhnlichen Feindes bestehen. Dies ist ein wichtiger Kanal, durch den historische Feindschaft von einer Generation zur anderen weitergegeben wird.«[346] Auf diese Weise kam es auch zu einem Bruch zwischen säkular und religiös eingestellten Hindus.[347] Die Säkularisten waren überzeugt, derartige Gewalt könne nicht wieder vorkommen. Viele gaben den Briten die Schuld an dem tragischen Geschehen, andere betrachteten es nur als schreckliche Verirrung. Jawaharlal Nehru, Indiens erster Ministerpräsident, glaubte, die

Industrialisierung des Landes und die Verbreitung des naturwissenschaftlichen Rationalismus und der Demokratie würden die Leidenschaften ausbalancieren. Aber es gab verstörende Vorzeichen kommender Unruhen. Im Jahr 1949 wurde eine Statue von Rama – eine Inkarnation Vishnus und ein Musterexemplar hinduistischer Tugenden – in einem Haus in Ayodhya in der östlichen Gangesebene gefunden, dem Mythos nach Ramas Geburtsort. An dieser Stelle stand aber auch eine Moschee, von der es hieß, sie sei 1528 von Babur, dem ersten Mogulkaiser gegründet worden.[348] Fromme Hindus erklärten, Gott selbst habe das Abbild des Rama dort niedergelegt. Die Muslime stritten das natürlich ab. Es gab gewalttätige Zusammenstöße, und der Bezirksrichter, ein Mitglied der RSS, weigerte sich, die Statue zu entfernen. Da ihre Bilder regelmäßige Verehrung forderten, durften die Hindus von nun an das Gebäude betreten, um am Jahrestag des wundersamen Auftauchens vor der Rama-Statue ihre Gesänge darzubringen. Vierzig Jahre später sollte die heilige Topographie den naturwissenschaftlichen Rationalismus besiegen, den die Säkularisten so zuversichtlich proklamiert hatten.

* * *

Pakistans Staatsgründer Muhammad Ali Jinnah (1876–1948) war ein unerschrockener Säkularist, der einfach einen Staat erschaffen wollte, in dem die Menschen nicht aufgrund ihrer religiösen Überzeugungen definiert wurden. Tatsächlich war die Nation aber durch den Islam bestimmt, bevor sie überhaupt existierte. Das weckte unweigerlich einige Erwartungen, und von Anfang an gab es, so entschieden säkular sich die Regierung auch gebärdete, religiösen Druck mit dem Ziel einer Re-Sakralisierung des politischen Lebens. Die Deobandi wurden in Pakistan besonders stark. Sie nutzten das moderne System des territorialen Nationalismus und der säkularen Demokratie und boten den Armen freie Schulbildung in ihren Madrasas an, während das staatliche Schulsystem an mangelnden finanziellen Mitteln zugrunde ging. Ihre Schüler wurden vom Mainstream des säkularen Lebens isoliert und in der besonders strengen und intoleranten Spielart des Islam unterrichtet, den die Deobandi vertraten. Um ihre islamische Lebensweise zu schützen, gründeten die Deobandi auch eine politische Partei, die JUI (Vereinigung der Ulema des Islam). In den späten 1960er Jahren, nachdem sie Zehntausende von Schülern herangezogen hatten, waren sie in einer ausgezeichneten Position, um Druck auf die Regierung auszuüben, damit diese das bürgerliche Recht und das Bankensystem islamisierte. Auf diese Weise wurden auch Arbeitsplätze für die ultrareligiösen Absolventen ihrer Schulen geschaffen.

Ganz anders verhielt es sich mit dem Jamaat-i-Islami, der 1941 in Indien gegründet worden war, um der Gründung eines separaten säkularen Staates entgegenzuwirken. Jamaat hatte keine Madrasa-Basis und klammerte sich nicht an die Vergangenheit wie die Deobandi, sondern entwickelte eine islamische Ideologie unter dem Einfluss der modernen Ideale von Freiheit und Unabhängigkeit. Der Gründer Abul Ala Maududi (1903–1979) erklärte, nachdem Gott allein die Angelegenheiten der Menschen regiere, könne nichts anderes – »sei es ein Mensch, eine Familie, eine Klasse oder eine Gruppe, nicht einmal die Menschheit als Ganzes« – Souveränität für sich beanspruchen.[349] Deshalb sei niemand verpflichtet, einer sterblichen Autorität zu gehorchen. Jede Generation müsse die Dschahilidscha ihrer Zeit bekämpfen, wie es der Prophet getan hatte, denn die Gewalt, Gier und Gottlosigkeit der Dschahili seien immerwährende Gefahren. Der westliche Säkularismus sei der Inbegriff der modernen Dschahilidscha, weil er eine Rebellion gegen Gottes Herrschaft darstelle.[350] Der Islam, so Maududi, sei keine »Religion« nach westlichem Muster, die sich von der Politik trennen lasse. Hier war er sich mit Gandhi vollkommen einig. Der Islam war eher ein *Din*, eine Lebensweise, die ökonomische, soziale und politische Aktivitäten ebenso umfasste wie Rituale:[351]

Der Gebrauch des Wortes Din weist die Anschauungen derjenigen kategorisch zurück, die glauben, die Botschaft eines Propheten ziele vor allem darauf ab, die Verehrung des einen Gottes zu sichern, die Befolgung von Glaubenssätzen und die Befolgung einiger Rituale. Er weist auch die Anschauungen derjenigen zurück, die glauben, Din habe nichts mit kulturellen, politischen, ökonomischen, gesetzgeberischen, juristischen oder anderen Angelegenheiten zu tun, die zu dieser Welt gehören.[352]

Muslime waren verpflichtet, die strukturelle Gewalt des Dschahili-Staates zurückzuweisen und wirtschaftliche Gerechtigkeit, soziale Harmonie und politische Gleichheit im öffentlichen Leben ebenso durchzusetzen wie im privaten, und zwar auf der Grundlage eines tiefen Gottesbewusstseins *(taqwah)*.

Vor der Teilung hatte sich der Jamaat auf die Ausbildung seiner Mitglieder konzentriert, damit sie ihr eigenes Leben im Größeren Dschihad änderten. Nur durch ein authentisches Leben auf der Grundlage des Korans konnten sie hoffen, die Menschen für die Sehnsucht nach einer islamischen Herrschaft zu gewinnen. Nach der Teilung spaltete sich die Bewegung jedoch. Von ihren sechshundertfünfundzwanzig Mitgliedern verblieben zweihundertvierzig in Indien. Nachdem nur elf Prozent der indischen Bevölkerung muslimisch waren, konnte der indische Jamaat nicht auf die Schaffung eines islamischen Staates hoffen. Stattdessen betrieben seine Mitglieder eine qualifizierte Anerkennung des moderaten (im Gegensatz zum atheistischen) Säkularismus im neuen Staat Indien, der jede Diskriminierung aufgrund religiöser Überzeugungen verbot. Dies, so erklärten sie, sei ein »Segen« und die »Garantie für eine sichere Zukunft des Islam in Indien«.[353] In Pakistan jedoch gab es die Möglichkeit zur Etablierung eines islamischen Staates, und Maududi und seine dreihundertfünfundachtzig Jamaat-Schüler sahen keinen Anlass zur Zurückhaltung. Sie wurden zur am straffsten organisierten politischen Partei in Pakistan, fanden Unterstützung in den gebildeten städtischen Schichten und kämpften vehement gegen die Diktatur von Ayub Khan (reg. 1958–1969), der das Eigentum von Geistlichen einzog, und ebenso gegen die sozialistische Regierung von Zulfikar Ali Bhutto (reg. 1971–1977), die islamische Symbole und Slogans benutzte, um im Volk Unterstützung zu mobilisieren, tatsächlich aber nur Verachtung für die Religion empfand.

Maududi sah sich also nach wie vor zum Kampf *(Dschihad)* gegen den Dschahili-Säkularismus verpflichtet. Allerdings interpretierte er den Dschihad in einer traditionellen, breiten Weise und verstand darunter nicht nur den »heiligen Krieg«, sondern ein Streben nach Gottes Herrschaft mit friedlichen politischen Mitteln, mit Büchern und der Förderung des Bildungswesens.[354] Es wäre also falsch, den pakistanischen Jamaat als eine Vereinigung zu betrachten, die sich in fanatischer Weise der Gewalt verschrieb. Die Tatsache, dass die Partei nach der Teilung zwei so unterschiedliche Richtungen einschlug, zeigt ihre Flexibilität bei der Anpassung an die jeweiligen Umstände. Maududi wollte nichts zu tun haben mit revolutionären Putschen, Attentaten und einer Politik, die Hass und Konflikte schürte. Er bestand auf der Auffassung, wonach der islamische Staat nur dann Wurzeln schlagen konnte, wenn seine Ziele und Mittel »sauber und vorbildlich« waren.[355] Der Übergang von einem säkularen Nationalstaat zu einer wahrhaft islamischen Gesellschaft musste sich, so erklärte er immer wieder, »natürlich, evolutionär und friedlich« vollziehen.[356]

Aber die Gewalt war in Pakistan zu einem wichtigen Mittel der Politik geworden.[357] Die Führer kamen wiederholt durch Militärputsche an die Macht, und weder Khan noch Bhutto konnten mit ihrer rücksichtslosen Unterdrückung jeder politischen Opposition als Beispiele für einen wohltätigen, friedlichen Säkularismus angesehen werden. In der pakistanischen Gesellschaft wurde die Gewalt so dominant, dass eine Gruppe, die ihr abschwor, kaum auf Erfolg hoffen konnte. In seiner Bemühung, Unterstützung für den Jamaat zu finden, ließ sich Maududi 1953 auf eine Kampagne gegen die sogenannte ketzerische Ahmadi-Sekte ein und verfasste ein flammendes Pamphlet, das

Unruhen provozierte und ihn ins Gefängnis brachte.[358] Aber das war ein Ausrutscher. Maududi beklagte weiterhin die Gewalt in der pakistanischen Politik und verurteilte das aggressive Handeln des Jamaat-Bündnispartners IJT (Islami Jamiat-i-Taliban), der »Gesellschaft islamischer Studenten«, die Streiks und Demonstrationen gegen Bhutto organisierte, die Kommunikationssysteme lahmlegte, den städtischen Handel und das Bildungswesen behinderte und sich gewaltsame Zusammenstöße mit der Polizei leistete. Während andere Mitglieder des Jamaat sich mit der endemischen Gewalt in Pakistan abfanden, wich Maududi nicht von seinem Ziel ab, den islamischen Staat auf demokratische Weise zu etablieren. Immer wieder erklärte er, ein islamischer Staat dürfe kein Gottesstaat sein, weil keine Gruppe und kein Individuum das Recht habe, in Gottes Namen zu regieren. Eine islamische Regierung müsse für eine festgesetzte Zeit vom Volk gewählt werden, es müsse ein allgemeines Wahlrecht für alle Erwachsenen geben, regelmäßige Wahlen, ein Mehrparteiensystem, eine unabhängige Justiz und eine Garantie der Menschen- und Bürgerrechte. Er strebte also ein System an, das sich von der parlamentarischen Demokratie in Westminster nicht grundlegend unterschied.[359]

Als Zia ul-Haq 1977 durch einen Putsch an die Macht kam, eine Diktatur errichtete und ankündigte, Pakistan würde von jetzt an der Scharia folgen, bezog er sich in seinen Reden immer wieder auf Maududis Schriften. Er nahm auch mehrere altgediente Jamaat-Mitglieder in sein Kabinett auf und sorgte für die Anstellung Tausender Jamaat-Aktivisten im öffentlichen Dienst, im Erziehungswesen und in der Armee. Scharia-Gerichtshöfe wurden eingerichtet, und für das Trinken von Alkohol, für Diebstahl, Prostitution und Ehebruch wurden die traditionellen islamischen Strafen eingeführt. Inzwischen war Maududi gebrechlich geworden, und die neuen Führer des Jamaat unterstützten Zias Militärregime und betrachteten es als vielversprechenden Anfang. Maududi jedoch war zutiefst besorgt. Wie konnte eine Diktatur, die Gottes Souveränität für sich beanspruchte und mit kriegerischer und struktureller Gewalt regierte, wahrhaft islamisch sein? Kurz vor seinem Tod schrieb er eine knappe Notiz dazu:

Die Einführung der islamischen Gesetze allein kann nicht das positive Resultat erbringen, auf das der Islam wirklich abzielt ... Denn durch die reine Ankündigung [islamischer Gesetze] könnt ihr die Herzen der Menschen nicht mit dem Licht des Glaubens entzünden oder ihren Geist mit den Lehren des Islam erleuchten, und ebenso wenig könnt ihr ihre Gewohnheiten und ihr Verhalten auf diese Weise nach den Tugenden des Islam formen.[360]

Spätere Generationen muslimischer Aktivisten hätten gut daran getan, diese Lektion anzunehmen.

* * *

Die westliche Moderne hatte an den Orten ihres ersten Auftretens zwei Segnungen hervorgebracht: politische Unabhängigkeit und technische Innovation. Im Nahen Osten jedoch tauchte die Moderne im Gewand kolonialer Unterdrückung auf und fand nur ein geringes Innovationspotenzial vor. Der Westen war den Muslimen so weit voraus, dass sie ihn nur nachahmen konnten.[361] Und die unerwünschten Veränderungen, als fremde Importe von außen aufgezwungen, kamen viel zu abrupt. Ein Prozess, der in Europa Jahrhunderte gedauert hatte, vollzog sich im Nahen Osten binnen weniger Jahrzehnte, in oberflächlicher Weise und oft gewaltsam. Die nahezu unüberwindlichen Probleme, vor denen die Modernisierer standen, zeigten sich besonders deutlich in der Karriere des Muhammad Ali (1769–1849). Er war nach Napoleons Invasion Gouverneur von Ägypten geworden und stand vor der ungeheuren Aufgabe, seine rückständige osmanische Provinz in nur vierzig Jahren in die Moderne zu führen. Das konnte nur mit rücksichtslosem Zwang gelingen. Dreiundzwanzigtausend Bauern starben als Zwangsarbeiter, die die Bewässerung und die Kommunikationswege Ägyptens verbesserten. Abermals Tausende wurden zur Armee eingezogen; manche schnitten sich die Finger ab oder blendeten sich, um dem Militärdienst zu entgehen.[362] Technologische Unabhängigkeit war undenkbar, denn Muhammad Ali musste alle Maschinen, Waffen und Fertigwaren in Europa kaufen.[363] Und politische Unabhängigkeit war ebenfalls undenkbar, denn obwohl er eine gewisse Autonomie von den Osmanen erreichte, führte die Modernisierung dazu, dass Ägypten faktisch eine britische Kolonie wurde. Muhammad Alis Enkel Ismail Pascha (1803–1895) sorgte dafür, dass das Land attraktiv für die Europäer wurde: Er stellte französische Ingenieure ein, die den Suezkanal ins Werk setzten, baute mehr als 1600 Kilometer Eisenbahn, ließ mehr als eine Million Morgen bisher brachliegendes Land bewässern und moderne Schulen für Jungen und Mädchen errichten. Kairo verwandelte er in eine elegante, moderne Stadt. Damit trieb er das Land allerdings in den Bankrott und verschaffte den Briten auf diese Weise letztlich den Vorwand, den sie brauchten, um 1882 einzumarschieren und die Interessen der Aktienbesitzer zu schützen.

Selbst wenn auf diese Weise ein gewisses Maß an Modernisierung erreicht wurde, gelang es den europäischen Kolonialmächten, die Entwicklung umzukehren. Muhammad Alis vielleicht größte Errungenschaft war der Aufbau einer Baumwollindustrie gewesen, die Ägypten eine verlässliche ökonomische Basis zu geben versprach. Aber Lord Cromer, der erste Generalkonsul von Ägypten, stoppte die Produktion, weil die ägyptische Baumwolle britischen Interessen schadete. Cromer, der auch kein Freund der Frauenemanzipation war – er war in London ein Gründungsmitglied der Anti-Women's Suffrage League gewesen, die gegen das Frauenwahlrecht kämpfte –, fuhr auch Ismails Bildungsprogramm für Frauen zurück und versperrte ihnen den Zugang zum Arbeitsmarkt. Jede Wohltat war mehr Schein als Sein. 1922 gewährten die Briten Ägypten ein gewisses Maß an Unabhängigkeit mit einem neuen König, einem Parlament und einer liberalen Verfassung nach westlichem Muster, behielten aber die Kontrolle über das Militär und die Außenpolitik. Zwischen 1923 und 1930 gab es drei allgemeine Wahlen, die alle mit einem Sieg der Wafd-Partei endeten, die für eine Reduzierung der britischen Präsenz in Ägypten kämpfte. Und jedes Mal wurde die gewählte Regierung von den Briten zum Rücktritt gezwungen.[364] In derselben Weise behinderten die Europäer die Entwicklung der Demokratie im Iran, wo moderne Geistliche und Intellektuelle 1906 eine erfolgreiche Revolution gegen den Qajar Schah durchgeführt hatten und jetzt eine Verfassung und eine repräsentative Regierung forderten. Sofort halfen die Russen dem Schah, das neue Parlament *(majlis)* zu schließen, und in den 1920er Jahren manipulierten die Briten immer wieder die Wahlen, damit die Majlis nicht in die Lage versetzt wurden, die iranischen Ölquellen zu verstaatlichen, aus denen der Treibstoff für die britische Flotte stammte.[365]

Die Muslime des Nahen Ostens hatten die säkulare Herrschaft der Kolonialmächte also als militärisch und systematisch gewalttätig erlebt. Und als sie im 20. Jahrhundert ihre Unabhängigkeit erlangten, wurde es nicht besser. Die Europäer lösten ihre Kolonialreiche auf, zogen sich aus der Region zurück und übergaben die Herrschaft an die vorkolonialen Herrschaftsschichten, die so im alten aristokratischen Ethos verwurzelt waren, dass sie zur Modernisierung gänzlich unfähig waren. In der Regel wurden sie von putschenden reformfreundlichen Armeeoffizieren abgesetzt, die praktisch die einzigen Nicht-Adeligen waren, die eine westliche Erziehung erhalten hatten: Reza Khan im Iran (1921), Oberst Adib Shissak in Syrien (1949) und Jamal Abd al-Nasser in Ägypten (1952). Wie Muhammad Ali modernisierten diese Reformer ihre Länder zwar schnell, jedoch oberflächlicher und eher noch gewalttätiger als die Europäer. Sie waren an das Leben in Kasernen und an das Befolgen von Befehlen ohne Rückfragen gewöhnt, und entsprechend rücksichtslos schlugen sie jede Opposition nieder und unterschätzten die Komplexität der Modernisierung.[366] Ihre Untertanen empfanden den Säkularismus denn auch weder als befreiend noch als friedlich. Stattdessen terrorisierten die säkularen Herrscher ihre Untertanen höchst wirkungsvoll, indem sie vertraute Institutionen abschafften, so dass die Menschen ihre eigene Welt nicht mehr wiedererkannten.

Auch diesmal konnte man die Religion zwar aus dem Staat drängen, nicht aber aus der Nation. Die Offiziere wollten säkularisieren, mussten aber gläubige Nationen regieren, für die ein säkularisierter Islam ein Widerspruch in sich war.[367] Dessen ungeachtet, erklärten sie dem religiösen Establishment den Krieg. Ganz nach dem Muster der aggressiven Methoden, die in der Französischen Revolution angewendet worden waren, hatte Muhammad Ali die Geistlichen finanziell ausgehungert, ihnen die Steuerbefreiung genommen und das religiöse Stiftungsrecht *(awqaf)* beschnitten, also ihre wesentlichen Einkommensquellen ausgetrocknet, und sie systematisch jeglicher Macht beraubt, die sie noch besaßen.[368] Für die ägyptischen Ulema war die Moderne durch diesen rücksichtslosen Angriff für immer stigmatisiert; sie waren eingeschüchtert und wurden immer reaktionärer. Nasser wechselte die Gangart und ernannte sie zu Staatsbeamten. Jahrhundertelang hatte die Gelehrsamkeit der Ulema das Volk durch die Feinheiten des islamischen Rechts geführt, aber sie hatten auch als schützendes Bollwerk zwischen dem Volk und der Systemgewalt des Staates gestanden. Jetzt lernten die Menschen sie als Lakaien der Regierung zu verachten, und damit verloren sie eine verantwortungsbewusste, kluge religiöse Autorität, die um die Komplexität der islamischen Tradition wusste. Selbsternannte religiöse Führer und schlichte radikale Gemüter sprangen in die Bresche, oft mit verheerenden Auswirkungen.[369]

In der gesamten muslimischen Welt verkörperte Mustafa Kemal Atatürk (1881–1938), der Gründer der modernen türkischen Republik, wie kein Zweiter die Gewalttätigkeit des Säkularismus. Nach dem Ersten Weltkrieg war es ihm gelungen, die Briten und Franzosen aus Anatolien, dem osmanischen Kernland, herauszuhalten. Die Türkei besaß also den großen Vorteil, keine Kolonie zu sein. Atatürk wird im Westen oft als aufgeklärter muslimischer Führer betrachtet, weil er entschlossen war, dem Islam jeden rechtlichen, politischen und ökonomischen

Einfluss zu nehmen.[370] Tatsächlich war er ein Diktator, der den Islam hasste und ihn als »verwesenden Leichnam« bezeichnete.[371] Er ging in der üblichen kriegerischen Weise vor, um die Sufi-Orden zu ächten, ihren Besitz einzuziehen, die Madrasas zu schließen und den Awqaf zu enteignen. Vor allem aber schaffte er die Scharia ab und ersetzte sie durch eine Gesetzgebung, die im Wesentlichen aus der Schweiz übernommen war und dem größten Teil der Bevölkerung nichts bedeutete.[372] Schließlich erklärte Atatürk 1925 das Kalifat für null und nichtig. Politisch hatte es ohnehin schon lange keine Bedeutung mehr besessen, aber es symbolisierte die Einheit der Umma und ihre Verbindung zum Propheten. Dieser Verlust war eine düstere Stunde und wurde von den Sunniten der gesamten muslimischen Welt als spirituelles und kulturelles Trauma erlebt. Die Zustimmung des Westens für Atatürk ließ viele glauben, der Westen plane nun wirklich die Zerstörung des Islam.

Um die aufstrebende Schicht der Händler zu kontrollieren, hatten die letzten osmanischen Sultane ihre griechischen und armenischen Untertanen – die 90 Prozent des Bürgertums stellten – systematisch deportiert oder umgebracht. 1908 entmachteten die Jungtürken, eine Partei von Modernisierern, Sultan Abdul-Hamid II. durch einen Putsch. Sie hatten sowohl den antireligiösen Positivismus westlicher Denker wie August Comte (1798–1857) als auch den neuen »naturwissenschaftlichen« Rassismus übernommen, ein Ergebnis der Aufklärung, das im Zeitalter des Empire auf fruchtbaren Boden fiel. Während des Ersten Weltkriegs ordneten die Jungtürken die Deportation und »Umsiedlung« sämtlicher armenischer Christen im Reich an, unter dem Vorwand, sie würden gemeinsame Sache mit dem Feind machen, in Wirklichkeit jedoch mit dem Ziel, einen rein türkischen Staat zu gründen. Das führte zum ersten Völkermord des 20. Jahrhunderts, begangen nicht von religiösen Fanatikern, sondern von eingeschworenen Säkularisten. Mehr als eine Million Armenier wurden abgeschlachtet: Männer und Jungen wurden getötet, wo man sie fand, während Frauen, Kinder und Alte in die Wüste getrieben wurden, wo man sie vergewaltigte, erschoss, verhungern ließ, vergiftete, erstickte oder bei lebendigem Leibe verbrannte.[373] »Ich bin als Türke geboren«, erklärte der Arzt Mehmed Resid, der »Hinrichtungsgouverneur«. »Armenische Verräter haben im Schoß des Vaterlandes eine Nische gefunden, aber sie sind gefährliche Krankheitserreger. Ist es nicht die Pflicht eines Arztes, solche Krankheitserreger zu vernichten?«[374]

Als Atatürk an die Macht kam, brachte er die ethnischen Säuberungen zu Ende. Jahrhundertelang hatten Griechen und Türken gemeinsam die Ufer der Ägäis bewohnt. Jetzt teilte Atatürk die Region und organisierte einen massiven Bevölkerungsaustausch. Griechisch sprechende Christen, die in der heutigen Türkei lebten, wurden ins heutige Griechenland deportiert, während türkisch sprechende Muslime in Griechenland in die andere Richtung geschickt wurden. Für viele Muslime waren westlicher Säkularismus und Nationalismus danach unauslöschlich mit ethnischen Säuberungen, vehementer Intoleranz und der gewaltsamen Zerstörung kostbarer islamischer Institutionen verbunden.

Im Iran hofierte Reza Khan die verwestlichte Ober- und Mittelschicht, hatte aber nicht das geringste Interesse an der Masse der Bauern, die sich deshalb mehr denn je auf die Ulema stützten. So entwickelten sich zwei Nationen im Land, die eine modernisiert, die andere von den Segnungen der Moderne ausgeschlossen und grausam ihrer religiösen Traditionen beraubt, die ihrem Leben Sinn verliehen hatten. Entschlossen, die Identität des Staates eher auf die alte persische Kultur als auf den Islam zu gründen, schaffte Reza sämtliche Ashura-Trauerrituale für Husain ab, verbat den Iranern den Haddsch und beschnitt drastisch den Einfluss der Scharia-Gerichte. Als Ayatollah Modarris dagegen Einspruch erhob, wurde er inhaftiert und hingerichtet.[375] 1928 erließ Reza neue Kleidervorschriften, woraufhin seine Soldaten mit ihren Bajonetten die Schleier der Frauen abrissen und auf offener Straße zerschnitten.[376] Zu Ashura 1929 umzingelte die Polizei die berühmte Madrasa Fayziyah in Ghom, und als die Studenten nach dem Unterricht herausströmten, zog man ihnen die traditionelle Tracht aus und zwang sie, westliche Kleidung anzuziehen. 1935 erhielt die Polizei den Befehl, auf eine Menge zu schießen, die im heiligen Schrein des achten Imam in Mashhad friedlich gegen die Kleidungsgesetze demonstriert hatte. Hunderte von unbewaffneten Iranern wurden getötet.[377] Im Westen war der säkulare Nationalstaat entstanden, weil man die religiös motivierte Gewalt verhindern wollte. Für viele tausend Menschen im Nahen Osten stellte sich der säkulare Nationalismus als blutrünstige, zerstörerische Macht dar, die sie ihrer notwendigen spirituellen Stützen beraubte.

* * *

Der Nahe Osten war also auf brutale Weise in ein neues System von Unterdrückung und Gewalt hineingezwungen worden, das in der Kolonialzeit entstanden war. Die früheren Provinzen des mächtigen osmanischen Reiches waren von den Kolonialherren fast über Nacht aggressiv zu einem abhängigen Block zusammengefügt worden. Ihre Gesetze wurden durch fremde Regeln ersetzt, ihre uralten Rituale wurden abgeschafft und ihre Geistlichen wurden hingerichtet oder verarmten und wurden öffentlich gedemütigt. Umgeben von modernen Gebäuden, Institutionen und Straßen nach westlichem Muster, fühlten sich die Menschen im eigenen Land nicht mehr zu Hause. Diese Verwandlung wurde mit dem Ableben eines geliebten Freundes verglichen, der vor unseren Augen an einer tödlichen Krankheit zugrunde geht. Ägypten, immer eine führende Macht in der arabischen Welt, hatte einen besonders schwierigen Übergang zur Moderne und eine viel längere Phase direkter westlicher Herrschaft erlebt als viele andere Länder der Region. Diese dauerhafte fremde Präsenz und der Mangel an spiritueller und moralischer Führung hatten dem Land schweren Schaden zugefügt und ein zersetzendes Gefühl der Demütigung hervorgerufen, dem weder die Briten noch die neue ägyptische Regierung etwas entgegensetzen wollten. Einige Reformer aus der traditionellen ägyptischen Elite versuchten die wachsende Entfremdung zu stoppen.

Muhammad Abdu (1849–1905), Scheich von Al-Azhar, schlug vor, das moderne Rechts- und Verfassungswesen mit traditionellen islamischen Normen zu verbinden, so dass sie besser verständlich würden. Die Menschen waren so verwirrt durch das säkulare Rechtssystem, dass Ägypten zu einem gesetzlosen Land zu werden drohte.[378] Lord Cromer jedoch, der das Gesellschaftssystem des Islam als »politisch und sozial todgeweiht« betrachtete, wollte davon nichts wissen.[379] Rashid Rida (1865 1935), Abdus Biograph versuchte ein College zu gründen, wo die Studenten moderne Rechtswissenschaft, Soziologie und Naturwissenschaft gleichzeitig mit dem islamischen Recht studieren konnten, so dass es eines Tages möglich sein sollte, die Scharia zu modernisieren, ohne sie zu verwässern, und Gesetze auf der Grundlage authentischer muslimischer Traditionen zu formulieren, statt sich auf eine fremde Ideologie zu stützen.[380]

Aber diese Reformer fanden keine Anhänger, die ihre Ideen weitertrugen. Wesentlich erfolgreicher war Hassan al-Banna (1906–1949), Gründer der Muslimbruderschaft und einer der »freien Anführer«, die in das Vakuum spiritueller Führung eintraten, das die Modernisierer hinterlassen hatten.[381] Er war Lehrer und hatte moderne Naturwissenschaften studiert, und er wusste, dass die Modernisierung unerlässlich war. Aber gleichzeitig glaubte er, ein so tief religiöses Volk wie die Ägypter könne nur erfolgreich in die neue Zeit mitgenommen werden, wenn eine spirituelle Reformation damit einherginge. Die eigenen kulturellen Traditionen würden ihnen besser dienen als fremde Ideologien, die sie sich nie ganz zu eigen machen konnten. Banna und seine Freunde waren schockiert und unglücklich über die politische und soziale Verwirrung in Ägypten und über den krassen Gegensatz zwischen den luxuriösen Häusern der Briten und den Baracken der ägyptischen Arbeiter am Kanal. Eines Nachts im März 1928 kamen sechs Schüler auf Banna zu und baten ihn zu handeln. Sie formulierten die tiefe Unzufriedenheit vieler Menschen in beredter Weise:

*Wir kennen den praktischen Weg nicht, um die Ehre des Islam
zu erreichen und dem Wohlergehen der Muslime zu dienen.
Wir sind dieses Leben in Demütigung und Einschränkung
leid. Und wir sehen, dass Araber und Muslime keinen Status
und keine Würde mehr besitzen. Sie sind nur noch Mietlinge,
die den Fremden gehören ... Wir sehen den Weg nicht so gut
wie du, und wir wissen nicht, wie wir dem Vaterland, der Religion und der Umma dienen könnten.*[382]

In dieser Nacht gründete Banna die Muslimbruderschaft, die
eine Reform der muslimischen Gesellschaft von unten ins Leben
rufen sollte.

Die Bruderschaft war eine deutliche Antwort auf eine drängende Not, und sie sollte eine der mächtigsten Kräfte in der
ägyptischen Politik werden. Als Banna 1949 ermordet wurde,
gab es in ganz Ägypten zweitausend örtliche Untergliederungen, und die Bruderschaft war die einzige ägyptische Organisation, in der jede gesellschaftliche Gruppe repräsentiert war: Beamte, Studenten, städtische Arbeiter und Bauern.[383] Sie war nicht
militant, sondern versuchte, moderne Institutionen in einer vertrauten islamischen Umgebung in der ägyptischen Öffentlichkeit zu verankern. Die Brüder bauten Schulen für Mädchen und
Jungen neben den Moscheen und gründeten die »Rovers«, eine
Pfadfinderbewegung, die zur beliebtesten Jugendorganisation
im Land wurde. Sie richteten Abendschulen für Arbeiter ein
und hielten Tutorien, in denen Studenten auf die Eingangsprüfungen des öffentlichen Dienstes vorbereitet wurden. Sie bauten
Kliniken und Krankenhäuser auf dem Land und setzten die Rovers ein, um in ärmeren Regionen die Kanalisation und Gesundheitserziehung zu verbessern. Die Bruderschaft gründete auch
Gewerkschaften, die die Arbeiter mit ihren Rechten vertraut
machten. Wenn die Bruderschaft in einer Fabrik vertreten war,
wurden gerechte Löhne gezahlt, es gab eine Krankenversicherung und bezahlten Urlaub, und die Menschen konnten in der
firmeneigenen Moschee beten. Bannas Gegenkultur bewies also,
dass der Islam weit davon entfernt war, ein veraltetes Relikt ver-

gangener Zeiten zu sein, sondern dass er vielmehr als wirksame Kraft der Modernisierung betrachtet werden konnte, die gleichzeitig das spirituelle Leben förderte. Aber der Erfolg der Bruderschaft war ein zweischneidiges Schwert, denn er machte auf die Vernachlässigung von Bildung und Arbeitsbedingungen durch die Regierung aufmerksam. So wurde Bannas Bruderschaft nicht als Unterstützung wahrgenommen, sondern als schwere Bedrohung für das Regime.

Die Bruderschaft war indes alles andere als perfekt: Sie neigte zu Antiintellektualismus, ihre Verlautbarungen waren oft defensiv und selbstgerecht, ihr Blick auf den Westen war durch die koloniale Erfahrung verzerrt, und ihre Anführer duldeten keinen Widerspruch. Vor allem aber entwickelte sich ein terroristischer Flügel. Nach der Gründung des Staates Israel wurde die Not der palästinensischen Flüchtlinge zu einem verstörenden Symbol der muslimischen Ohnmacht in der modernen Welt. Für einige schien Gewalt der einzige Weg zu sein. Anwar as-Sadat, der spätere ägyptische Präsident, gründete eine »Gesellschaft der Mörder«, um die Briten am Suezkanal anzugreifen.[384] Andere paramilitärische Gruppen wurden am Palast und am Wafd eingesetzt, und so war es vielleicht unvermeidlich, dass einige Brüder den »geheimen Apparat« (al-jihaz al-sirri) bildeten. Mit einer Gesamtmitgliederzahl von etwa tausend war der Apparat so geheim, dass selbst die meisten Brüder nie davon hörten.[385] Banna kritisierte den Apparat, konnte ihn aber nicht unter Kontrolle halten, und bald schon warf der Apparat einen dunklen Schatten auf die Bruderschaft und gefährdete ihre Arbeit.[386] Als der Apparat am 28. Dezember 1948 den Ministerpräsidenten Muhammad al-Nuqraishi ermordete, verurteilte die Bruderschaft diese Greueltat auf das schärfste. Trotzdem ergriff die Regierung die Gelegenheit, um sie fortan zu unterdrücken. Am 12. Februar 1949, mit an Sicherheit grenzender Wahrscheinlichkeit auf Anordnung des neuen Ministerpräsidenten, wurde Banna auf offener Straße erschossen.

Als Nasser 1952 die Macht an sich riss, hatte sich die Bruderschaft neu aufgestellt, war aber innerlich tief zerstritten. In der

Frühzeit, als er noch nicht besonders populär war, hofierte Nasser die Bruderschaft, obwohl er ein glühender Säkularist und ein Verbündeter der Sowjetunion war. Als klarwurde, dass Nasser nicht die Absicht hatte, einen islamischen Staat zu gründen, schoss ein Mitglied des Apparats ihn während des Wahlkampfs nieder. Nasser überlebte, und der Mut, den er bei dem Attentat gezeigt hatte, förderte seine Popularität. Jetzt sah er sich in der Lage, wirksame Schritte gegen die Bruderschaft zu unternehmen: Bis Ende 1954 wurden mehr als tausend Brüder vor Gericht gestellt; unzählige weitere Muslimbrüder, die zum Teil nur Flugblätter verteilt hatten, konnten nicht verurteilt werden, verbrachten aber trotzdem bis zu fünfzehn Jahre ohne Gerichtsverfahren im Gefängnis. Nachdem Nasser in der weiteren arabischen Welt zum Helden geworden war, weil er dem Westen 1956 in der Suezkrise die Stirn geboten hatte, intensivierte er seine Bemühungen, das Land zu säkularisieren. Aber diese staatliche Gewalt brachte nur eine noch extremere Ausprägung des Islam hervor, die zum bewaffneten Widerstand gegen das Regime aufrief.

Religiöser Extremismus entwickelt sich oft in einer Symbiose mit einem vehement aggressiven Säkularismus. Einer der Brüder, die 1954 verhaftet worden waren, war Sayyid Qutb (1906–1960), der wichtigste Propagandist der Bruderschaft.[387] Als junger Mann hatte Qutb keinen Widerspruch zwischen seinem Glauben und der säkularen Politik ausgemacht, aber die rücksichtslose Politik der Briten und die Rassenvorurteile, denen er bei einem Besuch in den USA begegnete, hatten ihn verstört und schockiert. Dennoch blieben seine Ansichten gemäßigt und eher tastend – was ihn letztlich radikalisierte, war die Gewalt, die er in Nassers Gefängnissen erlebte. Qutb wurde selbst gefoltert und hatte voller Entsetzen ansehen müssen, wie zwanzig Häftlinge ermordet wurden. Dutzende weitere wurden gefoltert und hingerichtet, nicht von Fremden, sondern von Ägyptern. Der Säkularismus schien nicht mehr freundlich, sondern grausam, aggressiv und unmoralisch. Im Gefängnis führte Qutb Maududis Ideen einen Schritt weiter. Als er hörte, wie Nasser schwor, er würde den Islam nach westlichem Muster zur Privatangelegenheit erklären, und sich gleichzeitig die schrecklichen Erlebnisse als Häftling ins Bewusstsein rief, kam Qutb zu der Ansicht, ein sogenannter muslimischer Herrscher könne genauso gewaltsam *dschahili* sein wie jede westliche Macht. Wie so viele andere, die durch Gewalt und Ungerechtigkeit terrorisiert wurden, entwickelte Qutb eine dualistische Ideologie, die die Welt in zwei Lager teilte: Das eine nahm Gottes Macht an, das andere nicht. Mit dem Weg des Propheten Mohammed hatte Gott ein praktisches Programm für eine gut geordnete Gesellschaft vorgeführt: Gottes Befehl folgend, hatte Mohammed eine *Jamaat* gegründet, eine Partei, die sich für Gerechtigkeit einsetzte und sich vom heidnischen Establishment fernhielt. Dann hatte er während der Hidschra eine vollständige Trennung zwischen dem Göttlichen und dem Gottlosen vorgenommen. Drittens hatte Mohammed in Medina einen islamischen Staat gegründet, und viertens hatte er seinen Dschihad gegen das *dschahili* Mekka begonnen, das sich schließlich Gottes Allmacht beugte.

Qutb formulierte diese Ideen in seinem Buch *Meilensteine,* das aus dem Gefängnis geschmuggelt und viel gelesen wurde. Er war ein gebildeter Mann, aber *Meilensteine* ist nicht das Werk einer offiziellen islamischen Autorität, sondern der Aufschrei eines Mannes, den man zum Äußersten getrieben hatte. Qutbs Programm beruhte auf einer Fehlinterpretation der islamischen Geschichte, die Mohammeds gewaltlose Politik in Hudaybiyya, den Wendepunkt im Konflikt mit Mekka, ignorierte. Demütigung, Fremdherrschaft und säkularisierende Aggression hatten eine islamische Geschichte der Trauer aufkommen lassen. Qutb betrachtete die Vergangenheit mit paranoidem Blick und sah nur noch eine unendliche Abfolge von gottlosen Feinden – Heiden, Christen, Kreuzritter, Mongolen, Kommunisten, Kapitalisten, Kolonialisten und Zionisten – die allesamt die Zerstörung des Islam planten.[388] Er wurde im Jahr 1966 hingerichtet und erlebte die Auswirkungen seines Programms in der Praxis nicht mehr mit. Aber im Gegensatz zu einigen seiner späteren Nachfolger hatte er wohl begriffen, dass die Muslime eine lange spirituelle, gesellschaftliche und politische Vorbereitung brauchten, bevor sie zum bewaffneten Kampf bereit waren. Nach seinem Tod jedoch verschlimmerte sich die politische Situation im Nahen Osten, und die wachsende Gewalt und Entfremdung führte dazu, dass Qutbs Schriften Anklang bei der unzufriedenen Jugend fanden, vor allem bei denjenigen Brüdern, die sich ähnlich wie er in den ägyptischen Gefängnissen verhärtet hatten und meinten, für einen echten Reifungsprozess sei keine Zeit mehr. Als diese Muslimbrüder in den frühen 1970er Jahren aus den Gefängnissen entlassen wurden, brachten sie Qutbs Ideen in die Mitte der Gesellschaft und versuchten, sie politisch durchzusetzen.

* * *

Nach dem Sechstagekrieg zwischen Israel und seinen arabischen Nachbarn im Juni 1967 erlebte die Region eine religiöse Wiederbelebung, nicht nur in den muslimischen Ländern, sondern auch in Israel. Der Zionismus hatte, wie wir gesehen haben, als widerständige säkulare Bewegung begonnen, und die militärischen Aktivitäten des jüdischen Staates besaßen keine religiöse Stoßrichtung. Die gewaltsame Unterdrückung der Palästinenser durch Israel war eher ein Ergebnis des säkularen Nationalismus als die Folge religiöser Gebote. Vor dem Krieg, als sie gehört hatten, wie Nasser schwor, er würde sie alle ins Meer treiben, waren viele Israelis überzeugt, es würde einen weiteren Versuch geben, sie zu vernichten. Sie reagierten blitzschnell und erreichten einen spektakulären Sieg, durch den sie die syrischen Golanhöhen sowie die ägyptische Sinai-Halbinsel, die jordanische Westbank sowie die Altstadt von Jerusalem besetzten.

Obwohl in diesem Krieg Religion keine Rolle gespielt hatte, erlebten viele Israelis diese dramatische Wende als Wunder ähnlich dem Zug durch das Rote Meer.[389] Vor allem die Eroberung der Jerusalemer Altstadt, die den Israelis seit 1948 verschlossen gewesen war, wurde zu einer religiösen Erfahrung. Als der zionistische Vordenker Theodor Herzl im Jahr 1898 die Klagemauer besucht hatte, den letzten Rest des herodianischen Tempels, hatte ihn der Anblick jüdischer Betender, die sich feige an die Steine klammerten, abgestoßen.[390] Im Juni 1967 lehnten sich hart gesottene Fallschirmjäger mit geschwärzten Gesichtern gemeinsam mit ihren atheistischen Offizieren weinend an die Mauer – ihr säkulares Ethos war durch die heilige Stätte einfach ausgehebelt worden. Wir haben gesehen, wie leicht Nationalismus in einen quasireligiösen Eifer mündet, vor allem in Augenblicken erhöhter Spannung und Emotion. Die Verehrung Jerusalems war über Jahrtausende hinweg ein zentrales Element der jüdischen Identität gewesen. Lange bevor Menschen Landkarten nach wissenschaftlichen Erkenntnissen zeichneten, hatten sie ihren Platz in der Welt emotional und spirituell definiert und wurden unwiderstehlich von Orten angezogen, die sie als radikal »anders« empfanden. Die israelische Erfahrung von 1967 zeigt, dass es uns noch nicht gelungen ist, die Welt vollkommen zu entsakralisieren.[391] Die Überzeugungen der Soldaten hatten sich nicht verändert, aber die Mauer weckte etwas in ihnen, was einem religiösen Erlebnis gleichkam – »etwas Großes und Schreckliches, das aus einer anderen Welt kommt«,[392] und gleichzeitig »ein alter Freund, den man sofort wiedererkennt«.[393] Sie waren um ein Haar der Vernichtung entgangen, und in der Mauer erkannten sie ebenfalls eine Überlebende. »Es wird keine Zerstörung mehr geben«, sagte ein Soldat, als er die Steine küsste. »Und wir werden die Mauer nie wieder verlassen.«[394]

»Nie wieder«, war seit dem Holocaust das jüdische Losungswort, und jetzt benutzten es Generäle und Soldaten wieder. Zum ersten Mal fand der Begriff »heilige Stadt« Anwendung in der zionistischen Rhetorik. Aber nach der alten heiligen Geographie des Nahen Ostens war das eigentlich Besondere an einer »heiligen Stadt«, dass sie niemandem gehören konnte, weil sie Gott gehörte – sei es Marduk, Baal oder Jahwe. Jahwe hatte die »Stadt Davids« von seinem Thron im Tempel aus regiert, der König war nur sein gesalbter Stellvertreter. Jerusalem wurde nie zum persönlichen Besitz eines weltlichen Herrschers, sondern blieb gerade deshalb »heilig« (*qaddosh*), weil es für Jahwe reserviert war. Aber in dem Moment, als die Emotionen der heiligen

Geographie sich mit dem säkularen Nationalismus der Israelis vermischten, für den territoriale Integrität alles bedeutete, zweifelte keiner ihrer Politiker mehr daran, dass Jerusalem unbedingt zum Staat Israel gehörte. »Wir sind an unsere heiligsten Orte zurückgekehrt«, sagte der eingefleischt säkularistische Befehlshaber Moshe Dayan. »Wir sind zurückgekehrt und werden sie nie mehr verlassen.«[395] Jerusalem war zum unverhandelbaren Absolutum geworden, das alle anderen Ansprüche überstrahlte.

Obwohl internationales Recht die dauerhafte Besetzung von Territorien verbot, die in einem Konflikt erobert worden waren, argumentierte Abba Eban, der israelische Abgesandte bei den Vereinten Nationen, Jerusalem liege »außerhalb und über, vor und nach allen politischen und säkularen Überlegungen«.[396]

Die heilige Geographie Israels besaß auch eine starke moralische und politische Dimension. Während die Israelis Jerusalem als Stadt des Shalom, des Friedens und der Vollkommenheit priesen, hatten die Psalmen immer wieder erklärt, es würde keinen Shalom in Jerusalem geben ohne Gerechtigkeit *(tzeddek).* Der König hatte von Gott den Auftrag bekommen, für die Unterdrückten einzutreten, sich zum Anwalt der Armen zu machen und die Unterdrücker zum Tode zu verurteilen.[397] In Jahwes Zion sollte es keine Unterdrückung und Gewalt geben; es sollte eine sichere Zuflucht für die Armen *(evionim)* sein. Aber sobald sich die »Heiligkeit« Jerusalems mit dem säkularen Nationalstaat vermischt hatte, wurden die palästinensischen Einwohner der Stadt zu einer gefährdeten Minderheit, und ihre Anwesenheit schien dunkle Schatten auf die Stadt zu werfen. Am Abend des 10. Juni 1967, nach Unterzeichnung des Waffenstillstands, gab man den sechshundertneunzehn palästinensischen Bewohnern des Maghribi-Viertels an der Klagemauer drei Stunden Zeit, ihre Häuser zu verlassen. Dann kamen, in grober Missachtung des Völkerrechts, die Bulldozer und machten dieses historische Stadtviertel – eine der frühesten religiösen Stiftungen Jerusalems – dem Erdboden gleich. Am 28. Juni annektierte die Knesset die Altstadt und Ostjerusalem formell und erklärte sie zu einem Teil des Staates Israel.

Der säkulare Nationalismus hatte ein religiöses Ideal ausgebeutet und verzerrt, aber eine Umarmung des modernen Nationalstaats durch die Religion konnte genauso gefährlich werden. Schon vor 1967 hatten orthodoxe Juden den säkularen Staat Israel sakralisiert und ihm einen höchsten Wert zugesprochen. Schon immer hatte neben dem säkularen Nationalismus der meisten Israelis eine religiöse Version des Zionismus existiert, auf die man aber eher herabblickte.[398] In den 1950er Jahren bekam sie Zulauf, als eine Gruppe junger Orthodoxer, darunter Moshe Levinger, Shlomo Aviner, Yaakov Ariel und Eliezar Waldman, unter den Einfluss des alternden Rabbis Zvi Yehuda Kook geraten waren, der den säkularen Staat Israel als »göttliches Wesen« und eine Verkörperung des Reiches Gottes auf Erden betrachtete.[399] Im Exil war es unmöglich gewesen, die Gebote zu befolgen, die an das Land geknüpft waren; jetzt gab es eine große Sehnsucht nach Vollkommenheit. Statt einer Trennung von Religion und Politik hatten die Kookisten, wie man sie bald nannte, die Absicht, die gesamte Existenz der Menschen religiös zu durchdringen – »zu jeder Zeit und überall«.[400] Politisches Engagement wurde damit zum »Aufstieg zu den Gipfeln der Heiligkeit«.[401] Die Kookisten machten einen Götzen aus dem Land, ein irdisches Objekt mit Absolutheitsstatus, und verlangten die unbedingte Verehrung und Hingabe, die traditionell nur der Transzendenz zukommt, die wir Gott nennen. »Der Zionismus ist eine Sache des Himmels«, erklärte Kook. »Der Staat Israel ist ein göttliches Wesen, unser heiliger und erhabener Staat.«[402] In Kooks Augen war jeder Spaten israelische Erde heilig, seine Institutionen waren göttlich und die Waffen der israelischen Soldaten so ehrwürdig wie Gebetsschals. Aber Israel war, wie jeder Staat, weit vom Idealzustand entfernt und machte sich der Ausübung sowohl struktureller wie auch militärischer Gewalt schuldig. In der Vergangenheit hatten die Propheten die systemische Ungerechtigkeit des Staates beklagt, und die Priester waren selbst in Bezug auf die heiligen Kriege eher kritisch gewesen. Für die Kookisten jedoch war das säkulare Israel über jede Kritik erhaben und darüber hinaus unerlässlich für die Rettung der Welt. Mit der Staatsgründung hatte die messianische Erlösung schon begonnen:»Jeder Jude, der nach Eretz Yisrael kommt, jeder Baum, der in die Erde Israels gepflanzt wird, jeder Soldat, der in die israelische Armee eintritt, stellt einen spirituellen Schritt dar, buchstäblich einen Schritt auf dem Weg zur Erlösung.«[403]

Wie wir gesehen haben, hatte das alte Israel von Anfang an staatliche Gewalt mit Misstrauen betrachtet. Jetzt sprachen die Kookisten dieser Gewalt Legitimation von ganz oben zu. Sobald der Staat jedoch zum höchsten Wert wird, gibt es, wie Lord Acton vorhergesagt hatte, keine Grenzen mehr für sein Tun. Buchstäblich alles ist möglich. Indem sie den Staat auf eine göttliche Ebene hoben, sanktionierten die Kookisten auch die dunkle Seite des Nationalismus: die Intoleranz Minderheiten gegenüber. Wenn die Juden nicht das ganze Land besetzten, würde es in tragischer Weise unvollkommen bleiben, also war die Annexion arabischen Territoriums eine oberste religiöse Pflicht.[404] Wenige Tage nach dem Sechstagekrieg schlug die linke Regierung vor, einige besetzte Gebiete, darunter auch einige der wichtigsten biblischen Orte auf der West Bank, an die Araber zurückzugeben, um auf diese Weise den Frieden und die staatliche Anerkennung zu sichern. Die Kookisten lehnten diesen Plan jedoch vehement ab und stellten zu ihrer Überraschung fest, dass sie zum ersten Mal säkulare Verbündete hatten. Eine Gruppe von israelischen Dichtern, Philosophen und Offizieren hatte sich, befeuert durch den Sieg, zusammengetan, um eine solche Übergabe zu verhindern, und bot den Kookisten moralische und finanzielle Unterstützung an. Die säkularen Nationalisten machten jetzt also gemeinsame Sache mit den bisher verachteten religiösen Zionisten, nachdem sie erkannt hatten, dass sie die gleichen Ziele verfolgten.

Begeistert von dieser Rückendeckung führte Moshe Levinger im April 1968 eine kleine Gruppe von Familien an, um in Hebron auf der West Bank Pessach zu feiern. Sie mieteten sich im Park Hotel ein und weigerten sich danach, wieder auszuziehen. Die linke Regierung war peinlich berührt, andererseits rührte die Chuzpe der Kookisten auch das Herz der Partei, weil sie an die Kühnheit der *Chalutzim* erinnerte, die in der Zeit vor der Staatsgründung den Briten getrotzt hatten, indem sie aggressiv arabisches Land besetzten.[405] Wieder einmal vermischten sich säkulare und religiöse Begeisterung in gefährlicher Weise. Für die Kookisten war Hebron – wo Abraham, Isaak und Jakob begraben sind – durch die Anwesenheit der Palästinenser beschmutzt, obwohl diese die drei Stammväter ja auch verehrten. Jetzt weigerten sie sich, die Höhle der Patriarchen für das muslimische Gebet zu verlassen, blockierten lärmend die Eingänge und zogen am Unabhängigkeitstag eine israelische Flagge am Schrein auf.[406] Als irgendwann ein Palästinenser eine Handgranate warf, richtete die israelische Regierung zögernd eine Enklave für die Siedler außerhalb Hebrons ein, die von der *Israeli Defence Force* bewacht wurde. 1972 hatte Kiryat Arba bereits fünftausend Einwohner. Für die Kookisten war es ein Außenposten, der sich gegen die Grenzen der dämonischen Welt »auf der anderen Seite« stemmte.

Die Regierung weigerte sich aber weiterhin, die besetzten Gebiete formell zu annektieren. Nach dem Krieg im Oktober 1973, als Ägypten und Syrien auf dem Sinai und den Golanhöhen einmarschierten und nur mit Mühe zurückgeschlagen werden konnten, gründete eine Gruppe von Kookisten, Rabbis und harten Säkularisten den Gush Emunim, den »Block der Getreuen«. Er war eher eine Interessengruppe als eine politische Partei und formulierte als Ziel nichts Geringeres als »die vollständige Erlösung Israels und der ganzen Welt«.[407] Als »Volk Gottes« sei Israel nicht an Resolutionen der Vereinten Nationen oder an das Völkerrecht gebunden. Letztlich lief der Plan darauf hinaus, die gesamte West Bank zu kolonisieren und Hunderttausende von Juden in die besetzten Gebiete umzusiedeln. Um den Forderungen Nachdruck zu verleihen, organisierte der Gush Wanderungen und Kundgebungen auf der West Bank, und am Unabhängigkeitstag 1975 nahmen fast zwanzigtausend Juden an einem »Picknick« auf der West Bank teil und marschierten in militanter Weise von einem Ort zum anderen.[408]

Der Gush sah diese Aufmärsche, die Scharmützel mit der Armee und illegalen Besetzungen als Rituale, die bei den Teilnehmern ein Gefühl von Ekstase und Befreiung hervorriefen.[409] Aber die Tatsache, dass sie so viel säkularistische Unterstützung fanden, zeigte, dass sie nationalistische Leidenschaften auch bei denjenigen Israelis anzapften, die sich überhaupt nicht um Religion kümmerten. Sie konnten sich auch auf die westliche Tradition der Naturrechte berufen, die schon vor langer Zeit erklärt hatten, ein gefährdetes Volk – und nach dem Jom-Kippur-Krieg konnte doch wohl niemand mehr bestreiten, dass die Israelis gefährdet waren, so argumentierte man – habe das Recht, ein »leeres« Land zu besiedeln. Die heilige Aufgabe bestand nun darin, dafür zu sorgen, dass es wirklich »leer« war. Als die Likud-Partei unter der Führung von Menachem Begin die Arbeiterpartei bei den Wahlen 1977 besiegte und ihre Verpflichtungen gegenüber den israelischen Siedlungen auf der West Bank anerkannte, glaubten die Kookisten, Gott sei am Werk. Aber die Freude währte nur kurz. Am 20. November 1977 unternahm der ägyptische Präsident Anwar as-Sadat seine historische Reise nach Jerusalem, um einen Friedensprozess anzustoßen, und im Jahr darauf unterzeichneten die beiden ehemaligen Terroristen Begin und Sadat den Vertrag von Camp David: Israel gab die Halbinsel Sinai an Ägypten zurück; im Gegenzug erfolgte die formelle Anerkennung des Staates Israel durch Ägypten. Angesichts dieser unerwarteten Entwicklung glaubten viele im Westen, der säkulare Pragmatismus würde doch noch siegen.

* * *

Aber diese Hoffnung wurde durch die Revolution im Iran zunichtegemacht. Westliche Politiker hatten Schah Muhammad Reza Pahlevi als progressiven Staatsmann betrachtet und sein Regime unterstützt, ungeachtet der Tatsache, dass er im Volk keinerlei Legitimation besaß. Tatsächlich erlebten die Iraner die strukturelle Gewalt nach dem Muster »der Westen gegen die übrige Welt« in besonders schmerzhafter Form. Unabhängigkeit,

Demokratie, Menschenrechte und nationale Selbstbestimmung waren für »den Westen« reserviert. Für die Iraner hingegen, wie für den Rest der Welt, waren Gewalt, Unterdrückung, Ausbeutung und Tyrannei an der Tagesordnung. Im Jahr 1953 hatte ein Putsch, der von der CIA und dem britischen Geheimdienst organisiert worden war, den säkularen, nationalistischen Ministerpräsidenten Mohammad Mossaddegh (der eine Verstaatlichung der iranischen Ölindustrie anstrebte) abgesetzt und den Schah ins Amt zurückgeholt. Dieses Ereignis zeigte den Iranern, dass sie kaum über ihr eigenes Schicksal bestimmen konnten. Nach 1953 kontrollierten die USA den Monarchen und die Ölreserven, wie es zuvor die Briten getan hatten, und verlangten diplomatische Privilegien und Handelsvergünstigungen. Amerikanische Geschäftsleute und Berater strömten ins Land, und nur wenige Iraner profitierten davon. 1962 begann der Schah seine »weiße Revolution«, indem er das Parlament auflöste, und setzte seine unpopulären Reformen mit Unterstützung der SAVAK durch, der gefürchteten Geheimpolizei, die von der CIA und vom israelischen Mossad ausgebildet worden war. Diese Reformen wurden im Westen begrüßt, weil mit ihrer Hilfe, so hieß es, der Kapitalismus eingeführt wurde, die adeligen Großgrundbesitzer entmachtet und Bildung und Frauenrechte gefördert wurden. Tatsächlich favorisierten die Reformen die Reichen und die Bewohner der Städte und gingen an den Bauern vollkommen vorbei.[410] Bald traten die üblichen Begleiterscheinungen einer allzu schnellen wirtschaftlichen Modernisierung zu Tage: die Landwirtschaft erlebte einen Niedergang, Migranten strömten vom Land in die Städte, lebten dort in trostlosen Slums und führten eine prekäre Existenz als Hilfsarbeiter und Straßenverkäufer.[411] Die SAVAK sorgte dafür, dass sich die Iraner als Gefangene im eigenen Land fühlten, und in Opposition zu dem säkularen Regime, das jeden Widerstand brutal unterdrückte, bildeten sich geheime marxistische und islamistische Guerillagruppen.

Schließlich hatte ein unbekannter Geistlicher den Mut, öffentlich seine Stimme gegen die Unterdrückung zu erheben.

1963 begann Ayatollah Ruhollah Khomeini (1902–1989), Professor für Ethik an der Fayziya-Madrasa in Ghom, einen nachhaltigen Angriff auf den Schah. Er verurteilte die Folter, die Schließung des Parlaments, die rückgratlose Unterwürfigkeit gegenüber den USA und die Unterstützung Israels, das den Palästinensern ihre Grundrechte verwehrte. Bei einer Gelegenheit stand er mit dem Koran in der einen und der Verfassung von 1906 in der anderen Hand da und klagte den Schah an, beides verraten zu haben.[412] Am 22. März 1963, dem Todestag des sechsten Imam, griff die SAVAK die Madrasa an, verhaftete Khomeini und tötete einige Studenten. Nach seiner Entlassung aus dem Gefängnis nahm Khomeini den Kampf wieder auf. Während der Ashura-Rituale, in seiner Grabrede auf Husain, verglich er den Schah mit dem Kalifen Yazid, dem Schurken der Tragödie von Karbala.[413] Als er daraufhin zum zweiten Mal verhaftet wurde, strömten Tausende von Iranern auf die Straßen; Laien und Mullahs protestierten Seite an Seite. Die SAVAK erhielt einen Schießbefehl, aber die Geistlichen trotzten den Gewehren, eingehüllt in den weißen Schleier der Märtyrer, um so ihre Bereitschaft zu demonstrieren, wie Husain im Krieg gegen die Tyrannei ihr Leben zu lassen. Als die Ruhe wiederhergestellt war, waren Hunderte von Zivilisten tot.[414]

Das Regime ermordete das eigene Volk, protestierte Khomeini. Er setzte sich immer für die Armen ein, die Hauptopfer der systemischen Ungerechtigkeit, forderte den Schah auf, seinen Palast zu verlassen und die erbärmlichen Zustände in den Slums zu registrieren. Der Iran, so erklärte er am 27. Oktober 1964, war im Grunde genommen eine amerikanische Kolonie. Es war eine Schande, dass in einem so reichen Land Menschen auf den Straßen schlafen mussten. Jahrzehntelang hatten Fremde die Ölvorkommen ausgebeutet, so dass sie dem iranischen Volk keinen Nutzen brachten. »Ich bin zutiefst besorgt, was die Lebensbedingungen der Armen im nächsten Winter angeht, denn ich fürchte, viele werden, was Gott verhüten möge, erfrieren oder verhungern«, schloss er. »Die Ulema müssen an die Armen denken und jetzt handeln, um die Schrecken des letzten Winters zu vermeiden.«[415] Nach dieser Rede wurde Khomeini deportiert und ging ins irakische Exil. Über Nacht war er im Iran zum Helden geworden, zum Symbol einer entschlossenen schiitischen Opposition gegen die Unterdrückung. Eine marxistische oder liberale Ideologie hätte nur wenigen Iranern etwas gesagt, aber alle, vor allem die städtischen Armen, verstanden die Bildsprache von Karbala. Im Westen sind wir an extrovertierte Politiker gewöhnt, die sich als Publikumslieblinge darstellen, und deshalb fiel es uns schwer, Khomeini zu verstehen, aber die Iraner erkannten in seinem zurückhaltenden Benehmen, seinem nach innen gerichteten Blick und der monotonen Sprechweise den »nüchternen« Mystiker, der sich vollkommen unter Kontrolle hatte.[416] Auch im Exil in Nadschaf, unweit des Grabes des Imam Ali, wurde Khomeini im Bewusstsein des Volkes eng mit den Zwölf Imamen verbunden, und dank der modernen Kommunikationsmittel zog er von ferne die Fäden – ähnlich dem Verborgenen Imam.

Im Westen wurde Khomeini weithin als Fanatiker angesehen, und sein Erfolg galt als Triumph des Aberglaubens über die Vernunft. Aber sein prinzipientreuer Widerstand gegen die Gewalt des Systems und seine Forderung nach globaler Gerechtigkeit standen in tiefem Einklang mit den religiösen Entwicklungen, die zur gleichen Zeit den Westen in Atem hielten. Seine Botschaft ähnelte der von Papst Johannes XXIII. (reg. 1958–1963), dessen Enzyklika *Mater et Magistra* (Mutter und Lehrmeisterin, 1961) erklärte, ein uneingeschränkter Kapitalismus sei unmoralisch und unerträglich. Alle Formen ökonomischer Unternehmungen müssten von den Prinzipien von sozialer Gerechtigkeit und Nächstenliebe geleitet sein. Der Papst hatte ebenfalls globale Gleichheit gefordert, nationaler Wohlstand reichte nicht aus: Ziel müsse es sein, das Gebot sozialer Gerechtigkeit in der nationalen und internationalen Rechtsordnung zu verankern und wirtschaftliche Aktivitäten nicht dem privaten Gewinnstreben unterzuordnen, sondern den Interessen des Gemeinwohls.[417] In der Enzyklika *Pacem in Terris* (Über den Frieden auf Erden, 1963) bestand der Papst darauf, die Menschenrechte müssten

Grundlage aller internationalen Beziehungen sein, nicht der ökonomische Profit – ein deutlich kritisches Statement zur ausbeuterischen Politik des Westens in den Entwicklungsländern. Etwa zur selben Zeit, als Khomeini sich gegen die Ungerechtigkeit des Schahs wandte, entwickelte die katholische Kirche in Lateinamerika ihre Theologie der Befreiung. Priester und Ordensfrauen ermutigten kleine Gemeinschaften von Armen zum Studium der Bibel, um die systemische Gewalt der brasilianischen Gesellschaft zu überwinden. 1968 trafen sich die lateinamerikanischen Bischöfe in Medellín in Kolumbien, um die Anliegen dieser neuen Bewegung zu unterstützen, die argumentierte, Jesus habe immer auf der Seite der Armen und Unterdrückten gestanden und Christen müssten für Gerechtigkeit und Gleichheit kämpfen. In Lateinamerika wie im Iran wurde diese Theologie von den politischen und ökonomischen Eliten als äußerst bedrohlich empfunden. Die Befreiungstheologen wurden als Kommunisten beschimpft und wie die iranischen Geistlichen verhaftet, gefoltert und hingerichtet, weil sie deutlich machten, dass die Wirtschaftsordnung, die der koloniale Westen der »Dritten Welt« aufzwang, gewalttätig war:

Seit Jahrhunderten ist Lateinamerika ein Ort der Gewalt. Wir sprechen von einer Gewalt, die eine privilegierte Minderheit seit der Kolonialzeit benutzt, um die große Mehrheit des Volkes auszubeuten. Wir sprechen von der Gewalt des Hungers, der Hilflosigkeit, der Unterentwicklung … der illegalen, aber existierenden Sklaverei, der sozialen, intellektuellen und ökonomischen Diskriminierung.[418]

Die Befreiungstheologen erklärten, in einer ökonomisch so vernetzten Welt könne ein Nordamerikaner nur deshalb ein bequemes Leben führen, weil andere Menschen, die beispielsweise in einem brasilianischen Slum lebten, verarmt seien. Nordamerikaner könnten billige Waren kaufen, weil die Produktion dieser Waren auf Ausbeutung beruhe.[419]
Auch in den Vereinigten Staaten nahm die Religion eine revo-

lutionäre Färbung an; zum ersten Mal im 20. Jahrhundert leistete sie Widerstand gegen die Politik der amerikanischen Regierung.[420] Während sich die Präsidenten John F. Kennedy und Lyndon B. Johnson sehr darum bemühten, die Religion aus der Politik herauszuhalten, kämpften liberale Katholiken, Protestanten und Juden im Namen ihres Glaubens gegen die strukturelle und militärische Gewalt der Vereinigten Staaten. Wie die schiitischen Muslime im Iran, gingen sie auf die Straße, um gegen den Vietnamkrieg zu protestieren, und schlossen sich Martin Luther Kings Bürgerrechtsbewegung gegen die Rassendiskriminierung im eigenen Land an. 1962 forderte der National Council of Churches Kennedy auf, die Nation auf eine »große Anstrengung zur Abschaffung der Armut« zu verpflichten – im In- und Ausland.[421]

Khomeini, der im Westen oft als Volksverhetzer angesehen wurde, plädierte nicht für den Weg der Gewalt. Die Massen, die auf den Straßen protestierten, waren unbewaffnet, und die vielen Hundert Toten offenbarten die rücksichtslose Grausamkeit des säkularen Schah-Regimes. Die Ermordung von Martin Luther King, der darauf bestanden hatte, eine gewaltlose Antwort auf Verletzungen sei »eine absolute Notwendigkeit für unser Überleben ... der Schlüssel zur Lösung aller Probleme auf der Welt«,[422] war ein Indiz für die latente Gewalt in der amerikanischen Gesellschaft. King hätte Khomeinis Forderung nach globaler Gerechtigkeit zugestimmt. Er beklagte Kennedys desaströses koloniales Abenteuer in der Schweinebucht (1961), und obwohl Johnson den Afroamerikanern mehr Rechte zugestanden hatte als jeder Präsident zuvor, verweigerte ihm King die Unterstützung des Vietnamkrieges. Doch als die iranische Revolution Ende der 1970er Jahre ihren Anfang nahm, war die Stimmung im Westen umgeschlagen. 1978 wurde der konservative Krakauer Bischof Karol Wojtyła, ein vehementer Gegner der Befreiungstheologie, zum Papst gewählt und nahm den Namen Johannes Paul II. an. Die fundamentalistische *Moral Majority* kämpfte sich im religiösen Leben der USA nach vorn, und der demokratische Präsident Jimmy Carter, ein »wiedergeborener« Christ, der energisch für die Einhaltung der Menschenrechte kämpfte, erwies sich gleichzeitig als treuer Gefolgsmann der Pahlevi-Diktatur.

* * *

Aus westlicher Sicht schien der Iran in den 1970er Jahren einen Boom zu erleben, aber der Staat war auf Kosten der Bevölkerung reich geworden. Eine Million Menschen waren arbeitslos, die lokalen Händler waren durch die Überflutung des Marktes mit fremden Waren ruiniert, und der Groll gegen die wohlhabenden Amerika-Auswanderer war überall zu spüren.[423] Nach Khomeinis Ausreise war der Schah noch autokratischer geworden und betrieb die Säkularisierung noch aggressiver. Die Awqaf-Stiftungen wurden eingezogen und die Madrasas unter strenge bürokratische Aufsicht gestellt.[424] Als Ayatollah Reza Saidi das Regime angriff, wurde er zu Tode gefoltert, und Tausende von Demonstranten strömten auf die Straßen von Ghom.[425] Der charismatische Laienphilosoph Ali Shariati (1933–1977), der an der Sorbonne studiert hatte, hielt die Flamme der Revolution unter den jungen, westlich orientierten Iranern hoch.[426] Er erklärte ihnen, wenn sie sich den westlichen Idealen zu sehr anpassten und die Schia aufgäben, würden sie sich selbst verlieren. Das Beispiel Alis und Husains verpflichte die Muslime, aufzustehen und nein zu sagen zu Ungerechtigkeit, Zwang und Tyrannei. Auch Shariati wurde gefoltert und verhaftet und starb im Exil, ziemlich sicher als Opfer eines SAVAK-Anschlags. Khomeini hatte zu diesem Zeitpunkt 1970/71 in Nadschaf bereits seine Schrift *Der islamische Staat* veröffentlicht (erschienen 1970/71 in Nadschaf), in der er die Forderung vertrat, die Ulema sollten den Staat regieren. Seine Lehre von der Regierung durch muslimische Juristen war ein Schlag ins Gesicht der westlichen Moderne und schockierte sogar die meisten Schiiten, nachdem die Geistlichen jahrhundertelang alle politischen Ämter abgelehnt hatten, weil in Abwesenheit des Verborgenen Imam jede Regierung verdorben war. Khomeini jedoch dachte wie jene Intellektuellen der Dritten Welt, die der globalen strukturellen Gewalt trotzten. Der Islam, so erklärte er unermüdlich, sei »die Religion militanter Individuen, die sich dem Glauben und der Gerechtigkeit verpflichtet fühlen. Es ist die Religion derjenigen, die sich nach Freiheit und Unabhängigkeit sehnen. Er ist die Schule jener, die gegen den Imperialismus kämpfen.«[427]

Obwohl zu dieser Zeit niemand, nicht einmal Khomeini selbst, glaubte, dass es möglich war, den Schah zu stürzen, vollzogen sich die Ereignisse dann doch schneller, als alle gedacht hatten. Im November 1977 wurde Khomeinis Sohn Mustafa im Irak – vermutlich von SAVAK-Agenten – ermordet,[428] und der Schah verbot jegliche Trauerkundgebungen. Dadurch wurde Khomeini eher noch mehr mit den schiitischen Imamen identifiziert, denn nun war sein Sohn, wie Husain, von einem ungerechten Herrscher ermordet worden. Wieder verglich er den Schah mit Yazid. An diesem kritischen Punkt erwies sich US-Präsident Jimmy Carter selbst als der »Große Satan«: Im November 1977, während man im Iran um Mustafa Khomeini trauerte, besuchte der Schah Washington, und Carter sprach mit viel Gefühl von der »besonderen Beziehung« zwischen den USA und dem Iran, »einer Insel der Stabilität in einer turbulenten Region«.[429] Damit übernahm er im sich entfaltenden Drama von Karbala die Rolle des *Shaytan*, des »Verführers«, der den Schah dazu brachte, zum Schaden seines eigenen Volkes den USA zu folgen.

Die Revolution begann am 8. Januar 1978, als die halboffizielle Zeitung *Ettelaat* einen grotesken Angriff auf Khomeini veröffentlichte.[430] Am nächsten Tag forderten viertausend unbewaffnete Studenten in Ghom die Rückkehr zur Verfassung von 1906, Freiheit der Rede, Entlassung der politischen Gefangenen und die Heimkehr Khomeinis. Überall im Iran zeigte sich, dass die Menschen das moderne Ethos ganz und gar übernommen hatten: Sie forderten Unabhängigkeit, Freiheit und eine konstitutionelle Regierung, die ihnen von der säkularen Regierung des Schahs und der internationalen Gemeinschaft durchgehend verweigert wurde. Siebzig Studenten wurden getötet. Mit diesem

Massaker hatte das Regime jedoch eine Grenze überschritten. Bald entwickelte sich ein Muster. Vierzig Tage nach dem Massaker von Ghom versammelten sich die Massen anlässlich der traditionellen Trauerfeiern für die Toten, und wieder wurden Demonstranten erschossen. Wiederum vierzig Tage später gab es schon stärker ritualisierte Kundgebungen zu Ehren der neuen Märtyrer. Marxisten, Säkularisten und Liberale, die den Schah ablehnten, aber keine Verankerung im Volk besaßen, taten sich mit den religiös gesinnten Revolutionären zusammen. Aber es handelte sich um keinen gewaltsamen Aufruhr. Kinos, Banken und Läden, in denen Alkohol verkauft wurde – Symbole des »großen Shaytan« – wurden angegriffen, aber Personen kamen nicht zu Schaden.[431] Inzwischen waren die Gefängnisse voll mit politischen Häftlingen, und die wachsende Zahl der Toten zeigte der ganzen Welt, dass das säkulare Regime Reza Pahlevis, das im Westen als progressiv und friedlich gepriesen wurde, seine eigene Bevölkerung abschlachtete.

Die Revolution wurde als religiöses und politisches Ereignis gesehen. Demonstranten trugen Plakate mit der Aufschrift: »Karbala ist überall, und jeden Tag ist Ashura.« Sie waren überzeugt, dass sie in ihrem Kampf gegen die Unterdrückung Nachfolger Husains waren.[432] Sie sprachen von der Revolution als einer verwandelnden und reinigenden Erfahrung, als würden sie sich selbst von einem lähmenden Gift befreien und endlich wieder zu sich selbst finden.[433] Viele hatten das Gefühl, Husain selbst führe sie an und Khomeini dirigiere sie wie der Verborgene Imam aus der Ferne.[434] Am letzten Abend des Ramadan, am 4. September, warfen sich riesige Menschenmengen in den Straßen zum Gebet nieder, aber diesmal – ein wichtiger Wendepunkt – eröffnete die Armee nicht das Feuer. Und was noch wichtiger war: Der Mittelstand schloss sich den Protesten an und demonstrierte mit Plakaten, auf denen zu lesen war: »Unabhängigkeit, Freiheit und islamische Regierung!«[435] Am 8. September morgens um sechs Uhr wurde das Kriegsrecht ausgerufen, aber die zwanzigtausend Demonstranten, die sich bereits auf dem Jaleh-Platz versammelt hatten, wussten davon nichts.

Als sie sich weigerten, die Demonstration aufzulösen, eröffneten die Soldaten das Feuer. An diesem Tag starben etwa neunhundert Menschen.[436]

Am gleichen Abend rief Jimmy Carter den Schah von Camp David aus an und versicherte ihn der Unterstützung des Weißen Hauses und der besonderen Beziehungen zwischen dem Iran und den USA, bedauerte aber auch die vielen Toten. Die Freiheit und Unabhängigkeit, für die die amerikanischen Revolutionäre einst gekämpft hatten, waren ganz eindeutig nicht für alle Menschen gedacht, folgte man den Ausführungen des US-Präsidenten. In den ersten drei Nächten des Monats Muharram hüllten sich Männer in den weißen Schleier der Märtyrer und liefen trotz der Ausgangssperre durch die Straßen, während andere Anti-Schah-Parolen von den Dächern riefen. In diesen wenigen Tagen wurden nach Schätzungen der BBC weitere siebenhundert Menschen von der iranischen Armee und Polizei getötet.[437] Doch es gab immer noch keinen gewaltsamen Aufstand der Massen. Am 9. Dezember zog sich sechs Stunden lang eine riesige Prozession – zu unterschiedlichen Zeiten mit Teilnehmerzahlen zwischen 300 000 und 1,5 Millionen – durch die Straßen von Teheran. Die Menschen gingen schweigend in Viererreihen. Weitere zwei Millionen marschierten am Ashura-Tag mit grünen, roten und schwarzen Flaggen, Zeichen des Islam, des Märtyrertodes und der Schia.[438]

Einen Monat später war alles vorbei. Der Schah und seine Familie flohen nach Ägypten, und am 1. Februar 1979 kehrte Khomeini nach Teheran zurück. Seine Ankunft war eines jener Ereignisse – vergleichbar mit dem Sturm auf die Bastille –, die die Welt für immer veränderten. Für überzeugte liberale Säkularisten war es ein schwarzer Tag, der Triumph der Mächte der Unvernunft über den menschlichen Verstand. Aber für viele Muslime, Sunniten wie Schiiten, war es ein leuchtender Tag der Umkehr. Als Khomeini durch die Straßen von Teheran fuhr, begrüßten ihn die Menschen, als wäre er der heimgekehrte Verborgene Imam. Sie waren sicher, nun bräche ein neues Zeitalter an. Taha Hejazi veröffentlichte ein Festgedicht voll zitternder

Hoffnung auf die Gerechtigkeit, die der Schah und die internationale Gemeinschaft den Iranern so lange vorenthalten hatten:

Wenn der Imam heimkehrt,
wird der Iran – die gebrochene, verwundete Mutter –
für immer frei sein
von den Fesseln der Tyrannei und Unwissenheit
und den Ketten der Plünderung, Folter und Gefangenschaft.[439]

Khomeini zitierte gern ein Hadith, in dem der Prophet nach einer Schlacht verkündet hatte, er werde vom kleineren zum größeren Dschihad zurückkehren, zur Verankerung der wahren islamischen Werte in der Gesellschaft. Dieser Kampf sei viel größer als der politische. Als er an diesem Tag seinen Blick auf die ekstatischen Massen richtete, ahnte er sicher, dass der mühsamere Dschihad erst begann.

* * *

Und es war wirklich ein Kampf. Praktisch sofort begann sich – wenig überraschend – die zarte Koalition aus Marxisten, Liberalen und Frommen aufzulösen. Es gab Widerstand gegen die neue Verfassung, im Jahr 1980 wurden vier verschiedene Putschpläne gegen das Regime aufgedeckt, und es kam ständig zu Straßenschlachten zwischen der säkularen Guerilla und Khomeinis Revolutionswächtern. Nun folgte eine Schreckensherrschaft, nicht unähnlich denen nach der Französischen und der Russischen Revolution. Sogenannte Revolutionsräte, die die Regierung nicht im Griff hatte, richteten Hunderte von Menschen wegen »unislamischem Verhalten« hin. Und als wäre das alles noch nicht genug, marschierten die irakischen Streitkräfte unter Saddam Hussein im Südwesten des Landes ein. Während dieser turbulenten Phase erwies sich die Geiselnahme in der amerikanischen Botschaft für Khomeini als wahres Gottesgeschenk. Am 4. November 1979 hatten dreitausend iranische Studenten die US-Botschaft in Teheran gestürmt und neunzig Geiseln genommen. Ob Khomeini im Vorhinein von dieser Aktion gewusst hatte, ist nicht sicher; jedenfalls rechnete jeder damit, dass er die Geiseln sofort freilassen würde. Tatsächlich wurden die Frauen unter den Geiseln und die US-Marines, die die Botschaft bewacht hatten, bald nach Amerika entlassen, aber die verbleibenden zweiundfünfzig Diplomaten wurden vierhundertvierundvierzig Tage lang festgehalten. Der Westen betrachtete diese unrühmliche Affäre als Inbegriff eines radikalen Islam.

Aber Khomeinis Entscheidung, die Geiseln zurückzuhalten, war nicht von den Geboten des Islam bestimmt, sondern von schlichten politischen Überlegungen. Er hatte erkannt, dass der Blick auf den »Großen Satan« die Iraner in dieser schwierigen Situation hinter ihm einen würde. Und er erklärte seinem Ministerpräsidenten Bani Sadr:

Diese Aktion ist sehr nützlich. Die Amerikaner wollen nicht, dass die Islamische Republik Fuß fasst. Wir behalten die Geiseln, beenden unsere Arbeit im Inneren und lassen sie dann frei. Auf diese Weise einen wir unser Volk, und unsere Gegner werden es nicht wagen, etwas gegen uns zu unternehmen. Wir können die Verfassung dem Volk ohne Schwierigkeiten zur Abstimmung vorlegen und unsere Präsidentschafts- und Parlamentswahlen durchführen. Wenn wir das alles erledigt haben, lassen wir die Geiseln frei.[440]

Sobald sie nicht mehr gebraucht wurden, ließ man die Geiseln frei. Tatsächlich wurde als Datum der 20. Januar 1981 gewählt, der Tag der Amtseinführung des neuen US-Präsidenten Ronald Reagan, gleichzeitig der Tag, an dem sein »satanischer« Vorgänger Jimmy Carter das Weiße Haus verließ. Es war nicht zu vermeiden gewesen, dass die Geiselnahme das Ansehen und den Idealismus der islamischen Revolution beschädigte. Viele Iraner waren alles andere als glücklich über diese Aktion, obwohl sie deren Symbolgehalt durchaus zu schätzen wussten. Die Botschaft eines Landes gilt als souveränes Gebiet auf fremdem Territorium, und manch einer empfand es durchaus als angemessen, dass amerikanische Bürger dort festgehalten wurden, so wie die Iraner sich jahrzehntelang in ihrem eigenen Land gefangen gefühlt hatten, ohne dass die Vereinigten Staaten ihnen zu Hilfe gekommen wären. Aber das waren schlichte Rachegedanken, und die grausame Behandlung der Geiseln verletzte die Grundprinzipien aller Glaubenstraditionen, nicht zuletzt die des Islam. Was auch immer das Regime dadurch gewann, dass es die Uhren anhielt, solange es sich etablierte – es würde dafür viele Jahre in der Schuld der privilegierten freien Welt stehen.

Das Genie der Schia besteht in ihrer tragischen Erkenntnis, dass es unmöglich ist, die Ideale der Religion auf dem unweigerlich gewalttätigen Gebiet der Politik durchzusetzen. Ashoka hatte das noch früher begriffen als die Imame der Schiiten, als er seinen Dharma des Mitgefühls herausgab, seine Armee aber nicht auflösen konnte. Im besten Fall können die Gläubigen entweder Zeugnis für diese Werte ablegen, wie Khomeini es in den 1960er Jahren getan hatte, als er die Ungerechtigkeit des Pahlevi-Regimes geißelte. Oder sie können eine Alternative aufzeigen, die staatliche Gewalt entweder herausfordert oder mildert. Aber wie dieses Buch immer wieder gezeigt hat, sind selbst die menschenfreundlichsten Traditionen nicht in der Lage, ihre Ideale durchzusetzen, wenn sie sich mit einer staatlichen Ideologie identifizieren, die gar nicht anders kann, als auf Gewalt zu setzen. Khomeini glaubte, die Revolution sei ein Aufstand gegen den rationalen Pragmatismus der modernen Welt gewesen. Das Ziel seiner Theorie einer Herrschaft der muslimischen Rechtsgelehrten war die Institutionalisierung schiitischer Werte: Der oberste Richter *(faqih)* und die Ulema im Wächterrat würden die Macht haben, jedes Gesetz mit einem Veto zu Fall zu bringen, das die Prinzipien des islamischen Rechts verletzte.[441] In der Praxis sah er sich oft veranlasst, die Wächter zu tadeln, weil sie egoistische Machtspiele spielten, wie er sich ja auch selbst gezwungen gesehen hatte, während der Geiselkrise eine zynische Realpolitik zu verfolgen.

Wir haben gesehen, dass Revolutionen lange Zeit brauchen, und wie die Französische Revolution, so durchlief auch die Iranische Revolution viele Stadien und ist immer noch im Gange. Wie die Franzosen, so fürchteten auch die Iraner, mächtige äußere Feinde würden das islamische Regime zerstören. Im Sommer 1983 griffen die Iraker iranische Truppen mit Senfgas an, ein Jahr später mit Nervengas.[442] Khomeini war überzeugt, dass die USA einen Putsch planten ähnlich dem gegen Mossadegh im Jahr 1953. Weil der Iran den Westen brüskiert hatte, fehlten jetzt lebenswichtige Ausrüstung, Ersatzteile und technische Berater. Die Inflation war hoch, und 1982 war die Arbeitslosigkeit auf 30 Prozent in der Gesamtbevölkerung und 50 Prozent in den Städten gestiegen.[443] Die Armen, deren Not Khomeini immer angeprangert hatte, lebten nicht viel besser als vor der Revolution. Westliche Beobachter mussten immerhin anerkennen, dass die Massen Khomeini noch immer liebten, trotz einer wachsenden Opposition westlich orientierter Iraner. Vor allem die *Bazaaris,* die Studenten an den Madrasas, die weniger bedeutenden Ulema und die Armen hielten ihm die Treue.[444] Diese Leute, die vom Modernisierungsprogramm des Schahs übersehen worden waren, dachten und sprachen immer noch in einer traditionell religiösen, vormodernen Weise, die viele im Westen nicht verstanden.

Nach der Iranischen Revolution rief ein entnervter US-Beamter aus: »Wer nimmt die Religion denn noch ernst?«[445] Seit der Aufklärung war man davon ausgegangen, dass Revolutionen aufflammten, wenn das *Saeculum* reif und stark genug war, seine Unabhängigkeit vom Glauben zu erklären.[446] Die Vorstellung eines Volksaufstandes zugunsten eines religiösen Staates war fast peinlich, weil er allgemein akzeptiertes Wissen auf den Kopf stellte. Viele im Westen beklagten ihn als atavistisch und nicht nachvollziehbar. Aber sie erkannten nicht, dass westliche Regierungen, die ihre eigenen politischen und ökonomischen Pläne verfolgt und dem iranischen Volk damit Gewalt angetan hatten, eine neue Art von Religion hervorgebracht hatten. Sie waren blind für die speziellen Probleme des postkolonialen Staates und für die Fallstricke einer Modernisierung gewesen, die von außen aufgezwungen wurde und nicht organisch wachsen durfte.[447]

Und ihre Klagen über den neuen Gottesstaat leugneten die Ironie der eigenen Auffassung: Die westlichen Freiheitsideale hatten die iranische Phantasie beflügelt und die Iraner zu ihren Forderungen nach Grundfreiheiten inspiriert, aber das westlich-säkulare Ideal war in den Augen der Iraner unwiderruflich diskreditiert: durch den Egoismus und die Grausamkeit, mit der es durchgesetzt worden war. Die Vereinigten Staaten erklärten, sie hätten den göttlichen Auftrag, die Freiheit in der Welt zu verbreiten, aber dieser Auftrag galt ganz offensichtlich nicht für das iranische Volk. »Wir haben nicht erwartet, dass Carter den Schah verteidigt. Er ist doch ein religiöser Mann, der es sich zum Ziel gesetzt hat, die Menschenrechte zu verteidigen«, erklärte ein Ayatollah nach der Revolution in einem Interview. »Wie kann ein frommer Christ wie Carter dem Schah den Rücken stärken?«[448] Diese Frage zeigt, wie fremd dem vormodernen Empfinden die Vorstellung von Religion als Privatangelegenheit sein muss.

Die Iranische Revolution hatte den Status quo im Persischen Golf dramatisch verändert. Der Schah war einer der Stützpfeiler der US-Politik in der Region gewesen und hatte dem Westen Zugang zu seinen Ölreserven verschafft – zu moderaten Preisen. Im Dezember 1979 versuchte die Sowjetunion Kapital aus dem schwindenden Einfluss der USA in der Region zu schlagen, indem sie in Afghanistan einmarschierte, ein Nachbar des Iran. Dieser Schachzug des Kalten Krieges zwischen den Supermächten förderte einen globalen Dschihad, der sich irgendwann gegen die USA und ihre Verbündeten richtete. Aber es dauerte eine Weile, bis der Westen die Gefahr erkannte, denn in den 80er und 90er Jahren konzentrierte er sich auf terroristische Greueltaten und die Gewalt im Nahen Osten und auf dem indischen Subkontinent, die ebenfalls »religiös aufgeladen« schienen.

12

Heiliger Terror

Am 18. November 1978 starben neunhundertdreizehn Amerikaner in der Landwirtschaftskolonie Jonestown, Guyana, an einer Zyankalivergiftung, die sie selbst herbeigeführt hatten.[449] Es handelte sich zu dieser Zeit um die größte Zahl an zivilen Opfern bei einem einzigen Ereignis in der amerikanischen Geschichte. Die toten Männer, Frauen und Kinder waren Mitglieder der Organisation *People's Temple* gewesen, die in den 1950er Jahren in Indianapolis, Indiana, von dem charismatischen Prediger James Warren Jones (1931–1978) gegründet worden war. Sie hatten sich für rassische und soziale Gleichheit eingesetzt und deshalb hauptsächlich arme weiße und schwarze Amerikaner aus der Arbeiterschicht angesprochen. Die Mitglieder lebten in Gütergemeinschaft auf der Grundlage des von Jones so genannten »apostolischen Sozialismus«, den er aus der Apostelgeschichte des Neuen Testaments ableitete. 1965, nachdem er in einer Vision eine Atombombenexplosion über Chicago gesehen hatte, überredete Jones seine Gefolgsleute, sich mit ihm und seiner Familie nach Kalifornien zu begeben und in Sicherheit zu bringen. Sie eröffneten Einrichtungen in San Francisco und Los Angeles, galten als politisch progressiv, boten Rechtshilfe, Kinderbetreuung, Wohnungen und Programme zum Drogensowie Alkoholentzug an. Die Mitgliederzahl erhöhte sich auf etwa tausend, und 1976 wanderten sie, um der Gewalt und Ungerechtigkeit zu entfliehen, die sie den USA unterstellten, nach Guyana aus.

Jonestown wird oft angeführt, wenn es darum geht, nachzuweisen, dass die Religion für mehr Tod und Leiden verantwortlich ist als jede andere menschliche Äußerung. Aber obwohl Jones ein ordinierter Methodistenpfarrer war, der oft aus den

Evangelien zitierte und Religion auch für die Gewinnung neuer Mitglieder nutzte, bezeichnete er sich als Atheist und Kommunist und machte sich immer wieder über das konventionelle Christentum lustig. 1972 waren die ersten Gerüchte über Gewalt in der Organisation aufgekommen: Abtrünnige berichteten von Schlägen, Beleidigungen und seelischer Grausamkeit. Die Mitglieder wurden heftig kritisiert, wenn sie rassistische oder sexistische Bemerkungen machten, sich über die Härten des Gemeinschaftslebens beschwerten oder Nahrungsmittel verschwendeten. Wer sich etwas zuschulden kommen ließ, musste mit brutalen körperlichen Strafen und anderen Demütigungen in der Öffentlichkeit rechnen, und die Gemeinschaft lebte in einem Zustand ständigen Terrors. Jones berichtete immer wieder in drastischer Weise von den Foltermethoden der CIA, den Konzentrationslagern der Nazis und der Lynchjustiz des Ku-Klux-Klan. 1972, noch in Kalifornien, erklärte er, die US-Regierung würde

Menschen in diesem Land in Konzentrationslager sperren. Sie werden sie vergasen, wie es den Juden geschehen ist ... Sie werden euch in die Konzentrationslager stecken, die sie in Tule Lake, California, Allentown, Pennsylvania, in der Nähe von Birmingham und El Reno, Oklahoma, gebaut haben. Die Dinger sind fertig ... Sie haben die Konzentrationslager noch. Sie haben es mit den Japanern gemacht, und als Nächste sind wir dran.[450]

»Ich sage euch, wir haben es mit einer Diktatur zu tun«, insistierte Jones. »Mit einem großen faschistischen Staat, einem großen kommunistischen Staat.«[451]

Endgültig begann der Terror dann 1978, als die Mitglieder anfingen, für ihren Massenselbstmord zu üben. In »weißen Nächten« wurden sie plötzlich geweckt und informiert, dass sie jetzt gleich von US-Agenten getötet würden und dass ihre einzige Chance im Selbstmord lag. Dann gab man ihnen ein Getränk, von dem sie annahmen, es wäre vergiftet, und sie warteten auf den Tod. Am 18. November 1978 hatte die Gemeinschaft Besuch von dem Kongressabgeordneten Leo Ryan bekommen, der Berichten über Menschenrechtsverletzungen nachgehen wollte. Nachdem Ryan abgereist war, gab Jones einigen Mitgliedern den Befehl, den Abgeordneten am Flugplatz zu erschießen, und rief dann die ganze Gemeinschaft im Pavillon zusammen. Dort mischten Mitglieder des medizinischen Personals Zyankali in ein Fass mit Limonade, und die Eltern gaben ihren Kindern davon, bevor sie selbst tranken. Die meisten sind wohl bereitwillig in den Tod gegangen, aber die zweihundert Kinder wurden ermordet, und etwa hundert ältere Mitglieder wussten wohl auch nicht, was man ihnen da verabreichte.

Ihre letzten Botschaften nahmen sie auf Band auf. Jones hatte das Konzept des »revolutionären Selbstmords« von Huey Newton übernommen, dem Führer der Black Panther.[452] »Ich beschließe, revolutionären Selbstmord zu begehen. Meine Entscheidung ist wohl erwogen«, sagte ein Bewohner von Jonestown. »Und ich hoffe, mein Tod wird zu einem Werkzeug der Befreiung.«[453]

»Es war mir eine Freude, mit euch allen diesen revolutionären Kampf auszufechten«, erklärte eine Frau. »Ich würde auf keine Weise lieber gehen, als indem ich mein Leben für den Sozialismus und Kommunismus gebe.«[454] Menschen, die davon überzeugt waren, dass sie in ihrer eigenen Gesellschaft nicht gehört wurden, glaubten, man würde sie nur im schockierenden Schauspiel ihres Todes zur Kenntnis nehmen. Jones griff als Letzter zum Gift: »Wir haben ... tausend Menschen haben gesagt, diese Welt, so wie sie ist, gefällt uns nicht. Wir haben nicht Selbstmord begangen. Wir haben einen Akt revolutionären Selbstmords begangen, um gegen die Bedingungen einer unmenschlichen Welt zu protestieren.«[455]

Die Gruppendynamik in Jonestown war natürlich komplex und unberechenbar, aber so wenig die Religion der Grund für diese Tragödie war, so viel hat sie mit Ereignissen gemein, die im Zusammenhang mit einem religiös begründeten »revolutionären Selbstmord« stehen. Der *Temple* protestierte gegen die strukturelle Gewalt der amerikanischen Gesellschaft; er besaß eine hoch entwickelte Kultur der Trauer und des Leidens, die, wie ihre Mitglieder behaupteten, von der Gesellschaft bewusst ignoriert wurde. Jonestown war ein Anschlag und ein Protest zugleich: Die Mitglieder des *Temple* legten ihren Tod auf die Türschwelle der USA, um zu demonstrieren, dass die Ungerechtigkeit des Systems ihr Leben so unerträglich gemacht hatte, dass sie den Tod vorzogen. Jones glaubte offenbar, so psychotisch er war, dass er einen asymmetrischen Krieg gegen eine Supermacht führte, die alle Karten in der Hand hielt. Alle diese Elemente sollten auch in der Welle des religiös inspirierten Terrorismus wieder auftauchen, die in den 80er Jahren ihren Anfang nahm.

Das Drama von Jonestown ist nicht zuletzt deshalb so verstörend, weil es den Keim des Nihilismus in der Kultur der Moderne offenbart. Der *Temple* fühlte sich eindeutig von zweien der dunklen Sinnbilder der Moderne verfolgt: dem Konzentrationslager und dem Atompilz. Nach Sigmund Freud (1856–1939) konnten Menschen vom Todeswunsch ebenso stark motiviert sein wie vom Wunsch nach Fortpflanzung. Der französische Existenzialist Jean-Paul Sartre (1905–1980) sprach von einem gottförmigen Loch im menschlichen Bewusstsein, einer Leere im Herzen der modernen Kultur. Mitte des 20. Jahrhunderts war diese seelische Leere von einer schrecklichen Realität gefüllt worden. Zwischen 1914 und 1945 waren siebzig Millionen Menschen in Europa und der Sowjetunion eines gewaltsamen Todes gestorben.[456] Einige der schlimmsten Greuel waren von Deutschen begangen worden, die in einer der kultiviertesten Gesellschaften Europas lebten. Der Holocaust erschütterte die optimistische Annahme der Aufklärung, Bildung würde die Barbarei beenden, denn die Vernichtung der Juden zeigte, dass ein Konzentrationslager in unmittelbarer Nähe einer großen Universität entstehen konnte. Die schieren Zahlen des Nazi-Völkermordes belegen, wie sehr er ein Ergebnis der Moderne ist. Keine frühere Gesellschaft hätte die Vernichtung von Menschen in einem so großen Stil exekutieren können. Die Nazis nutzten viele Instrumente und Errungenschaften des Industriezeitalters – die

Fabrik, die Eisenbahn und die fortgeschrittene chemische Industrie – mit tödlicher Wirkung. Sie verließen sich auf die moderne wissenschaftliche und rationale Planung, bei der alles einem einzigen, begrenzten und klar definierten Zweck untergeordnet ist.[457] Als Kind des modernen naturwissenschaftlichen Rassismus war der Holocaust der finale Akt des *Social Engineering* und die extreme Demonstration der Unfähigkeit von Nationen, Minderheiten zu tolerieren. Er zeigte, was passieren kann, wenn der Sinn für die Heiligkeit jedes einzelnen Menschenlebens – eine Überzeugung der traditionellen Religionen, die quasireligiöse Systeme nicht aufgreifen können oder wollen – verlorengeht.

Am 6. August 1945 wurde eine Atombombe mit einem Gewicht von 3600 Kilogramm über Hiroshima abgeworfen und tötete etwa 140 000 Menschen sofort. Drei Tage später wurde eine Plutoniumbombe über Nagasaki abgeworfen und tötete etwa 24 000 Menschen.[458] Jahrhundertelang hatten die Menschen von einer letzten Apokalypse geträumt, die Gott über die Welt bringen würde. Jetzt, mit der Entwicklung der Massenvernichtungswaffen, schien es, als brauchten die Menschen Gott nicht mehr, um die Apokalypse zu verwirklichen. Die Nation war zum höchsten Wert geworden, und die internationale Gemeinschaft anerkannte die Legitimität eines Nuklearschlags, um die Nation zu schützen, trotz aller Aussichten auf totale Vernichtung. Einen deutlicheren Beweis für die Todessehnsucht, die Freud beschrieben hatte, konnte es nicht geben. Aber darin liegt auch der Geburtsfehler einer rein säkularen Idee, die »Heiligkeit« aus ihrer Politik eliminiert – die Überzeugung, dass Dinge oder Menschen unserer persönlichen Verfügungsgewalt entzogen sind. Die Kultivierung dieser Transzendenz – sei es Gott, das Tao, Brahman oder das Nirvana – hatte Menschen im besten Fall geholfen, ihre Endlichkeit zu akzeptieren. Wenn aber die Nation zum absoluten Wert wird (oder in religiösen Begrifflichkeiten, zum »Götzen«), dann gibt es keinen Grund mehr, warum man diejenigen, die sie bedrohen, nicht liquidieren sollte.

Dieser Todeswunsch war aber nicht nur in der gottlosen Gewalt des säkularen Nationalismus zu beobachten, sondern zeigt sich auch in der religiös motivierten Gewalt des ausgehenden 20. Jahrhunderts. Im Westen war man berechtigterweise entsetzt von den iranischen Kindermärtyrern, die auf den Schlachtfeldern des irakisch-iranischen Krieges starben. Sobald der Krieg erklärt war, versammelten sich Jugendliche aus den Slums in den Moscheen und baten, man möge sie an die Front schicken. Radikalisiert durch die Revolution, hofften sie, der Langeweile ihres düsteren Lebens zu entkommen. Und so lockte sie, wie in den traditionellen Gesellschaften früherer Zeiten, die Aussicht auf Ekstase und ein intensives Erleben in den Krieg. Die Regierung gab einen Erlass heraus, der es Jungen ab einem Alter von zwölf Jahren gestattete, sich ohne Einwilligung der Eltern zu melden. Sie bekamen den Imam als Vormund, und man versprach ihnen einen Platz im Paradies.

Zehntausende Jugendliche strömten an die Front, angetan mit dem Märtyrerzeichen des roten Stirnbandes. Einige machten es sich zur Aufgabe, Minenfelder zu räumen, liefen dazu vor den Truppen her und wurden in Stücke gerissen. Andere betätigten sich als Selbstmordbomber mit einer Taktik, die seit dem 11. Jahrhundert in verschiedenen Zusammenhängen asymmetrischer Kriegführung angewendet worden war. Schreiber wurden an die Front geschickt, um den letzten Willen der Märtyrer aufzuzeichnen. Oft waren es Briefe an den Imam, in denen von der Freude am Kampf »an der Seite von Freunden auf dem Weg zum Paradies« die Rede war.[459] Die Kindermärtyrer stellten Khomeinis Glauben an die Revolution wieder her. Wie der Imam Husain, so erklärte er, starben sie, um die Allmacht des Unsichtbaren zu bezeugen. Aber sie wurden auch ausgebeutet, um den nationalen Interessen zu dienen.

Allerdings beschränkte sich der religiös formulierte Militarismus nicht auf Kulturen mit einem vormodernen religiösen Bezugspunkt. Im säkularisierten Westen kam er immer wieder als Reaktion auf die Schrecken der Moderne zum Vorschein, vor allem die Schrecken des modernen, industrialisierten Krieges. In den frühen 1980er Jahren errichteten Gruppen unzufriedener amerikanischer Protestanten aus Furcht vor einem sowjetischen Atomangriff während einer besonders angespannten Phase des Kalten Krieges in entlegenen Gebieten im Nordwesten der USA regelrechte Festungen. Aber diese Survival-Spezialisten, die ein militärisches Training absolvierten und Munition sowie andere Vorräte bunkerten, fühlten sich nicht nur vom gottlosen Ostblock bedroht, sondern auch von der US-Regierung. Sie waren unter dem Dach der *Christian Identity* lose miteinander verbunden und hatten nur wenig mit den konventionellen christlichen Kirchen gemein.[460] Vielmehr nahmen sie (durch eine anmaßende Ethnographie namens »British Israelism«) eine direkte Abkunft von den zwölf Stämmen Israels für sich in Anspruch und stellten eine Spielart der weißen Suprematisten dar, die die Bundesregierung und ihren schädlichen Pluralismus als tödliche Bedrohung ansahen. Ihre Mitgliederzahl ist schwer zu schätzen, weil die *Identity* lediglich ein Netzwerk von Organisationen war und ist; mehr als 100 000 waren es vermutlich nicht.[461] Und sie teilten nicht unbedingt alle Sorgen: Einige waren streng säkulare Survival-Leute, die lediglich vor der nuklearen Bedrohung flüchteten.[462] Aber einige dieser extremistischen Gruppen zeigten eine durchaus religiöse Färbung; sie benutzten die Sprache des Glaubens, um auch im Mainstream weit verbreitete, jedoch selten offen ausgedrückte Ängste, Besorgnisse und Begeisterung zum Ausdruck zu bringen.

Die Reichweite einer solchen Botschaft kann dramatisch sein. Die Ideologie von *Christian Identity* inspirierte Timothy McVeighs Bombenanschlag auf das Murrah Federal Building in Oklahoma City am 19. April 1995. McVeigh selbst war allerdings erklärter Agnostiker. Wie einige Anführer der *Identity* hatte er in der US-Armee gedient und eine krankhafte Neigung zur Gewalt entwickelt. Während des Golfkriegs 1991 hatte er an einem Massaker an einer Gruppe eingeschlossener irakischer Soldaten teilgenommen und ihre Leichen für seine persönliche Sammlung fotografiert. Offiziell war er kein Mitglied von *Christian Identity,* las aber ihre Newsletter, telefonierte mit ihren

Anführern und besuchte eine ihrer Einrichtungen an der Grenze zwischen Oklahoma und Arkansas.[463] Wie können wir den Terrorismus als eine besondere Spielart der Gewalt also verstehen?

Wie der Begriff »Religion«, so ist auch der Begriff »Terrorismus« bekanntermaßen schwer zu definieren. Es gibt so viele widerstreitende und widersprüchliche Formulierungen, dass sich das Wort, wie ein Forscher sagt, »mit terminologischer Verwirrung verschleiert«.[464] Ein Teil des Problems besteht darin, dass es ein so emotionales Wort ist, im Englischen sogar eines der stärksten Worte für eine negative Empfindung, die negativste Charakterisierung eines Gewaltakts überhaupt.[465] Deshalb wird es nie benutzt, um etwas zu beschreiben, was wir selbst tun, außer vielleicht in einem unterwürfigen Schuldbekenntnis. Es hat einen starken unterschwelligen Inhalt und verweigert sich gleichzeitig jeder Öffnung, vor allem dann, wenn beide Seiten eines Konflikts sich mit gleicher Leidenschaft beschuldigen. Es geht viel mehr darum, einen Gegner anzuklagen, als um eine Klärung des tatsächlichen Konflikts.[466]

Ein Versuch zur Definition beschreibt das Phänomen als »absichtlichen Gebrauch von Gewalt oder ihre Androhung gegen Unschuldige mit dem Ziel, sie oder andere einzuschüchtern und zu einem Handeln zu zwingen, das sie sonst nicht in Erwägung ziehen würden«. Aber das könnte man auch von der konventionellen Kriegführung sagen.[467] Tatsächlich ist sich die Forschung einig darüber, dass einige der größten Terrorakte gegen Zivilisten von Staaten begangen wurden und nicht von unabhängigen Gruppen oder Individuen.[468] In den Kriegen des 20. Jahrhunderts wurden Hunderttausende von Zivilisten mit Brandbomben, Napalm oder Atombomben terrorisiert. Im Zweiten Weltkrieg berechneten alliierte Wissenschaftler exakt die Mischung von Sprengkraft und Windrichtung, um verheerende Feuerstürme in dicht besiedelten Wohngebieten in Deutschland und Japan auszulösen, und zwar einzig zu dem Zweck, die Bevölkerung zu terrorisieren.[469]

Es gibt jedoch zumindest einen Punkt, über den sich alle einig sind: Terrorismus ist grundsätzlich und seinem Wesen nach politisch, selbst wenn andere Motive – religiöser, ökonomischer oder sozialer Art – damit verbunden werden.[470] Terrorismus dreht sich *immer* um »Macht – darum, sie zu erlangen oder zu erhalten«.[471] Und deshalb, so eine der ersten Expertinnen auf diesem Gebiet, sind »alle terroristischen Organisationen, sei ihr langfristiges Ziel die Revolution, die nationale Selbstbestimmung, der Erhalt oder die Wiederherstellung des Status quo oder Reformen, Teil eines politischen Machtkampfes mit einer Regierung, die sie beeinflussen oder ersetzen wollen«.[472] Die Behauptung, dass die Hauptmotivation eines Terroraktes politisch sei, mag selbstverständlich klingen, aber sie ist es nicht, jedenfalls nicht für diejenigen, die entschlossen scheinen, solche grauenhaften Gewaltakte einfach als »sinnlos« anzusehen. Es muss nicht überraschen, dass viele von ihnen die Religion, die sie für zutiefst irrational halten, als Hauptgrund ansehen. Einer der prominentesten Vertreter dieser Anschauung ist Richard Dawkins, der erklärt hat, nur die Religion sei »stark genug, um einen solchen Wahnsinn in ansonsten geistig gesunden und anständigen Menschen hervorzubringen«.[473] Aber diese gefährliche Vereinfachung entspringt einem falschen Verständnis der Religion wie auch des Terrorismus. Sie ist freilich der sehr vertraute Ausdruck der säkularen Vorstellung von Moderne, in der die »Religion« als gewalttätige, vernunftwidrige Kraft verworfen wird, die aus der Politik zivilisierter Nationen ausgeschlossen sein sollte.[474] Dabei wird aber nicht bedacht, dass alle großen religiösen Traditionen gemeinsam die Forderung vertreten, man solle andere so behandeln, wie man selbst behandelt werden will. Dieser Befund kann nicht darüber hinwegtäuschen, dass Religion in terroristischen Greueltaten oft eine Rolle spielt, aber man macht es sich zu einfach, wenn man sie zum Sündenbock erklärt, statt zu erkennen, was wirklich in der Welt geschieht.

* * *

Der erste islamische Terrorakt, auf den die Welt aufmerksam wurde, war der Mord an dem ägyptischen Präsidenten Anwar as-Sadat, dem Träger des Friedensnobelpreises und Held des Camp-David-Abkommens, der in weiten Teilen des Westens als progressiver muslimischer Führer anerkannt war. Im Westen war man entsetzt über die Grausamkeit dieses Attentats. Am 6. Oktober 1981, während einer Parade zur Feier der ägyptischen Siege im Jom-Kippur-Krieg 1973 sprang Leutnant Khalid al-Islambuli aus seinem Lkw, lief zur Tribüne des Präsidenten und eröffnete das Feuer aus einer Maschinenpistole. Er schoss immer wieder auf Sadat, tötete sieben Nebenstehende und verletzte achtundzwanzig weitere Personen. Seine politische Motivation bezog sich eindeutig auf die Forderung nach einem Regierungswechsel, aber die revolutionäre Leidenschaft war mit islamischen Gefühlen vermischt. Bei seinem Prozess gab al-Islambuli drei Gründe für den Mord an Sadat an: das Leiden der ägyptischen Muslime unter seiner tyrannischen Herrschaft, das Camp-David-Abkommen und die Verhaftungen von Islamisten einen Monat zuvor.

Eine große Zahl westlicher Fürsten, Politiker und Prominenter war bei Sadats Begräbnis zugegen, nicht jedoch die arabischen Führer, und die Straßen Kairos waren gespenstisch still – eine ganz andere Szene als die wilden Klagen bei Nassers Beerdigung. Westliche Politiker hatten Sadats Friedensinitiative bewundert; viele Ägypter betrachteten sie jedoch als opportunistisch und von Eigeninteressen geleitet, vor allem weil sich auch drei Jahre nach Camp David die Not der Palästinenser nicht gebessert hatte. Sadat hatte im Westen auch Zustimmung erhalten, weil er sich im Kalten Krieg auf die »rechte« Seite geschlagen und die fünfzehnhundert sowjetischen Berater entlassen hatte, die Nasser 1972 ins Land geholt hatte. Er hatte eine Politik der »offenen Tür« angekündigt, um Ägypten auf dem kapitalistischen freien Markt zu etablieren.[475] Aber wie im Iran hatten nur wenige Unternehmer etwas davon, die kleinen lokalen Geschäftsleute jedoch wurden ruiniert, als die ausländischen Importe den Markt überschwemmten. Nur vier Prozent der jungen Leute fanden anständige Arbeit, und die Mieten waren so hoch, dass junge Paare oft jahrelang warten mussten, bis sie heiraten konnten. Nachdem sie sich das Leben in ihrem eigenen Land nicht mehr leisten konnten, gingen Tausende Ägypter zum Arbeiten nach Saudi-Arabien oder in die Golfstaaten und schickten ihren Familien Geld.[476] Auch die sozialen Verwerfungen der abrupten Verwestlichung unter Sadat waren verstörend. Ein Beobachter versuchte es so zu erklären: Es war für einen ägyptischen Bauern unmöglich, seine Würde als »Kulturträger in seiner eigenen Kultur« zu bewahren, wenn er nach einem Tag harter Arbeit in der heißen Sonne anstehen musste, um ein amerikanisches Tiefkühlhähnchen zu erstehen, und den Abend dann vor dem Fernseher verbrachte, den er von dem Geld seines Sohnes aus Saudi-Arabien gekauft hatte und in dem die Ränke von J. R. Ewing und Sue Ellen in der Serie *Dallas* liefen.[477]

Die Frommen in der ägyptischen Gesellschaft fühlten sich von Sadat besonders betrogen. Zu Beginn war er bestrebt gewesen, seinem Regime eine andere Identität zu geben als Nasser, und hatte die Frommen regelrecht hofiert. Er hatte die Muslimbrüder aus den Gefängnissen entlassen, muslimische Studentenorganisationen ermutigt, die Universitäten aus den Händen der Sozialisten und Nasser-Anhänger zu reißen, und sich als »frommer Präsident« dargestellt. Überall wurden Moscheen gebaut, und auch in den Medien war viel von Religion die Rede. Aber die Politik der offenen Tür war alles andere als islamisch. Hier ging es um schlichte strukturelle Gewalt, die offensichtlich machte, wie unglaubwürdig Sadats frommer Anspruch war, denn er ließ Strukturen von Ungleichheit zu, die vom Koran ausdrücklich verurteilt wurden. Der Präsident musste feststellen, dass er mit seinem ökonomischen und politischen Anschlag auf das ägyptische Volk unabsichtlich politische islamistische Bewegungen ins Leben gerufen hatte, die seinem Regime feindlich gegenüberstanden.

Eine dieser Bewegungen war die Jama'at al-Muslimin, die 1971 von Shukri Mustafa gegründet wurde, einem Mitglied der Muslimbruderschaft, nachdem dieser aus dem Gefängnis entlassen worden war.[478] Er war einer der törichtesten »freien Führer«, die das Vakuum nach der Marginalisierung der Ulema ausfüllten. 1976 hatte die Jama'at etwa zweitausend Mitglieder: Männer und Frauen, die überzeugt waren, sie hätten den göttlichen Auftrag, auf den Ruinen von Sadats Dschahilia eine reine Umma zu errichten. Shukri vertrat eine extreme Interpretation der *Meilensteine* von Qutb und erklärte, nicht nur die Regierung, sondern die gesamte Bevölkerung Ägyptens sei abtrünnig geworden. Er zog sich mit seinen Leuten zurück; sie lebten in Höhlen in der Wüste außerhalb von Kairo oder in den schlechtesten Vierteln der Stadt. Ihr Experiment endete gewaltsam und mit mörderischer Berühmtheit, als Mitglieder der Gruppe Abtrünnige töteten und Shukri einen hoch angesehenen Richter ermordete, der die Jama'at verurteilt hatte. Doch so fehlgeleitet sie auch waren, Shukris Leute hielten dem Sadat-Regime einen Spiegel vor. Ihre Verurteilung Ägyptens war extrem, aber nach den Maßstäben des Koran war Sadats Gewaltsystem in der Tat *dschahili*. Der Auszug in die Elendsviertel von Kairo spiegelte die Not vieler junger Ägypter, die das Gefühl hatten, in ihrem Land sei kein Platz für sie. Die Gemeinschaften wurden von jungen Männern unterstützt, die wie so viele zum Arbeiten in die Golfstaaten geschickt worden waren. Die Jama'at verurteilte säkulare Bildung als Zeitverschwendung, und sie hatte damit nicht einmal ganz unrecht, denn eine Kammerzofe in einem ausländischen Haushalt konnte mehr verdienen als ein junger Dozent an der Universität.

Wesentlich konstruktiver als diese Gruppe waren die Gamaa Islamija, die Studentenorganisationen, die während Sadats Regierungszeit die Universitäten dominierten und sich als Selbsthilfegruppen in einer Gesellschaft verstanden, die die Bedürfnisse der Jugend ignorierte.[479] 1973 gab es schon Sommercamps an fast allen größeren Universitäten, bei denen die Studierenden eine islamische Umgebung erlebten, den Koran studierten, Nachtwachen hielten, Predigten über den Propheten hörten und Sport und Selbstverteidigung trieben – eine islamische Alternative zu den Unzulänglichkeiten des säkularen Staates.[480] Auf

480

den beklagenswert schlecht ausgestatteten Universitätsgeländen sorgten sie, um Frauen vor Belästigung zu schützen, für eine Geschlechtertrennung während der Vorlesungen, bei denen sich oft mehrere Studierende einen Sitzplatz teilen mussten, und organisierten Studiengruppen in der Moschee, wo es ruhiger war als in den überfüllten Studentenwohnheimen. Wer vom Land kam und das Leben in einer modernen Stadt zum ersten Mal erlebte, konnte den Weg in die Moderne jetzt in einer vertrauten islamischen Umgebung gehen.

Die Studentenproteste wurden aggressiver, als Sadat sich immer mehr dem Westen annäherte und gleichzeitig autokratischer wurde. 1978 erließ er das »Gesetz der Schande«: Jede Abweichung von seiner politischen Linie in Gedanken, Worten und Taten sollte durch den Verlust der bürgerlichen Rechte, den Einzug des Reisepasses und des Besitzes bestraft werden. Den Ägyptern wurde verboten, sich in Vereinigungen zusammenzuschließen, Äußerungen in den Medien zu tun oder Dinge publik zu machen, die die »nationale Einheit und den sozialen Frieden« gefährdeten. Selbst eine zufällige Bemerkung im Privatbereich des eigenen Hauses sollte nicht ungestraft bleiben.[481] Als Reaktion auf die Unterdrückung begannen Studenten der Universität Mina mit der Zerstörung christlicher Kirchen – die man mit dem westlichen Imperialismus gleichsetzte – und griffen diejenigen an, die westliche Kleidung trugen.[482] Sadat verbot die Gamaa, aber Unterdrückung führt fast immer dazu, dass solche Gruppen extremer werden, und einige Studenten schlossen sich einer Geheimbewegung an, die sich den bewaffneten Dschihad auf die Fahnen schrieb. Khalid al-Islambuli hatte an der Universität Mina studiert und war Mitglied einer dieser Zellen. Im September 1981, kurz vor seiner Ermordung, hatte Sadat mehr als fünfzehnhundert Oppositionelle verhaften lassen, darunter Minister, Politiker, Intellektuelle, Journalisten, Ulema und auch Islamisten, darunter Khalids Bruder Muhammad.[483]

Die Ideologie der Sadat-Mörder war von Abd al-Salam Faraj geprägt, dem geistlichen Anführer des Dschihad-Netzwerkes, der 1982 mit Khalid hingerichtet wurde. Seine Schrift *Die ver-*

nachlässigte Pflicht war im Verborgenen unter den Mitgliedern weitergegeben und nach dem Anschlag veröffentlicht worden. Das schwerfällige, reizlose und schlecht informierte Dokument zeigt, wie töricht die säkularen Reformer gewesen waren, den Menschen eine angemessene religiöse Führung vorzuenthalten. Faraj war ebenfalls ein freier Führer, er hatte ein Diplom als Elektroingenieur und keinerlei Kenntnis des islamischen Rechts. Aber es scheint, dass sich seine unkonventionellen Ideen bis in die 80er Jahre hinein ohne Kontrolle durch die marginalisierten Ulema verbreiteten, so dass sie in der Gesellschaft überall zu finden waren.[484] Die »vernachlässigte Pflicht« aus dem Titel war der aggressive Dschihad. Die Muslime, so argumentierte Faraj, waren von schwachköpfigen Apologeten überzeugt worden, man dürfe nur zum Zwecke der Selbstverteidigung kämpfen. Genau deshalb lebten die Muslime jetzt in Unterdrückung und Demütigung und konnten ihre Würde nur wiedererlangen, wenn sie zu den Waffen griffen. Sadat war nichts anderes als ein Ungläubiger, weil er mit dem »Recht des Unglaubens« regierte, das der Umma von den Kolonialmächten aufgezwungen worden war.[485] Trotz aller äußerlichen Orthodoxie handele es sich bei Sadat und seiner Regierung um eine Bande von Abtrünnigen, die den Tod verdienten. Faraj zitierte Ibn Taimiyas Fatwa gegen die Mongolenherrscher, die wie Sadat nur dem Namen nach Muslime gewesen seien. In der Zeit al-Schafiis hatten die Muslime lediglich äußere Angriffe zu fürchten gehabt, jetzt regierten die Ungläubigen tatsächlich die Umma. Wenn man einen wahren islamischen Staat schaffen wolle, war der Dschihad *fard ayn*, die Pflicht jedes Muslims, der dazu körperlich in der Lage war.

Faraj macht die »Götzenverehrung« deutlich, die in einigen Formen des politischen Islamismus genauso präsent ist wie im säkularen Diskurs: Bei ihm wird die Umma zum höchsten Wert. »Es ist die Pflicht jedes Muslims, ernsthaft nach der Wiedererrichtung des Kalifats zu streben«, argumentierte er. Wer das nicht tue, »stirbt nicht als Muslim«.[486] In der Vergangenheit hatte der Erfolg dem Islam immer recht gegeben. Bis in die Moderne hinein hatte die Machtposition der Umma die Botschaft des Koran bestätigt, dass eine recht geführte Gemeinschaft blühen würde, weil sie im Einklang mit dem stand, was »richtig« war. Die plötzliche Entmachtung der Umma war in theologischer Hinsicht für einige Muslime genauso erschütternd, wie es Darwins Evolutionslehre für einige Christen war. Das Gefühl von Schande und Demütigung war schmerzhaft und wurde durch den Kontrast zur vergangenen Größe noch schlimmer. Aber der Traum einer glorreich restaurierten Umma war zum Absolutum, zum Selbstzweck geworden und rechtfertigte als solches die Mittel eines aggressiven Dschihad – in diesem Fall eines kriminellen Mordanschlags. Im islamischen Kontext begründete das die Hauptsünde des *Shirk,* einer Götzenverehrung, die ein politisches Ideal auf dieselbe Stufe stellte wie Allah. Wie ein Kommentator bemerkte, brachte das Ideal des Dschihad – weit davon entfernt, gesetzlose Gewalt zu rechtfertigen – ursprünglich die wichtige Erkenntnis zum Ausdruck, dass »die letzte Wahrheit des Menschen nicht in einem entlegenen, makellosen Utopia liegt, sondern in der Spannung und dem Kampf um die Anpassung ihrer Ideale an die störrische, hinderliche Umgebung weltlicher Sorgen«.[487]

Farajs primitive Theologie wird deutlich, wenn er erklärt, warum es wichtiger ist, Sadat zu bekämpfen als die Israelis: Wenn in Ägypten ein wahrer islamischer Staat errichtet würde, so glaubte er, dann würde Jerusalem ganz von selbst zur muslimischen Herrschaft zurückkehren. Im Koran hatte Gott den Muslimen verheißen, er würde Schande über ihre Feinde bringen und den Muslimen zu Hilfe eilen. In einer nihilistischen Abkehr nicht nur von seiner modernen naturwissenschaftlichen Ausbildung, sondern auch vom Standpunkt des Korans, Muslime sollten ihre natürliche Intelligenz gebrauchen, zog sich Faraj auf eine besonders naive Form der ewigen Philosophie zurück, die wenig mehr war als magisches Denken: Wenn die Muslime die Initiative ergriffen, würde Gott ihnen helfen und die Naturgesetze außer Kraft setzen. Konnten die militanten Islamisten ein Wunder erwarten? Faraj bejahte die Frage.[488] Beobachter wunderten sich, dass nach dem Attentat kein geplanter Aufstand losbrach. Faraj glaubte, Gott würde eingreifen und den Rest erledigen.[489] Doch nichts geschah. Hosni Mubarak wurde ohne großes Aufheben Präsident, und seine säkulare Diktatur hielt sich dreißig Jahre lang an der Macht.

* * *

In der muslimischen Welt keimt der Terrorismus oft dann auf, wenn die Grenzen der Nation nicht mit den Staatsgrenzen übereinstimmen, die von den Kolonialmächten festgelegt wurden.[490] Der Libanon war in dieser Hinsicht besonders ungünstig ausgestattet. Er hatte ein Muster ökonomischer Ungleichheit geerbt und litt unter ganz eigenen, tragischen Problemen. Die schiitische Bevölkerung lebte im unfruchtbaren Gebiet zwischen Tyrus und Sidon, das bis 1920 zu Groß-Syrien gehört hatte. Sie hatte also keine historischen Verbindungen zu den sunnitischen Muslimen und den maronitischen Christen im Norden des Landes und auch keinen Anteil an dem dortigen Modernisierungsprozess. Eine wohlhabende Bürgerschicht hatte Beirut zur intellektuellen Hauptstadt des Nahen Ostens gemacht. Gleichzeitig blieb der Südlibanon unterentwickelt, weil die Verfassung jede Glaubensgemeinschaft für ihr eigenes Wohlergehen und die eigenen sozialen Institutionen verantwortlich machte. Und weil die Schiiten so arm waren, besaßen die meisten ihrer dreihundert Dörfer weder Krankenhäuser noch Bewässerung, und weil die Schiiten auch nicht sehr gebildet waren, blieben sie in der nationalen Regierung unterrepräsentiert. In den 1950er Jahren wanderten Tausende von ihnen nach Beirut ab, weil sie auf dem Land nicht mehr überleben konnten; dort hausten sie in den Slums von Maslak und Karantina, die man in der Stadt auch als »Elendsgürtel« bezeichnete. Sie wurden nie assimiliert und von der wohlhabenderen Bevölkerung verachtet.

1959 jedoch kam Musa al-Sadr, ein kluger, kosmopolitischer iranischer Geistlicher, aus Nadschaf, wo ein Kreis von Ulema eine revisionistische Form des Schiismus entwickelt hatte. Unter

Anwendung schiitischer Ideen, die es den Menschen möglich machte, ihre eigene politische und soziale Lage zu reflektieren, entwickelte Sadr seine rückständige Gemeinschaft zu einer der führenden Fraktionen im Libanon. Ein Teil des Problems, so glaubte er, bestand darin, dass die traditionelle Zurückhaltung der Schia zu ihrer eigenen Marginalisierung beigetragen hatte. Der sechste Imam hatte die Politik eines heiligen Säkularismus übernommen, um die Schiiten vor der Gewalt der Abbasiden zu schützen. Aber die Bedingungen der modernen Welt verlangten von den Schiiten, dass sie zum Geist des Imams Husain zurückkehrten und ihr Schicksal in die eigenen Hände nahmen. In Husain würden sie ein Ideal an Mut und politischer Entscheidungskraft finden.[491] Sadr kritisierte die Ulema und die feudalen Landbesitzer, sie würden ihrer Gemeinschaft nicht genug dienen. Gemeinsam mit Ayatollah Muhammad Fadlallah, einem weiteren Mitglied des Nadschaf-Kreises, sorgte er für die dringend benötigten sozialen Dienstleistungen und errichtete eine Basis schiitischer Selbstversorgung und des Widerstands gegen die Ungerechtigkeit im Libanon.[492]

Alle Elemente struktureller Gewalt, die typischerweise zur Entwicklung einer islamistischen Bewegung beitragen, waren im Libanon also vorhanden. Es gab eine große Kluft zwischen der westlich orientierten, privilegierten Elite und der nicht modernisierten Masse; die Verstädterung der Gesellschaft war zu schnell erfolgt; es gab ein System sozialer Ungleichheit und physische wie auch soziale Entwurzelung. Aber die Situation im Libanon wurde durch den unlösbaren arabisch-israelischen Konflikt noch weiter kompliziert. Nach dem Abkommen von Kairo 1969 hatte die PLO die Erlaubnis bekommen, im Südlibanon Stützpunkte einzurichten, von denen aus sie Israel angriff, und nachdem die Organisation 1970 aus Jordanien ausgewiesen worden war, verlegte sie ihre Hauptbasis in den Libanon. Auch die Demographie des Landes veränderte sich. Die Geburtenrate der Schiiten hatte sich dramatisch erhöht, so dass diese Bevölkerungsgruppe von 100 000 Köpfen im Jahr 1921 auf 750 000 im Jahr 1975 anwuchs. Da die Geburtenraten bei den Sunniten und

Maroniten sanken, stellten die Schiiten Mitte der 70er Jahre 30 Prozent der Bevölkerung und die größte Glaubensgemeinschaft im Land.[493] Als Sunniten und Schiiten eine Umstrukturierung der politischen Institutionen forderten, um dieser Veränderung Rechnung zu tragen, brach ein katastrophaler Bürgerkrieg aus (1975–1978). Der Libanon wurde zu einem gefährlichen, gewalttätigen Ort, in dem der bewaffnete Kampf keine Wahlmöglichkeit, sondern für das persönliche Überleben unabdingbar war.

Der schiitische Islam radikalisierte sich in Folge des ständigen Krieges und der systembedingten Unterdrückung in der libanesischen Gesellschaft. Sadr hatte bereits Ausbildungslager gegründet, um junge Schiiten in Selbstverteidigung zu unterrichten, und nach Ausbruch des Bürgerkrieges wurden die AMAL (»Bataillone des libanesischen Widerstands«) gegründet, die die Armen mit den »neuen Männern« in Verbindung brachte: schiitischen Geschäftsleuten und Vertretern freier Berufe, die wirtschaftlich erfolgreich waren. Sie kämpften gegen die maronitische Vorherrschaft, gemeinsam mit den Drusen, einer kleinen, esoterischen schiitischen Sekte. Vermutlich litten die Schiiten während des Bürgerkrieges am allermeisten. Ihre Slums wurden von den christlichen Milizen zerstört, Tausende wurden obdachlos, und weitere Tausende mussten in den Süden des Landes fliehen, wo der Kampf zwischen Israel und der PLO tobte. Als Israel 1978 im Südlibanon einmarschierte, um die PLO zu vernichten, wurden schiitische Siedlungen zerstört, und Hunderttausende Flüchtlinge waren gezwungen, in Beirut Zuflucht zu suchen.

In diesem entscheidenden Moment verschwand Musa al-Sadr während einer Reise nach Libyen, vermutlich wurde er von Gaddafi ermordet. So wurde er zum »Verborgenen Imam« des Libanon. Der Verlust spaltete die AMAL: Ein Teil folgte dem säkular orientierten, in Amerika ausgebildeten Nabih Berri, der friedliche Aktionen bevorzugte, aber die gebildeten »neuen Männer« schlossen sich Fadlallah an, einem Gelehrten, dessen Ansichten unter den gebildeten Autoritäten viele Kontroversen hervorrufen sollten. In einer Gesellschaft verfasst, die durch einen gewaltsamen Konflikt zerrissen war, argumentierte seine Schrift *Der Islam und die Anwendung von Gewalt* (1976), die Muslime müssten zum Kampf bereit sein und notfalls wie Husain im Kampf für Gerechtigkeit und Gleichheit sterben. Der Märtyrertod war nicht nur ein frommer, sondern ein revolutionärer politischer Akt, eine Weigerung, sich Unterdrückung und Grausamkeit zu beugen. Richtig angewendet, befähigte die Gewalt den Menschen, sein Leben selbst in die Hand zu nehmen, und war die einzige Möglichkeit, in einer gewalttätigen Welt zu überleben:

Gewalt bedeutet: Die Welt gibt uns Mittel und Wohlstand; umgekehrt degeneriert das Leben unter Bedingungen der Schwäche, der Mensch verschwendet seine Energie und gerät in einen Zustand, der an Erstickung und Lähmung erinnert. Die Geschichte, die Geschichte von Krieg und Frieden, Wissenschaft und Wohlstand, ist eine Geschichte der Starken.[494]

Muslime sollten nicht vor wirtschaftlichem Erfolg und moderner Technologie zurückschrecken, sondern sie nutzen, um Ungerechtigkeit und Marginalisierung zu bekämpfen. Sie würden dabei den Westen nicht nachäffen, weil die Schiiten, statt den Nationalstaat zum Werkzeug der Wirtschaft zu machen, einen humanen Staat aufbauen würden, der auf den Werten von Gemeinwohl und Selbstachtung gründete. Die Ziele waren islamisch, die Mittel neu.

1979, inspiriert von der Iranischen Revolution und mit Geld und Ausbildungsmöglichkeiten aus Teheran unterstützt, gründete Fadlallah die Hisbollah, die »Partei Gottes«. Im Westen wurde mit Staunen zur Kenntnis genommen, dass die Revolution sich in den schiitischen Gemeinden in der Nähe des Iran und Saudi-Arabiens nicht ausbreitete, im weit entfernten Libanon aber sofort Wurzeln schlug.[495] Tatsächlich gab es eine alte Beziehung zwischen dem Iran und dem Libanon. Im 16. Jahrhundert, als die Safawiden ihr schiitisches Reich im Iran gegründet hatten, der zu dieser Zeit sunnitisch dominiert war, hatten sie schiitische Gelehrte aus dem Libanon gebeten, sie zu unterrichten und zu beraten. Es war also folgerichtig, dass libanesische Schiiten sich dem iranischen Netzwerk anschlossen. Während der israelischen Invasion 1982 im Libanon und der folgenden US-Militärintervention 1983/84 wurde die Welt zum ersten Mal auf die Hisbollah aufmerksam: Am 25. Oktober 1983 töteten Selbstmordattentäter der Hisbollah zweihunderteinundvierzig amerikanische und achtundfünfzig französische Angehörige der Friedenstruppen auf ihrem Militärgelände in der Nähe des Beiruter Flughafens. Dieser Märtyreraktion folgten weitere Angriffe auf die US-Botschaft und US-Kasernen.

Die Erklärungen der Hisbollah nach diesen gewaltsamen Aktionen führten an, dass die USA Khomeini ablehnten und Saddam Hussein, Israel und die christlichen Maroniten im Libanon unterstützten. Fadlallah sprach vom »arroganten Schweigen« der Westmächte angesichts des Leidens in der Dritten Welt.[496] Die Anschläge seien nicht einfach durch religiösen Eifer inspiriert, sondern hätten ein klares politisches Ziel: die Vertreibung der ausländischen Besatzer aus dem Libanon. Es handelte sich um »revolutionären Selbstmord«. Was die Methoden anging, so wies Fadlallah darauf hin, dass sich die Schiiten in einem asymmetrischen Krieg befanden:

Die unterdrückten Nationen besitzen nicht die Technologie und die zerstörerischen Waffen der Amerikaner und Europäer. Sie müssen mit ihren eigenen Mitteln kämpfen ... Wir ... betrachten das, was unterdrückte Muslime in aller Welt mit primitiven und unkonventionellen Mitteln gegen aggressive Mächte unternehmen, nicht als Terrorismus. Wir betrachten es als rechtmäßige Form des Krieges gegen die imperialistischen Weltmächte.[497]

Es handelte sich also nicht um zufällige, bigotte und irrationale Akte, sondern um »gesetzmäßige Verpflichtungen mit klaren Regeln«, die die Muslime nicht brechen durften.[498] Eine dieser

Regeln verbot den absichtlichen Angriff von Zivilisten, der durch islamisches Recht nicht gedeckt ist – allerdings nahm die Hisbollah Amerikaner, Briten, Franzosen und deutsche Zivilisten als Geiseln, um die Freilassung schiitischer Häftlinge zu erzwingen.

Im Westen erinnerten die Selbstmordanschläge sofort an die Assassinen, ein Symbol des Fanatismus, den man im Westen schon seit langer Zeit dem Islam zuschrieb. Aber obwohl die Hisbollah diese kontroverse Methode tatsächlich im Nahen Osten eingeführt hatte, wurden die meisten Selbstmordattentate im Libanon während der 80er Jahre von säkular orientierten Tätern durchgeführt. Einer Untersuchung zufolge war die Hisbollah für sieben Selbstmordanschläge verantwortlich, die säkulare Syrisch-Nationale Partei für zweiundzwanzig und die sozialistische Baath-Partei für zehn.[499]

1986 verurteilten die meisten Geistlichen die Selbstmordattentate und Geiselnahmen jedoch als unislamisch. Man war sich einig, dass die Hisbollah die Richtung wechseln musste, weil ihre Operationen allzu oft unverantwortlich und kontraproduktiv waren, weil sie schwere Verluste verursachten und die schiitische Gemeinschaft spalteten. Es gab auch Spannungen zwischen der Hisbollah und den AMAL-Milizen, und in den Dörfern regte sich Widerstand gegen die Versuche der Hisbollah, islamische Verhaltensregeln durchzusetzen.[500] Inzwischen hatte Fadlallah begriffen, dass Gewalt am Ende wenig Nutzen brachte: Was hatte die PLO mit ihrem Terrorismus erreicht, der die Welt schockierte? Die libanesischen Schiiten mussten neue Wege gehen, argumentierte er, sie mussten von den objektiven und tatsächlichen Umständen ausgehen, in denen sie sich befanden.[501] Fadlallah wusste, dass es unmöglich war, im Libanon einen islamischen Staat zu errichten, und 1989 schlug er sogar vor, es sei Zeit, dass man im Iran zu einer »Normalisierung der Beziehungen mit der restlichen Welt« käme, denn wie jede politische Bewegung durchliefen auch Revolutionen viele Stadien und veränderten sich mit der sie umgebenden Welt:

Wie alle Revolutionen, einschließlich der Französischen Revolution, verfolgte die Islamische Revolution am Anfang keinen realistischen Kurs. Zu dieser Zeit diente sie dazu, einen Staat zu gründen, mobilisierte eine neue, religiöse Denk- und Lebensweise und strebte danach, muslimische Autonomie und Unabhängigkeit von den Supermächten zu erreichen.[502]

Die Hisbollah schwor also der Gewalt ab und wurde zu einer politischen Partei, die ihren Wählern verantwortlich war und sich auf soziale Aktivitäten und Veränderungen von unten her konzentrierte. Sie hatte schon begonnen, sich aus dem Gedränge der schiitischen Milizen zu befreien, in dem sie eine Struktur mit Untergrundzellen entwickelte und einen spirituellen Prozess ins Leben rief, der ersetzen sollte, was Khomeini das »kolonisierte Gehirn« nannte, und ein Denken außerhalb der Parameter ermöglichte, die ihnen vom Westen aufgezwungen worden waren.[503] Bis heute werden alle Hisbollah-Anführer auch philosophisch geschult, um ihre Fähigkeit zu entwickeln, kritisch und unabhängig zu denken. Wie die amerikanischen Bürgerrechtsaktivisten arbeiten sie mit kleinen Gruppen in den Dörfern, um herauszufinden, wie jeder Einzelne der Gemeinschaft am besten dienen kann. Das kann der Weg ins Geschäftsleben sein oder eine Ausbildung für eine Elitemiliz. Ihr Ziel erinnert an das konfuzianische Ideal: eine schiitische Gemeinschaft zu entwickeln, in der jeder Respekt empfängt und gibt und sich geschätzt und gebraucht fühlt. Seit dem Krieg gegen Israel 2006 konzentriert sich die Hisbollah vor allem auf das »Management des Zorns«: »Wir wollen den Zorn von einem zerstörerischen Kurs weg und hin zu etwas politisch Sinnvollem lenken, beispielsweise zum Aufbau von Widerstand oder zu einer nutzbringenden gesellschaftlichen Aktivität.«[504]

Während dieses Krieges entwickelte die Hisbollah eine alternative Lösung für das Problem der asymmetrischen Kriegführung.[505] In Vorbereitung auf diese Möglichkeit hatten sie tiefe unterirdische Tunnel und Bunker gebaut, einige mehr als zehn

Meter unter der Erde, in denen ihre Milizen israelische Luftangriffe aussitzen konnten, um dann wieder aufzutauchen und mit Raketen und Granaten zurückzuschlagen. Sie wussten, dass sie mit diesen Raketen der starken israelischen Kriegsmaschinerie keinen ernsthaften Schaden zufügen konnten, aber die lange Dauer und Unerbittlichkeit der Raketenangriffe wirkte sich auf die israelische Moral aus. Das Ziel der Hisbollah bestand darin, Israel zu einer Bodenoffensive zu zwingen, bei der die gut ausgebildeten Guerillatruppen der Hisbollah mit ihrer genauen Ortskenntnis die Panzer der Israelis mit kleinen panzerbrechenden Raketen angreifen konnten. Außerdem beherrschten sie inzwischen meisterhaft geheimdienstliche sowie PR-Aktivitäten; viele israelische Journalisten gaben offen zu, dass sie die Verlautbarungen der Hisbollah denen der israelischen Streitkräfte vorzogen. Ihr Sieg und der israelische Rückzug zeigte, dass Terrorismus nicht der einzige Weg ist, einen militärisch überlegenen Feind zurückzuschlagen.

✻ ✻ ✻

Als Inspiration für den Terrorismus ist der Nationalismus jedoch viel produktiver als die Religion. Die Beispiele Ägypten und Libanon zeigen, dass die Verweigerung des Rechts auf nationale Selbstbestimmung und die Okkupation eines Landes durch fremde Truppen historisch das stärkste Mittel ist, um terroristischen Organisationen neue Mitglieder zuzuführen, seien sie religiös oder säkular ausgerichtet.[506] In Israel jedoch können wir eine andere Dynamik beobachten: Hier verschob der säkulare Nationalismus eine religiöse Tradition in eine militante Richtung, und zwar durch seine Neigung, den Nationalstaat zum höchsten Wert zu erklären, so dass seine Erhaltung und Integrität jedes Handeln rechtfertigt, so extrem es auch sein mag. Im Mai 1980, nach der Ermordung von sechs Yeshiva-Schülern in Hebron, brachten die Gush-Siedler Menachem Livni und Yehuda Etzion Bomben in den Autos von fünf arabischen Bürgermeistern an, nicht um sie zu töten, sondern um sie zu verstümmeln, so dass sie zur lebenden Erinnerung an die Folgen der Opposition gegen Israel würden.[507] Aber diese Operation war nur ein Nebenkriegsschauplatz. Im April 1984 deckte die israelische Regierung die Existenz einer jüdischen Untergrundorganisation auf, die geplant hatte, den Felsendom zu sprengen, um die Camp-David-Vereinbarungen zu sabotieren. Um jüdische Angriffe zu vermeiden, die das Überleben der Nation gefährden könnten, hatten die Talmud-Gelehrten stets erklärt, der Tempel könne nur vom Messias wiederaufgebaut werden, und über die Jahrhunderte hinweg hatte sich daraus ein machtvolles Tabu entwickelt. Aber die jüdischen Extremisten störten sich am Felsendom, dem drittheiligsten Ort in der muslimischen Welt, der angeblich am Ort des Salomonischen Tempels stand. Der fantastische Sakralbau, der die Skyline von Ostjerusalem beherrscht und perfekt in die natürlich Umgebung passt, erinnerte sie ständig an die Jahrhunderte islamischer Herrschaft im Heiligen Land. Für den Gush besaß dieses Symbol der muslimischen Minderheit dämonische Qualitäten. Livni und Etzion beschrieben es als »Greuel« und als »Wurzel aller spirituellen Irrwege unserer Generation«. Für Yeshua ben Shoshan, den spirituellen Führer des Untergrunds, war der Felsendom eine Heimsuchung derselben bösen Mächte, die die Verhandlungen in Camp David inspirierten.[508] Alle drei waren überzeugt, dass ihre Taten im Einklang mit der kabbalistischen ewigen Philosophie zu einem himmlischen Eingreifen führen würden. Tatsächlich würden sie Gott zwingen, die Erlösung durch den Messias zu beschleunigen.[509] Als Sprengstoffexperte der israelischen Streitkräfte hatte Livni achtundzwanzig Präzisionsbomben gebaut, die die Moschee, nicht aber deren Umgebung zerstört hätten.[510] Die Aktion wurde nur deshalb nicht durchgeführt, weil man keinen Rabbi fand, der ihr seinen Segen gegeben hätte.

Auch dieser Anschlag war ein Beispiel moderner Todessehnsucht. Die Zerstörung des Felsendoms hätte mit an Sicherheit grenzender Wahrscheinlichkeit zu einem Krieg geführt, in dem sich zum ersten Mal die gesamte muslimische Welt gegen Israel zusammengetan hätte. Strategen in Washington glaubten, während des Kalten Krieges, in dem die Sowjetunion die Araber und die USA Israel unterstützten, hätte daraus sogar ein Dritter Weltkrieg werden können.[511] Das Überleben und die territoriale Integrität des Staates Israel war den Militanten so wichtig, dass sie dafür die Vernichtung der Menschheit in Kauf genommen hätten.

Aber sie waren damit beileibe nicht von ihrer eigenen religiösen Tradition inspiriert, denn ihre Überzeugungen richteten sich gegen die Lehren des rabbinischen Judentums. Die Rabbis hatten immer wieder erklärt, Gewalt gegen Menschen sei eine Lästerung Gottes, der Männer und Frauen nach seinem Bild ins Leben gerufen hatte. Mord war ein Sakrileg. Gott hatte Adam, einen einzelnen Menschen, erschaffen, um uns zu lehren, dass jeder, der ein einziges Menschenleben zerstörte, gestraft werden würde, als hätte er die ganze Welt vernichtet.[512]

Der Felsendom, der als Symbol jüdischer Demütigung, Unterdrückung und Vernichtung wahrgenommen wurde, nährte die jüdische Trauer- und Leidensgeschichte in gefährlicher Weise, was buchstäblich explosive Ausmaße annehmen konnte. Die Juden hatten zurückgeschlagen und im Nahen Osten den Status einer Supermacht erreicht, wie man es nie für möglich gehalten hätte. In den Augen des Gush bedrohte der Friedensprozess diesen hart erkämpften Status, und wie die Mönche, die nach Julians Versuch zur Unterdrückung des Christentums die heidnischen Tempel zerstörten, reagierte er instinktiv mit der Parole »Nie wieder!«. Deshalb liebäugeln jüdische Radikale, mit oder ohne rabbinische Zustimmung, nach wie vor mit Livnis gefährlicher Idee. Sie sind überzeugt, dass ihre politischen Ziele auf irgendeine Weise in einer ewigen Wahrheit verwurzelt sind. Die Tempelberg-Getreuen haben ausgearbeitete Pläne für den jüdischen Tempel, der eines Tages den Felsendom ersetzen wird. Sie stellen sie in einem Museum aus, das provozierend nahe am Haram al-Sharif liegt, mit den rituellen Gegenständen und zeremoniellen Gewändern, die sie bereits für den Kult angefertigt haben. Für viele hat das jüdische Jerusalem, das wie ein Phönix aus der Asche von Auschwitz aufgestiegen ist, einen nicht mehr verhandelbaren symbolischen Wert.

Die Geschichte Jerusalems zeigt, dass ein heiliger Ort für ein Volk noch kostbarer wird, wenn er verlorengegangen ist oder die Menschen das Gefühl haben, er sei gefährdet. Livnis Plan machte den Haram al-Sharif jedenfalls für die Palästinenser noch heiliger. Als der Islam noch eine große Weltmacht gewesen war, hatten die Muslime genug Selbstvertrauen besessen, um ihre Hingabe an diesen heiligen Ort mit anderen zu teilen. Sie nannten Jerusalem al-Quds, die Heilige Stadt, und verstanden, dass ein heiliger Ort Gott gehört und nie der exklusive Besitz eines einzelnen Staates sein konnte. Als Umar die Stadt eroberte, ließ er die christlichen Heiligtümer unversehrt und lud die Juden ein, in die Stadt zurückzukehren, aus der sie seit Jahrhunderten ausgeschlossen waren. Heute jedoch, mit dem Gefühl, dass sie ihre Stadt verlieren, denken auch die palästinensischen Muslime in den Kategorien von Besitz und Eigentum. Deshalb löst sich die Spannung zwischen Muslimen und Juden an diesem Ort so oft in gewalttätigen Explosionen: Im Jahr 2000 löste der Besuch des israelischen Politikers Ariel Sharon, eines »Falken«, mit seiner rechts gerichteten Begleitung den Palästinenseraufstand aus, den man als Zweite Intifada bezeichnet.

Rabbi Meir Kahane plante ebenfalls die Zerstörung dessen, was er als »heidnische Schande auf dem Tempelberg« bezeichnete.[513] Die meisten Israelis waren entsetzt, als er bei den Wahlen 1984 mit 1,2 Prozent der Stimmen einen Sitz in der Knesset errang.[514] Für Kahane war der Angriff auf jeden Heiden, der die jüdische Nation auch nur im Geringsten bedrohte, eine heilige Pflicht. In New York hatte er die *Jewish Defence League* gegründet, um Angriffe auf Juden durch schwarze Jugendliche zu rächen, aber als er nach Jerusalem kam und sich in Kiryat Arba niederließ, gab er der Organisation den Namen *Kach* (»So ist es!«); ihr Ziel war es, die Palästinenser zum Verlassen des Landes zu zwingen. Kahanes Ideologie ist der Inbegriff jener »Miniaturisierung« der Identität, die den Ausbruch von Gewalt fördert.[515] Sein »Fundamentalismus« war so extrem, dass er das Judentum auf ein einziges Prinzip reduzierte:»Es gibt nur eine Botschaft im Judentum«, erklärte er.»Eine einzige.«»Gott habe gewollt, dass die Juden»in dieses Land kommen, um einen jüdischen Staat zu gründen«.[516] Israel habe den Auftrag, eine»heilige«Nation zu sein, abgegrenzt von allen anderen, und»Gott will, dass wir isoliert in einem eigenen Land leben, damit wir möglichst wenig Kontakt mit allem haben, was fremd ist«[517]. In der Bibel hatte der Kult um das»Heilige«die priesterlichen Verfasser dazu gebracht, die grundsätzliche Eigenheit jedes einzelnen Menschen zu ehren; er hatte die Juden gedrängt, die Fremden zu lieben, die in ihrem Land lebten, ihre Erinnerung an vergangenes Leid nicht zur Rechtfertigung von Verfolgung zu benutzen, sondern das Leid dieser entwurzelten Menschen mitzuempfinden. Kahane jedoch verkörperte eine extreme Version des säkularen Nationalismus, dessen Unfähigkeit, Minderheiten zu tolerieren, seinem eigenen Volk so viel Leid zugefügt hatte. In seinen Augen bedeutete»Heiligkeit«die Isolierung der Juden, die in ihrem eigenen Land»abgegrenzt von anderen«leben sollten, wenn die Palästinenser vertrieben waren.

Einige Juden argumentieren, der Holocaust verpflichte»uns alle, die Demokratie zu bewahren, Rassismus zu bekämpfen und die Menschenrechte zu verteidigen«, aber viele Israelis haben sich auf die Ansicht verlegt, dass in einer Welt, die das jüdische Volk nicht habe retten können, die Existenz eines militärisch starken Israel nötig sei, und zögern deshalb, sich auf Friedensverhandlungen einzulassen.[518] Die Erlösung durch den Messias, erklärte Kahane, habe nach dem Sechstagekrieg begonnen. Hätte Israel die Gebiete annektiert, die Araber vertrieben und den Felsendom abgerissen, wäre die Erlösung schmerzlos vollzogen worden. Weil aber die israelische Regierung die internationale Gemeinschaft hatte besänftigen wollen und aus diesem Grund vor gewaltsamen Maßnahmen zurückgeschreckt sei, würde die Erlösung erst im Zuge einer schrecklichen antisemitischen Bedrängnis erfolgen, die wesentlich schlimmer sein würde als der Holocaust und alle Juden zur Aufgabe der Diaspora zwänge.[519] Der Holocaust lag über Kahanes gesamter Ideologie. Der Staat

Israel, so glaubte er, war kein Segen für die Juden, sondern Gottes Rache an den Heiden:»Er konnte die Entweihung seines Namens nicht länger ertragen, das Gelächter, die Schande und die Verfolgung des Volkes, das nach ihm benannt ist.«[520] Jeder Angriff auf einen Juden sei deshalb Gotteslästerung, und jeder jüdische Vergeltungsakt sei *Kiddush-ha-Shem*, eine Heiligung des Namens Gottes:»eine jüdische Faust im Gesicht einer staunenden heidnischen Welt, die sie seit zwei Jahrtausenden nicht mehr gesehen hat«[521].

Diese Ideologie inspirierte auch den Siedler Baruch Goldstein aus Kiryat Arba, der am Purimfest am 25. Februar 1994 in der Höhle der Patriarchen in Hebron neunundzwanzig palästinensische Beter erschoss. Das Massaker war die Rache für den Mord an neunundfünfzig Juden in Hebron am 24. August 1929 (sic!). Goldstein starb bei dem Anschlag und wird seitdem von der extremen Rechten in Israel als Märtyrer verehrt. Seine Aktion inspirierte die erste Welle muslimischer Selbstmordattentate in Israel und Palästina.

*   *   *

Eine kollektive Erinnerung an Demütigung und imperialistische Herrschaft inspirierte auch das Verlangen nach einem starken Nationalcharakter in Indien.[522] Wenn die Hindus einen Blick in die Geschichte tun, sind sie gespalten. Einige sehen ein Paradies der Koexistenz und eine Kultur, in der sich hinduistische und muslimische Traditionen verbinden. Die Hindu-Nationalisten jedoch betrachten die Zeit muslimischer Herrschaft als einen Zusammenprall von Zivilisationen, in dem ein militanter Islam der unterdrückten Hindu-Mehrheit seine Kultur aufzwang.[523] Die strukturelle Gewalt eines Reiches weckt immer den Groll der Unterdrückten, der sich noch lange halten kann, nachdem die Imperialisten abgezogen sind. Die Bharatiya-Janata-Partei (BJP), die »Indische Nationalpartei«, die in den frühen 80er Jahren als Abspaltung der RSS gegründet wurde, nährt sich an dieser Bitterkeit und fördert sie. Sie kämpfte für ein militärisch starkes Indien, ein Atomwaffenarsenal (dessen Sprengköpfe nach hinduistischen Göttern benannt sind) und nationale Abgrenzung. Zu Anfang hatte sie bei den Wahlen keinen Erfolg, aber das änderte sich schlagartig im Jahr 1989, als das Problem der Babri-Moschee wieder in die Schlagzeilen geriet.[524] In Indien wie in Israel war die Topographie des Heiligen zum Inbegriff nationaler Schande geworden. Auch hier weckte das Bild eines muslimischen Heiligtums über einem zerstörten Tempel starke Leidenschaften, weil es die kollektive Erinnerung der Hindus an die Herrschaft des islamischen Reiches so drastisch verkörperte. Im Februar 1989 beschlossen Aktivisten, einen neuen Rama-Tempel am Standort der Moschee zu bauen, und sammelten Spenden bei den ärmeren Kasten in ganz Indien. Noch in den kleinsten Dörfern wurden Ziegel für das neue Heiligtum gepresst und gesegnet. Es konnte kaum überraschen, dass die Spannungen zwischen Muslimen und Hindus im Norden aufflammten, und dass Rajiv Gandhi, der versucht hatte zu vermitteln, die Wahlen verlor.

Die BJP jedoch verzeichnete riesige Stimmengewinne, und im folgenden Jahr machte sich ihr Vorsitzender, L. K. Advani, auf die *rat yatra* (»Pilgerfahrt«), eine dreißigtägige Reise von der Westküste nach Ayodhya, die im Wiederaufbau des Rama-Tempels ihren Höhepunkt finden sollte. Die Dekoration seines Toyotas erinnerte an Arjunas Kriegswagen in der letzten Schlacht der *Mahabharata* und wurde von begeisterten Massen an der Strecke bejubelt.[525] Die Pilgerfahrt begann bezeichnenderweise in Somnath, wo der Legende nach Sultan Mahmud aus dem zentralasiatischen Königreich Ghazni Tausende von Hindus im 11. Jahrhundert abgeschlachtet, den alten Shiva-Tempel dem Erdboden gleichgemacht und den Tempelschatz geraubt hatte. Advani kam allerdings nie bis Ayodhya, weil er am 23. Oktober 1990 verhaftet wurde, aber Tausende von Hindu-Nationalisten aus allen Regionen Indiens hatten sich schon vor Ort versammelt, um mit der Zerstörung der Moschee zu beginnen. Dutzende von ihnen wurden von der Polizei erschossen und als Märtyrer bejubelt, und überall im Land kam es zu Unruhen zwischen

Hindus und Muslimen. Die Babri-Moschee wurde schließlich im Dezember 1992 abgerissen, während die Presse und die Armee zuschauten. Für die Muslime rief diese brutale Zerstörung das Schreckbild der Vernichtung des Islam auf dem Subkontinent wach. Es gab weitere Unruhen, darunter den berüchtigten Anschlag von Muslimen auf einen Zug mit Hindu-Pilgern nach Ayodhya, der mit einem Massaker an Muslimen in Gujarat gerächt wurde.

Ähnlich wie die Islamisten lassen sich Hindu-Nationalisten durch die Hoffnung auf die Wiedererrichtung einer glorreichen Zivilisation verführen, einer Zivilisation, die die Größe Indiens in der Zeit vor Ankunft der Muslime neu belebt. Sie sind überzeugt, dass ihr Weg in diese utopische Zukunft durch die Überreste der Mogul-Zivilisation blockiert wird, die den Leib der Mutter Indien verwundet haben. Zahllose Hindus erlebten die Zerstörung der Babri-Moschee als Befreiung aus der »Sklaverei«, andere erklären, der Prozess sei lange noch nicht abgeschlossen, und träumen davon, die großen Moscheen in Mathura und Varanasi ebenfalls abzureißen.[526] Viele andere jedoch fühlten sich aus religiösen Gründen abgestoßen von der Tragödie von Ayodhya, dieser Bildersturm kann also nicht auf eine angeborene Gewalt des »Hinduismus« zurückgeführt werden, der ohnehin keinen einzelnen Kern besitzt, weder für noch gegen Gewalt. Hier hatten sich eher die hinduistische Mythologie und Frömmigkeit mit den Leidenschaften des säkularen Nationalismus vermischt, vor allem mit seiner Unfähigkeit, Minderheiten zu tolerieren.

Und so wurde der neue Rama-Tempel für die Hindu-Nationalisten zum Symbol eines befreiten Indien. Die dadurch hervorgerufenen Gefühle fanden ihren Ausdruck vor allem in einer Rede der weithin verehrten Gewaltgegnerin Rithambra in Hyderabad im April 1991, die sie in den Versen der epischen Dichtung Indiens vortrug.[527] Der Tempel würde kein bloßes Gebäude sein, und Ayodhya war nicht nur deshalb wichtig, weil Rama dort geboren war: »Der Rama-Tempel ist unsere Ehre. Er ist unsere Selbstachtung. Er ist das Abbild der Einheit aller Hindus.

Wir werden den Tempel bauen!«[528] Rama repräsentierte das Bewusstsein der Massen, er war der Gott der unteren Kasten – der Fischer, Flickschuster und Wäscher.[529] Die Hindus trauerten um die verlorene Würde, Selbstachtung und *Hindutva*. Aber die neue Hindu-Identität konnte nur durch die Zerstörung des antithetischen »Anderen« zurückgewonnen werden. Der Muslim war das Gegenteil des toleranten, gütigen Hindu: fanatisch intolerant, ein Zerstörer von Heiligtümern und ein Erztyrann. Rithambra schmückte ihre Rede von Anfang bis Ende mit lebhaften Bildern verstümmelter Leichen, amputierter Arme, aufgeschlitzter Brustkörbe wie bei sezierten Fröschen, von Körpern, die geschlagen, verbrannt, vergewaltigt und verstümmelt worden waren. Und all das erinnerte an Mutter Indien, die vom Islam entweiht und verwüstet worden war. Die achthundert Millionen indischen Hindus können kaum behaupten, sie würden ökonomisch oder sozial unterdrückt, also bemühen die Nationalisten solche Bilder der Verfolgung und erklären immer wieder, eine starke Hindu-Identität könne nur durch entschiedenes gewaltsames Handeln wiedererrichtet werden.

＊＊＊

Bis in die 1980er Jahre hielten sich die Palästinenser fern von der religiösen Wiederbelebung im Nahen Osten. Jassir Arafats PLO war eine säkulare nationalistische Organisation. Die meisten Palästinenser bewunderten ihn, aber der Säkularismus der PLO sprach hauptsächlich die westlich orientierte palästinensische Elite an, und in ihren Terrorakten spielten gläubige Muslime so gut wie keine Rolle.[530] Als die PLO 1971 im Gazastreifen verboten wurde, gründete Scheich Ahmed Yassin den *Mujama* (»Kongress«), einen Ableger der Muslimbruderschaft, der sich auf Sozialarbeit konzentrierte. Bis 1987 hatte der *Mujama* überall in Gaza Krankenhäuser, Drogenkliniken, Jugendzentren, Sporteinrichtungen und Koranschulen errichtet, unterstützt nicht nur vom muslimischen Zakat, sondern auch von der israelischen Regierung, die damit der PLO das Wasser abzugraben versuchte.

Zu dieser Zeit hatte Yassin kein Interesse am bewaffneten Kampf. Als die PLO ihn beschuldigte, er sei eine Marionette Israels, erklärte er, es sei im Gegenteil das säkulare Ethos der PLO, das die palästinensische Identität zerstörte.[531] Der *Mujama* war wesentlich beliebter als der *Islamische Dschihad*, der sich in den 80er Jahren gegründet hatte und versuchte, Qutbs Ideen auf die palästinensische Tragödie anzuwenden, und sich als Vorhut eines größeren globalen Kampfes »gegen die Kräfte der Arroganz (Dschahilija), des weltweiten kolonialen Feindes« verstand.[532] Der *Dschihad* führte Anschläge gegen das israelische Militär, zitierte aber selten den Koran. Seine Rhetorik war offen säkular. Ironischerweise war das einzig Religiöse an dieser Organisation ihr Name – das mag erklären, warum die Unterstützung der Massen ausblieb.[533]

Der Ausbruch der Ersten Intifada (1987–1993), die von jungen, säkular orientierten Palästinensern angeführt wurde, veränderte alles. Voller Ungeduld mit der Korruption und Wirkungslosigkeit der Fatah, der führenden Partei der PLO, drängten sie die gesamte Bevölkerung, sich zu erheben und jede Unterwerfung unter die israelische Besatzung zu verweigern. Frauen und Kinder warfen Steine auf israelische Soldaten, und wer von den Israelis erschossen wurde, wurde als Märtyrer verehrt. Die Intifada machte großen Eindruck auf die internationale Gemeinschaft: Israel hatte sich lange Zeit als schmächtiger David präsentiert, der gegen den arabischen Goliath kämpfte; jetzt sah die Welt schwerbewaffnete israelische Soldaten, die wehrlose Kinder verfolgten. Als Mann des Militärs erkannte Yitzhak Rabin, dass das Drangsalieren von Frauen und Kindern die Moral seiner Soldaten untergraben würde, und als er 1992 Ministerpräsident wurde, erklärte er sich bereit, mit Arafat zu verhandeln. Im folgenden Jahr unterschrieben Israel und die PLO das Oslo-Protokoll. Die PLO anerkannte die Existenz des Staates Israel in den Grenzen von 1948 und versprach, den Aufstand zu beenden. Im Gegenzug erhielten die Palästinenser auf der West Bank und in Gaza für fünf Jahre eine begrenzte Autonomie; danach sollten weitere Verhandlungen geführt werden, in denen es um

die israelischen Siedlungen, die Wiedergutmachung für die palästinensischen Flüchtlinge und die Zukunft Jerusalems gehen
sollte.

In den Augen der Kookisten war das ein Verbrechen. Im Juli
1995 forderten fünfzehn Gush-Rabbis die Soldaten auf, sich
ihren Offizieren zu widersetzen, wenn die Streitkräfte die besetzten Gebiete verließen – das grenzte an einen Aufruf zum
Bürgerkrieg. Andere Gush-Rabbis erklärten, Rabin sei ein *Ro-
def* (»Verfolger«), der nach jüdischem Recht den Tod verdiente,
weil er jüdisches Leben gefährde.[534] Am 4. November 1995 nahm
sich Yigal Amir, ein ehemaliger Soldat und inzwischen Student
an der Bar-Ilan-Universität, dieses Urteil zu Herzen und erschoss den Ministerpräsidenten bei einer Friedenskundgebung
in Tel Aviv.[535]

Der Erfolg der Intifada machte einigen jüngeren Mitgliedern
des *Mujama* bewusst, dass ihre Wohlfahrtsprogramme keine
wirkliche Antwort auf das Palästinenserproblem waren. Sie
spalteten sich ab und gründeten die HAMAS, ein Akronym für
Haqamat al Muqamah al Islamiyya (»Islamische Widerstands-
bewegung«), das zugleich »Leidenschaft« bedeutete. Sie wollten
sowohl die PLO als auch die israelische Besatzung bekämpfen.
Junge Männer schlossen sich der Organisation scharenweise an;
das egalitäre Ethos des Koran sprach sie mehr an als der Säkularismus der palästinensischen Elite. Viele Rekruten gehörten zur
Intelligenz aus der unteren Mittelschicht, die jetzt an palästinensischen Universitäten ausgebildet wurde und nicht mehr bereit
war, sich den traditionellen Autoritäten zu unterwerfen.[536]
Scheich Yassin unterstützte sie; einige seiner engsten Gefährten
bildeten den politischen Flügel der Hamas. Statt sich auf westliche Ideologien zu beziehen, fand die Hamas ihre Inspiration in
der Geschichte des säkularen palästinensischen Widerstands
und in der Geschichte des Islam; Religion und Politik waren in
ihrem Denken untrennbar miteinander verbunden.[537] In ihren
Erklärungen feierte die Hamas den Sieg des Propheten über die
jüdischen Stämme in der Schlacht in Chaibar,[538] Saladins Sieg
über die Kreuzfahrer und die spirituelle Bedeutung Jerusalems

im Islam.[539] Die Charta der Hamas bezog sich auf die ehrwürdige Tradition des freiwilligen Dienstes und forderte die Palästinenser auf, *Murabitum* (»Grenzwächter«) zu werden.[540] Den Kampf der Palästinenser betrachtete sie als klassischen defensiven Dschihad: »Wenn unsere Feinde unsere Länder besetzen, wird der Dschihad zur Pflicht aller Muslime *(fard ayn).*«[541] In der Anfangszeit war der Kampf aber sekundär; die Charta zitierte keine Dschihad-Verse aus dem Koran.[542] In erster Linie ging es um den Größeren Dschihad, den Kampf, ein besserer Muslim zu werden. Die Palästinenser, so glaubte die Hamas, waren durch die fremde Übernahme des westlichen Säkularismus unter der Herrschaft der PLO geschwächt worden, weil damit, wie die Charta erklärte, »der Islam aus dem Leben verschwand. Regeln wurden verletzt, Vorstellungen geschmäht, Werte veränderten sich … unsere Länder wurden erobert, die Menschen unterdrückt«.[543] Zur Gewalt griff die Hamas erst 1993, im Jahr des Osloer Abkommens, als siebzehn Palästinenser auf dem Haram al-Sharif getötet wurden und Hamas-Aktivisten mit einer Reihe von Anschlägen gegen israelische Militärziele und palästinensische Kollaborateure reagierten. Nach Oslo sank die Unterstützung für militante islamistische Gruppen in der palästinensischen Bevölkerung auf 13 Prozent, stieg aber wieder auf ein Drittel, als die Palästinenser feststellen mussten, dass sie harten Ausnahmeregelungen unterworfen wurden und Israel seine unbeschränkte Herrschaft über Gaza und die West Bank aufrechterhalten würde.[544]

Das Massaker von Hebron war ein Wendepunkt. Nach der vierzigtägigen Trauerzeit tötete ein Hamas-Selbstmordattentäter sieben Israelis in Afula, also auf israelischem Gebiet, und danach folgten noch vier Anschläge in Jerusalem und Tel Aviv; der grausamste war der Anschlag auf einen Bus in Tel Aviv am 19. Oktober 1994, bei dem dreiundzwanzig Menschen getötet und fast fünfzig verletzt wurden. Der Mord an unschuldigen Zivilisten und der Missbrauch von Jugendlichen für diese Aktionen war moralisch verwerflich, schadete der palästinensischen Sache im Ausland und spaltete die Bewegung. Einige Hamas-

Führer argumentierten, indem die Hamas ihre hohen moralischen Standards verlassen habe, hätte sie die israelische Position gestärkt.[545] Andere erwiderten, die Hamas würde die israelische Aggression gegen palästinensische Zivilisten lediglich mit gleicher Münze heimzahlen; diese Aggression war tatsächlich nach Ausbruch der Zweiten Intifada gestiegen, also seitdem es mehr Bombenattentate, Raketenangriffe und Morde an palästinensischen Führern gab. Die Ulema im Ausland war ebenfalls gespalten. Scheich Tantawi, der Großmufti von Ägypten, verteidigte die Selbstmordattentate als einzige Möglichkeit der Palästinenser, der militärischen Macht Israels etwas entgegenzusetzen, und auch Scheich al-Quaradawi im Jemen vertrat die Ansicht, es handele sich dabei um legitime Selbstverteidigung.[546] Dagegen protestierte Scheich al-Scheich, der Großmufti von Saudi-Arabien, der Koran verbiete jede Art von Selbstmord und das islamische Gesetz verbiete das Töten von Zivilisten. 2005 gab die Hamas die Selbstmordattentate auf und konzentrierte sich stattdessen auf die Schaffung eines konventionellen Militärapparats in Gaza.

Einige westliche Analytiker sind der Ansicht, Selbstmordanschläge seien tief in der islamischen Tradition verwurzelt.[547] Aber wenn das so wäre, warum war der »revolutionäre Selbstmord« dann im sunnitischen Islam bis in das späte 20. Jahrhundert hinein unbekannt? Warum haben nicht noch mehr militante islamistische Bewegungen diese Taktik übernommen, und warum haben sowohl Hamas als auch Hisbollah sie wieder aufgegeben?[548] Es stimmt, dass die Hamas sich auf den Koran und die Hadith bezog, um die Attentäter mit Paradies-Phantasien zu motivieren. Aber der Selbstmordanschlag an sich war eine Erfindung der Tamil Tigers in Sri Lanka, einer nationalistischen Separatistengruppe, die mit Religion überhaupt nichts im Sinn hatte. Sie hat in zwanzig Jahren für mehr als zweihundertsechzig Selbstmordanschläge die Verantwortung übernommen.[549] Robert Pape von der University of Chicago hat jeden einzelnen Selbstmordanschlag weltweit in der Zeit von 1980 bis 2004 untersucht und kommt zu dem Schluss, dass es »kaum Verbindungen zwischen dem Selbstmord-Terrorismus und dem islamischen Fundamentalismus oder überhaupt irgendeiner Religion« gebe. Von den achtunddreißig Selbstmordanschlägen im Libanon während der 1980er Jahre wurden acht von Muslimen, drei von Christen und siebenundzwanzig von Säkularisten und Sozialisten begangen.[550] Was jedoch alle Selbstmordanschläge gemeinsam haben, ist ein strategisches Ziel: »die liberalen Demokratien dazu zu zwingen, ihre Streitkräfte aus den Gebieten abzuziehen, die die Terroristen als ihre Heimat betrachten.« Selbstmordanschläge sind also im Wesentlichen eine politische Antwort auf militärische Besatzung.[551] Statistiken der israelischen Streitkräfte zeigen, dass nur vier Prozent der Selbstmordanschläge der Hamas Zivilisten in Israel trafen. Der Rest richtete sich gegen Siedler auf der West Bank und die israelische Armee.[552]

Damit soll nicht bestritten werden, dass die Hamas eine ebenso religiöse wie nationale Bewegung ist. Es geht nur darum, zu zeigen, dass die Vermischung der beiden Aspekte eine moderne Erfindung ist. Die übersteigerte Vaterlandsliebe, die keinerlei Wurzeln in der islamischen Kultur hat, wird mit muslimischer Leidenschaft verknüpft.[553] Islamische und nationalistische Themen gehen in den letzten Videonachrichten der Hamas-Märtyrer nahtlos ineinander über. Der zwanzigjährige Abu Surah begann beispielsweise mit einer traditionellen muslimischen Anrufung: »Heute werde ich dem Herrn der Welt begegnen und Zeugnis ablegen.« Dann rief er »alle Heiligen und Mudschaheddin Palästinas und überall in der Welt« an und bewegte sich damit, ohne es überhaupt zu merken, von den Heiligen zu den palästinensischen Nationalisten, um schließlich eine globale Perspektive einzunehmen. Märtyrer vergössen ihr Blut

für Allah und aus Liebe zu ihrem Vaterland und für die Ehre ihres Volkes, damit Palästina islamisch bleibt und die Hamas eine Fackel, die den Verzweifelten, Gequälten und Unterdrückten den Weg zeigt, auf dass Palästina frei werde.[554]

Wie die Iraner, so sehen auch die Palästinenser ihren Dschihad gegen die israelische Besatzung als Teil des antiimperialistischen Kampfes der Dritten Welt. Sie bekämpfen zwar die säkularen palästinensischen Behörden, teilen aber ihre nationalistische Leidenschaft: Beide betrachten es als ein großes Privileg, für Palästina zu sterben, und hassen den Feind so heftig wie jeder andere Ultranationalist, wenn sein Land im Krieg steht.[555]

Doch allen hochstilisierten Videos zum Trotz weiß niemand, was in den Köpfen von Selbstmordattentätern vorgeht, wenn sie tatsächlich einen Lkw in ein Gebäude fahren oder auf einem überfüllten Marktplatz eine Bombe zünden. Die Vorstellung, sie täten dies nur für Gott oder seien ausschließlich durch islamische Lehren motiviert, ignoriert die natürliche Komplexität aller menschlichen Motivation. Kriminalpsychologen, die Überlebende befragt haben, stellen fest, dass die Sehnsucht nach einem Heldentod und nach Unsterblichkeit ein starker Faktor ist. Andere Möchtegern-Märtyrer sprachen von der Ekstase des Kampfes, der dem Leben Sinn und Zweck verleiht, ein Gefühl, das nahe an religiöse Begeisterung heranreicht, wie wir gesehen haben, aber an sich nicht religiös ist. Tatsächlich sagt man, die Basis der Hamas habe nicht »für die Politik, die Ideologie oder die Religion« gelebt, »sondern für eine ekstatische Kameradschaft im Angesicht des Todes auf dem Weg zu Allah«.[556] Das Leben unter der Besatzung war für die meisten Freiwilligen wenig attraktiv, das düstere Leben in den Flüchtlingslagern in Gaza ließ die Möglichkeit eines seligen Jenseits und eines heldenhaften Andenkens hier auf Erden umso verführerischer erscheinen. Aber schließlich preisen alle Gemeinschaften in der Geschichte der Menschheit den Krieger, der sein Leben für sein Volk gibt.[557] Die Palästinenser halten auch diejenigen in Ehren, die ohne eigenes Zutun im Konflikt mit Israel zu Tode gekommen sind. Auch diese Toten sind *Shahid*, denn das Hadith sagt, jeder vorzeitige Tod sei ein Zeugnis der menschlichen Endlichkeit und der Not des Volkes.[558]

Die Frage nach dem Zusammenhang von Glauben und Terrorismus wird zusätzlich kompliziert durch die Tatsache, dass der

Selbstmordattentäter auch in anderen religiösen Traditionen als Held verehrt wird. In der Geschichte von Samson, dem Richter, der starb, als er den Tempel des Dagon auf die Köpfe der Philisterhäuptlinge herabstürzen ließ, hält sich der biblische Verfasser nicht lange mit den Motiven auf, sondern preist einfach nur seinen Heldenmut.[559] Samson hat »als Held ein Heldenleben« beendet, schloss denn auch der fromme Puritaner John Milton sein Gedicht *Samson Agonistes:*[560]

Kein Grund für Tränen, kein Grund für Klagen,
kein Grund, sich an die Brust zu schlagen; keine Schwäche,
keine Verachtung,
keine Schmähung und keine Schuld. Alles ist gut.
Wir finden Ruhe in einem edlen Tod.[561]

Samsons Ende ruft keinen Schrecken hervor, sondern hinterlässt bei den Augenzeugen ein Gefühl von Frieden und Trost … »und Seelenruhe ohne alle Leidenschaft«[562]. So ist es denn auch kein Zufall, dass Israel seine Atomwaffen als »Samson-Option« bezeichnet und damit darauf anspielt, dass ein Atomschlag, der unweigerlich zur Zerstörung der Nation führen würde, eine Ehrenpflicht sein könnte – eine freie Entscheidung des jüdischen Staates.[563] Talal Asad geht davon aus, dass der Selbstmordattentäter dieses fürchterliche Szenario lediglich im kleineren Maßstab ausführt und deshalb »als Teil der modernen westlichen Tradition bewaffneter Konflikte zur Verteidigung der freien politischen Gemeinschaft gelten kann. Um im Angesicht eines gefährlichen Feindes die Tradition zu retten (oder einen Staat zu gründen), kann es notwendig sein, ohne die üblichen moralischen Beschränkungen zu handeln.«[564]

Wir haben unbedingt das Recht, Selbstmordattentate auf unschuldige Zivilisten zu verurteilen und um die Opfer zu trauern. Aber wie wir gesehen haben, greift in einem Krieg auch der Staat diese Opfer an. Im 20. Jahrhundert stieg die Zahl toter Zivilisten stark an und steht inzwischen bei 90 Prozent aller Kriegsopfer.[565] Im Westen sprechen wir in feierlichem Ton von den gefallenen

Angehörigen unserer regulären Truppen und ehren immer wieder das Andenken des Soldaten, der für sein Land gefallen ist. Die Toten unter der Zivilbevölkerung werden hingegen kaum erwähnt, und es gibt im Westen keine wirkungsvolle Empörung darüber. Selbstmordattentate schockieren uns zutiefst, aber sind die Tausende von Kindern, die jedes Jahr in ihrer Heimat durch Landminen getötet werden, nicht viel schockierender? Oder die Kollateralschäden der Drohnenangriffe? »Wer Streubomben aus Flugzeugen abwirft, ist nicht nur weniger abscheulich, sondern gilt auf irgendeine Weise, zumindest im Westen, als moralisch überlegen«, erklärt die britische Psychologin Jacqueline Rose. »Warum es eine größere Sünde sein soll, mit den Opfern zu sterben, als das eigene Leben zu retten, bleibt unklar.«[566] Der koloniale Westen hat eine zweigeteilte Hierarchie erschaffen, die sich auf Kosten der »Übrigen« für privilegiert hält. Die Aufklärung hat die Gleichheit aller Menschen verkündet, aber die westliche Politik hat oft genug der Doppelmoral den Vorzug gegeben: Wir haben andere nicht so behandelt, wie wir behandelt werden wollen. Unsere Konzentration auf die Nation macht es uns offenbar schwer, jenen globalen Blick zu entwickeln, den wir in unserer immer enger zusammenrückenden Welt so dringend brauchen. Wir müssen jedes Handeln verurteilen, bei dem unschuldiges Blut vergossen wird oder das Terror um des Terrors willen verbreitet. Aber wir müssen auch das Blut anerkennen und ehrlich betrauern, das wir um unserer eigenen nationalen Interessen willen vergossen haben. Sonst können wir uns kaum gegen die Anklage verteidigen, wir würden ein »arrogantes Schweigen« gegenüber dem Schmerz der anderen pflegen und eine Weltordnung erschaffen, in der das Leben der einen wertvoller ist als das der anderen.

13

Der globale Dschihad

In den frühen 80er Jahren begab sich ein stetiger Strom junger Männer aus der arabischen Welt in den Nordwesten Pakistans nahe der afghanischen Grenze, um sich dem Dschihad gegen die Sowjetunion anzuschließen. Der charismatische jordanisch-pakistanische Gelehrte Abdullah Azzam hatte die Muslime aufgefordert, an der Seite ihrer afghanischen Brüder zu kämpfen.[567] Wie die »kämpfenden Gelehrten«, die sich in klassischer Zeit an den Grenzen versammelt hatten, so glaubte auch Azzam, es sei die Pflicht jedes fähigen Muslims, die sowjetische Besatzung zu beenden: »Ich glaube, die muslimische Umma ist verantwortlich für die Ehre jeder muslimischen Frau, die in Afghanistan vergewaltigt wird, und für jeden Tropfen muslimischen Blutes, das ungerecht vergossen wird«, erklärte er.[568] Azzams Predigten und Vorlesungen elektrisierten eine Generation, die verzweifelt das Leiden ihrer muslimischen Brüder mit ansah, frustriert von der eigenen Unfähigkeit, zu helfen, und voll von jugendlichem Eifer, endlich etwas zu unternehmen. Um 1984 kamen immer mehr junge Freiwillige aus Saudi-Arabien, den Golfstaaten, dem Jemen, Ägypten, Algerien, dem Sudan, aus Indonesien, von den Philippinen, aus Malaysia und dem Irak.[569] Einer von ihnen war der Erbe eines großen Familienvermögens: Osama bin Laden, der bald zum Hauptsponsor des Büros in Peschawar wurde, das die Freiwilligen unterstützte, Rekrutierung und Finanzierung sowie Gesundheitsfürsorge, Nahrung und Obdach für afghanische Waisen und Flüchtlinge organisierte.

Präsident Ronald Reagan sprach von dem afghanischen Feldzug als von einem heiligen Krieg. 1983 brandmarkte er in einer Rede vor der *National Association of Evangelicals* die Sowjetunion als »Reich des Bösen«: »Es gibt Sünde und Böses in der Welt«, sagte er seinem dafür sehr empfänglichen Publikum. »Und wir sind durch die Heilige Schrift und unseren Herrn Jesus dazu aufgerufen, ihnen mit aller Kraft zu widerstehen.«[570] Für Reagan und seinen CIA-Direktor William Casey, einen frommen Katholiken, schien es vollkommen gerechtfertigt, die muslimischen Mudschaheddin gegen die atheistischen Kommunisten zu unterstützen. Die massive Hilfslieferung von 600 Millionen US-Dollar (die jährlich erneuert und von Saudi-Arabien und den Golfstaaten um den gleichen Betrag ergänzt wurde) verwandelte die afghanischen Guerillakräfte in einen Militärapparat, der die Russen ebenso heftig bekämpfte, wie es ihre Vorfahren im 19. Jahrhundert mit den Briten getan hatten. Einige der afghanischen Kämpfer hatten in Ägypten studiert und waren von Qutb und Maududi beeinflusst, die meisten jedoch kamen vom Land, und ihre sufistische Verehrung von Heiligen und Schreinen war von jeglichem modernen islamischen Denken unberührt.

Die Amerikaner unterstützten die »Arab-Afghans«, wie die ausländischen Freiwilligen auch genannt wurden, in jeder erdenklichen Weise. Sie wurden mit Geldern arabischer Unternehmer wie bin Laden finanziert, von den Amerikanern mit Waffen versorgt und von pakistanischen Militärs ausgebildet.[571] In Trainingscamps rund um Peschawar kämpften sie mit den afghanischen Guerillakämpfern, aber ihr Beitrag sollte nicht überbewertet werden. Nur wenige nahmen tatsächlich an den Kämpfen teil, die meisten engagierten sich nur in der humanitären Arbeit und kamen nie über Peschawar hinaus. Viele blieben ohnehin nur ein paar Wochen. Nur selten befanden sich mehr als dreitausend arabische Kämpfer gleichzeitig in der Region. Einige verbrachten nur ihre Sommerferien auf einer »Dschihad-Reise«, bei der sie über den Khyberpass fuhren und sich dort fotografieren ließen. Die »Brigade der Fremden« blieb weitgehend unter sich, und die Pakistanis und Afghanen hielten sie für leicht bizarre Erscheinungen.

Die führenden muslimischen Ulema betrachteten Azzam ohnehin mit Argwohn, aber seine Integrität gefiel den jungen »arabischen Afghanen«, die von der Korruption und Heuchelei ihrer heimischen Führer enttäuscht waren. Sie wussten, dass Azzam immer praktiziert hatte, was er predigte, und dass er ein Leben lang Gelehrsamkeit und politischen Aktivismus miteinander verbunden hatte. Im Alter von achtzehn Jahren hatte er sich der Muslimbruderschaft angeschlossen, während er in Syrien die Scharia studierte, er hatte im Sechstagekrieg mitgekämpft und als Student an der Azhar der Jugendorganisation der Bruderschaft vorgestanden. Als er Dozent an der Abd al-Aziz-Universität im saudi-arabischen Dschidda gewesen war, hatte der junge bin Laden zu seinen Studenten gehört. »Das Leben der muslimischen Umma«, erklärte Azzam, »ist abhängig von der Tinte ihrer Gelehrten und dem Blut ihrer Märtyrer«[572]. Die Gelehrsamkeit war wichtig, um die Spiritualität der Umma zu vertiefen, aber das Selbstopfer der Krieger war genauso wichtig, weil keine Nation ihre Würde erlangen konnte ohne militärische Stärke. »Die Geschichte schreibt nur mit Blut«, erklärte Azzam. »Ehre und Respekt können nur auf einem Fundament aus Krüppeln und Leichen errichtet werden.«

Imperien, ehrbare Völker, Staaten und Gesellschaften können nur durch gute Beispiele entstehen. Wer glaubt, er könne die Wirklichkeit oder eine Gesellschaft ohne Blut, Opfer und Kriegsinvaliden verändern – ohne reine, unschuldige Seelen –, der versteht das Wesen des Din [des Islam] nicht und weiß nichts vom Schicksal seiner besten Zeugen.[573]

Andere muslimische Anführer hatten die Ehre des Märtyrertodes ebenfalls gepriesen, aber keiner von ihnen hatte die Realität dieser Gewalt so drastisch ausgemalt. Eine Gemeinschaft, die sich nicht verteidigen kann, so Azzam, wird unweigerlich militärisch unterdrückt. Sein Ziel bestand darin, einen Kader von Gelehrten-Kriegern heranzuziehen, deren Opfer die restliche Umma inspirieren würde.[574] Der Dschihad, so glaubte er, war die sechste Säule des Islam, auf einer Höhe mit dem Glaubensbekenntnis, dem Gebet, dem Almosengeben, dem Fasten während des Ramadan und dem Haddsch. Ein Muslim, der den Dschihad vernachlässigte, würde sich am Tag des Jüngsten Gerichts vor Gott dafür verantworten müssen.[575] Azzam hatte sich diese Theorie nicht aus den Fingern gesaugt. Er folgte der klassischen Theorie von al-Schafii, dem Gelehrten aus dem 8. Jahrhundert, der erklärt hatte, wenn der Dar al-Islam von einer fremden Macht erobert würde, wäre der Dschihad eine allgemeine Pflicht und läge in der Verantwortung jedes körperlich geeigneten Muslims, der in der Nähe der Grenze lebte. Moderne Transportmittel machten es inzwischen *allen* Muslimen möglich, die afghanische Grenze zu erreichen, also war der Dschihad, so Azzam, nun auch eine Pflicht für jeden Muslim auf Erden. Sobald sie Afghanistan befreit hätten, sollten die »arabischen Afghanen« weiterziehen, um auch die anderen Länder zurückzuholen, die der Umma von nichtmuslimischen Staaten aus den Händen gerissen worden waren: Palästina, Libanon, Bukhara, Tschad, Eritrea, Somalia, die Philippinen, Burma, Süd-Jemen, Taschkent und Spanien.[576]

In seinen Vorlesungen und Schriften beschrieb Azzam die Afghanen leicht idealistisch als unberührt von der brutalen Mechanisierung der modernen Dschahilija. Für ihn repräsentierten sie die jungfräuliche Menschheit. In ihrem Kampf gegen den sowjetischen Goliath erinnerten sie ihn an den Hirtenjungen David.[577] Seine Geschichten von Afghanen und Arabern, die in diesem Krieg als Märtyrer starben, inspirierte muslimische Zuhörer weltweit. Aber Azzams Märtyrer waren keine Selbstmordattentäter oder Terroristen. Sie brachten sich nicht um und töteten keine Zivilisten: Sie waren reguläre Soldaten, die im Kampf von sowjetischen Truppen getötet wurden. Azzam lehnte jeglichen Terrorismus strikt ab und trennte sich an diesem Punkt irgendwann sogar von bin Laden und dem ägyptischen Radikalen Ayman al-Zawahiri. Unermüdlich vertrat er den orthodoxen Standpunkt, nachdem das Töten von Nicht-Kombattanten oder anderen Muslimen wie Sadat im krassen Widerspruch zu den Grundlagen der islamischen Lehre stand. Tatsächlich glaubte er, ein Märtyrer könne die göttliche Wahrheit auch dann bezeugen, wenn er friedlich in seinem Bett starb.[578] Azzams klassischer Dschihadismus wurde von einigen Gelehrten verurteilt, entwickelte aber eine starke Anziehungskraft auf junge Sunniten, denen der Erfolg der schiitischen Revolution im Iran peinlich war. Nicht alle Freiwilligen waren allerdings fromme Muslime, einige waren nicht einmal praktizierende Muslime, obwohl sie in Peschawar unter den Einfluss von islamischen Hardlinern wie Zawahiri gerieten, der Verhaftung, Folter und Gefangenschaft in Ägypten erlebt hatte, weil er angeblich in die Ermordung Sadats verstrickt gewesen war. Und so wurde Afghanistan zu einem neuen islamistischen Knotenpunkt. Junge Militante aus Ostasien und Nordafrika wurden an die Front geschickt, um ihre Begeisterung zu stärken, und die Regierung von Saudi-Arabien forderte die Jugend ihres Landes sogar zum Freiwilligendienst auf.[579]

* * *

Um den saudischen Einfluss zu verstehen, muss man einen scheinbaren Widerspruch in Betracht ziehen. Einerseits war das Königreich Saudi-Arabien nach der iranischen Revolution von 1979 zu einem der wichtigsten Verbündeten der Amerikaner in der Region geworden. Andererseits vertrat es eine extrem strenge Form des Islam, die im 18. Jahrhundert von dem arabischen Reformer Muhammad ibn Abd al-Wahhab (1703–1792) entwickelt worden war. Ibn Abd al-Wahhab hatte die Rückkehr zum jungfräulichen Islam des Propheten gepredigt und spätere Entwicklungen wie den Schiismus, den Sufismus, die Falsafah und Rechtswissenschaft (fiqh), von denen alle anderen muslimischen Ulema abhängig waren, abgelehnt. Besonders unzufrieden war er mit der populären Verehrung heiliger Männer und ihrer Gräber, die er als Götzenverehrung ablehnte. Der Wahhabismus als solcher war nicht gewalttätig, tatsächlich hatte sich Ibn Abd al-Wahhab geweigert, die Kriege seines Förderers Ibn Saud aus Nadsch zu sanktionieren, weil es dabei nur um Reichtum und

Ehre gegangen war.[580] Erst nach seinem Rückzug wurden die Wahhabi aggressiver, bis dahin, dass sie 1802 den Schrein des Imam Husain in Kerbala ebenso zerstört hatten wie einige Denkmäler in Arabien, die mit Mohammed und seinen Gefährten in Verbindung standen. Zu dieser Zeit erklärte die Sekte auch, Muslime, die ihre Lehren nicht annahmen, seien Ungläubige *(kufar)*.[581] Im frühen 19. Jahrhundert nahmen die Wahhabiten die Schriften von Ibn Taimīya in ihren Kanon auf, und die Praxis, andere Muslime als Ungläubige zu verurteilen *(takfir)*, die Ibn Abd al-Wahhab selbst abgelehnt hatte, wurde zu einem ihrer zentralen Merkmale.[582]

Das Ölembargo der Golfstaaten während des Jom-Kippur-Krieges 1973 hatte den Ölpreis in die Höhe getrieben, und so besaß das Königreich Saudi-Arabien jetzt die nötigen Petrodollars, um den Versuch zu unternehmen, den Wahhabismus ganz praktisch in der gesamten Umma durchzusetzen.[583] Zutiefst verstört vom Erfolg der schiitischen Revolution im Iran, der ihre Führungsrolle in der muslimischen Welt bedrohte, intensivierten die Saudis ihre Bemühungen, den iranischen Einfluss zurückzudrängen, und traten die Nachfolge des Iran als Hauptbündnispartner der USA in der Region. Die Islamische Liga mit Saudi-Arabien als Hauptquartier eröffnete in jeder Region, die von Muslimen bewohnt war, ein Büro, und das saudische Religionsministerium druckte und verteilte Koranübersetzungen, wahhabitische Lehrtexte und die Werke von Ibn Taimīya, Qutb und Maududi an muslimische Gemeinden im Nahen Osten, in Afrika, Indonesien, den Vereinigten Staaten und Europa. Überall finanzierten sie auch den Bau von Moscheen im saudischen Stil und schufen damit eine internationale Ästhetik, die mit den lokalen architektonischen Traditionen brach, und richteten Madrasas ein, die freie Bildung für die Armen zur Verfügung stellten, allerdings mit einem wahhabitischen Lehrplan. Gleichzeitig brachten die jungen Männer aus den weniger wohlhabenden muslimischen Ländern wie Ägypten oder Pakistan, die in den Golfstaaten arbeiteten, ihren neuen Wohlstand mit dem Wahhabismus in Verbindung.[584] Wenn sie nach Hause kamen, suchten sie sich Wohngegenden mit saudischen Moscheen und Einkaufs-zentren, in denen Geschlechtertrennung herrschte. Als Gegen-leistung für ihre finanzielle Großzügigkeit verlangten die Saudis religiöse Anpassung. Die wahhabitische Ablehnung aller ande-ren Erscheinungsformen des Islam wie auch sämtlicher sonsti-ger Glaubenstraditionen griff im englischen Bradford oder in Buffalo, New York ebenso wie in Pakistan, Jordanien oder Syri-en und untergrub den traditionellen Pluralismus des Islam in höchstem Maße. Der Westen schwamm unfreiwillig mit auf dieser Welle der Intoleranz, weil die Vereinigten Staaten die Opposition der Saudis gegen den Iran begrüßten und weil das Königreich vom US-Militär abhängig war, wenn es überleben wollte.[585]

Der Blick der Saudis auf die Moderne unterschied sich sehr von dem der Ägypter, Pakistanis oder Palästinenser. Die arabi-sche Halbinsel war nie Kolonialgebiet gewesen, sie war reich und nie säkularisiert worden. Statt die Tyrannei und Korruption im eigenen Land zu bekämpfen, konzentrierten sich die saudi-schen Islamisten deshalb auf die Leiden der Muslime in der gan-zen Welt und rückten mit ihrem Panislamismus in eine geistige Nähe zu Azzams globalem Dschihad. Der Koran verlangte von den Muslimen, dass sie Verantwortung füreinander übernah-men; König Faisal hatte seine Unterstützung der Palästinenser immer in diesen Zusammenhang gestellt, und die Liga hatte, ähnlich wie auch die Organisation islamischer Konferenzen, stets ihre Solidarität mit Mitgliedsländern zum Ausdruck ge-bracht, die sich im Konflikt mit nichtmuslimischen Regimes be-fanden. Jetzt brachte das Fernsehen Bilder von Muslimen, die in Palästina oder im Libanon litten, in die komfortablen saudischen Häuser. Die Menschen sahen Bilder von Israelis, die palästinen-sische Häuser mit Bulldozern abrissen, und wurden im Septem-ber 1982 Zeugen des Massakers, das die christlichen Maroniten unter stillschweigender Duldung der israelischen Streitkräfte an zweitausend Palästinensern in den Flüchtlingslagern von Sabra und Schatila begingen. Angesichts all dieses Leidens in der mus-limischen Welt wuchsen in den 80er Jahren die panislamistischen

Emotionen, und die Regierung nutzte sie, um von den innenpolitischen Problemen des Königreichs abzulenken.[586] Auch aus diesem Grund forderten die Saudis junge Männer auf, sich in den afghanischen Dschihad zu begeben, und boten billige Flugtickets an, während die staatliche Presse ihre Heldentaten an der Grenze feierte. Die etablierte wahhabitische Geistlichkeit jedoch missbilligte die Sufi-Bräuche der Afghanen und erklärte, der Dschihad sei keine individuelle Pflicht für Zivilisten, sondern läge in der Verantwortung des Herrschers. Die zivile Regierung des saudischen Königs unterstützte Azzams Lehren jedoch vor allem aus weltlichen Gründen.

Eine Studie über saudische Freiwillige, die nach Afghanistan gingen und später auch in Bosnien und Tschetschenien kämpften, zeigt, dass ihre hauptsächliche Motivation darin bestand, ihren muslimischen Brüdern und Schwestern zu helfen.[587] Nasir al-Bahri, der später Leibwächter bin Ladens wurde, erklärte seine Gründe besonders ausführlich und scharfsichtig:

Wir sind sehr betroffen von den Tragödien, deren Zeugen wir werden, und von den Ereignissen, die wir mit ansehen: weinende Kinder, verwitwete Frauen und die hohe Zahl von Vergewaltigungen. Als wir uns für den Dschihad meldeten, erlebten wir eine bittere Realität. Wir sahen Dinge, die schlimmer waren als alles, was wir erwartet oder in den Medien gehört oder gesehen hatten. Es war, als wären wir »Katzen mit geschlossenen Augen«. Das Leid öffnete uns die Augen.[588]

Er bezeichnete dies als politisches Erwachen und sprach davon, dass die Freiwilligen einen globalen Sinn für die Umma bekamen, die nationale Grenzen überschritt: »Die Idee der Umma entwickelte sich in unseren Köpfen. Wir begriffen, dass wir eine Nation (umma) waren, die einen würdigen Platz unter allen Nationen einnahm … Die Frage des Nationalismus stellte sich für uns nicht mehr, und unser Blickwinkel erweiterte sich auf die Umma hin.«[589] Das Wohlergehen der Umma war im Islam seit jeher eine zutiefst spirituelle wie auch politische Sorge, und so traf die Not der anderen Muslime sie im Kern ihrer islamischen Identität. Viele schämten sich dafür, dass die muslimischen Führer auf die Katastrophen so wenig reagiert hatten. »Nach so vielen Jahren der Demütigung sollten sie endlich etwas unternehmen, um ihren muslimischen Brüdern zu helfen«, erklärte ein junger Mann in einem Interview.[590] Ein anderer sagte, er verfolge alle Nachrichten von seinen Brüdern mit tiefstem Mitgefühl und wolle endlich irgendetwas tun, um ihnen zu helfen. Ein Freund eines Freiwilligen erinnerte sich: »Wir haben oft zusammengesessen und darüber gesprochen, wie die Muslime abgeschlachtet werden, und dann kamen ihm die Tränen.«[591]

Die Untersuchung stellte auch in fast allen Fällen fest, dass es mehr Mitgefühl mit den Opfern gab als Hass gegen ihre Unterdrücker. Und obwohl die USA Israel unterstützten, gab es noch keinen sehr ausgeprägten Antiamerikanismus. »Wir sind nicht wegen der Amerikaner dorthin gegangen«, insistierte Nasir al-Bahri.[592] Einige Rekruten sehnten sich nach dem Glamour eines heldenhaften Märtyrertodes, aber viele ließen sich auch von der bloßen Aufregung des Krieges verführen, der Möglichkeit zum Heldentum und der Kameradschaft unter Waffenbrüdern. Wie immer ähnelte die Transzendenz des Kriegers in einem weltlichen Kontext der spirituellen Transzendenz des Gläubigen. Nasir al-Bahri erinnerte sich, wie die Freiwilligen zu Idolen wurden: »Wenn wir die afghanischen Kampfanzüge der Mudschaheddin ansahen, die sie bei ihrer Rückkehr auch in den Straßen von Dschidda, Mekka oder Medina trugen, dann fühlten wir uns als eine Generation triumphierender Gefährten des Propheten. Für uns waren sie Vorbilder.«[593]

Als die Sowjets im Februar 1989 Afghanistan schließlich verlassen mussten und die Sowjetunion selbst 1991 zusammenbrach, genossen die »arabischen Afghanen« das berauschende, wenn auch unzutreffende Gefühl, sie hätten eine große Weltmacht besiegt. Jetzt machten sie sich daran, Azzams Traum von einer Rückeroberung aller verlorenen muslimischen Länder Wirklichkeit werden zu lassen. Weltweit schien der politische Islam zu dieser Zeit im Aufwind. Die Hamas war zu einer ernsten Bedrohung für die Fatah geworden. In Algerien hatte die FIS bei den Kommunalwahlen von 1990 einen entscheidenden Sieg über die säkulare FLN errungen, und der islamistische Ideologe Hassan al-Turabi war im Sudan an die Macht gekommen. Nach dem Rückzug der Sowjetunion gründete bin Laden al-Qaida, die ganz bescheiden als Veteranenorganisation der arabischen Afghanen begann, die den Dschihad weiter vorantreiben wollten. Zu dieser Zeit hatte die Organisation, deren Name einfach nur »Die Basis« bedeutet, weder eine gemeinsame Ideologie noch ein klares Ziel. Und so kehrten einige von ihnen als Freischärler in die Heimat zurück, mit der Absicht, korrupte säkulare Regime zu stürzen und durch islamische Regierungen zu ersetzen. Andere, die noch Azzams klassischem Dschihad anhingen, schlossen sich Muslimen in anderen Regionen in ihrem Kampf gegen die Russen in Tschetschenien und Tadschikistan oder gegen die Serben in Bosnien an. Aber zu ihrer Bestürzung mussten sie feststellen, dass sie nicht in der Lage waren, diese nationalen Konflikte in das zu verwandeln, was sie unter einem wahren Dschihad verstanden. Tatsächlich waren sie in Bosnien nicht nur überflüssig, sondern eine echte Belastung.

* * *

Der bosnische Krieg (1992–1995) brachte einen der letzten Völkermorde des 20. Jahrhunderts mit sich. Anders als bei den beiden vorhergehenden, dem türkischen Völkermord und dem Holocaust, wurde dieser Genozid tatsächlich auf der Grundlage religiöser und nicht so sehr ethnischer Identität begangen. Aber trotz der im Westen weit verbreiteten Ansicht, die Teilungen auf dem Balkan seien alt und tief eingefahren gewesen und die Gewalt sei unüberwindbar wegen ihrer starken »religiösen« Wurzeln, war eine derartige Intoleranz eigentlich ein relativ neues Phänomen. Juden, Christen und Muslime hatten fünfhundert Jahre lang unter osmanischer Herrschaft friedlich zusammengelebt und dieses Zusammenleben auch nach dem Sturz des osmanischen Reiches 1918 fortgeführt, als Serben, Slowenen, slawische Muslime und Kroaten die multireligiöse Föderation Jugoslawien (wörtlich übersetzt: Land der Südslawen) gegründet hatten. Jugoslawien war 1941 durch die Nationalsozialisten aufgelöst worden, wurde aber nach dem Zweiten Weltkrieg von dem kommunistischen Führer Josip Broz Tito (reg. 1945–1980) unter dem Slogan »Brüderlichkeit und Einheit« neu gegründet. Nach seinem Tod jedoch zerrissen der radikale serbische Nationalismus eines Slobodan Milošević und der ebenso starke kroatische Nationalismus eines Franjo Tudjman das Land, und Bosnien geriet zwischen alle Fronten. Der slawische Nationalismus war stark christlich gefärbt – die Serben waren orthodox, die Kroaten römisch-katholisch –, aber Bosnien mit seiner muslimischen Mehrheit und serbischen, kroatischen, jüdischen und Roma-Gemeinschaften optierte für einen säkularen Staat, der alle Religionen respektierte. Da die bosnischen Muslime kaum militärische Stärke besaßen, um sich zu verteidigen, war ihnen klar, dass sie in einem serbischen Staat verfolgt werden würden, und so erklärten sie im April 1992 ihre Unabhängigkeit. Die Vereinigten Staaten und die Europäische Union anerkannten Bosnien-Herzegowina als souveränen Staat.

Milošević stellte Serbien dar als eine »Festung, die die europäische Kultur und Religion« vor der islamischen Welt beschützte, und serbische Geistliche und Akademiker beschrieben ihre Nation gleichermaßen als Bollwerk gegen die asiatischen Horden.[594] Radovan Karadžić, ein weiterer serbischer Nationalist, hatte das bosnische Parlament gewarnt, eine Unabhängigkeitserklärung würde die Nation »in die Hölle« führen und dafür sorgen, »dass die muslimische Bevölkerung verschwindet«.[595] Aber der latente Hass gegen den Islam war erst im 19. Jahrhundert entstanden, als serbische Nationalisten einen Mythos erschaffen hatten, der das Christentum mit nationalen Emotionen auf der Basis von Volkszugehörigkeit vermischte: Er entwarf Fürst Laszlo, der 1389 von den Osmanen besiegt wurde, als Christusfigur, den türkischen Sultan dagegen als Christusmörder, und die Slawen, die zum Islam konvertiert waren, als »türkifiziert« *(isturciti)*. Durch die Annahme einer nichtchristlichen

Religion hätten sie ihre slawische Volkszugehörigkeit abgelegt und seien zu Orientalen geworden; und die serbische Nation würde erst wiedererstehen, wenn sie vernichtet wären.[596] Aber die Gewohnheiten der Koexistenz waren so tief verwurzelt, dass Milošević Jahre der unnachgiebigen Propaganda brauchte, um die Serben zur Wiederbelebung dieser tödlichen Mischung aus säkularem Nationalismus, Religion und Rassismus zu überreden. Bezeichnenderweise begann der Krieg mit einem heftigen Versuch, die Dokumente zu beseitigen, die bewiesen, dass Juden, Christen und Muslime jahrhundertelang eine reiche Koexistenz gepflegt hatten. Einen Monat nach der bosnischen Unabhängigkeitserklärung zerstörten serbische Milizen das Orientalische Institut in Sarajewo, das die größte Sammlung islamischer und jüdischer Manuskripte auf dem Balkan beherbergt hatte, brannten die Nationalbibliothek und das Nationalmuseum nieder und versuchten alle Manuskriptsammlungen zu zerstören. Außerdem zerstörten serbische und kroatische Nationalisten an die vierzehnhundert Moscheen und legten auf den Grundstücken Parks und Parkplätze an, um jede Erinnerung an eine unbequeme Vergangenheit auszulöschen.[597]

Während die Museen brannten, überrannten serbische Milizen und die gut ausgerüstete Jugoslawische Nationalarmee Bosnien, und im Herbst 1992 begann, was Karadžić »ethnische Säuberungen« nannte.[598] Milošević hatte die Gefängnisse geöffnet und Kleinkriminelle in die Milizen aufgenommen, ließ sie skrupellos plündern, vergewaltigen, brennen und töten.[599] Kein Muslim sollte verschont bleiben, und jeder bosnische Serbe, der die Kooperation verweigerte, musste ebenfalls sterben. Muslime wurden in Konzentrationslagern zusammengetrieben, und ohne Toiletten oder Waschgelegenheiten, schmutzstarrend, voller Wunden und traumatisiert, schienen sie weder sich selbst noch ihren Peinigern noch wirklich menschlich. Die Führer der Milizen betäubten die Hemmungen ihrer Truppen mit Alkohol, zwangen sie zu Massenvergewaltigungen, Mord und Folter. Als Srebrenica, ein Schutzgebiet der Vereinten Nationen, im Sommer 1995 an die serbische Armee übergeben wurde, fanden mindestens achttausend Männer und Jungen bei einem Massaker den Tod, und im Herbst waren die letzten Muslime entweder getötet oder aus der Region Banja Luka vertrieben.[600]

Die internationale Gemeinschaft war entsetzt, aber es gab keinen Versuch, das Töten ernsthaft zu stoppen. Stattdessen herrschte weithin das Gefühl, alle Seiten seien gleichermaßen schuldig.[601] »Bosnien kümmert mich nicht die Bohne«, erklärte Thomas Friedman, Kolumnist der New York Times. »Die Leute da haben sich ihre Suppe selbst eingebrockt. Sollen sie sich doch weiter gegenseitig umbringen, dann löst sich das Problem von selbst.«[602] Zur Ehrenrettung der arabischen Afghanen muss gesagt werden, dass sie die Einzigen waren, die militärische Hilfe leisteten, aber die bosnischen Muslime empfanden sie als intolerant, waren verblüfft über ihren internationalen Dschihadismus und lehnten unerbittlich alle Pläne für einen islamischen Staat ab. Unglücklicherweise vermittelte die Präsenz der arabischen Afghanen im Ausland den Eindruck, die bosnischen Muslime seien ebenfalls Fundamentalisten, obwohl sie ihren Islam tatsächlich sehr leicht nahmen. Stereotype Ansichten über den Islam und Ängste vor einem islamischen Staat an der Schwelle zu Europa waren wohl mitverantwortlich dafür, dass die Europäer zögerten, in den Konflikt einzugreifen. Die serbische Schutzwall-Rhetorik klang für einige Europäer und Amerikaner wohl auch nicht allzu fremd. Trotzdem intervenierte die NATO im August 1995 mit einer Reihe von Luftangriffen gegen Stellungen der bosnischen Serben und beendete damit schließlich diesen tragischen Konflikt. Ein Friedensabkommen wurde am 21. November 1995 in Dayton, Ohio, unterzeichnet. Aber die Erinnerung an Vergangenes verstörte die Welt. Wieder einmal hatte es in Europa Konzentrationslager gegeben, diesmal mit Muslimen als Insassen. Nach dem Holocaust war der Ruf »Nie wieder!« laut geworden, aber das schien nicht für die muslimische Bevölkerung Europas zu gelten.

✳ ✳ ✳

Andere arabisch-afghanische Veteranen stellten bei ihrer Heimkehr fest, dass sie zu radikal für die Muslime zu Hause waren, die ihre Erlebnisse in Afghanistan nicht teilten. Die riesige Mehrheit lehnte ihre rücksichtslose Militanz vehement ab. In Algerien hegten Afghanistan-Veteranen große Hoffnungen auf einen islamischen Staat, nachdem die FIS kurz davorstand, bei den Parlamentswahlen 1992 eine Mehrheit zu erhalten. Aber im letzten Augenblick gab es einen Militärputsch, und der liberalsäkulare Präsident Benjedid, der demokratische Reformen versprochen hatte, unterdrückte die FIS und ließ ihre Anführer verhaften. Wäre ein demokratischer Prozess in einer so verfassungswidrigen Weise im Iran oder in Pakistan gestoppt worden, hätte es weltweite Empörung gegeben. Aber nachdem eine islamische Regierung durch einen Putsch ausgehebelt worden war, jubelten Teile der westlichen Presse, als wäre auf wundersame Weise durch diese undemokratische Aktion Algerien zu einem demokratischen Staat geworden. Die französische Regierung unterstützte den neuen Hardliner von der FLN, Präsident Liamine Zeroual, und stärkte seine Entschlossenheit, jeden Dialog mit der FIS abzulehnen.

Wie wir schon gesehen haben, neigen derartige Bewegungen unter Druck aber dazu, noch extremer zu werden. Die radikaleren Mitglieder der FIS spalteten sich ab und bildeten eine Guerilla-Organisation namens GIA (Groupe Islamique Armé), der sich einige Afghanistan-Rückkehrer anschlossen. Zunächst begrüßte man das militärische Know-how der Veteranen, aber sehr bald zeigten sich die Algerier schockiert von ihren rücksichtslosen Methoden. In den Bergen Südalgeriens begannen sie eine Terrorkampagne, ermordeten Mönche, Journalisten, säkulare und religiöse Intellektuelle und die Bewohner ganzer Dörfer. Es gibt jedoch Hinweise darauf, dass das Militär die Gewaltakte nicht nur duldete, sondern sogar daran teilnahm, um die Sympathie der Bevölkerung für die FIS zu schwächen und die GIA in Verruf zu bringen. Und es gab einen erschreckenden Vorgeschmack auf künftige Ereignisse, als die GIA ein Flugzeug auf dem Weg nach Frankreich entführte, das über Paris gesprengt werden sollte, um die Unterstützung der französischen Regierung für das algerische Regime zu verhindern. Zum Glück wurde das Flugzeug in Marseille von einem Sonderkommando abgefangen.[603] Auch in Ägypten mussten die Afghanistan-Rückkehrer feststellen, dass sie in den Augen ihrer Landsleute zu extrem geworden waren. Zawahiri gründete den Islamischen Dschihad mit der Absicht, die gesamte Mubarak-Regierung zu ermorden und einen islamischen Staat zu etablieren. Im Juni 1995 scheiterte ein Mordversuch an dem Präsidenten. Im April 1996 ermordeten sie dreißig griechische Touristen in einem Bus, der ursprünglich für eine israelische Gruppe gedacht gewesen war. Und schließlich wurden im November 1997 in Luxor sechzig Menschen ermordet, die meisten ausländische Besucher – alles mit dem Ziel, die lebenswichtige Tourismusindustrie zu schwächen. Die Dschihadisten musste allerdings feststellen, dass sie die Stimmung im Land vollkommen falsch eingeschätzt hatten. Die Ägypter betrachteten die gewalttätige Besessenheit, mit der sie einen islamischen Staat herbeibomben wollten, als krasse Gotteslästerung, die wichtige muslimische Werte verletzte. Von der Greueltat in Luxor waren sie so entsetzt, das Zawahiri nichts anderes übrigblieb, als sich wieder bin Laden in Afghanistan anzuschließen und seinen Islamischen Dschihad mit der al-Qaida zu vereinen.

Bin Laden erging es freilich bei seiner Rückkehr nach Saudi-Arabien nicht besser als anderen Veteranen.[604] Als Saddam Hussein 1990 in Kuwait einmarschierte, bot er der Königsfamilie die Dienste seiner arabisch-afghanischen Kämpfer an, um die Ölfelder des Landes zu schützen, aber zu seiner Empörung lehnten sie ab und zogen die US-Armee vor. Damit begann seine Entfremdung vom saudischen Regime. Als die saudi-arabische Regierung 1994 die Sahwa (»Erweckung«) unterdrückte, eine gewaltlose Reformpartei, die bin Ladens Ablehnung amerikanischer Truppen in Arabien teilte, kam es zum endgültigen Bruch. Inzwischen davon überzeugt, dass jeder friedliche Widerstand sinnlos war, verbrachte bin Laden vier Jahre im Sudan, wo er die finanzielle Unterstützung arabisch-afghanischer Projekte organisierte. 1996 jedoch, als die USA und die Saudis Druck auf die Turabi-Regierung ausübten und seine Ausweisung verlangten, kehrte er nach Afghanistan zurück, wo die Taliban gerade die Macht an sich gerissen hatten.

* * *

Nach dem sowjetischen Rückzug verlor der Westen das Interesse an der Region, aber sowohl Afghanistan als auch Pakistan waren durch den langwierigen Konflikt aus der Spur geraten. Eine Welle von Geld und Waffen war sowohl aus den USA als auch aus den Golfstaaten nach Pakistan geschwappt und hatte extremistischen Gruppen Zugang zu modernen Waffensystemen verschafft, die einfach beim Entladen gestohlen wurden. Diese schwer bewaffneten Extremisten waren in der Lage, das Gewaltmonopol des Staates zu brechen, und konnten in rechtsfreien Räumen operieren. Um sich selbst zu verteidigen, entwickelten fast alle Gruppen im Land, religiöse und säkulare gleichermaßen, paramilitärische Flügel. Außerdem hatte Saudi-Arabien nach der iranischen Revolution die Finanzierung von Deobandi-Madrasas aufgestockt, um den Einfluss der großen schiitischen Minderheit im Land zu schwächen. So konnten die Deobandis noch mehr Schüler aus ärmeren Familien an sich binden und auch die Kinder verarmter Bauern fördern, die Pächter schiitischer Landbesitzer waren. Diese jungen Leute kamen bereits mit antischiitischen Vorurteilen in die Madrasas, und wurden darin durch ihre Erziehung dort noch bestärkt.

Isoliert von der übrigen pakistanischen Bevölkerung, knüpften diese»Studenten« *(Taliban)* enge Verbindungen zu den drei Millionen afghanischen Kindern, die während des Krieges zu Waisen geworden und als Flüchtlinge nach Pakistan gekommen waren. Sie alle waren traumatisiert von Krieg und Armut und kamen nun in Berührung mit einer sehr gesetzlichen, strengen und intoleranten Form des Islam. Kritisches Denken war ihnen fremd, sie wurden nach außen abgeschirmt und entwickelten eine extrem antischiitische Haltung.[605] 1985 gründeten die Deobandi die SCPP (Soldiers of the Companions of the Prophet in Pakistan), die keinen anderen Zweck hatte als die Verfolgung von Schiiten, und Mitte der neunziger Jahre entstanden zwei noch gewalttätigere Deobandi-Bewegungen: die Jhangvi-Armee, die sich auf Morde an Schiiten spezialisierte, und die Partisanenbewegung, die für die Befreiung Kaschmirs kämpfte. In der Folge gründeten die Schiiten die SPP (Soldiers of the Prophet in Pakistan), die eine Reihe von Sunniten töteten. Jahrhundertelang hatten Schiiten und Sunniten in der Region freundschaftlich zusammengelebt. Ausgelöst durch den Kalten Krieg der USA in Afghanistan und die Rivalität zwischen Saudis und dem Iran wurde das Land jetzt fast von einem Bürgerkrieg zerrissen.

Die afghanischen Taliban verbanden ihren paschtunischen Stammeschauvinismus mit ihrem Deobandi-Rigorismus und einer eigenwilligen Form des Islam, die in einer gewalttätigen Ablehnung jeder rivalisierenden Ideologie ihren Ausdruck fand. Nach dem Rückzug der Sowjetunion war Afghanistan ins Chaos gestürzt, und als die Taliban die Kontrolle an sich rissen, schienen sie sowohl den Pakistanis als auch den Amerikanern eine annehmbare Alternative zur Anarchie. Ihr Anführer Mullah Omar glaubte an die naturgegebene Tugend der Menschen, die keinen Regierungszwang, aber auch keine sozialen Dienstleistungen und kein öffentliches Gesundheitswesen brauchten, wenn man ihnen nur den richtigen Weg wies. Deshalb gab es keine Zentralregierung, und die Menschen wurden von lokalen Taliban-*Komitehs* regiert, die mit drakonischen Strafen auf jede Übertretung islamischen Rechts reagierten. So drakonisch, dass tatsächlich eine Art Ordnung wiederhergestellt wurde. Die Taliban lehnten die Moderne vehement ab, die sie schließlich vor allem durch sowjetische Gewehre und Luftangriffe kennengelernt hatten. Sie regierten mit Hilfe ihrer Stammesnormen, die sie mit dem Gesetz Gottes in eins setzten. Ihr Fokus war rein lokal; bin Ladens globalen Blickwinkel konnten sie nicht teilen. Aber Mullah Omar war den »arabischen Afghanen« dankbar für ihre Unterstützung während des Krieges, und als bin Laden aus dem Sudan ausgewiesen wurde, erlaubte er ihm die Einreise nach Afghanistan. Im Gegenzug verbesserte bin Laden die Infrastruktur des Landes.[606] Und er sammelte in Afghanistan weitere entwurzelte Extremisten um sich, vor allem Zawahiri und seine ägyptischen Radikalen.[607] Al-Qaida war nach wie vor ein kleiner Player in der islamistischen Politik. Ein früherer Kämpfer berichtete dem US-Fernsehsender ABC, er habe zehn Monate in Ausbildungslagern verbracht, die von bin Ladens Leuten betrieben wurden, aber nie von der Organisation gehört.[608] Bin Laden spielte auch keine Rolle bei der Bombardierung des World Trade Center in New York 1993 durch den arabisch-afghanischen Veteranen Ramzi Youssef oder bei dem Autobomben-Anschlag 1995 in Riad, bei dem fünf Amerikaner getötet wurden. Allerdings begrüßte er beide Operationen.[609] Al-Qaida sorgte allerdings für den ideologischen Fokus bei den Militanten in Afghanistan, die zunehmend frustriert waren:[610] Sie waren nicht nur in Bosnien, Algerien und Ägypten gescheitert, sondern Ende der 1990er Jahre schien der politische Islam insgesamt auf dem absteigenden Ast.[611] 1997 gewann Mohamad Chatāmi nach einem demokratisch orientierten Wahlkampf in einer Art Erdrutschsieg die Wahlen im Iran und signalisierte sofort seinen Wunsch nach besseren Beziehungen zum Westen, nicht zuletzt, indem er sich mit seiner Regierung von Khomeinis Fatwa gegen Salman Rushdie distanzierte. In Algerien umfasste die Regierung von Präsident Abdelaziz Bouteflika sowohl militante Säkularisten als auch moderate Islamisten, und in Pakistan stürzte der säkular orientierte Generalstabschef Pervez Musharraf den Förderer der islamistischen Parteien, Nawaz Sharif. In der Türkei musste der islamistische Ministerpräsident Necmettin Erbakan schon nach einem Jahr von seinem Amt zurücktreten, und im Sudan wurde Turabi durch einen Militärputsch gestürzt. Bin Laden suchte verzweifelt nach einer Möglichkeit, den Dschihad durch eine spektakuläre Aktion wiederzubeleben, die in der ganzen Welt Aufmerksamkeit erlangen würde.

Im August 1996 veröffentlichte er seine »Kriegserklärung« gegen die USA und Israel, die »Allianz aus Kreuzfahrern und Zionisten«, die er der »Aggression, Schuld und Ungerechtigkeit« gegenüber den Muslimen bezichtigte.[612] Er verurteilte die amerikanische Militärpräsenz auf der arabischen Halbinsel, verglich sie mit der israelischen Besatzung Palästinas und prangerte die amerikanische Unterstützung korrupter Regierungen in der muslimischen Welt wie auch die Sanktionen Israels und der USA gegen den Irak an. Eine Million Iraker seien durch diese Sanktionen ums Leben gekommen, erklärte er. Im Februar 1998 verkündete er eine weltweite islamische Front gegen Zionisten und Kreuzfahrer und erklärte, alle Muslime hätten die religiöse Pflicht, die USA und ihre Verbündeten anzugreifen: »In jedem Land, in dem das möglich ist«. Sie müssten die amerikanischen Truppen aus Arabien vertreiben.[613] Drei vollkommen neue Themen tauchten jetzt in bin Ladens Ideologie auf.[614] Zum Ersten identifizierte er die USA als Hauptfeind, nicht mehr Russen, Serben oder »abtrünnige« muslimische Herrscher. Zum Zweiten rief er dazu auf, die USA und ihre Verbündeten weltweit anzugreifen, selbst in Amerika – ein ungewöhnlicher Schritt, denn normalerweise vermieden Terroristen Operationen außerhalb ihres eigenen Landes, um die internationale Unterstützung nicht zu verlieren. Zum Dritten gab bin Laden zwar Qutbs Terminologie nie ganz auf, wandte sich jetzt aber immer mehr panislamischen Themen zu und konzentrierte sich speziell auf das weltweite Leiden der Muslime.

Letzteres war der Kern von bin Ladens Botschaft und gab ihm die Möglichkeit, den Dschihad als Mittel zur Selbstverteidigung darzustellen.[615] In seiner »Kriegserklärung« schlachtete er die Kultur der Trauer aus, die sich in der muslimischen Welt entwickelt hatte, und bestand darauf, dass der Islam jahrhundertelang »unter Aggression, Schande und Ungerechtigkeit« gelitten habe, »die ihm von der Allianz aus Kreuzfahrern und Zionisten« aufgezwungen wurde.[616] In den Propagandafilmen der al-Qaida wird diese verbale Botschaft mit Bildern des Schmerzes untermalt. Sie zeigen palästinensische Kinder, die von israelischen

Soldaten verfolgt werden, Leichenhaufen im Libanon, in Bosnien und Tschetschenien, die Erschießung eines palästinensischen Kindes in Gaza, bombardierte und zerstörte Häuser und blinde, verstümmelte Patienten, die leblos in Krankenhausbetten liegen. Eine Studie über Männer, die nach 1999 von al-Qaida angeworben wurden, zeigte, dass die meisten von ihnen in erster Linie von dem Verlangen motiviert waren, dieses Leiden zu lindern.[617] »Ich wusste nicht genau, wie ich helfen könnte«, erklärte ein saudischer Häftling in Guantanamo, »aber ich bin gegangen, um den Menschen zu helfen, nicht um zu kämpfen.«[618] Feisal al-Dukhayyil, selbst kein praktizierender Muslim, war so verstört durch eine Fernsehsendung über die Not tschetschenischer Frauen und Kinder, dass er sich sofort freiwillig meldete.[619] Trotz bin Ladens antiamerikanischer Rhetorik waren seine Kämpfer nicht in erster Linie von Hass auf die USA angetrieben. Dieser Hass entwickelte sich wohl erst während ihrer Indoktrination in den al-Qaida-Lagern in Pakistan, wo alle, auch diejenigen, die eigentlich in Tschetschenien kämpfen wollten, »umgeleitet« wurden. Die Muslime aus Buffalo, New York, die später als »Lackawanna Six« bekannt wurden, erklärten, sie hätten ihr Ausbildungslager 2001 verlassen, weil sie der dort herrschende Antiamerikanismus so sehr schockiert habe.[620]

Bin Ladens Modell eines Bündnisses aus Kreuzfahrern und Zionisten schlachtete die Verschwörungsängste aus, die in muslimischen Ländern mit wenig transparenten Strukturen und schwierigen Zugangsmöglichkeiten zu korrekten Informationen weit verbreitet sind.[621] Dieses Modell erklärt eine ansonsten unbegreifliche Verkettung von Katastrophen. Islamisten zitieren oft ein Hadith, das in klassischer Zeit selten herangezogen wurde, aber zur Zeit der Kreuzzüge und der mongolischen Invasion sehr populär wurde.[622] »Die Völker rotten sich von allen Seiten gegen euch zusammen«, hatte der Prophet seinen Gefährten gesagt. Die Muslime würden dieser Herausforderung hilflos gegenüberstehen, weil »Schwäche *(wahn)* in ihren Herzen herrsche«. Und *wahn* war gleichbedeutend mit »Liebe zu dieser Welt und Furcht vor dem Sterben«, erklärte Mohammed.[623]

Sie seien verweichlicht und hatten den Dschihad aufgegeben, weil sie den Tod fürchteten. Ihre einzige Hoffnung bestehe darin, den Mut im Herzen des Islam wiederzuentdecken. Deshalb planten die Radikalen eine riesige Märtyrer-Aktion, die der Welt zeigen würde, dass die Muslime ihre Angst abgelegt hatten. Ihre Not war so groß, dass sie entweder kämpfen oder sterben würden. Die Radikalen lieben auch die Geschichte von David und Goliath im Koran, wo es am Ende heißt: »Wie oft hat eine kleine Streitkraft nicht schon eine große Armee besiegt!«[624] Je mächtiger der Feind, desto heldenhafter musste also der Kampf sein. Wenn Zivilisten starben, so die Kämpfer, dann war das bedauerlich, aber auch die Kreuzfahrer und Zionisten hatten unschuldiges Blut vergossen, und der Koran verlangte Vergeltung.[625] Der Märtyrer musste also tapfer seinen Dienst vollenden und Mitgefühl oder moralische Skrupel stoisch niederkämpfen, wenn er tragischerweise dazu verpflichtet war, Schreckenstaten zu begehen.[626]

Die Führung der al-Qaida hatte den »spektakulären« Anschlag am 11. September 2001 schon einige Zeit geplant, konnte ihn aber erst ausführen, als die entsprechenden Freiwilligen zur Verfügung standen. Sie brauchte Männer, die technisch ausgebildet, in der westlichen Gesellschaft zu Hause und zu unabhängigem Handeln fähig waren.[627] Im November 1999 wurden Muhammad Atta, Ramzi bin al-Shibh, Marwan al-Shehhi und Ziad Jarrah, die glaubten, auf dem Weg nach Tschetschenien zu sein, in ein sicheres Haus der al-Qaida in Kandahar umgeleitet. Sie kamen aus wohlhabenden Elternhäusern, waren in Europa als Ingenieure oder in anderen technischen Berufen ausgebildet worden – Jarrah und al-Shehhi waren Ingenieure, Atta war Architekt – und würden sich mühelos der amerikanischen Gesellschaft anpassen, während sie dort ihre Pilotenausbildung absolvierten. Sie waren Mitglieder einer Gruppe, die man heute als Hamburger Zelle kennt. Nur bin al-Shibh hatte intensivere Korankenntnisse. Keiner von ihnen war in einer Madrasa ausgebildet, wie so oft von muslimischen Terroristen behauptet wird; stattdessen hatten sie alle säkulare Schulen besucht. Bis Jarrah zu der Gruppe stieß, war er nicht einmal praktizierender Muslim gewesen.[628] Da ihnen allegorisches und symbolisches Wissen fremd war, prädestinierte ihre naturwissenschaftliche Ausbildung sie weniger zur Skepsis als zu einem Buchstabenglauben des Koran, der sich radikal von der traditionellen muslimischen Lesart unterschied. Außerdem hatten sie keine Ausbildung in der traditionellen islamischen Rechtswissenschaft, ihre Kenntnisse über das muslimische Recht waren also bestenfalls oberflächlich.

In seiner Untersuchung der 9/11-Terroristen und ihrer engsten Mitarbeiter – immerhin fünfhundert Menschen – hat der forensische Psychiater Marc Sageman herausgefunden, dass nur ein Viertel von ihnen eine traditionelle islamische Erziehung genossen hatte. Zwei Drittel waren vor ihrer Begegnung mit al-Qaida eher säkular eingestellt gewesen, der Rest waren Neubekehrte.[629] Ihr Wissen über den Islam war also begrenzt. Viele waren Autodidakten, und einige kamen erst im Gefängnis dazu, den Koran gründlich zu lesen. Vielleicht, so Sagemans Schlussfolgerung, war nicht der Islam das Problem, sondern ihre Unkenntnis des Islam.[630] Die Saudis, die an der Operation 9/11 teilnahmen, hatten eine wahhabitische Erziehung, waren aber nicht so sehr wahhabitisch beeinflusst als vielmehr durch die panislamistischen Ideale, die von den wahhabitischen Ulema so sehr abgelehnt wurden. Die Märtyrervideos von Ahmed al-Haznawi, der in dem über Pennsylvania abgestürzten Flugzeug starb, und Abdulaziz al-Omari, der in dem ersten Flugzeug saß, das ins World Trade Center flog, beschäftigen sich intensiv mit dem Leiden von Muslimen auf der ganzen Welt. Aber während der Koran Muslime selbstverständlich dazu auffordert, ihren Brüdern zu Hilfe zu eilen, verbietet die Scharia jede Gewalt gegen Zivilisten, den Gebrauch von Feuer im Kampf und jeden Angriff gegen ein Land, in dem Muslime ihre Religion frei ausüben dürfen.

Muhammad Atta, der Anführer der Hamburger Zelle, war von Azzams globaler Vision beseelt und überzeugt, jeder körperlich geeignete Muslim sei verpflichtet, seine Brüder und

Schwestern in Tschetschenien und Tadschikistan zu verteidigen.[631] Aber Azzam hätte die terroristischen Aktivitäten der Gruppe verurteilt. Während die gemäßigten Mitglieder der Zelle den Rücken kehrten, kamen andere, die Attas Ansichten teilten. In solchen geschlossenen Gruppen, die von jeder abweichenden Meinung isoliert sind, wird nach Auffassung von Sageman »die Sache« zu dem Element, für das ihre Mitglieder leben und atmen.[632] Es gab intensive persönliche Bindungen, die Mitglieder teilten die Wohnung, aßen und beteten zusammen und schauten sich endlose Kriegsvideos aus Tschetschenien an.[633] Und sie identifizierten sich immer stärker mit diesen fernen Kämpfen. Anders als in vormoderner Zeit machen es heute moderne Medien möglich, dass Menschen in einem Teil der Welt von Ereignissen beeinflusst werden, die weit entfernt geschehen, und diese fremden Geschichten auf ihre eigenen Probleme übertragen.[634] Es handelt sich hier um einen höchst artifiziellen Bewusstseinszustand.

Die Geschichte der 9/11-Terroristen ist heute wohlbekannt. Auch Jahre nach den Ereignissen erschrecken wir darüber. Doch unsere Aufgabe in diesem Buch ist es, die Rolle der Religion in den Greueln zu identifizieren. Im Westen gab es die weit verbreitete Überzeugung, der Islam als eine inhärent gewalttätige Religion sei der Hauptschuldige. Einige Wochen nach dem 11. September zitierte der amerikanische Journalist Andrew Sullivan in seinem Artikel »This *Is* a Religious War« aus bin Ladens »Kriegserklärung«:

Der Ruf zu einem Krieg gegen Amerika wird laut, weil Amerika die Speerspitze des Kreuzzugs gegen das islamische Volk ist und Tausende von Soldaten in das Land der zwei heiligen Moscheen schickt, nachdem es sich schon in die Angelegenheiten und die Politik Saudi-Arabiens eingemischt hat und das unterdrückerische, korrupte und tyrannische Regime unterstützt, das dort herrscht.[635]

Sullivan machte seine Leser auf das Wort »Kreuzzug« aufmerksam, einen »explizit religiösen Begriff«, und wies darauf hin, dass »bin Laden sich über amerikanische Truppen beschwert, die Saudi-Arabien entweihen, das ›Land der zwei heiligen Moscheen‹ in Mekka und Medina.«[636] Die Wörter »Kreuzzug« und »Moscheen« reichten aus, um ihn davon zu überzeugen, dass es sich tatsächlich um einen religiösen Krieg handelte, und veranlassten ihn zu einem feierlichen Lobgesang auf die liberale Tradition des Westens. Schon im 17. Jahrhundert habe der Westen begriffen, wie gefährlich es sei, Religion und Politik zu vermischen, räsonierte Sullivan, die muslimische Welt müsse diese wichtige Lektion aber leider noch lernen. Allerdings versäumte es Sullivan, zwei sehr spezielle und ganz klar politische Aspekte der amerikanischen Außenpolitik zu diskutieren oder auch nur zu betrachten, die von bin Laden in dem zitierten Abschnitt erwähnt worden waren: die Einmischung in die inneren Angelegenheiten Saudi-Arabiens und die Unterstützung des despotischen saudischen Regimes.[637]

Selbst die »explizit religiösen« Begriffe »Kreuzzug« und »heilige Moscheen« hatten tatsächlich politische und ökonomische Konnotationen. Seit dem 20. Jahrhundert ist das arabische Wort für Kreuzzug, *al-salibiyyah*, ein explizit politischer Begriff, der in der Regel für Kolonialismus und westlichen Imperialismus steht.[638] Die Stationierung amerikanischer Truppen in Saudi-Arabien war nicht nur eine Entweihung heiligen Bodens, sondern auch eine demütigende Demonstration der Abhängigkeit von den USA und der amerikanischen Dominanz in dieser Region. Die amerikanischen Truppen verwickelten das Königreich in teure Waffengeschäfte, die Basis in Saudi-Arabien verschaffte den USA einfachen Zugang zu den Ölvorräten des Landes und versetzte das US-Militär in die Lage, während des Golfkrieges Luftangriffe gegen sunnitische Muslime durchzuführen.[639]

Die Flugzeugentführer selbst betrachteten die Greuel des 11. September sicherlich als religiösen Akt, allerdings als einen, der wenig mit dem normativen Islam gemein hatte. Ein Dokument, das in Attas Koffer gefunden wurde, beschrieb ein

Programm aus Gebeten und Reflexionen, das den Attentätern helfen sollte durchzuhalten.[640] Wenn man Psychose als die »Unfähigkeit zum Erkennen von Zusammenhängen« definiert, dann handelt es sich um ein zutiefst psychotisches Dokument. Die Hauptforderung islamischer Spiritualität ist die Herstellung der Einheit, *Tawhid:* Muslime verstehen die Einheit Gottes nur dann wirklich, wenn sie alle ihre Aktivitäten und Gedanken ihrerseits zu einer Einheit integrieren. Aber dieses Dokument atomisiert und segmentiert die Mission – die »letzte Nacht«, die Reise zum Flughafen, das Besteigen der Flugzeuge usw. –, so dass das unerträgliche Ganze nie in den Blick genommen wird. Die Terroristen wurden aufgefordert, sich aufs Paradies zu freuen und an die Zeit des Propheten zu denken – also alles Mögliche zu bedenken, nur nicht die Ungeheuerlichkeit, die sie in der Gegenwart begingen.[641] Dadurch, dass sie von einem Augenblick zum anderen lebten, sollten sie ihren Geist von dem grauenhaften Finale ablenken.

Die Gebete selbst haben einen schrillen Ton. Wie jeder muslimische Diskurs, so beginnt auch dieses Dokument mit der Basmalla – der Anrufung »im Namen des barmherzigen und gnädigen Gottes« –, aber es leitet eine Aktion ein, die frei ist von jeglicher Barmherzigkeit oder Gnade. Und es mündet in eine Bemerkung, die die meisten Muslime, so fürchte ich, als gotteslästerlich empfinden würden: »Im Namen Gottes, meiner selbst und meiner Familie.«[642] Der Flugzeugentführer wird aufgefordert, jegliches Mitgefühl gegenüber den Mitpassagieren, jede Angst um das eigene Leben aufzugeben und sich mit größter Anstrengung in einen ganz und gar abnormen Geisteszustand zu versetzen. Er soll diesen Impulsen »widerstehen«, seine Seele »zähmen«, »reinigen« und »überzeugen«, sie »aufstacheln« und »zum Verstehen zwingen«.[643]

Die Imitation Mohammeds ist ein zentrales Element der islamischen Frömmigkeit. Durch die Imitation seines äußeren Verhaltens hoffen Muslime, die innere Haltung vollkommener Hingabe an Gott zu erreichen. Attas Dokument jedoch lenkt die Terroristen entschlossen weg von ihrer Innenwelt, indem es eine geradezu perverse Betonung auf Äußerlichkeiten legt. In der Folge erscheinen die frommen Übungen primitiv und abergläubisch. Beim Packen sollten die Terroristen Koranverse in ihre Hände flüstern und diese Heiligkeit in ihr Gepäck, die Teppichcutter, Messer, Ausweise und Pässe einreiben.[644] Ihre Kleidung sollte eng sitzen wie die Gewänder des Propheten und seiner Gefährten.[645] Wenn der Kampf gegen Passagiere und Mannschaft begann, sollte jeder von ihnen als Zeichen der Entschlossenheit die Zähne fletschen, »wie es unsere frommen Vorväter getan haben, bevor sie in die Schlacht zogen«,[646] und »zuschlagen wie Helden, die es nicht danach verlangt, in die Welt zurückzukehren, und dabei *Allahu akbar!* rufen. Denn dieser Ruf versetzt die Herzen der Ungläubigen in Angst.«[647] Sie sollten keine düsteren Gedanken hegen, sondern Koranverse rezitieren, während sie kämpften, »wie auch unsere frommen Vorväter mitten in der Schlacht dichteten, um ihre Brüder zu beruhigen und Gelassenheit und Freude in ihre Seelen zu lenken«.[648] Die Vorstellung, unter diesen Umständen seien Heiterkeit und Freude möglich, weist auf eine wirklich psychotische Unfähigkeit hin, ihren Glauben mit dem, was sie vorhatten, in Beziehung zu setzen.

Wir finden hier jene Art magischen Denkens, die wir schon in Farajs *Die vernachlässigte Pflicht* festgestellt haben. Die Flugzeugentführer wurden angewiesen, bei Durchlaufen der Sicherheitskontrollen auf dem Flughafen einen Vers zu rezitieren, der für die Radikalen geradezu als Glaubensbekenntnis gilt.[649] Er findet sich im Koran in einem Abschnitt über die Schlacht von Uhud, als die »Zauderer« die unerschrockeneren Muslime überreden wollen, zu Hause zu bleiben. Darauf erwiderten diese: »Unser Genüge ist Allah, und wie trefflich ist der Sachwalter!« Und wegen ihres Glaubens »kehrten sie mit einer Gunst von Allah und einer Huld zurück, ohne dass ihnen etwas Böses widerfahren war«.[650] Wenn sie diese Worte wiederholten, so versicherte das Dokument den Attentätern, »werdet ihr alles geordnet finden, und Gottes Schutz wird euch umgeben. Keine Macht kann diesen Schutz durchdringen.« Der Vers würde nicht nur ihre Ängste besiegen, sondern auch alle physischen Hindernisse beseitigen: »Alle ihre Mittel, ihre Sicherheitsschleusen und ihre Technologie werden die Amerikaner nicht retten.«[651] Die bloße Wiederholung des ersten Teils aus dem muslimischen Glaubensbekenntnis: »Es gibt keinen Gott außer Gott«, würde ihnen bereits den Eingang ins Paradies sichern. Die Flugzeugentführer werden angewiesen, »die Ungeheuerlichkeit dieser Worte zu bedenken«, während sie gegen die Amerikaner kämpften, und sich zu erinnern, dass dieser Vers in der arabischen Schrift keine spitzen Buchstaben hat – dies ist ein Zeichen von Vollkommenheit und Ganzheit, denn »spitze Worte oder Buchstaben schwächen die Macht des Textes«.[652]

Nur ein Jahr nach dem 11. September schrieb Louis Atiyat Allah nach dem Betrachten des Märtyrer-Videos von al-Omari einen Essay für eine Dschihad-Website. Seine extravagante Lobrede, in der die Flugzeugentführer als »Berge des Mutes, Sterne der Männlichkeit und Galaxien des Ruhmes« bezeichnet werden und das Bild entworfen wird, wie sie vor Freude weinten, als ihre Flugzeuge ihr Ziel fanden, hat etwas Absurdes.[653] Aber sie wurde offensichtlich verfasst, um der weit verbreiteten Kritik an den Tätern zu begegnen. Nicht nur »Gemäßigte« klagten das Verbrechen an, selbst in radikalen Kreisen wiesen Muslime offenbar darauf hin, dass der Koran jeden Selbstmord verbietet, und bezeichneten das Handeln der Attentäter als verantwortungslos. Außerdem war die Aktion kontraproduktiv gewesen: Das Verbrechen hatte weltweit Mitgefühl für die Amerikaner hervorgerufen und die Sache der Palästinenser geschwacht, weil es die Bindungen zwischen Israel und den USA stärkte. In seinem Artikel, in dem er diese Klagen zurückwies, erklärte Allah, die Täter hätten keinen Selbstmord begangen und seien nicht einfach Verrückte gewesen, die ein Flugzeug entführt hätten. Nein, sie hatten ein klar definiertes politisches Ziel verfolgt: »Die Fundamente des Tyrannen zu zerschlagen und den Götzen Amerika zu zerstören.«[654] Sie hatten auch einen Schlag gegen die strukturelle Gewalt des amerikanisch dominierten Nahen Ostens geführt und die »törichten Herrscher Ibn Saud und Hosni

Mubarak« zurückgewiesen, wie auch alle anderen Rückwärtsgewandten, die sich selbst als »Herrscher« (Koran 4,59) bezeichneten, tatsächlich aber »nicht mehr waren als die Fangarme eines Kraken über euch. Der Kopf des Kraken aber sitzt in New York und Washington, DC.«[655] Zweck dieser Operation war es gewesen, einen »schrecklichen historischen Sprung« zu tun, »der die Muslime mit einem Schlag aus Demütigung, Abhängigkeit und Sklaverei befreit«.[656]

Diese politischen Ziele standen bin Laden unmittelbar nach dem 11. September wohl auch in erster Linie vor Augen, obwohl er auch vom Willen Gottes sprach. In dem Video vom 7. Oktober 2001 brüstete er sich: »Amerika wurde von Gott in einem seiner lebenswichtigen Organe getroffen; seine größten Gebäude sind zerstört.«[657] Gebäude, die sorgfältig ausgesucht worden waren, »Amerikas Sinnbilder militärischer und ökonomischer Macht«.[658] Fünfmal verwendete bin Laden das Wort *kafir* (»Ungläubige«) für die Vereinigten Staaten, bezog sich dabei aber nie auf die religiösen Verhältnisse in Amerika, sondern auf die Verletzung muslimischer Souveränität in Arabien und Palästina.[659]

Noch am selben Tag kündigte US-Präsident George W. Bush die Operation »Enduring Freedom« an, einen Krieg gegen die Taliban in Afghanistan unter Führung der USA. Wie der erste Kreuzzug gegen den Islam wurde auch diese Militäroffensive in eine Rhetorik der Freiheit gehüllt: »Wir verteidigen nicht nur unsere kostbaren Freiheiten, sondern die Freiheit aller Völker auf der Welt.«[660] Er versicherte dem afghanischen Volk, die USA lägen mit ihm nicht im Streit, würden nur militärische Ziele anvisieren und gleichzeitig Nahrungsmittel, Medikamente und Ausrüstung mitbringen. Eine Woche nach den Attentaten hatte Bush bereits erklärt, Amerika liege auch nicht im Streit mit dem Islam: »Das Gesicht des Terrorismus ist nicht das wahre Gesicht des Islam. Mit dem Islam hat das nichts zu tun. Der Islam ist Frieden. Diese Terroristen repräsentieren nicht den Frieden. Sie sind Repräsentanten des Bösen und des Krieges.«[661] Wie bin Laden, so teilte auch Bush in dieser bewusst säkularen Darstellung die Welt grob in zwei Lager ein – ein gutes und ein böses: »In diesem Konflikt gibt es keine Neutralität. Wenn eine Regierung die Verbrecher und Mörder unschuldiger Menschen schützt, wird sie selbst zum Verbrecher und Mörder.«[662] Bushs manichäisches Weltbild spiegelte das Denken der Neokonservativen in seiner Administration, die den halb mystischen Glauben vertraten, nichts und niemand dürfe die einzigartige historische Mission Amerikas im 21. Jahrhundert aufhalten. Der »Krieg gegen den Terror« würde sich gegen alle Kräfte richten, die die globale Führungsrolle Amerikas bedrohten. Tatsächlich ist der Neokonservatismus als »glaubensbasiertes System« beschrieben worden, weil er absolute Treue zu seiner Lehre verlangt und keine Abweichungen gestattet.[663] Und so wurde die Politik des Säkularen mit quasireligiöser Leidenschaft und Überzeugung getränkt. Die USA hatten den Auftrag, den globalen freien Markt zu fördern, das Eine Wahre Wirtschaftssystem, überall auf der Welt. Dies war keine religiöse Botschaft, aber es war eine Botschaft, die in nahezu religiöser Weise ihren Widerhall bei Bushs 100 Millionen Evangelikalen fand, die Amerika immer noch als »Stadt auf dem Berg« sahen.

Die ersten drei Monate im Krieg gegen Afghanistan, wo die Taliban al-Qaida Unterschlupf gewährten, schienen sehr erfolgreich. Die Taliban wurden besiegt, al-Qaida zerstreut, und die USA errichteten zwei große Militärstützpunkte in Bagram und Kandahar. Aber gleichzeitig gab es zwei verhängnisvolle Entwicklungen. Zwar hatte Bush Anweisung gegeben, Gefangene human und im Einklang mit der Genfer Konvention zu behandeln, in der Praxis wurde den Truppen aber mitgeteilt, »leichte Abweichungen von den Regeln« würden geduldet, da Terroristen nicht als Kriegsgefangene behandelt werden mussten. Bush hatte deutlich darauf hingewiesen, dass er keinen Krieg gegen den Islam führte, aber auf dem Boden, wo religiöse Empfindlichkeiten weniger wichtig genommen wurden, spielte das alles keine Rolle. Am 26. September 2002 wurde in Takhar ein Konvoi mit Mudschaheddin aufgegriffen. Nach einem Bericht aus muslimischen Kreisen hängten die Amerikaner »einen Mudschaheddin sechs Tage lang an den Armen auf und befragten ihn über Osama bin Laden. Schließlich gaben sie auf und fragten ihn nach seiner Religion. Er antwortete,

er glaube an Allah, den Propheten Mohammed und den heiligen Koran. Nach dieser Antwort erwiderten die US-Soldaten: »Dein Allah und dein Mohammed sind nicht hier, aber der Koran ist hier, wir wollen also sehen, was er mit uns macht.« Dann brachte einer der Soldaten ein Exemplar des Koran und urinierte darauf, woraufhin sich andere US-Soldaten und Angehörige der Nordallianz ihm anschlossen.[664]

Bei all ihrer deutlichen Verachtung für den Islam sahen die US-Truppen sich nicht zwangsläufig in einem Krieg gegen diese Religion. Aber der unkonventionelle Charakter des Feldzugs, der als »Krieg gegen den Terror« definiert war und eine »andere Art von Krieg« darstellte, veränderte auch die Regeln. Mit dieser Terminologie hatten die USA sich von den Regeln konventioneller Konflikte befreit.[665] Und ihre Bodentruppen übernahmen die Ansicht, Terroristen unterlägen nicht demselben Schutz wie reguläre Gegner.

Seit dem 11. September halten die USA, die sich nach wie vor als einzigartig wohlwollende Hegemonialmacht betrachten, mit Unterstützung ihrer Verbündeten ohne zeitliche Begrenzung Menschen in Haft, die jede Beteiligung an dem Konflikt leugnen. Sie werden gewaltsamen und demütigenden Befragungen ausgesetzt oder als Häftlinge in Länder geschickt, in denen gefoltert wird. Bereits im Dezember 2001 wurden Hunderte von Gefangenen – auf dem Wege »außerordentlicher Auslieferung« – in Guantanamo Bay und Diego Garcia ohne Prozess festgehalten und »Druck und Nötigung« (will sagen: Folter) ausgesetzt.[666] Die häufigen, fast schon routinemäßigen Berichte über Misshandlungen in US-Gefängnissen legen die Vermutung nahe, dass militärische und politische Behörden eine Politik systematischer Brutalität dulden.[667] Die zweite beunruhigende Entwicklung im Krieg gegen den

Terror war die große Zahl ziviler Opfer. In den ersten drei Monaten wurden dreitausend Zivilisten getötet – etwa dieselbe Zahl wie am 11. September 2001 in New York, Pennsylvania und Washington. Tausende weitere vertriebene Afghanen starben später in Flüchtlingslagern.[668] Während der Krieg weiterging, nahmen die Opferzahlen katastrophale Ausmaße an: Von 2006 bis 2012 kamen Schätzungen zufolge 16179 afghanische Zivilisten ums Leben.[669]

Eine zweite Welle von terroristischen Angriffen wurde von der »zweiten Generation« der al-Qaida begangen, darunter der fehlgeschlagene Anschlag des britischen »Absatzbombers« Richard Reid im Dezember 2001, das Bombenattentat im tunesischen Djerba im April 2002 und der Angriff auf einen Nachtclub auf Bali im Oktober 2002, bei dem mehr als zweihundert Menschen ums Leben kamen. Nach Iyman Faris' vereiteltem Anschlag auf die Brooklyn Bridge jedoch war der größte Teil der al-Qaida-Führung entweder tot oder gefangen, und es gab keine größeren Anschläge mehr.[670] Aber gerade als die Situation sich ein wenig entspannte, marschierten die USA, Großbritannien und ihre Verbündeten im März 2003 in den Irak ein, trotz erheblichen Widerstands der internationalen Gemeinschaft und starker Proteste in der gesamten muslimischen Welt. Grund für diese Invasion waren Vermutungen, dass Saddam Hussein Massenvernichtungswaffen besaß und al-Qaida unterstützte – beide Vermutungen erwiesen sich später als unhaltbar.

Wieder präsentierten sich die USA als Huter der Freiheit: »Wenn wir Gewalt anwenden müssen«, hatte Bush dem amerikanischen Volk versprochen, »dann werden wir mit unseren Bündnispartnern bereitstehen, um den Bürgern eines befreiten Irak zu helfen.«[671] Bei einer anderen Gelegenheit erklärte er: »Wir sind nicht an einem Imperium interessiert. Wir sind der Freiheit verpflichtet, der eigenen wie auch der aller anderen.«[672] Angefeuert von neoimperialistischen Intellektuellen wie Niall Ferguson, glaubte die Bush-Regierung, sie könne die kolonialen Methoden einer Invasion und Besatzung im Interesse einer Befreiung nutzen.[673] Amerika würde den Irak in die freie Weltwirtschaft hineinzwingen und die Politik im Nahen Osten verändern, indem es einen liberalen, demokratischen, prowestlichen arabischen Staat schuf, einen Staat, der auch Israel unterstützen würde, den marktwirtschaftlich orientierten Kapitalismus übernahm und den USA gleichzeitig eine Militärbasis und Zugang zu riesigen Ölreserven bot.

Am 1. Mai 2003 landete Bushs Viking-Jet auf dem Deck der USS *Abraham Lincoln,* wo der Präsident das siegreiche Ende des Irak-Krieges verkündete.[674] »Wir haben für die Sache der Freiheit und für den Frieden in der Welt gekämpft«, sagte er den versammelten Truppen. »Ihr habt den Tyrannen zu Fall gebracht, der Irak ist frei.« Auch in dieser politischen Botschaft schwangen Untertöne von einem heiligen Krieg mit. Dieser Krieg der amerikanischen Nation war, so Bush, von Gott selbst geführt worden: »Ihr alle, alle Angehörigen dieser Militärgeneration, seid dem größten Ruf der Geschichte gefolgt«, verkündete er und zitierte dann den Propheten Jesaja: »Wohin ihr auch geht, tragt ihr eine Botschaft der Hoffnung – eine Botschaft, die alt und immer neu ist: Zu den Gefangenen sagt ihr: ›Kommt heraus‹, und zu denen, die im Dunkeln gehen: ›Seid frei.‹«[675] Die Benutzung dieses Bibelverses, den auch Jesus zitiert hatte, um seine eigene Mission zu beschreiben,[676] offenbarte die messianischen Neigungen der Bush-Administration.

In der Ankündigung einer Befreiung von Gefangenen lag eine gewisse Ironie. Im Herbst 2003 waren erste Fotos von US-Militärpolizisten aufgetaucht, die irakische Häftlinge in Saddams berüchtigtem Gefängnis Abu Ghraib misshandelten. Später zeigte sich, dass ähnliche Grausamkeiten auch in britisch geführten Gefängnissen begangen worden waren. Diese Fotos zeigten einen gröberen Krieg als die offizielle Version: Menschen mit Kapuzen über dem Kopf, nackte Menschen, die sich auf dem Boden wanden – die Iraker wurden als entmenschlichte, feige, bestialische Kreaturen gezeigt, vollkommen dominiert von der höheren Macht der Amerikaner.[677] Die aufreizende Haltung der einfachen GIs sagte: »Wir sind oben, sie sind unten; wir sind sauber, sie sind schmutzig; wir sind stark und mutig, sie sind schwach und feige; wir sind Herrenmenschen, sie sind eigentlich Tiere. Wir sind Gottes erwähltes Volk, sie sind fern von allem Göttlichen.«[678]

»Diese Fotos zeigen uns«, erklärte die inzwischen verstorbene Susan Sontag. Greueltaten wurden nicht nur von Nazis begangen, Amerikaner taten so etwas auch, »wenn man ihnen nur einredet, dass die Menschen, die sie foltern, einer unterlegenen, verächtlichen Rasse oder Religion angehören«[679]. Denn die GIs sahen offenbar nichts Ungehöriges in ihrem Verhalten und hatten keine Angst vor Strafe. »Wir haben nur Spaß gemacht«, sagte die Gefreite Lynndie England, die auf den Fotos einen Häftling wie einen Hund an der Leine führte. Die offizielle Untersuchung kam zu dem Schluss, dass die Soldaten sich nur aus einem Grund so benommen hatten: »Wir konnten es tun.«[680]

Einen Monat nach Bushs Rede auf dem Flugzeugträger war der Irak im Chaos versunken. Die meisten Iraker glaubten Bushs begeisterter Rhetorik kein Wort, sondern waren überzeugt, dass die Vereinigten Staaten nur ihr Öl wollten und ihr Land als Militärstützpunkt für die Verteidigung Israels nutzen wollten. Sie waren froh, Saddam los zu sein, betrachteten die amerikanischen und britischen Truppen aber keineswegs als Befreier. »Sie trampeln auf mein Herz«, sagte ein Bewohner von Bagdad. »Wovon wollen sie uns befreien?«, fragte ein anderer. »Wir haben [unsere eigenen] Traditionen, Moralvorstellungen, Sitten und Gebräuche.«[681] Der irakische Geistliche Scheich Muhammad Bashir klagte, wenn die Amerikaner Freiheit ins Land gebracht hätten, dann jedenfalls nicht für die Iraker:

Es ist die Freiheit von Besatzungssoldaten, zu tun, was ihnen gefällt ... Niemand kann von ihnen Rechenschaft verlangen, weil sie durch ihre Freiheit geschützt sind ... Niemand kann sie bestrafen, weder in unserem Land noch zu Hause. Sie haben die Freiheit, zu vergewaltigen, Menschen ihrer Kleider zu berauben, sie zu demütigen.[682]

Im Jahr 2004 kam es zu dem Angriff der Amerikaner auf Falludscha, die berühmte »Stadt der Moscheen«, den man auch das arabische 9/11 genannt hat: Hunderte von Zivilisten wurden getötet, zweihunderttausend wurden obdachlos. 2005 war die Zahl getöteter Zivilisten auf vierundzwanzigtausend gestiegen, die der Verletzten auf siebzigtausend.[683] Statt der Region Frieden zu bringen, weckte die Besatzung den Widerstand der Iraker, aber auch von Mudschaheddin aus Saudi-Arabien, Syrien und Jordanien, die auf die Invasion mit der bislang eher seltenen Methode der Selbstmordattentate antworteten und den Rekord der Tamil Tigers brachen.[684]

Was den weltweiten Terrorismus angeht, ist die Situation heute noch gefährlicher als vor dem Irak-Krieg.[685] Trotz der Ermordung bin Ladens 2011 ist al-Qaida nach wie vor am Leben. Ihre Stärke lag immer schon eher in der Planung als in der Organisation; ihre globale revolutionäre Leidenschaft verband eine starke politische Militanz mit dubiosen Bezügen auf einen göttlichen Auftrag. Ihre Zellen im Irak (wo sie, während ich dies schreibe, besonders aktiv sind, ebenso wie im syrischen Bürgerkrieg), in Somalia und im Jemen fordern weiterhin die Errichtung des Kalifats als letztes Ziel ihrer Interventionen auf lokaler Ebene. Ansonsten gibt es – ohne jede straffe Organisation – weltweit Tausende von frei schwebenden möglichen Terroristen, die nur auf ihren Einsatz warten: radikalisiert in den Chatrooms des Internets, Autodidakten ohne Bildung und klare praktische Ziele.

So auch Michael Adebolajo und Michael Adebowale, zwei in Großbritannien geborene Konvertiten, die 2013 im Südosten Londons den britischen Soldaten Lee Rigby ermordeten und behaupteten, sie würden den Mord an unschuldigen Muslimen durch britische Soldaten rächen. Ebenso wie Mohammed Bouyeri, der den niederländischen Filmemacher Theo van Gogh 2004 ermordete, oder die Bahn-Attentäter von Madrid, die im selben Jahr einhunderteinundneunzig Menschen töteten, hatten sie keine direkten Verbindungen zu al-Qaida.[686] Einige wenden sich an die Führung von al-Qaida in der Hoffnung, anerkannt zu werden und an irgendeinen wichtigen Tatort geschickt zu werden, aber es scheint, als schickten die Ausbilder in Pakistan sie lieber wieder nach Hause, um die westlichen Länder zu destabilisieren – wie es bei den Bombenanschlägen auf 7/7 in London im Juli 2005, den geplanten Anschlägen in Australien (November 2005) und Toronto (Juni 2006) und dem vereitelten Plan, mehrere Flugzeuge über dem Atlantik zu sprengen (August 2006), der Fall war.

All diese frei schwebenden Terroristen wissen nur sehr wenig über den Koran, es ist also sinnlos, mit ihnen eine Diskussion über ihre Interpretation der Heiligen Schrift anzufangen oder den »Islam« für ihre Verbrechen verantwortlich zu machen.[687] Tatsächlich geht Marc Sageman, der mit vielen von ihnen gesprochen hat, davon aus, dass eine normale religiöse Erziehung sie von ihren Verbrechen abgehalten hätte.[688] Er hat festgestellt, dass sie hauptsächlich von dem Wunsch motiviert sind, dem lähmenden Gefühl der Bedeutungs- und Sinnlosigkeit zu entkommen, das ihr Leben in den säkularen Nationalstaaten bestimmt, in denen fremde Minderheiten nur schwer einen Platz finden. Sie klammern sich an den uralten Traum von Kriegerehre und glauben, ein Heldentod würde ihrem Leben Bedeutung verleihen.[689] In diesen Fällen hat sich das, was wir »islamischer Terrorismus« nennen, von einem politischen Problem (in Verbindung mit frommen Ermahnungen, die der islamischen Lehre widersprechen) zu einem gewaltsamen Ausagieren jugendlicher Wut gewandelt. Sie nehmen für sich in Anspruch, im Namen des Islam zu handeln, aber wenn ein talentloser Anfänger behauptet, eine Beethoven-Sonate zu spielen, hören wir ja auch nur Misstöne.

Eins von bin Ladens Zielen bestand darin, Muslime in aller Welt für seine Vision des Dschihad zu begeistern. Aber obwohl er für manche zu einem charismatischen Volkshelden – einer Art saudi-arabischem Che Guevara – wurde, scheiterte er an dieser zentralen Stelle vollkommen. Von 2001 bis 2007 wurde in fünfunddreißig, hauptsächlich muslimischen Ländern eine Gallup-Umfrage durchgeführt. Sie fand heraus, dass nur 7 Prozent der

Befragten die Anschläge vom 11. September für »vollkommen gerechtfertigt« hielten. Und bei diesen 7 Prozent waren die Gründe rein politischer Natur. Und viele unter den 93 Prozent, die die Anschläge verurteilten, zitierten den Koran, um zu zeigen, dass der Mord an Unschuldigen im Islam keinen Platz haben kann.[690] Angesichts solcher Ergebnisse muss man sich fragen, wie viel eindeutiger die Ablehnung des Terrorismus in der muslimischen Welt wäre, wenn die USA nach dem 11. September einen anderen Kurs eingeschlagen hätten. Zu einer Zeit, als es selbst in Teheran Demonstrationen gab, bei denen Solidarität mit Amerika bekundet wurde, schlug die Bush-Blair-Koalition mit ihrer gewaltsamen Vergeltung zu, die in der tragisch verlaufenen Invasion im Irak 2003 ihren Höhepunkt fand. Mit dem hauptsächlichen Ergebnis, dass die Welt wieder neue Bilder von muslimischem Leid zu sehen bekam. Und an diesem Leid war der Westen nicht nur indirekt beteiligt, sondern er hatte es direkt verursacht. Wenn wir die Zähigkeit von al-Qaida betrachten, tun wir gut daran, uns zu erinnern, dass solche Bilder muslimischen Leidens mehr junge Muslime in die Ausbildungslager von Peschawar ziehen als jede noch so ausgedehnte Theorie des Dschihad.

Routinemäßig und völlig zu Recht verurteilen wir Terroristen, die im Namen Gottes Zivilisten umbringen, aber wir setzen uns ohne Grund aufs hohe moralische Ross, wenn wir das Leid und den Tod vieler tausend Zivilisten in unseren Kriegen als »Kollateralschaden« abtun. Die alten religiösen Mythologien haben Menschen geholfen, mit dem Dilemma staatlicher Gewalt umzugehen; unsere derzeitigen nationalistischen Ideologien verdrängen dieses Problem und fördern stattdessen eine Verhärtung unserer Herzen. Besonders deutlich wird das in einer Bemerkung, die Madeleine Albright machte, als sie noch Bill Clintons UN-Botschafterin war. Später nahm sie sie zurück, aber die Menschen haben diese Worte nie vergessen. 1996 fragte Lesley Stahl sie in der CBS-Sendung *60 Minutes,* ob der Preis der internationalen Sanktionen gegen den Irak gerechtfertigt sei: »Wir hören, dass inzwischen eine halbe Million Kinder deshalb gestorben sind. Das sind mehr Kinder, als in Hiroshima starben … ist es das wert?« Albright erwiderte: »Ich denke, das ist eine sehr schwere Entscheidung. Aber der Preis, ja, wir glauben, dass es das wert ist.«[691]

Am 24. Oktober 2012 wurde Mamana Bibi, eine achtundsechzigjährige Frau, die auf dem großen, offenen Grundstück ihrer Familie in Waziristan, einer Region in Pakistan, Gemüse erntete, bei einem amerikanischen Drohnenangriff getötet. Sie war keine Terroristin, sondern eine Hebamme, verheiratet mit einem pensionierten Lehrer. Trotzdem wurde sie vor den Augen ihrer neun kleinen Enkelkinder in Stücke zerrissen. Einige der Kinder mussten mehrfach operiert werden, was sich die Familie kaum leisten konnte, weil sie bei dem Angriff auch ihr gesamtes Vieh verloren hatte. Die kleineren Kinder schreien heute noch jede Nacht vor Angst. Wir wissen nicht, gegen wen sich der Angriff wirklich richtete. Aber obwohl die US-Regierung behauptet, es gäbe nach jedem Angriff gründliche Untersuchungen, hat sie nie um Entschuldigung gebeten, und der Familie wurde kein Schadensersatz angeboten. Nicht einmal gegenüber dem amerikanischen Volk wurde zugegeben, was passiert ist. CIA-Direktor John O. Brennan hatte zuvor behauptet, Drohnenangriffe würden keine zivilen Opfer kosten; inzwischen hat er sich eines Besseren besonnen, behauptet aber immer noch, solche Todesfälle seien extrem selten. Amnesty International hat etwa fünfundvierzig solche Angriffe in der Region untersucht und festgestellt, dass immer wieder Zivilisten zu Tode gekommen sind. Außerdem spricht der Bericht auch von mehreren Angriffen auf Zivilisten außerhalb der gesetzlichen Regelungen.[692] »Bomben rufen nur Hass in den Herzen der Menschen hervor. Und dieser Hass und Zorn lässt immer mehr Terrorismus entstehen«, sagt Bibis Sohn. »Niemand hat *uns* gefragt, wer an diesem Tag getötet oder verletzt wurde. Weder die Vereinigten Staaten noch unsere eigene Regierung. Niemand hat die Sache untersucht, und niemand wurde dafür zur Verantwortung gezogen. Es scheint ganz einfach niemanden zu kümmern.«[693]

»Soll ich meines Bruders Hüter sein?«, hat Kain gefragt, nachdem er seinen Bruder Abel erschlagen hatte. Wir leben heute in einer stark vernetzten Welt und sind Teil der Geschichte und der Tragödien aller Menschen. Es ist vollkommen richtig, dass wir Terroristen verurteilen, die unschuldige Menschen ermorden. Aber wir müssen auch Wege finden, unsere Beziehung zu und unsere Verantwortung für Mamana Bibi anzuerkennen, ebenso wie für die Tausende von Zivilisten, die in unseren modernen Kriegen gestorben sind oder verstümmelt wurden. Nur, weil sie zur falschen Zeit am falschen Ort waren.

Nachwort

Wir haben gesehen, dass die Religion, wie das Wetter, viele Erscheinungsformen hat. Doch die Behauptung, sie habe einen eindeutigen, unveränderlichen und inhärenten gewalttätigen Kern, ist jedoch einfach nicht zutreffend. Identische religiöse Glaubenssätze und Praktiken können vielmehr ganz unterschiedliche Handlungen auslösen. In der hebräischen Bibel haben die Deuteronomisten und die priesterlichen Verfasser über dieselben Geschichten meditiert, aber die Deuteronomisten haben sich vehement gegen fremde Völker gewandt, während die priesterlichen Verfasser die Versöhnung suchten. Chinesische Taoisten, Legalisten und Militärstrategen teilten dieselben Ideen und meditativen Übungen, nutzten sie aber zu ganz unterschiedlichen Zwecken. Die Verfasser des Lukas- und des Johannesevangeliums dachten über die Botschaft der Liebe nach, die Jesus gebracht hatte, aber Lukas reichte den Menschen am Rand der Gesellschaft die Hand, während die Anhänger des Johannes diese Liebe auf die eigene Gruppe beschränkten. Antonius und die syrischen Bokshoi versuchten, sich von der Sorge um das alltägliche Überleben zu befreien, aber Antonius verbrachte sein Leben damit, seinen Geist von Zorn und Hass zu reinigen, während die syrischen Mönche den aggressiven Trieben ihres Reptiliengehirns freien Lauf ließen. Ibn Taimīya und Rumi waren beide Opfer der mongolischen Invasion, kamen aufgrund der Lehren des Islam jedoch zu vollkommen unterschiedlichen Schlüssen. Jahrhundertelang sorgte die Geschichte vom tragischen Tod des Imam Husain dafür, dass sich die Schiiten aus dem politischen Leben zurückzogen und eine prinzipielle Protesthaltung gegen die Ungerechtigkeit des Systems einnahmen.

In jüngster Zeit hat gerade diese Geschichte sie bewogen, politisch aktiv zu werden und der Tyrannei den Kampf anzusagen.

Bis in die Moderne hinein hat die Religion alle Lebensbereiche durchdrungen, einschließlich Politik und Kriegführung – nicht weil ambitionierte Kirchenmänner zwei grundverschiedene Dinge miteinander »vermischten«, sondern weil Menschen alles, was sie tun, mit einem Sinn versehen wollen. Jede Staatsideologie war auch religiös gefärbt. Die europäischen Könige, die sich von der Kontrolle durch den Papst befreien wollten, waren keine »Säkularisten«, sondern ließen sich als Halbgötter verehren. Jedes erfolgreiche Imperium behauptet von sich, es habe einen göttlichen Auftrag, seine Feinde seien böse, irregeleitet oder tyrannisch, und es werde der Menschheit Erlösung bringen.

Weil aber alle diese Staaten und Imperien durch Gewalt erschaffen und erhalten wurden, war die Religion Teil ihrer Gewaltgeschichte. Erst im 17./18. Jahrhundert wurde die Religion im Westen aus der Politik eliminiert. Wenn also behauptet wird, die Religion sei für *mehr* Krieg, Unterdrückung und Leid verantwortlich als jede andere Institution, dann muss man fragen: »Mehr als *welche* Institution?« Bis zur amerikanischen und Französischen Revolution gab es keine »säkularen« Gesellschaften. Und der menschliche Drang, unser politisches Handeln zu »heiligen«, ist so stark, dass die Französischen Revolutionäre sofort eine neue Nationalreligion erschufen, kaum dass sie die katholische Kirche erfolgreich verdrängt hatten. In den Vereinigten Staaten, der ersten säkularen Republik, besitzt der Staat seit jeher eine religiöse Aura, ein vorherbestimmtes Schicksal und einen göttlichen Auftrag.

John Locke glaubte, die Trennung von Kirche und Staat sei der Schlüssel zum Frieden, aber der Nationalstaat ist dem Krieg wahrlich nicht abgeneigt. Das Problem liegt nicht in den vielen Facetten dessen, was wir »Religion« nennen, sondern in der Neigung zur Gewalt, die in der Natur des Menschen und seiner Staaten liegt. Und diese Natur verlangt die zwangsweise Unterwerfung von mindestens 90 Prozent der Bevölkerung. Schon der indische Herrscher Ashoka musste feststellen, dass es unmöglich war, die Armee aufzulösen, sosehr er auch vor staatlicher Gewalt zurückschrecken mochte. Die *Mahabharata* beklagte das Dilemma des Kriegerkönigs, der zu einem gewalttätigen Leben verurteilt war. Die Chinesen erkannten sehr früh den Zusammenhang zwischen einem Leben in der Zivilisation und einem gewissen Maß an Zwang. Das alte Israel unternahm zunächst den Versuch, dem Agrarstaat aus dem Weg zu gehen, aber die Israeliten mussten schnell feststellen, dass sie, sosehr sie die Ausbeutung und Grausamkeit des städtischen Lebens verabscheuten, ohne Städte nicht existieren konnten: Sie mussten werden »wie alle anderen Völker«. Jesus predigte ein inklusives und mitfühlendes Reich Gottes, das dem imperialen Ethos trotze, und wurde dafür gekreuzigt. Die muslimische Umma begann als Alternative zur Dschahili-Ungerechtigkeit der Handelsstadt Mekka, musste sich aber irgendwann zum Imperium entwickeln, weil eine absolute Monarchie zu dieser Zeit vielleicht der einzige Weg war, den Frieden zu bewahren. Moderne Militärhistoriker sind sich einig, dass die menschliche Gesellschaft ohne professionelle, verantwortungsbewusste Armeen in einem primitiven Zustand verblieben oder zu einer Ansammlung ununterbrochen Krieg führender Horden verkommen wäre.

Vor der Erschaffung des Nationalstaats bewegte sich das gesamte politische Denken der Menschen in einem religiösen Rahmen. Konstantins Reich zeigte, was passieren konnte, wenn eine ursprünglich friedfertige Tradition sich zu eng mit den Herrschenden verband: Die christlichen Kaiser setzten die Pax Christiana ebenso kriegerisch durch, wie ihre Vorgänger die Pax Romana erzwungen hatten. Die Kreuzzüge waren durchaus von religiöser Leidenschaft inspiriert, aber auch zutiefst politisch: Papst Urban II. hetzte die Ritter des Christentums auf die muslimische Welt, um die Macht der Kirche nach Osten hin auszudehnen und eine päpstliche Monarchie zu kreieren, die das christliche Europa beherrschen sollte. Die Inquisition war ein fürchterlicher Versuch, nach einem spaltenden Bürgerkrieg die innere Ordnung in Spanien zu sichern. Die Religionskriege und der Dreißigjährige Krieg wurden durch die konfessionellen Streitigkeiten der Reformation sicher gefördert, waren aber auch die Geburtswehen des modernen Nationalstaats. Wenn wir Gewalt anwenden, müssen wir uns von unserem Gegner distanzieren, und nachdem die Religion für den Staat so wichtig war, stellten ihre Riten und Mythen die Feinde als böse Ungeheuer dar, die die kosmische und politische Ordnung bedrohten. Im Mittelalter denunzierten Christen die Juden als Kindermörder, die Muslime als »bösartige und verächtliche Rasse« und die Katharer als Krebsgeschwür im Körper der Christenheit. Wieder war der Hass sicher religiös motiviert, aber er war auch eine Reaktion auf die gesellschaftliche Verstörung, die die Anfänge jeder Modernisierung begleitet. Die Christen machten die Juden zum Sündenbock ihrer exzessiven Sorge angesichts der aufkommenden Geldwirtschaft, und die Päpste verurteilten die Katharer, weil sie selbst nicht in der Lage waren, dem Evangelium gemäß zu leben. So wurden immer wieder imaginäre Feinde erschaffen, die nichts anderes waren als verzerrte Spiegelbilder ihrer Schöpfer.

Aber indem die Menschen den Mantel der Religion ablegten, besiegten sie noch lange nicht die eigenen Vorurteile. In der Neuzeit entwickelte sich ein »naturwissenschaftlicher Rassismus«, der sich aus den alten religiösen Mustern speiste und den Völkermord an den Armeniern ebenso möglich machte wie Hitlers Todeslager. Der säkulare Nationalismus, den die Kolonialherren den beherrschten Völkern so umstandslos aufzwangen, vermischte sich praktisch überall mit lokalen religiösen Traditionen, und zwar gerade in Ländern, die noch keine Trennung von »Religion« und Politik kannten. In der Folge wurden diese religiösen Traditionen oft verzerrt und entwickelten aggressive Züge.

Oft wird der sektiererische Hass innerhalb einzelner Glaubenstraditionen herangezogen, um zu beweisen, dass »Religion« chronisch intolerant sei. Diese internen Fehden waren tatsächlich bitter und bösartig, aber auch sie hatten fast immer eine politische Dimension. Christliche »Ketzer« wurden verfolgt, weil sie das Evangelium zitierten, um ihre Ablehnung der systembedingten Ungerechtigkeit und Gewalt des Agrarstaates deutlich zu machen. Selbst die abstrusen Debatten über die Natur Christi in der Ostkirche wurden von den politischen Ambitionen der »Tyrannenbischöfe« genährt.

Ketzer wurden oft verfolgt, wenn die Nation einen äußeren Angriff befürchtete. Die fremdenfeindliche Theologie der Deuteronomisten entwickelte sich, als das Königreich Juda vor dem politischen Aus stand. Ibn Taimīya setzte die Praxis des *Takfir* durch, als die Muslime im Nahen Osten von Westen durch die Kreuzfahrer und von Osten durch die Mongolen bedroht wurden. Die Inquisition wurde vor dem Hintergrund der osmanischen Bedrohung und der Religionskriege eingeführt, ebenso wie die Septembermassaker und die Schreckensherrschaft im revolutionären Frankreich durch die Angst vor einer Invasion motiviert waren.

Lord Acton hat in zutreffender Weise vorhergesagt, dass der liberale Nationalstaat ethnische und kulturelle »Minderheiten« verfolgen würde; tatsächlich haben diese Gruppen den Platz der »Ketzer« eingenommen. Im Irak, in Pakistan und im Libanon wurde die traditionelle Spaltung zwischen Sunniten und Schiiten durch den Nationalismus und die Probleme postkolonialer Staaten verschärft. In früheren Zeiten waren die Sunniten immer davor zurückgeschreckt, Angehörige ihrer eigenen Religion als »Abtrünnige« zu bezeichnen, weil sie glaubten, dass nur Gott allein das Herz eines Menschen kenne. Heute jedoch, da die Muslime wieder von der Furcht vor äußeren Feinden bestimmt sind, ist die Praxis des *Takfir* sehr weit verbreitet. Wenn Muslime heute Kirchen und Synagogen angreifen, dann nicht, weil ihr Glaube sie dazu treibt. Der Koran verlangt den Respekt vor dem Glauben aller »Buchreligionen«,[694] und einer der meistzitierten Dschihad-Verse rechtfertigt den Krieg mit der Feststellung: »Wenn Gott nicht einige Menschen durch andere zurückhielte, wären viele Klöster, Kirchen, Synagogen und Moscheen, in denen Gottes Name angerufen wird, zerstört.«[695] Die neue

Aggression gegen religiöse Minderheiten im Nationalstaat ist im Wesentlichen ein Ergebnis der politischen Spannungen, die sich aus dem westlichen Imperialismus (der mit dem Christentum in Verbindung gebracht wird) und dem Palästinenserproblem ergeben.[696] Die Behauptung, »Religion« sei immer aggressiv, trifft also einfach nicht zu. Manchmal hat Religion der Gewalt sogar einen Riegel vorgeschoben. Im 9. Jahrhundert v. u. Z. eliminierten die indischen Ritualisten alle Gewalt aus ihrer Liturgie und entwickelten die Idee der Ahimsa, der Gewaltlosigkeit. Der mittelalterliche Gottesfrieden hinderte die Ritter daran, die Armen zu terrorisieren, und verbot jegliche Gewaltanwendung von Mittwoch bis Sonntag jeder Woche. Am dramatischsten war die Neuinterpretation der Heiligen Schrift durch die Rabbis nach dem Bar-Kochba-Aufstand. Sie ging so weit, dass die Juden sich tausend Jahre lang jeder politischen Aggression enthielten.

Aber derartige Erfolge waren eher selten. Die inhärente Gewalt der Staaten, in denen wir leben, hat Propheten und Weisen bestenfalls die Möglichkeit gelassen, Alternativen aufzuzeigen. Der buddhistische Sangha hatte keine politische Macht, wurde aber zu einer lebendigen Kraft im alten Indien und übte sogar Einfluss auf die Kaiser aus. Ashoka übernahm die Ideale von Ahimsa, Toleranz, Freundlichkeit und Respekt bis hin zu den erstaunlichen Inschriften, die er überall im Reich anbringen ließ. Die Konfuzianer erhielten das Ideal der Menschlichkeit *(Ren)* in China bis zur Revolution am Leben. Jahrhundertelang stellte der egalitäre Kodex der Scharia eine Herausforderung und ein kulturelles Gegenmodell zur abbasidischen Adelsherrschaft dar, und die Kalifen zollten ihr Anerkennung als Gesetz Gottes, wiewohl sie wussten, dass sie nicht danach regieren konnten.

Andere Weise und Mystiker entwickelten spirituelle Praktiken, um den Menschen zu einer besseren Kontrolle ihrer Aggressionen zu verhelfen und die Ehrfurcht vor jedem Menschenleben zu stärken. In Indien praktizierten die Aussteiger Yoga und Ahimsa, um den ich-zentrierten Machismo zu eliminieren. Andere kultivierten die Ideale von *Anatta* (»kein Selbst«) oder

Kenosis (»Selbst-Entleerung«), um die »Ich zuerst«-Impulse zu kontrollieren, die so oft zur Gewalt führen. Sie suchten eine Form des »Gleichmuts«, die es unmöglich machen würde, sich irgendeinem Menschen überlegen zu fühlen, sprachen vom heiligen Potenzial jedes Einzelnen und sogar von der Feindesliebe. Propheten und Psalmdichter erklärten immer wieder, eine Stadt könne nicht »heilig« sein, wenn ihre Herrscher nicht für die Armen und Entrechteten sorgten. Priester forderten ihre Landsleute dazu auf, vor dem Hintergrund der Erinnerung an eigenes vergangenes Leid den Schmerz anderer zu lindern, statt daraus die Berechtigung zu Verfolgung und Gewalt abzuleiten. Auf die eine oder andere Weise sagten sie alle dasselbe: Wenn die Menschen sich nicht gegenseitig so behandelten, wie sie selbst behandelt werden wollten, und wenn sie keine »Sorge für alle« in sich entwickelten, dann sei die Gesellschaft zum Untergang verurteilt. Hätten die Kolonialmächte die Goldene Regel in ihren Kolonien beherzigt, dann gäbe es heute nicht so viele politische Probleme auf der Welt.

Eine der am weitesten verbreiteten religiösen Praktiken war der Gemeinschaftskult. In vormoderner Zeit war Religion durchweg eine Gemeinschaftsangelegenheit. Die Menschen erlangten Erleuchtung und Erlösung, indem sie lernten, in Harmonie miteinander zu leben. Statt sich von ihren Mitmenschen abzugrenzen, wie es der Krieger tat, verhalfen Weise, Propheten und Mystiker den Menschen zu einer Beziehung mit denjenigen (und zur Verantwortung für diejenigen), die ihnen nicht unmittelbar am Herzen lagen. Sie erfanden Meditationen, die ihre Güte bis an die Enden der Erde ausdehnten, wünschten allen Wesen Glück, lehrten ihre Landsleute, die Heiligkeit jedes Einzelnen zu ehren, und zeigten sich entschlossen, auch praktische Wege zu finden, um das Leiden in der Welt zu lindern. Neurowissenschaftler haben festgestellt, dass buddhistische Mönche, die die Meditation der liebenden Güte üben, den Teil ihres Gehirns, in dem die Empathie zu Hause ist, wesentlich vergrößern.

Die Jains haben eine außerordentliche Vision von der Gemeinschaft aller Geschöpfe entwickelt. Die Muslime erreichen die Hingabe (*»Islam«*) zu Gott, indem sie Verantwortung füreinander übernehmen und ihren Besitz mit den Bedürftigen teilen. In den Gemeinden des Paulus waren Reiche und Arme an den gleichen Tisch geladen und aßen dieselben Speisen. Cluniazensische Mönche sorgten dafür, dass Christen während einer Pilgerfahrt wie Mönche zusammenlebten und die gleichen Härten teilten, ob arm oder reich. Die Eucharistie war keine individuelle Vereinigung mit Christus, sondern ein Ritus, der die politische Gemeinschaft zusammenhielt.

Seit den frühesten Zeiten haben Propheten und Dichter den Menschen geholfen, der Tragik des Lebens und dem, was Menschen einander antun, ins Auge zu sehen. Bei den Sumerern fand auch die beliebte Erzählung der *Atrahasis* keine Lösung für die soziale Ungerechtigkeit, von der ihre Gesellschaft abhängig war, aber sie sorgte dafür, dass den Menschen diese Ungerechtigkeit bewusst wurde. Gilgamesch musste den Schrecken des Todes gegenübertreten, die dem Krieg allen falschen Glanz und Edelmut nahmen. Die israelischen Propheten verpflichteten ihre Herrscher darauf, Verantwortung für das Leid zu übernehmen, das sie den Armen antaten, und geißelten sie für ihre Kriegsverbrechen. Die priesterlichen Verfasser der hebräischen Bibel lebten in einer gewalttätigen Gesellschaft und konnten den Krieg nicht abschaffen, glaubten aber, dass der Krieger auf Dauer das Kainsmal seiner eigenen Gewalt trug, selbst wenn er in einen gottgefälligen Krieg zog. Deshalb durfte David Jahwes Tempel nicht bauen. Die Arier liebten den Krieg und verehrten ihre Krieger, Kampf und Raub gehörten zu ihrer Hirtengesellschaft, aber auch bei ihnen trug der Krieger immer einen Makel. Chinesische Strategen erkannten, dass das Leben des Kriegers ein »Weg des Verrats« war und vom zivilen Leben getrennt bleiben musste. Sie lenkten die Aufmerksamkeit auf die unbequeme Erkenntnis, dass selbst ein idealistischer Staat in seinem Herzen eine Institution nährte, die Tod, Lug und Trug mit sich brachte.

Für uns im Westen ist der Säkularismus heute Teil unserer Identität. Er hat seine guten Seiten, nicht zuletzt, weil eine zu enge Verbindung mit dem Herrschaftssystem einer Glaubenstradition schweren Schaden zufügen kann. Aber er hat auch seine eigene Gewalt. Das revolutionäre Frankreich wurde mit Zwang, Erpressung und Blutvergießen säkularisiert; es mobilisierte zum ersten Mal in der Geschichte eine ganze Gesellschaft für den Krieg, und der Säkularismus förderte eine aggressive Haltung gegenüber der Religion, die noch heute von vielen Europäern geteilt wird. Die Vereinigten Staaten stigmatisierten den Glauben nicht so sehr, und so gelangte die Religion dort zu neuer Blüte. Das Denken der frühen Neuzeit hatte aber seine ganz eigene Aggressivität und war nicht in der Lage, die Idee der Menschenrechte auch auf die indigenen Völker Amerikas und die afrikanischen Sklaven anzuwenden. Aus diesem Grund erlebten die Entwicklungsländer die Säkularisation als tödlich, feindlich und übergriffig. Es gab Massaker an heiligen Orten, Geistliche wurden gefoltert, verhaftet und ermordet, Madrasa-Studenten erschossen und gedemütigt, und die Geistlichkeit dieser Länder wurde systematisch ihrer Mittel, ihrer Würde und ihres Status beraubt.

Auf diese Weise hat die Säkularisation der Religion immer wieder Schaden zugefügt. Selbst in der relativ wohlwollenden Atmosphäre der USA entwickelten protestantische Fundamentalisten Fremdenhass und Angst vor der Moderne. Die Schrecken der ägyptischen Gefängnisse unter Nasser polarisierten den Blick eines Sayyid Qutb; sein früherer Liberalismus verwandelte sich in eine paranoide Vision, die überall Feinde sah. Khomeini sprach viel zu oft von Verschwörungen zwischen Juden, Christen und Imperialisten. Die Deobandi, verletzt durch die britische Aufhebung des Mogul-Reichs, entwickelten eine strenge, regelgebundene Form des Islam und hinterließen uns die Perversion der Taliban, eine düstere Kombination aus der Strenge der Deobandi, aus Stammeschauvinismus und der aggressiven Haltung traumatisierter Kriegswaisen. Auf dem indischen Subkontinent und im Nahen Osten verwandelte die fremde Ideologie des Nationalismus traditionelle religiöse Symbole und Mythen und verlieh ihnen eine gewalttätige Dimension. Aber die Beziehung zwischen Moderne und Religion war nicht immer so antagonistisch. Einige Bewegungen wie die zwei Großen Erweckungen in den USA oder die Muslimbruderschaft haben Menschen überhaupt erst in die Lage versetzt, die Ideale der Moderne in einer vertrauten Form für sich zu entdecken. Die moderne religiös motivierte Gewalt ist kein fremdes Gewächs: Sie ist Teil des modernen Szenarios. Wir haben eine vernetzte Welt erschaffen. Natürlich gibt es gefährliche Polarisierungen, aber wir sind gleichzeitig enger miteinander verbunden als je zuvor. Wenn die Aktienkurse in einer Region fallen, spüren das die Märkte auf der ganzen Welt. Was heute in Palästina oder im Irak passiert, wirkt sich morgen in New York, London oder Madrid aus. Wir sind uns auf elektronischem Wege so nah, dass die Bilder von Leid und Zerstörung in einem entlegenen syrischen Dorf oder einem irakischen Gefängnis sekundenschnell um die Welt gehen. Wir alle haben die Möglichkeit einer ökologischen oder nuklearen Katastrophe vor Augen. Aber unsere Wahrnehmung hält mit der Wirklichkeit nicht Schritt, und so neigen wir in der sogenannten Ersten Welt immer noch dazu, uns für privilegiert zu halten. Gleichzeitig hat unsere Politik weithin Zorn und Frustration verbreitet, und wir tragen auch einige Verantwortung für das Leiden in der muslimischen Welt, das ein Mann wie bin Laden ausschlachten konnte.

»Soll ich meines Bruders Hüter sein?« Die Antwort ist ganz eindeutig: »Ja.«

Es heißt, Krieg sei das Ergebnis »unserer Unfähigkeit zum Erkennen von Beziehungen. Unserer Beziehung zur ökonomischen und historischen Situation. Unserer Beziehung zu den Mitmenschen. Und vor allem: unserer Beziehung zum Nichts. Zum Tod.«[697] Wir brauchen heute Ideologien, seien sie religiös oder säkular, damit die Menschen mit dem unausweichlichen Dilemma unserer heutigen »wirtschaftlichen und historischen Situation« so umgehen können, wie es die Propheten früherer Zeiten taten. Selbst wenn wir uns nicht mehr mit der drückenden Ungerechtigkeit des Agrarstaats herumschlagen müssen, gibt es immer noch massive Ungleichheit und ein unfaires Ungleichgewicht der Kräfte. Aber die Entrechteten sind auch keine hilflosen Bauern mehr; sie haben Möglichkeiten gefunden, zurückzuschlagen. Wenn wir uns eine erträgliche Welt wünschen, müssen wir Verantwortung für den Schmerz der Welt übernehmen und auch solchen Geschichten zuhören, die unsere Selbstwahrnehmung herausfordern. All das verlangt »Hingabe«, Selbstlosigkeit und Mitgefühl, die in der Religionsgeschichte genauso viel Bedeutung hatten wie die Kreuzzüge und Dschihads.

Wir alle kämpfen – mit säkularen oder religiösen Mitteln – gegen das »Nichts«: gegen die Leere im Herzen der modernen Kultur. Seit Zarathustra haben religiöse Bewegungen, die sich der Gewalt ihrer Zeit widersetzten, regelmäßig einen Teil dieser Gewalt übernommen. Der protestantische Fundamentalismus entstand in den USA, als evangelikale Christen die ungeheuerliche Erfahrung des Ersten Weltkriegs verarbeiteten. Ihre apokalyptische Vision war nichts anderes als eine religiöse Version der Vorstellung von »künftigen Kriegen«, die sich in Europa entwickelt hatte. Religiöse Fundamentalisten und Extremisten verwenden die Sprache des Glaubens, um Ängste zum Ausdruck zu bringen, die auch den Säkularisten zu schaffen machen. Wir haben gesehen, dass einige besonders grausame und selbstzerstörerische Bewegungen dieser Art wenigstens zum Teil eine Reaktion auf den Holocaust und die nukleare Bedrohung waren. Gruppen wie die von Shukri Mustafa in Ägypten halten der strukturellen Gewalt ihrer Zeit ein verzerrtes Spiegelbild vor.

Im Übrigen begeistern sich Säkulare und Religiöse auch auf ganz ähnliche Weise. Die Kookisten vertraten ganz eindeutig eine religiöse Abart des säkularen Nationalismus und konnten deshalb so eng mit der säkularen Rechten in Israel zusammenarbeiten. Die Muslime, die sich dem Dschihad gegen die Sowjetunion anschlossen, hauchten sicher dem klassischen islamischen Freiwilligen-Ideal neues Leben ein. Sie folgten aber auch dem gleichen Impuls, der Hunderte von Europäern dazu gebracht hatte, ihre sichere Heimat zu verlassen und sich dem spanischen Bürgerkrieg (1936–1939) anzuschließen, und der so viele Juden dazu drängte, aus der Diaspora herbeizueilen, um Israel während des Sechstagekrieges zu unterstützen.

Wenn wir die Gewalt unserer Zeit ansehen, fällt es uns schwer, unser Herz nicht gegen den weltweiten Schmerz und die Not zu verhärten, die uns Mühe bereiten, uns deprimieren und frustrieren. Aber wir müssen Möglichkeiten finden, uns auch mit den verstörenden Tatsachen des modernen Lebens auseinanderzusetzen, sonst verlieren wir das Beste an unserem Menschsein. Irgendwie müssen wir Möglichkeiten entwickeln, das zu tun, was die Religion – im besten Fall – jahrhundertelang getan hat: Wir müssen ein Gefühl globaler Gemeinschaft aufbauen, ein Gefühl der Wertschätzung und »Gleichheit« für alle und der Verantwortung für das Leid, das wir in der Welt sehen.

Jeder Staat in der Geschichte der Menschheit, so groß seine Leistungen auch gewesen sein mögen, trug und trägt das Kainsmal des Kriegers. Wir alle, Religiöse und Säkulare gleichermaßen, sind verantwortlich für den heutigen Zustand unserer Welt. Es ist eine Schande für die internationale Gemeinschaft, dass Mamana Bibis Sohn sagen kann:»Es scheint ganz einfach niemanden zu kümmern.«

Das Sündenbock-Ritual war ein Versuch, die Verbindung der Gemeinschaft zu ihren Missetaten abzuschneiden. Für uns heute kann das keine Lösung sein.

Danksagung

Dieses Buch ist Jane Garrett gewidmet, die nicht nur meine Freundin ist, sondern auch zwanzig Jahre lang meine Lektorin bei Knopf war. Von Anfang an haben mir deine Ermutigung und deine Begeisterung die Kraft gegeben, den täglichen Dschihad des Schreibens durchzuhalten. Es war ein Privileg und eine Freude, mit dir zu arbeiten.

Ein Segen sind aber auch meine Lektoren George Andreou und Jörg Hensgen, deren stringente, gewissenhafte Arbeit am Manuskript mir geholfen hat, mit diesem Buch in eine andere Dimension vorzustoßen. Dafür bin ich sehr dankbar. Mein Dank gilt auch allen anderen, die mit so viel Geschick und Wissen daran gearbeitet haben: Stuart Williams (Verlagsleitung), Joe Pickering (Pressearbeit), Katherine Ailes (Lektoratsassistenz), James Jones (Umschlaggrafik), Beth Humphries (Redaktion) und Mary Chamberlain bei Bodley Head; Romeo Enriques (Produktionsleitung), Ellen Feldman (Lektorat), Kim Thornton (Pressearbeit), Oliver Munday (Umschlaggrafik), Cassandra Pappas (Layout), Janet Biehl (Redaktion) und Terezia Ciecelova bei Knopf; außerdem Louise Dennys (Verlegerin) und Sheily Kaye (Pressearbeit) bei Knopf Canada. Viele von Ihnen habe ich nie persönlich kennengelernt, aber seien Sie sicher, ich weiß zu schätzen, was Sie für mich tun.

Wie immer muss ich mich bei meinen Agenten Felicity Bryan, Peter Ginsberg und Andrew Nurnberg für ihre unermüdliche Unterstützung, Treue und – vor allem – ihren steten Glauben an mich bedanken. Diesmal hätte ich es ohne Sie nicht geschafft. Ich danke auch Michele Topham, Jackie Head und Carole Robinson im Büro von Felicity Bryan, die mir so fröhlich durch die Alltagskrisen eines Schriftstellerlebens geholfen haben, von der Beschaffung von Büchern bis zum Zusammenbruch eines Computers. Und ich danke meiner Assistentin Nancy Roberts, die sich so geduldig meiner Korrespondenz annimmt und unerbittlich dafür sorgt, dass ich Zeit und Raum zum Schreiben habe.

Ein großes Dankeschön an Sally Cockburn, deren Bilder mir geholfen haben zu verstehen, worum es in meinem Buch ging, jedenfalls zum Teil. Und schließlich ein Dank an Eve, Gary, Stacey und Amy Mott und an Michelle Stevenson von My Ideal Dog, die sich in den letzten Lebensjahren von Poppy so hingebungsvoll um sie gekümmert haben und es mir dadurch möglich machten, meine Arbeit zu tun. Nicht zuletzt ist dieses Buch auch der liebevollen Erinnerung an Gary gewidmet, der den Dingen immer ins Herz sah. Ich glaube, er wäre mit dem Inhalt einverstanden gewesen.

Anmerkungen

Einleitung

1   Zitiert nach der Übersetzung von Martin Luther; Bibeltext in der revidierten Fassung von 1984. Hrsg. von der Evangelischen Kirche in Deutschland; Deutsche Bibelgesellschaft, Stuttgart; im Folgenden gekennzeichnet als »ML 1984«; Motto S. 9 ebenfalls ML 1984.

2   René Girard: *Violence and the Sacred.* Baltimore 1977, S. 251

3   Stanislav Andreski: *Military Organization in Society.* London 1968; Robert L. O'Connell: *Ride of the Second Horseman: The Birth and Death of War.* New York/Oxford 1995, S. 6–13, 106–10, 128f.; O'Connell: *Of Arms and Men. A History of War, Weapons and Aggression.* New York/ Oxford 1989, S. 22–25; John Keegan: *A History of Warfare.* London 1993, S. 223–229; Bruce Lincoln: »War and Warriors: An Overview«, in: *Death, War and Sacrifice: Studies in Ideology and Practice.* Chicago/ London 1991, S. 138ff.; Johan Huizinga: *Homo Ludens: A Study of the Play Element in Culture.* Boston 1955, S. 89–104; Mark Juergensmeyer: *Terror in the Mind of God. The Global Rise of Religious Violence.* Berkeley/Los Angeles/London 2001, S. 90; Malise Ruthven: *A Fury for God: The Islamist Attack on America.* London 2002, S. 101; James A. Aho: *Religious Mythology and the Art of War: Comparative Religious Symbolisms of Military Violence.* Westport, Conn. 1981, S. xi–xiii, 4–35; Richard English: *Terrorism, How to Respond.* Oxford/New York 2009, S. 27–55

4   Thomas A. Indinopulos / Bryan C. Wilson (Hg.): *What is Religion? Origins, Definitions and Explanations.* Leiden 1998; Wilfred Cantwell Smith: *The Meaning and End of Religion: A New Approach to the Religious Traditions of Mankind.* New York 1962; Talal Asad: »The Construction

of Religion as an Anthropological Category«, in: *Genealogies of Religion: Discipline and Reasons of Power in Christianity and Islam*. Baltimore 1993; Derek Peterson / Darren Walhof (Hg.): *The Invention of Religion: Rethinking Belief in Politics and History*. New Brunswick, NJ/London 2002; Timothy Fitzgerald (Hg.): *Religion and the Secular: Historical and Colonial Formations*. London/Oakville 2007; Arthur L. Greil/David G. Bromley (Hg.): *Defining Religion: Investigating the Boundaries between the Sacred and Secular*. Oxford 2003; Daniel Dubuisson: *The Western Construction of Religion: Myths, Knowledge and Ideology*. (Übs. William Sayers). Baltimore 1998; William T. Cavanaugh: *The Myth of Religious Violence*. Oxford 2009

5   Dubuisson: *Western Construction of Religion*, S. 168
6   H. J. Rose:»Religion, terms relating to«, in: M. Carey (Hg.): *The Oxford Classical Dictionary*. Oxford 1949
7   Smith: *Meaning and End of Religion*, S. 50–68
8   Louis Jacobs (Hg.): *The Jewish Religion: A Companion*. Oxford 1995, S. 418
9   Smith: *Meaning and End of Religion*. S. 23ff.
10 Ebd., S. 29ff.
11 Ebd., S. 33
12 Cavanaugh: *Myth of Religious Violence*, S. 72–85
13 Mircea Eliade: *The Myth of Eternal Return or Cosmos and History* (Übs. Willard R. Trask). Princeton, NJ 1991, S. 1–34
14 Ebd., S. 32ff; Karl Jaspers: *Ursprung und Ziel der Geschichte*. München/ Zürich 1949
15 Paul Gilbert: *The Compassionate Mind: A New Approach to Life's Challenges*. London 2009
16 P. Broca:»Anatomie compare des circonvolutions cérébrales: le grand lobe limbique«, in: *Revue anthropologie*, 1, 1868
17 Gilbert: *Compassionate Mind*, S. 170f
18 Mencius: *The Book of Mencius*, 2A.6
19 Walter Burkert: *Homo Necans: Interpretationen altgriechischer Opferrituale und Mythen*. Berlin 1972
20 Mircea Eliade: *A History of Religious Ideas* (Übs. Willard R. Trask). 3 Bde., Chicago/London 1978–1985, Bd.1, S. 7f., 24; Joseph Campbell: *Historical Atlas of World Mythologies*. 2 Bde., New York 1988, Bd. 1, S. 48f.; Joseph Campbell/Bill Moyers: *The Power of Myth*. New York 1988, S. 70ff., 85ff.
21 André Leroi-Gourhan: *Treasures of Prehistoric Art*. New York o. J., S. 112
22 Jill Cook: *The Swimming Reindeer*. London 2010
23 Neil MacGregor: *A History of the World in 100 Objects*. London 2001, S. 22
24 Ebd., S. 24
25 J. Ortega y Gasset: *Meditations on Hunting*. New York 1985, S. 3

26 Walter Burkert: *Structure and History in Greek Mythology and Ritual.* Berkeley/Los Angeles/London 1980, S. 54ff.; Burkert: *Homo Necans,* S. 42–45

27 O'Connell: *Ride of Second Horseman,* S. 33

28 Chris Hedges: *War is a Force That Gives Us Meaning.* New York 2003, S. 10

29 Theodore Nadelson: *Trained to Kill: Soldiers at War.* Baltimore 2005, S. 64

30 Ebd., S. 68f.

31 Hedges: *War is a Force,* S. 3

32 I. Eibl-Eibesfeldt: *Human Ethology.* New York 1989, S. 405

33 Lt. Col. Dave Grossman: *On Killing: The Psychological Cost of Learning to Kill in War and Society.* Rev. ed. New York 2009, S. 3f.

34 Joanna Bourke: *An Intimate History of Killing: Face to Face Killing in Twentieth-Century Warfare.* New York 1999, S. 67

35 Peter Jay: *Road to Riches or The Wealth of Man.* London 2000, S. 35f.

36 K. J. Wenke: *Patterns of Prehistory: Humankind's First Three Million Years.* New York 1961, S. 130; John Keegan: *A History of Warfare.* London 1993, S. 120f.; O'Connell: *Ride of Second Horseman,* S. 35

37 M. H. Fried: *The Evolution of Political Society. An Essay in Political Anthropology.* New York 1967, S. 101f.; C. McCalley: »Conference Archives«, in: J. Harris (Hg.): *The Anthropology of War.* Cambridge 1990, S. 11

38 Lenski: *Power and Privilege: A Theory of Social Stratification.* Chapel Hill/London 1966, S. 189f.

39 O'Connell: *Ride of Second Horseman,* S. 57f.

40 J. L. Angel: »Paleoecology, Pleodeography and Health«, in: S. Polgar (Hg.): *Population, Ecology and Social Evolution.* Den Haag 1975; David Rindos: *The Origins of Agriculture: An Evolutionary Perspective.* Orlando, Florida 1984, S. 186f.

41 E. O. James: *The Ancient Gods. The History and Diffusion of Religion in the Ancient Near East and the Eastern Mediterranean.* London 1960, S. 89; S. H. Hooke: *Middle Eastern Mythology, From the Assyrians to the Hebrews.* Harmondsworth 1963, S. 83

42 K. W. Kenyon: *Digging Up Jericho: The Results of the Jericho Excavations, 1953–1956.* New York 1957

43 Jacob Bronowski: *The Ascent of Man.* Boston 1973, S. 86ff.; J. Mellaert: »Early Urban Communities in the Near East, 9000 to 3400 bce«, in: P. Mooney: *The Origins of Civilization.* Oxford 1979, S. 22–25; P. Dorell: »The Uniqueness of Jericho«, in: R. Morrey / P. Parr (Hg.): *Archaeology in the Levant: Essays for Kathleen Kenyon.* Warminster 1978

44 Robert Eisen: *The Peace and Violence of Judaism, From the Bible to Modern Zionism.* Oxford 2011, S. 12

45 World Council of Churches: *Violence, Nonviolence, and the Struggle for Social Justice.* Genf 1972, S. 6

46 Gerhard E. Lenski: *Power and Privilege,* S. 105–114; O'Connell: *Ride of*

Second Horseman, S. 28; E. O. Wilson: *On Human Nature*. Cambridge, Mass. 1978, S. 140; M. Ehrenburg: *Women in Prehistory*. London 1989, S. 38

47 A. R. Radcliffe: *The Andaman Islanders*. New York 1948, S. 43
48 Ebd., S. 177
49 John H. Kautsky: *The Politics of the Aristocratic Empire*. 2. Aufl. New Brunswick/London 1997, S. 374
50 Ebd., S. 177
51 Keegan: *History of Warfare*, S. 384ff.; John Haldon: *Warfare, State and Society in the Byzantine World*. London/New York 2005, S. 10f.
52 Bruce Lincoln:»The Role of Religion in Achmenean Imperialism«, in: Nicole Brisch (Hg.): *Religion and Power: Divine Kingship in the Ancient World and Beyond*. Chicago 2008
53 Cavanaugh: *Myth of Religious Violence*

Teil 1
Anfänge

1
Bauern und Hirten

1 Gilgamesch-Epos, Standardfassung, Tafel I, S. 38. Wenn nicht anders angegeben, folgt der Text Stephen Mitchell (Hg.): *The Epic of Gilgamesh, A New English Version*. New York/London/Toronto/Sydney 2004
2 Ebd. I, S. 18ff.
3 Ebd. I, S. 29–34
4 Die frühesten erhaltenen Texte stammen aus dem späten 3. Jahrtausend v. u. Z.; das altbabylonische Epos verband sie dann in einem Gesamtwerk (um 1700 v. u. Z.). Sin-Leqis Gedicht (um 1200 v. u. Z.) ist die Standardfassung, auf der die meisten modernen Übersetzungen basieren.
5 *Gilgamesch* I, S. 67ff. (Mitchell), ergänzt durch die Übersetzung in: Andrew George (Hg.): *The Epic of Gilgamesh, The Babylonian Epic Poem in Akkadian and Sumerian*. London 1999
6 George: *Gilgamesh*, S. xlvi
7 John Keegan: *A History of Warfare*, S. 126–130; Robert L. O'Connell: *Ride of the Second Horseman: The Birth and Death of War*. New York/Oxford 1995, S. 88f.
8 R. M. Adams: *Heartlands of Cities. Surveys of Ancient Settlements and Land Use on the Central Floodplains of the Euphrates*. Chicago 1981, S. 60, 244; William H. McNeill: *Plagues and People*. London 1994, S. 47
9 McNeill: *Plagues*, S. 54f.
10 Gerhard E. Lenski: *Power and Privilege, A Theory of Social Stratification*. Chapel Hill/London 1966, S. 228

11   A. L. Oppenheim: *Ancient Mesopotamia. Portrait of a Dead Civilization.* Chicago 1977, S. 82f.; O'Connell: *Ride of Second Horseman*, S. 93ff.

12   Samuel N. Kramer: *Sumerian Mythology: A Study of the Spiritual and Literary Achievement of the Third Millennium bc.* Philadelphia 1944, S. 118

13   Ebd., S. 119

14   Gottwald: *The Politics of Ancient Israel.* Louisville, 2001, S. 118f.

15   O'Connell: *Ride of Second Horseman*, S. 91f.

16   Georges Dumézil: *The Destiny of the Warrior* (Übs. Alf Hiltebeitel). Chicago/London 1969, S. 3

17   Thorkild Jacobsen (Hg.):»The Cosmos as State«, in: H./H. A. Frankfort: *The Intellectual Adventure of Ancient Man: An Essay on Speculative Thought in the Ancient Near East.* Chicago 1946, S. 148–151

18   *Gilgamesch* I, S. 48

19   Diesen Aspekt habe ich ausführlicher in meinem Buch *Eine kurze Geschichte des Mythos* (Berlin 2005; Originalausgabe: *A Short History of Myth.* London 2005) diskutiert.

20   Jacobsen:»Cosmos as State«, S. 145–148, 186–197; George: *Epic of Gilgamesh*, S. xxxviif.

21   Jacobsen:»Cosmos as State«, S. 186–191; Tammi J. Schneider: *An Introduction to Ancient Mesopotamian Religion.* Grand Rapids, Mich./Cambridge 2011, S. 66–79; George: *Epic of Gilgamesh*, S. xxxviiif.

22   Schneider: *Introduction*, S. 5; Jacobsen:»Cosmos as State«, S. 203

23   John Kautsky: *The Politics of Aristocratic Empire*, S. 15f., 107

24   Thomas Merton: *Faith and Violence.* Notre Dame, Ind. 1968, S. 7f.

25   Walter Benjamin:»Über den Begriff der Geschichte«, in: ders.: *Illuminationen. Ausgewählte Schriften.* Frankfurt/M. 1974, Bd. 1, S. 253

26   Max Weber: *Wirtschaft und Gesellschaft,* Bd. 1, zitiert nach: *The Theory of Social and Economic Organization* (Übs. A. M. Henderson/Talcott Parsons). New York 1947, S. 341–348

27   *Gilgamesch* I, S. 80, 82–90

28   Atrahasis I.i, zitiert nach: Stephanie Dalley (Hg.): *Myths from Mesopotamia. Creation, The Flood, Gilgamesh, and Others.* Oxford/New York 1989, S. 10

29   Ebd.

30   Ebd., I, S. iii, 12

31   Ebd., S. 14

32   Ebd.

33   Atrahasis II.iii, ebd., S. 23

34   Ebd. III.vii, S. 28

35   W. G. Lambert und A. R. Millard: *Atra-Hasis: The Babylonian Story of the Flood.* Oxford 1969, S. 31–39

36   Schneider: *Ancient Mesopotamian Religion*, S. 45

37   Keegan: *History of Warfare*, S. 128

38   *Gilgamesch* II, S. 109f. (George)

39   Ebd., Tafel I, S. 220–223

40   Ebd. Yale-Tafel, S. 18

41   O'Connell: *Ride of Second Horseman,* S. 96f.

42   A. L. Oppenheimer: »Trade in the Ancient Near East«, in: *International Congress of Economic History,* 5 (1976)

43   Kautsky: *Politics of Aristocratic Empires,* S. 178

44   Thorstein Veblen: *The Theory of the Leisure Class: An Economic Study of Institutions.* Boston 1973, S. 41, 45 (Hervorhebungen der Autorin)

45   Ebd., S. 30

46   *Gilgamesch,* Yale-Tafel S. 97; Standardfassung Tablet III, S. 54 (Mitchell)

47   Kautsky: *Politics of Aristocratic Empires,* S. 170ff., 346

48   *Gilgamesch* II, S. 233; Yale-Tafel S. 149f.

49   Ebd., 185ff.; Hervorhebung durch Mitchell

50   *Gilgamesch* III, S. 44

51   Hedges: *War is a Force,* S. 21

52   *Gilgamesch,* Yale-Tafel, S. 269

53   *Gilgamesch* XI, S. 322–326

54   R. Cribb: *Nomads and Archaeology.* Cambridge 1999, S. 18, 136, 215

55   O'Connell: *Ride of Second Horseman,* S. 67f.

56   K. C. Chang: *The Archaeology of Ancient China.* New Haven 1968, S. 152ff.

57   O'Connell: *Ride of Second Horseman,* S. 77f.

58   Ebd.

59   Tacitus: *Germania* S. 14

60   Veblen: *Theory of the Leisure Class,* S. 45

61   Bruce Lincoln: »Indo-European Religions: An Introduction«, in: *Death, War and Sacrifice,* S. 1–10

62   Mary Boyce: »Priests, Cattle and Men«, in: *Bulletin of the School of Oriental and African Studies,* 1998

63   Z. B. *Yasna* 30:7c; 32; 49: 4b; 50: 7a; 30: 106; 44: 4d; 51: 96; Bruce Lincoln: »Warriors and Non-Herdsmen: A Response to Mary Boyce«, in: *Death, War and Sacrifice,* S. 147–160

64   Lincoln: »Indo-European Religions«, S. 10–13

65   Ebd., S. 12

66   Bruce Lincoln: »War and Warriors: An Overview«, in: *Death, War and Sacrifice,* S. 138ff.

67   Homer: *Ilias,* S. 12: 310–315; vgl. www.digbib.org, Übs. Johann Heinrich Voß

68   Lincoln: »War and Warriors«, S. 143

69   Georges Dumézil: *The Destiny of the Warrior,* S. 64–74

70   Homer: *Ilias* S. 20, 490–494; vgl. www.digbib.org, Übs. Johann Heinrich Voß

71   Ebd., S. 20, 495–503; Seth L. Schein: *The Mortal Hero: An Introduction to Homer's* Iliad. Berkeley/Los Angeles/London, S. 145f.

72   Lincoln: »Indo-European Religions«, S. 4

73 Dumézil: *Destiny of the Warrior*, S. 106f.

74 Homer: *Ilias* S. 4, 492–498; vgl. www.digbib.org, Übs. Johann Heinrich Voß

75 Homer: *Odyssee* S. 11, S. 488–491; Übs. Roland Hampe. Stuttgart 1979

76 James Mellaart: *The Neolithic of the Near East*. London 1975, S. 119, 167, 206f.; O'Connell: *Ride of Second Horseman*, S. 74–81

77 J. N. Postgate: *Early Mesopotamia: Society and Economy at the Dawn of History*. London 1992, S. 251

78 O'Connell: *Ride of Second Horseman*, S. 132–142

79 Keegan: *History of Warfare*, S. 130f.

80 John Romer: *People of the Nile: Everyday Life in Ancient Egypt*. New York 1982, S. 115

81 Keegan: *History of Warfare*, S. 133–135

82 Yigal Yadin: *The Art of Warfare in Biblical Lands*. 2 Bde., New York 1963, Bd. 1, S. 134f.; Robert Adams: *The Evolution of Urban Society: Early Mesopotamia and Prehispanic Mexico*. Chicago 1966, S. 149

83 Kramer: *Sumerian Mythology*, S. 123

84 Ebd., S. 120

85 Kautsky: *Politics of Aristocratic Empires*, S. 108; vgl. Carlo M. Cipolla: *Before the Industrial Revolution: European Society and Economy, 1000–1700*. New York 1976, S. 129f., 151

86 Robert L. O'Connell: *Of Arms and Men*, S. 38; *Ride of Second Horseman*, S. 100f.; William H. McNeill: *The Pursuit of Power: Technology, Armed Force and Society since* ad 1000. Chicago 1982, S. 2f.; Schneider: *Ancient Mesopotamian Religion*, S. 22f.; A. L. Oppenheim: *Ancient Mesopotamia*, S. 153f.; Gwendolyn Leick: *Mesopotamia, The Invention of the City*. London 2001, S. 85–108

87 Joseph A. Schumpeter: *Imperialism and Social Classes; Two Essays*. New York 1955, S. 25; Perry Anderson: *Lineages of the Absolutist State*. London 1974, S. 32

88 Ebd., S. 31; Hervorhebung durch Anderson

89 Kautsky: *Politics of Aristocratic Empires*, S. 148–152

90 Marc Bloch: *Feudal Society*. Chicago, 1961, S. 298 (dt. Ausgabe: *Die Feudalgesellschaft*. Frankfurt/M. 1982)

91 Leick: *Mesopotamia*, S. 95. Das »untere und obere Meer« waren der Persische Golf und das Mittelmeer.

92 Ebd., S. 100

93 J. B. Pritchard (Hg.): *Ancient Near Eastern Texts Relating to the Old Testament*. Princeton 1969, S. 164

94 F. C. Fensham: »Widows, Orphans and the Poor in Ancient Eastern, Legal and Wisdom Literature«, in: *Journal of Near Eastern Studies* 21 (1962)

95 Pritchard: *Ancient Near Eastern Texts*, S. 178; Hervorhebung der Autorin

96 Marshall G. S. Hodgson: *Venture*, Bd. 1, S. 108ff.

97 Schneider: *Ancient Mesopotamian Religion*, S. 105f.; die Bedeutung und Ableitung von *akitu* is unbekannt; Jacobsen: »Cosmos as State«, S. 169

98 N. K. Sanders (Hg.): »The Babylonian Creation Hymn«, in: *Poems of Heaven and Hell from Ancient Mesopotamia.* London 1971, S. 44–60
99 Jonathan Z. Smith: »A Pearl of Great Price and a Cargo of Yams: A Study in Situational Incongruity«, in: Jonathan Z. Smith: *Imagining Religion: From Babylon to Jonestown.* Chicago/London 1982, S. 90–96; Mircea Eliade: *A History of Religious Ideas* (Übs. Willard R. Trask). 3 Bde., Chicago 1978, Bd. 1, S. 72–76; Sanders: »The Babylonian Creation Hymn«, S. 47–51
100 Smith: »Pearl of Great Price«, S. 91
101 Sanders: »Babylonian Creation«, S. 73
102 Ebd.
103 Ebd., S. 79
104 O'Connell: *Ride of Second Horseman*, S. 141f.
105 Leick: *Mesopotamia*, S. 198–216
106 A. K. Grayson: *Assyrian Royal Inscriptions.* 2 Bde., Wiesbaden 1972, 1976, Bd. 1, S. 80f.
107 H. W. F. Saggs: *The Might That Was Assyria.* London 1984, S. 48f.; I. M. Diakonoff: *Ancient Mesopotamia: Socio-Economic History.* Moskau 1969, S. 221f.
108 Grayson: *Assyrian Royal Inscriptions*, S. 123f.
109 Saggs: *Might That Was Assyria*, S. 62
110 Ebd., S. 61
111 *Ludlul Bel Nemeqi*, in: Jacobsen: »Cosmos as State«, S. 212ff.
112 Yasna 46. Norman Cohn: *Cosmos, Chaos and the World to Come: The Ancient Roots of Apocalyptic Faith.* New Haven/London 1993, S. 77; Mary Boyce: *Zoroastrians: Their Religious Beliefs and Practices.* 2. Aufl., London/New York, S. xliii; Peter Clark: *Zoroastrians: An Introduction to an Ancient Faith.* Brighton/Portland, Oreg. 1998, S. 19
113 Yasna 30
114 Boyce: *Zoroastrians*, S. 23f.
115 Lincoln: »Warriors and Non-Herdsmen«, S. 153
116 Yasna 44
117 Lincoln: »Warriors and Non-Herdsmen«, S. 158

2
Indien: Der edle Pfad

118 Jarrod L. Whitaker: *Strong Arms and Drinking Strength: Masculinity, Violence and the Body in Ancient India.* Oxford 2011, S. 152f.
119 Rig Veda, zitiert nach: Ralph T. Griffith (Hg.): *The Rig Veda.* London, 1992, III.32: S. 1–4, 9–11
120 Edwin Bryant: *The Quest for the Origins of Vedic Culture: The Indo-Aryan Debate.* Oxford/New York 2001; Colin Renfrew: *The Puzzle of Indo-European Origins.* London 1987; Romila Thapar: *Early India: From the Origins to ad 1300.* Berkeley/Los Angeles 2002, S. 105ff.

121 Whitaker: *Strong Arms*, S. 3ff.; Wendy Doniger: *The Hindus. An Alternative History.* Oxford 2009, S. 111ff.

122 Louis Renou: *Religions of Ancient India.* London 1953, S. 20; Michael Witzel: »Vedas and Upanishads«, in: Gavin Flood (Hg.): *Blackwell Companion to Hinduism.* Oxford 2003, S. 70f.; J. C. Heesterman: »Ritual, Revelation and the Axial Age«, in: S. N. Eisenstadt (Hg.): *The Origins and Diversity of Axial Age Civilizations.* Albany, NY 1986, S. 398

123 Heesterman: »Ritual, Revelation and the Axial Age«, S. 396ff.; *The Inner Conflict of Tradition: Essays on Indian Ritual, Kingship and Society.* Chicago/London 1985, S. 206; John Keay: *India: A History.* London 2000, S. 31ff.; Thapar: *Early India*, S. 126–130

124 Rig Veda 1.32.5

125 Shatapatha Brahmana (SB), 6.8.1.1, zitiert nach: J. C. Heesterman: *The Broken World of Sacrifice: An Essay in Ancient Indian Religion.* Chicago/London 1993, S. 123

126 Rig Veda 8.16.1; 8.95.6; 10.38.4

127 Whitaker: *Strong Arms*, S. 3ff.; 16–23; Catherine Bell: *Ritual Theory, Ritual Practice.* New York 1992, S. 180f., 221

128 Renou: *Religions of Ancient India*, S. 6; Witzel: »Vedas and Upanishads«, S. 73

129 Whitaker: *Strong Arms*, S. 115ff.

130 Rig Veda 2.22.4

131 Rig Veda 3.31; 10.62.2

132 Witzel: »Vedas and Upanishads«, S. 72

133 Doniger: *Hindus*, S. 114

134 Heesterman: »Ritual and Revelation«, S. 403

135 SB 7.1.1.1–4, zitiert nach: Mircea Eliade: *The Myth of the Eternal Return or Cosmos and History* (Übs. Willard R. Trask). Princeton 1974, S. 10f.

136 Maitrayani Samhita 4.2.1.23.2, in: Heesterman: *Broken World*, S. 23f., 134–137

137 SB 2.2.2.8–10; Heesterman: *Broken World*, S. 24

138 Georges Dumézil: *The Destiny of the Warrior*, S. 76ff.

139 John H. Kautsky: *The Political Consequences of Modernization.* New Brunswick/London 1997, S. 25f.

140 Whitaker: *Strong Arms*, S. 158

141 Louis Renou: »Sur la Notion de ›brahman‹«, in: *Journal Asiatique*, 237 (1949); Jan Gonda: *Change and Continuity in Indian Religion.* Den Haag 1965, S. 200

142 Rig Veda 1.164.46; Garatman war die Sonne.

143 Rig Veda 10.129.6f.

144 Jan Gonda: *The Vision of the Vedic Poets.* Den Haag 1963, S. 18

145 Renou: *Religions of Ancient India*, S. 220–225; R. C. Zaehner: *Hinduism.* London/New York/Toronto 1962, S. 219–225

146 Rig Veda 10.90

147 Ebd., 90, 11–14 (Griffith)

148 Bruce Lincoln: »Indo-European Religions: An Introduction«, in: *Death, War and Sacrifice*, S. 8

149 Bruce Lincoln: »Sacrificial Ideology and Indo-European Society«, in: *Death, War and Sacrifice*, S. 173

150 Thapar: *Early India*, S. 123

151 Lincoln: »Sacrificial Ideology«, S. 174f.

152 Ebd., S. 143–147

153 Reinard Bendix: *Kings or People: Power and the Mandate to Rule*. Berkeley 1977, S. 228

154 Max Weber: *Hinduismus und Buddhismus*. Tübingen 1921

155 Alfred Vogts: *A History of Militarism: Civilian and Military*. Rev. ed., New York 1959, S. 42

156 Pancavimsha Brahmana (PB) 7.7: 9–10, in: Vogts, ebd., S. 62

157 SB. 6.8.14; Heesterman: »Ritual, Revelation and the Axial Age«, S. 402

158 J. C. Heesterman: *The Inner Conflict of Tradition: Essays on Indian Ritual, Kingship and Society*. Chicago/London 1993, S. 68, 84f.

159 Rig Veda 1.132,20f. (Griffith)

160 Taittiriya Samhita (TS) 6.4.8.1., in: Heesterman: *Inner Conflict*, S. 209

161 Taittiriya Brahmana (TB) 3.7.7.14, in: Heesterman: *Broken World*, S. 34

162 Witzel: »Vedas and Upanisads«, S. 82

163 Ebd., TB 10.6.5.8.

164 Zaehner: *Hinduism*, S. 59f.; Renou: *Religions of Ancient India*, S. 18; Witzel: »Vedas and Upanisads«, S. 81; Brian K. Smith: *Reflections on Resemblance, Ritual and Religion*. Oxford/New York 1989, S. 30–34, 72–81

165 Jonathan Z. Smith: »The Bare Facts of Ritual«, in: *Imagining Religion, From Babylon to Jonestown*. Chicago and London, 1982, S. 63

166 Doniger: *Hindus*, S. 137–142; Gavin Flood: *An Introduction to Hinduism*. Oxford 2003, S. 80f.

167 Thapar: *Early India*, S. 150ff.

168 *The Laws of Manu* 7.16–22. Delhi 1962

169 Thapar: *Early India*, S. 147–49; Doniger, *Hindus*, S. 165–166

170 Thapar: *Early India*, S. 138

171 Hermann Kulke: »The Historical Background of India's Axial Age«, in: S. N. Eisenstadt (Hg.): *The Origins and Diversity of Axial Age Civilizations*. Albany, NY 1986, S. 385

172 Thapar: *Early India*, S. 154

173 Gautama Dharmasutra 16.46

174 Richard Gombrich: *Theravada Buddhism. A Social History from Ancient Benares to Modern Colombo*. London/New York 1988, S. 58f.; William H. McNeill: *Plagues*, S. 60; Patrick Olivelle (Hg.): *Samnayasa Upanisads: Hindu Scriptures on Asceticism and Renunciation*. New York/Oxford 1992, S. 34; Doniger: *Hindus*, S. 171

175 Thomas J. Hopkins: *The Hindu Religious Tradition*. Belmont, Cal.1971, S. 50f.; Doniger: *Hindus*, S. 165

176 Chandogya Upanishad (CU) 5.10.7. Die Upanishaden werden zitiert

nach Patrick Olivelle (Hg.): *Upanisads.* Oxford/New York (BU), 4.4.23–
35; Thapar: *Early India*, S. 130
177 Olivelle: *Samnayasa Upanisads*, S. 37f.
178 Olivelle: *Upanisads*, S. xxix; Witzel: »Vedas and Upanisads«, S. 85f.
179 Brhadaranyaka Upanishad (BU) 1.4.6
180 BU 1.4.10
181 BU 4.4.5–7
182 BU 4.4.23–35
183 CU 8:7–12
184 CU 6:11
185 CU 6:12
186 CU 6:13
187 CU 6:10
188 Thapar: *Early India*, S. 132
189 Flood: *Introduction to Hinduism*, S. 91; Patrick Olivelle: »The Renouncer Tradition«, in: Flood: *Blackwell Companion to Hinduism*, S. 271
190 Steven Collins: *Selfless Persons: Imagery and Thought in Theravada Buddhism.* Cambridge 1982), S. 64; Paul Dundas: *The Jains.* 2. Aufl., London/New York 2002, S. 64
191 Manara Gryha Sutra 1.1.6; Heesterman: *Broken World*, S. 164–174; Gonda: *Change and Continuity*, S. 228–235, 285–294
192 Gonda: *Change and Continuity*, S. 380–384; Patrick Olivelle: »The Renouncer Tradition«, S. 281f.
193 Digha Nikaya (DN), in Olivelle: *Samnyasa Upanisads*, S. 43
194 Naradaparivrajaka Upanisad (NpU) 143, in: Olivelle, *Samnyasa Upanisads*, S. 108
195 Ebd., S. 185
196 A. Ghosh: *The City in Early Historical India.* Simla 1973), S. 55; Olivelle: *Samnyasa Upanisads*, S. 45f.
197 Mircea Eliade: *Yoga, Immortality and Freedom* (Übs. Willard Trask). London 1958, S. 59–62 (dt. Ausgabe: *Yoga. Unsterblichkeit und Freiheit.* Frankfurt/M. 2004)
198 Patanjali: *Yoga Sutras* 2.42, in: Eliade, *Yoga*, S. 52
199 Dundas: *Jains*, S. 28ff.
200 Ebd., S. 106f.
201 Acaranga Sutra (AS) 1.4.1.1–2, in: Dundas, *Jains*, S. 41f.
202 AS 1.2.3, ebd.
203 Avashyaksutra 32, in Dundas: *Jains*, S. 171
204 Die westliche Forschung ging früher davon aus, dass der Buddha um 563 v. u. Z. geboren worden sei, neuere Forschungen deuten aber darauf hin, dass er ein Jahrhundert später gelebt hat; vgl. Heinz Berchant: »The Date of the Buddha Reconsidered«, in: *Indologia Taurinensin*, 10 (o. J.)
205 Majjhima Nikaya (MN) 38. Wenn nicht anders angegeben, beruhen alle Zitate buddhistischer Schriften auf eigenen Übersetzungen der Autorin.
206 *Nibbana* entspricht dem Sanskrit-Wort »Nirvana«. Es bedeutet »Aus-

blasen«. Vgl. dazu auch mein Buch *Buddha: A Penguin Life* (New York, 2001) und Richard F. Gombrich: *How Buddhism Began: The Conditioned Genesis of the Early Teachings.* London/Atlantic Highlands, NJ 1966; Michael Carrithers: *The Buddha.* Oxford/New York 1993; Karl Jaspers: *Die großen Philosophen.* München 1957; Trevor Ling: *The Buddha: Buddhist Civilization in India and Ceylon.* London 1973

207 Edward Conze: *Buddhism: Its Essence and Development.* Oxford 1951, S. 102; Hermann Oldenberg: *Buddha: Sein Leben, seine Lehre, seine Gemeinde.* Berlin 1881

208 Sutta Nipata 118

209 Vinaya, *Mahavagga* I:ii, in: Ling: *The Buddha*, S. 134

210 Ebd., 1.211

211 AG 1.27; SN 700; Bikkhu Nanamoli (Hg.): *The Life of the Buddha, according to the Pali Canon.* Kandy, Sri Lanka 1992, S. 134

212 MN 89

213 Thapar: *Early India*, S. 174–198

214 Patrick Olivelle (Hg.): *Asoka, In History and Historical Memory.* Delhi 2009, S. 1

215 Major Rock Edict XIII, zitiert nach: Romila Thapar: *Asoka and the Decline of the Mauryas.* Oxford 1961, S. 255f.

216 Ebd.

217 Olivelle: *Asoka*, S. 1

218 Pillar Edict VII, in: Thapar: *Asoka*, S. 255

219 Major Rock Edict XII, ebd.

220 Major Rock Edict XI, ebd., S. 254.

221 Ananda K. Coomaraswamy/Sister Nivedita: *Myths of the Hindus and Buddhists.* New York 1967, S. 118

222 Shruti Kapila/Faisal Devji (Hg.): *Political Thought in Action: The Bhagavad Gita and Modern India.* Cambridge 2013

223 Doniger: *Hindus*, S. 262–264

224 Thapar: *Early India*, S. 207

225 *Mahabharata*, 7.70.44, in J. A. B. van Buitenen (Hg.): *The Mahabharata, Volume 3: Book 4: The Book of Virata; Book 5: The Book of the Effort.* Chicago/London 1978

226 Mahabharata 5.70.46–66 (van Buitenen)

227 Ebd., 7.165.63

228 Ebd., 9.60. 59–63, in: John D. Smith (Hg.): *The Mahabharata, An Abridged Translation.* London 2009

229 Ebd., 10.8.39

230 Ebd., 10.10.14

231 Mahabharata 12.15, in: Doniger: *Hindus,* S. 270

232 Ebd., 17.3

233 *Bhagavad Gita* 1: 33–34, 36–37. Alle Zitate aus der Bhagavad Gita folgen: Barbara Stoller Miller (Hg.): *Bhagavad-Gita: Krishna's Counsel in Time of War.* New York/Toronto/London 1986

234 Ebd., 2.9
235 Ebd., 4.20
236 Ebd., 9.9
237 Ebd., 11.32f.
238 Ebd., 11.55

3
China: Krieger und Edelleute

239 *Liezi jishi* 2, in: Mark Edward Lewis: *Sanctioned Violence in Early China*. Albany, NY 1990, S. 200
240 Ebd., S. 167–172
241 Ebd., S. 176–179
242 Marcel Granet: *Chinese Civilization*. London/New York 1951, S. 11f.; Granet: *The Religion of the Chinese People*. Oxford 1975, S. 66ff.
243 *Taijong yulan* 79, in: Lewis: *Sanctioned Violence*, S. 203
244 Ebd.
245 Ebd., S. 201
246 Granet: *Chinese Civilization*, S. 11–16; Henri Maspero: *China in Antiquity*. Folkestone 1978, S. 115–119
247 John King Fairbank / Merle Goldman: *China: A New History*. 2. Aufl., Cambridge, Mass./London 2006, S. 34
248 Jacques Gernet: *A History of Chinese Civilization*. (2. Aufl., Cambridge/ New York 1996, S. 39f.
249 Ebd., S. 41–50; Jacques Gernet: *Ancient China: From the Beginnings to the Empire*. London 1968, S. 37–65; Wm. Theodore De Bary / Irene Bloom (Hg.): *Sources of Chinese Tradition: From Earliest Times to 1600*. 2. Aufl. New York, 1999, S. 3–25; D. Howard Smith: *Chinese Religions*. London 1968, S. 1–11
250 Gernet: *History of Chinese Civilisation*, S. 45f.; Gernet: *Ancient China*, S. 50–53; Granet: *Religion of the Chinese People*, S. 37–54
251 *The Book of Songs*, Arthur Waley (Hg.). London 1937, S. 35, 167, 185
252 Sima Qian, *Records of a Master Historian*, 1. 56, 79, in: Granet: *Chinese Civilization*, S. 12
253 Gernet: *History of Chinese Civilization*, S. 49
254 Hodgson: *Venture*, Bd. 1, S. 281f.
255 Lewis: *Sanctioned Violence*, S. 15–27; Fairbank / Goldman: *China*, S. 49f.
256 Fairbank / Goldman: *China*, S. 45
257 K. C. Chang: *Art, Myth and Ritual: The Path to Political Authority in Ancient China*. Cambridge, Mass. 1985, S. 95–100; Fairbank / Goldman: *China*, S. 42ff.
258 Walter Burkert: *Homo Necans*
259 David. N. Keightley: »The Late Shang State: When, Where, What?«, in: *The Origins of Chinese Civilization*. Berkeley 1983, S. 256–259

260 Michael J. Puett: *To Become a God: Cosmology, Sacrifice and Self-Divinization in Early China.* Cambridge, Mass./London 2002, S. 32–76

261 Orakel 23, in: De Bary / Bloom: *Sources*, S. 12

262 Lewis: *Sanctioned Violence*, S. 26f.

263 *The Book of Mozi*, 3.25, in: Gernet, *Ancient China*, S. 65

264 »The Shao Announcement (Shaogao)«, Teil des klassischen konfuzianischen Textes *Shujing*, zitiert nach: De Bary / Bloom: *Sources*, S. 35ff.

265 H. G. Creel: *Confucius: The Man and the Myth.* London 1951, S. 19–25; Benjamin I. Schwarz: *The World of Thought in Ancient China.* Cambridge, Mass./London 1985, S. 57ff.; Bemerkungen von Jacques Gernet in: Jean-Pierre Vernant: *Myth and Society in Ancient Greece.* 3. Aufl. New York 1996, S. 80–90

266 Gernet: *Ancient China*, S. 71–75

267 Granet: *Chinese Civilization*, S. 97–100

268 Fung Yu-lan: *A Short History of Chinese Philosophy*, Übs. Derk Bodde. New York 1978, S. 32–37

269 De Bary / Bloom: *Sources*, S. 29

270 *Record of Rites* 2.263, in: James Legge (Hg.): *The Li Ki.* Oxford 1885

271 Ebd. 2.359

272 Granet: *Chinese Civilization*, S. 297–308

273 Record of Rites 1.215

274 Granet: *Chinese Civilization*, S. 310–343

275 Gernet: *Ancient China*, S. 75

276 Granet: *Chinese Civilization*, S. 261–284; Gernet: *History of Chinese Civilization*, S. 261–79; Gernet: *Ancient China*, S. 75; Holmes Welch: *The Parting of the Way: Lao Tzu and the Taoist Movement.* London 1958, S. 18

277 *Zuozhuan* (»Kommentar des Herrn Zuo«) 1.320, in: James Legge (Hg.): *The Ch'un Ts'ew and the Tso Chuen.* 2. Aufl. Hongkong 1960

278 Ebd. 1.635

279 Ebd. 2.234

280 Ebd. 1.627

281 James A. Aho: *Religious Mythology and the Art of War. Comparative Religious Symbolism of Military Violence.* Westport, Conn. 1981, S. 110f.

282 Aufgezeichnet in *Chunain* (»Frühlings- und Herbst-Annalen«), einer Geschichte des Lu-Staates (722–481 v. u. Z.). und im fünften konfuzianischen Klassiker X. 17. 4, in: Legge: *The Ch'un Ts'ew and Tso Chuen*

283 Ebd., I. 9. 6

284 Herbert Fingarette: *Confucius; The Secular as Sacred.* New York 1972

285 Benjamin L. Schwartz: *The World of Thought in Ancient China.* Cambridge, Mass., 1985, S. 62; Fung: *Short History*, S. 12

286 Wm. Theodore De Bary: *The Trouble with Confucianism.* Cambridge, Mass./London 1996, S. 24–33

287 Analekten 12.3, zitiert nach: Edward Slingerland (Hg.): *Confucius: Analects.* New York 2003

288 Analekten 15.24
289 Analekten 4. 15; 15.23, zitiert nach: Arthur Waley (Hg.): *The Analects of Confucius*. New York, 1992
290 Analekten 12.2 (Slingerland)
291 Ebd. (Waley)
292 De Bary: *Trouble with Confucianism*, S. 30
293 Schwartz: *World of Thought*, S. 155, 157ff.
294 Analekten 12.1 (Slingerland)
295 Ebd.
296 Analekten 5.4
297 Fingarette: *Confucius*, S. 1–17, 46–79
298 Analekten 12.3
299 Analekten 7.30
300 Tu Wei-ming: *Confucian Thought: Selfhood as Creative Transformation*. Albany, NY 1985, S. 115f.
301 Ebd., S. 57f.; Huston Smith: *The World's Religions: Our Great Wisdom Traditions*. San Francisco 1991, S. 180f.
302 Analekten 13.30
303 Don J. Wyatt: »Confucian Ethical Action and the Boundaries of Peace and War«, in: Andrew R. Murphy (Hg.): *The Blackwell Companion to Religion and Violence*. Chichester 2011
304 Analekten 12.7 (Slingerland)
305 Ebd.
306 Analekten 16.2
307 Analekten 2.3
308 *The Book of Mencius* III.A.4, in: D. C. Lau (Hg.): *Mencius*. London 1975
309 Xinzhong Yao: *An Introduction to Confucianism*. Cambridge 2000, S. 28
310 Mencius, VII.B.4 (Lau; Hervorhebungen der Autorin)
311 Ebd.
312 Mencius VII.B.2 (Lau); Wyatt: »Confucian Ethical Action«, S. 240–244
313 Mencius II. A.1 (Lau)
314 A. C. Graham: *Later Mohist Logic, Ethics, and Science*. Hongkong 1978, S. 4; Gernet: *Ancient China*. S. 116f.
315 *The Book of Mozi* 3.16, in: Fung Yu-lan: *Short History*, S. 55
316 Mozi 15.11–15, in: B. Watson (Hg.): *Mo-Tzu: Basic Writings*. New York 1963
317 A. C. Graham: *Disputers of the Tao: Philosophical Argument in Ancient China*. La Salle, Ill. 1989, S. 41
318 Mozi 15
319 Graham: *Later Mohist Logic*, S. 250
320 Lewis: *Sanctioned Violence*, S. 56–61
321 *Zhuozhuan* 2.30 (Legge)
322 R. D. Sawyer: *The Seven Military Classics of Ancient China*. Boulder, Col. 1993, S. 254
323 Ebd., S. 243

324 Ebd., S. 97–118; Keegan: *History of Warfare*. London 1993, S. 202–208; O'Connell: *Ride of the Second Horseman,* S. 171ff.; R. D. Sawyer: *The Military Classics of Ancient China.* Boulder, Col. 1993

325 »The Book of Master Sun (Sunzi)«, in: Thomas Cleary: *Sun Tzu: The Art of War.* Boston/London 1988, S. 56

326 Ebd., Kap. 3

327 Ebd.

328 »The Book of Master Sun«, Kap. 1, in: De Bary / Bloom: *Sources of Chinese Tradition*, S. 217

329 Ebd. (Cleary), S. 81–83

330 Ebd., S. 86

331 Ebd., S. 5 (De Bary / Bloom)

332 Fairbank / Goldman: *China*, S. 53f.

333 Graham: *Disputers of the Tao*, S. 172; Schwartz: *World of Thought*, S. 215–236; Fung Yu-lan: *Short History*, S. 104–117

334 Graham: *Disputers of the Tao*, S. 170–213; Schwartz: *World of Thought*, S. 186–215; Max Kaltenmark: *Lao Tzu and Taoism* (Übs. Roger Greaves). Stanford 1969, S. 93–103

335 Daodejing 37, in: D. C. Lau (Hg.): *Lao Tzu: Tao Te Ching.* London 1963

336 Ebd., 16 (Lau)

337 Ebd., 76 (Lau)

338 Ebd., 6 (Lau)

339 Ebd. 31, in: Kaltenmark: *Lao Tzu*, S. 56

340 Ebd., 68 (Kaltenmark)

341 Ebd., 22, in: De Bary / Bloom, *Sources of Chinese Tradition*

342 *Shang Jun Shu*, in: Lewis, *Sanctioned Violence*, S. 64

343 Schwartz: *World of Thought*, S. 321ff.

344 Lewis: *Sanctioned Violence*, S. 61–65

345 Graham: *Disputers of the Tao*, S. 207–276; Schwartz: *World of Thought*, S. 321–343; Fung Yu-lan: *Short History*, S. 155–165; Julia Ching: *Mysticism and Kingship in China: The Heart of Chinese Wisdom.* Cambridge 1997, S. 236–241

346 *Shang Jun Shu*, hg. Mark Elvin: »Was There a Transcendental Breakthrough in China?«, in: S. N. Eisenstadt (Hg.): *The Origins and Diversity of the Axial Civilizations.* Albany, NY 1980, S. 352

347 *Shang Jun Shu*, in: Graham: *Disputers of the Tao*, S. 290

348 *Shang Jun Shu* 15.72, in: B. Watson (Hg.): *Hsun-Tzu: Basic Writings.* New York 1963

349 Ebd.

350 *The Book of Xunzi* 10, in: Graham, *Disputers of the Tao*, S. 238

351 *Han Feizi* 5 (Watson)

352 Ebd.

353 Ching: *Mysticism and Kingship*, S. 171

354 *Xunzi* 21: 34–38, in: Xunzi, *Basic Writings,* hg. Barton Watson. New York 2003

355 Fairbank/Goldman: *China*, S. 56; Derk Bodde: »Feudalism in China«, in: Rushton Coulbourn (Hg.): *Feudalism in History*. Hamden, Conn. 1965, S. 69

356 Sima Qian, *Records of the Grand Historian*, 6.239

357 Ebd., 6.87

358 Lewis: *Sanctioned Violence*, S. 99ff.

359 Sima Qian, *Records of the Grand Historian;* »Introduction«, in: Lewis, *Sanctioned Violence*, S. 141

360 Schwartz: *World of Thought*, S. 237–253

361 Lewis: *Sanctioned Violence*, S. 145–157; Derk Bodde: *Festivals in Classical China: New Year and Other Annual Observances during the Han Dynasty, 206 bc to ad 220.* Princeton 1975

362 Lewis: *Sanctioned Violence*, S. 147

363 Sima Qian, *Records of the Grand Historian*, 8.1, in: Fung Yu-lan: *Short History*, S. 215

364 Fung Yu-lan: *Short History*, S. 205–216; Graham: *Disputers of the Tao*, S. 313–377; Schwartz: *World of Thought*, S. 383–406

365 Fairbank/Goldman: *China*, S. 67–71

366 Joseph R. Levenson/Franz Schuurman: *China: An Interpretive History – from the Beginnings to the Fall of Han.* Berkeley/Los Angeles/London 1969, S. 94

367 De Bary: *Trouble with Confucianism*, S. 48f.

368 *Yan tie lun* 19, in: De Bary/Bloom: *Sources of Chinese Tradition*, S. 223

369 Hu Shih:»Confucianism«, in: *Encyclopaedia of Social Science* (1930–35) Bd. IV, S. 198–201; Ching: *Mysticism and Kingship*, S. 85

370 De Bary: *Trouble with Confucianism*, S. 49; Fairbank/Goldman: *China*, S. 63

4
Das hebräische Dilemma

371 Genesis 2,5–3,24

372 Genesis 3,17a–19

373 Genesis 4,10f.

374 Genesis 4,17–22

375 Genesis 4,9

376 Genesis 12,1–3

377 Israel Finkelstein/Neil Asher: *The Bible Unearthed: Archaeology's New Vision of Ancient Israel and the Origins of its Sacred Texts.* New York/London 2001, S. 103–107; William G. Dever: *What Did the Biblical Writers Know and When Did They Know It? What Archaeology Can Tell Us About the Reality of Ancient Israel.* Grand Rapids, Mich./Cambridge 2001, S. 110–118

378 George W. Mendenhall: *The Tenth Generation: The Origins of Biblical Tradition.* Baltimore/London 1973; P. M. Lemche: *Early Israel: Anthro-*

pological and Historical Studies on the Israelite Society before the Monarchy. Leiden 1985; D. C. Hopkins: *The Highlands of Canaan.* Sheffield 1985; James D. Martin:»Israel as a Tribal Society«, in: R. E. Clements (Hg.): *The World of Ancient Israel: Sociological, Anthropological and Political Perspectives.* Cambridge 1989; H. G. M. Williamson:»The Concept of Israel in Transition«, in: Clements: *World of Ancient Israel*, S. 94–114

379 Finkelstein/Asher: *Bible Unearthed*, S. 89–92

380 John H. Kautsky: *The Politics of Aristocratic Empires.* (2. Aufl., New Brunswick/London 1997, S. 275; Karl A. Wittfogel: *Oriental Despotism: A Comparative Study of Total Power.* New Haven, Conn. 1957, S. 331f.

381 Josua 9,15; Exodus 6,15; Richter 1,16; 4,11; 1. Samuel 27,10; Frank Moore Cross: *Canaanite Myth and Hebrew Epic: Essays in the History of the Religion of Israel.* Cambridge, Mass./London 1973, S. 49f.

382 Cross: *Canaanite Myth*, S. 69; Peter Machinist:»Distinctiveness in Ancient Israel«, in: Mordechai Cogan/Israel Ephal (Hg.): *Studies in Assyrian History and Ancient Near Eastern Historiography.* Jerusalem 1991

383 Dieses Thema wird detaillierter behandelt bei Yoram Hazony: *The Philosophy of Hebrew Scripture.* Cambridge 2012, S. 103–160

384 Norman Gottwald: *The Hebrew Bible in Its Social World and in Ours.* Atlanta 1993, S. 115, 163

385 Levitikus 25,23–28; Deuteronomium 24,19–22; Gottwald ebd., S. 162

386 Diesen Vorgang beschreibe ich in meinem Buch *Die Geschichte von Gott. 4000 Jahre Judentum, Christentum und Islam.* München 2012. (Originalausgabe: *The History of God: The 4,000-Year Quest of Judaism, Christianity and Islam.* London/New York 1993; dt. Erstausgabe unter dem Titel: *Nah ist und schwer zu fassen der Gott.* München 1993)

387 Psalm 73,3, 8; 82,8; 95,3; 96,4ff.; 97,7; Jesaja 51,9ff.; Hiob 26,12; 40,25–31

388 Genesis 11,1–9

389 Genesis 11,9

390 Genesis 12,3; streng genommen rief Jahwe Abraham aus Haran im heutigen Irak; sein Vater Tera hatte Ur verlassen und war nur bis Haran gekommen. Jahwe selbst übernimmt die Verantwortung für die gesamte Auswanderung und sagt Abraham:»Ich habe dich aus Ur in Chaldäa hierhergeführt.« (Genesis 15,7)

391 Hazony: *Philosophy of Hebrew Scripture*, S. 121

392 Ebd., S. 122–126

393 Genesis 12,10

394 Genesis 26,16–22; vgl. auch 26,6–8

395 Genesis 41,57–42,3

396 Genesis 37,7

397 Genesis 37,8

398 Genesis 37,10

399 Genesis 41,51

400 Genesis 41,48f.

401 Genesis 47,13f.; 20f.

402 Genesis 50,4–9; nach Jakobs Tod durften die Brüder seinen Leichnam zurück nach Kanaan bringen, begleitet von einer großen Schar Wagen und Reitern, aber ihre Kinder und ihr Besitz mussten als Geiseln in Ägypten bleiben.

403 Genesis 12,15; 20,2; 26,17f.; 14,11f.; 34,1f.; vgl. Hazony: *Philosophy of Hebrew Scripture*, S. 111ff., 143

404 Genesis 14,21–25

405 Genesis 18,1

406 Genesis 18,22–32

407 Genesis 49,7

408 Genesis 49,8–12; 44,18–34

409 Exodus 1,11, 14

410 Exodus 2,11

411 Hazony: *Philosophy of Hebrew Scripture*, S. 143f.

412 Exodus 24,9–11

413 Exodus 31,18

414 Vgl. Exodus 24,9–31,18; William M. Schniedewind: *How the Bible Became a Book: The Textualization of Ancient Israel.* Cambridge 2004, S. 121–134

415 Z. B. Richter 1; 3,1–6; Esra 9,1f.

416 Regina Schwartz: *The Curse of Cain: The Violent Legacy of Monotheism.* Chicago 1997; Hector Avalos: *Fighting Words: The Origins of Religious Violence.* Amherst, NY 2005

417 Mark S. Smith: *The Early History of God: Yahweh and the Other Deities in Ancient Israel.* New York/London 1990; Smith: *The Origins of Biblical Monotheism: Israel's Polytheistic Background and the Ugaritic Texts.* New York/London 2001)

418 Josua 24; vgl. S. David Sperling: »Joshua 24 Re-examined«, in: *Hebrew Union College Annual* 58 (1987); Sperling: *The Original Torah: The Political Intent of the Bible's Writers.* New York/London 1998, S. 68–72; John Bowker: *The Religious Imagination and the Sense of God.* Oxford 1978, S. 58–68

419 Exodus 20,3

420 Susan Niditch: *War in the Hebrew Bible: A Study of the Ethics of Violence.* New York/Oxford 1993, S. 28–36; 41–62; 152

421 Ähnlich auch Numeri 21,2

422 Josua 6,20

423 Josua 8,25

424 Josua 8,28

425 Lauren A. Monroe: *Josiah's Reform and the Dynamics of Defilement: Israelite Rites of Violence and the Making of a Biblical Text.* Oxford 2011, S. 45–76

426 Mesha-Stele 15–17, in: Kent P. Jackson: »The Language of the Mesha Inscription«, in: Andrew Dearman (Hg.): *Studies in the Mesha Inscrip-*

tion and Moab. Atlanta 1989, Sp. 98; Norman K. Gottwald: *The Politics of Ancient Israel.* Louisville, 2001, S. 194; vgl. 2. Könige 3,4–27

427 Mesha-Stele 17 (Jackson)

428 H. Hoffner:»History and the Historians of the Ancient Near East: The Hittites«, in: *Orientalia,* 49 (1980); Niditch: *War in the Hebrew Bible,* S. 51

429 Richter 21,25

430 Richter 11,29–40

431 Richter 18

432 Richter 19

433 Richter 20–21

434 1. Samuel 8,5

435 1. Samuel 8,11–18

436 Gottwald: *Politics of Ancient Israel,* S. 177ff.

437 Niditch: *War in the Hebrew Bible,* S. 90–105

438 1. Samuel 17,1–13; Quincy Wright: *A Study of Warfare.* 2 Bde. Chicago 1942, Bd. 1, S. 401–415

439 2. Samuel 2,23

440 2. Samuel 5,6

441 1. Chronik, 22,8f.

442 Gosta W. Ahlstrom: *The History of Ancient Palestine.* Minneapolis 1993, S. 504f.

443 1. Könige 8,15–26

444 Richard J. Clifford: *The Cosmic Mountain in Canaan and the Old Testament.* Cambridge, Mass. 1972; Ben C. Ollenburger: *Zion, City of the Great King: A Theological Symbol of the Jerusalem Cult.* Sheffield 1987, S. 14ff.; Margaret Barker: *The Gate of Heaven. The History and Symbolism of the Temple in Jerusalem.* London 1991, S. 64; Hans-Joachim Kraus: *Worship in Israel: A Cultic History of the Old Testament.* Oxford 1966, S. 201–204

445 1. Könige 9,3; David Ussishkin:»King Solomon's Palaces«, in: *Biblical Archaeologist,* 36 (1973)

446 1. Könige 10,26–29

447 1. Könige 5,5; 9,3

448 1. Könige 4,1–5,1

449 1. Könige 5,27–32 widerspricht hier 1. Könige 9,20f. Die Deuteronomisten versuchten die Katastrophe auf Salomons Götzendienst zurückzuführen, um ihre Reformen zu stärken.

450 1. Könige 11,1–13

451 1. Könige 12,4

452 1. Könige 12,17–19

453 Psalm 2,7f.; 110,12–14

454 Psalm 110,5f.

455 Andrew Mein: *Ezekiel and the Ethics of Exile.* Oxford/New York 2001, S. 20–38

456 Amos 2,6

457 Amos 3,10
458 Amos 7,17; 9,7f.
459 3,11–15
460 Amos 1,2–2,5
461 Jesaja 1,16–18
462 Gottwald: *Politics of Ancient Israel*, S. 210ff.
463 Finkelstein / Asher: *Bible Unearthed*, S. 263f.
464 Ebd., S. 264–273
465 2. Könige 21,2–7; 23,10f.
466 Psalm 68: 17; Ahlstrom: *History of Ancient Palestine*, S. 734
467 Schniedewind: *How the Bible Became a Book*, S. 91–117; Calum M. Carmichael: *The Laws of Deuteronomy*. Eugene, Oreg. 1974; Bernard M. Levinson: *Deuteronomy and the Hermeneutics of Legal Innovation*. Oxford 1998; Moshe Weinfeld: *Deuteronomy and the Deuteronomic School*. Oxford 1972; Joshua Berman: *Biblical Revolutions: The Transformation of Social and Political Thought in the Ancient Near East*. New York/ Oxford 2008
468 2. Könige 22,8
469 Exodus 24: 3, 7; Schniedewind: *How the Bible Became a Book*, S. 121–126
470 Exodus 24,4–8; diese Passage wurde von den Reformern in die ältere Tradition eingefügt; nur noch an dieser Stelle findet sich in der Bibel der Begriff »sefer torah«.
471 Deuteronomium 6,4
472 Deuteronomium 7,2–5
473 Deuteronomium 28,64–67
474 2. Könige 22,11–18
475 2. Könige 23,5
476 Jeremia 44,15–19; Hesekiel 8
477 2. Könige 23,4–20
478 Levinson: *Deuteronomy and the Hermeneutics of Legal Innovation*, S. 148f.
479 Deuteronomium 7,22–26
480 Deuteronomium 13,8f., 12
481 Niditch: *War in the Hebrew Bible*, S. 65, 77
482 1. Könige 13,1f.; 2. Könige 23,15–18; 2. Könige 23,25
483 2. Könige 24,16. Die Zahlen sind umstritten.
484 Hesekiel 3,15; Schniedewind: *How the Bible Became a Book*, S. 152
485 Mein: *Ezekiel*, S. 66–74
486 In den hebräischen Quellen heißt Anshan Elam.
487 Garth Fowden: *Empire to Commonwealth: Consequences of Monotheism in Later Antiquity*. Princeton 1993, S. 19
488 Kyros-Zylinder 18. Die Zitate aus dem Kyros-Zylinder folgen der Übersetzung von Irving L. Finkel in: John Curtis: *The Cyrus Cylinder and Ancient Persia: A New Beginning for the Middle East*. London 2013, S. 42
489 Bruce Lincoln: *Religion, Empire and Torture: The Case of Achaemenian Persia, with a Postscript on Abu Ghraib*. Chicago/London 2007), S. 36–40

490 Kyros-Zylinder 12, 15, 17; S. 42
491 Jesaja 45,1
492 Jesaja 45,1.2.4.
493 Jesaja 40,4
494 Vgl. Flavius Josephus: *Jüdische Altertümer*, Heinrich Clementz (Hg.). Wiesbaden 2004, 11.8
495 Kyros-Zylinder 16, S. 42
496 Ebd. 28–30, S. 43
497 Lincoln: *Religion, Empire and Torture*, S. ix
498 Ebd., S. 16, 95
499 Bruce Lincoln:»The Role of Religion in Achaemenian Imperialism«, in: Nicole Brisch (Hg.): *Religion and Power: Divine Kingship in the Ancient World and Beyond.* Chicago 2008, S. 223
500 Clarisse Herrenschmidt:»Désignations de l'empire et concepts politiques de Darius Ier d'après inscriptions en Vieux Perse«, in: *Studia Iranica,* 5 (1976); Marijan Mole: *Culte, mythe, et cosmologie dans l'Iran ancient.* Paris 1963
501 Darius: Erste Inschrift in Naqsh-I Rustum (DNa1), in: Lincoln: *Religion, Empire and Torture,* S. 52
502 Ebd., S. 55f.
503 DNa 4, ebd., S. 71
504 Darius: Vierte Inschrift in Persepolis, ebd., S. 10
505 Ebd., S. 26ff.
506 Ebd., S. 73–81; Darius: Inschrift 19 in Susa, ebd., S. 73
507 Cross: *Canaanite Myth,* S. 293–323; Mary Douglas: *Leviticus as Literature.* Oxford/New York 1999; Douglas: *In the Wilderness: The Doctrine of Defilement in the Book of Numbers.* Oxford/New York 2001, S. 58–100; Niditch: *War in the Hebrew Bible,* S. 78–89, 97ff., 132–153
508 Levitikus 25
509 Levitikus 9,33f.
510 Douglas: *Leviticus as Literature,* S. 42ff.
511 Genesis 32,33
512 Numeri 20,14
513 Genesis 1,31
514 Nehemia 4,11f.
515 Numeri 31
516 Numeri 31,19f.
517 2 Chronik 28,9ff.
518 2 Chronik 28,15
519 Jesaja 46,9
520 Sacharja 14,12
521 Sacharja 14,16; vgl. auch Micha 4,1–5.5; Haggai 1,6–9
522 Jesaja 60,1–10
523 Jesaja 60,11–14

Teil 2
Den Frieden erhalten

5
Jesus – nicht von dieser Welt?

1   Lukas 2,1
2   Robert L. O'Connell: *Of Arms and Men. A History of War, Weapons and Aggression.* New York/Oxford 1989, S. 81
3   E. N. Luttwak: *The Grand Strategy of the Roman Empire.* Baltimore 1976, S. 25f., 41f., 46f.; Susan P. Mattern: *Rome and the Enemy: Imperial Strategy in the Principate.* Berkeley 1999, S. xii, 222
4   O'Connell: *Arms and Men,* S. 69–81; John Keegan: *A History of Warfare.* London 1993, S. 263–271
5   W. Harris: *War and Imperialism in Republican Rome.* Oxford 1979, S. 56
6   Ebd., S. 51
7   Tacitus: *Agricola* 30
8   Harris: *War and Imperialism,* S. 51
9   Martin Hengel: *Judentum und Hellenismus. Studien zu ihrer Begegnung unter besonderer Berücksichtigung Palästinas bis zur Mitte des 2. Jh.s v. u. Z.* Tübingen 1969; Elias J. Bickerman: *From Ezra to the Last of the Maccabees.* New York 1962, S. 286–89; *The Jews in the Greek Age.* Cambridge, Mass./London 1990, S. 294ff.; Reuven Firestone: *Holy War in Judaism. The Rise and Fall of a Controversial Idea.* Oxford/New York 2012, S. 26–40
10 Daniel 10–12
11 Daniel 7,13f.
12 Richard A. Horsley, »The Historical Context of Q«, in: Richard A. Horsley and Jonathan A. Draper (Hg.): *Whoever Hears You Hears Me; Prophets, Performance and Tradition in Q.* Harrisburg, Pa., 1999, S. 51–54
13 Gerhard E. Lenski: *Power and Privilege, A Theory of Social Stratification.* Chapel Hill/London 1966, S. 243–248
14 John H. Kautsky: *The Politics of Aristocratic Empires.* 2. Aufl., New Brunswick/London 1997, S. 81
15 Horsley, »Historical Context of Q«, S. 154
16 Josephus: *The Life,* S. 10–12; Alan Mason: »Was Josephus a Pharisee? A Re-Examination of the *Life,* 10–12«, in: *Journal of Jewish Studies* 40, 1989; Alan F. Segal: *Paul the Convert. The Apostolate and Apostasy of Saul the Pharisee.* New Haven, Conn./London 1990, S. 81f.
17 Flavius Josephus: *Der jüdische Krieg* (JK), 6.51
18 Flavius Josephus: *Antiquitates* (Ant.) 17,157
19 JK 1.650
20 Ebd. 2.3
21 Ebd. 2.11–13

22	Ebd. 2.57
23	Ebd. 2.66–75
24	John Dominic Crossan: *God and Empire; Jesus Against Rome, Then and Now.* San Francisco 2007, S. 91–94
25	Ant. 18.4–9; JW 2.117
26	JK 2.169–174
27	Philo: *Legatio ad Gaium,* 223f.
28	Ant. 18.292
29	Ant. 18.284
30	JK 2.260
31	JK 2.261f.
32	Ant. 18.36.8; Horsley: »Historical Context of Q«, S. 58
33	John Dominic Crossan: *Jesus: A Revolutionary Biography.* New York 1994, S. 26ff.
34	A. N. Sherwin-White, *Roman Law and Roman Society in the New Testament.* Oxford 1963, S. 139. Matthäus 18, 22–33; 20,1–15; Lukas 16,1–13; Markus 12,1–9
35	Matthäus 2,16
36	Matthäus 14,3–12
37	Matthäus 10,17f.
38	Marcus Borg: *Jesus, Uncovering the Life, Teachings, and Relevance of a Religious Revolutionary.* San Francisco 2006, S. 67f.
39	Matthäus 4,1–11; Markus 12–13; Lukas 4,1–13
40	Lukas 10,17f.
41	M. Lewis: *Ecstatic Religion: An Anthropological Study of Spirit Possession and Shamanism.* Baltimore 1971, S. 31, 32, 35, 127
42	Markus 5,1–17; Crossan: *Jesus,* S. 99–106
43	Lukas 13,31–33
44	Matthäus 21,1–11; Markus 11,1–11; Lukas 19,28–38
45	Matthäus 21,12f.
46	Horsley: *Spiral of Violence,* S. 286–289; Sean Frayne: *Galilee: From Alexander the Great to Hadrian, 323 BCE to 135 CE. A Study of Second Temple Judaism.* Notre Dame, Ind. 1980, S. 283–286
47	Matthäus 5,39; 44
48	Matthäus 26,63
49	Lukas 6,20–24
50	Matthäus 12,1–12; 23
51	Lukas 13,13
52	Lukas 9,23f.
53	Lukas 1,51–54
54	Markus 12,13–17; Horsley: *Spiral of Violence,* S. 306–316
55	F. F. Bruce: »Render to Caesar«, in F. Bammel / C. F. D. Moule (Hg.): *Jesus and the Politics of His Day.* Cambridge 1981, S. 258
56	Markus 12,38–40
57	Horsley, *Spiral of Violence,* S. 167f.

58 A. E. Harvey: *Strenuous Commands. The Ethic of Jesus.* London/Philadelphia 1990, S. 162, 209

59 Lukas 14,14; 23–24; Crossan: *Jesus,* S. 74–82

60 Lukas 6, 20f.; das Evangelium verwendet nicht das griechische Wort »penes« = Arme im Sinne solcher Menschen, die gerade so ihren Lebensunterhalt verdienen, sondern »ptochos« = Bettler.

61 Crossan: *Jesus,* S. 68ff.

62 Lukas 6,25

63 Matthäus 20,16

64 Matthäus 6,11–13

65 Gerd Theissen: *Soziologie der Jesusbewegung. Ein Beitrag zur Entstehungsgeschichte des Urchristentums.* Gütersloh 1977, S. 8–14

66 Markus 1,14f.

67 Matthäus 9,36

68 Warren Carter: »Construction of Violence and Identities in Matthew's Gospel«, in: Shelly Matthews / E. Leigh Gibson (Hg.): *Violence in the New Testament.* New York/London 2005, S. 93f.

69 John Pairman Brown: »Techniques of Imperial Control: the Background of the Gospel Event«, in: Norman Gottwald (Hg.): *The Bible of Liberation. Political and Social Hermeneutics.* Maryknoll, NY 1983, S. 357–377; Gerd Theissen: *Urchristliche Wundergeschichten.* Gütersloh 1998; Warren Carter: *Matthew and the Margins. A Socio-Political and Religious Reading.* Sheffield 2000, S. 17–29, 36–43, 123–127, 196ff.

70 Matthäus 6,10

71 Lukas 6,29ff.

72 Lukas 6,31–38

73 Apostelgeschichte 2,23; 32–35; Philipper 2,9

74 Matthäus 10,5f.

75 James B. Rives: *Religion in the Roman Empire.* Oxford 2007, S. 13–20

76 Ebd., S. 104–114

77 Jonathan Z. Smith: »Fences and Neighbours: Some Contours of Early Judaism«, in: *Imagining Religion: From Babylon to Jonestown.* Chicago/London 1982, S. 1–18; John W. Marshall: »Collateral Damage: Jesus and Jezebel in the Jewish War«, in: Matthews and Gibson (Hg.):, *Violence in the New Testament,* S. 38f.; Julia Galambush: *The Reluctant Parting. How the New Testament's Jewish Writers Created a Christian Book.* San Francisco 2005, S. 291f.

78 Apostelgeschichte 5,54ff.

79 Ebd. 13,44; 14,19; 17,10–15

80 1. Korinther 11,2–15

81 1. Korinther 14,21–25

82 Römer 13,1–2

83 Römer 13,6

84 1. Korinther 7,31

85 Apostelgeschichte 4,32–35

86 1. Korinther 12,12–27
87 Lukas 24,13–32
88 Philipper 2,3ff.
89 Philipper 2,6–11
90 Ebd., 3f.
91 Johannes 1
92 1. Johannes 7,42–47
93 Ebd. 2,18f.
94 Tacitus: *Historiae* 1.11; Matthews: »Collateral Damage«, S. 37f.
95 Firestone: *Holy War,* S. 46f.
96 Michael S. Berger: »Taming the Beast: Rabbinic Pacification of Second Century Jewish Nationalism«, in: James K. Wellman, jr. (Hg.): *Belief and Bloodshed, Religion and Violence across Time and Tradition.* Lanham, MD. 2007, S. 54f.
97 Jerusalemer Talmud (J), Taanit 4.5; Lamentations Rabbah 2.4
98 Cassius Dio: *Historia* 69,12; Mireille Hadas-Lebel: *Jerusalem against Rome* (Übs. Robyn Freshat). Leuven 2006, S. 398–409
99 Berger: »Taming the Beast«, S. 50ff.
100 B. Berakhot 58a; Shabbat 34a; Baba Batra 75a; Sanhedrin 100a; Firestone: *Holy War,* S. 73
101 Ebd., S. 52–61
102 Berger: »Taming the Beast«, S. 48
103 Avot de Rabbi Nathan, B.31, in: Robert Eisen: *The Peace and Violence of Judaism, From the Bible to Modern Zionism.* Oxford 2011, S. 86
104 B. Pesahim 118a in: Eisen, ebd.
105 Eisen: *Peace and Violence,* .S. 86; Hadas-Lebel: *Jerusalem against Rome,* S. 265–295
106 Mekhilta de Rabbi Yishmael 13; B. Avodah Zarah 18a
107 B. Shabbat 336b; B. Berakhot 58a
108 Wilfred Cantwell Smith: *What Is Scripture? A Comparative Approach.* London 1993, S. 290; Gerald L. Bruns: »Midrash and Allegory: The Beginnings of Scriptural Interpretation«, in: Robert Alter and Frank Kermode (Hg.): *A Literary Guide to the Bible.* London 1987, S. 629f ; Nahum S. Glatzer: »The Concept of Peace in Classical Judaism«, in: *Essays on Jewish Thought.* University, Ala., 1978, S. 37f.; Eisen: *Peace and Violence,* S. 90
109 Michael Fishbane: *Garments of Torah: Essays in Biblical Hermeneutics.* Bloomington/Indianapolis 1989, S. 22–32
110 B. Shabbat 63a; B. Sanhedrin 82a; B. Shabbat 133b; Tanhuman 10; Eisen: *Peace and Violence,* S. 88f.; Reuven Kimelman: »Non-violence in the Talmud«, in: *Judaism,* 17 (1968)
111 Avot de Rabbi Nathan, A. 23, in: Eisen: *Peace and Violence,* S. 88
112 Mishnah (M), Avot, 4:1 in: C. G. Montefiore / H. Loewe (Hg.): *A Rabbinic Anthology.* New York 1974
113 Eisen, S. 89
114 B. Berakhot 4a; Megillah 3a; Tamua 16a

115 Exodus 14; B. Megillah 10b, in: Montefiore/Loewe: *A Rabbinic Anthology*

116 M. Sotah 8:7; M. Yadayin 4:4; Tosefta Kiddushim 5:4; Firestone, *Holy War*, S. 74

117 J. Sotah 8.1

118 Hoheslied 2,7 u. ö.; B. Ketubot 110b–111a; Song of Songs Rabbah 2:7

119 Firestone: *Holy War*, S. 74f.

120 Aviezer Ravitsky: *Messianism, Zionism and Jewish Religious Radicalism*, (Übs. Michael Swirsky und Jonathan Chapman). Chicago 1997, S. 211–234

121 Peter Brown: *The World of Late Antiquity, AD 150–750*. London 1989, S. 20–24; Brown: *The Rise of Western Christendom; Triumph and Diversity, AD 200–1000*. Oxford/Malden, Mass. 1996, S. 18f.

122 Brown: *World of Late Antiquity*, S. 24–27

123 Peter Brown: *The Making of Late Antiquity*. Cambridge, Mass./London 1978, S. 48; *Rise of Western Christendom*, S. 19f.

124 Offenbarung 3,21; Tacitus: *Annales* 15,44; Tacitus schrieb allerdings Jahrzehnte später, und es ist unwahrscheinlich, dass die Christen schon so früh als eigene Einheit verstanden wurden. Candida R. Moss: *The Myth of Persecution: How Early Christians Invented a Story of Martyrdom*. New York 2013, S. 138f.

125 Tertullian: *Apologia* 20

126 W. H. C. Frend: *Martyrdom and Persecution in the Early Church; A Study of the Conflict from the Maccabees to Donatus*. Oxford 1965, S. 331

127 Jonathan Z. Smith: »The Temple and the Magician«, in: *Map Is Not Territory: Studies in the History of Religions*. Chicago/London 1978, S. 187; Peter Brown: »The Rise of the Holy Man in Late Antiquity«, in: *Journal of Roman Studies* LXI (1971)

128 Rives: *Religion in the Roman Empire*, S. 207f.

129 Ebd., S. 68, 82

130 Moss, S. 127–162; G. E. M. De Ste Croix: »Why Were the Early Christians Persecuted?«, in: Michael Whitby/Joseph Street (Hg.): *Martyrdom and Orthodoxy*. Oxford 2006

131 James B. Rives: »The Decree of Decius and the Religion of Empire«, in: *Journal of Roman Studies* 89 (1999); Robin Lane Fox: *Pagans and Christians*. New York 1987, S. 455f.

132 B. Baba Metziah 59b

133 *Collatio Legum Romanarum et Mosaicarum* 15.3, in: Brown, *Rise of Western Christendom*, S. 22.

134 Ramsey MacMullen: *The Second Church: Popular Christianity AD 200–400*. Die Christen hielten ihre Gottesdienste traditionell in Privathäusern. Kirchen wie die hier erwähnte Basilika waren eine neue Entwicklung.

135 Moss: *Myth of Persecution*, S. 154–158

136 Candida R. Moss: *The Other Christs: Imitating Jesus in Ancient Christian Ideologies of Martyrdom*. Oxford 2010

137 Victricius: *De Laude Sanctorum* 10. 452 B, in Peter Brown: *The Cult of the Saints, Its Rise and Function in Latin Christianity.* Chicago 1981, S. 79

138 *Decretum Gelasianum* in Brown, ebd.

139 »The Martyrs of Lyons«, 1.4 in: H. Musurillo (Übs.): *The Acts of the Christian Martyrs.* Oxford 1972

140 Ebd. 9, in: Peter Dronke: *Women Writers, of the Middle Ages, A Critical Study of Texts from Perpetua (+ 203) to Marguerite Poretz (+ 1310).* Cambridge, UK, 1984, S. 4

141 Ebd. 10, Dronke, S. 4

142 W. H. C. Frend: *Martyrdom and Persecution in the Early Church: A Study of the Conflict from the Maccabees to Donatus.* Oxford 1965, S. 15

143 Brown: *World of Late Antiquity.* S. 82–84

144 Origenes: *Contra Celsum* 2,30

145 Cyprianus: *Letters* 40:1; 48:4

146 Ebd., 30.2; Brown: *Making of Late Antiquity,* S. 79f.

147 Lactantius: *Divine Institutions,* in: William Fletcher (Übs.): *Lactantius: Works.* Edinburgh 1971, S. 366

148 Ebd., S. 427

149 Ebd., S. 328

6
Byzanz:
Die Tragödie des Reiches

150 Garth Fowden: *Empire to Commonwealth: Consequences of monotheism in late antiquity.* Princeton, NJ 1993, S. 13–16, 34

151 Eusebius (Hg. H. A. Drake): *In Praise of Constantine: A Historical Study and New Translation of Eusebius' Tricennial Orations.* Berkeley/Los Angeles 1976, S. 89

152 Aziz Al-Azmeh: *Muslim Kingship. Power and the Sacred in Muslim, Christian and Pagan Polities.* London/New York 1997, S. 27–33

153 Michael Gaddis: *There Is No Crime for Those Who Have Christ. Religious Violence in the Christian Roman Empire.* Berkeley/Los Angeles/London 2005, S. 88

154 Eusebius: *Vita Constantini* (VC) 1.5, 24; 2:19

155 Ebd., 4:8–13; Fowden: *Empire to Commonwealth,* S. 93f.

156 Al-Azmeh: *Muslim Kingship,* S. 43–46

157 Matthäus 28:19

158 John Haldon: *Warfare, State and Society in the Byzantine World, 565–1204.* London/New York 2005, S. 16–19

159 Fowden: *Empire to Commonwealth,* S. 93f.; Gaddis, S. 62f.

160 Eusebius: *Vita Constantini,* 4.61

161 Ebd., 4.6.2; Gaddis, S. 63f.

162 Ebd., S. 51–59
163 Eusebius: *Vita Constantini* 4.24
164 *Konstantin*: *Brief an Aelafius; Optatus; Gegen die Donatisten,* App. 3.
165 Die Donatisten erklärten, Caecilian sei durch Felix von Apthungi ordiniert worden, der während der diokletianischen Verfolgung abtrünnig geworden sei. Ihr Protest war ein Akt der Ehrerbietung gegenüber den Märtyrern.
166 Gaddis, S. 51
167 Ebd, S. 51–58
168 Konstantin (Übs. Mark Edwards): *Optatus; Gegen die Donatisten,* App. 9
169 Richard Lim: *Public Disputation. Power and Social Order in Late Antiquity.* Berkeley 1995
170 Peter Brown: *The World of Late Antiquity, AD 150–750.* London 1989, S. 86f.
171 Brown, ebd., S. 87ff.
172 James B. Rives: *Religion in the Roman Empire.* Oxford 2007, S. 13–20
173 Genesis 18,1–17; Exodus 33,18–23; 34,6–9; Josua 5,13ff.
174 Jaroslav Pelikan: *The Christian Tradition. A History of the Development of Doctrine; I: The Emergence of the Catholic Tradition.* Chicago/London 1971, S. 145
175 Eusebius, *Praeparatio evangelica* 5f.
176 Peter Brown: *The Body and Society: Men, Women and Sexual Renunciation in Early Christianity.* London/Boston 1988, S. 236
177 Athanasius (Übs. Andrew Louth): »*On the Incarnation*«, in: *Origins of Christian Mysticism: From Plato to Denys.* Oxford 1981, S.78
178 John Meyndorff: *Byzantine Theology, Historical Trends and Doctrinal Themes.* New York/London, 1975, S. 78
179 Brown: *World of Late Antiquity,* S. 90
180 Evelyne Patlagean: *Pauvreté économique et pauvreté sociale à Byzance, 4e–7e.* Paris 1977, S. 78–84
181 Matthäus 6,25
182 Matthäus 4,20; Apostelgeschichte 4,35
183 Matthäus 19,21
184 Athanasius: *Vita Antonii,* 3.2
185 David Caner: *Wandering, Begging Monks, Spiritual Authority and the Promotion of Monasticism in Late Antiquity.* Berkeley/Los Angeles/London 2002, S. 25
186 2. Thessalonicher 3,6–12
187 Athanasius: *Vita,* 50,4ff.
188 H. I. Bell, V. Martin, E. G. Turner, D. van Berchem: *The Abinnaeus Archive.* Oxford 1962, S. 77, 108
189 A. E. Boak / H. C. Harvey: *The Archive of Aurelius Isidore.* Ann Arbor 1960, S. 295f.
190 Peter Brown, *The Making of Late Antiquity* (Cambridge, Mass. and London, 1978, S. 82–86

191 Matthäus 6,34
192 Brown: *The Body and Society*, S. 218–221
193 Evagrius Ponticus: *Praktikos*, 9, in: *Evagrius Ponticus: The Praktikos and Chapters on Prayer*, Übs. J. E. Bamberger. Kalamazoo, Mich. 1978
194 *Sayings of the Fathers*, Olympios, 2, PG 313d –316a
195 Brown: *Making of Late Antiquity* S. 88ff.
196 *Sayings of the Fathers*, Poemon, 78; PG 65:352cd
197 Ebd., 60; PG 65:332a
198 Douglas Burton-Christie: *The Word in the Desert: Scripture and the Quest for Holiness in Early Christian Monasticism*. New York/Oxford 1993, S. 261–83
199 Brown: *Body and Society*, S. 215; *World of Late Antiquity*, S. 98
200 Athanasius: *Vita*, S. 92f.
201 *Sayings of the Fathers*, Macarius 32; PG 65:273d
202 *Sayings of the Fathers*, Macarius 32; PG 65:273d
203 Gaddis, S. 278
204 Hilary of Poitiers (Übs. Lionel R. Wickham): »Against Valerius and Ursacius«, 1.2.6, in: *Hilary of Poitiers: Conflicts of Conscience and Law in the Fourth Century Church*. Liverpool 1997
205 Athanasius (Übs. Alexander Roberts / James Donaldson): »History of the Arians«, 81, in: *Nicene and Post Nicene Fathers*, 14 Bde. (NPNF), Edinburgh 1885
206 Athanasius, *Apology Before Constantius*, 33
207 Genesis 14,18ff.
208 Gaddis, S. 89–97
209 Ebd., S. 93
210 Socrates, *Historia ecclesiastica*, 3.15 (NPNF)
211 Gaddis, S. 93f.; vgl. Mark Juergensmeyer: *Terror in the Mind of God; The Global Rise of Religious Violence*. Berkeley 2000, S. 190–218
212 Harold A. Drake: *Constantine and the Bishops: the Politics of Intolerance*. Baltimore 2000, S. 431–436
213 Brown: *Power and Persuasion*, S. 34–70
214 G. W. Bowerstock: *Hellenism in Late Antiquity*. Ann Arbor, Mich. 1990, S. 2–5, 35–40, 72–81; Brown: *Power and Persuasion*, S. 134–45
215 Gregor von Nazianz: »Oratio«, 6.6; PG 35.728, in: Brown, *Power and Persuasion*, S. 50
216 Brown, *Power and Persuasion*, S. 123–126
217 Raimundo Panikkar: *The Trinity and the Religious Experience of Man*, S. 46–67
218 Gaddis, S. 251–282
219 Eusebius, HE, 6.43, 5–10
220 Palladius (Übs. Robert T. Meyer): *Dialogue on the Life of John Chrysostom*, 20.561–71. New York 1985
221 Gaddis, S. 16
222 Hilarius von Poitiers: *Gegen Valerius und Ursacius*, 1.2.6

223 Patlagean: *Pauvreté économique*, S. 178–181; 301–340

224 Peter Garnsey: *Famine and Food Shortage in the Greco-Roman World*. Cambridge, UK, 1988, S. 257–268

225 E. W. Brooks: *The Sixth Book of the Select Letter of Severus, Patriarch of Antioch*, 1.9. London 1903; Brown: *Power and Persuasion*, S. 148; Brown: *World of Late Antiquity*, S. 110

226 Sozomen: *History of the Church*, 6.33.2

227 Gaddis, S. 242–250

228 Caner: *Wandering, Begging Monks*, S. 125–149. Vgl. 1. Thessalonicher 5,17

229 Gaddis, S. 94–97

230 Libanius: *Oratio* 30:8–9, in: A. F. Norman (Hg.): *Libanius: Select Orations*. 2 Bde., Cambridge, Mass. 1969, 1977

231 Gaddis, S. 249

232 Ambrosius: Epistle 41; Gaddis, S. 191–196

233 Ramsey MacMullen: *Christianising the Roman Empire, AD 100–400*. New Haven/London, 1984, S. 99

234 Rufinus: *History of the Church*, 11.22, in: Philip R. Amidon (Hg.): *The Church History of Rufinus of Aquileia* Oxford 1997

235 Gaddis, S. 250

236 Gaddis, S. 99f.

237 MacMullen: *Christianising the Roman Empire*, S. 119

238 Augustinus: Briefe 93.5.17 (NPNF)

239 Augustinus: *De civitate dei*, 18.54. MacMullen, S. 100

240 Peter Brown: »Religious Dissent in the Later Roman Empire: The Case of North Africa«, in: *History* 46 (1961); »Religious Coercion in the Later Roman Empire: The Case of North Africa«, in: *History*, 48 (1963); Gaddis, S. 133

241 Augustinus: Brief 47:5

242 Augustinus: Gegen Festus 22.74 (NPNF)

243 Augustinus: Brief 93.6

244 Augustinus (Übs. Thomas Williams): *On the Free Choice of the Will*, 9.1.5. Indianapolis 1993

245 Brown: *Rise of Western Christendom*, S. 7f.

246 Gaddis, S. 283–289

247 Nestorius (Übs. G. R. Driver/Leonard Hodgson): *Bazaar of Heracleides*. Oxford, 1925, S. 199f.

248 Socrates, *Historia Ecclesiastica* 7.32 (NPNF)

249 Palladius: *Dialog über das Leben des Johannes Chysostomus*, 20.579

250 Gaddis, S. 292–310

251 *Brief von Theodosius an Bausama*, 14 May, 449, in: Gaddis, S. 298

252 Akten des Konzils von Chalcedon, in: Gaddis, S. 156

253 Nestorius: *Bazaar of Heracleides*, S. 482f.

254 Gaddis, S. 310–327

255 John Meyndorff: »Christ as Saviour in the East«, in: McGinn and Meyndorff: *Christian Spirituality*, S. 236f.

256 Meyndorff: *Byzantine Theology*, S. 213ff.
257 Fowden: *From Empire to Commonwealth*, S. 166ff.
258 Ebd., S. 166
259 Chosrau I., ebd.
260 Brown: *World of Late Antiquity*, S. 160–165; *Rise of Western Christendom*, S. 173f.
261 Maximus: *Ambigua* 42, in Louth: *Maximus the Confessor.*
262 Maximus, *Brief 2: Über die Liebe*, 401D
263 Matthäus 5,44; 1. Timotheus 2.4; Maximus: *Über die Liebe*, I, 61, (in Louth: *Maximus the Confessor*)
264 Meyndorff: *Byzantine Theology*, S. 212–222

7
Das muslimische Dilemma

265 Den Werdegang Mohammeds und die Geschichte Arabiens habe ich ausführlicher in meinem Buch *Muhammad: A Prophet for Our Time* (London/New York 2006) beschrieben.
266 Muhammad A. Bamyeh: *The Social Origins of Islam: Mind, Economy, Discourse*. Minneapolis 1999), S. 11f.
267 Toshihiko Izutsu: *Ethico-Religious Concepts in the Qur'an*. Montreal/Kingston, Ont. 2002, S. 29, 46
268 R. A. Nicholson: *A Literary History of the Arabs*. Cambridge 1953, S. 83
269 Ebd., S. 28–45
270 Ebd., 83
271 Genesis 16; 17,25; 21,8–21
272 Koran 5,69; 88,17–20. Alle Koranzitate nach: Der edle Qur'án. Scheich 'Abdullah as-Samit (Übs. Frank Bubenheim/Nadeem Elyas). o. O. 2004
273 Koran 3,84f.
274 W. Montgomery Watt: *Muhammad at Mecca*. Oxford 1953, S. 68
275 Koran 90,13–17
276 Izutsu: *Ethico-Religious Concepts*, S. 28
277 Ebd., S. 68f.; Koran 14,47; 39,37; 15,79; 30,47; 44,16
278 Koran 25,63
279 W. Montgomery Watt: *Muhammad's Mecca: History of the Quran*. Edinburgh 1988, S. 25
280 W. Montgomery Watt: *Muhammad at Medina*. Oxford 1956, S. 173–231
281 Ibn Ishaq:»Sirat Rasul Allah«, in: A. Guillaume (Hg.): *The Life of Muhammad*. London 1955, S. 232
282 Watt: *Medina*, S. 6ff.; Bamyeh: *Social Origins*, S. 198f.
283 Koran 29,46
284 Michael Bonner: *Jihad in Islamic History*. Princeton/Oxford 2006, S. 193
285 Martin Lings: *Muhammad: His Life Based on the Earliest Sources*. London 1983, S. 247–55; Tor Andrae: *Muhammad: The Man and His Faith*.

London 1936, S. 215ff.; Watt: *Medina*, S. 46–59; Bamyeh: *Social Origins*, S. 222–227

286   Koran 48,26
287   Ibn Ishaq:, *Sirat Rasul Allah*, 751; vgl. Koran 110
288   Paul L. Heck: »Jihad Revisited«, in: *Journal of Religious Ethics*, 32,1 (2004); Bonner: *Jihad, S.* 21f.
289   Bonner: *Jihad*, S. 25; Reuven Firestone: *Jihad: The Origin of Holy War in Islam.* Oxford/New York 1999, S. 42–45
290   Koran 16,135ff.
291   Koran 22,39ff.; 2,194; 2,197
292   Koran 9,5
293   Koran 8,61
294   Koran 9,29
295   Firestone: *Jihad*, S. 49f.
296   Koran 15,94f.; 16,135
297   Koran 2,190; 22,39–45
298   Koran 2,191, 217
299   Koran 2,191; 9,5, 29
300   Firestone: *Jihad*, S. 50–65
301   Koran 2,216
302   Koran 9,38f.
303   Koran 9,43
304   Koran 9,73f.; 63,1–3
305   Koran 2,109
306   Koran 42,15
307   Firestone: *Jihad*, S. 73, 157
308   Koran 9,5
309   Koran 2,193; Firestone: *Jihad*, S. 85
310   Ebd.
311   Garth Fowden: *Empire to Commonwealth*, S. 140ff.
312   John Keegan: *The History of Warfare.* London 1993, S. 195f.
313   Peter Brown: *The World of Late Antiquity*, S. 193
314   Hadith, wiedergegeben durch Muthir al Ghiram, Shams ad-Din Suyuti und Walid ibn Muslim, zitiert in Gury Le Strange: *Palestine Under the Moslems: A Description of Syria and the Holy Land from AD 650 to 1500; Tabari* (London 1890), S. 139–143; Tabari: *Tarikh ar-Rasul wa'l Muluk*, 1:2405; Moshe Gil, *A History of Palestine, 634–1099* (Cambridge 1992), S. 70–72, 143–148, 636–638
315   »Book of Commandments«, zitiert bei Gil, S. 71
316   Michael der Syrer: *Historia* 3.226, zitiert nach Joshua Prawer: *The Latin Kingdom in Jerusalem: European Colonialism in the Middle Ages.* London 1972, S. 216
317   Peter Brown, *The Rise of Western Christendom; Triumph and Diversity, AD 200–1000.* Oxford/Malden, Mass. 1996, S. 185; Bonner: *Jihad*, S. 56
318   Ebd., S. 64–89, 168f.

319 David Cook: *Understanding Jihad*. Berkeley/Los Angeles/London 2005, S. 22ff.

320 Ebd., S. 13–19; Bonner: *Jihad*, S. 46–54; Firestone: *Jihad*, S. 93–99

321 Jan Wensinck: *Concordance et indices de la tradition musulmane*. 5 Bde., Leiden 1992, 1, 994.

322 Ebd. 5, 298

323 Al-Hindi: *Kanz*. Beirut 1989, 4. S. 282, no. 10,500; Cook: *Understanding Jihad*, S. 18

324 Ibn Abi Asim: *Jihad*. Medina 1986, I. S. 140–141, no. 11

325 Wensinck: *Concordance*, 2.212; S. Bashear: »Apocalyptic and Other Materials on early Muslim-Byzantine Wars«, in: *Journal of the Royal Asiatic Society*, Series 3, 1 (1991)

326 Wensinck: *Concordance*, 4.344; Bonner, *Jihad*, S. 51

327 Wensinck, ebd., Bd. 2., S. 312

328 Cook: *Understanding Jihad*, S. 23ff.

329 Ibn al-Mubarak: *Kitab al-Jihad*. Beirut 1971, S. 89f.; no. 105; Cook: *Understanding Jihad*, S. 23

330 Abu Daud: *Sunan* III, S. 4, no. 2484

331 Koran 3,157,167

332 Abd al-Wahhab Abd al-Latif (Hg.): *Al-jami al-sahih*. 5 Bde., Beirut, o. J., 106, no. 1712, zitiert nach David Cook: »Jihad and Martyrdom in Islamic History«, in: Andrew R. Murphy (Hg.): *The Blackwell Companion to Religion and Violence*. Chichester 2011, S. 283f.

333 Ibn al-Mubarak: *Jihad*, S. 63f., no. 64, in: Cook: *Understanding Jihad*, S. 26

334 Bonner: *Jihad*, S. 119f.

335 Bonner: *Jihad*, S. 125f.; Hodgson: *Venture*, S. 216; John L. Esposito: *Unholy War, Terror in the Name of Islam*. Oxford 2002, S. 41f.

336 Al-Azmeh, S. 68–69; die Umayyaden übernahmen diese Regel von der arabischen Lakhmiden-Dynastie, die von Persien abhängig war. Timothy H. Parsons: *The Rule of Empires: Those Who Built Them, Those Who Endured Them, and Why They Always Fail*. Oxford 2010, S. 79f.

337 Brown: *World of Late Antiquity*, S. 201f.

338 Michael Bonner: *Aristocratic Violence and Holy War: Studies in the Jihad and the Arab-Byzantine Frontier*. New Haven 1996, S. 99–106

339 Abu Nuwas: *Diwan*, 452, 641, in: Bonner, *Jihad*, S. 129

340 Bonner: *Jihad*, S. 127–131

341 Ebd., S. 99–110

342 Peter Partner: *God of Battles, Holy Wars of Christianity and Islam*. London 1997, S. 51.

343 Vgl. Ibn al-Mubarak: *Kitab al-Jihad*, S. 143, no. 141; Al Bayhagi, *Zuhd*. Beirut o. J., S. 165, no. 273; in: Cook: *Understanding Jihad*, S. 35

344 Parsons: *Rule of Empires*, S. 77; Bonner: *Jihad*, S.89; Hodgson: *Venture* 1, S. 305

345 Al-Azmeh: *Muslim Kingship*, S. 239; Hodgson, *Venture 1*, S. 444f.

346 Hodgson: *Venture 1*, S. 315–354

347 Hodgson, *Venture 1*, S. 317; Bonner: *Jihad*, S. 92f.; Cook: *Understanding Jihad*, S. 21
348 Ebd., S. 323
349 Die Sunniten sind in der Mehrheit und richten ihr Leben nach der »Sunna«, der »allgemeinen Praxis« des Propheten aus.
350 Es wurde »Fatimidenreich« genannt, weil die Ismailiten, wie alle Schiiten, Fatima verehren, die Tochter des Propheten, Ehefrau von Ali und Mutter von Husain.
351 Bernard Lewis: *The Assassins*. London 1967; Edwin Burman: *The Assassins, Holy Killers of Islam*. London 1987

8
Kreuzzug und Dschihad

352 H. E. J. Cowdrey: »Pope Gregory VII's ›Crusading‹ Plans of 1074«, in: B. Z. Kedar, H. E. Mayer / R. C. Smail (Hg.): *Outremer*. Jerusalem 1982
353 Jonathan Riley-Smith: *The First Crusade and the Idea of Crusading*. London 1986, S. 17–22
354 Joseph R. Strager: »Feudalism in Western Europe«, in: Rushton Coulborn (Hg.): *Feudalism in History*. Hamden, Conn. 1965, S. 21; Gaddis, S. 334f.; John Keegan: *A History of Warfare*. London 1993, S. 283, 289
355 Peter Brown: *The World of Late Antiquity*, S. 134
356 Wallace-Hadrill: *Frankish Church*, S. 187, 245
357 Peter Brown: *The Rise of Western Christendom; Triumph and Diversity, AD 200–1000*. Oxford/Malden, Mass. 1996, S. 254–257
358 Ebd., S. 276–302
359 Einard: »Life of Charlemagne«, in: Lewis Thorpe (Hg.): *Two Lives of Charlemagne*. Harmondsworth 1969, S. 67
360 Karl F. Morrison: *Tradition and Authority in the Western Church, 300–1140*. Princeton 1969, S. 378
361 Rosamund McKitterick: *The Frankish Kingdoms under the Carolingians, 751–987*. London/New York 1983, S. 62
362 Brown: *World of Late Antiquity*, S. 134f.
363 Alcuin: Brief 174, in: Southern, S. 32
364 Dieser Brief wurde tatsächlich von Alcuin in seinem Namen geschrieben. Epistel 93, in: Wallace-Hadrill: *The Frankish Church*, S. 186
365 Brown: *Rise of Western Christendom*, S. 281
366 Talal Asad: »On Discipline and Humility in Medieval Christian Monasticism«, in: *Genealogies of Religion, Discipline and Reasons of Power in Christianity and Islam*. Baltimore/London 1993, S. 148
367 Asad: »On Discipline and Humility«, S. 130–134
368 Southern: *Western Society and the Church*, S. 217–224
369 Georges Duby: »The Origins of a System of Social Classification«, in: *The Chivalrous Society*. London 1977, S. 91

370 Georges Duby: »The Origins of Knighthood«, ebd., S. 165
371 »Foundation Charter of King Edgar for New Minster, Winchester«, in: Southern, S. 224f.
372 Ordericus Vitalis: *Historia Ecclesiastica*, in: Southern, S. 225
373 Brown: *Rise of Western Christendom*, S. 301
374 Georges Duby: *The Three Orders, Feudal Society Imagined*. London 1980, S. 151; Riley-Smith: *First Crusade*, S. 3
375 Marc Bloch: *Feudal Society*. London 1961, S. 296, 298
376 Georges Duby: *The Early Growth of the European Economy: Warriors and Peasants from the Seventh to the Twelfth Century*. Ithaca, NY 1974, S. 49
377 Duby: »Origins of a System of Social Classification«, S. 91f.
378 Die ersten ausführlichen Formulierungen dieses Systems finden sich in einem Gedicht von Aleberon de Laon (um 1028–30) und in den *Gesta episcoporum camera-censiam* des Bischofs Gerals de Cambrai (um 1025); aber es kann durchaus frühere Versionen gegeben haben. Vgl. George Duby: »The Origins of Knighthood«, in: *Chivalrous Society*, S. 165
379 Bishop Merbad de Rennes, in: J. P. Migne (Hg.): *Patrologia Latina* (PL). Paris 1844–64, 1971. 1483ff.; Baldric de Bol in PL, 162, 1058f.: R. I. Moore: *The Formation of a Persecuting Society: Power and Deviance in Western Europe, 950–1250*. Oxford 1987, S. 102
380 Maurice Keen: *Chivalry*. New Haven/London 1984, S. 46f.
381 Thomas Head/Richard Landes (Hg.): *The Peace of God. Social Justice and Religious Response in France around the Year 1000*. Ithaca, NY 1992; Mastnak: *Crusading Peace*, S. 1–18; Duby: *Chivalrous Society*, S. 126–131; H. E. J. Cowdrey: »The Peace and the Truce of God in the Eleventh Century«, in: *Past and Present*, 46 (1970)
382 James Westfall Thompson: *Economic and Social History of the Middle Ages*. New York 1928, S. 660
383 »The Council of Narbonne, 1054«, in: Duby, *Chivalrous Society*, S. 132
384 Glaber: *Historiarum* V. i. 25, in: Mastnak: *Crusading Peace*, S. 11
385 Duby: »Origins of Knighthood«, S. 169
386 Ebd., S. 169
387 Riley-Smith: *First Crusade*, S. 7f.
388 Ebd., S. 17–27
389 Urban: Brief an die katalanischen Grafen, in: Riley-Smith, *First Crusade*, S. 20
390 Matthäus 19,29
391 Mastnak: *Crusading Peace*, S. 130–136
392 Sigal: »Et les marcheurs de Dieu«, S. 23; Riley-Smith: *First Crusade*, S. 23
393 Riley-Smith: *First Crusade*, S. 48f.
394 »Chronicle of Rabbi Eliezer bar Nathan«, in: Schlomo Eidelberg (Hg.): *The Jews and the Crusaders: the Hebrew Chronicles of the First and Second Crusades*. London 1977, S. 80
395 Guibert de Nogent: *De Vita Sua* II.1, in: Joseph McAlhany/Jay Rubin-

stein (Hg.): *Monodies and On the Relics of the Saints, the Autobiography and a Manifesto of a French Monk from the Time of the Crusades.* London 2011, S. 97

396   Henri Pirenne: *Economic and Social History of Europe.* New York 1956, S. 7, 10ff.

397   John H. Kautsky: The Political Consequences of Modernization. New York/London/Sydney/Toronto 1972, S. 48

398   Georges Duby: »The Transformation of the Aristocracy«, in: *Chivalrous Society,* S. 82

399   Cohn: *Pursuit of the Millennium, Revolutionary Millenarians and Mystical Anarchists of the Middle Ages.* London 1984, S. 68ff.

400   Duby: »The Juventus«, in: *Chivalrous Society,* S. 112–121

401   Ebd., S. 120

402   Cohn: *Pursuit of the Millennium,* S. 63

403   Riley-Smith: *First Crusade,* S. 46

404   Ralph de Caen: *Gesta Tancredi,* RHC, 3, in: Riley-Smith: *First Crusade,* S. 36

405   E. O. Blake: »The Formation of the ›Crusade Idea‹«, in: *Journal of Ecclesiastical History,* 21, 1 (1970); Mastnak: *Crusading Peace,* S. 56f.

406   Rosalind Hill (Hg.): *The Deeds of the Franks and the Other Pilgrims to Jerusalem.* London 1962, S. 27

407   Fulcher de Chartres (Hg. Frances Rita Ryan): *A History of the Expedition to Jerusalem, 1098–1127.* Knoxville 1969, S. 96

408   Riley-Smith: *First Crusade,* S. 91

409   Ebd., S. 84f.

410   Ebd., S. 117

411   John Fowles: *The Magus.* Rev. ed. London 1997, S. 413

412   Mastnak: *Crusading Peace,* S. 66

413   *Deeds of the Franks,* S. 91

414   Raymond, in: August C. Krey (Hg.): *The First Crusade: The Accounts of Eyewitnesses and Participants.* Princeton, NJ/London 1921, S. 266

415   Fulcher: *History of the Expedition,* S. 102

416   Raymond, S. 266

417   Robert: *Historia Iherosolimitana,* RI IC, 3, S. 741

418   Fulcher: *History of the Expedition,* S. 66f.; Robertus Monachus: *Historia,* S. 725; Riley-Smith: *First Crusade,* S. 143

419   John Keegan: *A History of Warfare,* S. 295

420   Bernard de Clairvaux: *In Praise of the New Knighthood,* 2,3; 2,1; zitiert nach: M. Conrad Greenia, OCSO (Hg.): *In Praise of the New Knighthood, A Treatise on the Knights Templar and the Holy Places of Jerusalem.* Collegeville, Minn. 2008

421   Ebd., 3,5

422   Amin Maalouf: *The Crusades Through Arab Eyes,* hg. von Jon Rothschild. London 1984, S. 38f.; die Zahlen bei Ibn al-Athir sind sicher übertrieben, denn die Bevölkerung der Stadt zählte zu dieser Zeit nicht mehr als zehntausend.

423 Bonner: *Jihad*, S. 137f.
424 Izz ad-Din ibn al-Athir: »The Perfect History«, X. 92, in: Francesco Gabrieli (Hg.): *Arab Historians of the Crusades*. London/Melbourne/Henley 1978
425 Carole Hillenbrand: *The Crusades: Islamic Perspectives*. Edinburgh 1999, S. 75–81
426 Maalouf: *Crusades Through Arab Eyes*, S. 2f.
427 Bonner: *Jihad*, S. 139f.; Emanuel Sivan: »Genèse de contre-croisade: un traite damasquin de début du XIIe siècle«, in: *Journal Asiatique*, 254 (1966)
428 R. A. Nicholson: *The Mystics of Islam*. London 1963, S. 105
429 Ibn al-Qalanisi: »History of Damascus«, 173, in: Gabrieli: *Arab Historians of the Crusades*
430 Kamal ad-Din: *The Cream of the Milk in the History of Aleppo*, II, 187–90, ebd.
431 Maalouf: *Crusades Through Arab Eyes*, S. 147
432 Imad ad-Din al-Isfahani: »Zubat al-nuores«, in: Hillebrand: *Crusades*, S. 113
433 Alle Zitate nach Ibn al-Athir: »Perfect History«, XI, 264–267, in: Gabrieli, *Arab Historians of the Crusade*
434 Baha ad-Din: »Sultanly Anecdotes«, in: Gabrieli: *Arab Historians of the Crusade*, S. 100
435 Ibn al-Athir: »Perfect History«, S. 141f.
436 Ibn al-Athir: »Perfect History«, in: Maalouf, S. 205f.
437 Christopher J. Tyerman: »Sed nihil fecit? The Last Capetians and the Recovery of the Holy Land«, in: J. Gillingham/J. C. Holt (Hg.): *War and Government in the Middle Ages; Essays in Honour of J. O. Prestwich*. Totowa, N. J. 1984; Norman Housley: *The Later Crusades, 1274–1580. From Lyons to Alcazar*. Oxford, 1992, S. 12–30; Mastnak: *Crusading Peace*, S. 139f.
438 Zwei entgegengesetzte Ansichten dazu vertreten Southern: *Making of the Middle Ages*, S. 56–62, und Steven Runciman: *A History of the Crusades*. 3 Bde., Cambridge 1954, S. 474–477,
439 Hillenbrand: *Crusades*, S. 249f.
440 David Abulafia: *Frederick II: A Medieval Emperor*. New York/Oxford 1992, S. 197f.
441 Vgl. John Esposito: *Unholy War, Terror in the Name of Islam*. Oxford 2002, S. 43–46; David Cook: *Understanding Jihad*. Berkeley/Los Angeles/London 2005, S. 63–66; Bonner: *Jihad*, S. 143f.; Hodgson: *Venture*, S. 468–471; Natana J. Delong-Bas: *Wahhabi Islam: From Revival and Reform to Global Jihad*. Kairo 2005, S. 247–255; Hillenbrand: *Crusades*, S. 241ff.
442 Moore: *Formation of a Persecuting Society*
443 Ebd., S. 26–43
444 H. G. Richardson: *The English Jewry under the Angevin Kings*. London

1960, S. 8; John H. Mundy: *Liberty and Political Power in Toulouse.* New York 1954, S. 325

445 Moshe Gil: *A History of Palestine, 634–1099.* Cambridge 1992, S. 370–380; F. E. Peters: *The Distant Shrine: The Islamic Centuries in Jerusalem.* New York 1993, S. 73f., 92–96. Die Griechen nannten die Anastasis um das Grab Christi »Kirche der Auferstehung«. Die Kreuzritter gaben ihr den Namen Grabeskirche.

446 Cohn: *Pursuit of the Millennium* , S. 76ff., 80, 86f.

447 Ebd., S. 87f.

448 Moore: *Formation of a Persecuting Society,* S. 105f.

449 Ebd., S. 84f.; Richardson: English Jewry, S. 50–63

450 Pierre Abelard: *Dialogus,* 51, in: P. J. Payer (Hg.): *A Dialogue of a Philosopher with a Jew and a Christian.* Toronto 1979, S. 33

451 M. Montgomery Watt: *The Influence of Islam on Medieval Europe.* Edinburgh 1972, S. 74–86

452 Duby: »Introduction«, in: *Chivalrous Society,* S. 9ff.

453 Jonathan & Louise Riley-Smith: *The Crusades: Idea and Reality, 1095–1274.* London o. J., S. 78f.

454 Ebd., S. 83, 85

455 Zoe Oldenbourg: *Le Bucher de Montségur.* Paris 1959, S. 115f.

456 Ebd., S. 89

457 J. D. Mansi: *Sacrorum Consiliorum nova et amplissima collectio.* Paris/Leipzig 1903, Vol. 21, S. 843, in: Moore: *Formation of a Persecution Society,* S. 111

458 Norman Cohn: *Warrant for Genocide.* London 1967, S. 12

459 Petrus Venerabilis: »Summary of the Whole Heresy of the Diabolic Sect of the Saracens«, in: Norman Daniel: *Islam and the West. The Making of an Image.* Edinburgh 1960, S. 124

460 Benjamin Kedar: *Crusade and Mission: European Approaches to the Muslims.* Princeton, NJ 1984, S. 101

461 Moore: *Formation of a Persecuting Society,* S. 60–67

462 Ebd., S. 102, 110f.

463 Larry Benson (Hg.): *King Arthur's Death· The Middle English Stanzaic Morte d'Arthur and the Alliterative Morte d'Arthur.* Kalamazoo, Mich. 1994, V. 247

464 *Rolandslied,* V. 2196

465 Ebd., V. 2240, 2361

466 Ebd., V. 1881f.

467 Keen: *Chivalry,* S. 60–63

468 P. M. Matarasso (Hg.): *The Quest of the Holy Grail.* Harmondsworth 1969, S. 119f.

469 Cardini: »Warrior and Knight«, S. 95

470 Keith Busby (Hg.): *Raoul de Hodence, Le roman des eles: The Anonymous Ordene de Cevalerie.* Philadelphia 1983, S. 175

471 Kaeuper: *Holy Warriors,* S. 53–57

472 A. T. Holden, S. Gregory / David Crouch (Hg.): *History of William Marshal*. 2 Bde., London, 2002–2006, V. 16,853–63

473 Kaeuper: *Holy Warriors*, S. 38–49

474 Henry of Lancaster: »Book of Holy Remedies«, in: A. J. Arnold (Hg.): *Le Livre de Seyntz Medicines: The Unpublished Devotional Treatises of Henry of Lancaster*. Oxford 1940, S. 4

475 Ebd., S. 194

476 Ebd., S. 174, 176f.

477 Ebd.

478 Mastnak: *Crusading Peace*, S. 233–239

479 Barber: *New Knighthood*, S. 280–313; Norman Cohn: *Europe's Inner Demons; The Demonization of Christians in Medieval Christendom*. London 1975, S. 79–101

480 Brian Tierney: *The Crisis of Church and State, 1050–1300*. Toronto 1988, S. 172; J. H. Shennon: *The Origins of the Modern European State 1450–1725*. London 1974; Quentin Skinner: *The Foundations of Modern Political Thought*. 2 Bde., Cambridge 1978, Bd. 1 S. xxiii; A. Fall: *Medieval and Renaissance Origins. Historiographical Debates and Demonstrations*. London 1991, S. 120

481 Mastnak: *Crusading Peace*, S. 244ff.

482 J. N. Hillgarth: *Ramon Lull and Lullism in Fourteenth Century France*. Oxford 1971, S. 107–111, 120

483 Christopher J. Tyerman: *England and the Crusades, 1095–1588*. Chicago 1988, S. 324–343; William T. Cavanaugh: *Migrations of the Holy: God, State and the Political Meanings of the Church*. Grand Rapids, Mich. 2011

484 John Barnie: *War in Medieval English Society: Social Values in the Hundred Years War*. Ithaca, NY 1974, S. 102f.

485 Mastnak: *Crusading Peace*, S. 248–251; Thomas J. Renna: »Kingship in the *Disputatio inter clericum et militem*«, in: *Speculum* 48 (1973)

486 Ernst K. Kantorowicz: »*Pro Patria Mori in Medieval Political Thought*«, in: *American Historical Review*, 56, No. 3, (1951), S. 244, 256

Teil 3
Neuzeit

9
Der Aufstieg der Religion

1   Felipe Fernandez-Armesto: *1492. The Year the Four Corners of the Earth Collided.* New York 2009, S. 9–11, 52

2   Hodgson: *Venture* Bd. 3, S. 14 15

3   Ebd., Bd. 2, S. 334–360

4   John H. Kautsky: *The Politics of the Aristocratic Empire.* 2. Aufl. New Brunswick/London 1997, S. 146

5   Benedict Anderson: *Lineages of the Absolutist State.* London 1974, S. 505

6   Fernandes-Armesto: *1492*, S. 2–4

7   Timothy H. Parsons: *Empires*, S. 117; Jay: *Road to Riches*, S. 147

8   Jay: *Road to Riches*, S. 151

9   Ebd., S. 152f.

10 Henry Kamen: *Empire: How Spain Became a World Power. 1492–1763.* New York 2003, S. 83

11 Howard Zinn: *A People's History of the United States. From 1492 to the Present.* 2. Aufl., 1996, S. 11.

12 Massimo Livi-Bacci: *A Concise History of World Population.* Oxford 1997, S. 56–59

13 Parsons: *Rule of Empires*, S. 121

14 Ebd., S. 117

15 Jay: *Road to Riches*, S. 150

16 Ebd.

17 Cajetan: »On Aquinas' Secunda Secundae«, q. 66; art. 8, in: Richard Tuck: *The Rights of War and Peace, Political Thought and the International Order from Grotius to Kant.* Oxford 1999, S. 70

18 Francisco de Vitoria: *Political Writings.* Hg. Anthony Pagden und Jeremy Lawrence. Cambridge 1991, S. 225f.

19 Thomas More: *Utopia*, Hg. George M. Logan und Robert M. Adams. Cambridge 1989, S. 89f.

20 Ebd., S. 58

21 Ebd.

22 Tuck: *Rights of War and Peace*, S. 15; Max Weber äußerte sich 1906 ähnlich, vgl. H. H. Gerth und C. Wright Mills (Hg.): *From Max Weber.* London 1948, S. 71f.

23 Die Tacitus-Passage wird zitiert bei Gentili: *The Rights of War and Peace.* 3 Bde., London 1738, 2.2.17; Tuck: *Rights of War and Peace*, S. 47f.

24 Aristoteles: *Politeia*, 1256.b.22

25 Henry Kamen: *The Spanish Inquisition: An Historical Revision.* London 1997, S. 45, 68, 137

26 Johnson, S. 225–229

27 Haim Beinart: *Conversos on Trial: The Inquisition in Ciudad Real.* Jerusalem 1981, S. 3–6
28 Norman Roth: *Conversos, Inquisition and the Expulsion of Jews from Spain.* Madison 1995, S. 283f.
29 Ebd., S. 19
30 Fernando-Armesto: *1492*, S. 94ff.
31 Paul Johnson: *A History of the Jews.* London 1987, S. 229; Yirmiyahu Yovel: *Spinoza and Other Heretics: I. The Marrano of Reason.* Princeton, NJ 1989, S. 17f.
32 Johnson: Jews, S. 225–229
33 Kamen: *Inquisition,* S. 57–59; William Monter: *Frontiers of Heresy, The Spanish Inquisition from the Basque Lands to Sicily.* Cambridge 1990, S. 53
34 Ebd., S. 69
35 Robin Briggs: »Embattled Faiths: Religion and Natural Philosophy«, in: Euan Cameron (Hg.): *Early Modern Europe: An Oxford History.* Oxford 1999, S. 197–205
36 Jay: *Riches*, S. 160–163
37 Henri Pirenne: *Medieval Cities. Their Origins and the Revival of Trade.* Princeton 1946, S. 168–212; Bert F. Hoselitz: *Sociological Aspects of Economic Growth.* New York 1960, S. 163–172
38 Norman Cohn: *Pursuit of the Millennium, Revolutionary Millenarians and Mystical Anarchists of the Middle Ages.* London 1984, S. 107–116
39 Euan Cameron: »The Power of the Word: Renaissance and Reformation«, in: Camero: *Early Modern Europe*, S. 87–90
40 Richard Marius: *Martin Luther, The Christian Between God and Death.* Cambridg, Mass./London 1999, S. 73f., 214f., 486f.
41 Joshua Mitchell: *Not By Reason Alone; History and Identity in Early Modern Political Thought.* Chicago 1993, S. 23–30
42 Martin Luther: *Von weltlicher Obrigkeit, wie weit man ihr Gehorsam schuldig sei.* 1523
43 Ebd.
44 Ebd.
45 Ebd.
46 Martin Luther: *Ob Kriegsleute auch im seligen Stande sein können.* 1526
47 J. W. Allen: *A History of Political Thought in the Sixteenth Century.* London 1928, S. 16; Sheldon, S. Wolin: *Politics and Vision, Continuity and Innovation in Western Political Thought.* Boston 1960, S. 164
48 Cohn: *Pursuit of the Millennium*, S. 245–250
49 Martin Luther: *Ermahnung zum Frieden auf die Zwölf Artikel der Bauernschaft in Schwaben.* 1525
50 Ebd.
51 Ebd.
52 Martin Luther: *Wider die räuberischen und mörderischen Rotten der Bauern.* 1525

53   Steven Ozment: *The Reformation of the Cities: The Appeal of Protestantism to Sixteenth Century Germany and Switzerland.* New Haven 1975, S. 10f., 123ff., 148ff.

54   Charles A. McDaniel jr.: »Violent Yearnings for the Kingdom of God: Munster's Militant Anabaptism«, in: James K. Wellman (Hg.): *Belief and Bloodshed, Religion and Violence across Time and Tradition.* Lanham, Md. 2007, S. 74. Die soziale Gefahr blieb jedoch bestehen, auch als sich in den letzten Tagen des Wiedertäuferreichs in Münster Jan von Leyden als König krönen ließ, einen pseudoimperialen Hof errichtete und eine Schreckensherrschaft begann.

55   Cohn: *Pursuit of the Millennium,* S. 255–279

56   Ich diskutiere diesen Punkt ausführlich in meinem Buch *The Case for God* (London and New York, 2009). Vgl. auch Wilfred Cantwell Smith: *The Meaning and End of Religion: A New Approach to the Religious Traditions of Mankind.* New York 1962; *Belief in History.* Charlottesville, Va. 1985; *Faith and Belief.* Princeton, NJ 1987

57   William T. Cavanaugh: *The Myth of Religious Violence.* Oxford 2009, S. 72ff.

58   Thomas Morus: *A Dialogue Concerning Heresies,* hg. Thomas M. C. Lawlor. New Haven 1981, S. 416

59   François André Isambert (Hg.): *Recueil Général des anciennes lois françaises depuis l'an 420 jusqu'à la Révolution de 1789.* Paris 1821–33, Bd. 12, S. 819

60   Brad S. Gregory: *Salvation at Stake: Christian Martyrdom in Early Modern Europe.* Cambridge, Mass./London 1999, S. 201

61   Raymund F. Mentzer: *Heresy Proceedings in Languedoc, 1500–1560.* Philadelphia 1984, S. 172

62   Philip Spierenberg: *The Spectacle of Suffering: Executions and the Evolution of Repression: From a Pre-Industrial Metropolis to the European Experience.* Cambridge, UK, 1984; Lionello Puppi: *Torment in Art: Pain, Violence and Martyrdom.* New York 1991, S. 11–69

63   Gregory: *Sacrifice at Stake,* S. 77ff.

64   David Nicholls: »The Theatre of Martyrdom in the French Reformation«, in: *Past and Present,* 121 (1998); Susan Brigdon: *London and the Reformation.* Oxford 1989, S. 607; Mentzer: *Heresy Proceedings,* S. 71

65   Gregory: *Salvation at Stake,* S. 80f.

66   Deuteronomium, 13,1–3; 5,6–11. Dieser Vers wurde von Johannes Eck und Calvin zitiert, um die Hinrichtung von Michael Servetus zu rechtfertigen, der die Lehre von der Dreifaltigkeit leugnete.

67   Gregory: *Salvation at Stake,* S. 84–87

68   Ebd., S. 111, 154

69   Ebd., S. 261–269

70   Allen: *Apologie of the English College.* Douai 1581; Gregory: *Salvation at Stake,* S. 283

71   Gregory: *Salvation at Stake,* S. 285f.

603

72 Kamen: *Spanish Inquisition*, S. 204–213

73 Ebd., S. 203

74 Ebd., S. 98

75 Ebd., S. 223–245

76 Ebd.

77 Cavanaugh: *Myth of Religious Violence*, S. 122

78 J. V. Poliskensky: *War and Society in Europe, 1618–1848*. Cambridge 1978, S. 77, 154, 217

79 Cavanaugh: *Myth of Religious Violence*, S. 142–155

80 Richard S. Dunn: *The Age of Religious Wars, 1559–1689.* New York 1970, S. 6; James D. Tracy: *Charles V, Impresario of War: Campaign Strategy, International Finance, and Domestic Politics.* Cambridge 2002, S. 45–47, 306

81 Blockmans, S. 95, 110; William Maltby: *The Reign of Charles V.* New York 2002, S. 112f.

82 Tracy, S. 307; W. Blockmans: *Emperor Charles V, 1500–1558.* London/ New York 2002, S. 47

83 Klaus Jaitner: »The Pope and the Struggle for Power during the Sixteenth and Seventeenth Centuries«, in: Klaus Bussman und Heinz Schilling (Hg.): *War and Peace in Europe.* 3 Bde., Münster 1998, Bd. 1, S. 62

84 Maltby: *Reign of Charles V*, S. 62; Tracy, *Charles V*, S. 209–215

85 Tracy: *Charles V*, S. 32ff., 46

86 Maltby: ebd., S. 62

87 Cavanaugh: *Myth of Religious Violence*, S. 164

88 Dunn: *Age of Religious Wars*, S. 49

89 Ebd., S. 50f.

90 Dunn: *Age of Religious Wars*, S. 49

91 Cavanaugh: *Myth of Religious Violence*, S. 145–147, 153–158

92 James Westfall Thompson: *The Wars of Religion in France, 1559–1576: The Huguenots, Catherine de Medici, Philip II.* 2. Aufl., New York 1957; Lucien Romier: »A Dissident Nobility under the Cloak of Religion«, in: J. H. M. Salmon (Hg.): *The French Wars of Religion: How Important Were Religious Factors?* Lexington, Mass. 1967; Henri Hauser: »Political Anarchy and Social Discontent«, ebd.

93 Natalie Zemon Davis: »The Rites of Violence: Religious Riot in Sixteenth Century France«, in: *Past and Present*, 59 (1973)

94 Mack P. Holt: »Putting Religion Back into the Wars of Religion«, in: *French Historical Studies*, 18, 2 (Herbst 1993); John Bossy: »Unrethinking the Sixteenth Century Wars of Religion«, in: Thomas Kselman (Hg.): *Belief in History: Innovative Approaches in European and American Religion.* Notre Dame, In. 1991; Denis Crouzet: *Les guerriers de Dieu: La violence en temps des troubles de religion.* Seyssel 1990; Barbara Diefendorf: *Beneath the Cross: Catholics and Huguenots in Sixteenth Century Paris.* New York 1991. Einige Forscher argumentieren, Davis habe den Konflikt unzutreffend als »im Wesentlichen« religiös beschrie-

ben, weil Religion zu dieser Zeit noch alle menschlichen Aktivitäten durchdrang; vgl. Cavanaugh: *Myth of Religious Violence*, S. 159f.

95   M. P. Holt: *The French Wars of Religion, 1562–1629.* Cambridge 1995, S. 17f.

96   Bossy: »Unrethinking the Sixteenth Century Wars of Religion«, S. 278ff.

97   Virginia Reinberg: »Liturgy and Laity in Late Medieval and Reformation France«, in: *Sixteenth Century Journal*, vol. 23 (Herbst 1992)

98   Holt: *French Wars of Religion*, S. 18 21

99   Ebd., S. 50f.

100   J. H. M. Salmon: *Society in Crisis: France in the Sixteenth Century.* New York 1975, S. 198; Henry Heller: *Iron and Blood: Civil Wars in Sixteenth Century France.* Montreal 1991, S. 63

101   Holt: *French Wars of Religion*, S. 99; Salmon: *Society in Crisis*, S. 176, 197

102   Salmon: ebd., S. 204f.

103   Holt: *French Wars of Religion.* S. 50f.

104   Heller: *Iron and Blood*, S. 209ff.

105   Ebd., S. 126

106   Holt: *French Wars of Religion*, S. 156f.; Salmon: *Society in Crisis*, S. 282–91

107   Ebd., S. 3f., 126, 168f.; Cavanaugh: *Myth of Religious Violence*, S. 173f.

108   Cavanaugh, ebd., S. 147–150

109   Geoffrey Parker: *The Thirty Years War.* London 1984, S. 29–33, 59–64

110   Parker: *Thirty Years War*, S. 195

111   Dunn: *Age of Religious Wars*, S. 71f.

112   William H. McNeill: *Pursuit of Power: Technology, Armed Force and Society since AD 1000.* Chicago 1982, S. 120–123; Robert L. O'Connell: *Of Arms and Men, A History of War, Weapons and Aggression.* New York/Oxford 1999, S. 143f.

113   Ebd., S. 121ff.

114   Parker: *Thirty Years War*, S. 127f.

115   Jeremy Black: »Warfare, Crisis and Absolutism«, in: Cameron: *Early Modern Europe*, S. 211

116   Parker: *Thirty Years War*, S. 142

117   Ebd., S. 216f.

118   Cavanaugh: *Myth of Religious Violence*, S. 159

119   Andrew R. Murphy: »Cromwell, Mather and the Rhetoric of Puritan Violence«, in: Andrew R. Murphy (Hg.): *The Blackwell Companion to Religion and Violence.* Chichester 2011, S. 528–534

120   Thomas Carlyle (Hg.): *Oliver Cromwell's Letters and Speeches.*, 3 Bde., New York 1871, Bd. 1, S. 154

121   Ebd., Bd. 2, S. 153f.

122   Cavanaugh: *Myth of Religious Violence*, S. 172

123   Ann Hughes: *The Causes of the English Civil War.* London 1998, S. 25

124   Ebd., S. 10–25, 558f., 90–97

125   Ebd., S. 89

126 Ebd., S. 85
127 Cavanaugh: *Myth of Religious Violence*, S. 160–172
128 Parker: *Thirty Years War*, S. 172
129 Jan N. Brenner:»Secularization: Notes toward the Genealogy«, in: Henk de Vries (Hg.): *Religion: Beyond a Concept*. New York 2008, S. 433
130 Heinz Schilling:»War and Peace at the Emergence of Modernity: Europe between State Belligerence, Religious Wars and the Desire for Peace in 1648«, in: Bussman und Schilling: *War and Peace in Europe*, S. 14
131 Thomas Ertman: *Birth of the Leviathan: Building States and Regimes in Early Modern Europe*. Cambridge 1997, S. 4
132 Salmon: *Society in Crisis*, S. 13
133 Cavanaugh: *Myth of Religious Violence*, S. 72–85; Russell T. McCutcheon:»The Category ›Religion‹ and the Politics of Tolerance«, in: Arthur L. Greil und David G. Bromley (Hg.): *Defining Religion: Investigating the Boundaries between the Sacred and the Secular*. Oxford 2003, S. 146–152; Derek Peterson und Darren Walhof:»Rethinking Religion«, in: Peterson und Walhof (Hg.): *The Invention of Religion*, S. 3–9; David E. Gunn:»Religion, Law and Violence«, in: Murphy: *Blackwell Companion*, S. 105ff.
134 Edward, Lord Herbert: *De Veritate*, hg. Meyrick H. Carre. Bristol 1937, S. 303
135 Ebd., S. 298
136 Edward, Lord Herbert: *De Religio Laici*, hg. Harold L. Hutcheson. New Haven, Conn. 1944, S. 127
137 Thomas Hobbes: *Behemoth; or, The Long Parliament*, hg. Frederick Tonnies. Chicago 1990, S. 55
138 Ebd., S. 95
139 Thomas Hobbes: *On the Citizen*, hg. Richard Tuck und Michael Silverthorne. Cambridge 1998, 3.26; Thomas Hobbes: *Leviathan*, hg. Richard Tuck. Cambridge 1991, S. 223
140 Hobbes: *Leviathan*, S. 315, 431–434
141 Ebd., S. 31
142 Ebd., S. 27
143 Ebd., S. 17
144 John Locke: *A Letter Concerning Toleration*. Indianapolis 1955, S. 15
145 John Locke, *Two Treatises of Government*, hg. Peter Laslett. Cambridge 1988,»Second Treatise«, 5.24
146 Ebd., 5.120f.
147 Ebd., 5.3
148 Hugo Grotius: *Rights of War and Peace*. 3 Bde., London 1738, 2.2.17; 2.20.40; Tuck, *Rights of War and Peace*, S. 103f.
149 Hobbes: *On the Citizen*, 30
150 *Sermons of John Donne*, hg. George R. Potter und Evelyn M. Simpson. Berkeley 1959, Bd. 4., S. 274

151 John Cotton, ebd.; Thomas Morton: »New English Canaan« (1634–35); John Cotton: »God's Promise to His Plantations« (1630), alle in: Alan Heimart und Andrew Delbanco (Hg.): *The Puritans in America: A Narrative Anthology.* Cambridge, Mass. 1985, S. 49f.

152 Kevin Phillips: *The Cousins' Wars: Religious Politics and the Triumph of Anglo-America.* New York 1999, S. 3–32; Carla Garden Pesteria: *Protestant Empire. Religion and the Making of the British Atlantic World.* Philadelphia 2004, S. 503–515; Clement Fatoric: »The Anti-Catholic Roots of Liberal and Republican Conception of Freedom in English Political Thought«, in: *Journal of the History of Ideas,* 66 (Januar 2005)

153 John Winthrop: »A Model of Christian Charity«, in: Heimart und Delbanco: *Puritans in America,* S. 91

154 John Winthrop: »Reasons to Be Considered for … the Intended Plantation in New England (1629)«, in: Heimart und Delbanco, S. 71

155 Winthrop: »Model of Christian Charity«, S. 82

156 John Cotton: »God's Promise to His Plantations«, in: Heimart und Delbanco, S. 77

157 Cushman: »Reasons and Considerations Touching the Lawfulness of Removing out of England into the Parts of America«, in: Heimart and Delbanco, S. 43f.

158 Perry Miller: »The Puritan State and Puritan Society«, in: *Errand into the Wilderness.* Cambridge, Mass./London 1956, S. 148f.

159 John Smith: »A True Relation«, in Edwin Arber und A. C. Bradley (Hg.): *John Smith: Works.* Edinburgh 1910, S. 957

160 Perry Miller: »Religion and Society in the Early Literature of Virginia«, in: *Errand,* S. 104f.

161 William Crashaw: *A Sermon Preached in London before the right honourable Lord Werre, Lord Gouernour and Captaine Generall of Virginea.* London 1610, in: Miller: *Errand,* S. 111, 138

162 Ebd., S. 101

163 David S. Lovejoy: *Religious Enthusiasm in the New World: Heresy to Revolution.* Cambridge, Mass./London 1985, S. 11ff.; Louis B. Wright: *Religion and Empire: The Alliance between Piety and Commerce in English Expansion, 1558–1625.* Chapel Hill 1943; Miller: »Religion and Society«, S. 105–108

164 Purchas: *Hakluytus Posthumous, or Purchas His Pilgrim,* 3 Bde., Glasgow, 1905–1906, Bd. 1, S. 1–45

165 »A True Declaration of the Estate of the Colonie in Virginia« (1610), in: Peter Force (Hg.): *Tracts.* New York 1844, III, S. 5f.

166 Miller: »Religion and Society«, S. 116f.

167 Howard Zinn: *A People's History of the United States, From 1492 to the Present.* 2. Aufl., London/New York 1996, S. 12

168 Ebd., S. 13
169 Andrew Preston: *Sword of the Spirit, Shield of Faith. Religion in American War and Diplomacy.* New York/Toronto 2012, S. 15ff.
170 Purchas *Hakluytus Posthumous,* Bd. 1, S. 41–45
171 Ebd., S. 138f.
172 Preston: *Sword of the Spirit,* S. 31–38
173 Ebd., S. 33
174 Ebd., S. 35
175 Bradford: »History of the Plymouth Plantation«, in: Zinn, *People's History,* S. 15
176 Ronald Dale Kerr: »Why Should You Be So Furious? The Violence of the Pequot War«, in: *Journal of American History* 85, Dezember 1998
177 Preston: *Sword of the Spirit,* S. 41–45; Andrew R. Murphy: »Cromwell, Mather and the Rhetoric of Puritan Violence«, in: Murphy (Hg.): *The Blackwell Companion to Religion and Violence.* Chichester 2011, S. 525–535
178 Miller: »Puritan State«, S. 150f.
179 Sherwood Eliot Wirt (Hg.): *Spiritual Awakening: Classic Writings of the eighteenth century devotions to inspire and help the twentieth century reader.* Tring 1988, S. 110
180 Alan Heimert: *Religion and the American Mind. From the Great Awakening to Revolution.* Cambridge, Mass. 1968, S. 43
181 Miller: »Puritan State«, S. 150
182 Stoddard: »An Examination of the Power of the Fraternity« (1715), in: Heimart und Delbanco: *Puritans in America,* S. 388
183 Perry Miller: »Jonathan Edwards and the Great Awakening«, in: *Errand,* S. 162–166
184 Ebd., S. 165
185 Ruth H. Bloch: *Visionary Republic Millennial Themes in American Thought, 1756–1800.* Cambridge 1985, S. 14f.
186 Der ursprüngliche Entwurf der Erklärung bezeichnete als natürliche Rechte »Leben, Freiheit und Besitz«. Der »pursuit of happiness« wurde erst später eingefügt.
187 Butler: *Awash in a Sea of Faith,* S. 198
188 Bloch: *Visionary Republic,* S. 81–88
189 Dwight: *A Valedictory Address to the Young Gentlemen Who Commenced Bachelors of Arts, July 27 1776.* New Haven, Conn. 1776, S. 14
190 Lovejoy: *Religious Enthusiasm in the New World,* S. 226
191 Ebd.
192 Paine: *Common Sense and the Crisis.* New York 1975, S. 59
193 Bloch: *Visionary Republic,* S. 55
194 Ebd., S. 60–63
195 Ebd., S. 29, 31
196 Edwin S. Gaustad: *Faith of Our Fathers: Religion and the New Nation.* San Francisco 1987, S. 38

197   Madison an William Bradford, 1. April, 1774, in: William T. Hutchinson und William M. E. Rachal (Hg.): *The Papers of James Madison.* Chicago 1962, Bd. 1, S. 212f.

198   Madison: »Memorial and Remonstrance« (1785), in: Gaustad: *Faith of Our Fathers,* S. 145

199   Jefferson: *Statute for Establishing Religious Freedom* (1786), in: Gaustad, S. 150

200   Henry S. Stout: »Rhetoric and Reality in the Early Republic; the Case of the Federalist Clergy«, in: Mark A. Noll (Hg.): *Religion and American Politics: From the Colonial Period to the 1980s.* Oxford/New York 1990, S. 65f., 75

201   Nathan O. Hatch: *The Democratization of American Christianity.* New Haven, Conn./London 1989, S. 22

202   Ebd., S. 25–129

203   John F. Wilson: »Religion, Government and Power in the New American Nation«, in: Noll: *Religion and American Politics*

204   Gaustad: *Faith of Our Fathers,* S. 44

205   Perry Miller: *Roger Williams: His Contribution to the American Tradition.* New York 1962, S. 192

206   Miller: »Puritan State«, S. 146

207   Jefferson: To William Baldwin, 19. Januar 1810, in: Dickenson W. Adams (Hg.): *Jefferson's Extracts from the Gospels.* Princeton 1983, S. 345; an Charles Clay, 29. Januar 1816, ebd., S. 364

208   Hatch: *Democratization of American Christianity,* S. 68–157

209   Daniel Walker Howe: »Religion and Politics in the Antebellum North«, in: Noll, *Religion and American Politics,* S. 132f.; George Marsden: »Afterword«, ebd., S. 382f.

210   Mark A. Noll: »The Rise and Long Life of the Protestant Enlightenment in America«, in: William M. Shea und Peter A. Huff (Hg.): *Knowledge and Belief in America: Enlightenment Traditions and Modern Religious Thought.* New York 1995; vgl. D. W. Bebbington: *Evangelicalism in Modern Britain: A History from the 1730s to the 1980s.* London 1989, S. 74; Michael Gauvreau: »Between Awakening and Enlightenment«, in: *The Evangelical Century: College and Creed in English Canada from the Great Revival to the Great Depression.* Kingston/Montreal 1991), S. 13–56

211   Alexis de Tocqueville: *Democracy in America,* hg. Harvey Claflin Mansfield und Delba Winthrop. Chicago 2000, S. 43; Hervorhebungen von Tocqueville

212   Henry F. May: *The Enlightenment in America.* New York 1976; Mark A. Noll: *America's God, From Jonathan Edwards to Abraham Lincoln.* Oxford/New York 2002, S. 93ff.

213   Mark A. Noll: *The Civil War as a Theological Crisis.* Chapel Hill 2006, S. 24f.

214   John M. Murrin: »A Roof Without Walls: The Dilemma of American National Identity«, in: Richard Beeman, Stephen Botein, Edward E.

Carter II (Hg.): *Beyond Confederation: Origins of the Constitution and American Identity.* Chapel Hill 1987, S. 344–347

215 Noll: *Civil War,* S. 25–28

216 Claude E. Welch jr.: *Political Modernization.* Belmont, Calif. O. J., S. 2–6

217 John H. Kautsky: *The Political Consequences of Modernization.* New York, London, Sydney, Toronto 1972, S. 45ff.

218 T. C. W. Blanning: »Epilogue: The Old Order Transformed«, in: Euan Cameron: *Early Modern Europe: An Oxford History.* Oxford 1999, S. 345–360; Michael Burleigh: *Earthly Powers. The Clash of Religion and Politics from the French Revolution to the Great War.* New York 1995, S. 48–66

219 M. G. Hutt: »The Role of the Cures in the Estates General of 1789«, in: *Journal of Ecclesiastical History* 6 (1955)

220 George Lefebvre (Übs. R. R. Farmer und Joan White): *The Great Fear of 1789.* Princeton, NJ 1973

221 Philip G. Dwyer: *Talleyrand.* London 2002, S. 24

222 Ebd., S. 61f.

223 Mark Noll: *The Old Religion in a New World: The History of North American Christianity.* Grand Rapids, Mich. 2002, S. 82f.; Gertrude Himmelfarb: *The Roads to Modernity.* New York 2004, S. 18f.

224 Mark Noll: *Old Religion,* S. 82f.; Gertrude Himmelfarb: *The Roads to Modernity.* New York 2004, S. 18f.

225 Instruktionen des Wohlfahrtsausschusses (1794), zitiert nach: Burleigh: *Earthly Powers,* S. 100

226 Reynald Secher: *La Génocide franco-français: La Vendée-vengée.* Paris 1986, S. 158f.

227 Jonathan North: »General Hocte and Counterinsurgency«, in: *Journal of Military History,* 67 (2003)

228 Mircea Eliade: *Patterns in Comparative Religion* (Übs. Rosemary Sheed). London 1958, S. 11

229 Burleigh: *Earthly Powers,* S. 79f.

230 Ebd., S. 76

231 Jules Michelet: *Historical View of the French Revolution from its Earliest Indications to the Flight of the King in 1791* (Übs. C. Cooks). London 1888, S. 393

232 Burleigh: *Earthly Powers,* S. 81

233 Boyd C. Schafer: *Nationalism, Myth and Reality.* New York 1952, S. 142

234 Ebd.

235 Alexis de Tocqueville: *The Old Regime and the French Revolution,* hg. François Furet und Françoise Melonio. Chicago 1998, Bd. 1, S. 101

236 Jean-Jacques Rousseau: *Politics and the Arts, Letter to M. D'Alembert on the Theatre* (Übs. Alan Bloom). Ithaca 1960, S. 126

237 Jean-Jacques Rousseau: *The Social Contract and Other Later Political Writings* (Hg. Victor Gourevitch). Cambridge 1997, S. 150f.

238 Donald Greer: *The Incidence of Terror in the French Revolution.* Gloucester, Mass. 1935

239 Keegan: *History of Warfare*, S. 348–359; Robert L. O'Connell: *Of Arms and Men: A History of Weapons and Aggression.* New York/Oxford 1989, S. 174–188; McNeill: *Pursuit of Power,* S. 185–215

240 Russell Weighley: *The Age of Battles.* Bloomington, Ind. 1991; O'Connell: *Arms and Men,* S. 148ff.

241 John U. Neff: *War and Human Progress: An Essay in the Rise of Industrial Civilisation.* New York 1950, S. 204f.; Theodore Ropp: *War in the Modern World.* Durham, NC 1959, S. 25f.

242 Keegan: *History of Warfare,* S. 344; O'Connell: *Arms and Men,* S. 157–166; McNeill: *Pursuit of Power,* S. 172

243 Übersetzt von Crane Brinton und Edward Meade Earle in: McNeill, *Pursuit of Power,* S. 192

244 Keegan: *History of Warfare,* S. 350

245 Ebd., S. 351f.

246 O'Connell: *Arms and Men,* S. 185

247 George Annesley: *The Rise of Modern Egypt: A Century and a Half of Egyptian History.* Durham 1997, S. 7

248 Gaston Wait (Hg.): *Nicholas Turc, Chronique D'Egypte: 1798–1804.* Kairo 1950, S. 78

249 Peter Jay: *Road to Riches,* S. 205–236; Gerhard E. Lenski: *Power and Privilege, A Theory of Social Stratification.* Chapel Hill/London 1966, S. 297–392; Hodgson: *Venture,* Bd. 3, S. 195–201

250 Hodgson: *Venture,* Bd. 3, S. 194

251 John H. Kautsky: *The Politics of Aristocratic Empires.* 2. Aufl. New Brunswick/London 1997, S. 349; selbst faschistische Parteien gingen Koalitionen ein.

252 Hodgson: *Venture,* Nd. 3, S. 199ff.; Hegel: *Grundlinien des Philosophie des Rechts.* Abs. 246, 248

253 Kautsky: *Modernization,* S. 60f.

254 Hodgson: *Venture,* Bd. 3, S, 208; Bassam Tibi: *The Crisis of Political Islam: A Pre-Industrial Culture in the Scientific-Technological Age.* Salt Lake City, Utah 1988, S. 1–25

255 Hodgson: *Venture,* Bd. 3, S. 210ff.

256 Robert L. O'Connell: *Arms and Men,* S. 235; Percival Spear: *India.* Ann Arbour, Mich. 1961, S. 270

257 Daniel Gold: »Organized Hinduisms: From Vedic Truth to Hindu Nation«, in: Martin E. Marty and R. Scott Appleby (Hg.): *Fundamentalisms Observed.* Chicago/London 1991, S. 534–537

258 Wilfred Cantwell Smith: *The Meaning and End of Religion, A New Approach to the Religious Traditions of Mankind.* New York 1964, S. 61f.

259 Patwant Singh, *The Sikhs.* New York, 1999

260 Guru Garth Sahib: »1136«, in: Singh: *The Sikhs,* S. 18

261 John Clark Archer: *The Sikhs in Relation to Hindus, Christians and Ahmadiyas.* Princeton, N. J. 1946, S. 170

262 T. N. Madan: »Fundamentalism and the Sikh Religious Tradition«, in:

Martin E. Marty und R. Scott Appleby: *Fundamentalism Observed*, S. 602

263 Kenneth W. Jones:»The Arya Samaj in British India, 1875–1947«, in: Robert D. Baird (Hg.): *Religion in Modern India*. Delhi 1981, S. 50ff.

264 Madan:»Fundamentalism and the Sikh Religious Tradition«, S. 605

265 Ebd., S. 603–606

266 Harjot S. Oberoi:»From Ritual to Counter Ritual: Rethinking the Hindu-Sikh-Question, 1884–1915«, in: Joseph T. O'Connell (Hg.): *Sikh History and Religion in the Twentieth Century*. Toronto 1988, S. 136–140

267 Gould Barrier:»Sikhs and Punjab Politics«, ebd.

268 Madan:»Fundamentalism and the Sikh Religious Tradition«, S. 617

269 Mumtaz Ahmad:»Islamic Fundamentalism in South Asia: The Jama'ati-Islami and the Tablighi Jamaat«, in: Marty and Appleby, *Fundamentalisms Observed*, S. 460

270 O'Connell: *Arms and Men*, S. 231–235

271 Ebd., S. 191

272 Ebd., S. 233

273 G. W. Steevans: *With Kitchener to Khartoum*. London 1898, S. 300

274 Rede von Sir John Ardagh, 22. Juni 1899, in: *The Proceedings of the Hague Peace Conference*. London 1920, S. 286f.

275 Colby:»How To Fight Savage Tribes«, in: *American Journal of International Law*, 21, 2 (1927); Hervorhebungen der Autorin

276 Ernest Gellner: *Nations and Nationalism (New Perspectives on the Past)*. Oxford 1983

277 Anthony Giddens: *The Nation-State and Violence*. Berkeley 1987, S. 89

278 Ebd., S. 85–89; William T. Cavanaugh: *Migrations of the Holy: God, State, and the Political Meaning of the Church*. Grand Rapids, Mich. 2011, S. 18f.

279 Benedict Anderson: *Imagined Communities. Reflections on the Origin and Spread of Nationalism*. London/New York 2003

280 Mark Levene: *Genocide in the Age of the Nation-State; Bd. 3: The Rise of the West and the Coming of Genocide*. London/New York 2005, S. 26f., 112–120; David Stannard: *American Holocaust, The Conquest of the New World*. New York/Oxford 1992, S. 120; Ward Churchill: *A Little Matter of Genocide, Holocaust and Denial in the Americas, 1492 to the Present*. San Francisco 1997, S. 150; Anthony F. C. Wallace: *Jefferson and the Indians, The Tragic Fate of the First Americans*. Cambridge, Mass. 1999

281 Norman Cantor: *The Sacred Chain, A History of the Jews*. London 1995, S. 236f.

282 John Stuart Mill: *Utilitarianism, Liberty, and Representational Government*. London 1910, S. 363f.

283 Zitiert bei Antony Smith: *Myths and Memories of the Nation*. Oxford 1999, S. 33

284 Zitiert bei Levene: *Genocide*, S. 150f.; vgl. C. A. Macartney: *National States and National Minorities*. London 1934, S. 17

285   Bruce Lincoln: *Holy Terrors: Thinking about Religion after September 11*. 2. Aufl. Chicago/London 2006, S. 62f.

286   Johann Gottlieb Fichte: »Was ein Volk sei, in der höhern Bedeutung des Worts, und was Vaterlandsliebe«, in: J. G. Fichte: *Reden an die deutsche Nation*. Berlin 1808, achte Rede

287   Zinn: *People's History*, S. 23–58; Basil Davidson: *The African Slave Trade*. Boston 1961; Stanley Elkins: *Slavery: A Problem of American Institutional and Intellectual Life*. Chicago 1796; Edmund S. Morgan: *American Slavery, American Freedom: The Ordeal of Colonial Virginia*. New York 1975

288   Levitikus 25,45f.; Genesis 9,25ff., 17,12; Deuteronomium 20,10f.; 1. Korinther 7,21; Römer 13,1,7; Kolosser 3,22, 4,1; 1. Timotheus 6, 1f; Philemon

289   Thornhill: »Our National Sins«, in: Anonymus (Hg.): *Fast Day Sermons or The Pulpit on the State of the Country*. Charleston, SC 2009, S. 48

290   Beecher: »Peace Be Still«, ebd., S. 276

291   Van Dyke: »The Character and Influence of Abolitionism«, ebd., S. 137

292   Lewis: »Patriarchal and Jewish Servitude: No Argument for American Slavery«, ebd., S. 180

293   Noll: *Civil War*, S. 1–8

294   Noll: *Civil War*, S. 19–22; »The Rise and Long Life of the Protestant Enlightenment in America«, in: William M. Shea und Peter A. Huff: *Knowledge and Belief in America: Enlightenment Trends and Modern Thought*. New York 1995, S. 84–124; Henry F. May: *The Enlightenment in America*. New York 1976

295   James M. McPherson: *For Cause and Comrades. Why Men Fought in the Civil War*. New York 1997, S. 63; »Afterword«, in: Randall M. Miller, Harry S. Stout, Charles Reagan Wilson (Hg.): *Religion and the American Civil War*. New York 1998, S. 412

296   Ebd., S. 52–79

297   Beecher: »Abraham Lincoln«, in: *Patriotic Addresses*. New York 1887, S. 711

298   Bushnell: »Our Obligations to the Dead«, in: *Building Eras in Religion*. New York 1881, S. 328f.

299   O'Connell: *Arms and Men*, S. 189–196

300   Grady McWhiney and Perry D. Jamieson: *Attack and Die. The Civil War, Military Tactics, and Southern Heritage*. (Montgomery, Ala. 1982), S. 4–7

301   Bruce Cotton: *Grant Takes Command*. Boston 1968, S. 262

302   O'Connell: *Arms and Men*, S. 198f.

303   Noll: *Civil War*, S. 90ff.

304   Alastair McGrath: *The Twilight of Atheism: The Rise and Fall of Disbelief in the Modern World*. London/New York, S. 52–55, 60–66

305   James R. Moore: »Geologists and Interpreters of Genesis in the Nineteenth Century«, in: David C. Lindberg und Ronald L. Numbers (Hg.):

God and Nature: Historical Essays on the Encounter between Christianity and Science. New York 1986, S. 341ff.

306 Noll: *Civil War,* S. 159–162
307 Richard Maxwell Brown: *Strain of Violence: Historical Studies of American Violence and Vigilantism.* New York, 1975, S. 217f.
308 O'Connell: *Arms and Men,* S. 202–210; McNeill: *Pursuit of Power,* S. 242–255
309 I. F. Clarke: *Voices Prophesying War: Future Wars 1763–3749.* Rev. ed. Oxford/New York 1992, S. 37–88
310 Paul Johnson: *A History of the Jews.* London 1987, S. 365
311 Zygmunt Bauman: *Modernity and the Holocaust.* Ithaca, NY 1989, S. 40–77
312 Amos Elon: *The Israelis: Founders and Sons.* 2. Aufl., London 1981, S. 112
313 Ebd., S. 338
314 Eric J. Leed: *No Man's Land, Combat and Identity in World War I.* Cambridge 1979, S. 39–72
315 Zweig: *World of Yesterday,* S. 224
316 Leed: *No Man's Land,* S. 55
317 Zweig: *World of Yesterday,* S. 24; Leed: *No Man's Land,* S. 47
318 Zitiert bei H. Hafkesbrink: *Unknown Germany: An Inner Chronicle of the First World War Based on Letters and Diaries.* New Haven, Conn. 1948, S. 37
319 Rudolf Binding: *Erlebtes Leben.* Frankfurt 1928, S. 237
320 Carl Zuckmayer: *Pro Domo.* Stockholm 1938, S. 34f.
321 Schanwacker: *The Fiery Way.* London/Toronto 1921, S. 29
322 Zitiert bei Carl Schorske: *German Social Democracy, 1905–1917.* Cambridge, Mass. 1955, S. 390
323 Leeds: *No Man's Land,* S. 29
324 P. Witkop (Hg.): *Kriegsbriefe gefallener Studenten.* München 1936, S. 100
325 Lawrence: *The Mint.* New York 1963, S. 32
326 Simone de Beauvoir: *Memoirs of a Dutiful Daughter.* New York 1974, S. 180 (Originalausgabe: *Mémoirs d'une jeune fille rangée,* 1958)
327 Emilio Lussu: *Sardinian Brigade.* New York 1939, S. 167

11
Die Wiederkehr der Religion

328 Ich habe dieses Thema bereits ausführlich in meinem Buch *The Battle for God: A History of Fundamentalism* (London/New York 2000; deutsche Ausgabe: *Im Kampf für Gott. Fundamentalismus in Christentum, Judentum und Islam,* München 2004) behandelt.
329 Johannes Calvin: Kommentar über Genesis 1,6, zitiert nach: *The Commentaries of John Calvin on the Old Testament,* 30 vols., Calvin Transla-

tion Society, 1643–48, Bd. 1, S. 86. Ausführliche Anmerkungen zur traditionellen, nichtwörtlichen Interpretation der Heiligen Schrift sowohl im Judentum als auch im Christentum finden sich in meinem Buch: *The Bible. The Biography.* London/New York 2007.

330 Hodge: *What Is Darwinism?* Princeton, NJ 1874, S. 142

331 2. Thessalonicher 2,3–12; Offenbarung 16,15; Boyer: *When Time Shall Be No More,* S. 192; Marsden: *Fundamentalism and American Culture,* S. 154f.

332 Marsden: *Fundamentalism,* S. 90ff.; Fuller: *Naming the Antichrist,* S. 119

333 Marsden: Fundamentalism, S. 184–189; R. Lawrence Moore: *Religious Outsiders and the Making of Americans.* Oxford/New York 1986, S. 160–163; Ronald L. Numbers, *The Creationists: The Evolution of Scientific Creationism.* Berkeley, Los Angeles/London 1992, S. 41–44, 48ff.; Ferenc Morton Szasz: *The Divided Mind of Protestant America, 1880–1930.* University, Ala. 1982, S. 117–135

334 Marsden: *Fundamentalism,* S. 187f.

335 Aurobindo Ghosh: *Essays on the Gita.* Pondicherry 1972, S. 39

336 Louis Fischer (Hg.): *The Essential Gandhi.* New York 1962, S. 193

337 Mahatma Gandhi: »My Mission«, in: *Young India,* 3. April 1924, zitiert nach: Judith M. Brown (Hg.): *Mahatma Gandhi: Essential Writings.* Oxford/New York 2008, S. 5

338 Mahatma Gandhi: »Farewell«, *An Autobiography,* in: Brown, Ebd., S. 65

339 Kenneth W. Jones: »The Arya Samaj in British India, 1875–1947«, in: Robert D. Baird (Hg.): *Religion in Modern India.* Delhi 1981, S. 44f.

340 Radhey Shyam Pareek: *Contribution of Arya Samaj in the Making of Modern India, 1875–1947.* New Delhi, 1973, S. 325f.

341 Daniel Gold: »Organized Hinduisms: From Vedic Truth to Hindu Nation«, in: Martin E. Marty und R. Scott Appleby (Hg.): *Fundamentalisms Observed.* Chicago/London 1991, S. 533–542

342 Vinayak Damdar Savakar: *Hindutva.* Bombay 1969, S. 1

343 Gold: »Organized Hinduisms«, S. 575–580

344 M. S. Golwalkar: *We or Our Nationhood Defined.* Nagpur 1939, S. 47f.

345 Ebd., S. 35

346 Sudhir Kakar: *The Colours of Violence, Cultural Identities, Religion, and Conflict.* Chicago/London 1996, S. 31

347 Ebd., S. 38

348 Gold: »Organized Hinduisms«, S. 531f.; Sushil Srivastava: »The Ayodhya Controversy: A Third Dimension«, in: *Probe India,* Januar 1988

349 Mawdudi: *The Islamic Way of Life.* Lahore 1979, S. 37

350 Charles T. Adams: »Mawdudi and the Islamic State«, in: Esposito: *Voices of Resurgent Islam;* Choueiri: *Islamic Fundamentalism,* S. 94–139

351 Mumtaz Ahmad: »Islamic Fundamentalisms in South Asia«, in: Marty/Appleby: *Fundamentalisms Observed,* S. 487–500

352 Abul Ala Mawdudi: *Tafhim-al-Qur'an.* Zitiert nach: Mustansire Mir: »Some Features of Mawdudi's Tafhim al-Quran«, in: *American Journal of Islamic Social Sciences,* 2, 2 (1985), S. 242

353 *Introducing the Jamaat-e Islami Hind* in Ahmad, in:»Islamic Fundamentalism in South Asia«, S. 505f.

354 Ebd., S. 500f.

355 Khurshid Ahmad und Zafar Ushaq Ansari: *Islamic Perspectives*. Leicester 1979, S. 378–381

356 Abul Ala Maududi:»Islamic Government«, zitiert nach: *Asia* 20, September 1981, S. 9

357 Rafiuddin Ahmed:»Redefining Muslim Identity in South Asia: The Transformation of the Jama'at-i-Islami«, in: Martin E. Marty und R. Scott Appleby: *Accounting for Fundamentalisms, The Dynamic Character of Movements*. Chicago/London 1994, S. 683

358 Die Ahmadis galten als Ketzer, weil sich ihr 1908 verstorbener Gründer M. G. Ahmad als Prophet bezeichnet hatte.

359 Ahmad:»Islamic Fundamentalism«, in: *South Asia*, S. 587ff.

360 Abul Ala Maududi:»How to Establish Islamic Order in the Country?«, in: *The Universal Message*, Mai 1983, S. 9f.

361 Hodgson: *Venture*, Bd. 3, 218f.

362 George Annersely: *The Rise of Modern Egypt: A Century and a Half of Egyptian History*, S. 62

363 Ebd., S. 51–56

364 Hodgson: *Venture*, Bd. 3, S. 71

365 Nikkie R. Keddie: *Roots of Revolution: An Interpretive History of Modern Iran*. New Haven, Conn./London 1981, S. 72f., 82

366 John Kautsky: *The Political Consequences of Modernisation*. New York/London/Sydney/Toronto 1972, S. 146f.

367 Bruce Lincoln: *Holy Terrors: Thinking about Religion after September 11*. 2. Aufl. Chicago/London 2006, S. 63ff.

368 Daniel Crecelius:»Non-Ideological Responses of the Ulema to Modernization«, in: Nikki R. Keddie: *Scholars, Saints and Sufis: Muslim Religious Institutions in the Middle East Since 1500*. Berkeley, Los Angeles/London 1972, S. 181f.

369 Gilles Kepel: *Jihad: The Trail of Political Islam*. 4. Aufl. London 2009, S. 53

370 Alastair Crooke: *Resistance. The Essence of the Islamist Revolution*. London 2009, S. 54–58

371 Bobby Sayyid: *A Fundamental Fear: Eurocentrism and the Emergence of Islamism*. London 1997, S. 57

372 Hodgson: *Venture*, Bd. 3, S. 262

373 Donald Bloxham: *The Great Game of Genocide: Imperialism, Nationalism and the Destruction of the Ottoman Armenians*. Oxford 2007, S. 59

374 Zitiert nach Joanna Bourke:»Barbarisation vs. Civilisation in Time of War«, in: George Kassimeris (Hg.): *The Barbarisation of Warfare*. London 2006, S. 29

375 Moojan Momen: *An Introduction to Shii Islam: The History and Doctrines of Twelver Shiism*. New Haven, Conn./London 1985, S. 251; Keddie: *Roots of Revolution*, S. 93f.

376 Azar Tabari: »The Role of Shii Clergy in Modern Iranian Politics«, in: Nikki R. Keddie (Hg.): *Religion and Politics in Iran: Shiism from Quietism to Revolution.* New Haven, Conn./London 1983, S. 63

377 Shahrough Akhavi: *Religion and Politics in Contemporary Islam: Clergy-State Relations in the Pahlavi Period.* Albany, NY 1980, S. 58f.

378 Fakhry: *History of Islamic Philosophy,* S. 376–381; Bassam Tibi: *Arab Nationalism: A Critical Inquiry.* 2. Aufl. London 1990, S. 90–93 (dt. Originalausgabe: *Vom Gottesreich zum Nationalstaat. Islam und panarabischer Nationalismus.* Frankfurt/M. 1997 u. ö.); Hourani: *Arabic Thought in the Liberal Age,* S. 130–161; Hodgson, *Venture,* Bd. 3, S. 274ff.

379 Evelyn Baring, Lord Cromer: *Modern Egypt.* 2 Bde. New York 1908, Bd. 2, S. 184

380 Hourani: *Arabic Thought in the Liberal Age.* S. 224, 230, 240–243

381 John Esposito: »Islam and Muslim Politics«, in: *Voices of Resurgent Islam.* New York/Oxford 1983, S. 10; Richard P. Mitchell: *The Society of Muslim Brothers.* New York/Oxford 1969

382 Mitchell: *Muslim Brothers,* S. 8; sowohl die Geschichte als auch die Rede sind möglicherweise apokryph, aber sie zeigen den Geist der frühen Bruderschaft.

383 Ebd., S. 9–13, 328

384 Anwar Sadat: *Revolt on the Nile.* New York 1957, S. 142f.

385 Mitchell: *Muslim Brothers,* S. 205f.

386 Ebd., S. 302

387 John O. Voll: »Fundamentalisms in the Sunni Arab World: Egypt and the Sudan«, in: Marty/Appleby: *Fundamentalisms Observed.* Chicago/London 1991, S. 369–374; Yvonne Haddad: *Sayyid Qutb,* in: Esposito: *Voices of Resurgent Islam;* Choueiri: *Islamic Fundamentalism,* S. 96–151

388 Qutb: *Fi Zilal al-Quran,* Bd. 2, S. 924f.

389 Harold Fisch: *The Zionist Revolution: A New Perspective.* Tel Aviv/London 1968, S. 77, 87

390 Theodor Herzl: *The Complete Diaries of Theodor Herzl,* hg. R. Patai. 2 Bde., London/New York 1960, S. 793f.

391 Mircea Eliade: *The Sacred and the Profane.* New York 1959, S. 21 (dt. Ausgabe: *Das Heilige und das Profane*)

392 Meir Ben Dov: *The Western Wall.* Jerusalem 1983, S. 146

393 Ebd., S. 148

394 Ebd., S. 146

395 Meron Benvenisti: *Jerusalem: The Torn City.* Jerusalem 1975, S. 84

396 Ebd., S. 119

397 Psalm 72,4

398 Michael Rosenak: »Jewish Fundamentalism in Israeli Education«, in: Marty/Appleby: *Fundamentalisms and Society.* Chicago/London 1993, S. 392

399 Gideon Aran: »The Father, the Son and the Holy Land«, in: R. Scott Appleby (Hg.): *Spokesmen for the Despised: Fundamentalist Leader in the Middle East.* Chicago 1997, S. 310

400 Ebd.

401 Ebd., S. 311

402 Ebd., S. 310

403 Interview mit *Maariv* (14 Nisan 5723, 1963), zitiert nach: Aviezer Ravitsky: *Messianism, Zionism, and Jewish Religious Radicalism.* Chicago/London 1993, S. 85

404 Ian S. Lustick: *For the Land and the Lord: Jewish Fundamentalism in Israel.* New York 1988, S. 85; Aran: »Holy Land«, S. 310

405 Samuel C. Heilman: »Guides of the Faithful, Contemporary Religious Zionist Rabbis«, in: Appleby: *Spokesmen of the Despised*, S. 357

406 Ehud Sprinzak: »Three Models of Religious Violence: The Case of Jewish Fundamentalism in Israel«, in: Marty/Appleby: *Fundamentalism and the State*, S. 472

407 Gideon Aran: »Jewish Zionist Fundamentalism«, in: Marty/Appleby: *Fundamentalisms Observed*, S. 290

408 Ebd., S. 280

409 Ebd., S. 308

410 Nikkie R. Keddie: *Roots of Revolution*, S. 160–180

411 Mehrzad Borujerdi: *Iranian Intellectuals and the West: The Tormented Triumph of Nativism.* Syracuse, NY 1996, S. 26; Choueiri: *Islamic Fundamentalism*, S. 156

412 Michael J. Fischer: »Imam Khomeini: Four Levels of Understanding«, in: Esposito: *Voices of Resurgent Islam*, S. 157

413 Keddie: *Roots of Revolution*, S. 154ff.

414 Ebd., S. 158f.; Momen: *Introduction to Shii Islam*, S. 254; Hamid Algar: »The Oppositional Role of the Ulema in Twentieth Century Iran«, in: Nikki R. Keddie (Hg.): *Scholars, Saints and Sufis, Muslim Religious Institutions in the Middle East Since 1500.* Berkeley, Los Angeles/London 1972, S. 248

415 Willem M. Floor: »The Revolutionary Character of the Ulema: Wishful Thinking or Reality«, in: Keddie: *Religion and Politics in Iran*, Appendix, S. 97

416 Hamid Algar: »The Fusion of the Mystical and the Political in the Personality and Life of Imam Khomeini«, Vorlesung an der School of Oriental and African Studies, London, 9. Juni 1998

417 Johannes XXIII.: *Mater et Magistra*

418 Camilo Torres: »Latin America: Lands of Violence«, in: J. Gerassi (Hg.) *Revolutionary Priest: The Complete Writings and Messages of Camilo Torres.* New York 1971, S. 442f.

419 Thia Cooper: »Liberation Theology and the Spiral of Violence«, in: Andrew R. Murphy (Hg.): *The Blackwell Companion to Religion and Violence.* Chichester 2011, S. 543–555

420 Preston: *Sword of the Spirit*, S. 502–525

421 Ebd., S. 510

422 Martin Luther King jr.: *Strength to Love.* Philadelphia 1963, S. 50

423 Keddie: *Roots of Revolution,* S. 282f.; Borujerdi: *Islamic Intellectuals,* S. 29–42

424 Akhavi: *Religion and Politics in Contemporary Iran,* S. 129–131

425 Algar:»Oppositional Role of the Ulema«, S. 251

426 Keddie: *Roots of Revolution,* S. 215–259; Sharough Akhavi:»Shariati's Social Thought«, in: Keddie: *Religion and Politics in Iran*; Abdulaziz Sachedina:»Ali Shariati, Ideologue of the Islamic Revolution«, in: Esposito: *Voices of Resurgent Islam;* Michael J. Fischer: *Iran: From Religious Dispute to Revolution.* Cambridge, Mass./London 1980), S. 154–167; Borujerdi: *Iranian Intellectuals,* S. 106–115

427 Sayeed Ruhollah Khomeini: *Islam and Revolution* (Übs. Hamid Algar). Berkeley 1981, S. 28

428 Keddie: *Roots of Revolution,* S. 242; Fischer: *Iran,* S. 193

429 Gary Sick: *All Fall Down: America's Fateful Encounter with Iran.* London 1985, S. 30

430 Keddie: *Roots of Revolution,* S. 243

431 Fischer: *Iran,* S. 195

432 Momen: *Introduction to Shii Islam,* S. 288

433 Fischer: *Iran,* S. 184

434 Momen: *Introduction to Shii Islam,* S. 288

435 Fischer: *Iran,* S. 198f.

436 Ebd., S. 199; Sick: *All Fall Down,* S. 51; Keddie: *Roots of Revolution,* S. 250. Die Regierung gab die Zahl der getöteten Demonstranten mit 120, die der Verletzten mit 2000 an. Andere Angaben sprechen von 500 bis 1000 Toten.

437 Fischer: *Iran,* S. 204

438 Ebd., S. 205; Keddie: *Roots of Revolution,* S. 252f. geht von einer Million Teilnehmer aus.

439 Amir Taheri: *The Spirit of Allah: Khomeini and the Islamic Revolution.* London 1985, S. 227

440 Baqer Moin: *Khomeini. Life of the Ayatollah.* London 1999, S. 227f.

441 Daniel Brumberg:»Khomeini's Legacy: Islamic Rule and Islamic Social Justice«, in: Appleby: *Spokesmen for the Despised*

442 Joos R. Hiltermann: *A Poisonous Affair, America, Iraq and the Gassing of Halabja.* Cambridge 2007, S. 22–36

443 Homa Katouzian:»Shiism and Islamic Economics: Sadr and Bani Sadr«, in: Keddie: *Religion and Politics in Iran.* S. 161f.

444 Michael J. Fischer:»Imam Khomeini: Four Levels of Understanding«, in: Esposito: *Voices of Resurgent Islam,* S. 171

445 Gary Sick: *All Fall Down,* S. 165

446 Hannah Arendt: *On Revolution.* New York 1963, S. 18 (dt. Ausgabe: *Über die Revolution.* München 1993)

447 John H. Kautsky: *The Political Consequences of Modernisation.* S. 60–127

448 Beeman:»Images of the Great Satan«, S. 215

449 Rebecca Moore:»Narratives of Persecution, Suffering and Martyrdom: Violence in the People's Temple and Jonestown«, in: James R. Lewis (Hg.): *Violence and New Religious Movements.* Oxford 2011; Moore: »American and Cherry-Pie: the People's Temple and Violence«, in: Catherine Wessinger (Hg.): *Millennialism, Persecution and Violence: Historical Circumstances.* Syracuse 1986; Wessinger: *How the Millennium Comes Violently : Jonestown to Heaven's Gate.* New York 2000; Mary Maaga: *Hearing the Voices of Jonestown.* Syracuse 1998

450 Moore:»Persecution«, S. 102

451 Ebd., S. 103

452 Huey Newton: *Revolutionary Suicide.* New York, 1973

453 Moore:»Persecution«, S. 106

454 Ebd., S. 108

455 Ebd., S. 110

456 George Steiner: *In Bluebeard's Castle: Some Notes Toward the Re-definition of Culture.* New Haven, Conn. 1971, S. 32

457 Zygmunt Bauman: *Modernity and the Holocaust.* Ithaca, NY 1989, S. 77–92

458 Joanna Bourke:»Barbarisation vs. Civilisation in Time of War«, in George Kassimeris (Hg.): *The Barbarisation of Warfare.* London 2006, S. 26

459 Amir Taheri: *The Spirit of Allah: Khomeini and the Islamic Revolution.* London 1985, S. 85

460 Michael Barkun: *Religion and the Racist Right: The Origins of the Christian Identity Movement.* Chapel Hill 1994

461 Ebd., S. 107, 109; möglicherweise gibt es nur 50000 Mitglieder.

462 Barkun: *Religion and the Racist Right*, S. 213

463 William T. Cavanaugh: *The Myth of Religious Violence.* Oxford 2009, S. 34f.

464 C. Gearty:»Introduction«, in: *Terrorism.* Aldershot 1996, S. xi

465 C. Gearty:»What Is Terror?«, ebd., S. 495; A. Guelke: *The Age of Terrorism and the International Political System.* London 2008, S. 7

466 Richard English: *Terrorism: How to Respond.* Oxford 2009, S. 19f.

467 A. H. Kydd und B. F. Walter:»The Stratagems of Terrorism«, in: *International Security*, 31/1 (2006)

468 P. Wilkinson: *Terrorism versus Democracy: The Liberal State Response.* London 2001, S. 19, 41; Mark Juergensmeyer: *Terror in the Mind of God: The Global Rise of Religious Violence.* Berkeley 2001, S. 5; J. Horgan: *The Psychology of Terrorism.* London 2005, S. 12; English: *Terrorism*, S. 6

469 Hugo Slim:»Why Protect Civilians? Innocence, Immunity and Enmity in War«, in: *International Affairs*, 79, 3 (2003)

470 B. Hoffman: *Inside Terrorism.* London 1998, S. 14; C. C. Harmon: *Ter-*

rorism Today. London 2008, S. 7; D. J. Whittaker (Hg.): *The Terrorist Reader.* London 2001, S. 9

471 Harmon: *Terrorism,* S. 160

472 Martha Crenshaw: »Reflections on the Effects of Terrorism«, in: *Terrorism, Legitimacy, and Power: The Consequences of Political Violence.* Middletown, Conn. 1983, S. 25

473 Richard Dawkins: *The God Delusion.* London 2007, S. 132 (dt. Ausgabe: *Der Gotteswahn.* Berlin 2008)

474 William T. Cavanaugh: *The Myth of Religious Violence.* Oxford 2009, S. 24–54

475 Muhammad Heikal: *Autumn of Fury: The Assassination of Sadat.* London 1984, S. 94ff.

476 Gilles Kepel: *The Prophet and Pharaoh: Muslim Extremism in Egypt.* London 1985, S. 85

477 Fedwa El Guindy: »The Killing of Sadat and After: A Current Assessment of Egypt's Islamic Movement«, in: *Middle East Insight* 2 (1982)

478 Gilles Kepel: *The Prophet and Pharaoh,* S. 70–102

479 Ebd., S. 152–159

480 Ebd., S. 158f.

481 Heikal: *Autumn of Fury,* S. 118f.

482 Patrick D. Gaffney: *The Prophet's Pulpit: Islamic Preaching in Contemporary Egypt.* Berkeley, Los Angeles/London, 1994, S. 97–101

483 Ebd., S. 141f.

484 Johannes J. G. Jansen: *The Neglected Duty: The Creed of Sadat's Assassins and Islamic Resurgence in the Middle East.* New York/London 1988, S. 49–88

485 Ebd., S. 169

486 Ebd., S. 166

487 Wilfred Cantwell Smith: *Islam in Modern History.* Princeton/London 1957, S. 241

488 Ebd., S. 90, 198

489 Ebd., S. 90, 198, 201f.

490 English, *Terrorism,* S. 51

491 Abdulaziz A. Sachedina: »Activist Shi'ism in Iran, Iraq and Lebanon«, in: Marty/Appleby: *Fundamentalisms Observed,* S. 456

492 Alastair Crooke: *Resistance. The Essence of the Islamist Revolution.* London 2009, S. 173

493 Martin Kramer: »Hizbullah: The Calculus of Jihad«, in: Marty/Appleby: *Fundamentalisms and the State.* S. 540f.

494 Sheikh Muhammad Fadl Allah: *Al-Islam wa Muntiq al Quwwa.* Beirut 1976, zitiert nach Crooke: *Resistance,* S. 173

495 Kramer: »Hizbollah«, S. 542

496 Sachedina: »Activist Shi'ism«, S. 448

497 Interview mit Fadl Allah in: *Kayhan,* 14.11.1985; Kramer: »Hizbollah«, S. 551

498   Rede von Fadl Allah, *Al-Nahar*, 14.5.1985; Kramer: ebd., S. 550
499   Kramer: ebd., S. 548f.; Ariel Meroni: »The Readiness to Kill or Die: Suicide Terrorism in the Middle East«, in: Walter Reich (Hg.): *The Origins of Terrorism*. Cambridge 1990, S. 204f.
500   Crooke: *Resistance*, S. 175f.
501   Interview mit Fadl Allah, *Al-Shira*, 18.3.1985; Kramer: »Hizbollah«, S. 552f.
502   Interview mit Fadl Allah, *La Repubblica*, Rom, 28.8.1989; Kramer: ebd., S. 552
503   Crooke: *Resistance*, S. 175–182
504   Ebd., S. 182
505   Ebd., S. 183–187
506   Robert Pape: *Dying to Win: The Strategic Logic of Suicide Terrorism*. New York 2005, S. xiii, 22
507   Ehud Sprinzak: *The Ascendance of Israel's Far Right*. Oxford/New York 1991, S. 97; dabei wurden zwei der Bürgermeister verletzt.
508   Ebd., S. 94f.
509   Ebd., S. 96; Aviezar Ravitsky: *Messianism, Zionism and Jewish Religious Radicalism*. Chicago/London 1993, S. 133f.
510   Ebd., S. 97f.
511   Gideon Aran: »Jewish Zionist Fundamentalism«, in: Marty/Appleby: *Fundamentalisms Observed*, S. 267f.
512   Mekhilta über Exodus 20,13; M. Pirke: Aboth 6,6; B. Horayot 13a; B. Sanhedrin 4,5
513   Sprinzak: *Israel's Far Right*, S. 121
514   Ebd., S. 220
515   Amartya Sen: *Identity and Violence, The Illusion of Destiny*. London/New York 2006
516   Raphael Mergui und Philippe Simonnot: *Israel's Ayatollahs: Meir Kahane and the Far Right in Israel*. London 1987, S. 45
517   Ebd.
518   Tom Segev: *The Seventh Million: The Israelis and the Holocaust*. New York 1991, S. 515ff. (dt. Ausgabe: *Die siebte Million. Der Holocaust und Israels Politik der Erinnerung*. Reinbek 1995)
519   Sprinzak: *Israel's Far Right*, S. 221
520   Ehud Sprinzak: »Three Models of Religious Violence«, S. 479
521   Ebd., S. 480
522   Ellen Posman: »History, Humiliation, and Religious Violence«, in: Andrew R. Murphy (Hg.): *The Blackwell Companion to Religion and Violence*. Chichester 2011, S. 336f., 339
523   Kakar: *The Colours of Violence*, S. 15
524   Daniel Gold: »Organized Hinduisms: From Vedic Truth to Hindu Nation«, in: Marty/Appleby: *Fundamentalisms Observed*, S. 532, 572f.
525   Kakar: *Colours of Violence*, S. 48–51
526   Paul R. Brass: *Communal Riots in Post-Independence India*. Seattle 2003, S. 66f.

527 Kakar: *Colours of Violence, S.* 154–157
528 Ebd., S. 157
529 Ebd., S. 158
530 David Cook: *Understanding Jihad.* Berkeley, Los Angeles/London 2005, S. 114
531 Beverley Milton-Edwards: *Islamic Politics in Palestine.* London/New York 1996, S. 73–116
532 Ebd., S. 118
533 Cook: *Understanding Jihad,* S. 114
534 Heilman: »Guides of the Faithful«, S. 352f.
535 Ebd., S. 354
536 G. Robinson: *Building a Palestinian State. The Incomplete Revolution.* Bloomington, Ind. 1997; Jeroen Gunning: »Rethinking Religion and Violence in the Middle East«, in: Andrew R. Murphy (Hg.): *The Blackwell Companion to Religion and Violence.* Chichester 2011, S. 519
537 Gunning: »Rethinking«, S. 518f.
538 Milton-Edwards: *Islamic Politics,* S. 148
539 Anne Marie Oliver und Paul F. Steinberg: *The Road to Martyrs' Square, A Journey to the World of the Suicide Bomber.* Oxford 2005, S. 71
540 Cook: *Understanding Jihad,* S. 116
541 *The Covenant of the Islamic Resistance Movement,* Section 1; John L. Esposito: *Unholy War, Terror in the Name of Islam.* Oxford 2002, S. 96
542 Cook: *Understanding Jihad,* S. 116
543 Esposito: *Unholy War,* S. 96
544 Talal Asad: *On Suicide Bombing. The Wellek Lectures.* New York 2007, S. 46f.
545 Dr. Abdul Aziz Reutizi, in: Anthony Shehad: *Legacy of the Prophet: Despots, Democrats and the New Politics of Islam.* Boulder, Co. 2001, S. 124
546 Esposito: *Unholy War,* S. 97f.
547 Bernard Lewis: »The Roots of Muslim Rage«, in: *Atlantic Monthly* 1990; Bruce Hoffman: *Inside Terrorism.* New York, 2006
548 Gunning: »Rethinking«, S. 516
549 Asad: *Suicide Bombing,* S. 50
550 Pape: *Dying to Win,* S. 130; diese Zahlen weichen leicht von den früher zitierten aus einer anderen Studie ab, aber beide Studien kommen zum selben Ergebnis.
551 Robert Pape: »Dying to Kill Us«, in: *New York Times,* 22.9.2003
552 May Jayyusi: »Subjectivity and Public Witness: An Analysis of Islamic Militance in Palestine«, unveröffentlichter Vortrag 2004, zitiert nach Asad: *Suicide Bombing*
553 Gunning: »Rethinking», S. 518f.
554 Oliver/Steinberg: *Road to Martyrs' Square,* S. 120
555 Ebd., S. 101f.; Gunning: »Rethinking«, S. 518f.
556 Oliver/Steinberg: Road to Martyr's Square, S. 31

557 Roxanne Eubes:»Killing (for) Politics: Jihad, Martyrdom, Political Action«, in: *Political Theory*, 30 (2002)
558 Ebd., S. 49
559 Richter 16,23–31
560 John Milton: *Samson Agonistes*, V. S. 1710f.
561 Ebd., V. S. 1721–1724
562 Ebd., V. S. 1754f.
563 Asad: *Suicide Bombing*, S. 74–75
564 Ebd., S. 63
565 Bourke:»Barbarisation vs. Civilisation, S. 21
566 Jacqueline Rose:»Deadly Embrace«, in: *London Review of Books*, 26,21, 4.11.2004

13
Der globale Dschihad

567 Jason Burke: *Al-Qaeda*. London 2003, S. 72–75; Thomas Hegghammer: *Jihad in Saudi Arabia. Violence and Pan-Islamism since 1979*. Cambridge 2010, S. 7f., 40ff.; Gilles Kepel: *Jihad*, S. 144–147; Lawrence Wright: *The Looming Tower. Al-Qaeda's Road to 9/11*. New York 2006, S. 95–101; David Cook: *Understanding Jihad*, S. 128–131
568 Azzam:»The Will of Abdullah Yusuf Azzam, Who Is Poor unto His Lord«, diktiert am 20. April 1986, www.alribat.com, 27. September 2001; zitiert nach Cook: *Understanding Jihad*, S. 130
569 Burke: *Al-Qaeda*, S. 75
570 Preston: *Sword of the Spirit*, S. 585
571 Kepel: *Jihad*, S. 137–140, 147ff.; Burke: *Al-Qaeda*, S. 58–62; Hegghammer: *Jihad in Saudi Arabia*, S. 58ff.
572 Abdullah Azzam:»Martyrs: The Building Blocks of Nations«, zitiert nach Cook: *Understanding Jihad.*, S. 129
573 Ebd.
574 Ebd.
575 Azzam:»The Last Will«, S. 130
576 Azzam: *Join the Caravan*. Birmingham o. J.
577 Wright: *Looming Tower*, S. 96
578 Ebd., S. 130
579 Hegghammer: *Jihad in Saudi Arabia*. S. 8–37, 229–233
580 Natana J. DeLong-Bas: *Wahhabi Islam: From Revival and Reform to Global Jihad*. Kairo 2005, S. 35, 194ff.; 203–211; 221–224
581 Hamid Algar: *Wahhabism: A Critical Essay*. Oneonta, NY 2002
582 DeLong-Bas: *Wahhabi Islam*, S. 247–256; Cook: *Understanding Jihad*, S. 74
583 Kepel: *Jihad*, S.57ff., 69–86; Burke: *Al-Qaeda*, S. 56–60; Esposito: *Unholy*, S. 106–110

584 Kepel: Jihad, S. 71
585 Ebd., S. 70
586 Hegghammer: *Jihad in Saudi Arabia*, S. 19–24
587 Ebd., S. 60–64
588 Nasir al-Bahri: *Al-Quds al-Arabi*, 20. März 2005, zitiert nach Hegghammer: *Jihad in Saudi Arabia*, S. 61
589 Hegghammer, ebd.
590 Ebd.
591 Ebd., S. 61f.
592 Ebd., S. 64
593 Nasir al-Bahri: *Al-Quds al-Arabi*
594 Sells: *Bridge Betrayed*, S. 154
595 Ebd., S. 9
596 Ebd., S. 29–52
597 Ebd., S. 1ff.
598 Ebd., S. 72–79, 117
599 Chris Hedges: *War Is a Force That Gives Us Meaning*. New York 2003, S. 9
600 *New York Times*, 18. Oktober 1995; Sells: *Bridge Betrayed*, S. 10
601 *The Independent*, 17.12.1995
602 Thomas L. Friedman: »Allies«, *New York Times*, 7.6.1995
603 Cook: *Understanding Jihad*, S. 119ff.
604 Mahmoun Fandy: *Saudi Arabia and the Politics of Dissent*. New York 1999, S. 183
605 Kepel: *Jihad*, S. 223–226
606 Cook: *Understanding Islam*, S. 135f.; Marc Sageman: *Leaderless Jihad; Terror Networks in the Twenty-First Century*. Philadelphia 2008, S. 44ff.; Burke: *Al-Qaeda*, S. 118–135
607 Hegghammer: *Jihad in Saudi Arabia*, S. 229f.
608 Burke: *Al-Qaeda*, S. 7f.
609 Esposito: *Unholy War*, S. 14
610 Ebd., S. 6, 8
611 Kepel: *Jihad*, S. 13f.
612 Burke: *Al-Qaeda*, S. 161–164; DeLong Bas: *Wahhabi Islam*, S. 276f.
613 Esposito: *Unholy War*, S. 21f.; Burke: *Al-Qaeda*, S. 175f.
614 Hegghammer: *Jihad in Saudi Arabia*, S. 102f.
615 Osama bin Laden: »Hunting the Enemy«, in: Esposito, *Unholy War*, S. 24
616 Burke: *Al-Qaeda*, S. 163
617 Hegghammer: *Jihad in Saudi Arabia*, S. 133–141
618 Ebd., S. 133
619 Ebd., S. 134
620 Matthew Purdy und Lowell Bergman: »Where the Trail Led: Between Evidence and Suspicion; Unclear Danger: Inside the Lackawanna Terror Case«, in: *New York Times*, 12.10.2003

621 Cook: *Understanding Jihad*, S. 150; Sageman: *Leaderless Jihad*, S. 81
622 Cook: *Understanding Jihad*, S. 136–141
623 Abu Daud: *Sunan*. Beirut 1988, Bd. 4, S. 108, no. 4297; zitiert nach Cook: *Understanding Jihad*, S. 137
624 Koran 2,249; Burke: *Al-Qaeda*, S. 24f.
625 Koran 2,194; Communiqué Qaidat al-Jihad, 24. April 2002; zitiert nach Cook: *Understanding Jihad*, S. 178
626 Sageman: *Leaderless Jihad*, S. 81f.
627 Marc Sageman: *Understanding Terror Networks*. Philadelphia 2004, S. 103–108
628 Sageman: *Leaderless Jihad*, S. 59f.
629 Ebd., S. 28
630 Ebd., S. 57
631 Timothy McDermott: *Perfect Soldiers. The 9/11 Hijackers: Who They Were, Why They Did It*. New York 2005, S. 65
632 Fraser Egerton: *Jihad in the West: The Rise of Militant Salafism*. Cambridge 2011, S. 155f.
633 Sageman: *Understanding Terror Networks*, S. 105
634 Antony Giddens: *The Consequences of Modernity*. Cambridge 1991, S. 53
635 Osama bin Laden, in: Esposito: *Unholy War*, S. 23
636 Andrew Sullivan: »This *Is* a Religious War«, in: *New York Times Magazine*, 7.10.2001
637 Cavanaugh: *Myth of Religious Violence*, S. 204
638 Emanuel Sivan: *Arab Historiography of the Crusades*. Tel Aviv 1973
639 Hegghammer: *Jihad in Saudi Arabia*, S. 104f.
640 Zwei weitere Exemplare wurden gefunden: eines in dem Auto, das einer der Entführer benutzte, bevor der den American-Airlines-Flug 77 in Washington nahm, das andere an der Absturzstelle von United Airlines 83 in Pennsylvania.
641 Z. B. ebd., Abs. 10, 24, 30, zitiert nach Lincoln: *Holy Terrors*, S. 98–101
642 Der übersetzte Text findet sich bei Lincoln: *Holy Terrors*, Appendix A: »Final Instructions to the Hijackers of September, 11, Found in the Luggage of Muhammad Atta and Two Other Copies«
643 Zitiert nach Cook: *Understanding Jihad*, Appendix 6, S. 196; Lincoln: *Holy Terrors*, S. 97
644 Abs. 14, in: Lincoln: *Holy Terrors*, S. 98
645 Abs. 16, ebd.
646 Ebd., S. 200
647 Ebd.
648 Ebd., S. 201
649 Cook:, *Understanding Jihad*, S. 234, Anm. 37
650 Koran 3,173f.
651 Cook: *Understanding Jihad*, Appendix 6, S. 198
652 Ebd., S. 201

653 Louis Atiyat Allah:»Moments Before the Crash, By the Lord of the 19«
(22. Januar 2003), in: Cook, *Understanding Jihad,* Appendix 7, S. 203
654 Ebd., S. 207
655 Ebd.
656 Ebd.
657 Osama bin Laden, Videobotschaft vom 7. Oktober 2001, Appendix C,
in: Lincoln, *Holy Terrors,* S. 106
658 Hamid Mir:»Osama claims he has nukes. If US uses N. Arms it will get
the same response«, in: *Dawn, The Internet Edition,* 10. November 2001
659 Ebd., Abs. 3, 6, 8, 9, 11, in: Lincoln: *Holy Terrors,* S. 106f.
660 »George W. Bush: Rede an die Nation vom 7. Oktober 2001, in: Lincoln:
Holy Terrors, Appendix B
661 Anmerkungen des Präsidenten im Islamischen Zentrum, Washington
DC, am 17. September 2001, vgl. http:/usinfo.state.gov/islam/50917016.
htm
662 Ebd., Abs. 12, in: Lincoln: *Holy Terrors,* S. 104
663 Paul Rogers:»The Global War on Terror and Its Impact on the Conduct
of War«, in: George Kassimeris: *The Barbarisation of Warfare.* London
2006, S. 188
664 www.azzam.com, 26. September 2002; zitiert nach Cook: *Understanding
Jihad,* S. 157; Cook kommentiert:»Leider ist diese Beschreibung angesichts der Enthüllungen über das Abu-Ghraib-Gefängnis im Frühjahr
2004 nicht so wirklichkeitsfremd, wie es sein sollte.«
665 Anthony Dworkin:»The Laws of War in the Age of Asymmetric Conflict«, in Kassimeris: *Barbarisation of Warfare,* S. 220, 233
666 Joanna Bourke:»Barbarisation vs. Civilisation in Time of War«, ebd.,
S. 37
667 Dworkin:»Laws of War«, S. 220
668 Rogers:»Global War on Terror«, S. 192
669 *The Guardian,* Datablog, 12. April 2013; die Vereinten Nationen veröf-
fentlichen Berichte und Statistiken über Tote in der Zivilbevölkerung seit
2007.
670 Marc Sageman: *Leaderless Jihad,* S. 136f.
671 Presseerklärung des Weißen Hauses:»President Discusses the Future of
Iraq«, 26. Februar 2003
672 Presseerklärung des Weißen Hauses:»President Bush Saluting Veterans
at White House Ceremony«, 11. November 2002
673 Timothy H. Parsons: *The Rule of Empires,* S. 423–450
674 Bruce Lincoln: *Religion, Empire, and Torture; the Case of Achaemenian
Persia, With a Postscript on Abu Ghraib.* Chicago/London, 2007, S. 97ff.
675 Ebd., S. 97f.
676 Lukas 4,18f.
677 Lincoln: *Religion, Empire, and Torture,* S. 101–107
678 Ebd., 102f.
679 Susan Sontag:»What have we done?«, in: *The Guardian,* 24.5.2005

680 Lincoln: *Religion, Empire, and Torture*, S. 101f.

681 Parsons: *Rule of Empires.*, S. 423–434

682 Bashir: Friday Prayers, Umm al-Oura, Bagdad, 11. Juni 2004, zitiert nach: Edward Coy:»Iraqis Put Contempt for Troops on Display«, in: *Washington Post*, 12.6.2004; Kessimeris: *Barbarisation of Warfare*, S. 16

683 Rogers:»Global War on Terror«, S. 193f.

684 Dworkin:»Laws of War«, S. 253

685 Sageman: *Leaderless Jihad*, S. 139–142

686 Ebd., S. 31f.

687 Michael Bonner: *Jihad in Islamic History*, S. 164

688 Sageman: *Leaderless Jihad*, S. 156f.

689 Ebd., S. 159

690 John L. Esposito und Dahlia Mogahed: *Who Speaks for Islam? What a Billion Muslims Really Think. Based on Gallup's World Poll – the largest study of its kind.* New York 2007, S. 69f.

691 Zitiert nach Hiltermann: *A Poisonous Affair*, S. 243

692 Naureen Shah:»Time for the Truth about ›targeted killings‹«, in: *The Guardian*, 22.10. 2013

693 Rafiq ur Rehman:»Please tell me, Mr President, why a US drone assassinated my mother«, in: *theguardian.com*, 25.10.2013

Nachwort

694 Koran 29,46, um nur ein Beispiel zu zitieren

695 Koran 22,40

696 Dies ist auch der Dominanz wahhabitischer Ideen geschuldet, deren Verbreitung in der gesamten muslimischen Welt durch die USA stillschweigend geduldet wird.

697 John Fowles: *The Magus.* Rev. ed. London 1987, S. 413

Bibliographie

ABDEL HALEEM, M. A. S. (Hg.): *The Qur'an: A New Translation.* Oxford/ New York 2004

ABELARD, Pierre: *A Dialogue of a Philosopher with a Jew and a Christian,* Übs. P. J. Payer. Toronto 1979

ABULAFIA, David: *Frederick II: A Medieval Emperor.* New York/Oxford 1992

ADAMS, Charles: »Mawdudi and the Islamic State«, in: John L. Esposito (Hg.): *Voices of Resurgent Islam.* New York/Oxford 1983

ADAMS, Dickenson W. (Hg.): *Jefferson's Extracts from the Gospels.* Princeton, NJ 1983

ADAMS, R. M.: *Heartlands of Cities: Surveys on Ancient Settlements and Land Use on the Central Floodplains of the Euphrates.* Chicago 1981

AGAMBEN, Giorgio: *State of Exception,* Übs. Kevin Attell. Chicago/London 2005

–: *The Kingdom and the Glory: For a Theological Genealogy of Economy and Government,* Übs. Lorenzo Chiesa. (mit Matteo Mandarini). Stanford 2011

AHLSTROM, Gosta W.: *The History of Ancient Palestine.* Minneapolis 1993

AHMAD, Kharshid / Zafar USHAQ: *Islamic Perspectives.* Leicester 1979

AHMAD, Mumtaz: »Islamic Fundamentalism in South Asia: The Jamaat-i-Islami and the Tablighi Jamaat«, in: Martin E. Marty / R. Scott Appleby (Hg.): *Fundamentalisms Observed.* Chicago/London 1991

AHMED, Rafiuddin: »Redefining Muslim Identity in South Asia: The Transformation of the Jamaat-i-Islami«, in: Martin E. Marty / R. Scott Appleby: *Accounting for Fundamentalisms: The Dynamic Character of Movements.* Chicago/London 1994

AHO, James A.: *Religious Mythology and the Art of War: Comparative Religious Symbolisms of Military Violence.* Westport, Conn. 1981

AKHAVI, Shahrough: *Religion and Politics in Contemporary Iran: Clergy-State Relations in the Pahlavi Period.* Albany, NY 1980

–: »Shariati's Social Thought«, in: Nikki R. Keddie (Hg.): *Religion and Politics in Iran: Shiism from Quietism to Revolution.* New Haven, Conn./London 1983

AL-AZMEH, Aziz: *Muslim Kingship: Power and the Sacred in Muslim, Christian and Pagan Politics.* London/New York 1997

–: *Islams and Modernities.* 3. Aufl., London/New York 2009

ALGAR, Hamid: *Religion and State in Iran, 1785–1906.* Berkeley 1984

–: *Wahhabism: A Critical Essay.* Oneonta, NY 2002

–: »The Oppositional Role of the Ulema in Twentieth-Century Iran«, in: Nikki R. Keddie (Hg.): *Scholars, Saints and Sufis: Muslim Religious Institutions in the Middle East since 1500.* Berkeley/Los Angeles/London 1972

ALLAH, Louis Atiyat: »Moments Before the Crash, By the Lord of the 19«, in: David Cook: *Understanding Jihad.* Berkeley/Los Angeles/London 2005

ALLEN, J. W.: *A History of Political Thought in the Sixteenth Century.* London 1928

ALLEN, William: *Apologie of the English College.* Douai 1581

ALTER, Robert/Frank KERMODE (Hg.): *A Literary Guide to the Bible.* London 1987

ANDERSON, Benedict: *Imagined Communities: Reflections on the Origin and Spread of Nationalism.* London/New York 2003

ANDERSON, Perry: *Lineages of the Absolutist State.* London 1974

–: *Passages from Antiquity to Feudalism.* London 1974

ANDRAE, Tor: *Die Person Mohammeds in Lehre und Glauben seiner Geschichte.* Stockholm 1918

ANDRESKI, Stanislav: *Military Organization and Society.* Berkeley 1968

ANGEL, J. L.: »Paleoecology, Paleogeography and Health«, in: S. Polgar (Hg.): *Population, Ecology and Social Evolution.* Den Haag 1975

ANNESLEY, George: *The Rise of Modern Egypt: A Century and a Half of Egyptian History.* Durham, UK, 1997

ANONYMOUS: »Final Instructions to the Hijackers of September 11«, in: Bruce Lincoln: *Holy Terrors: Thinking about Religion after September 11.* 2. Aufl. Chicago/London 2006

ANONYMOUS (Hg.): *Fast Day Sermons or The Pulpit on the State of the Country.* Charleston, SC 2009

APPLEBY, R. Scott (Hg.): *Spokesmen of the Despised: Fundamentalist Leaders of the Middle East.* Chicago 1997

–: *The Ambivalence of the Sacred: Religion, Violence and Reconciliation.* Lenham, Md. 2000

ARAN, Gideon: »The Roots of Gush Emunim«, in: *Studies in Contemporary Jewry* 2 (1986)

–: »Jewish Zionist Fundamentalism«, in: Martin E. Marty/R. Scott Appleby (Hg.): *Fundamentalisms Observed.* Chicago/London 1991

–: »The Father, the Son and the Holy Land: The Spiritual Authorities of Jewish-Zionist Fundamentalism in Israel«, in: R. Scott Appleby (Hg.): *Spokesmen of the Despised: Fundamentalist Leaders of the Middle East.* Chicago 1997

ARDAGH, Sir John: Speech in: *The Proceedings of the Hague Peace Conference.* London 1920

ARENDT, Hannah: *Über die Revolution.* München 1974

–: *On Violence.* San Diego 1970 (gleichzeitige dt. Ausgabe: *Macht und Gewalt.* München 1970)

–: *Elemente und Ursprünge totaler Herrschaft.* Frankfurt/M. 1955

ARISTOTLE: *The Basic Works of Aristotle,* hg. Richard McKeon. New York 1941

ASAD, Muhammad (Hg.): *The Message of the Qur'an.* Gibraltar 1980

ASAD, Talal: *Genealogies of Religion, Discipline and Reasons of Power in Christianity and Islam.* Baltimore/London 1993

–: *Formations of the Secular: Christianity, Islam, Modernity.* Stanford 2003

–: *On Suicide Bombing: The Wellek Lectures.* New York 2007

ATHANASIUS: »Life of Antony«, in: R. C. Gregg (Hg.): *The Life of Antony and the Letter to Marcellinus.* New York 1980

AUGUSTINE, Aurelius: *On the Free Choice of the Will,* Übs. Thomas Williams. Indianapolis 1993

AVALOS, Hector: *Fighting Words: The Origins of Religious Violence.* Amhurst, NY 2005

AZZAM, Abdullah Yusuf: »The Last Will of Abdullah Yusuf Azzam, Who Is Poor Unto His Lord«. Birmingham, UK, o. J.

–: *Join the Caravan.* Birmingham, UK, o. J.

–: *The Defence of Muslim Lands.* Birmingham, UK, o. J.

BACHRACH, David S.: *Religion and the Conduct of War, c. 300–1215.* Woodbridge, UK, 2003

BAER, Yitzhak: *A History of the Jews in Christian Spain.* 2 Bde., Philadelphia 1966

BAINTON, Ronald H.: *Christian Attitudes toward War and Peace.* Nashville/New York 1960

BAIRD, Robert D. (Hg.): *Religion in Modern India.* Delhi 1981

BAMMEL, F. / C. F. D. MOULE (Hg.): *Jesus and the Politics of His Day.* Cambridge, UK, 1981

BAMYEH, Mohammed A.: *The Social Origins of Islam: Mind, Economy, Discourse.* Minneapolis 1999

BARBER, Malcolm: *The New Knighthood: A History of the Order of the Templars.* Cambridge 1995

BARBER, Richard: *The Knight and Chivalry.* New York 1970

BARING, Evelyn: *Lord Cromer, Modern Egypt.* 2 Bde., New York 1908

BARKER, Margaret: *The Gate of Heaven: The History and Symbolism of the Temple in Jerusalem.* London 1991

BARKUN, Michael: *Religion and the Racist Right: The Origins of the Christian Identity Movement.* Chapel Hill 1996

BARNIE, John: *War in Medieval English Society: Social Values and the Hundred Years War.* Ithaca, NY 1974

BASHEAR, S.: »Apocalyptic and Other Materials on Early Muslim-Byzantine Wars«, in: *Journal of the Royal Asiatic Society,* Series 3, 1 (1991)

BAUMAN, Zygmunt: *Dialektik der Ordnung. Die Moderne und der Holocaust.* Hamburg 1992

BEBBINGTON, D. W.: *Evangelicalism in Modern Britain: A History from the 1730s to the 1980s.* London 1989

BEECHER, Henry W.: *Patriotic Addresses.* New York 1887

BEEMAN, Richard / Stephen BOTEIN / Edward E. CARTER III (Hg.): *Beyond Confederation: Origins of the Constitution in American Identity.* Chapel Hill 1987

BEEMAN, William: »Images of the Great Satan: Representations of the United States in the Iranian Revolution«, in: Nikki R. Keddie (Hg.): *Religion and Politics in Iran: Shiism from Quietism to Revolution.* New Haven, Conn./ London 1983

BEHR, John: *Irenaeus of Lyons: Identifying Christianity.* Oxford 2013

BEINART, Haim: *Conversos on Trial: The Inquisition in Ciudad Real.* Jerusalem 1981

BELL, Catherine: *Ritual Theory, Ritual Practice.* New York 1992

BELL, H. / I. V. MARTIN / E. G. TURNER / D. VAN BURCHEM: *The Abinnaeus Archive.* Oxford 1962

BEN DOV, Meir: *The Western Wall.* Jerusalem 1983

BENDIX, Reinhard: *Kings or People: Power and the Mandate to Rule.* Berkeley 1977

BENSON, Larry (Hg.): *King Arthur's Death: The Middle English Stanzaic Morte d'Arthur and the Alliterative Morte d'Arthur.* Kalamazoo, Mich. 1994

BENVENISTI, Meron: *Jerusalem: The Torn City.* Jerusalem 1975

BERCHANT, Heinz: »The Date of the Buddha Reconsidered«, in: *Indologia Taurinensen,* 10

BERGER, Michael S.: »Taming the Beast: Rabbinic Pacification of Second-Century Jewish Nationalism«, in: James K. Wellman: *Belief and Bloodshed: Religion and Violence across Time and Tradition.* Lanham, Md, 2007

BERGER, Peter: *The Sacred Canopy: Elements of Sociological Theory.* New York 1967

BERMAN, Joshua: *Biblical Revolutions: The Transformation of Social and Political Thought in the Ancient Near East.* New York / Oxford 2008

BERMAN, Paul: *Terror and Liberalism.* New York 2003

BERNARD of Clairvaux: *In Praise of the New Knighthood: A Treatise on the Knights Templar and the Holy Places of Jerusalem,* Übs. M. Conrad Greenia; Einl. Malcolm Barber. Collegeville, Minn. 2008

BICKERMAN, Elias J.: *From Ezra to the Last of the Maccabees.* New York 1962

BLACK, Jeremy: »Warfare, Crisis and Absolutism«, in: Euan Cameron (Hg.): *Early Modern Europe: An Oxford History.* Oxford 1999

BLAKE, E. O.: »The Formation of the Crusade Idea«, in: *Journal of Ecclesiastical History,* 21, 1 (1970)

BLANNING, T. C.: »Epilogue: The Old Order Transformed«, in: Euan Cameron (Hg.): *Early Modern Europe: An Oxford History.* Oxford 1999

BLOCH, Marc: *Feudal Society,* Übs. L. A. Manyon. London 1961

BLOCH, Ruth H.: *Visionary Republic: Millennial Themes in American Thought, 1756–1800.* Cambridge, UK, 1985

BLOCKMANS, Wim: *Emperor Charles V, 1500–1558.* London/New York 2002

BLOXHAM, David: *The Great Game of Genocide: Imperialism, Nationalism and the Destruction of the Ottoman Armenians.* Oxford 2007

BOAK, A. E. and H. C. HARVEY: *The Archive of Aurelius Isidore.* Ann Arbor, Mich. 1960

BODDE, Derk: *Festivals in Classical China and Other Annual Observances during the Han Dynasty, 206 bce to ad 220.* Princeton, NJ 1975

–: »Feudalism in China«, in: Rushton Coulborn (Hg.): *Feudalism in History.* Hamden, Conn. 1965

BONNER, Michael: *Aristocratic Violence and the Holy War: Studies in Jihad and the Arab-Byzantine Frontier.* New Haven, Conn. 1996

–: *Jihad in Islamic History.* Princeton/Oxford 2006

BONNEY, Richard: *Jihad: From Qur'an to Bin Laden.* New York 2004

BORG, Marcus: *Jesus: Uncovering the Life, Teachings, and Relevance of a Religious Revolutionary.* New York 2006

BOROWITZ, Albert: *Terrorism for Self-Glorification: The Herostratos Syndrome.* Kent, Ohio 2005

BORUJERDI, Mehrzad: *Iranian Intellectuals and the West: The Tormented Triumph of Nativism.* Syracuse, NY 1996

BOSSY, John: *Christianity in the West, 1400–1700.* Oxford 1985

–: »Unrethinking the Wars of Religion«, in: Thomas Kselman (Hg.): *Belief in History: Innovative Approaches to European and American Religion.* Notre Dame, Ind. 1991

BOURKE, Joanna: *An Intimate History of Killing: Face to Face Killing in Twentieth-Century Warfare.* New York 1999

–: »Barbarization vs. Civilization in Time of War«, in: George Kassimeris (Hg.): *The Barbarization of Warfare.* London 2006

BOUSTAN, Ra'anau S. / Alex P. JASSEN / Calvin J. ROETZAL (Hg.): *Violence, Scripture and Textual Practice in Early Judaism and Christianity.* Leiden 2010

BOWERSTOCK, G. W.: *Hellenism in Late Antiquity.* Ann Arbor, Mich. 1990

BOWKER, John: *The Religious Imagination and the Sense of God.* Oxford 1978

BOYCE, Mary: *Zoroastrians: Their Religious Beliefs and Practices.* 2. Aufl., London/New York 2001

–: »Priests, Cattle and Men«, in: *Bulletin of the School of Oriental and African Studies,* 1998

BOYER, Paul: *When Time Shall Be No More: Prophecy Belief in Modern American Culture.* Cambridge, Mass. 1992

BRACE, F. F.: »Render to Caesar«, in: F. Bammel / C. F. D. Moule (Hg.): *Jesus and the Politics of His Day.* Cambridge, UK, 1981

BRASS, Paul R.: *Communal Riots in Post-Independence India.* Seattle 2003

BRENNER, Jan N.: »Secularization: Notes toward the Genealogy«, in: Henk De Vries (Hg.): *Religion beyond a Concept.* New York 2008

BRIGDON, Susan: *London and the Reformation.* Oxford 1989

BRIGGS, Robin: »Embattled Faiths: Religion and Natural Philosophy«, in: Euan Cameron (Hg.): *Early Modern Europe: An Oxford History.* Oxford 1999

BRISCH, Nicole (Hg.): *Religion and Power: Divine Kingship in the Ancient World and Beyond.* Chicago 2008

BRODIE, Bernard / Fawn BRODIE: *From Crossbow to H-Bomb.* Bloomington, Ind. 1972

BRONOWSKI, Jacob: *The Ascent of Man.* Boston 1975

BROOKS, E. W. (Hg.): *The Sixth Book of the Select Letter of Severus, Patriarch of Antioch.* London 1903

BROWN, John Pairman: »Techniques of Imperial Control: Background of the Gospel Event«, in: Normal Gottwald (Hg.): *The Bible of Liberation: Political and Social Hermeneutics.* Maryknoll, NY 1985

BROWN, Judith M. (Hg.): *Mahatma Gandhi: Essential Writings.* London/ New York 2008

BROWN, Peter: *The World of Late Antiquity, ad 150–750.* London 1971, 1989

–: *The Making of Late Antiquity.* Cambridge, Mass./London 1973

–: *The Cult of the Saints: Its Rise and Function in Latin Christianity.* Chicago/ London 1981

–: *Society and the Holy in Late Antiquity.* Berkeley/Los Angeles/London 1982

–: *The Body and Society: Men, Women and Sexual Renunciation in Early Christianity.* London/Boston 1988

–: *Power and Persuasion in Late Antiquity: Towards a Christian Empire.* Madison, Wis./London 1992

–: *Authority and the Sacred: Aspects of the Christianization of the Roman World.* Cambridge 1995

–: *The Rise of Western Christendom: Triumph and Diversity, ad 200–1000.* Oxford/Malden, Mass. 1996

–: *Poverty and Leadership in the Later Roman Empire.* Hanover/London 2002

–: »Religious Dissent in the Later Roman Empire: The Case of North Africa«, in: *History,* 46 (1961)

–: »Religious Coercion in the Later Roman Empire: The Case of North Africa«, in: *History,* 48 (1961)

–: »The Rise of the Holy Man in Late Antiquity«, in: *Journal of Roman Studies,* LXI (1971)

BROWN, Richard Maxwell: *Strains of Violence: Historical Studies of American Violence and Vigilantism.* New York 1975

BRUMBERG, Daniel: »Khomeini's Legacy: Islamic Rule and Islamic Social Justice«, in: R. Scott Appleby (Hg.): *Spokesmen for the Despised: Fundamentalist Leaders of the Middle East.* Chicago 1997

BRUNS, Gerald L.: »Midrash and Allegory: The Beginnings of Scriptural Interpretation«, in: Robert Alter and Frank Kermode (Hg.): *A Literary Guide to the Bible.* London 1987

BRYANT, Edwin: *The Quest for the Origins of Vedic Culture: The Indo-Aryan Debate.* Oxford/New York 2001

BRYCE, T.: *The Kingdom of the Hittites*. Oxford 1998

BURG, S.: »The International Community and the Yugoslav Crisis«, in: Milton Eshman / Shibley Telham (Hg.): *International Organizations and Ethnic Conflict*. Ithaca, NY 1995

BURKE, Jason: *Al-Qaeda*. London 2003

BURKE, Victor Lee: *The Clash of Civilizations: War-Making and State Formation in Europe*. Cambridge, UK, 1997

BURKERT, Walter: *Structure and History in Greek Mythology and Ritual*. Berkeley/Los Angeles/London 1980

–: *Homo Necans: Interpretationen altgriechischer Opferrituale und Mythen*. Berlin 1972, 1983

BURLEIGH, Michael: *Earthly Powers: Religion and Politics in Europe from the Enlightenment to the Great War*. London/New York/Toronto/Sydney 2005

BURMAN, Edward: *The Assassins: Holy Killers of Islam*. London 1987

BURTON-CHRISTIE, Douglas: *The Word in the Desert: Scripture and the Quest for Holiness in Early Christian Monasticism*. New York/Oxford 1993

BUSBY, Keith (Hg.): *Raoul de Hodence, Le Roman des Eles: The Anonymous Ordere de Cevalerie*. Philadelphia 1983

BUSHNELL, Howard: *Building Eras in Religion*. New York 1981

BUSSMANN, Klaus / Heinz SCHILLING (Hg.): *War and Peace in Europe*. 3 Bde., Münster 1998

BUTLER, Jon: *Awash in a Sea of Faith: Christianizing the American People*. Cambridge, Mass./London 1990

BUTZER, Karl W.: *Environment and Archaeology: An Ecological Approach to Prehistory*. Chicago 1971

–: *Early Hydraulic Civilization in Egypt: A Study in Cultural Ecology*. Chicago 1976

CALVIN, John: *The Commentaries of John Calvin on the Old Testament*, 30 Bde. (1643–48)

CAMERON, Euan (Hg.): *Early Modern Europe. An Oxford History*. Oxford 1999

–: »The Power of the Word: Renaissance and Reformation«, ebd.

CAMPBELL, Joseph: *Historical Atlas of World Mythologies*. 2 Bde., New York 1988

–: (mit Bill Moyers): *Die Kraft der Mythen*. Zürich/München 1953

CANER, Daniel: *Wandering Begging Monks: Spiritual Authority and the Promotion of Monasticism in Late Antiquity*. Berkeley/Los Angeles/London 2002

CANTOR, Norman: *The Sacred Chain: A History of the Jews*. New York 1994, London 1995

CARDINI, Franco: »The Warrior and the Knight«, in: James Le Goff (Hg.): *The Medieval World*, Übs. Lydia C. Cochrane. London 1990

CARLEN, Claudia (Hg.): *The Papal Encyclicals, 1740–1981*. 5 Bde., Falls Church, Va. 1981

CARLYLE, Thomas (Hg.): *Oliver Cromwell's Letters and Speeches*. 3 Bde., New York 1871

CARMICHAEL, Calum M.: *The Laws of Deuteronomy*. Eugene, Ore. 1974

–: *The Spirit of Biblical Law*. Athens, Ga. 1996

CARRASCO, David: *City of Sacrifice: The Aztec Empire and the Role of Violence in Civilization*. Boston 1999

CARRITHERS, Michael: *The Buddha*. Oxford/New York 1983

CARTER, Warren: *Matthew and the Margins: A Socio-Political and Religious Reading*. Sheffield 2000

–: »Construction of Violence and Identities in Matthew's Gospel«, in: Shelly Matthews and E. Leigh Gibson (Hg.): *Violence in the New Testament*. New York/London 2005

CAVANAUGH, William T.: *The Myth of Religious Violence*. Oxford 2009

–: *Migrations of the Holy: God, State and the Political Meaning of the Church*. Grand Rapids, Mich. 2011

CHANG, Kwang-chih: *Archaeology of Ancient China*. New Haven, Conn. 1968

–: *Shang Civilization*. New Haven, Conn.1980

–: *Art, Myth and Ritual: The Path to Political Authority in Ancient China*. Cambridge, Mass. 1985

CHILDS, John: *Armies and Warfare in Europe, 1648–1789*. Manchester, UK, 1985

CHING, Julia: *Mysticism and Kingship in China: The Heart of Chinese Wisdom*. Cambridge, UK, 1997

CHOUEIRI, Youssef M.: *Islamic Fundamentalism*. London 1970

CHURCHILL, Ward: *A Little Matter of Genocide: Holocaust and Denial in the Americas, 1492 to the Present*. San Francisco 1997

CIPOLLA, Carlo M.: *Before the Industrial Revolution: European Society and Economy, 1000–1700*. New York 1976

CLARK, Peter: *Zoroastrianism: An Introduction to an Ancient Faith*. Brighton, UK/Portland, Ore, 1998

CLARKE, I. F.: *Voices Prophesying War: Future Wars 1763–3749*. 2. Aufl., Oxford/New York 1992

CLEMENTS, R. E. (Hg.): *The World of Ancient Israel: Sociological, Anthropological and Political Perspectives*. Cambridge, UK, 1989

CLIFFORD, Richard J.: *The Cosmic Mountain in Canaan and the Old Testament*. Cambridge, Mass. 1972

COGAN, Mordechai / Israel EPHAL (Hg.): *Studies in Assyrian History and Ancient Near Eastern Historiography*. Jerusalem 1991

COHEN, Mark Nathan: *The Food Crisis in Prehistory*. New Haven, Conn. 1978

COHN, Norman: *Warrant for Genocide*. London 1967

–: *Europe's Inner Demons: The Demonization of Christians in the Middle Ages*. London 1975

–: *Pursuit of the Millennium: Revolutionary Millenarians and Mystical Anarchists in the Middle Ages*. London 1984

–: *Cosmos, Chaos and the World to Come: The Ancient Roots of Apocalyptic Faith.* New Haven, Conn./London 1993

COLBY, Elbridge:»How to Fight Savage Tribes«, in: *American Journal of International Law,* 21, 2, (1927)

COLLINS, Steven: *Selfless Persons: Imagery and Thought in Theravada Buddhism.* Cambridge, UK, 1982

CONTAMINE, Philippe: *War in the Middle Ages,* Übs. Michael Jones. Oxford 1984

CONZE, Edward: *Buddhism: Its Essence and Development.* Oxford 1981

–: *Buddhist Meditation.* London 1956

COOK, David: *Understanding Jihad.* Berkeley/Los Angeles/London 2005

–: »Jihad and Martyrdom in Islamic History«, in: Andrew R. Murphy (Hg.): *The Blackwell Companion to Religion and Violence.* Chichester, UK, 2011

COOK, Jill: *The Swimming Reindeer.* London 2010

COOMARASWAMY, Ananda/Sister NIVEDITA: *Myths of the Hindus and Buddhists.* London 1967

COOPER, Thia:»Liberation Theology and the Spiral of Violence«, in: Andrew R. Murphy (Hg.): *The Blackwell Companion to Religion and Violence.* Chichester, UK, 2011

COOTE, Robert/Keith E. WHITELAM: *The Emergence of Early Israel in Historical Perspective.* Sheffield 1987

COTTON, Bruce: *Grant Takes Command.* Boston 1968

COULBORN, Rushton (Hg.): *Feudalism in History.* Hamden, Conn. 1965

COWDREY, H. E. J.:»The Peace and Truce of God in the Eleventh Century«, in: *Past and Present,* 46 (1970)

–:»Pope Gregory VII's ›Crusading‹ Plans of 1074«, in: B. Z. Kedar/H. E. Mayer/R. C. Smail (Hg.): *Outremer.* Jerusalem 1982

CRECELIUS, Daniel:»Nonideological Responses of the Egyptian Ulema to Modernization«, in: Nikki R. Keddie (Hg.): *Scholars, Saints and Sufis: Muslim Religious Institutions in the Middle East since 1500.* Berkeley/Los Angeles/London 1972

CREEL, H. G.: *Confucius: The Man and the Myth.* London 1951

CRENSHAW, Martha (Hg.): *Terrorism, Legitimacy and Power: The Consequences of Political Violence.* Middletown, Conn. 1983

–:»Reflections on the Effects of Terrorism«, ebd.

CRIBB, Roger: *Nomads and Archaeology.* Cambridge, UK, 1999

CROOKE, Alastair: *Resistance: The Essence of the Islamist Revolution.* London 2009

CROSS, Frank Moore: *Canaanite Myth and Hebrew Epic: Essays in the History of the Religion of Israel.* Cambridge, Mass./London 1973

CROSSAN, John Dominic: *Jesus: A Revolutionary Biography.* New York 1994

–: *God and Empire: Jesus against Rome, Then and Now.* New York 2007

CROUZET, Denis: *Les guerriers de Dieu: La violence en temps des troubles de religion.* Seyssel 1990

CRUSEMANN, Frank: *The Torah: Theology and Social History of Old Testament Law*, Übs. Allen W. Mahnke. Minneapolis, Minn. 1996

CURTIS, John: *The Cyrus Cylinder and Ancient Persia: A New Beginning for the Middle East.* London 2013

DALLEY, Stephanie (Hg.): *Myths from Mesopotamia: Creation, the Flood, Gilgamesh, and Others.* Oxford/New York 1989

DANIEL, Norman: *The Arabs and Medieval Europe.* London/Beirut 1975

–: *Islam and the West: The Making of an Image.* 2. Aufl. Oxford 1993

DAVIDSON, Basil: *The African Slave Trade.* Boston 1961

DAVIS, Natalie Zemon: »The Rites of Violence: Religious Riot in Sixteenth-Century France«, in: *Past and Present,* 59 (1973)

DAWKINS, Richard: *Der Gotteswahn.* Berlin 2007

DE BARY, Wm. Theodore: *The Trouble with Confucianism.* Cambridge Mass./London 1996

–: (with Irene Bloom, Hg.): *Sources of Chinese Tradition, from Earliest Times to 1600.* 2. Aufl., New York 1999

DE BEAUVOIR, Simone: *Mémoirs d'une jeune fille range.* Paris 1958 (dt. Ausgabe: *Memoiren einer Tochter aus gutem Hause.* Reinbek 1958)

DE STE CROIX, G. E.: »Why Were the Early Christians Persecuted?«, in: Michael Whitby/Joseph Street (Hg.): *Martyrdom and Orthodoxy.* New York 1987

DE TOCQUEVILLE, Alexis: *The Old Regime and the French Revolution.* 2 Bde., hg. François Furet/Françoise Melonio. Chicago 1988

–: *Democracy in America,* hg. Harvey Claflin Mansfield/Delba Winthrop. Chicago 2000

DE VRIES, Henk (Hg.): *Religion beyond a Concept.* New York 2008

DEARMAN, Andrew (Hg.): *Studies in the Mesha Inscription and Moab.* Atlanta, NY 1989

DELONG-BAS, Natana J.: *Wahhabi Islam: From Revival and Reform to Global Jihad.* Kairo 2005

DEVER, William G.: *What Did the Biblical Writers Know and When Did They Know It? What Archaeology Can Tell Us about the Reality of Ancient Israel.* Grand Rapids, Mich./Cambridge, UK, 2001

DIAKONOFF, I.M.: *Ancient Mesopotamia: Socio-Economic History.* Moskau 1969

DIEFENDORT, Barbara: *Beneath the Cross: Catholics and Huguenots in Sixteenth-Century Paris.* New York 1991

DONIGER, Wendy: *The Hindus: An Alternative History.* Oxford 2009

DONNE, John: *Sermons of John Donne,* hg. George R. Potter/Evelyn M. Simpson. Berkeley 1959

DONNER, F.: *The Early Islamic Conquests.* Princeton 1980

–: »The Origins of the Islamic State«, in: *Journal of the American Oriental Society,* 106 (1986)

DORRELL, P.: »The Uniqueness of Jericho«, in: R. Morrey/P. Parr (Hg.):

Archaeology in the Levant: Essays for Kathleen Kenyon. Warminster, UK, 1978

DOUGLAS, Mary: *Leviticus as Literature.* Oxford/New York 1999

–: *In the Wilderness: The Doctrine of Defilement in the Book of Numbers.* Oxford/New York 2001

DRAKE, Harold A.: *In Praise of Constantine: A Historical Study and New Translation of Eusebius' Tricennial Orations.* London/New York 1997

–: *Constantine and the Bishops: The Politics of Intolerance.* Baltimore 2000

DRONKE, Peter: *Women Writers of the Middle Ages: A Critical Study of Texts from Perpetua (d. 203) to Marguerite de Parete (d. 1310).* Cambridge, Mass. 1984

DUBUISSON, Daniel: *The Western Construction of Religion: Myths, Knowledge, and Ideology,* Übs. William Sayers. Baltimore 2003

DUBY, Georges: *The Early Growth of the European Economy: Warriors and Peasants from the Seventh to the Twelfth Century,* Übs. H. B. Clarke. Ithaca, NY 1974

–: *The Chivalrous Society.* London 1977

–: *Die drei Ordnungen. Das Weltbild des Feudalismus.* Frankfurt/M. 1986

–: *Ritter, Frau und Priester. Die Ehe im feudalen Frankreich.* Frankfurt/M. 1986

DUMÉZIL, Georges: *The Destiny of the Warrior,* Übs. Alf Hiltebeitel. Chicago/London 1969

DUMONT, Louis: »World Renunciation in Indian Religions«, in: *Contributions to Indian Sociology,* 4 (1960)

DUNDAS, Paul: *The Jains.* 2. Aufl., London/New York 2002

DUNN, Richard: *The Age of Religious Wars, 1559–1689.* New York 1970

DURKHEIM, Émile: *Die elementaren Formen des religiösen Lebens.* Frankfurt/M. 1981

DUTTON, P. E.: *Carolingian Civilization.* Peterborough, Ont. 1993

DWIGHT, Timothy: *A Valedictory Address to the Young Gentlemen Who Commenced Bachelor of Arts, July 27, 1776.* New Haven, Conn. 1776

DWORKIN, Anthony: »The Laws of War in the Age of Asymmetric Conflict«, in: George Kassimeris (Hg.): *The Barbarization of Warfare.* London 2006

DWYER, Philip G.: *Talleyrand.* London 2002

EBERHARD, W.: *A History of China.* London 1977

EDBURY, Peter W. (Hg.): *Crusade and Settlement.* Cardiff 1985

EDWARDS, Mark (Hg.): *Optatus: Against the Donatists.* Liverpool 1997

EGERTON, Frazer: *Jihad in the West: The Rise of Militant Salafism.* Cambridge 2011

EHRENBERG, M.: *Women in Prehistory.* London 1981

EHRENREICH, Barbara: *Blutrituale. Ursprung und Geschichte der Lust am Krieg.* München 1997

EIBL-EIBESFELDT, Irenäus: *Krieg und Frieden aus der Sicht der Verhaltensforschung.* München 1975

–: *Die Biologie des menschlichen Verhaltens. Grundriß der Humanethologie.* München 1984

EIDELBERG, Scholomo (Hg.): *The Jews and the Crusaders: The Hebrew Chronicles of the First and Second Crusades.* London 1977

EISEN, Robert: *The Peace and Violence of Judaism: From the Bible to Modern Zionism.* Oxford 2011

EISENSTADT, S. N. (Hg.): *The Origins and Diversity of Axial Age Civilizations.* Albany, NY 1986

EL-GUINDY, Fedwa: »The Killing of Sadat and After: A Current Assessment of Egypt's Islamist Movement«, in: *Middle East Insight,* 2 (Jan./Feb. 1982)

ELIADE, Mircea: *Das Heilige und das Profane. Vom Wesen des Religiösen.* Hamburg 1957

–: *Patterns in Comparative Religion,* Übs. Rosemary Sheed. London 1958

–: *Yoga. Unsterblichkeit und Freiheit.* Frankfurt/M./Leipzig 2004

–: *Geschichte der religiösen Ideen.* 4 Bde., Freiburg/Basel/Wien 2002

–: *Kosmos und Geschichte. Der Mythos der ewigen Wiederkehr.* Frankfurt/M. 2007

ELISSEEFF, N.: *Nur al-Din: un grand prince musulman de Syrie au temps des Croisades.* 3 Bde., Damaskus 1967

ELKINS, Stanley: *Slavery: A Problem of American Institutional and Intellectual Life.* Chicago 1976

ELON, Amos: *The Israelis: Founders and Sons.* 2. Aufl., London 1981

ELVIN, Mark: »Was There a Transcendental Breakthrough in China?«, in: S. N. Eisenstadt (Hg.): *The Origins and Diversity of Axial Age Civilizations.* Albany 1986

ENGLISH, Richard: *Terrorism: How to Respond.* Oxford/New York 2009

EPSZTEIN, Leon: *Social Justice in the Ancient Near East and the People of the Bible,* Übs. John Bowden. London 1986

ERDMANN, Carl: *Die Entstehung des Kreuzzugsgedankens.* Darmstadt 1974

ERTMAN, Thomas: *Birth of the Leviathan: Building States and Regimes in Early Modern Europe.* Cambridge, UK, 1997

ESHMAN, Milton/Shibley TELHAM (Hg.): *International Organizations and Ethnic Conflict.* Ithaca, NY 1994

ESPOSITO, John L.. *Unholy War: Terror in the Name of Islam.* New York/Oxford 2002

– (Hg.): *Voices of Resurgent Islam.* New York/Oxford 1983

–: »Islam and Muslim Politics«, ebd.

– (mit John J. Donohue, Hg.): *Islam in Transition: Muslim Perspectives.* New York 1982

– (mit Dahlia Mogahed): *Who Speaks for Islam? What a Billion Muslims Really Think; Based on Gallup's World Poll – the Largest Study of its Kind.* New York 2007

EUBES, Roxanne: »Killing (for) Politics: Jihad, Martyrdom, Political Action«, in: *Political Theory,* 30 (2002)

EUSEBIUS: *Life of Constantine,* Übs. Averil Cameron/Stuart G. Hall. Oxford 1999

FAIRBANK, John King/ Merle GOLDMAN: *China: A New History.* 2. Aufl. Cambridge, Mass./London 2006

FAKHRY, Majid: *A History of Islamic Philosophy.* New York/London 1970

FALL, A.: *Medieval and Renaissance Origins: Historiographical Debates and Demonstrations.* London 1991

FANDY, Mahmoun: *Saudi Arabia and the Politics of Dissent.* New York 1999

FATORIC, Clement: »The Anti-Catholic Roots of Liberal and Republican Conception of Freedom in English Political Thought«, in: *Journal of the History of Ideas* 66 (Jan. 2005)

FENSHAM, F. C.: »Widows, Orphans and the Poor in Ancient Eastern Legal and Wisdom Literature«, in: *Journal of Near Eastern Studies* 21 (1962)

FERGUSON, Niall: *Empire: How Britain Made the Modern World.* London 2003

–: *Colossus: The Price of America's Empire.* New York 2004

–: »An Empire in Denial: The Limits of U.S. Imperialism«, in: *Harvard International Review,* Herbst 2003

FERNÁNDEZ-ARMESTO, Felipe: *1492: The Year Our World Began.* New York 2009

FICHTE, Johann Gottlieb: *Reden an die deutsche Nation.* 1807/1808

FINGARETTE, Herbert: *Confucius – the Secular as Sacred.* New York 1972

FINKELSTEIN, Israel/ Neil Asher SILBERMAN: *The Bible Unearthed: Archaeology's New Vision of Ancient Israel and the Origin of Its Sacred Text.* New York 2001

FINLEY, M. I. (Hg.): *Studies in Ancient Society.* London/Boston 1974

FINN, Melissa: *Al-Qaeda and Sacrifice: Martyrdom, War and Politics.* London 2012

FIRESTONE, Reuven: *Jihad: The Origin of the Holy War in Islam.* Oxford/ New York 1999

–: *Holy War in Judaism: The Fall and Rise of a Controversial Idea.* Oxford/ New York 2012

FISCH, Harold: *The Zionist Revolution: A New Perspective.* Tel Aviv/London 1978

FISCHER, Louis (Hg.): *The Essential Gandhi.* New York 1962

FISCHER, Michael J.: *Iran: From Religious Dispute to Revolution.* Cambridge, Mass./London 1980

–: »Imam Khomeini: Four Levels of Understanding«, in: John L. Esposito (Hg.): *Voices of Resurgent Islam.* New York/Oxford 1980

FISHBANE, Michael: *The Garments of Torah: Essays in Biblical Hermeneutics.* Bloomington/Indianapolis 1989

FITZGERALD, Timothy: *The Ideology of Religious Studies.* Oxford 2000

– (Hg.): *Religion and the Secular: Historical and Colonial Formations.* Oakville, Conn. 2007

FLOOD, Gavin: *An Introduction to Hinduism.* Cambridge, UK/New York 1996

– (Hg.): *The Blackwell Companion to Hinduism.* Oxford 2003

FLOOR, Willem M.: »The Revolutionary Character of the Ulema: Wishful Thinking or Reality?«, in: Nikki R. Keddie (Hg.): *Religion and Politics in Islam: Shiism from Quietism to Revolution.* New Haven, Conn./London 1983

FORCE, Peter: *Tracts.* New York 1844

FOSSIER, Robert (Hg.): *The Middle Ages,* Übs. Janet Sondheimer. 2 Bde., Cambridge 1989

FOWDEN, Garth: *Empire to Commonwealth: Consequences of Monotheism in Late Antiquity.* Princeton 1993

FOWLES, John: *The Magus.* Rev. ed., London 1997

FOX, Everett (Hg.): *The Five Books of Moses.* New York 1990

FRANKFORT, H./H. A. FRANKFORT (Hg.): *The Intellectual Adventure of Ancient Man: An Essay on Speculative Thought in the Ancient Near East.* Chicago 1946

FRAYNE, Sean: *Galilee from Alexander the Great to Hadrian, 323 bce–135 ce: A Study in Second Temple Judaism.* Notre Dame, Ind. 1980

FREND, W. H. C.: *Martyrdom and Persecution in the Early Church: A Study of a Conflict from the Maccabees to Donatus.* Oxford 1965

FRIED, M. H.: *The Evolution of Political Society: An Essay in Political Anthropology.* New York 1967

FULCHER of Chartres: *A History of the Expedition to Jerusalem, 1098–1127,* Übs. Frances Rita Ryan. Knoxville 1969

FULLER, Robert C.: *Naming the Antichrist: The History of an American Obsession.* Oxford/New York 1995

FUNG, Yu Lan: *A Short History of Chinese Philosophy,* Übs. Derk Bodde. New York 1976

GABRIELI, Francesco (Hg.): *Arab Historians of the Crusades,* Übs. E. J. Costello. London 1969

GADDIS, Michael: *There is No Crime for Those Who Have Christ: Religious Violence in the Christian Roman Empire.* Berkeley/Los Angeles/London 2005

GAFFNEY, Patrick D.: *The Prophet's Pulpit: Islamic Preaching in Contemporary Egypt.* Berkeley/Los Angeles/London 1994

GALAMBUSH, Julia: *The Reluctant Parting: How the New Testament Jewish Writers Created a Christian Book.* San Francisco 2005

GARLAN, Yvon: *War in the Ancient World: A Social History.* London 1975

GARNSEY, Peter: *Famine and Food Shortage in the Graeco-Roman World.* Cambridge, UK, 1988

GAUSTAD, Edwin S.: *Faith of Our Fathers: Religion and the New Nation.* San Francisco 1987

GAUVREAU, Michael: »Between Awakening and Enlightenment«, in: *The Evangelical Century: College and Creed in English Canada from the Great Revival to the Great Depression.* Kingston/Montreal 1991

GEARTY, C.: *Terrorism.* Aldershot 1996

GELLNER, Ernst: *Nations and Nationalism (New Perspectives on the Past)*. 2. Aufl., Oxford 2006

GENTILI, Alberico: *The Rights of War and Peace*. In: *Three Books*. London 1738

GEOFFROI de Charny: *The Book of Chivalry of Geoffroi de Charny: Text, Context and Translation*, Übs. Richard W. Kaeuper/Elspeth Huxley. Philadelphia 1996

GEORGE, Andrew: *The Epic of Gilgamesh: The Babylonian Epic Poem and Other Texts in Akkadian and Sumerian*. London/New York 1999

GERASSI, J. (Hg.): *Revolutionary Priest: The Complete Writings and Messages of Camilo Torres*. New York 1971

GERNET, Jacques: *Ancient China: From the Beginnings to the Empire*, Übs. Raymond Rudorff. London 1968

–: *A History of Chinese Civilization*, Übs. J. R. Foster/Charles Hartman. 2. Aufl. Cambridge, UK, und New York 1996

GERTH, H. H./C. WRIGHT MILLS (Hg.): *From Max Weber*. London 1948

GHOSE, Aurobindo: *Essays on the Gita*. Pondichery 1972

–: *The City in Early Historical India*. Simla, 1973

GIDDENS, Anthony: *The Nation-State and Violence*. Berkeley 1987

–: *The Consequences of Modernity*. Cambridge, UK, 1991

GIL, Moshe: *A History of Palestine, 634–1099*, Übs. Ethel Broido. Cambridge 1992

GILBERT, Paul: *The Compassionate Mind: A New Approach to Life's Challenges*. London 2009

GILLINGHAM, J./J. C. Holt (Hg.): *War and Government in the Middle Ages: Essays in Honour of J. O. Prestwich*. Woodbridge, UK/Totowa, NY 1984

GIRARD, René: *Violence and the Sacred*, Übs. Patrick Gregory. Baltimore 1977

GLATZER, Nahum: »The Concept of Peace in Classical Judaism«, in: *Essays on Jewish Thought*. University, Ala. 1978

GOLD, Daniel: »Organized Hinduisms: From Vedic Truth to Hindu Nation«, in: Martin E. Marty/R. Scott Appleby (Hg.): *Fundamentalisms Observed*. Chicago/London 1991

GOLWALKER, M. S.: *We or Our Nationhood*. Nagpur 1939

GOMBRICH, Richard F.: *Theravada Buddhism: A Social History from Ancient Benares to Modern Colombo*. London/New York 1988

–: *How Buddhism Began: The Conditioned Genesis of the Early Teachings*. London/Atlantic Highlands, NJ 1996

GONDA, Jan: *The Vision of the Vedic Poets*. Den Haag 1963

–: *Change and Continuity in Indian Tradition*. Den Haag 1965

GOTTWALD, Norman K.: *The Tribes of Yahweh*. Maryknoll, NY 1979

–: *The Hebrew Bible in Its Social World and in Ours*. Atlanta 1993

–: *The Politics of Ancient Israel*. Louisville 2001

–: *The Hebrew Bible: A Brief Socio-Literary Introduction*. Minneapolis 2009

– (Hg.): *The Bible of Liberation: Political and Social Hermeneutics.* Maryknoll, NY 1983

GRAHAM, A. C.: *Disputers of the Tao: Philosophical Argument in Ancient China.* La Salle, Ill. 1989

–: *Early Mohist Logic, Ethics and Science.* Hongkong 1978

GRANET, Marcel: *Festivals and Songs of Ancient China,* Übs. E. D. Edwards. London 1932

–: *Chinese Civilization,* Übs. Kathleen Innes / Mabel Brailsford. London/New York 1951

–: *The Religion of the Chinese People,* Übs. Maurice Freedman. Oxford 1975

GRAYSON, A. K.: *Assyrian Royal Inscriptions.* 2 Bde., Wiesbaden 1972

GREER, Donald: *The Incidence of Terror in the French Revolution.* Gloucester, Mass. 1935

GREGORY, Brad S.: *Salvation at Stake: Christian Martyrdom in Early Modern Europe.* Cambridge, Mass./London 1999

GREIL, Arthur L. / David G. BROMLEY (Hg.): *Defining Religion: Investigating the Boundaries between the Sacred and the Secular.* Oxford 2003

GRIFFITH, Ralph T. H. (Hg.) *The Rig Veda.* repr. New York 1992

GROSSMAN, Lt. Col. David: *On Killing: The Psychological Cost of Learning to Kill in War and Society.* Rev. ed., New York 2009

GROTIUS, Hugo: *Rights of War and Peace.* In: *Ten Books.* London 1738

GUELKE, A.: *The Age of Terrorism and the International Political System.* London 2008

GUIBERT of Nogent: *Monodies and On the Relics of Saints: The Autobiography and a Manifesto of a French Monk from the Time of the Crusades,* Übs. Joseph McAlhany / Jay Rubenstein. London/New York 2011

GUILLAUME, A. (Hg.): *The Life of Muhammad: A Translation of Ishaq's Sirat Rasul Allah.* London 1955

GUNN, David E.: »Religion, Law and Violence«, in: Andrew R. Murphy (Hg.): *The Blackwell Companion to Religion and Violence.* Chichester, UK, 2011

GUNN, Steven: »War, Religion and the State«, in: Euan Cameron (Hg.): *Early Modern Europe: An Oxford History.* Oxford 1999

GUNNING, Jeroen: »Rethinking Religion and Violence in the Middle East«, in: Andrew R. Murphy (Hg.): *The Blackwell Companion to Religion and Violence.* Chichester, UK, 2011

HADAS-LEBEL, Mireille: *Jerusalem against Rome,* Übs. Robyn Freshunt. Leuven 2006

HADDAD, Yvonne K.: »Sayyid Qutb: Ideologue of Islamic Revival«, in: John L. Esposito (Hg.): *Voices of Resurgent Islam.* New York/Oxford 1980

HAFKESBRINK, H.: *Unknown Germany: An Inner Chronicle of the First World War Based on Letters and Diaries.* New Haven, Conn. 1948

HALDON, John: *Warfare, State and Society in the Byzantine World, 565–1204.* London/New York 2005

HARMON, C. C.: *Terrorism Today.* London 1998

HARRIS, J. (Hg.): *The Anthropology of War.* Cambridge, UK, 1990

HARRIS, Marvin: *Cannibals and Kings: The Origins of Cultures.* New York 1977

–: *Our Kind: Who We Are, Where We Come From, and Where We Are Going.* New York 1989

HARRIS, William: *War and Imperialism in Republican Rome.* Oxford 1979

HARVEY, A. E.: *Strenuous Commands: The Ethic of Jesus.* London/Philadelphia 1990

HASSIG, Ross: *War and Society in Ancient Mesopotamia.* Berkeley 1992

HATCH, Nathan O.: *The Sacred Cause of Liberty: Republican Thought and the Millennium in Revolutionary New England.* New Haven, Conn. 1977

–: *The Democratization of American Christianity.* New Haven, Conn. 1989

HAUSER, Henri: »Political Anarchy and Social Discontent«, in: J. H. M. Salmon (Hg.): *The French Wars of Religion: How Important Were Religious Factors?* Lexington, Mass. 1967

HAYES, Carlton J. H.: *Essays on Nationalism.* New York 1926

–: *Nationalism: A Religion.* New York 1960

HAZONY, Yoram: *The Philosophy of Hebrew Scripture.* Cambridge, UK, 2012

HEAD, Thomas / Richard LANDES (Hg.): *The Peace of God: Social Violence and Religious Response in France around the Year 1000.* Ithaca, NY 1992

HECK, Paul, L.: »*Jihad* Revisited«, in: *Journal of Religious Ethics,* 32, 1 (2004)

HEDGES, Chris: *War is a Force That Gives Us Meaning.* New York 2003

HEESTERMAN, J. C.: *The Inner Conflict of Tradition: Essays on Indian Ritual, Kingship and Society.* Chicago/London 1985

–: *The Broken World of Sacrifice: An Essay in Ancient Indian Religion.* Chicago/London 1993

–: »Ritual, Revelation and the Axial Age«, in: S. N. Eisenstadt (Hg.): *The Origins and Diversity of Axial Age Civilizations.* Albany 1986

HEGEL, G. W. F.: Philosophie des Rechts. Die Vorlesung von 1819/20, hg. von Dieter Henrich. Frankfurt/M. 1983

HEGGHAMMER, Thomas: *Jihad in Saudi Arabia: Violence and Pan-Islamism since 1979.* Cambridge, UK, 2010

HEIKAL, Mohamed: *Sadat, das Ende eines Pharao. Eine politische Biographie.* Düsseldorf 1984

HEILMAN, Samuel: »Guides of the Faithful: Contemporary Religious Zionist Rabbis«, in: R. Scott Appleby (Hg.): *Spokesmen for the Despised: Fundamentalist Leaders of the Middle East.* Chicago 1997

HEIMART, ALAN: *Religion and the American Mind: From the Great Awakening to the Revolution.* Cambridge, Mass. 1968

– (with Andrew Delbanco, Hg.): *The Puritans in America: A Narrative Anthology.* Cambridge, Mass./London 1985

HELLER, Henry: *Iron and Blood: Civil Wars in Sixteenth-Century France.* Montreal 1991

HENGEL, Martin: *Judentum und Hellenismus. Studien zu ihrer Begegnung unter besonderer Berücksichtigung Palästinas bis zur Mitte des 2. Jahrhunderts.* Tübingen 1969

HENRY of Lancaster: *Le Livre de Seyntz Medicines: The Unpublished Treatises of Henry of Lancaster,* Übs. A. J. Arnold. Oxford 1940

HERBERT, Edward, Lord: *De Veritate,* Übs. Mayrick H. Carre. Bristol, UK, 1937

–: *De Religio Laici,* Übs. Harold L. Hutcheson. New Haven, Conn. 1944

HERRENSCHMIDT, Clarisse: »Designations de l'empire et concepts politiques de Darius Ier d'après inscriptions en Vieux Perse«, in: *Studia Iranica,* 5 (1976)

HERZL, Theodor: *The Complete Diaries of Theodor Herzl,* Hg. R. Patai. 2 Bde., London/New York 1960

HILL, Rosalind (Hg.): *The Deeds of the Franks and Other Pilgrims to Jerusalem.* London 1962

HILLENBRAND, Carole: *The Crusades: Islamic Perspectives.* Edinburgh 1999

HILLGARTH, J. N.: *Ramon Lull and Lullism in Fourteenth Century France.* Oxford 1971

HILTEBEITEL, Alf: *The Ritual of Battle: Krishna in the Mahabharata.* Ithaca/London 1976

HILTERMANN, Joos R.: *A Poisonous Affair: America, Iraq and the Gassing of Halabja.* Cambridge, UK, 2007

HIMMELFARB, Gertrude: *The Roads to Modernity.* New York 2001

HOBBES, Thomas: *Leviathan,* Hg. Richard Tuck. Cambridge, UK, 1991

–: *On the Citizen,* Hg. Richard Tuck / Michael Silverthorne. Cambridge, UK, 1998

–: *Behemoth; or, The Long Parliament,* Hg. Frederick Tönnies. Chicago 1990

HOBSBAWM, Eric J.: *Primitive Rebels.* New York 1965

–: *Bandits.* Rev. ed., New York 1985

HODGE, Charles: *What is Darwinism?* Princeton, NJ 1874

HODGSON, Marshall G. S.: *The Venture of Islam: Conscience and History in a World Civilization.* 3 Bde., Chicago/London 1974

HOFFMAN, Bruce: *Inside Terrorism.* London 1998

HOFFNER, H.: »History and the Historians of the Ancient Near East: The Hittites«, in: *Orientalia,* 49 (1980)

HOLT, Mack P.: *The French Wars of Religion, 1562–1629.* Cambridge, UK, 1995

–: »Putting Religion Back into the Wars of Religion«, in: *French Historical Studies,* 18, 2 (Herbst 1973)

HOLT, P. M.: *The Age of the Crusades.* London 1986

HOMER: *Ilias,* Übs. Johann Heinrich Voß, in: www.digibib.org

–: *Odyssee.* Hg. Roland Hampe. Stuttgart 1979

HOOKE, S. H.: *Middle Eastern Mythology: From the Assyrians to the Hebrews.* Harmondsworth 1963

HOPKINS, D. C.: *The Highlands of Canaan.* Sheffield, 1985

HOPKINS, Thomas J.: *The Hindu Religious Traditions.* Belmont, Calif. 1971

HORGAN, J.: *The Psychology of Terrorism.* London 2005

HORSLEY, Richard A.: *Jesus and the Spiral of Violence: Popular Jewish Resistance in Roman Palestine.* Minneapolis 1993

– (mit Jonathan A. Draper): *Whoever Hears You Hears Me: Prophets, Performance and Tradition in Q.* Harrisburg, Pa. 1999

–: »The Historical Context of Q«, ebd.

HOSELITZ, Bert F.: *Sociological Aspects of Economic Growth.* New York 1960

HOURANI, Albert: *Arabic Thought in the Liberal Age, 1798–1939.* Oxford 1962

HOUSELY, Norman: *The Later Crusades, 1274–1558: From Lyons to Alcazar.* Oxford 1992

–: »Crusades against Christians: Their Origin and Early Development«, in: Peter W. Edbury (Hg.): *Crusade and Settlement.* Cardiff 1985

HOWARD, Michael: *The Invention of Peace: Reflections on War and International Order.* New Haven, Conn. 2000

HOWE, Daniel Walker: »Religion and Politics in the Antebellum North«, in: Mark A. Noll (Hg.): *Religion and American Politics: From the Colonial Period to the 1980s.* Oxford/New York 1990

HSU, C. Y./K. M. LINDOFF: *Western Chou Civilization.* New Haven, Conn. 1988

HUBERT, Henry/Marcel MAUSS: *Sacrifice: Its Nature and Functions,* Übs. D. Halls. Chicago 1964

HUGHES, Anne: *The Causes of the English Civil War.* London 1998

HUIZINGA, Johan: *Homo Ludens: A Study of the Play Element in Culture.* Boston 1955

HUMBLE, Richard: *Warfare in the Ancient World.* London 1980

HUTCHINSON, William T./William M. E. RAPHAEL (Hg.): *The Papers of James Madison.* Chicago 1962

HUTT, M. G.: »The Role of the Curés in the Estates General of 1789«, in: *Journal of Ecclesiastical History,* 6 (1955)

IBRAHIM, Raymond (Hg.): *The Al-Qaeda Reader.* New York 2007

IDINOPULOS, Thomas A./Bryan C. WILSON (Hg.): *What is Religion? Origins, Definitions and Explanations.* Leiden 1998

ISAMBERT, François-André (Hg.): *Recueil général des anciens lois françaises depuis l'an 420 jusqu'à la Révolution de 1789.* 17 Bde., Paris, 1820–30

IZUTSU, Toshihiko: *Ethico-Religious Concepts in the Qur'an.* Montreal/Kingston 2002

JACKSON, Kent P.: »The Language of the Mesha Inscription«, in: Andrew Dearman (Hg.): *Studies in the Mesha Inscription and Moab.* Atlanta, NY 1989

JACOBI, Hermann (Hg.): *Jaina Sutras.* New York 1968

JACOBS, Louis (Hg.): *The Jewish Religion: A Companion.* Oxford 1995

JACOBSEN, Thorkild: »The Cosmic State«, in: H./H. A. Frankfort (Hg.): *The Intellectual Adventure of Ancient Man: An Essay on Speculative Thought in the Near East.* Chicago 1946

JAITNER, J.: »The Pope and the Struggle for Power during the Sixteenth and Seventeenth Centuries«, in: Klaus Bussman/Heinz Schilling (Hg.): *War and Peace in Europe.* 3 Bde., Münster, 1998

JAMES, E. O.: *The Ancient Gods: The History and Diffusion of Religion in the Ancient Near East and the Eastern Mediterranean.* London 1960

JANSEN, Johannes J. G. (Hg.): *The Neglected Duty.* New York 1986

JASPERS, Karl: *Die großen Philosophen.* München 1957

–: *Vom Ursprung und Ziel der Geschichte.* München/Zürich 1949

JAY, Peter: *Road to Riches or The Wealth of Man.* London 2000

JAYUSSI, May: »Subjectivity and Public Witness: An Analysis of Islamic Militance in Palestine«, unveröffentlichter Vortrag 2004

JEREMIAS, J.: *Jerusalem in the Time of Jesus.* London/Philadelphia 1969

–: *The Lord's Prayer.* Philadelphia 1973

JOHANNES XXIII., Papst (Angelo Giuseppe Roncalli): *Mater et Magistra* und *Pacem in Terris.* Enzykliken, 1961 und 1963

JOHNSON, Paul: *A History of the Jews.* London 1987

JONES, A. H. M.: *The Later Roman Empire.* 2 Bde., Oxford 1964

JONES, Kenneth W.: »The Arya Samaj in British India«, in: Robert D. Baird: *Religion in Modern India.* Delhi 1981

JOSEPHUS, Flavius: *Der jüdische Krieg,* Hg. Heinrich Clementz. Wiesbaden 2005

JUERGENSMEYER, Mark: *Terror in the Mind of God: The Global Rise of Religious Violence.* Berkeley/Los Angeles/London 2001

–: *Global Rebellion: Religious Challenges to the Secular State from Christian Militias to Al-Qaeda.* Berkeley 2008

–: *The New Cold War? Religious Nationalism Confronts the Secular State.* Berkeley 1993

– (Hg.): *Violence and the Sacred in the Modern World.* London 1992

KAEUPER, Richard W.: *Holy Warrior: The Religious Ideology of Chivalry.* Philadelphia 2009

KAHANE, Meir: *Listen World, Listen Jew.* Tucson 1978

KAKAR, Sudhir: *The Colors of Violence: Cultural Identities, Religion and Conflict.* Chicago/London 1996

KALTENMARK, Max: *Lao-Tzu und der Taoismus.* Frankfurt/M. 1998

KAMEN, Henry: *Die spanische Inquisition.* München 1969

–: *Empire: How Spain Became a World Power, 1492–1763.* New York 2003

KANT, Immanuel: *Kritik der praktischen Vernunft,* hg. von Heiner F. Klemme. Hamburg 2003

KANTOROWICZ, K.: »*Pro Patria Mori* in Medieval Political Thought«, in: *American History Review,* 3 (1951)

KAPILA, Shruti/Faisal DEVJI (Hg.): *Political Thought in Action: The Bhagavad Gita and Modern India.* Cambridge, UK, 2013

KASSIMERIS, George (Hg.): *The Barbarization of Warfare.* London 2006
KAUTSKY, John H.: *The Political Consequences of Modernization.* New York/London/Sydney/Toronto 1972
–: *The Politics of Aristocratic Empires.* 2. Aufl., New Brunswick/London 1997
KEAY, John: *India: A History.* London 2000
KEDAR, Benjamin Z.: *Crusade and Mission: European Approaches toward Muslims.* Princeton 1984
– (mit H. E. Mayer und R. C. Smail, Hg.): *Outremer.* Jerusalem 1982
KEDDIE, Nikki R.: *Roots of Revolution: An Interpretive History of Modern Iran.* New Haven, Conn./London 1981
– (Hg.): *Scholars, Saints and Sufis: Muslim Religious Institutions in the Middle East since 1500.* Berkeley/Los Angeles/London 1972
– (Hg.): *Religion and Politics in Iran: Shiism from Quietism to Revolution.* New Haven, Conn./London 1983
KEEGAN, John: *The Face of Battle.* London 1976
–: *A History of Warfare.* London/New York 1993
KEEN, Maurice: *Chivalry.* New Haven, Conn./London 1984
KEIGHTLEY, David N. (Hg.): *The Origins of Chinese Civilization.* Berkeley 1983
KENYON, Kathleen: *Digging Up Jericho: The Results of the Jericho Excavations, 1953–56.* New York 1957
KEPEL, Gilles: *Der Prophet und der Pharao. Das Beispiel Ägypten: die Entwicklung des muslimischen Extremismus.* München 1985
–: *Beyond Terror and Martyrdom: The Future of the Middle East,* Übs. Paschale Ghazaleh. Cambridge, Mass./London 2008
–: *Jihad: The Trail of Political Islam,* Übs. Anthony F. Roberts. 4. Aufl., London 2009
– (mit Jean-Pierre Milleli, Hg.): *Al-Qaida. Texte des Terrors.* München 2006
KERR, Ronald Dale: »Why Should You Be So Furious? The Violence of the Pequot War«, in: *Journal of American History,* 85 (Dez. 1998)
KERTZER, David I.: *Ritual, Politics and Power.* New Haven, Conn./London 1988
KHOMEINI, Sayeed Ruhollah: *Islam and Revolution,* Übs. Hamid Algar. Berkeley 1981
KHROSROKHAVAR, Farhad: *Suicide Bombers: Allah's New Martyrs,* Übs. David Macey. London 2005
KIERMAN, Frank A. jr./John K. FAIRBANK (Hg.): *Chinese Ways in Warfare.* Cambridge, Mass. 1974
KIMBALL, Charles: *When Religion Becomes Evil.* San Francisco 2002
KIMELMAN, K.: »Non-violence in the Talmud«, in: *Judaism* 17 (1968)
KING, Martin Luther, Jr.: *Kraft zum Lieben.* Neukirchen 1997
KRAMER, Martin: »Hizbullah: The Calculus of Jihad«, in: Martin E. Marty/R. Scott Appleby (Hg.): *Fundamentalisms and the State: Rethinking Politics, Economies and Militance.* Chicago/London 1993
KRAMER, Samuel N.: *Sumerian Mythology: A Study of the Spiritual and Literary Achievement of the Third Millennium bc.* Philadelphia 1944

–: *History Begins at Sumer.* Philadelphia 1981

KRAUSS, Hans-Joachim: *Worship in Israel: A Cultic History of the Old Testament.* Oxford 1966

KREISLER, Fritz: *Four Weeks in the Trenches: The War Story of a Violinist.* Boston/New York 1915

KREY, August C. (Hg.): *The First Crusade: The Accounts of Eye-Witnesses and Participants.* Princeton, NJ/London 1921

KRITZECK, James: *Peter the Venerable and Islam.* Princeton, NJ 1964

KSELMAN, Thomas (Hg.): *Belief in History: Innovative Approaches to European and American Religion.* Notre Dame, Ind. 1991

KULKE, Hermann: »The Historical Background of India's Axial Age«, in: S. N. Eisenstadt (Hg.): *The Origins and Diversity of Axial Age Civilizations.* Albany, NY 1986

KYDD, A. H. / B. F. WALTER: »The Stratagems of Terrorism«, in: *International Security,* 31, 1 (2006)

LACTANTIUS: *Lactantius: Works,* Übs. William Fletcher. Edinburgh 1971

LAL, Deepak: *In Praise of Empires: Globalization and Order.* New York 2004

LAMBERT, W. G. / A. R. MILLARD (Hg.): *The Atra-Hasis: The Babylonian Story of the Flood.* Oxford 1969

LANE FOX Robin: *Pagans and Christians.* London 1986

LAU, D. C. (Hg.): *Tao Te Ching* London 1963

– (Hg.): *Mencius.* London 1970

LAWRENCE, T. E.: *The Mint.* New York 1963

LE GOFF, Jacques (Hg.): *The Medieval World,* Übs. Lydia C. Cochrane. London 1990

LE ROI-GOURHAN, Andre: *Treasures of Prehistoric Art.* New York o. J.

LE STRANGE, Guy: *Palestine under the Moslems: A Description of Syria and the Holy Land from ad 650 to 1500.* London 1890

LEA, H. C.: *A History of the Inquisition of the Middle Ages.* Philadelphia 1866

LEED, Eric J.: *No Man's Land: Combat and Identity in World War I.* Cambridge, UK, 1979

LEFEBUREM, Leo D.: *Revelation, the Religions and Violence.* Maryknoll, NY 2000

LEFEBVRE, Georges: *The Great Fear of 1789,* Übs. R. R. Farmer / Joan White. Princeton, NJ 1973

LEGGE, J. (Hg.): *The Ch'un Ts'ew and the Tso Chuen.* 2. Aufl., Hongkong 1960

– (Hg.): *The Li Ki,* Oxford 1885

LEICK, Gwendolyn: *Mesopotamia: The Invention of the City.* London 2001

LEMCHE, Niels P.: *Early Israel: Anthropological and Historical Studies on the Israelite Society before the Monarchy.* Leiden 1985

LENSKI, Gerhard E.: *Power and Privilege: A Theory of Social Stratification.* Chapel Hill/London 1966

LEVENE, Mark: *Genocide in the Age of the Nation-State: The Rise of the West and the Coming of Genocide.* London/New York 2005

LEVENSON, Joseph R. / Franz SCHURMANN: *China: An Interpretive History – from the Beginnings to the Fall of Han*. Berkeley/Los Angeles/London 1969

LEVINE, Lee I. (Hg.): *The Galilee in Late Antiquity*. New York/Jerusalem 1992

LEVINSON, Bernard M.: *Deuteronomy and the Hermeneutics of Legal Innovation*. Oxford/New York 1998

LEWIS, Bernard: *The Assassins*. London 1967

–: »The Roots of Muslim Rage«, in: *Atlantic Monthly*, 1990

LEWIS, James R. (Hg.): *Violence and New Religious Movements*. Oxford 2011

LEWIS, M.: *Ecstatic Religion: An Anthropological Study of Spirit Possession and Shamanism*. Baltimore 1971

LEWIS, Mark Edward: *Sanctioned Violence in Early China*. Albany 1990

LIBANIUS: *Select Orations*, Übs. A. F. Norman. 2 Bde., Cambridge, Mass., 1969f.

LIM, Richard: *Public Disputation, Power and Social Order in Late Antiquity*. Berkeley 1995

LINCOLN, Bruce: *Death, War and Sacrifice: Studies in Ideology and Practice*. Chicago/London 1991

–: *Holy Terrors: Thinking about Religion after September 11*. 2. Aufl. Chicago/London 2006

–: *Religion, Empire and Torture: The Case of Achaemenian Persia, with a Postscript on Abu Ghraib*. Chicago/London 2007

–: »The Role of Religion in Achmenean Inscriptions«, in: Nicole Brisch (Hg.): *Religion and Power: Divine Kingship in the Ancient World and Beyond*. Chicago 2008

LINDBERG, David / Ronald L. NUMBERS (Hg.): *God and Nature: Historical Essays on the Encounter between Christianity and Science*. Berkeley/Los Angeles/London 1986

LING, Trevor: *The Buddha: Buddhist Civilization in India and Ceylon*. London 1973

LINGS, Martin: *Muhammad: His Life Based on the Earliest Sources*. London 1983

LIVVI-BACCI, Massimo: *A Concise History of World Population*. Oxford 1997

LOCKE, John: *A Letter Concerning Toleration*. Indianapolis, Ind. 1955

–: *Essays on the Law of Nature*, Hg. W. van Leyden. Oxford 1970

–: *Two Treatises of Government*, Hg. Peter Laslett. Cambridge, UK, 1988

–: *Political Writings*, Hg. David Wootton. London 1993

LOVEJOY, David S.: *Religious Enthusiasm in the New World: Heresy to Revolution*. Cambridge Mass./London 1985

LOWTH, Andrew: *The Origins of Christian Mysticism: From Plato to Denys*. London 1975

–: *Maximus the Confessor*. London 1996

LUTTWAK, Edward N.: *The Grand Strategy of the Roman Empire*. Baltimore 1976

LYONS, M. C./D. E. P. JACKSON: *Saladin: The Politics of the Holy War.* Cambridge, UK, 1982

MAAGA, Mary: *Hearing the Voices of Jonestown.* Syracuse, NY 1958

MAALOUF, Amin: *The Crusades through Arab Eyes,* Übs. Jon Rothschild. London 1984

MACARTNEY, C. A.: *National States and National Minorities.* London 1934

MACGREGOR, Neil: *A History of the World in 100 Objects.* London/New York 2010

MACHINIST, Peter: »Distinctiveness in Ancient Israel«, in: Mordechai Cogan/Israel Ephal (Hg.): *Studies in Assyrian History and Ancient Near Eastern Historiography.* Jerusalem 1991

MACMULLEN, Ramsey: *Christianizing the Roman Empire, ad 100–400.* New Haven, Conn. 1984

–: *Christianity and Paganism in the Fourth to Eighth Centuries.* New Haven, Conn. 1997

–: *The Second Church: Popular Christianity ad 200–400.* Leiden 2009

MALTBY, William: *The Reign of Charles V.* New York 2002

MARIUS, Richard: *Martin Luther: The Christian Between God and Death.* Cambridge, Mass./London 1999

MARSDEN, George: *Fundamentalism and American Culture: The Shaping of Twentieth-Century Evangelicalism, 1870–1925.* New York/Oxford 1980

–: »Afterword«, in: Mark A. Noll (Hg.): *Religion and American Politics: From the Colonial Period to the 1980s.* Oxford/New York 1990

MARSHALL, John W.: »Collateral Damage: Jesus and Jezebel in the Jewish War«, in: Shelly Matthews/E. Leigh Gibson (Hg.): *Violence in the New Testament.* New York/London 2005

MARTIN, James D.: »Israel as a Tribal Society«, in: R. E. Clements (Hg.): *The World of Ancient Israel· Sociological, Anthropological and Political Perspectives.* Cambridge, UK, 1989

MARTY, Martin E./R. Scott APPLEBY (Hg.): *Fundamentalisms Observed.* Chicago/London 1991

– (Hg.): *Fundamentalisms and Society: Reclaiming the Sciences, the Family and Education.* Chicago/London 1993

–: *Fundamentalisms and the State: Remaking Politics, Economies, and Militance.* Chicago/London 1993

– (Hg.): *Accounting for Fundamentalisms: The Dynamic Character of Movements.* Chicago/London 1994

– (Hg.): *Fundamentalisms Comprehended.* Chicago/London 1995

–: *Herausforderung Fundamentalismus. Radikale Christen, Moslems und Juden im Kampf gegen die Moderne.* Frankfurt/M. 1996

MASON: »Was Josephus a Pharisee? A Re-examination of the *Life* 10–12«, in: *Journal of Jewish Studie,* 40 (1989)

MASPARO, Henri: *China in Antiquity,* Übs. Frank A. Kiermann jr. 2. Aufl., Folkestone, UK, 1978

MASSELMAN, George: *The Cradle of Colonialism.* New Haven, Conn. 1963
MASTNAK, Tomaz: *Crusading Peace: Christendom, the Muslim World, and Western Political Order.* Berkeley/Los Angeles/London 2002
MATARASSO, P. M. (Hg): *The Quest of the Holy Grail.* Harmondsworth, UK, 1969
MATTERN, Susan: *Rome and the Enemy: Imperial Strategy in the Principate.* Berkeley 1999
MATTHEWS, Shelly / E. LEIGH GIBSON (Hg.): *Violence in the New Testament.* New York/London 2005
MAWDUDI, Abu Ala: *The Islamic Way of Life.* Lahore 1979
–: »Islamic Government«, in: *Asia* 20 (Sep. 1981)
–: »How to Establish Islamic Order in the Country«, in: *The Universal Message* (Mai 1983)
MAY, Henry F.: *The Enlightenment in America.* New York 1976
MAYER, Hans Eberhard: *Geschichte der Kreuzzüge.* Stuttgart 1965 u. ö.
MCCALLEY: »Conference Archives«, in: J. Harris (Hg.): *The Anthropology of War.* Cambridge, UK, 1990
MCCUTCHEON, Russell: *Manufacturing Religion: The Discourse on Sui Generis Religion and the Politics of Nostalgia.* New York 1997
–: »The Category ›Religion‹ and the Politics of Tolerance«, in: Arthur L. Greil / David G. Bromley (Hg.): *Defining Religion: Investigating the Boundaries between the Sacred and the Secular.* Oxford 2003
MCDANIEL, Charles A.: »Violent Yearnings for the Kingdom of God: Münster's Militant Anabaptism«, in: James K. Wellman jr. (Hg.): *Belief and Bloodshed: Religion and Violence across Time and Tradition.* Lanham, Md 2007
MCDERMOTT, Timothy: *Perfect Soldiers: The 9/11 Hijackers – Who They Were, Why They Did It.* New York 2005
MCGINN, Bernard / John MEYENDORFF (Hg): *Christian Spirituality 1: Origins to the Twelfth Century.* London 1985
MCKITTERICK: *The Frankish Kingdoms under the Carolingians, 751–987.* London/New York, 1983
MCNEILL, William H.: *The Pursuit of Power: Technology, Armed Force and Society since ad 1000.* Chicago 1982
–: *Plagues and People.* London 1994
MCPHERSON, James M.: *For Cause and Comrades: Why Men Fought in the Civil War.* New York 1997
MCWHINEY, Grady / Perry D. JAMIESON: *Attack or Die: The Civil War, Military Tactics and Southern Heritage.* Montgomery, Ala. 1982
MEIN, Andrew: *Ezekiel and the Ethics of Exile.* Oxford/New York 2001
MELLAART, James: *Catal Huyuk: A Neolithic Town in Anatolia.* New York 1967
–: *The Neolithic of the Near East* London 1975
–: »Early Urban Communities in the Near East, 9000–3400 bce«, in: P. Mooney (Hg.): *The Origins of Civilization.* Oxford 1979

MENDENHALL, George W.: *The Tenth Generation: The Origins of Biblical Tradition.* Baltimore 1973

MERGUI, Raphael / Philippe SIMONNOT: *Israel's Ayatollahs: Meir Kahane and the Far Right in Israel.* London 1987

MERONI, Ariel: »The Readiness to Kill or Die: Suicide Terrorism in the Middle East«, in: Walter Reich (Hg.): *The Origins of Terrorism.* Cambridge, UK, 1990

MICHELET, Jules: *Geschichte der Französischen Revolution.* Hamburg 2009

MIGNE, J. P. (Hg.): *Patrologia Latina.* Paris, 1844–67

MILL, John Stuart: *Utilitarianism, Liberty, Representational Government.* London 1990

MILLER, Perry: *Errand into the Wilderness.* Cambridge, Mass./London 1956

–: *Roger Williams: His Contribution to the American Tradition.* 2. Aufl., New York 1962

MILTON, John: *Major Works,* Hg. Stephen Orgel / Jonathan Goldberg. Oxford 2008

MILTON-EDWARDS, Beverley: *Islamic Politics in Palestine.* London/New York 1996

MIR, Mustansire: »Some Features of Mawdudi's Tafhim al-Quran«, in: *American Journal of Islamic Social Sciences,* 2, 2 (1985)

MITCHELL, Joshua: *Not by Reason Alone: Religion, History and Identity in Early Modern Political Thought.* Chicago 1993

MITCHELL, Richard P.: *The Society of Muslim Brothers.* London 1969

MITCHELL, Stephen: *Gilgamesh: A New English Version.* New York/London/Toronto/Sydney 2004

MOHAMEDOU, M. M. Ould: *Understanding al-Qaeda: The Transformation of War.* London 2007

MOIN, Baqer: *Khomeini: Life of the Ayatollah.* London 1999

MOLE, Marjan: *Culte, mythe et cosmologie dans l'Iran ancient.* Paris 1963

MOMEN, Moojan: *An Introduction to Shii Islam: The History and Doctrines of Twelver Shiism.* New Haven, Conn./London 1985

MONROE, Lauren A.: *Josiah's Reform and the Dynamics of Defilement: Israelite Rites of Violence and the Making of the Biblical Text.* Oxford 2011

MONTAGU, Ashley *(Hg.): Man and Aggression.* New York 1973

MONTEFIORE, C. G. / H. LOEWE (Hg.): *A Rabbinic Anthology.* New York 1974

MONTER, William: *Frontiers of Heresy: The Spanish Inquisition from the Basque Lands to Sicily.* Cambridge 1990

MOONEY, P.: *The Origins of Civilization.* Oxford 1979

MOORE, James R.: »Geologists and the Interpreters of Genesis in the Nineteenth Century«, in: David Lindberg / Ronald L. Numbers (Hg.): *God and Nature: Historical Essays on the Encounter between Christianity and Science.* Berkeley/Los Angeles/London 1986

MOORE, Lawrence: *Religious Outsiders and the Making of America, 1880–1934.* University, Ala. 1982

MOORE, Rebecca: »America as Cherry-Pie: The People's Temple and Violence«, in: Catherine Wessinger (Hg.): *Millennialism, Persecution and Violence: Historical Circumstances.* Syracuse, NY 1986

–: »Narratives of Persecution, Suffering and Martyrdom in the People's Temple and Jonestown«, in: James R. Lewis (Hg.): *Violence and the New Religious Movements.* Oxford 2011

MOORE, R. I.: *The Formation of a Persecuting Society: Power and Deviance in Western Europe 950–1250.* Oxford 1987

MORUS, Thomas: *A Dialogue Concerning Heresies,* Hg. Thomas M. C. Lawlor. New Haven, Conn. 1981

–: *Utopia,* Hg. George M. Logan/Robert M. Adams. Cambridge, UK, 1989

MORGAN, Edmund S.: *American Slavery, American Freedom: The Ordeal of Colonial Virginia.* New York 1975

MORREY, R./P. PARR (Hg.): *Archaeology in the Levant: Essays for Kathleen Kenyon.* Warminster, UK, 1978

MORRIS, Christopher: *The Papal Monarchy: The Western Church from 1050 to 1250.* Oxford 1991

MORRISON, Karl F.: *Tradition and Authority in the Western Church, 300–1140.* Princeton, NJ 1969

MOSS, Candida R.: *The Other Christs: Imitating Jesus in Ancient Christian Ideologies of Martyrdom.* Oxford 2010

–: *The Myth of Persecution: How Early Christians Invented a Story of Martyrdom.* New York 2013

MURPHY, Andrew R. (Hg.): *The Blackwell Companion to Religion and Violence.* Chichester, UK, 2011

–: »Cromwell, Mather and the Rhetoric of Puritan Violence«, ebd.

MURRIN, John M.: »A Roof without Walls: The Dilemma of National Identity«, in: Richard Beeman/Stephen Botein/Edward E. Carter III (Hg.): *Beyond Confederation: Origins of the Constitution in American Identity.* Chapel Hill 1987

MUSURILLO, H. (Hg): *The Acts of the Christian Martyrs.* Oxford 1972

NADELSON, Theodore: *Trained to Kill: Soldiers at War.* Baltimore 2005

NEFF, John U.: *War and Human Progress: An Essay on the Rise of Industrial Civilization.* New York 1950

NESTORIUS: *Bazaar of Heracleides,* Übs. G. R. Driver/Leonard Hodgson. Oxford 1925

NETANYAHU, Benzion: *The Origins of the Inquisition in Fifteenth-Century Spain.* New York 1995

NEUSNER, Jacob: *From Politics to Piety.* Englewood Cliffs, NJ 1973

NEWTON, Huey: *Revolutionary Suicide.* New York 1973

NICHOLLS, David: »The Theatre of Martyrdom in the French Reformation«, in: *Past and Present,* 121 (1998)

NICHOLSON, R. A.: *A Literary History of the Arabs.* Cambridge, UK, 1953

–: *The Mystics of Islam.* London 1963

NIDITCH, Susan: *War in the Hebrew Bible: A Study in the Ethics of Violence.* New York/Oxford 1993

NOLL, Mark A.: *Religion and American Politics: From the Colonial Period to the 1980s.* Oxford/New York 1990

–: *America's God: From Jonathan Edwards to Abraham Lincoln.* Oxford/New York 2002

–: *The Old Religion in a New World: The History of American Christianity.* Grand Rapids, Mich. 2002

–: *The Civil War as a Theological Crisis.* Chapel Hill 2006

–: »The Rise and Long Life of the Protestant Enlightenment in America«, in: William M. Shea/Peter A. Huff (Hg.): *Knowledge and Belief in America: Enlightenment Traditions and Modern Religious Thought.* New York 1995

–: *Das Christentum in Nordamerika.* Leipzig 2000

NORTH, Jonathan: »General Hochte and Counterinsurgency«, in: *Journal of Military History,* 62 (2003)

NUMBERS, Ronald L.: *The Creationists: The Evolution of Scientific Creationism.* Berkeley/Los Angeles/London 1992

O'CONNELL, Robert L.: *Of Arms and Men: A History of War, Weapons and Aggression.* New York/Oxford 1989

–: *Ride of the Second Horseman: The Birth and Death of War.* New York/Oxford 1995

OLDENBERG, Hermann: *Buddha: Sein Leben, seine Lehre, seine Gemeinde.* Berlin 1881

OLDENBURG, Zoe: *Le Bucher de Montsegur.* Paris 1959

OLIVELLE, Patrick (Hg.): *Samnyasa Upanisads: Hindu Scriptures on Asceticism and Renunciation.* New York/Oxford 1992

–: »The Renouncer Tradition«, in: Gavin Flood (Hg.): *The Blackwell Companion to Hinduism.* Oxford 2003

– (Hg.): *Upanisads.* New York/Oxford 1996

OLIVER, Anne Marie/Paul F. STEINBERG: *The Road to Martyrs' Square: A Journey to the World of the Suicide Bomber.* Oxford 2005

OLLENBURGER, Ben C.: *Zion, the City of the Great King: A Theological Symbol of the Jerusalem Cult.* Sheffield 1987

OLMSTEAD, A. T.: *History of Assyria.* New York 1923

OPPENHEIM, A. L.: *Ancient Mesopotamia: Portrait of a Dead Civilization.* Chicago 1977

–: »Trade in the Ancient Near East«, *International Congress of Economic History,* 5 (1976)

ORIGEN: *Against Celsus,* Übs. Henry Chadwick. Cambridge, UK, 1980

ORTEGA Y GASSET, J.: *Meditations on Hunting.* New York 1985

OZMENT, Steven: *The Reformation of the Cities: The Appeal of Protestantism to Sixteenth-Century Germany and Switzerland.* New Haven, Conn. 1975

PAINE, Thomas: *Gesunder Menschenverstand. An die Einwohner von Amerika gerichtet.* Kopenhagen 1794

PALLADIUS: *Dialogue on the Life of John Chrysostom,* Übs. Robert T. Meyer. New York 1985

PANNIKKAR, Raimundo: *The Trinity and the Religious Experience of Man.* London/New York 1973

PAPE, Robert: *Dying to Win: The Strategic Logic of Suicide Terrorism.* New York 2005

–: »Dying to Kill Us«, in: *New York Times,* 22. 9. 2003

–: »The Logic of Suicide Terrorism«, Interview mit Scott McConnell, in: *The American Conservative,* 18.7.2007

PAREEK, Radhey Shyam: *Contribution of Arya Samaj in the Making of Modern India, 1975–1947.* New Delhi 1973

PARKER, Geoffrey (Hg.): *The Thirty Years War.* London 1984

PARSONS, Timothy H.: *The Rule of Empires: Those Who Built Them, Those Who Endured Them, and Why They Always Fail.* Oxford 2010

PARTNER, Peter: *God of Battles: Holy Wars of Christianity and Islam.* London 1997

PATLAGEAN, Evelyne: *Pauvreté économique et pauvreté sociale à Byzance, 4e–7e.* Paris 1977

PELIKAN, Jaroslav: *The Christian Tradition – A History of the Development of Doctrine 1: The Emergence of the Catholic Tradition.* Chicago/London 1971

PERRIN, Norman: *Rediscovering the Teachings of Jesus.* New York 1967

–: *Jesus and the Language of the Kingdom.* Philadelphia 1976

PESTERIA, Carla Garden: *Protestant Empire, Religion and the Making of the British Atlantic World.* Philadelphia 2004

PETERS, F. E.: *The Distant Shore: The Islamic Centuries in Jerusalem.* New York 1993

PETERSON, Derek / Darren WALHOF (Hg.) *The Invention of Religion: Rethinking Belief in Politics and History.* New Brunswick, NJ/London 2002

PETITFRERE, Claude: »The Origins of the Civil War in the Vendée«, in: *French History,* 2 (1998)

PHILLIPS, Keith: *The Cousins' Wars: Religious Politics and the Triumph of Anglo-America.* New York 1999

PIRENNE, Henri: *Medieval Cities: Their Origins and the Revival of Trade.* Princeton, NJ 1946

–: *Ecclesiastical and Social History of Europe.* New York 1956

POLGAR, S. (Hg.): *Population, Ecology and Social Evolution.* Den Haag 1975

POLISKENSKY, J. V.: *War and Society in Europe, 1618–1848.* Cambridge, UK, 1978

POSMAN, Ellen: »History, Humiliation and Religious Violence«, in: Andrew R. Murphy (Hg.): *The Blackwell Companion to Religion and Violence.* Chichester, UK, 2011

POSTGATE, J. N.: *Mesopotamian Society and Economics at the Dawn of History.* London 1992

POTTER, David: *A History of France, 1460–1560: The emergence of a Nation State.* London 1995

PRAWER, Joshua: *The Latin Kingdom of Jerusalem: European Colonialism in the Middle Ages.* London 1972

PRESCOTT, William H.: *History of the Conquest of Mexico and Peru.* New York 1936

PRESTON, Andrew: *Sword of the Spirit, Shield of Faith; Religion in American War and Diplomacy.* New York/Toronto 2012

PRITCHARD, J. B. (Hg.): *Ancient Near Eastern Texts Relating to the Old Testament.* Princeton, NJ 1950

PUETT, Michael J.: *To Become a God: Cosmology, Sacrifice and Self-Divination.* Cambridge Mass./London 2002

PURCHAS, Samuel: *Hakluytus Posthumous or Purchas His Pilgrim.* Glasgow 1905f.

PUPPI, Lionello: *Torment in Art: Pain, Violence and Martyrdom.* New York 1991

QUTB, Sayed: *Milestones (Ma'alim fi'l-tareeq),* Hg. A. B. al-Mehri. Birmingham, UK, 2006

–: *Dieser Glaube – der Islam.* München 1987

RADCLIFFE, A. R:, *The Andaman Islanders.* New York 1948

RAVITSKY, Aviezer: *The Roots of Kahanism: Consciousness and Political Reality,* Übs. Moshe Auman. Jerusalem 1986

–: *Messianism, Zionism and Jewish Religious Radicalism,* Übs. Michael Swirsky / Jonathan Chapman. Chicago 1996

REDFIELD, Robert: *Peasant Society and Culture: An Anthropological Approach to Civilization.* Chicago 1956

REICH, Walter (Hg.): *The Origins of Terrorism.* Cambridge, UK, 1990

REINBERG, Virginia: »Liturgy and Laity in Late Medieval and Reformation France«, in: *Sixteenth-Century Journal* 23 (Herbst 1992)

RENFREW, Colin: *The Puzzle of Indo-European Origins.* London 1987

RENNA, Thomas J.: »Kingship in the *Disputatio inter clericum et militem*«, in: *Speculum* 48 (1973)

RENOU, Louis: *Religions of Ancient India.* London 1953

–: »Sur la notion de *brahman*«, in: *Journal Asiatique* 23 (1949)

RICHARDSON, H. G.: *The English Jewry under the Angevin Kings.* London 1960

RICHARDSON, Louise: *What Terrorists Want: Understanding the Terrorist Threat.* London 2006

RIEFF, David: *Slaughterhouse: Bosnia and the Failure of the West.* New York 1995

RILEY-SMITH, Jonathan: *The First Crusade and the Idea of Crusading.* London 1986

–: *The First Crusaders, 1095–1131.* Cambridge, UK, 1997

– (mit Louise Riley-Smith): *The Crusades: Idea and Reality, 1095–1274.* London 1981

–: »Crusading as an Act of Love«, in: *History* 65 (1980)

RINDOS, David: *The Origins of Agriculture: An Evolutionary Perspective.* Orlando, Fla. 1984

RIVES, James B.: *Religion in the Roman Empire.* Oxford 2007

–: »The Decree of Decius and the Religion of Empire«, in: *Journal of Roman Studies* (1989)

ROBERTUS MONACHUS: *Historia Iherosolimitana.* Paris 1846

ROBERTS, Alexander / James DONALDSON (Hg.): *The Nicene and Post-Nicene Fathers.* 14 Bde., Edinburgh 1885

ROBINSON, G.: *Building a Palestinian State: The Incomplete Revolution.* Bloomington, Ind. 1997

ROBINSON, I. S.: »Gregory VII and the Soldiers of Christ«, in: *Historia* 58 (1978)

ROGERS, Paul: »The Global War on Terror and Its Impact on the Conduct of War«, in: George Kassimeris (Hg.): *The Barbarization of Warfare.* London 2008

ROMIER, Lucien: »A Dissident Nobility under the Cloak of Religion«, in: J. H. H. Salmon (Hg.): *The French Wars of Religion: How Important Were Religious Factors?* Lexington, Mass. 1967

ROPP, Theodore: *War in the Modern World.* Durham, NC 1959

ROSE, Jacqueline: »Deadly Embrace«, in: *London Review of Books,* 26, 21 (4.11.2004)

ROSENAK, Michael: »Jewish Fundamentalism in Israeli Education«, in: Martin E. Marty / R. Scott Appleby (Hg.): *Fundamentalisms and Society: Reclaiming the Sciences, the Family and Education.* Chicago/London 1993

ROTH, Norman: *Conversos, Inquisition and the Expulsion of Jews from Spain.* Madison 1995

ROUSSEAU, Jean-Jacques: *Political Writings,* Hg. C. E. Vaughan. Cambridge, UK, 1915

–: *The Social Contract,* Übs. Willmoore Kendall. South Bend, Ill. 1954

–: *Politics and the Arts, Letter to M. D'Alembert on the Theatre,* Übs. Alan Bloom. Ithaca, NY 1960

–: *The Social Contract and Discourses,* Hg. G. D. H. Cole, rev. J. H. Brumfitt / John C. Hall. London 1973

–: *The Social Contract and Other Later Political Writings,* Hg. Victor Gourevitch. Cambridge, UK, 1997

ROUTLEDGE, Bruce: »The Politics of Mesha: Segmented Identities and State Formation in Iron Age Moab«, in: *Journal of the Economic and Social History of the Orient* 43 (2000)

–: *Moab in the Iron Age: Hegemony, Polity, Archaeology.* Philadelphia 2004

RUFINUS: *The Church History of Rufinus of Aquileia,* Hg. Philip R. Amidon. Oxford 1997

RUNCIMAN, Steven: *A History of the Crusades.* 3 Bde., London 1965

RUTHVEN, Malise: *A Fury for God: The Islamist Attack on America.* London 2003

SACHEDINA, Abdulaziz Abdulhussein:»Ali Shariati: Ideologue of the Iranian Revolution«, in: John L. Esposito (Hg.): *Voices of Resurgent Islam.* New York/Oxford 1980

–:»Activist Shi'ism in Iran, Iraq and Lebanon«, in: Martin E. Marty/R. Scott Appleby (Hg.): *Fundamentalisms Observed.* Chicago/London 1991

SADAT, Anwar: *Revolt on the Nile.* New York 1957

SAGEMAN, Marc: *Understanding Terror Networks.* Philadelphia 2004

–: *Leaderless Jihad: Terror Networks in the Twenty-First Century.* Philadelphia 2008

SAGGS, H. W. F.: *The Might That Was Assyria.* London 1984

–:»Assyrian Warfare in the Sargonid Period«, in: *Iraq* 25 (1963)

SAGI, Avi:»The Punishment of Amalek in Jewish Tradition: Coping with the Moral Problem«, in: *Harvard Theological Review,* 87, 3 (1994)

SALMON, J. H. M.: *Society in Crisis: France in the Sixteenth Century.* New York 1975

– (Hg.): *The French Wars of Religion: How Important Were Religious Factors?* Lexington, Mass. 1967

SANDERS, N. K. (Hg.): *Poems of Heaven and Hell from Ancient Mesopotamia.* London 1971

SAVAKAR, Vinayat Damdas: *Hindutva.* Bombay 1969

SAWYER, R. D. (Hg.): *The Seven Military Classics of Ancient China.* Boulder, Co. 1993

SAYERS, Dorothy L (Übs.): *The Song of Roland.* Harmondsworth 1957

SAYYID, Bobby: *A Fundamental Fear: Eurocentrism and the Emergence of Islamism.* London 1997

SCHAFER, Boyd C.: *Nationalism: Myth and Reality.* New York 1952

SCHAUWECKER, Franz: *Der feurige Weg.* Berlin 1926

SCHEIN, Seth L.: *The Mortal Hero: An Introduction to Homer's Iliad.* Berkeley/Los Angeles/London 1984

SCHILLING, Heinz:»War and Peace at the Emergence of Modernity: Europe between State Belligerence, Religious Wars and the Desire for Peace in 1648«, in: Klaus Bussman/Heinz Schilling (Hg.): *War and Peace in Europe.* 3 Bde., Münster 1998

SCHNEIDER, Tammi L: *An Introduction to Ancient Mesopotamian Religion.* Grand Rapids, Mich./Cambridge, UK, 2011

SCHNIEDEWIND, William M.: *How the Bible Became a Book: The Textualization of Ancient Israel.* Cambridge, UK, 2004

SCHORSKE, Carl: *German Social Democracy, 1905–17.* Cambridge, Mass. 1955

SCHUMPETER, Joseph A.: *Imperialism and Social Classes: Two Essays.* New York 1955

SCHWARTZ, Benjamin I.: *The World of Thought in Ancient China.* Cambridge Mass. 1985

SCHWARTZ, Regina: *The Curse of Cain: The Violent Legacy of Monotheism*. Chicago 1997

SECHER, Reynald: *Le Génocide franco-français: La Vendée-vengé*. Paris 1986

SEGAL, Alan F.: *Paul the Convert: The Apostolate and Apostasy of Saul the Pharisee*. New Haven, Conn./London 1990

SEGEV, Tom: *Die siebte Million. Der Holocaust und Israels Politik der Erinnerung*. Reinbek 1995

SELENGUT, Charles: *Sacred Fury: Understanding Religious Violence*. Walnut Creek, Calif. 2003

SELLS, Michael A.: *The Bridge Betrayed: Religion and Genocide in Bosnia*. Berkeley/Los Angeles/London 1996

SEN, Amartya: *Identity and Violence: The Illusion of Destiny*. London 2007

SHEA, William M./Peter A. Huff (Hg.): *Knowledge and Belief in America: Enlightenment Traditions and Modern Religious Thought*. New York 1995

SHEHAD, Anthony: *Legacy of the Prophet: Despots, Democrats and the New Politics of Islam*. Boulder, Co. 2011

SHERWIN-WHITE, A. N.: *Roman Law and Roman Society in the New Testament*. Oxford 1963

SICK, Gary: *All Fall Down: America's Fateful Encounter with Iran*. London 1985

SIGAL, P. A.:»Et les marcheurs de Dieu prirent leurs armes«, in: *L'Histoire* 47 (1982)

SIVAN, Emmanuel: *L'Islam et la Croisade*. Paris 1968

–:»The Crusades described by Modern Arab Historiography«, in: *Asian and African Studies* 8 (1972)

–:»Genese de contre-croisade: une traité damasquine de debut du XIIe siècle«, in: *Journal Asiatique* 254 (1966)

SKINNER, Quentin: *The Foundations of Modern Political Thought*. 2 Bde., Cambridge 1978

SLIM, Hugo:»Why Protect Civilians? Innocence, Immunity and Enmity in War«, in: *International Affairs* 79, 3 (2003)

SLINGERLAND, Edward (Hg.): *Confucius: Analects, with Selections from Traditional Commentaries*. Indianapolis, Ind./Cambridge, UK, 2003

SMITH, Brian K.: *Reflections on Resemblance, Ritual and Religion*. Oxford/New York 1989

SMITH, Howard D.: *Chinese Religions*. London 1968

SMITH, Huston: *The World's Religions: Our Great Wisdom Traditions*. San Francisco 1991

SMITH, John, *John Smith: Works,* Hg. Edwin Arber/A. C. Bradley. Edinburgh 1910

SMITH, John D. (Hg.): *The Mahabharata: An Abridged Translation*. London 2009

SMITH, Jonathan Z.: *Map is Not Territory: Studies in the History of Religions*. Chicago/London, 1978

–: *Imagining Religion: From Babylon to Jonestown*. Chicago/London 1982

SMITH, Mark S.: *The Early History of God: Yahweh and the Other Deities in Ancient Israel.* New York/London 1990

–: *The Origins of Biblical Monotheism: Israel's Polytheistic Background and the Ugaritic Texts.* New York/London 2001

SMITH, William Cantwell: *Der Islam in der Gegenwart.* Frankfurt/M./Hamburg 1963

–: *The Meaning and End of Religion: A New Approach to the Religious Traditions of Mankind.* New York 1962

–: *Belief in History.* Charlottesville, Va. 1985

–: *Faith and Belief.* Princeton, NJ 1987

–: *What is Scripture? A Comparative Approach.* London 1993

SONTAG, Susan: »What have we done?«, in: *Guardian*, 24.5.2005

SOUTHERN, R. W.: *Western Views of Islam in the Middle Ages.* Cambridge, Mass. 1962

–: *The Making of the Middle Ages.* London 1967

–: *Western Society and the Church in the Middle Ages.* Harmondsworth 1970

SOZOMEN: *The Ecclesiastical History of Sozomon*, Übs. Chester D. Harnaft. Grand Rapids, Mich. 1989

SPEAR, Percival: *India.* Ann Arbor, Mich. 1961

SPERLING, S. David: *The Original Torah: The Political Intent of the Bible's Writers.* New York/London 1998

–: »Joshua 24 Re-examined«, in: *Hebrew Union College Annual* 58 (1987)

SPIERENBERG, Peter: *The Spectacle of Suffering: Executions and the Evolution of Repression – from a Pre-Industrial Metropolis to the European Experience.* Cambridge, UK, 1984

SPRINZAK, Ehud: *The Ascendance of Israel's Radical Right.* New York 1991

–: »Three Models of Religious Violence: The Case of Jewish Fundamentalism in Israel«, in: Martin E. Marty / R. Scott Appleby (Hg.): *Fundamentalisms and the State: Remaking Politics, Economies and Militance.* Chicago/London 1993

SRIVASTA, Sushil: »The Ayodhya Controversy: A Third Dimension«, in: *Probe India* (Jan. 1998)

STANNARD, David: *American Holocaust: The Conquest of the New World.* New York/Oxford, 1992

STEINER, George: *In Blaubarts Burg. Zur Neudefinition der Kultur.* Frankfurt 1972

STEVANS, G. W.: *With Kitchener to Khartoum.* London 1898

STOUT, Henry S.: »Rhetoric and Reality in the Early Republic: The Case of the Federalist Clergy«, in: Mark A. Noll (Hg.): *Religion and American Politics, From the Colonial Period to the 1980s.* Oxford/New York 1980

STRAYER, Joseph R.: *On the Medieval Origin of the Modern State.* Princeton 1970

–: *Medieval Statecraft and the Perspectives of History.* Princeton 1971

–: »Feudalism in Western Europe«, in: Rushton Coulborn (Hg.): *Feudalism in History.* Hamden, Conn. 1965

STROZIER, Charles B./David M. TERMAN/James W. JONES (Hg.): *The Fundamentalist Mindset.* Oxford 2010

STUART, Henry S./Charles Reagan WOLFSON (Hg.): *Religion and the American Civil War.* New York 1998

SULLIVAN, Andrew: »This *Is* a Religious War«, in: *New York Times Magazine,* 7.10.2001

SUN TZU: *The Art of War: Complete Texts and Commentaries,* Übs. Thomas Cleary. Boston/London, 1988

SZASZ, Ferenc: *The Divided Mind of Protestant America, 1880–1930.* University, Ala. 1982

TABARI, Azar: »The Role of the Shii Clergy in Modern Iranian Politics«, in: Nikki R. Keddie (Hg.): *Religion and Politics in Iran: Shiism from Quietism to Revolution.* New Haven, Conn./London, 1983

TACITUS, Cornelius: *Agricola, Germania, Dialogus,* Übs. M. Hutton und W. Peterson. Loeb Classical Library 1989

TAHERI, Amir: *Chomeini und die islamische Revolution.* Hamburg 1985

THAPAR, Romila: *Asoka and the Decline of the Mauryas.* Oxford 1961

–: *Early India: From the Origins to ad 1300.* Berkeley/Los Angeles 2002

THEISSEN, Gerd: *Soziologie der Jesusbewegung. Ein Beitrag zur Entstehungsgeschichte des Urchristentums.* Gütersloh 1997

–: *Urchristliche Wundergeschichten.* Gütersloh 1998

–: *The Social Setting of Pauline Christianity: Essays on Corinth,* Übs. John H. Schutz. Eugene, Ore. 2004

THOMPSON, James Westfall: *Economic and Social History of the Middle Ages.* New York 1928

–: *The Wars of Religion in France, 1559–1576: Huguenots, Catherine de Medici, Philip II.* 2. Aufl., New York 1957

TIBI, Bassam: *Die Krise des modernen Islams. Eine vorindustrielle Kultur im wissenschaftlich-technischen Zeitalter.* Frankfurt/M. 1991

TIERNY, Brian: *The Crisis of Church and State, 1050–1300.* Toronto 1988

TILLY, Charles (Hg.): *The Formation of Nation States in Western Europe.* Princeton, NJ 1975

TRACY, James D.: *Emperor Charles V, Impresario of War: Campaign Strategy, International Finance and Domestic Politics.* Cambridge, UK, 2002

– (Hg.): *Luther and the Modern State in Germany.* Kirbyville, Mo. 1986

TU, Wei-ming: *Confucian Thought: Selfhood as Creative Transformation.* Albany 1985

TUCK, Richard: *The Rights of War and Peace: Political Thought and the International Order from Grotius to Kant.* Oxford 1999

TYERMAN, Christopher J.: *England and the Crusades, 1095–1588.* Chicago 1988

–: »Sed nihil fecit? The Last Captians and the Recovery of the Holy Land«, in: J. Gillingham/J. C. Holt (Hg.): *War and Government in the Middle Ages: Essays in Honour of J. D. Prestwich.* Woodbridge, UK/Totowa, NJ 1980

UR-REHMAN, Rafiq: »Please tell me, Mr President, why a US drone assassinated my mother«, in: theguardian.com, 25.10.2013

USSISHKIN, David: »King Solomon's Palaces«, in: *Biblical Archaeologist* 36 (1973)

VAN BUITENEN, J. A. B. (Hg.): *The Mahabharata.* 3 Bde., Chicago/London, 1973–1978

VEBLEN, Thorstein: *The Theory of the Leisure Class: An Economic Study of Institutions.* Boston 1973

VERNANT, Jean-Pierre: *Myth and Society in Ancient Greece,* Übs. Janet Lloyd. 3. Aufl. New York 1996

VITORIA, Francisco de: *Political Writings,* Hg. Anthony Pagden/Jeremy Lawrence. Cambridge 1991

VOGTS, Alfred: *A History of Militarism, Civilian and Military.* Rev. ed., New York 1959

VOLL, John O.: »Fundamentalism in the Sunni Arab World: Egypt and the Sudan«, in: Martin E. Marty/R. Scott Appleby (Hg.): *Fundamentalisms Observed.* Chicago/London 1991

WAIT, Gaston (Hg.): *Nicholas Turc: Chronique d'Egypte, 1798–1804.* Kairo 1950

WALEY, Arthur (Hg.): *The Analects of Confucius.* New York 1992

WALLACE, Anthony F. C.: *Jefferson and the Indians: The Tragic Fate of the First Americans.* Cambridge, Mass. 1999

WALLACE-HADRILL, J. M.: *The Barbarian West: The Early Middle Ages, ad 400–1000.* New York 1962

–: *Early Medieval History.* Oxford 1975

–: *The Frankish Church.* Oxford 1983

WATSON, B. (Hg.): *Records of the Grand Historian of China.* New York 1961

– (Hg.): *Mo-Tzu: Basic Writings.* New York 1963

– (Hg.): *Han Fei Tzu: Basic Writings.* New York 1964

– *(Hg.): Xunzi: Basic Writings.* New York 2003

WATT, W. Montgomery: *Muhammad at Mecca.* Oxford 1953

–: *Muhammad at Medina.* Oxford 1956

–: *The Influence of Islam in Medieval Europe.* Edinburgh 1972

–: *Muhammad's Mecca: History in the Qur'an.* Edinburgh 1988

WEBER, Max: *Wirtschaft und Gesellschaft.* Tübingen 1921/22

–: *Die protestantische Ethik und der Geist des Kapitalismus.* Tübingen 1920

–: *Konfuzianismus und Taoismus.* Tübingen 1920

–: *Hinduismus und Buddhismus.* Tübingen 1921

WEDGWOOD, C. W.: *The Thirty Years War.* New Haven, Conn. 1939

WEIGHLEY, Russell F.: *The Age of Battles.* Bloomington, Ind. 1991

WEINFELD, Moshe: *Deuteronomy and the Deuteronomic School.* Oxford 1972

WELCH, Claude E. jr.: *Political Modernization.* Belmont, Calif. 1967

WELCH, Holmes: *The Parting of the Way: Lao Tzu and the Taoist Movement.* London 1958

WELLMAN, James K., Jr. (Hg.): *Belief and Bloodshed: Religion and Violence across Time and Tradition.* Lanham, Md. 2007

WENKE, K. J.: *Patterns of Prehistory: Humankind's First Three Million Years.* New York 1961

–: *The Origins of Civilizations.* Oxford 1979

WENSINCK, Jan: *Concordance et indices de la tradition musulmane.* 5 Bde., Leiden 1992

WESSINGER, Catherine: *How the Millennium Comes Violently: Jonestown to Heaven's Gate.* New York 2000

– (Hg.): *Millennialism, Persecution and Violence: Historical Circumstances.* Syracuse, NY 1986

WHITAKER, Jarrod L.: *Strong Arms and Drinking Strength: Masculinity, Violence and the Body in Ancient India.* Oxford 2011

WHITBY, Michael / Joseph STREET (Hg.): *Martyrdom and Orthodoxy.* New York 1987

WHITTAKER, D. H. (Hg.): *The Terrorist Reader.* London 2001

WICKHAM, Lionel R.: *Hilary of Poitiers: Conflicts of Conscience and Law in the Fourth Century.* Liverpool 1997

WILLIAMSON, H. G. M.: »The Concept of Israel in Transition«, in: E. E. Clements (Hg.): *The World of Ancient Israel: Sociological, Anthropological and Political Perspectives.* Cambridge, UK, 1989

WILSON, E. O.: *On Human Nature.* Cambridge, Mass. 1978

WILSON, John F.: »Religion, Government and Power in the New American Nation«, in: Mark A. Noll (Hg.): *Religion and American Politics: From the Colonial Period to the 1980s.* Oxford/New York 1990

WIRT, Sherwood Eliot (Hg.): *Spiritual Awakening: Classic Writings of the Eighteenth-Century Devotions to Inspire and Help the Twentieth-Century Reader.* Tring, UK, 1988

WITTFOGEL, Karl A.: *Oriental Despotism: A Comparative Study of Total Power.* New Haven, Conn. 1957

WITZEL, Michael: »Vedas and Upanisads«, in: Gavin Flood (Hg.): *The Blackwell Companion to Hinduism.* Oxford 2003

WORLD COUNCIL OF CHURCHES: *Violence, Nonviolence and the Struggle for Social Justice.* Genf 1972

WRIGHT, Lawrence: *The Looming Tower: Al-Qaeda's Road to 9/11.* New York 2006

WRIGHT, Louis B.: *Religion and Empire: The Alliance between Piety and Commerce in the English Expansion, 1558–1625.* Chapel Hill 1943

WRIGHT, Quincy: *A Study of War.* 2. Aufl., Chicago 1965

WYATT, Don J.: »Confucian Ethical Action and the Boundaries of Peace and War«, in: Andre R. Murphy (Hg.): *The Blackwell Companion to Religion and Violence.* Chichester, UK, 2011

YADIN, Yigal: *The Art of Warfare in Biblical Lands: In Light of Archaeological Study.* 2 Bde., New York 1963

YAO, Xinzhong: *An Introduction to Confucianism.* Cambridge, UK 2000

YOVEL, Yirmanyahu: *Spinoza and Other Heretics. Bd. 1: The Marrano of Reason; Bd. 2: Adventures of Immanence.* Princeton, NJ 1989

ZAEHNER, R. C.: *Hinduism.* London/New York/Toronto 1962

ZINN, Howard: *A People's History of the United States: From 1492 to the Present.* 2. Aufl., London/New York 1996

ZWEIG, Stefan: *Die Welt von gestern. Erinnerungen eines Europäers.* Stockholm 1942

Register

671

675